MUTTERS AGENDA

III

1962

Titel der französischen Originalausgabe:
L'Agenda de Mère, 1962
© 1979 Institut de Recherches Évolutives, Paris.

Deutsche Erstauflage 1984

ISBN 978-3-910083-53-0

Alle Rechte vorbehalten

Diese Agenda ...
ist mein Geschenk
an die, die mich lieben

                 Mutter

Biographische Anmerkung

MUTTER wurde am 21. Februar 1878 in eine Pariser Familie gänzlich materialistischer Überzeugung geboren. Sie studierte Musik, Malerei und höhere Mathematik. Als Schülerin des französischen Malers Gustave Moreau lernte sie die großen Impressionisten der Epoche kennen. Später traf sie Max Théon, eine mysteriöse Persönlichkeit mit außerordentlichen okkulten Fähigkeiten, der ihr als erster eine zusammenhängende Erklärung all der spontanen Erfahrungen gab, die sie seit ihrer Kindheit hatte, und der sie bei zwei langen Besuchen auf seinem Anwesen in Algerien die Geheimnisse des Okkultismus lehrte. 1914 besuchte sie die französische Kolonialstadt Pondicherry in Südindien, wo sie Sri Aurobindo begegnete, der dort als indischer Freiheitskämpfer vor den Briten Zuflucht gefunden hatte. Nach einem Aufenthalt in Japan und einem kurzen Besuch in China kehrte sie 1920 endgültig nach Pondicherry zurück. Als Sri Aurobindo sich 1926 zurückzog, um der Erforschung einer neuen Evolutionsmacht in der Materie nachzugehen, übernahm sie die Leitung seines Ashrams und bemühte sich vergeblich, die Schüler zu einem neuen Bewußtsein zu erwecken. 1958, acht Jahre nach Sri Aurobindos Abschied, zog auch sie sich zurück, um *das* Problem anzugehen: eine Veränderung im Bewußtsein der Körperzellen. Von 1958 bis 1973 deckte sie allmählich den „Großen Übergang" zu einer neuen Spezies und einem neuen Lebensmodus in der Materie auf. Dabei erzählte sie Satprem von ihren außerordentlichen Erfahrungen, und das ist die *Agenda*.

(Siehe Satprems biographische Trilogie: *Mutter: 1. Der Göttliche Materialismus, 2. Die Neue Spezies, 3. Die Mutation des Todes*, Verlag Hinder + Deelmann, Gladenbach 1992-94.)

SATPREM wurde 1923 in Paris geboren. Den Großteil seiner Kindheit verbrachte er auf Segelfahrten vor der bretonischen Küste. Mit zwanzig wurde er wegen Widerstandsaktivitäten von der Gestapo verhaftet und verbrachte anderthalb Jahre in deutschen Konzentrationslagern. Körperlich und seelisch zutiefst erschüttert, reiste er nach seiner Befreiung zunächst nach Indien, um einen Posten in der französischen Kolonialregierung in Pondicherry anzutreten. Dort begegnete er Sri Aurobindo, der verkündet hatte: „Der Mensch ist ein Übergangswesen". Daraufhin verließ er seinen Posten und begab sich auf eine Reihe von Abenteuern, die ihn nach Guayana, Brasilien und Afrika führten, bevor er 1953 nach Indien zurückkehrte. Er wanderte als Sannyasin durchs Land, wurde in den Tantrismus eingeweiht, bis er sich schließlich dem Werk von Mutter und Sri Aurobindo widmete.

Als Mutters Vertrauter zeichnete er siebzehn Jahre lang ihre Erfahrungen auf und dokumentierte ihre Suche nach einer Veränderung im Programm der Zellen, die zu einer anderen Sicht des Todes führte.

1977, vier Jahre nach Mutters Tod, gründete er in Paris das Institut de Recherches Évolutives, um die vollständige Veröffentlichung der *Agenda* sicherzustellen.

CHRONIK DES WELTGESCHEHENS

1962

22. Januar	Die Organisation Amerikanischer Staaten beschließt den Ausschluß Kubas.
29. Januar	Die Kernwaffenkonferenz in Genf wird nach der 353. Sitzung auf unbestimmte Zeit vertagt.
3. Februar	Präsident Kennedy hebt jeglichen Handel mit Kuba, außer für Arznei- und Nahrungsmittel, auf.
8. Februar	Washington und London beschließen, die Kernwaffenversuche in der Atmosphäre wiederaufzunehmen.
	Die USA richten in Saigon ein militärisches Hilfskommando ein.
9. Februar	Ein amerikanischer U2-Pilot wird gegen einen russischen Spion ausgetauscht.
14. Februar	Sowjetische Flugzeuge bedrohen alliierte Flugmaschinen im Nordkorridor Berlins.
15. Februar	Staatspräsident de Gaulle und Bundeskanzler Adenauer einigen sich auf die beschleunigte Bildung einer politischen europäischen Union.
17. Februar	Schwere Sturmflut an der Nordsee mit 336 Toten und 20 000 Obdachlosen.
20. Februar	Erfolgreiche dreimalige Erdumkreisung durch den amerikanischen Astronauten John Glenn beim dritten Raumflug Amerikas.
21. Februar	Mutter wird 84.
	Präsident Kennedy erklärt sich zur Zusammenarbeit mit der UdSSR auf dem Gebiet der Weltraumforschung bereit.
22. Februar	Besuch Robert Kennedys in der BRD und in Westberlin, wo ihm ein begeisterter Empfang bereitet wird. Bekräftigung der amerikanischen Westberlin-Garantie.
14. März	Eröffnung der 18-Mächte-Abrüstungskonferenz in Genf (ohne Frankreich).
16. März	Chruschtschow gibt die Konstruktion einer Interkontinentalrakete bekannt, die das amerikanische Radarnetz unwirksam macht.
18. März	Waffenstillstand zwischen Algerien und Frankreich unter der Führung General de Gaulles.
1. April	Ablehnung der Herstellung oder des Imports von Kernwaffen in einer schweizerischen Volksabstimmung.
9. April	Kennedy und Macmillan ersuchen Chruschtschow gemeinsam, die Kernwaffenversuche einzustellen. Chruschtschow verweigert jegliche internationale Kontrolle.
14. April	Ernennung Georges Pompidous zum Ministerpräsidenten in Paris.
16. April	Die chinesische Nationalversammlung genehmigt Tschu en-Lais Sparprogramm.

23. April	Die amerikanische Raumsonde Ranger IV schlägt auf der Rückseite des Mondes auf.
25. April	Die Vereinigten Staaten nehmen die Kernwaffenversuche in der Atmosphäre wieder auf.
1. Mai	Unterirdischer Kernwaffenversuch Frankreichs in der Sahara.
8. Mai	Explosion einer amerikanischen Thermonuklearbombe von einem Unterseeboot aus.
12. Mai	Vizepräsident Radhakrishna wird Präsident der indischen Republik.
24. Mai	Dreimalige Erdumkreisung in einer Raumkapsel durch den amerikanischen Astronauten Carpenter.
31. Mai	Adolf Eichmann wird in Jerusalem hingerichtet.
22. Juni	Die UdSSR macht das hundertste Mal von ihrem Vetorecht Gebrauch, um den UNO-Sicherheitsrat daran zu hindern, Indien und Pakistan wegen der Kaschmirfrage zu Verhandlungen aufzufordern.
1. Juli	Die am 14. Januar beschlossene zweite Stufe des Gemeinsamen Marktes tritt in Kraft. Durchsetzung aber problematisch.
3. Juli	General de Gaulle anerkennt die Unabhängigkeit Algeriens.
6. Juli	Tod des Schriftstellers William Faulkner.
8. Juli	Eine amerikanische Thermonuklearbombe wird in großer Höhe gezündet. Staatsbesuch Adenauers in Frankreich.
10. Juli	Start des amerikanischen Fernseh- und Nachrichtensatelliten „Telstar" in Cap Canaveral. Erste Fernsehübertragung zwischen USA und Europa.
12. Juli	Die französische Nationalversammlung ratifiziert den Vertrag von 1956, wodurch die französischen Niederlassungen an Indien zurückfallen.
19. Juli	Zum ersten Mal gelingt es einer amerikanischen Antirakete, eine Interkontinentalrakete zu zerstören.
20. Juli	Garantierung der Neutralität von Laos auf der Genfer Konferenz.
22. Juli	Die sowjetische Regierung gibt bekannt, daß sie sich durch die amerikanischen Kernwaffenversuche gezwungen sehe, ihre eigenen Versuche wieder aufzunehmen.
5. August	Die UdSSR zündet eine 30-Megatonnen-Atombombe.
9. August	Tod des Schriftstellers Hermann Hesse.
22. August	General de Gaulle entgeht einem Attentat der OAS.
27. August	Start der amerikanischen Venussonde Mariner II.
2. September	Besuch Che Guevaras in Moskau. Verstärkung der sowjetischen Militärhilfe an Kuba, um der „kapitalistischen Bedrohung" zu begegnen.
9. September	Peking teilt den Abschuß eines amerikanischen U2-Aufklärungsflugzeugs über China mit und klagt die Vereinigten Staaten an, einen „neuen Krieg vorzubereiten".
11. September	Moskau warnt Washington, daß jeder Angriff auf Kuba einen Krieg auslösen werde.

	Staatsbesuch de Gaulles in der BRD.
13. September	Präsident Kennedy erklärt: „Falls Kuba ein offensiver Militärstützpunkt wird, werden die Vereinigten Staaten eingreifen."
18. September	29 Einwohner Ost-Berlins gelangen durch einen geheimen Tunnel nach West-Berlin. In den 12 Monaten nach Errichtung der Mauer im August 1961 gelangen über 12 000 Menschen meist unter Lebensgefahr aus der DDR in die BRD.
27. September	Armeecoup in Yemen und Proklamierung der „Freien Republik Yemens". Flucht des Imams.
3. Oktober	Der amerikanische Astronaut Schirra umkreist die Erde sechsmal in einer Raumkapsel.
8. Oktober	Algerien wird in die Vereinten Nationen aufgenommen.
9. Oktober	Uganda wird unabhängig.
11. Oktober	Eröffnung des II. Vatikanischen Konzils in Rom.
18. Oktober	Kuba fordert die Räumung des amerikanischen Stützpunktes Guantanamo.
20. Oktober	China greift die indischen Stellungen im östlichen und westlichen Sektor der Himalaya-Grenze an.
22. Oktober	Präsident Kennedy gibt die Installation russischer Raketen in Kuba bekannt, die das amerikanische Territorium bedrohen, und ordnet eine Sperrung des Waffenhandels mit Kuba an.
25. Oktober	Die russischen Schiffe mit Kurs auf Kuba drehen ab. Verleihung des Literatur-Nobelpreises an John Steinbeck.
26. Oktober	Rascher Vormarsch der chinesischen Truppen in Indien: New Delhi ordnet den Ausnahmezustand an.
27. Oktober	Chruschtschow schlägt die gleichzeitige Räumung der sowjetischen und amerikanischen Stützpunkte in Kuba und der Türkei vor. Kennedy lehnt ab.
28. Oktober	Chruschtschow teilt Präsident Kennedy mit, daß er den Befehl gegeben habe, die Raketenstützpunkte in Kuba abzubauen. Kennedy versichert daraufhin, keine Invasion Kubas vorzunehmen.
30. Oktober	Die Vereinten Nationen lehnen den Vorschlag Rußlands ab, China als Mitglied aufzunehmen.
1. November	Krishna Menon tritt als indischer Verteidigungsminister zurück. Start einer russischen Marssonde.
5. November	Die politische Kommission der Vereinten Nationen spricht sich einstimmig für die Aufhebung aller Kernwaffenversuche ab 1. Januar 1963 aus.
6. November	Teilwahlen in den Vereinigten Staaten: Richard Nixon wird in Kalifornien geschlagen.
15. November	Fidel Castro droht mit dem Abschuß der amerikanischen Aufklärungsflugzeuge über Kuba.
18. November	Tod des Atomphysikers Niels Bohr.
20. November	Die UdSSR zieht ihre Bomber in Kuba zurück, was Präsident Kennedy mit der Aufhebung der Blockade beantwortet.

Nach einem spektakulären Vormarsch im Himalaya-Gebirge ordnet Peking einseitig einen Waffenstillstand und den Rückzug seiner Truppen an.

29. November Französisch-britisches Abkommen über den Bau der „Concord", des ersten Überschallpassagierflugzeugs.

30. November U Thant wird zum Generalsekretär der Vereinten Nationen gewählt.

2. Dezember Die italienische kommunistische Partei lobt Jugoslawien und kritisiert Albanien und China.

4. Dezember Die tschechoslowakische kommunistische Partei kritisiert Albanien und China.

Besuch Titos in der UdSSR.

10. Dezember Chruschtschow verteidigt seine Kubapolitik vor dem Obersten Sowjet und kritisiert seine Bündnispartner China und Albanien.

12. Dezember Kennedy befürwortet die Einrichtung eines „heißen Drahtes" zwischen dem Weißen Haus und dem Kreml.

13. Dezember Die französische kommunistische Partei beschuldigt China, die Politik der friedlichen Koexistenz in Frage zu stellen.

15. Dezember Die chinesische „Volkstageszeitung" wirft Chruschtschow „Abenteurertum" und „Defätismus" vor und fordert eine Weltkonferenz der kommunistischen Parteien zur Überbrückung der Gegensätze.

26. Dezember Chinesisch-mongolisches Grenzabkommen.

27. Dezember Wiederaufnahme der Gespräche über das Kaschmirproblem zwischen Indien und Pakistan.

28. Dezember Prinzipielles Übereinkommen Chinas und Pakistans über den Verlauf der Grenze zwischen China und dem von Pakistan besetzten Teil Kaschmirs.

Januar

9. Januar 1962

*(Seit einigen Tagen geht es Mutter nicht gut.
Sie empfängt fast niemanden mehr.)*

Geht es dir besser?

Ich glaube ja! *(Mutter lacht)* Ich weiß nicht.

Merkwürdig, es sind eigenartige Angriffe, die nicht von meinem Gesundheitszustand abzuhängen scheinen.

Es ist eine Art ... Dezentralisierung. Um einen Körper zu bilden, werden die Zellen durch eine Art Zentripetalkraft zusammengehalten. Aber jetzt geschieht genau das Gegenteil. Eine Zentrifugalkraft bewirkt, daß sie sich zerstreuen. Wenn es ein wenig zuviel wird, verlasse ich meinen Körper, und äußerlich werde ich ohnmächtig – ich werde aber nicht ohnmächtig, da ich voll bewußt bin. Es bewirkt also offensichtlich eine gewisse Desorganisation ... seltsam.

Das Merkwürdige daran ist – und das ist mir noch nicht ganz klar –, daß es immer dann passiert, wenn X ankommt, in der Nacht vor seiner Ankunft (es ist schon dreimal vorgekommen, was viel für mich ist).

Ja.

Ach, das erstaunt dich nicht?

Nein, ich habe bemerkt, daß tatsächlich etwas ausgelöst wird, wenn er kommt.

Das vorige Mal war zufällig jemand dabei, und so fiel ich nicht hin und tat mir nicht weh. Aber diesmal war ich allein in meinem Badezimmer und ... offenbar verfolgte ich ein Bewußtseinsphänomen, in dem ich mich über die ganze Welt ausbreitete – PHYSISCH ausbreitete, das ist das Merkwürdige daran. Die ZELLEN empfanden das so. Es gab eine Bewegung der Zerstreuung, die immer schneller und intensiver wurde, und dann lag ich plötzlich am Boden.

Oben in meinem Badezimmer ist ein Sitz; daneben, zwischen dem Sitz und der Wand stehen zwei Tischchen (keine Tische, sondern kleine Schemel, auf denen Gegenstände liegen) und eine Porzellanstange für Badetücher (glücklicherweise alles ohne scharfe Kanten). Ich landete eingeklemmt im schmalen Raum zwischen dem Sitz und den beiden Tischchen. Und diese Materie (das heißt die Materie des Tisches, die Gegenstände auf dem Tisch und der Porzellansitz) – all dies erschien mir so unempfänglich. Nichts bewegte sich, wie es sollte, damit alles rund läuft (aber es gab keinen Körper; nicht der Körper, sondern das

Ganze fühlte sich so an). Sämtliche Gegenstände und Dinge waren in einer eigenartigen und absurden Lage, die ich nicht recht verstand, die ich mir nicht erklären konnte. Ich fragte mich sozusagen: „Warum ist da diese große Masse, die so viel Platz einnimmt und damit im Wege steht?"

Mein Ellbogen war auf einem kleinen Plastiktablett für Bleistifte, Kugelschreiber, Notizblöcke usw. gelandet. Der Körper versuchte, sich aufzurichten, und stützte sich darauf ab. Dann hörte man plötzlich ein Geräusch, weil alles zerbrach (unter dem Gewicht des Ellbogens zerbrach das Tablett). Und ein Bewußtsein ohne genaue Begrenzung, das aber sehr klar war, sagte mir: „Warum denn? Was soll dieser lächerliche Lärm? Und dieses schwere Ding, das sich da aufstützt? – All das ist durcheinander, es sollte nicht so sein, das ist Unordnung." Und weiter ging's: krach, krach, krach. Dann kam plötzlich das normale Bewußtsein zurück (genau genommen war es die normale BEZIEHUNG des Bewußtseins, die zurückkam), und ich sagte mir: „Was ist denn das für eine lächerliche Situation! Warum stützt sich dieser Ellbogen da ab? Er sollte doch wissen, daß alles zerbricht!" Als alles wieder in Ordnung gekommen war, sagte ich meinem Körper: „Sei nicht albern, was machst du denn da, steh sofort auf! Los, vorwärts!" Folgsam wie ein Kind befreite er sich sofort, drehte sich um und richtete sich gerade auf – ich hatte mein Knie und den Ellbogen aufgeschürft und meinen Kopf an drei Stellen angeschlagen. Glücklicherweise war nichts Spitzes darunter, es war ziemlich hart, aber ohne scharfe Kanten. Jedenfalls war alles in Ordnung, es war mir nichts passiert.

Ich war völlig unversehrt, aber es war eine eigenartige Empfindung. Dann versuchte ich zu verstehen und fragte mich: „Wie kann ich den Sinn für das Verhältnis der Dinge untereinander so sehr verlieren, daß so etwas passiert?" ... Schon seit langer Zeit hatte mir mein Körper gesagt: „Ich sollte mich hinlegen, ich sollte mich hinlegen." Ich antwortete ihm jeweils sehr brutal: „Du hast keine Zeit." *(Lachend)* Und so passierte es. Hätte ich ihm gehorcht und mich hingelegt, wäre sicher nichts passiert. Aber ich setzte meine Erfahrung fort, außerdem schickte ich mich gerade an, nach unten zu gehen. Deshalb sagte ich ihm: „Schon gut, du kannst dich später hinlegen!" So legte er sich auf seine eigene Art hin. *(Lachend)* Er legte sich dort hin, wo er war. Tatsächlich war er nicht einmal ausgestreckt, er lag ganz schief.

Nachher betrachtete ich das und sagte ihm: „Aber was soll denn das? Wenn du nicht einmal die Kraft hast, Erfahrungen zu ertragen, kannst du auch die Arbeit nicht tun!" Er antwortete mir sehr klar, daß ich ihn überstrapaziere. Er sagte mir das, und dahinter war Sri Aurobindos Wille deutlich spürbar, der mir erklärte: „Das ist eine Überbeanspruchung. Man kann nicht gleichzeitig stundenlang Leute empfangen, mit ihnen sprechen und Erfahrungen dieser Art haben. Man muß wählen oder jedenfalls besser dosieren." Ich wollte gewiß nicht auf meine Erfahrungen verzichten, so benutzte ich diesen kleinen Zwischenfall, um mich auszuruhen. Es war wirklich nichts. Die Ärzte aber sagten: „Paß auf, das Herz arbeitet nicht richtig!" und all das. Sie wollten mir Medikamente geben. Ich brauche aber keine Medikamente sondern nur Ruhe. So legte ich mich hin, und da ich eine Entschuldigung haben mußte, sagte ich, daß es mir nicht gut gehe, daß ich Ruhe brauche.

Darauf machte sich jedoch eine alte Sache bemerkbar, von der ich dachte, sie sei geheilt, die aber mit der Überarbeitung zurückkam. Etwas, das die Überarbeitung mit sich brachte, als ich noch auf den Sportplatz ging und mich nur zwei Stunden am Tag ausruhte. Das war nicht genug – eine Art Wucherung bildete sich zwischen meiner Nase und dem Hals – eine alte Sache aus meiner Kindheit, eine Wucherung, bei deren Entfernung ein kleiner Hohlraum zurückblieb. Dieser Hohlraum ist an und für sich ungefährlich, ich hatte lediglich hin und wieder einen harmlosen Schnupfen. Durch meine Überarbeitung machte er sich aber wieder bemerkbar, und es bildete sich eine Art Geschwulst; dadurch bekam ich einen künstlichen Schnupfen. Es war so sauer und ätzend, daß der Hals und die Nase schrecklich gereizt wurden. Drüben auf dem Sportplatz (als ich dort Stunden gab, nahm es sehr zu) zeigte ich es einmal dem Arzt. Er sagte mir: „Aber sie haben ja eine Geschwulst!" Eine Riesengeschichte. Er schlug vor, mich zu behandeln. Ich sagte ihm: „Nein, danke. Machen Sie sich keine Sorgen, das wird schon weggehen." Und ich begann mit meiner Yoga-Behandlung. In acht Tagen war alles vorbei. Drei Jahre lang hatte ich nichts mehr davon gemerkt. Vor einiger Zeit (seit zwei, drei Monaten) spürte ich, daß es wiederkommen wollte, und zwar wieder wegen der Überarbeitung. Durch dieses letzte Abenteuer wurde es wieder aktiviert: Ich bekam einen dummen Schnupfen und nieste und hustete. Er ist immer noch nicht vorbei. Es ist überhaupt nicht schlimm, das erlaubt mir aber, den Leuten zu sagen *(lachend)*, daß es mir immer noch nicht sehr gut gehe.

Ich ruhe mich aus.

Dies ist ein schwieriges Problem, denn ich will um keinen Preis mit der Disziplin aufhören (mit der *Tapasya*, um genau zu sein). Ich will es nicht. Beides zugleich ist aber offensichtlich zu viel für einen dummen kleinen Körper – dumm, weil er angespannt ist.

In den letzten Tagen machte ich diesbezüglich interessante Erfahrungen. Ich hatte etwas, was man gemeinhin Fieber nennt, es war aber kein Fieber sondern ein Wiederauftauchen (aus dem Unterbewußten) von allen Kämpfen und Spannungen, die dieser Körper während ... bald vierundachtzig Jahren durchmachte. Zu einer bestimmten Zeit in meinem Leben war die Spannung ungeheuerlich, weil sie zugleich moralischer, vitaler und physischer Natur war: ein ständiger Kampf gegen feindliche Kräfte, besonders während meines Aufenthaltes in Japan. Ach, es war schrecklich! In der Nacht war es dann, als ob alles, was in der Zeit in Japan eine Rolle gespielt hatte (die Leute, die Dinge, die Bewegungen, die Umstände), meinen Körper in Form von vitalen Schwingungen umgebe und an die Stelle meines gegenwärtigen Zustandes getreten sei. Alles Gegenwärtige war vollkommen verschwunden und durch diese Erinnerungen ersetzt worden. Stundenlang erlebte der Körper in der Nacht noch einmal all die schrecklichen Spannungen, die er während der vier Jahre in Japan durchgemacht hatte. Da wurde mir bewußt, wie sehr der Körper Widerstand leistet und angespannt ist (denn im Moment achtet man nicht darauf, man ist mit etwas anderem beschäftigt und nicht auf den Körper konzentriert). Ich bemerkte also, was vor sich ging, und gerade als mir dies klar wurde, teilte mir Sri Aurobindo diesbezüglich mit: „Aber das geht ja weiter! Dein Körper hat immer noch die Gewohnheit, angespannt zu sein." (Es ist natürlich nicht mehr so ausgeprägt; es ist ganz anders, weil sich das innere Bewußtsein im Zustand vollkommenen Friedens befindet, aber der KÖRPER behält die Gewohnheit der Anspannung.) Zum Beispiel steht der Körper in dem kurzen Augenblick, in dem ich mich nach dem Aufstehen vorbereite, auf den Balkon hinunterzugehen (ich muß diesen Körper vorbereiten hinunterzugehen), unter der Spannung, pünktlich zu sein. Genau deshalb geschehen in so einem Moment Unfälle. Also sagte ich mir am folgenden Tag: „Gut, keine Spannungen mehr!", und ich beschäftigte mich ausschließlich damit, meinen Körper völlig ruhig zu halten – ich war nicht später dran als sonst. Es handelt sich also offensichtlich nur um eine schlechte Gewohnheit des Körpers. Alles verlief wie sonst. Aber seither geht es besser. Es ist lediglich eine schlechte Angewohnheit.

Ich schaute mir das an und fragte mich: „Trifft das nur für diesen Körper zu?" ... Allen Leuten, die mit ihm gelebt haben, vermittelt er einen zweifachen Eindruck: den eines sehr konzentrierten, beharrlichen Willens und ... den einer solchen Ausdauer! Sri Aurobindo sagte mir oft, daß er sich einen Körper mit einer solchen Ausdauer nie erträumt hätte. Wahrscheinlich ist das der Grund ... Diese Fähigkeit will ich unbedingt unversehrt lassen – eigenartigerweise ist es ein Wille und auch eine Ausdauer der ZELLEN, kein zentraler Wille, keine zentrale Ausdauer (das ist etwas völlig anderes), nein, es ist zellular.

Deswegen pflegte mir Sri Aurobindo zu sagen, dieser Körper sei speziell für diese Arbeit vorbereitet und ausgewählt worden: aufgrund seiner Fähigkeit zu beharrlicher Ausdauer und wegen seines Willens. Aber das ist kein Grund, ihn nutzlos zu gebrauchen. Somit achte ich jetzt darauf, daß er sich entspannt, und ich sage ihm die ganze Zeit: „Aber nein, laß dich gehen! Spiel ein wenig, laß los, was macht das schon!" Ich muß ihm sagen: „Sei ruhig, ganz ruhig!" Dann ist er sehr erstaunt und fragt: „Ach, kann man denn so leben? Kann man leben, ohne sich zu beeilen?"

Deswegen ruhe ich mich also aus. Geht es mir besser oder nicht? – Die Dinge bleiben sich immer gleich. Wenn ich damit wieder anfinge, was ich früher tat ... Ich WUSSTE ja die ganze Zeit, wie völlig unvernünftig es war. Ich wußte es durchaus, und ich war unzufrieden damit, denn mir war klar, daß ich etwas tat, was ich nicht tun sollte. Ich habe nicht vor, damit wieder anzufangen, aber wenn ich gesagt hätte: „Ich ziehe mich endgültig zurück", hätte dies ... Wenn du wüßtest, wie nachlässig man im Ashram geworden ist, ach! ... Schon jetzt muß ich vielen Leuten die Leviten lesen: „Also, vor einer Woche hättet ihr das nicht gemacht." Allein das ist eine Erfahrung: zu sehen, wovon die sogenannte Treue der Leute abhängt.

Man muß sie die ganze Zeit an die Kandarre nehmen.

So ist das.

Hier, mein Kind, ich habe etwas sehr Gutes bekommen! *(Mutter lacht und gibt Satprem eine Büchse ... ich erinnere mich nicht mehr, was es war, vielleicht Leberpastete.)*

Auch bei mir ist eine Lockerung eingetreten ...

Für die materielle Substanz ist es eine Notwendigkeit.

Genau darüber beklagte ich mich (!) und sagte mir: „Wenn diese Substanz nicht auskommen kann, ohne zu erschlaffen, wenn sie dem nicht widerstehen kann, wenn sie sich unbedingt entspannen muß und dem Fluß des Bewußtseins nicht folgen kann, wenn sie von Zeit zu Zeit erschlafft, wie kann sie dann je supramentalisiert werden?" ... Genau das haben alle immer behauptet: „Sie KANN die Ladung nicht aushalten, sie muß sich entspannen. Sie kann die Energieladung nicht aushalten." Insbesondere diese Energie, die den Leuten fast anomal erscheint – eine Energie, die so wirkt *(Geste der Inflexibilität)* und die ihren Druck unbegrenzt lange aufrechthalten kann.

Oder wenn der Körper die Ladung nicht ertragen kann, zerbricht etwas – man landet zwischen einem Tisch und ... plötzlich auf dem Boden.

Das muß es sein, denn in meinem Leben bin ich relativ oft ohnmächtig geworden. Sogar als ich jung war, blieb ich dabei immer bewußt. Lange Zeit verließ ich häufig meinen Körper, und ich sah ihn dann sofort, stets in einer lächerlichen Position (natürlich dort, wo er nicht sein sollte). So pflegte ich auf dem schnellsten Wege wieder in ihn einzutreten und sagte ihm: „Nun komm schon, was fällt dir denn ein!" Worauf er sich schüttelte und sich wieder in Bewegung setzte, wie ein Esel, dem man einen Klaps gibt, und er geht wieder los.

Aber diese Lockerung war bei mir nie psychologischer Natur. Und ich sah, daß dieses Sich-gehen-lassen bei den Leuten denselben Ursprung hat: Es ist nicht unbedingt eine Nachlässigkeit oder eine vitale Schwäche, durchaus nicht. Es kommt nur davon, daß der Körper nicht mehr mithalten kann, das heißt, er erträgt diese Spannung vitaler Energie nicht mehr, er wird müde und braucht Ruhe.

Im Hinblick auf die gegenwärtige Anordnung der Welt ist das „normal" – es sollte aber nicht normal sein, wenn die supramentale Welt verwirklicht werden soll. Offensichtlich muß eine beträchtliche Veränderung in der Substanz stattfinden. Darin liegt der wesentliche Unterschied zwischen den Körpern, die nach Art der Natur gestaltet sind, und jenen, die mit dem supramentalen Wissen gebaut werden: Es wird ein Element geben, wodurch man nicht mehr natürlich ist. Solange dieses natürliche Element da ist, wird wahrscheinlich ein gewisses Maß an Geduld erforderlich sein – man muß den Körper atmen lassen, sonst fällt etwas auseinander.

Offensichtlich gerät der Körper viel weniger außer Atem, wenn man den inneren Gleichmut der göttlichen Gegenwart hat. Was einen sehr ermüdet, ist die zusätzliche Spannung, die vom Wunsch oder der Anstrengung zu kämpfen herrührt – dieser dauernde Kampf gegen alles, was Widerstand leistet. Das sollte wegfallen.

Man ermüdet völlig nutzlos.

(Schweigen)

Im Verlauf dieser Wiederkehr vergangener Dinge während der letzten Tage erschien mir plötzlich im Überblick das ganze Leben, das ich mit Sri Aurobindo geführt hatte ... Was mir dabei half, war die Tatsache, daß ich die Stellen in seinem Buch über mich las[1] – die Briefe, die von mir handelten (die ich übrigens noch nicht gelesen hatte). Das ließ mich die ganzen dreißig Jahre, die ich mit ihm verbrachte, nochmals erleben.

---

1. *On Himself*

9. JANUAR 1962

KEIN EINZIGES MAL gab es einen Kampf, eine Spannung oder ein Bemühen im psychologischen oder moralischen Sinne – das bedeutete ein Leben in einer totalen, vertrauensvollen Sicherheit. Es gab zwar Angriffe auf der materiellen Ebene, aber selbst das nahm er auf sich. So sah ich all diese dreißig Jahre mit ihm: nicht EINE Sekunde lang ein Verantwortungsgefühl bei all der Arbeit, der ganzen Organisation, die mir oblag. Vordergründig hatte er mir die Verantwortung übertragen, und er hielt sich im Hintergrund, tatsächlich tat er aber alles. Nie, keine einzige Minute lang, fühlte ich mich verantwortlich – er trug die Verantwortung. Das war wirklich ...

Die ersten sieben Jahre tat er die Arbeit, nicht ich. Er empfing die Leute, während ich mich nur um seine Angelegenheiten, seinen Haushalt, sein Essen, seine Kleider usw. kümmerte. Ich war ruhig damit beschäftigt – so hatte ich etwas zu tun. Sonst tat ich nichts, ich empfing keine Leute, sondern sorgte für sein materielles Leben – ein Kinderspiel. Sieben Jahre lang ein integraler Friede.

Nachher zog er sich zurück und ließ mich in den Vordergrund treten. Die Aktivitäten nahmen so ein wenig zu, und der Anschein von Verantwortlichkeit auch, aber es war nur der Anschein. Eine solche Sicherheit! Das Gefühl einer vollkommenen Sicherheit – dreißig Jahre lang. Kein einziges Mal ... Es gab nur eine einzige Schramme, wenn ich so sagen darf, als er diesen Unfall hatte und sich das Bein brach: Es war eine Formation (eine gegnerische Kraft), und er war nicht vorsichtig genug, weil diese gegnerische Kraft gegen uns beide gerichtet war, speziell gegen mich (sie hatte ein-, zweimal versucht, mir den Schädel einzuschlagen, solche Dinge). Er war so darauf konzentriert zu verhindern, daß meinem Körper etwas Ernsthaftes zustieß, daß es ihr gelang, sich einzuschleichen und ihm das Bein zu brechen. Das war ein Schock. Aber er brachte fast augenblicklich alles wieder in Ordnung – alles kam wieder in Ordnung, und so war es bis zum Schluß.

Dieses Gefühl von vollkommener Sicherheit war so stark, daß sogar während seiner Krankheit, die Monate dauerte, mir nicht einmal die Idee kam, daß diese Krankheit sein Leben ernsthaft gefährden könnte. Ich wollte es nicht glauben, als mir der Arzt sagte: „Es ist vorbei." Ich wollte es nicht glauben. Solange ich im Zimmer blieb ... solange ich da war, konnte er seinen Körper nicht verlassen. Eine schreckliche Spannung war in ihm: einerseits der innere Wille zu gehen, andererseits dieses Etwas, das ihn in seinem Körper zurückhielt, nämlich mein Wissen, daß er lebte und nicht anders als leben konnte. Er mußte mir andeuten, ich solle sein Zimmer verlassen, angeblich, damit ich mich ausruhe (was ich nicht tat), und sobald ich sein Zimmer verlassen hatte, ging er. Man rief mich sofort zurück. Aber es war geschehen. Dann, als er zu mir kam und ich sah, daß es wirklich so war, als er seinen Körper verließ und in den meinen eintrat (der materiellste Teil von ihm, der mit allen äußeren Dingen zu tun hatte) und mir klar wurde, daß ich die gesamte Verantwortung für die ganze Arbeit UND die Sadhana trug – da verschloß ich einen Teil von mir (den Teil des tiefen psychischen Wesens, der in der EKSTASE der Verwirklichung lebte, außerhalb jeglicher Verantwortung, einfach so: das Höchste). Diesen Teil schloß ich weg, versiegelte ihn, und sagte: „Du wirst dich nicht mehr rühren, bis ... alles übrige bereit ist!"

(Schweigen)

Das allein war ein Wunder: Wenn ich das nicht getan hätte, wäre ich ihm gefolgt, und niemand hätte die Arbeit tun können. Ich wäre ihm automatisch gefolgt, ich hätte nicht einmal eine Entscheidung treffen müssen. Aber als er in mich eintrat, sagte er mir: „Du wirst es tun; einer von uns mußte gehen, also gehe ich. Du wirst weitermachen!"

Diese Tür wurde erst zehn Jahre später wieder geöffnet, das heißt 1960. Und selbst dann noch sehr vorsichtig – dies war eine der Hauptschwierigkeiten des letzten Jahres.

(Schweigen)

Erst in den letzten Tagen durften all diese Erinnerungen aus dem Unterbewußten aufsteigen, wo sie aufbewahrt wurden, und damit kam auch der Zustand, in dem ich dreißig Jahre lang lebte, wieder an die Oberfläche – mit diesem gewaltigen Unterschied.

Da sagte ich mir plötzlich: „Wie ist es möglich? In der Zeit, während der er hier war, in der wir zusammen waren (nicht bevor ich aus Japan zurückkam, sondern als wir zusammen waren), erfuhr das Leben, das Leben auf der Welt hier, dreißig Jahre lang eine so wunderbare göttliche Möglichkeit ... wirklich einzigartig, wie sie bis jetzt und auf diese Weise noch nie da war, und sie wurde nicht einmal wahrgenommen!"

Dies ...

Das ist die Erfahrung der letzten Tage.

Zu einem bestimmten Zeitpunkt (es muß vor einigen Tagen gewesen sein) sagte ich mir: „Wie ist es möglich, daß Menschen hier so nahe gelebt haben (aber das geschieht immer noch) und daß menschliche Wesen mit einer Aspiration und einem auf diese Dinge ausgerichteten Bewußtsein diese Möglichkeit auf der Erde erlebten, diese Möglichkeit HATTEN und nicht davon zu profitieren wußten! Wie konnten sich die Leute nur ein so kleines, kindisches, oberflächliches Bild von einer so wunderbaren und einzigartigen Sache machen?"

Da fragte ich mich ernsthaft: „Ist die Zeit wirklich gekommen, ist es machbar? Oder wird es wieder für später sein?"

(Schweigen)

Gestern las ich im Buch [*On Himself*] ... Sri Aurobindo schreibt darin jemandem, der ihm sagte: „Diejenigen, die in Mutters Nähe leben, haben großes Glück." Er antwortete ihm: „Sie wissen nicht, was Sie sagen! In der physischen Gegenwart der Mutter zu leben, ist eines der schwierigsten Dinge." Erinnerst du dich daran? Ich wußte nicht, daß er dies geschrieben hatte, da sagte ich mir: „Sieh an!" ... Er schreibt: „Es ist schwer, in ihrer Nähe zu verweilen, weil der Unterschied zwischen eurem physischen Bewußtsein und ihrem physischen Bewußtsein so gewaltig ist ..." – Genau das ermüdet mich. Das ermüdet meinen Körper, weil er gewohnt ist, in einem bestimmten universellen Rhythmus zu leben.

(Schweigen)

Niemand kann sich vorstellen, wie es in diesen dreißig Jahren war ... jenseits aller Probleme und Schwierigkeiten – wir gingen durch alle möglichen Schwierigkeiten, doch es war nichts, NICHTS. Es war nichts, es war ... wie ein großes harmonisches Orchester.

(Schweigen)

Aber ... offenbar muß die Materie gründlich gehämmert werden, damit sie diese Transformation auf sich nehmen kann.

(Schweigen)

Nichts, wirklich nichts, was man sich in der ewigen Geschichte des Universums vorstellen kann, kommt diesem Schock gleich: ein vollkommenes göttliches Leben wie etwas völlig Natürliches, Alltägliches, OFFENSICHTLICHES gelebt zu haben (die Probleme stellten sich nicht einmal, kamen gar nicht erst auf), und dann ... auf einmal wird einem materiell die Basis entzogen. Danach noch hierzubleiben ... Man geht einfach, ganz natürlich: die Basis geht weg, also geht man.

(Schweigen)

Ich kann meinem Körper nicht die Schuld zuschieben. Er ist vielleicht ein wenig müde, aber er hat gut standgehalten.
Es war eine solche Gnade, eine absolut wunderbare Macht, die das bewirkte, was ich sagte, die den ganzen Bewußtseinsteil, der dieses Wunder BEWUSST lebte, wegschloß, ihn einfach unter Verschluß hielt: „Eingeschlossen, rühr dich nicht mehr, keine Manifestation für dich;

du trittst aus der Zeit und der Manifestation heraus, bis der Rest bereit ist standzuhalten."

Vielleicht war das mehr als alles andere der Grund dafür, daß ich ein wenig allein sein mußte. Es geschah, um den Teil des psychischen Wesens, der das individuelle Zwischenglied zwischen dem wahren Bewußtsein und diesem körperlichen Bewußtsein bildete, wieder zu aktivieren: den Teil, der DAS gelebt hatte, DAS wußte, DAS kannte, dieses unerhörte Wunder kannte.

(Schweigen)

Das wirklich Wunderbare daran ist, daß ich jetzt überhaupt davon sprechen kann.

*
* *

So ist das. Jetzt haben wir wieder nichts getan!
Hast du Fragen? *(zu den Aphorismen)*

(Satprem liest:)

67 – Im Menschen ist keine Sünde, wohl aber viel Krankheit, Unwissenheit und Fehlanwendung.

68 – Das Gefühl der Sünde war notwendig, damit der Mensch seine eigenen Unvollkommenheiten verabscheue. Es war Gottes Mittel gegen den Egoismus. Aber der menschliche Egoismus begegnet Gottes Mittel, indem er seine eigenen Sünden sehr unvollkommen, die Sünden der anderen aber mit Sperberaugen wahrnimmt.

69 – Sünde und Tugend sind ein Spiel des Widerstandes, das wir mit Gott spielen in seiner Bemühung, uns zur Vollkommenheit zu führen. Das Gefühl der Tugend hilft uns, unsere Sünden insgeheim zu hätscheln.

Und nun?

Möchtest du das kommentieren?

Nein, was für mich eine spezielle Betrachtung verlangt, ist dieses Gefühl der Tugend ...

... das uns hilft, unsere Sünden insgeheim zu hätscheln.

Dies leuchtet dem gewöhnlichen menschlichen Denken nicht leicht ein.

Das uns hilft, unsere Sünden insgeheim zu hätscheln.

Aber hast du denn eine Frage?

Es steht in keinem direkten Zusammenhang. Wenn du etwas zu sagen hast ...

Es dreht sich immer um das gleiche, aber hier zeigt es sich auf eine sehr subtile Art.

Das Gefühl der Sünde insgeheim hätscheln ... Nein, das ist keine Erfahrung, die ich gehabt hätte, insofern, als diese Liebe zur Tugend bei mir nie sehr ausgeprägt war.

Ich bemerkte im Gegenteil, daß ich schon als Kind dieses Bewußtsein hatte, das Sri Aurobindo „göttlich leben" nennt, das heißt, außerhalb der Empfindung von Gut und Böse zu leben.

Dies wurde durch einen schrecklichen Kritiker aufgewogen, der mich nie verließ.[1] Erst Sri Aurobindo befreite mich von ihm. Aber ich hatte keinen Sinn für Sünde, für Gut und Böse, für Tugend und Sünde – nur das nicht! Mein Bewußtsein war vielmehr um *right action and wrong action* zentriert, das heißt „dies hättest du nicht tun sollen, jenes hättest du tun sollen", ohne Gut und Böse, allein vom Gesichtspunkt der Arbeit, des Handelns aus gesehen – mein Bewußtsein war immer auf das Handeln ausgerichtet. Es war die Vision der Vervollkommnung der zu folgenden Linie oder aller zu folgenden Linien, um die Handlung auszuführen. Bei jeder Abweichung von dem, was mir als die leuchtende Spur erschien, die gerade Linie (nicht „gerade" im geometrischen Sinne, sondern die Leuchtspur, die Linie des Ausdrucks des göttlichen Willens), nur eine winzig kleine Abweichung davon, ach, das war ... das einzige, was mich quälte.

Die Qual ging nicht von mir aus, sondern sie kam von diesem Wesen, das sich an mein Bewußtsein geheftet hatte und mich peitschte, mir zusetzte, mich die ganze Zeit mißhandelte – man nennt das im allgemeinen „das Gewissen", aber es hat nichts mit dem Bewußtsein[2] zu tun. Es ist ein gegnerisches Wesen, und es legt alles, was es kann, zum Schlechten aus. Was immer sich in etwas Anti-Göttliches verwandeln läßt, verändert es. Und die ganze Zeit wiederholt es: „Dies ist falsch, das ist falsch, jenes ist falsch ..."

Aber das war auch alles. Nie und nimmer die Vorstellung, tugendhaft oder sündig zu sein – nie, wirklich nie. Darum geht es nicht, sondern man tut das Richtige oder man tut es nicht. Das ist alles.

---

1. Siehe *Agenda*, Band I, S. 148
2. Im Französischen bedeutet das Wort „conscience" sowohl Bewußtsein als auch Gewissen.

Nicht, daß man tugendhaft oder sündig ist, nichts von alledem! Nie habe ich so empfunden, nie.

Deshalb fällt es mir schwer, mich in die Empfindung zu versetzen, die Sri Aurobindo hier beschreibt [„die Sünde insgeheim hätscheln"], es findet keine Entsprechung in mir. Ich verstehe schon! Ich verstehe sehr wohl, was er sagen will, aber mich in diese Empfindung zu versetzen ...

Doch sag mir, was du fragen wolltest.

> *Alles in allem versucht Sri Aurobindo in diesen letzten Aphorismen offenbar, uns zu sagen, daß man über die Empfindung von Sünde und Tugend hinausgehen muß. Das erinnert mich an eine Erfahrung von dir, die mich damals sehr beeindruckte: die Erfahrung, in der du in die supramentale Welt gingst und dieses „Schiff" sahst, das am Ufer der supramentalen Welt anlegte, wo die Leute geprüft wurden – manche wurden zurückgewiesen, andere angenommen. Du erzähltest diese Erfahrung, und darin fiel mir eine Stelle auf, die einen Bezug zu diesen Aphorismen hat ... Kann ich dir vorlesen, was du gesagt hast?[1]*

Ja, ich erinnere mich nicht mehr daran.

> *Nach der Beschreibung des Schiffes und der Landung sagst du:* „Der Gesichtspunkt, die Beurteilung war ausschließlich in der Substanz begründet, aus der die Leute geschaffen waren, das heißt, ob sie vollkommen der supramentalen Welt angehörten, ob sie aus dieser so besonderen Substanz gebildet waren. Der angenommene Gesichtspunkt war weder moralisch noch psychologisch. Wahrscheinlich war die Substanz ihrer Körper das Ergebnis eines inneren Gesetzes oder einer inneren Bewegung, die in diesem Augenblick nicht in Frage standen. Jedenfalls ist es völlig klar, daß die Werte verschieden sind ..." *Du fügst noch hinzu:* „Ich hatte den Eindruck (einen Eindruck, der recht lange blieb, fast einen ganzen Tag lang) einer äußersten Relativität – nein, nicht ganz: den Eindruck, daß die Beziehung zwischen dieser Welt hier und der anderen vollkommen den Gesichtspunkt verändert, nach welchem die Dinge bewertet oder eingeschätzt werden sollten ..."

Ja, ja!

---

1. Siehe die Erfahrung vom 3. Februar 1958, *Agenda*, Band I, S. 134ff.

9. JANUAR 1962

„Dieser Gesichtspunkt hatte nichts Mentales an sich, er gab das seltsame innere Gefühl, daß eine Vielzahl von Dingen, die wir für gut oder schlecht halten, in Wirklichkeit nicht so sind. Es war sehr klar, daß alles von der FÄHIGKEIT der Dinge abhängt, von ihrer KAPAZITÄT, die supramentale Welt auszudrücken oder in Beziehung mit ihr zu stehen. Das war so vollkommen anders, manchmal sogar so entgegengesetzt, verglichen mit unserer gewöhnlichen Bewertung."

Ja.

Du fährst dann fort: „Ich sah auch bei den Leuten, daß das, was ihnen hilft, supramental zu werden, oder was sie daran hindert, sehr verschieden ist von dem, was uns unsere gewöhnlichen moralischen Begriffe sagen."

Ja, ja.

Da wollte ich dich fragen: Wenn es nicht moralische Begriffe sind, welches ist dann die FÄHIGKEIT oder Eigenschaft, die uns hilft, uns dem Supramental zu nähern? Welches ist dieser völlig andere Gesichtspunkt?

Genau all die Dinge, die ich in den vergangenen Tagen beobachtet und studiert habe. Davon erzähl ich dir das nächste Mal.

Das hat mich damals sehr beeindruckt.

Es hat mich nie verlassen. Seit damals hat sich meine Sicht der Dinge nicht verändert. Ich muß sie allerdings übersetzen, damit sie verständlich wird.

Ich sehe dich am zwölften.

Am zwölften erzähle ich dir davon. Ich werde versuchen, eine Formulierung dafür zu finden.

(Lachend) Hast du noch genug Käse, Kind? Hast du alles, was du brauchst? Es muß dir gut gehen!

12. Januar 1962

*(Notiz von Mutter an Satprem hinsichtlich seiner Frage vom
9. Januar über die erforderlichen Fähigkeiten, um in die
supramentale Welt aufgenommen zu werden:)*

> Fähigkeit zur unbeschränkten
> Bewußtseinserweiterung
> auf allen Ebenen,
> einschließlich der materiellen.
>
> Unbegrenzte Formbarkeit,
> um der Bewegung des Werdens
> zu folgen.
>
> Vollkommener Gleichmut,
> der jede Möglichkeit einer
> ichhaften Reaktion beseitigt.

12. Januar 1962

*(Zur letzten Frage Satprems über die Erfahrung
des „supramentalen Schiffes":)*

Hast du meine Notiz erhalten, Kind?

Irgendwo habe ich schon etwas darüber gesagt: Erinnerst du dich an den Herrn aus Madras, der eine Frage gestellt hatte[1]?... Dort gab es einen Hinweis.

Ich bin nämlich dem Faden gefolgt, ich habe mit der Erfahrung des supramentalen Schiffes wieder Kontakt aufgenommen und dabei festgestellt, daß sie eine ENTSCHEIDENDE Auswirkung auf meine Position hatte: Diese Erfahrung hatte auf absolut klare, präzise, definitive

---

[1]. Ein amerikanischer Freund von Präsident Kennedy hatte einen Vergleich zwischen dem Aufspüren eines Hirsches im Walde und dem Aufspüren des Supramentals angestellt: „Läßt sich das Supramental ausfindig machen, so wie der Jäger dem Hirsch im Walde nachspürt? An welchen Zeichen kann man es erkennen?" Siehe *Agenda* vom 25. Februar 1961, Band II, S. 10ff.

Art und Weise die erforderlichen Bedingungen festgelegt. In dieser Beziehung ist sie interessant.

Ein für alle Male wurden dadurch nicht nur sämtliche Begriffe der üblichen Moralität weggefegt sondern auch alles, was man hier in Indien als für das spirituelle Leben notwendig erachtet. In dieser Beziehung war es sehr lehrreich. Zuerst und vor allem diese sogenannte asketische Reinheit. Die asketische Reinheit ist ganz einfach das Verwerfen aller Bewegungen des Vitals. Anstatt diese Bewegungen aufzunehmen und sie auf das Göttliche auszurichten, das heißt darin die höchste Gegenwart zu sehen (und den Höchsten einfach frei damit verfahren zu lassen), sagt man Ihm *(lachend)*: „Nein, das geht Dich nichts an! Du hast kein Recht, Dich darin zu zeigen!"

Das Körperliche ist eine altbekannte Geschichte – schon immer haben es die Asketen verworfen, aber zugleich wurde auch das Vital verworfen. Alle hier sind so, sogar … X mag sich ein wenig verändert haben, aber am Anfang war er auch so. Nur die von der religiösen Tradition seit jeher als heilig anerkannten oder sanktionierten Dinge wurden zugelassen, wie zum Beispiel die Heiligkeit der Ehe und solche Dinge; was aber das freie Leben betrifft: Nichts da! Das war unvereinbar mit jeglichem religiösen Leben.

Diese Haltung wurde also ganz und gar weggefegt, ein für allemal.

Was nicht heißt, daß das, was jetzt verlangt wird, leichter wäre! Wahrscheinlich ist es viel schwieriger.

In psychologischer Hinsicht ist die erste erforderliche Bedingung, die ich in meiner Antwort an diesen Mann erwähnte *(Geschichte vom Hirsch)*, ein vollkommener Gleichmut. Dies ist eine AB-SO-LU-TE Bedingung. Ich konnte inzwischen seit Jahren beobachten, daß keine supramentale Schwingung ohne diesen vollkommenen Gleichmut übertragen wird. Wird dieser Gleichmut auch nur im geringsten beeinträchtigt (durch die geringste Bewegung oder Vorliebe des Egos), kommt sie nicht durch, wird sie nicht übertragen. Dies stellt bereits eine beträchtliche Schwierigkeit dar.

Darüber hinaus gibt es zwei Bedingungen für eine totale Verwirklichung, die nicht leicht zu erfüllen sind. Es sind nämlich Dinge, die vom intellektuellen Standpunkt aus nicht sehr schwierig sind (ich spreche hier nicht von x-beliebigen Leuten, aber für jene, die Yoga geübt haben und einer Disziplin gefolgt sind, ist es relativ leicht). Auch in psychologischer Hinsicht – falls dieser Gleichmut gegeben ist – ist es nicht sehr schwierig. Sobald man aber die materielle Ebene erreicht, das heißt die physische Ebene und dann die des Körpers, ist es nicht leicht. Die beiden Bedingungen sind folgende: zuerst die Macht, sich auszudehnen, sich gleichsam unbeschränkt zu erweitern, um fähig zu sein, sich auf die Dimension des supramentalen Bewußtseins, das total ist, auszuweiten. Das supramentale Bewußtsein ist das des Höchsten in seiner Totalität – mit „seiner Totalität" meine ich das Höchste in seinem Aspekt der Manifestation. Vom höheren Standpunkt des eigentlichen Wesens aus gesehen (das Wesen dessen, was in der Manifestation zum Supramental wird), wird natürlich eine Fähigkeit zu einer totalen Identifizierung mit dem Höchsten vorausgesetzt, und dies nicht nur in seinem Aspekt der Manifestation sondern auch in seinem statischen oder nirvanahaften Aspekt außerhalb der Manifestation: das Nicht-Sein. Aber darüber hinaus muß man in der Lage sein, sich mit dem Höchsten in seinem Werden zu identifizieren. Das setzt diese beiden Dinge voraus: nichts Geringeres als eine unbeschränkte Ausweitung und zugleich eine totale Formbarkeit, um dem Höchsten in seinem Werden folgen zu können – nicht nur „in einem gegebenen Augenblick" gilt es, so weit wie das Universum zu sein, sondern unbegrenzt im Werden. Das sind die beiden Bedingungen. Potentiell müssen sie erfüllt sein.

Bis zum Vital liegt dies noch im Bereich des Machbaren – mehr noch: des Erledigten. Auf der materiellen Ebene aber führt dies zu meinen kürzlichen Mißgeschicken.[1]

Selbst wenn man a priori all diese Mißgeschicke in Kauf nimmt, ist es noch schwierig, weil es sich um eine Doppelbewegung handelt: eine Umwandlung auf der Ebene der Zellen und gleichzeitig eine Befähigung für „etwas", was das Wachstum durch eine Anpassung oder eine konstante interzellulare Reorganisation ersetzen könnte.[2] Natürlich sind unsere Körper von Natur aus noch etwas Fixiertes, Schweres – es ist scheußlich, so wie es ist, sonst würde man ja nicht altern. Mein vitales Wesen ist heute energievoller und folglich jugendlicher, wachstumsfähiger als im Alter von zwanzig Jahren. Da besteht gar kein Vergleich. Die Macht ist UNENDLICH größer – aber der Körper zerfällt, das ist wirklich etwas Scheußliches. Folglich gilt es, diese Kluft zwischen dem vitalen und materiellen Wesen zu überbrücken.

---

1. Die Ohnmachtsanfälle, als Mutter sich physisch über die Welt verbreitete.
2. Später präzisierte Mutter den Sinn dieses Satzes: „Ich sah, daß man fähig sein muß, sich auszudehnen, um dem Höchsten in seinem Werden zu folgen, denn das Universum dehnt sich im Werden aus: die Ausdehnung wird nicht durch ein äquivalentes Verschwinden wettgemacht. Man muß wirklich wie ein Kind wachsen, sich ausdehnen. Aber gleichzeitig macht die Ausdehnung eine dauernde innere Reorganisation notwendig, damit die Dinge vorwärtsschreiten können. Bei einer Steigerung der Quantität (wenn man hier von Quantität sprechen kann), muß gleichzeitig die Qualität durch eine interne Reorganisation der Beziehung aller Zellen untereinander aufrechterhalten werden."

Das Problem wurde zwar schon teilweise gelöst, denn die Hatha-Yogis haben es zum Teil schon im Griff – sofern sie sich ausschließlich darauf konzentrieren (darin besteht die Schwierigkeit). Da wir aber über das Wissen verfügen, sollten wir auch die Macht haben, das Notwendige zu tun, ohne uns ausschließlich damit zu beschäftigen. Jedenfalls ist es nicht etwas völlig Unbekanntes, denn als ich mich zurückzog[1], ging es in den ersten Monaten, als ich alle Außenbeziehungen abgebrochen hatte, sehr gut – außerordentlich gut sogar. Ich konnte eine Menge Schwierigkeiten in meinem Körper überwinden, und es gab viele recht präzise Anzeichen, daß ich, wenn ich nur lange genug weitermachte, alles wiedererlangen würde, was verlorengegangen war, und dies sogar mit einem verbesserten Gleichgewicht. Das heißt, das funktionelle Gleichgewicht war sehr viel besser. Erst als ich den Kontakt mit der Welt wiederaufnahm, hörte es auf und wurde wieder beeinträchtigt – insbesondere wurde die Sache noch verschlimmert durch diese Disziplin der Ausweitung, durch die ich DAUERND, dauernd Berge von zu lösenden Schwierigkeiten absorbiere. Also ...

Was das Mental betrifft, ist es ziemlich leicht – in fünf Minuten lassen sich die Dinge wieder in Ordnung bringen, das ist nicht schwierig. Für das Vital ist es schon ein wenig mühsamer, es dauert ein wenig länger. Auf der materiellen Ebene aber ist es ... Es kommt zu einer ANSTECKUNG der Fehlfunktion auf der Ebene der Zellen – innere Störungen, Dinge, die nicht an ihrem richtigen Platz bleiben: Jede Absorption von außen schafft augenblicklich eine Störung, verschiebt alles und bewirkt falsche Beziehungen, bringt die Organisation durcheinander, und es erfordert manchmal STUNDEN, um alles wieder in Ordnung zu bringen. Wenn ich die Möglichkeiten des Körpers wirklich nutzen wollte, ohne mit der Notwendigkeit konfrontiert zu sein, ihn zu wechseln, weil er nicht folgen kann, wäre es folglich unerläßlich, daß ich auf der materiellen Ebene soweit wie möglich aufhöre, alle möglichen Dinge zu schlucken, die mich um Jahre zurückwerfen.

Es ist schwierig ... schwierig.

Solange es nicht um die körperliche Umwandlung geht, genügt der psychologische und (weitgehend) subjektive Gesichtspunkt. Dieser Teil ist relativ leicht. Wenn es sich aber darum handelt, die Materie in die Arbeit einzubeziehen, so wie sie auf dieser Welt ist, wo bereits der Ausgangspunkt falsch ist (wir beginnen auf der Ebene des Unbewußten und der Unwissenheit), wird es sehr schwierig. Um die erforderliche Individualisierung für das Wiederauffinden des verlorenen Bewußtseins zu erlangen, erhielt die Materie nämlich eine gewisse

---

1. Im Dezember 1958.

unentbehrliche Starrheit, um die Form andauern zu lassen und um eben diese Möglichkeit der Individualisierung zu bewahren. Diese Starrheit ist das Haupthindernis für die Ausweitung und Formbarkeit, die nötige Geschmeidigkeit, um das Supramental empfangen zu können. Ich werde dauernd mit diesem Problem konfrontiert – einem völlig konkreten, absolut materiellen Problem, wenn man es mit Zellen zu tun hat, die Zellen bleiben müssen, die sich nicht in einer nicht mehr physischen Realität verflüchtigen sollen und gleichzeitig diese Geschmeidigkeit, diesen Mangel an Starrheit aufweisen müssen, damit sie sich unbeschränkt ausweiten können.

Als ich am materiellsten Mental arbeitete (dem Mental, das in die Substanz eingegliedert ist), hatte ich öfters den Eindruck, daß mein Gehirn anschwelle, anschwelle, anschwelle und mein Kopf gleich platzen müsse, so groß war er! Zweimal kam es vor, daß ich aufhören mußte, denn es erschien mir gefährlich (war dies nur ein Eindruck oder war es eine Tatsache?), als ob der Kopf gleich platzen müsse, weil es innen zu gewaltig wurde (es war die Macht in der Materie, dieses mächtige tiefblaue Licht, das solch machtvolle Schwingungen aufweist – Schwingungen, die zum Beispiel heilen können, die die Funktion der Organe verändern können –, es ist wirklich etwas materiell äußerst Mächtiges). Damit also füllte sich mein Kopf mehr und mehr an, immer mehr, und ich hatte den Eindruck, daß mein Schädel ... (es war schmerzhaft, weißt du) daß im Schädelinnern ein Druck herrschte, der alles nach außen drückte, immer weiter drückte ... Ich fragte mich, was passieren würde. Dann, anstatt der Bewegung zu folgen, ihr zu helfen und sie zu begleiten, wurde ich unbewegt, passiv, um zu sehen, was passieren würde, und beide Male hörte es auf. Ich förderte die Bewegung nicht mehr, sondern blieb ganz einfach passiv, und es hörte auf, es kam zu einer Stabilisierung.

(Schweigen)

Sri Aurobindo muß diese Erfahrung [der Ausweitung der Zellen] gekannt haben, denn er sagte mit Bestimmtheit, es KÖNNE getan werden.

Natürlich geht es um die Supramentalisierung DER MATERIE – das Bewußtsein ist nichts. Die meisten Leute, die diese Erfahrung machten, hatten sie im Mental – das ist relativ leicht. Sehr leicht sogar: Aufhebung der Grenzen des Egos, unbeschränkte Ausweitung zusammen mit einer Bewegung, die dem Rhythmus des Werdens folgt. All das ist mental sehr leicht. Auf der vitalen Ebene aber ... Als ich mich zurückzog, machte ich nach einigen Monaten die Erfahrung im Vital – es war großartig, wunderbar! Um die Erfahrung dort zu haben, muß das Mental natürlich umgewandelt sein, man muß sich in vollkommenem Einklang befinden. Jeglicher individuelle Teil des Vitals, der nicht durch eine ausreichende mentale Grundlage vorbereitet wurde, würde in Panik ausbrechen. All die armen Leute, die schon bei der geringsten kleinen Erfahrung Angst bekommen, sollten sich nicht darauf einlassen, es würde ihnen nur panische Angst einjagen. Aber es fügt sich – sozusagen durch die göttliche Gnade –, daß mein jetziges Vital der gegenwärtigen Inkarnation frei und siegreich geboren wurde. Es hat vor nichts in der Welt des Vitals je Angst gehabt; die phantastischsten Erfahrungen waren für es wie ein Kinderspiel. Als ich dann diese Erfahrung machte, war sie so interessant, daß während einiger Wochen die Versuchung bestand, dort zu verweilen, es war ... Einmal habe ich dir ein wenig davon erzählt (schon vor langer Zeit, vor mindestens zwei Jahren)[1]; ich sagte dir, daß ich mich am hellichten Tag so fühlte, als ob ich meine Flügel über der Welt ausbreitete – es war die Verwirklichung in der Welt des Vitals. Und was für phantastische Nächte hatte ich dadurch! Unbeschreibliche Nächte, ich habe nie mit jemandem darüber gesprochen, aber ich wartete auf die Nacht, wie man auf etwas Wunderschönes wartet.

Ich verzichtete freiwillig darauf, damit ich weitergehen konnte. Als ich dies tat, verstand ich erst, was es bedeutet, wenn man hier sagt: *he surrendered his experience* [er opferte seine Erfahrung]. Mir war nie recht klar gewesen, worin dieser Verzicht bestand. Als ich es tat, verstand ich, und ich sagte mir: „Nein, ich will hier nicht stehenbleiben; ich gebe Dir alles hin, um bis zum Ende gehen zu können." Da verstand ich, was das bedeutete.

Wenn ich es behalten hätte, ja ... dann wäre aus mir eines dieser berühmten Phänomene geworden, die die Geschichte der Welt auf den Kopf stellen. Eine ungeheure Macht! Ungeheuer, unerhört. Nur hätte es bedeutet, dort stehenzubleiben, es als Endstation zu akzeptieren – ich machte weiter.

So ist das. Was kann ich dir jetzt Interessantes erzählen? Alles, was ich dir gerade gesagt habe, ist eine Mischung, von der dreiviertel unnützes Zeug ist.

Aber, Mutter ...

Es wurde nicht mit der Vorstellung gesagt, einen Artikel zu schreiben!

---

1. Das gehört zu jenen verlorenen Schätzen, die nie aufgeschrieben wurden, weil ich damals noch nicht verstand, daß dies schon „die Agenda" war.

Als du mir diese Notiz[1] schicktest und ich sie las, verband ich mich wieder mit meiner Erfahrung, und sofort kam Klarheit in diese Dinge. Ich habe sie dir erzählt, so gut ich konnte ...

(Schweigen)

Die Leute auf dem Schiff hatten diese beiden Fähigkeiten: 1) Die Fähigkeit zur unbeschränkten Erweiterung des Bewußtseins auf allen Ebenen, einschließlich der materiellen. 2) Unbegrenzte Formbarkeit, um der Bewegung des Werdens folgen zu können.

Das fand im Subtilphysischen statt. Die Leute, die mit Flecken bedeckt waren und die man zurückschicken mußte, waren immer solche, denen es an der nötigen Formbarkeit für die beiden Bewegungen mangelte. Aber die Betonung lag mehr auf der Bewegung der Ausweitung als auf der des Fortschreitens, um dem Werden zu folgen – dies schien erst eine spätere Aufgabe zu sein, nämlich für jene, die gelandet waren, nach der Landung. Die Vorbereitung auf dem Schiff betraf diese Fähigkeit der Ausweitung.

Es gibt noch etwas, das ich nicht erwähnte, als ich dir von dieser Erfahrung erzählte: Das Schiff hatte keine Maschinen. Alles, restlos alles wurde durch den Willen betrieben: die Individuen und die Dinge (sogar die Kleidung der Leute war eine Auswirkung ihres Willens[2]). Dies gab allen Dingen und den Formen der Individuen eine große Geschmeidigkeit, denn man war sich dieses Willens bewußt – welcher kein mentaler Wille, sondern ein Wille des Selbsts oder man könnte auch sagen, ein spiritueller Wille, ein Wille der Seele ist (wenn man dem Wort „Seele" diesen Sinn geben will). Diese Erfahrung machte ich auch hier, als ich mit absoluter Spontaneität handelte, das heißt, als das Handeln, wie Sprache und Bewegung, nicht vom Mental bestimmt waren – ich meine nicht das Denken und den Intellekt, nicht einmal das Mental, das uns ganz allgemein bewegt. Im allgemeinen nehmen wir in uns einen Willen wahr, etwas zu tun, bevor wir es tun. Wenn man beobachtet, sieht man das: immer ist da ein Wille, etwas zu tun (das kann blitzschnell geschehen). Wenn man bewußt ist und sich beim Handeln zuschaut, bemerkt man diesen Willen – dies ist der Eingriff des Mentals, die übliche Vorgangsweise, die Reihenfolge, in der die Dinge geschehen. Die supramentale Handlung hingegen wird das Mental überspringen, dieses Zwischenglied ist nicht mehr nötig: die Handlung ist direkt. Etwas tritt in direkten Kontakt mit den vitalen Zentren und bewirkt ihr Handeln ohne die Vermittlung des Denkens – aber bei vollem Bewußtsein. Das Bewußtsein funktioniert nicht in

---

1. Dieser Brief ist wie die anderen auch verschwunden.
2. Diese präzisierende Bemerkung fügte Mutter später hinzu.

12. JANUAR 1962

der üblichen Abfolge, sondern es wirkt direkt aus dem spirituellen Willenszentrum auf die Materie.

Solange man diese absolute Unbewegtheit des Mentals aufrechterhalten kann, ist die Inspiration absolut rein – sie kommt rein an. Wenn man sie erhascht und während des Sprechens halten kann, ist das Ergebnis auch ungemischt, es bleibt rein.

Es ist eine extrem empfindliche Funktionsweise, wahrscheinlich weil man nicht daran gewöhnt ist – die geringste Bewegung, eine winzig kleine mentale Schwingung bringt alles durcheinander. Aber solange sie andauert, ist sie vollkommen rein. Und in einem supramentalisierten Leben muß dies zum DAUERZUSTAND werden. Der mentalisierte Wille darf nicht mehr eingreifen – denn man mag zwar einen spirituellen Willen haben und ein Leben führen, in dem sich ständig der spirituelle Wille ausdrückt (wie es bei all jenen der Fall ist, die das Gefühl haben, vom Göttlichen in sich geführt zu werden), aber es geschieht immer noch durch eine mentale Übersetzung. Solange das der Fall ist, ist es nicht das supramentale Leben. Das supramentale Leben geht NICHT MEHR durch das Mental. Das Mental ist eine reglose Übertragungszone. Die geringste Regung genügt, um alles durcheinanderzubringen.

(Schweigen)

Man kann also sagen, daß dieser vollkommene Gleichmut, der von der spirituellen Identifizierung mit dem Höchsten herrührt, der notwendige Dauerzustand ist, damit sich das Supramental durch ein irdisches Bewußtsein ausdrücken kann: Alles wird zum Höchsten in einem vollkommenen Gleichmut. Und zwar automatisch: kein durch den bewußten Willen, eine geistige Bemühung oder durch ein dem Zustand vorausgehendes Verstehen bewirkter Gleichmut – nichts davon. Es muß spontan und automatisch sein, man darf auf alles, was von außen kommt, nicht mehr wie auf etwas von außen Kommendes reagieren. Diese Art Aufnahme und Reaktion muß durch einen Zustand dauernder Wahrnehmung ersetzt werden (ich kann nicht sagen „gleichbleibende" Wahrnehmung, weil jedes Ding notwendigerweise nach einer speziellen Reaktion verlangt), aber man könnte fast sagen, frei von jeglicher Rückwirkung. Es ist der Unterschied zwischen etwas, das von außen kommt, einem ins Auge fällt und auf das man reagiert, und etwas, das frei zirkuliert und ganz natürlich die für die Gesamthandlung erforderlichen Schwingungen mit sich bringt. Ich weiß nicht, ob ich mich verständlich machen kann ... Es ist der Unterschied zwischen einer Schwingungsbewegung, die in einem GLEICHARTIGEN Aktionsfeld zirkuliert, und einer Bewegung, die von etwas

Außenstehendem kommt, einen von außen berührt und eine Reaktion hervorruft (dies ist der gewohnte Zustand des menschlichen Bewußtseins). Wenn hingegen das Bewußtsein mit dem Höchsten identifiziert ist, sind die Bewegungen sozusagen innerlich, in dem Sinne, daß nichts von außen kommt: Es sind nur Dinge, die zirkulieren und auf natürliche Weise durch Ähnlichkeit oder Notwendigkeit die entsprechenden Schwingungen im Zirkulationsmilieu mit sich bringen oder verändern.

Das ist etwas, das mir sehr vertraut ist, denn es ist mein gegenwärtiger Dauerzustand – ich habe nie den Eindruck von etwas, das von außen kommt und auf mich stößt, vielmehr erscheint es mir wie zahlreiche innere, manchmal auch widersprüchliche Bewegungen einer konstanten Zirkulation, die die für die Bewegung notwendigen Änderungen mit sich bringen.

Dies ist das unentbehrliche Fundament.

Diese Erfahrung habe ich schon seit sehr langer Zeit, und sie hat sich jetzt vollkommen etabliert. Früher war sie momentaner Natur, jetzt ist sie konstant.

Sie ist das unentbehrliche Fundament.

Darin folgt die Erweiterung fast automatisch, wobei im Körper selbst Anpassungen notwendig werden, die schwierig zu bewerkstelligen sind. Ich bin immer noch völlig in dieses Problem vertieft.

Dann die Geschmeidigkeit ... Das ist eine Fähigkeit, sich zu entkristallisieren. Die gesamte Lebenszeit, während der man sich individualisiert, ist eine Zeit bewußter und willentlicher Kristallisierung, die anschließend wieder aufgelöst werden muß. Um zu einem bewußten und individuellen Wesen zu werden, ist eine immerwährende und willentliche Kristallisierung aller Dinge erforderlich, und nachher ist eine andauernde und noch mehr willensbestimmte Gegenbewegung nötig. Gleichzeitig soll das Bewußtsein aber nicht die Vorteile verlieren, die durch die Individualisierung errungen wurden.

Das ist ausgesprochen schwierig.

Was das Denken angeht, ist es elementar, sehr leicht. Sogar vom Standpunkt der Gefühle ist es nicht schwierig: Für das Herz, das heißt für das affektive Wesen, ist es relativ leicht, sich auf die Dimension des Höchsten zu erweitern. Aber dieser Körper! Dort ist es sehr, sehr schwierig, das zu tun, ohne daß er sein Zentrum verliert (wie soll ich sagen?), sein Sammlungszentrum, ohne sich in der umgebenden Masse aufzulösen. Wenn man wenigstens irgendwo in der Natur wäre, mit Bergen, Wäldern, Flüssen, mit viel Raum und großer natürlicher Schönheit, dann wäre es ja angenehm! Aber man kann materiell keinen Schritt außerhalb seines Körpers tun, ohne auf mißliche Dinge zu stoßen – manchmal kommt es vor, daß man mit einer angenehmen Substanz in Kontakt tritt, mit etwas Warmem und Harmonischem, das in einem höheren Licht vibriert, doch das ist selten. Ja, die Blumen, manchmal die Blumen – auch nicht immer. Aber diese materielle Welt! ... Überall stößt man an, wird zerkratzt – zerkratzt, aufgerieben, angerempelt durch alle möglichen Dinge, die sich nicht entfalten. Ach, wie ist das schwierig! Wie verschlossen doch das menschliche Leben ist, wie zusammengeschrumpft, verhärtet, ohne Licht und Wärme, geschweige denn Freude!

Während manchmal beim Anblick von fließendem Wasser oder eines Sonnenstrahls in den Bäumen, ja, wie das singt! – Zellen, die singen und glücklich sind.

So ist das, mein Kind. Das ist alles, was ich dir sagen kann. Wenn du damit etwas anfangen kannst ... Aber die Erfahrung ist neu. Ist sie nicht interessant? Ich muß es in Form einer Erfahrung schildern, denn sonst existiert es nicht – es kann nur so existieren.

Aber halte es so unpersönlich wie möglich!
Brauchst du das? *(Die Notiz von Mutter an Satprem)*
Hier, dein Zettel – es ist nichts – nur eine intellektuelle Notiz.

(Später, beim Gehen:)

Wenn wir diesen Weg weiterverfolgen, werden wir sicher Dinge tun können, die die Mühe lohnen, denn es ist neu. Es ist ganz neu, mit Sri Aurobindo sprach ich nie darüber, weil ich diese Erfahrungen damals nicht hatte. Zwar hatte ich alle psychologischen Erfahrungen im Mental, sogar im materiellsten Mental, im Vital und im physischen Bewußtsein – im physischen BEWUSSTSEIN – aber nicht im Körper. Das ist etwas Neues, es begann erst vor drei, vier Jahren.

Alles übrige ist leicht. Alles bis zu diesem Punkt ist fest begründet – sehr gut begründet.

Da fragt man sich, ob es nicht von Vorteil wäre, etwas zu „materialisieren", auf okkulter Ebene zu handeln, nachdem die physische Transformation offensichtlich so schwierig ist. Mit okkulten Methoden einen neuen Körper schaffen?

Die Idee dazu bestand: Zuerst müßten die Wesen hier in der physischen Welt eine gewisse Verwirklichung erlangen, die sie in die Lage versetzt, ein supramentales Wesen zu materialisieren.

Ich erzählte dir, daß ich ein Wesen der Vitalebene mit einem Körper ausgestattet hatte[1], es wäre mir aber unmöglich gewesen, diesen

---
1. Auch dies gehört zu den verlorenen Schätzen der Jahre 1957 und 1958; im nächsten Gespräch erzählt Mutter weitere Einzelheiten.

Körper materiell zu machen: es fehlt etwas. Etwas fehlt. Sogar wenn man ihn sichtbar machte, könnte man ihm wahrscheinlich keine Permanenz verleihen – bei der geringsten Gelegenheit würde er sich entmaterialisieren. Die Permanenz läßt sich nicht erlangen.

Dieses Problem besprach ich bereits mit Sri Aurobindo („besprechen" ist eine Redensart); er sah die Sache genauso wie ich, daß uns nämlich eine bestimmte Macht fehlt, die Form hier auf der Erde zu FIXIEREN. Sogar bei Leuten mit der Fähigkeit, Dinge zu materialisieren, wie Madame Theon zum Beispiel, fehlt die Permanenz, es kann einfach nicht permanent werden, da es nicht die Eigenschaft der physischen Dinge hat.

Ohne diese Eigenschaft wäre die Kontinuität der Schöpfung in Frage gestellt.

Ja, darüber ließe sich diskutieren, denn interessant ist es. Man könnte sich das wirklich fragen.

Ich kenne die gesamte okkulte Technik bis ins Detail, aber ich hätte dieses Wesen nie materieller machen können, auch wenn ich es versucht hätte – sichtbar schon, aber nicht permanent, keine Fähigkeit zur Weiterentwicklung.

Dabei glaube ich nicht, meine Zeit verloren zu haben (das ist etwas ganz Persönliches); man könnte ja sagen, wenn ich das, was ich jetzt weiß, schon vierzig Jahre früher gewußt hätte – mit vierzig anstatt mit achtzig – hätte man das Gefühl gehabt, mehr Zeit zu haben. Aber ich habe gewiß keine Zeit verloren, denn diese ganze Zeit war nötig, um dahin zu gelangen, wo ich heute bin.

Ich glaube nicht, daß ich langsam gegangen bin. Wie ich dir letztes Mal sagte, hatte ich die wunderbarsten Bedingungen – diese dreißig Jahre mit Sri Aurobindo –, die wunderbarsten Bedingungen, die man nur haben konnte. Ich habe meine Zeit nicht vertrödelt, es ging Stunde um Stunde!

Es ist eine langwierige Arbeit.

Er pflegte zu sagen, daß mindestens dreihundert Jahre nötig seien – also wurde keine Zeit vergeudet.

Als erstes muß der Körper befähigt werden, dreihundert Jahre fortzudauern.

15. Januar 1962

Letztes Mal sprachst du von diesem Wesen der Vitalebene, das du mit einem Körper bekleidet hattest, lebt es immer noch? Wer war es?

Ich habe schon davon erzählt.

Ich sprach über die chinesische Revolution und wie dieses Wesen mich verließ, indem es sagte ... Es war genau fünf Jahre vor der chinesischen Revolution. Das habe ich erzählt.

Ich weiß, daß ich es erzählt habe – es wurde allerdings nicht aufgeschrieben.

Damals diktierte ich meine Erfahrungen. Theon hatte mir beigebracht, in Trance zu sprechen (das heißt, er hatte meinen KÖRPER gelehrt, sich auszudrücken), und ich berichtete ihm alles, was ich tat, während es geschah. Er schrieb es nie auf – ich glaube, das war absichtlich: er wollte keine Enthüllungen machen. Somit ging alles verloren. Wäre all das Stunde für Stunde, Minute für Minute aufgeschrieben worden, hätte es ein in okkulter Hinsicht außerordentliches wissenschaftliches Dokument abgegeben. Er schrieb es nie auf.

Aber dieses mit einem Körper bekleidete Wesen der Vitalebene – lebte es während einer gewissen Zeit auf der Erde?

Nein, nie.

Nie?

Es blieb auf der subtilphysischen Ebene – es weigerte sich, noch weiter zu gehen. Es war Satan, das heißt der Asura des Lichts, der ins Unbewußte und in die Finsternis fiel, als er sich vom Höchsten abtrennte (diese Geschichte habe ich schon oft erzählt). Als ich damals bei Theon war, rief ich ihn wieder herbei und fragte ihn, ob er mit der Erde in Beziehung treten wolle. Ich muß hinzufügen, daß Theon selbst eine Inkarnation des Herrn des Todes war – ich hatte eine gute Gesellschaft in meinem Leben! –, und der andere [Richard] war eine Inkarnation des Herrn der Falschheit, allerdings nur eine partielle, auch bei Theon war es nur partiell. Beim ersten hingegen *(Satan, der Asura des Lichts)* handelte es sich um das zentrale Wesen – natürlich hatte er Millionen von Emanationen auf der Erde, aber er war das zentrale Wesen. Die anderen ... Sparen wir uns das für ein anderes Mal auf!

Er willigte ein, mit einem Körper ausgestattet zu werden. Theon wollte ihn zurückhalten, und er sagte mir: „Lassen Sie ihn nicht weggehen!" Ich gab keine Antwort. Dieses Wesen sagte mir, daß es nicht materieller sein wolle, daß dies genüge – man konnte es im Vorbeigehen wie einen Luftzug wahrnehmen; so materiell war es doch.

Das Wesen sagte, daß es die chinesische Revolution vorbereiten werde: „Ich werde eine Geheimgesellschaft gründen, um die Revolution in China vorzubereiten." Und es gab dafür ein Datum an: „Geben Sie acht: Es wird in genau fünf Jahren passieren."

Ich notierte mir das. GENAU fünf Jahre danach geschah es. Später traf ich Leute, die aus China kamen und mir erzählten, daß alles das Werk einer Geheimgesellschaft mit einem bestimmten Erkennungszeichen gewesen sei. Diese Person berichtete mir davon, weil ich, als sie vor mir stand, instinktiv das Zeichen machte *(Mutter legt ihre beiden Fäuste aufeinander)*, dessen Bedeutung ich nicht kannte. Da sagte mir diese Person: „Ach, Sie gehören auch zu uns!" Ich antwortete nicht. Darauf erzählte sie mir alles.

Das ist wirklich sehr interessant, weil das genaue Datum angegeben wurde. Das Wesen sagte mir: „In genau fünf Jahren wird die Revolution ausbrechen" (es wußte das im voraus). Und es sagte: „Das wird der Anfang sein, die erste Bewegung auf Erden als Zeichen der Transformation von ..." (Theon verwendete nicht das Wort „supramental", sondern er sagte „die neue Welt auf Erden"[1].)

Das Datum hatte ich mir gemerkt.

Unterdessen hatte ich all dies vergessen, denn heute lebe ich die ganze Zeit im Werden. Aber jetzt bin ich wieder darauf gestoßen.

Das ist ein Beweis, den aller Unglaube auf der Welt nicht widerlegen kann.

Dieses Papier wurde während eines Umzugs gestohlen.

Zwei Sachen wurden mir gestohlen: dieses Papier und das Mantra des Lebens (ich erzählte dir davon). Ich vermute, daß es ein okkulter und kein gewöhnlicher Diebstahl war, weil sich die Leute gar keinen Begriff vom Wert dieser Papiere machten, für die meisten Leute waren sie von keinerlei Interesse.

Gut – auf Wiedersehen, mein Kind!

---

[1]. Man wird sich an die Bildung des Kuomintang und an die Unruhen im Jangtsekiang-Tal im Oktober 1911 erinnern, die zum Zusammensturz der Mandschu-Dynastie im Jahre 1912 führten. Die hier von Mutter geschilderte Begegnung muß also im Oktober 1906 in Tlemcen stattgefunden haben. Ebenfalls 1906 lehnte sich Mao Tse-Tung im Alter von 14 Jahren gegen seinen Vater auf – das Vorspiel zu seiner revolutionären Laufbahn.

21. Januar 1962

*(Das folgende Gespräch hatte einen Aphorismus
von Sri Aurobindo als Ausgangspunkt:)*

70 – Prüf dich erbarmungslos, und du wirst dich deinen Mitmenschen gegenüber gütiger und mitfühlender verhalten.

Sehr gut! *(Mutter lacht)* Das ist sehr gut.
Das tut allen gut, nicht wahr?
Besonders den Leuten, die sich für sehr überlegen halten.
Aber es entspricht wirklich etwas sehr Tiefem.
Das ist genau meine Erfahrung der letzten Tagen, die vorgestern so etwas wie ihren Höhepunkt erreichte und sich heute morgen zu einer umfassenden Vision auf globalem Niveau entwickelte.
Es läuft fast auf eine Umkehr der Einstellung hinaus.
Im Grunde haben sich die Menschen immer für von feindlichen Kräften drangsalierte Opfer gehalten – die Mutigen schlagen sich, die anderen beklagen sich. Jetzt hat sich aber immer mehr eine sehr konkrete Sicht der Rolle entwickelt, die die feindlichen Kräfte in der Schöpfung spielen, nämlich ihre beinahe absolute Notwendigkeit, um den erforderlichen Fortschritt zu erzielen, damit die Schöpfung wieder zu ihrem Ursprung wird. Ich sah sehr deutlich, daß man zuerst seine eigene Transformation zu leisten hat – dafür muß man beten, und die gilt es auszuführen, anstatt sich nach der Umwandlung oder Vernichtung der feindlichen Kräfte zu sehnen.
Dies von einem globalen Gesichtspunkt aus gesehen, ich gehe nicht vom individuellen Standpunkt aus (der ist bekannt) – hier geht es um eine globale Sicht.
Es war die plötzliche Erkenntnis aller Fehler, allen Unverständnisses, allen Unwissens, aller Dunkelheit, ja, noch schlimmer, aller Böswilligkeit des irdischen Bewußtseins, das sich für die Fortdauer dieser Wesen und feindlichen Kräfte verantwortlich fühlte; all dies wurde in einer großen ... mehr als einer Aspiration, in einer Art Holocaust dargeboten, damit die feindlichen Kräfte sich auflösen konnten, keine Existenzberechtigung mehr haben würden, damit sie nicht mehr da sein müssen als Anzeichen für all das, was sich verändern muß.
Durch all die Dinge, die das göttliche Leben verneinten, waren sie zwangsläufig da. Diese Bewegung des irdischen Bewußtseins zum Höchsten, die Hingabe all dieser Dinge in einer außerordentlichen Intensität war wie ein Freikauf, um die feindlichen Kräfte zum Verschwinden zu bringen.

Es war eine sehr intensive Erfahrung. Sie kristallisierte sich um einen Erfahrungskern, der zu persönlich ist, als daß ich davon sprechen könnte (ich will damit sagen, daß es nicht nur mich betraf), der sich aber wie folgt ausdrückte: „Nimm all die Fehler, die ich begangen habe, nimm all diese Fehler, nimm sie an, lösch sie aus, damit diese Kräfte verschwinden können!"

Das will dieser Aphorismus vom anderen Ende her gesehen eigentlich besagen. Solange ein menschliches Bewußtsein in sich die Möglichkeit hat, im Widerspruch zum göttlichen Werden zu fühlen, zu handeln, zu denken oder zu sein, kann man unmöglich jemand anderem die Schuld zuschieben; es ist unmöglich, die Schuld den feindlichen Kräften zu geben, die in der Schöpfung als das Mittel wirken, um die Menschen den ganzen Weg, der noch zu begehen ist, sehen und fühlen zu lassen.

(Schweigen)

Es war wie eine Erinnerung[1] – eine Erinnerung, die ewig gegenwärtig ist – dieses Bewußtseins der höchsten Liebe, das der Herr auf die Erde – IN die Erde – ausströmen ließ, um sie zu ihm zurückzuführen. Es war wirklich der Abstieg des eigentlichen Wesens der göttlichen Natur in eine äußerste Verneinung des Göttlichen und damit die Aufgabe des göttlichen Zustandes, um die Finsternis der Erde auf sich zu nehmen, so daß sie ihren göttlichen Zustand wiedererlange. Solange Das nicht existiert, diese göttliche Liebe, die hier auf Erden allmächtig bewußt werden soll, kann die Rückkehr nie endgültig sein.

Das kam nach der Vision des großen göttlichen Werdens[2]. So fragte ich mich: „Da diese Welt fortschreitet, da sie ja immer mehr zum Göttlichen wird, existiert dann nicht stets dieses so schmerzliche Empfinden des Nicht-Göttlichen, des Zustandes, der im Vergleich zu dem, was kommen soll, nicht-göttlich ist? Wird dann nicht stets das existieren, was man „feindliche Kräfte" nennt, das heißt etwas, das der Bewegung nicht harmonisch folgt?" Darauf kam die Antwort, die Vision: „Nein, genau jetzt naht der Augenblick dieser Möglichkeit, der Augenblick für die Manifestation dieser Essenz vollkommener Liebe, die diese Unbewußtheit, diese Unwissenheit und die daraus folgende Böswilligkeit in ein leuchtendes, freudiges Fortschreiten umwandeln kann, in etwas unaufhaltsam Fortschreitendes, Allumfassendes, nach Vollkommenheit Dürstendes."

Das war sehr konkret.

---

1. Als Antwort auf die Frage, was diese Worte bedeuteten, sagte Mutter: „Der Zustand, in dem ich mich befand, war wie eine Erinnerung …"
2. Siehe *Agenda* vom 12. Januar 1962, S. 26.

Es entspricht einem Zustand, in dem man sich so VOLLKOMMEN mit allem identifiziert, was existiert, daß man konkret zu all dem wird, was anti-göttlich ist – worauf man es hingeben kann. Man kann es hingeben und durch dieses Opfer wirklich transformieren.

Im Grunde genommen stellt dieser Wille nach Reinheit, nach dem Guten (was sich in der gewöhnlichen Mentalität ausdrückt als das Bedürfnis, tugendhaft zu sein) das GROSSE HINDERNIS im Menschen für eine echte Selbsthingabe dar. Der Ursprung der Falschheit und besonders die eigentliche Wurzel der Heuchelei liegt hier: in der Weigerung, den eigenen Anteil der Last der Schwierigkeiten auf sich zu nehmen. Dieses Problem berührte Sri Aurobindo in seinem Aphorismus auf sehr einfache, direkte Art und Weise.

Versucht nicht, tugendhaft zu sein. Seht, wie weit ihr mit allem, was anti-göttlich ist, verbunden und EINS seid, nehmt euren Teil der Last an, akzeptiert, selbst unrein und falsch zu sein, denn so könnt ihr den Schatten aufnehmen und ihn hingeben. In dem Maße, wie ihr fähig seid, ihn aufzunehmen und hinzugeben, werden sich auch die Dinge ändern.[1]

Versucht nicht, zu den Reinen zu gehören. Akzeptiert, mit jenen zu sein, die in der Dunkelheit sind, und gebt all dies hin in totaler Liebe.

(Schweigen)

Sobald dies erkannt und GETAN war, kam die volle Macht zurück – die große schöpferische Macht.

(Schweigen)

Wahrscheinlich konnte diese Erfahrung nur deshalb stattfinden, weil die Zeit für die Hingabe all dieser Dinge gekommen war.

Es geht nicht darum, diese Dinge fortbestehen zu lassen, sondern sie hinzugeben.

Denn der Augenblick ist gekommen, diese Macht zu manifestieren, welche eine Macht der Liebe ist – eine Macht der LIEBE, nicht nur der

---

1. Bei der ausschnittweisen Veröffentlichung dieses Gesprächs im Ashram-*Bulletin* im April 1962 veranlaßte mich Mutter (trotz meines Protestes), diesen Satz abzuändern. Anstatt „Versucht nicht, tugendhaft zu sein", formulierte sie: „Versucht nicht, tugendhaft zu erscheinen", und sie fügte hinzu: „Es hätte sonst eine nachteilige Wirkung. Die Leute verstehen nie, oder vielmehr, sie verstehen auf ihre Weise. Sie würden das als Ermutigung auffassen, Dummheiten zu machen, schlecht zu sein, schlechte Gefühle zu hegen, und sie würden sich sagen: Wir sind die Lieblinge des Herrn! Du erinnerst dich, es gibt einen Brief von Sri Aurobindo in dieser Art an Leute, die alles Schlechte in sich ausleben wollten – er sagte ihnen, daß dies nun wirklich nicht angehe!" (Siehe im Anhang zwei Briefe von Sri Aurobindo über die Psychoanalyse.)

Identität – der Liebe, einer vollkommenen Liebe, die allein zu geben vermag.

Dies geschah heute morgen, in großer Schlichtheit, aber gleichzeitig hatte es etwas so Weites und Allmächtiges an sich, als ob die universelle Mutter sich zum Herrn wende und ihm sagte: „Endlich! Wir sind bereit."

Das ist meine Erfahrung von heute morgen.

Willst du damit sagen, daß dies einen weltweiten Fortschritt bedeutet?

Ja, weltweit, es geht hier um die Geschichte der Erde.

Jetzt?

Weißt du, in diesen Bereichen erstreckt sich das „Jetzt" manchmal über viele Jahre. Ich sage nicht, daß es augenblicklich stattfinden wird, ich weiß es nicht – ich weiß nicht, wahrscheinlich werde ich es in ein paar Tagen wissen.

Weißt du, wenn man eine Tür einen Spalt weit öffnet und einen Blick erhascht ...

Als ich Sri Aurobindo sagte, daß Indien frei sei, war es dieselbe Erfahrung; die universelle Mutter selbst sprach, sozusagen von ihrem Ursprung aus – und es dauerte fünfunddreißig Jahre, bis sich das auf der Erde manifestierte.

Als ich die Erfahrung hatte, daß der Augenblick für die Herabkunft der supramentalen Kraft auf die Erde gekommen war, folgte ich in meinem Bewußtsein den Auswirkungen und Konsequenzen, aber für eine gewöhnliche Sicht muß es dem entsprochen haben, was bei der Befreiung Indiens geschah – die Herabkunft mag zwar stattgefunden haben, aber im Moment sind die Auswirkungen mehr als verhüllt.

Die erste ein wenig greifbare Manifestation war die Vision des Schiffes; damit wurde die Sache konkreter, es veränderte etwas radikal an der Haltung.

Jetzt beginnt eine neue Etappe.

(Schweigen)

Die ganze letzte Zeit war sehr schwierig. Ich sehe deutlich, daß es eine Vorbereitung war – eine Vorbereitung für diese Erfahrung. Es ging darum, die Haltung zu revidieren, eine Haltung des Kampfes, um all das, was in der Schöpfung anti-göttlich ist, zu überwinden, zu besiegen, zunichte zu machen. Wahrscheinlich (nein, nicht wahrscheinlich, sondern sicher) war diese Haltung bis jetzt nötig, um die Dinge vorzubereiten. Aber jetzt hat eine Art Umsturz stattgefunden, als ob der Moment für das schöpferische Prinzip, die Kraft, die schöpferische Kraft des Universums gekommen sei, um zu sagen: „Auch das bin Ich. Denn es ist Zeit, daß es verschwinde. Auch das bin Ich; Ich behandle es nicht mehr wie einen Feind, den ich zurückweisen muß. Ich akzeptiere es als Mich, so daß es wirklich Ich werde."

Eine Art Pein ging dem voraus: „Wird es immer so etwas geben, das im Vergleich zu dem, was werden soll, anti-göttlich erscheint?" – Nein, nach einer langen Vorbereitung wird es fähig, sich göttlich zu fühlen – und folglich göttlich zu sein.

Betrachtet man die äußerliche, materielle Wirklichkeit, so bleibt noch ein langer Weg, bis diese neue Manifestation zur vollbrachten Tatsache wird. Doch wahrscheinlich besteht bereits jetzt ihr Keim – so wie der Keim von Indiens Unabhängigkeit gekommen war, sich aber erst später erfüllte.

*
* *

Addendum

(Zwei Briefe von Sri Aurobindo über die Psychoanalyse)

Dich einer Psychoanalyse zu unterziehen, war ein Fehler. Zumindest für den Augenblick hat sie die Arbeit der Läuterung komplizierter und nicht einfacher gemacht. Die Freudsche Psychoanalyse ist das Letzte, was man mit dem Yoga in Verbindung bringen sollte. Sie befaßt sich mit einem bestimmten Teil, und zwar dem dunkelsten, gefährlichsten, ungesundesten Teil der menschlichen Natur, mit der niederen vitalen, unterbewußten Schicht, isoliert einige ihrer krankhaftesten Erscheinungsformen und unterstellt ihnen einen Einfluß, der in keinem Verhältnis zu ihrer wahren Rolle in der Natur steht. Die moderne Psychologie ist eine in den Kinderschuhen steckende Wissenschaft, sowohl unbesonnen als auch unsicher und unausgereift. Wie bei allen neu entwickelten Wissenschaften tobt sich hier die universelle Gewohnheit des menschlichen Mentals aus, eine unvollständige oder örtlich begrenzte Wahrheit ungebührlich zu verallgemeinern und zu versuchen, den gesamten Bereich der Natur mit ihren engen Begriffen zu erklären. Im übrigen ist es ein gefährlicher Fehler, die Bedeutung unterdrückter sexueller Komplexe zu übertreiben; es kann einen schlimmen Einfluß haben und dazu führen, Mental und Vital grundlegend unreiner zu machen als vorher und nicht reiner.

Es ist richtig, daß das Unterschwellige [*subliminal*] im Menschen den größten Teil seiner Natur umfaßt und das Geheimnis ungeahnter Dynamiken in sich birgt, welche seine Tätigkeiten an der Oberfläche erklären. Doch das niedere vitale Unterbewußte – das ist alles, was diese Psychoanalyse von Freud zu kennen scheint, und selbst hiervon kennt sie nur ein paar schlecht ausgeleuchtete Winkel – ist nicht mehr als ein sehr begrenzter und untergeordneter Teil des unterschwelligen Ganzen. Dahinter steht das unterschwellige Selbst und stützt den ganzen Menschen der Oberfläche; es birgt ein umfassenderes und wirksameres Mental hinter dem Oberflächen-Mental, ein größeres und machtvolleres Vital hinter dem Oberflächen-Vital, ein feineres und freieres physisches Bewußtsein hinter dem Oberflächen-Dasein des Körpers. Über diesen öffnet es sich dem höheren Überbewußten und darunter den niederen unterbewußten Bereichen. Wenn man die Natur läutern und umwandeln will, muß man sich der Macht dieser höheren Bereiche öffnen und sich zu ihnen erheben, um mit ihrer Hilfe sowohl das unterschwellige als auch das Oberflächen-Wesen zu wandeln. Auch das sollte nicht übereilt und unbesonnen sondern mit Bedacht geschehen, indem man einer höheren Führung folgt und immer die richtige Haltung bewahrt; andernfalls könnte die Kraft, die herabgezogen wird, zu stark sein für das dunkle und schwache Gerüst der menschlichen Natur. Doch zuerst das niedere Unterbewußtsein zu öffnen und zu riskieren, daß all das Verdorbene oder Finstere in ihm sich erhebt, bedeutet eine ausdrückliche Anstrengung, um sich Schwierigkeiten zu bereiten. Zuerst sollte man sich bemühen, das höhere Mental und Vital stark und beständig werden zu lassen und es mit dem Licht und Frieden von oben erfüllen; dann erst kann man mit größerer Sicherheit und einiger Aussicht auf eine schnelle und erfolgreiche Wandlung das Unterbewußte öffnen und sogar in es hinabtauchen.

Die Methode, sich von den Dingen durch *Anubhava* [Erfahrung] zu befreien, kann ebenfalls gefährlich sein, denn auf diese Weise kann man sich leicht noch mehr verstricken, statt die Freiheit zu erlangen. Hinter dieser Methode stehen zwei wohlbekannte psychologische Motive. Eines davon, das Motiv der willentlichen Erschöpfung, ist nur in einigen Fällen gerechtfertigt, besonders dann, wenn eine angeborene Neigung des Wesens eine zu große Gewalt über die Person oder einen zu ausgeprägten Charakter hat, als daß man sich mittels *Vicara* [intellektuelle Reflexion] oder Zurückweisung und Ersetzen durch die wahre Bewegung davon befreien könnte; wenn *Anubhava* im Übermaß angewendet wird, muß der Sadhak manchmal sogar zur gewöhnlichen Tätigkeit des gewöhnlichen Lebens zurückkehren, um mit frischem Geist und frischer Willenskraft zur wahren Erfahrung zu gelangen, und erst wenn das Hindernis ausgeräumt oder für die Ausmerzung reif ist, zum spirituellen Leben zurückkehren. Doch diese Methode des bewußten Nachgebens ist, wenngleich manchmal unvermeidlich, immer gefährlich. Sie hat nur dann Erfolg, wenn im Wesen ein sehr starker Wille zur Verwirklichung besteht; denn dann ruft dieses Nachgeben eine große Unzufriedenheit und Gegenwirkung hervor – *Vairagya* [Abscheu vor der Welt] –, und der Wille zur Vervollkommnung kann in den widerstrebenden Teil der Natur herabgebracht werden.

Das andere Motiv für *Anubhava* ist von allgemeinerer Anwendbarkeit, denn um etwas vom Wesen zurückweisen zu können, muß man sich dessen erst bewußt werden, die klare innere Erfahrung seiner Wirkungsweise haben und seinen tatsächlichen Platz unter den Abläufen der menschlichen Natur entdecken. Dann kann man darauf einwirken und es beseitigen, wenn es eine völlig falsche Bewegung ist, oder umwandeln, wenn es nur die Entartung einer höheren und wahren Bewegung ist. Dies oder Ähnliches wird im System der Psychoanalyse auf unreife oder falsche Weise mit bruchstückhaftem und ungenügendem Wissen versucht. Die Methode, die niederen Bewegungen in das volle Licht des Bewußtseins zu heben, um sie kennenzulernen und sich mit ihnen auseinanderzusetzen, ist unvermeidlich, denn ohne sie gibt es keine vollständige Wandlung. Wirklich erfolgreich kann sie aber nur dann sein, wenn ein höheres Licht und eine höhere Kraft hinreichend tätig sind, um früher oder später die Kraft der zu wandelnden Veranlagung zu überwinden. Viele rühren unter dem Vorwand von *Anubhava* nicht nur die feindliche Bewegung auf, sondern unterstützen sie noch durch ihre Zustimmung, statt sie zurückzuweisen; sie erfinden Ausflüchte, um sie fortzusetzen oder zu wiederholen, und fahren auf diese Weise fort, damit zu spielen, sich ihrer Wiederkehr hinzugeben, sie zu verewigen; wenn sie sich später davon befreien wollen, hat sie sich derart festgesetzt, daß sie hilflos in ihrer Gewalt sind und nur ein furchtbarer Kampf oder ein Eingreifen der göttlichen Gnade sie befreien kann. Einige tun dies aus vitaler Verschrobenheit oder Perversion heraus, andere aus reiner Unwissenheit; aber sowohl im Yoga als auch im Leben wird Unwissenheit von der Natur nicht als rechtfertigende Entschuldigung akzeptiert. Diese Gefahr besteht immer, wenn man sich den unwissenden Teilen der menschlichen Natur gegenüber falsch verhält; aber nichts ist unwissender, gefährlicher, unvernünftiger und hartnäckiger in seiner Wiederkehr als das niedere vitale Unterbewußte mit seinen Regungen. Es im Sinne von *Anubhava* übereilt oder auf falsche Weise aufzurütteln, kann zur Folge haben, daß auch die bewußten Teile von seinem dunklen und schlammigen Stoff überflutet und auf diese Weise das ganze Vital und selbst die mentale Natur vergiftet werden. Daher sollte man stets mit einer positiven und nicht mit einer negativen Erfahrung beginnen, indem man etwas von der göttlichen Natur – Stille, Licht, Gleichmut,

Reinheit, göttliche Stärke – in die zu verwandelnden Teile des bewußten Wesens herabbringt; erst wenn das zur Genüge geschehen und eine feste, positive Grundlage geschaffen ist, ist es ungefährlich, die verborgenen unterbewußten, feindlichen Elemente aufzurütteln, um sie durch die Stärke der göttlichen Stille, des Lichtes, der Kraft und des Wissens zu vernichten und auszurotten. Auch dann wird sich von selbst noch genug von dem niederen Stoff erheben, um dir so viel *Anubhava* zu verschaffen, wie du zur Befreiung von den Hindernissen brauchst; nun kannst du dich allerdings wesentlich ungefährdeter und unter einer höheren inneren Führung mit ihnen auseinandersetzen.

*
* *

Es fällt mir schwer, diese Psychoanalytiker überhaupt ernst zu nehmen, wenn sie versuchen, spirituelle Erfahrung im flackernden Licht ihrer Fackeln zu untersuchen – dennoch sollte man es vielleicht tun, denn Halbwissen ist eine machtvolle Sache und kann ein großes Hindernis für das Hervortreten der reinen Wahrheit sein. Diese modernen Psychologen kommen mir sehr wie Kinder vor, die ein abgekürztes und nicht ausreichendes Alphabet erlernen und jubelnd ihr ABC des Unterbewußten mit dem geheimnisvollen Untergrund des Über-Ichs vermischen und sich einbilden, daß ihr erstes Schulheft dunkler Anfänge (K-A-T-Z-E = Katze, B-A-U-M = Baum) der eigentliche Kern wahren Wissens sei. Sie blicken von unten nach oben und erklären die höheren Formen des Lichtes mit Hilfe der niederen Dunkelheit; aber die Grundlage dieser Dinge liegt oben und nicht unten, *upari budhna esâm*. Das Überbewußte, nicht das Unterbewußte, ist die wahre Grundlage der Dinge. Die Bedeutung des Lotos kann nicht ergründet werden, indem man die Geheimnisse des Schlammes analysiert, aus welchem er hier wächst; sein Geheimnis muß im himmlischen Urbild des Lotos gefunden werden, der ewig im Lichte blüht, das über uns ist. Außerdem ist der Bereich, den die Psychologen sich ausgewählt haben, unergiebig, dunkel und begrenzt; du mußt das Ganze kennen, bevor du den Teil kennen kannst, und das Höchste, bevor du das Niederste wirklich verstehen kannst. Dies ist die Verheißung einer höheren Psychologie, die ihrer Stunde harrt und vor der dieses armselige Umhertappen dahinschwinden und im Nichts zerrinnen wird.[1]

---

1. Sri Aurobindo, *Letters on Yoga*, Cent. Ed., XXIV, 1605ff.

24. Januar 1962

*(Im Zusammenhang mit dem vorhergehenden Gespräch
über die anti-göttlichen Kräfte:)*

Ich las in Savitri *einen Abschnitt, der mit dem, was du sagtest,
in einem genauen Bezug steht ...*

Ach! Lies ihn mir vor!

*Ich hätte es lieber, wenn du ihn selber lesen würdest, denn mein
Englisch ... Dieser Abschnitt hat mich sehr beeindruckt: diese
vier Zeilen hier.*

(Mutter liest)

*Not only is there hope for godheads pure;
The violent and darkened deities
Leaped down from the one breast in rage to find
What the white gods had missed: they too are safe;
A Mother's eyes are on them and her arms
Stretched out in love desire her rebel sons.*[1]

Ja, das ist es.

„Was den weißen Götter entgangen ist ..."

Daran erinnerte ich mich nicht. Aber das ist es genau.

Es ist merkwürdig, wenn ich lese, sehe ich nur, was im Moment nötig ist. Der Rest bleibt wie im Hintergrund. Im Augenblick, wo es nötig ist, kommt es dann wieder – wie das, was du mir gerade gezeigt hast.

Ja, das ist es. Das ist hier passiert.

Es ist genau so, als öffnete man einen Vorhang, hinter dem alles bereit liegt!

Es macht mir Mühe, während dieser Erfahrungen zu sprechen, denn das Französische fällt mir spontaner zu, aber es läuft alles auf Englisch ab – so sehr ist es mit Sri Aurobindos Macht verbunden ...

---

1. Nicht nur für reine Gottheiten gibt es Hoffnung.
Denn jene Gottheiten, die verfinstert und brutal sind,
die einst im Zorn herniederfuhren aus der Brust des Einen, um hier
zu finden, was den weißen Göttern einst entgangen ist:
Auch sie sind sicher; auf ihnen ruhn die Augen einer Mutter, ihre Arme
sind liebend ausgestreckt nach den aufrührerischen Söhnen.
Savitri, X.2 (Cent. Ed. XXIX, 613)

Gut mein Kind, wann sehe ich dich wieder?

27. Januar 1962

Ich würde dir gerne eine Frage über diesen Abschnitt in Savitri *stellen, den ich dir letztes Mal zeigte. Ich weiß nicht, ob du dich erinnerst, es ist dieser Abschnitt über „the white gods" [die weißen Götter].*

Was wolltest du fragen? Was die „weißen Götter verfehlt haben"? Aber Sri Aurobindo hat es ja hier in den Aphorismen deutlich beschrieben. Er erwähnte all das, er nahm alle Dinge der Reihe nach vor: „Ohne dies gäbe es nicht das; ohne jenes gäbe es nicht das ..." usw.[1]

Aber ich erinnere mich auch, daß ich, noch bevor ich Sri Aurobindo traf, im Buch „Die Tradition" (Theon nannte es *Die Tradition*, es war ein historischer Roman, romantisch, völlig episodisch, aber sehr plastisch, über die Erschaffung der Welt) den ersten Hinweis über die vier ersten Emanationen der universellen Mutter erhielt – als der Herr seine Schöpfermacht der Mutter übertrug. Es war völlig identisch mit der alten indischen Tradition, nur war es auf eine fast kindliche Art erzählt – jedermann konnte das verstehen, es waren Bilder, wie eine Kino-Bilderwelt, und sehr lebendig.

---

1. 88 – Diese Welt wurde durch den Tod gebaut, um leben zu können. Möchtest du den Tod aufheben? Dann wird auch das Leben zunichte. Den Tod kannst du nicht aufheben, aber du kannst ihn in ein größeres Leben umwandeln. 89 – Diese Welt wurde durch die Grausamkeit gebaut, um lieben zu können. Willst du die Grausamkeit aufheben? Dann wird auch die Liebe zunichte. Die Grausamkeit kannst du nicht aufheben, aber du kannst sie in ihr Gegenteil umgestalten: in eine brennende Liebe und eine Köstlichkeit. 90 – Diese Welt wurde durch die Unwissenheit und den Irrtum gebaut, um wissen zu können. Willst du die Unwissenheit und den Irrtum aufheben? Dann wird auch das Wissen zunichte. Die Unwissenheit und den Irrtum kannst du nicht aufheben, aber du kannst sie in strahlend-glänzendes Überschreiten der Vernunft verwandeln. 91 – Wenn das Leben allein existierte, ohne den Tod, gäbe es keine Unsterblichkeit; wenn die Liebe allein existierte, ohne die Grausamkeit, wäre die Freude nur ein laues, flüchtiges Entzücken; wenn die Vernunft allein existierte, ohne die Unwissenheit, wäre unsere höchste Errungenschaft nicht mehr als eine beschränkte Rationalität und Lebensklugheit. 92 – Umgewandelt, wird der Tod zum Leben als Unsterblichkeit; umgestaltet, wird die Grausamkeit zur Liebe als unerträgliche Ekstase; verwandelt, wird die Unwissenheit zum Licht jenseits von Wissen und Weisheit.

So erschuf sie ihre ersten vier Emanationen. Die erste war das Bewußtsein und das Licht (das aus dem Satchitananda entstand). Die zweite war das Ananda und die Liebe. Die dritte war das Leben, und die vierte war die Wahrheit. Dann, so geht die Geschichte, wurden sie sich ihrer unendlichen Macht bewußt, und anstatt weiterhin mit der höchsten Mutter verbunden zu bleiben und durch sie mit dem Höchsten, und ihre Handlungsanweisungen von Ihm zu erhalten, machten sie sich alle selbständig auf den Weg, um zu tun, was ihnen beliebte – sie waren sich ihrer Macht bewußt und benutzten sie. Sie vergaßen ihren Ursprung. Dieses erste Vergessen bewirkte, daß das Bewußtsein zum Unbewußten wurde und das Licht zur Finsternis; die zweite Emanation, das Ananda, wurde zum Leiden, die Liebe wurde Haß; die dritte Emanation, das Leben, wurde zum Tod; und die vierte Emanation, die Wahrheit, wurde zur Falschheit. Und sie wurden augenblicklich in das geschleudert, was zur Materie wurde. Gemäß Theon geht die Welt, so wie wir sie kennen, darauf zurück. Dies war der Höchste selbst in seiner ersten Manifestation.

Aber die Geschichte ist leicht verständlich, man gewinnt so einen Zugang zur Sache. Für Intellektuelle erscheint sie äußerlich recht kindisch, aber wenn man die Erfahrung hat, versteht man sehr gut – ich verstand sofort und fühlte, worum es ging.

Als die Welt nun zu dem geworden ist, als sie zur vitalen Welt in ihrer Finsternis geworden ist und sie die Materie aus dieser vitalen Welt erschaffen haben, sieht die höchste Mutter *(lachend)* das Resultat ihrer vier ersten Emanationen, und Sie fleht zum Höchsten: „Die Welt muß gerettet werden! Man kann sie einfach nicht in diesem entsetzlichen Zustand belassen, man muß sie retten und ihr das göttliche Bewußtsein zurückgeben. Was tun?" Worauf der Höchste sagt: „Wirf dich in eine neue Emanation, aber eine WESENTLICHE Emanation der Liebe tief in der materiellsten Materie". Das bedeutete, in die Erde hinabzutauchen (die Erde war zum Symbol und zur Verkörperung des ganzen Dramas geworden). „Tauch in die Materie!" So tauchte Sie in die Materie, und dies war die Urquelle des Göttlichen im Innern der Substanz. Und von dort, vom Innern aus (wie es in *Savitri* so schön beschrieben ist), beginnt Sie, die Materie emporzuheben.

Aber zur gleichen Zeit, als Sie in die Erde tauchte, fand eine zweite Reihe von Emanationen statt, die der Götter für die Zwischenbereiche zwischen Satchitananda und der Erde. Und diese Götter *(lachend),* nun, man achtete sehr darauf, sie perfekt zu machen, um weiteren Verdruß zu vermeiden. Allerdings sind sie ein wenig … ein wenig zu perfekt, nicht wahr? Ja, ein wenig zu perfekt, sie machen nämlich nie

Fehler, sie tun immer genau das, was ihnen aufgetragen wird – kurz, es fehlt ihnen ein bißchen an Initiative. Sie haben schon welche, aber ...

Tatsächlich waren sie nicht *surrendered* [sie hatten sich nicht hingegeben], so wie dies ein psychisches Wesen tun kann, denn sie hatten kein psychisches Wesen. Das psychische Wesen ist das Ergebnis des Abstiegs. Nur die Menschen haben ein psychisches Wesen, was zur Folge hat, daß die Menschheit den Göttern WEIT überlegen ist. Darauf bestand Theon sehr: In seiner ganzen Geschichte sind die Menschen den Göttern weit überlegen und haben ihnen nicht zu gehorchen – sie müssen nur mit dem Höchsten in seinem Aspekt der vollkommenen Liebe in Verbindung stehen.

Ich weiß nicht, wie ich das ausdrücken soll ... Mir persönlich erschienen diese Götter immer ein wenig ... (nicht so, wie sie in den Puranas beschrieben sind, die sind anders – oder doch nicht so anders!), aber wie sie Theon zeigte, waren sie ein wenig süßlich-kitschig. So ist das. Nicht, daß sie keine Macht hatten – sie hatten sogar eine große Macht, aber es fehlte ihnen diese Flamme des psychischen Wesens.

Für Theon war der jüdische und christliche Gott ein Asura. Ein Asura, der einmalig sein wollte, und aus diesem Grund war er der schrecklichste Despot, den man sich vorstellen kann. Anatole France sagte dasselbe (heute weiß ich, daß Anatole France die Geschichte von Theon nicht gelesen hatte – ich weiß nicht, woher er es nahm). Es steht in seinem Roman *Der Aufstand der Engel*. Er sagt, Satan sei der wahre Gott; der „einzige Gott" Jehova hingegen das Monster. Als die Engel Satan zum einzigen Gott machen wollten, war ihm klar, daß er augenblicklich alle Fehler Jehovas übernehmen würde. Er lehnte also ab und sagte: „Nein danke, nicht mit mir!" Diese Geschichte ist köstlich. Sie ist genau im selben Geist geschrieben, wie es Theon meinte. Das erste, was ich ihn fragte (ich erzählte dir, daß ich Anatole France einmal traf – gemeinsame Freunde stellten mich ihm vor), war: „Haben Sie *Die Tradition* gelesen?" Er verneinte. Ich erklärte ihm, warum, und es interessierte ihn. Er sagte, es sei seiner Vorstellungskraft entsprungen. Aber er hatte etwas aufgegriffen, es war Intuition.

Wenn man all dies den Philosophen und Metaphysikern sagt, schauen sie einen an, als ob sie sagen wollten: „Sie müssen reichlich beschränkt sein, um diese Albernheiten zu glauben!" Aber diese Dinge dürfen nicht als konkrete Wahrheiten aufgefaßt werden – es sind eindrucksvolle Darstellungen. So kam ich sehr konkret mit der Wahrheit über den eigentlichen Grund dieser Verfälschung der Welt in Berührung, viel besser als durch alle Hindu-Geschichten, viel konkreter.

Der Buddhismus und alle ähnlichen Gedankenrichtungen haben sich für den kürzesten Weg entschieden: „Der Wunsch zu existieren ist verantwortlich für den Schlamassel." Wenn der Herr es unterlassen hätte, diesen Wunsch zu hegen, wäre es nicht zu dieser Welt gekommen. Aber das ist kindisch. Wirklich kindisch, eine allzu menschliche Sicht des Problems.

Der Standpunkt der Freude am Sein ist von sehr viel höherer Qualität, dann bleibt aber das Problem, warum alles so geworden ist? – Eben weil alles möglich war und dies EINE der Möglichkeiten bildete. Das ist aber nicht sehr befriedigend, und man sagt sich: „Ja, sicher, so ist es, das ist eine Tatsache." Theon wurde auch gefragt: „Aber warum ist alles so gekommen? Warum ..." – „Wenn ihr auf der anderen Seite seid, werdet ihr es wissen. Wartet, bis ihr drüben seid! Tut das Nötige, um dorthin zu gelangen, das ist dringender!"

Aber es ist mit einem Vorteil verbunden: Ohne diese Wesen, ohne diese Entstellung der Welt, würde vieles fehlen. Diese Wesen enthielten potentiell einige absolut einmalige Elemente – was ganz natürlich ist, da sie ja zur ersten Welle gehörten. Und eben weil sie noch so sehr dem Höchsten angehörten, fühlten sie sich auch als das Höchste. Da war es also passiert. Nur genügt das überhaupt nicht, aus dem einfachen Grund, weil sie schon in vier geteilt waren und eine einzige Teilung genügt, damit alles falsch läuft. Das ist leicht zu verstehen: Es ist nicht grundlegend schlecht, nur die FUNKTIONSWEISE ist schlecht – nicht die Substanz oder die Essenz. Die Essenz ist nicht schlecht, nein, es ist ein Funktionsfehler.

Aber wenn man versteht ...

Worte sind so kindisch. Wenn man das intelligenten Menschen erzählen wollte, würden sie einen mitleidig anschauen – aber man gewinnt dadurch einen solch konkreten Zugang zum Problem! Mir hat das sehr geholfen.

Es war auf Englisch geschrieben, und ich übersetzte alles ins Französische – in ein abscheuliches Französisch, absolut schrecklich, weil ich alle Worte, die sich Theon ausgedacht hatte, mitübernahm. Alle im Menschen verborgenen Fähigkeiten hatte Theon detailliert beschrieben, phantastisch, aber mit solch barbarischen Worten! Im Englischen kann man neue Worte bilden, das geht noch an, aber im Französischen wirkte es absolut lächerlich – und ich übersetzte sie so gewissenhaft! Die Erfahrung selbst war aber phantastisch, eine wirkliche Erfahrung, die auf Madame Theons Außerkörper-Erfahrungen zurückging. Sie hatte gelernt, was mir Theon auch beigebracht hatte: zu sprechen, während man im siebten Himmel ist (der Körper spricht weiter, ein wenig langsamer zwar, mit leiserer Stimme, aber es geht schon). Sie pflegte zu sprechen, und eine Freundin von ihr, die ihre Sekretärin war, übrigens auch eine Engländerin, schrieb alles fortlaufend auf (ich glaube, sie konnte stenographieren). Das ergab dann die Geschichten, es wurde in Form von Geschichten erzählt. All dies wurde Sri Aurobindo gezeigt, und es interessierte ihn sehr. Gewisse Worte übernahm er sogar in seine Terminologie.

Alle Unterteilungen des Wesens waren mit vollkommener Präzision bis ins geringste Detail beschrieben. Unabhängig davon machte ich die Erfahrung danach nämlich selber, ohne jegliche vorgefaßte Meinungen, einfach indem ich einen Körper nach dem anderen verließ, Körper für Körper, zwölf Mal, und meine Erfahrung war genau dieselbe, abgesehen von einigen unwesentlichen Unterschieden, die lediglich auf Unterschiede im Gehirn des Empfängers zurückzuführen sind.

(Die Uhr schlägt)

Ich muß gehen ...

Ich weiß nicht, ob schriftliche Aufzeichnungen dieser Erfahrungen existieren, jedenfalls habe ich keine gelesen. Ich kenne nichts von der indischen Literatur, gar nichts. Ich weiß nur, was Sri Aurobindo sagte, und ein paar Brocken von hier und da. Jedesmal, wenn ich mit ihrem Vokabular konfrontiert werde ... ach, es ist so trocken.

Du sprichst von Exteriorisierung, könntest du mir nicht auf einfache Art beibringen, wie man es tut?

Man kann es nicht allein tun, es ist gefährlich.

Einigen Leuten fällt es spontan zu, und wenn sie einmal so weit sind, sagt man ihnen nicht, es sei gefährlich. Es ist aber gefährlich: Wenn sie es einfach so tun, ohne Überwachung, und jemand oder etwas – irgendein Ereignis, irgendein Umstand – sie brüsk zurückruft, können sie abgeschnitten werden *(Geste des Zerreißens der Schnur)*. Ich würde es niemanden tun lassen, der kein Wissen hat. Wenn es spontan geschieht, kommt es aus früheren Leben, und dann ist es eine alte Gewohnheit. Trotzdem ist es ein wenig riskant, es müßte immer jemand dabei sein, der auf den Körper aufpaßt. Aber jemandem das einfach so beibringen, nein.

Ich versuchte es einmal in Frankreich ... Es war dieser Hollenberg, der Maler, der während des Krieges [Erster Weltkrieg] hierher kam und dann zurückgehen mußte[1]. Er kam nach Frankreich und bat um Hilfe, er bestand unbedingt darauf. Er hatte alles von Theon gelesen, wußte über alles bescheid und war ausgesprochen erpicht darauf. So brachte ich es ihm bei (ich war also da, er tat es in meiner Gegenwart).

---

1. Er malte ein Portrait des jungen, in die Zukunft blickenden Sri Aurobindo im Profil.

27. JANUAR 1962

Mein Kind, als er aus seinem Körper austrat, geriet er in Panik! Er war kein Angsthase – er war sehr mutig –, aber es jagte ihm einen solchen Schrecken ein! Reine Panik ... Da sagte ich nein, nein!

Aber zum Beispiel in der Nacht verlasse ich meinen Körper auch.

Nicht auf dieselbe Weise.

Nicht auf dieselbe Weise? ... Ich muß auch kämpfen, und wie!

Wohin gehst du?

An alle möglichen Orte, zum Beispiel hatte ich Erfahrungen mit P[1] ...

Wenn du dich schlafen legst, brauchst du mich nur zu rufen.

---

[1]. Da ich sie für unbedeutend hielt, notierte ich meine Antwort nicht. Der erwähnte P landete geistesgestört in einem „japanischen Krankenhaus", wo er starb. Eines Nachts – dies ist vermutlich die Geschichte, die ich Mutter berichtete – begegnete ich ihm in einer Art Hölle, in der er gefangen war. Er litt an zahlreichen Wunden, die ich mit Balsam einrieb. Dann forderte ich ihn auf, Mutters Mantra zu wiederholen, und sobald wir das Mantra aussprachen, explodierte der gesamte Ort, alles wurde zertrümmert – die sofortige Erlösung. Einige Monate später (vielleicht waren es auch einige Jahre) besuchte P mich eines Nachts mit einem Blumenstrauß, lächelnd, als wollte er mir mitteilen, daß er wieder einen Körper annehme.

Februar

3. Februar 1962

(Eine Besucherin hat Mutter einen Brief geschrieben, in dem sie von ihren Schwierigkeiten spricht und sich als Opfer eines „kollektiven Karmas" bezeichnet)

Diese Karmageschichten ...

Ich habe mich sehr oft gefragt, ob es den Leuten hilft, ihr Karma zu kennen – ich glaube es nicht.

Das heißt, wenn sie selber auf die Erfahrungen ihres früheren Lebens stoßen, dann ist es Teil eines inneren, psychischen Erwachens, das bestimmt sehr nützlich ist. Aber daß irgendein Guru daherkommt und einem sagt: „Ja, das war Ihr Karma" ... Ich glaube nicht, daß das nützlich ist (und dies ist noch sehr gelinde ausgedrückt).

Wenn man die Linie seines früheren Lebens selber findet, ist es etwas anderes, dann ist es Teil eines inneren, psychischen Erwachens, und das ist gut. Aber daß jemand, der etwas sieht, einem daherkommt mit: „Ja, wissen Sie, Sie sind dieser oder jener gewesen, Sie haben dies oder jenes gemacht ..." Ich glaube nicht, daß einem das hilft. Vielmehr habe ich den Eindruck, daß die Dinge dadurch nur schwieriger werden – das bringt einen in Kontakt mit Dingen, an deren Beseitigung man arbeitete.

(Schweigen)

Diese Frau mit ihrem „kollektiven Karma"! Das ist ein Witz, das sind dumme Geschichten.

Für gewisse Leute mag das zutreffen, aber nicht für sie. Wenn ich sie nicht gesehen hätte, hätte ich vielleicht gesagt: „Ach, so?..." und hätte dann versucht herauszufinden, aber ... Ein kollektives Karma – natürlich ist es alles, was einen mit den Menschen verbindet, die man in früheren Leben kannte; in diesem Sinne gibt es sicher ein kollektives Karma. Man benutzt aber große Worte und hat großartige Ideen von Dingen, die im Grunde ganz natürlich sind.

Trotzdem hat es mir geholfen, ein wenig zu verstehen, was in meinen anderen Leben geschah.

Weil du hier warst.

Denn noch bevor man dir von deinem Karma erzählte, hatte ich schon gewisse Dinge über dich gesehen, und ich versuchte bereits, dich davon zu befreien – nicht von der Sache selbst, aber von dem, was in deinem Wesen zurückblieb, das heißt von der Tendenz, die zurückblieb. Das sicher.

Aber Sujata zum Beispiel, die völlig, VÖLLIG frei war vom ganzen ... (wie soll ich sagen?) unglücklichen Teil ihres Karmas, völlig frei, denn ich kenne die Leute in meiner Nähe sehr gut, ich weiß, was sie mit sich bringen, und es war nichts geblieben. Nur eine einzige ein wenig konstruktive Sache blieb, und die ließ ich völlig intakt. Als man ihr dann die Ereignisse ihres vergangenen Lebens enthüllte, gab ich mir die größte Mühe, diese Enthüllungen im gleichen Maße, wie sie ihr gegeben wurden, zunichte zu machen. Und dies auf extrem kompromißlose Art. Es war nämlich genau so, als ob man eine Ladung Dreck auf jemanden ausschüttete, der vollkommen rein davon war. Das ließ ich nicht zu (ich konnte nicht verhindern, daß es durch das physische Hirn eintrat, aber innerlich ... das wischte ich mit Entschiedenheit aus). Das einzige, was ich beließ, war der konstruktive Teil des Bandes, das zwischen euch bestand. Diesen Teil rührte ich nicht an, und als sie dich traf, hatte das zur Folge, daß sie ... Das ist alles. Das ließ ich ihr, denn es war gut, es war schön und rein – es war gut. Aber alles übrige ... Du hast ja gesehen, wie heftig ich protestierte, als man mir sagte, daß sie Selbstmord begangen habe. Ich sagte: „Nein, nein, nein!" Sogar wenn jemand mit einem absoluten Wissen mir das sagte, würde ich NEIN sagen.

Sie ist rein davon – rein –, und ich werde nicht zulassen, daß man jemanden beschmutzt, der rein ist. Sie war so sehr mein Kind, daß nach ihrem Tod all das gereinigt, arrangiert, zurechtgerückt, organisiert, gesäubert wurde. Und als sie wiederkam, kam sie frei und rein zurück. Also will ich nicht, daß man sie beschmutzt.

Nein, eine aktive Gnade vertreibt all diese Karmas, manchmal sehr weit – sehr weit –, und es ist nicht gut, sie zurückzurufen.

Ich kenne eine ganze Sammlung solcher Beispiele.

Meine eigene Arbeit wurde zum Beispiel dadurch sehr erschwert. Das habe ich gar nicht gern.

Kürzlich kam die Schwester von K hierher, weil sie gerade ihren Sohn verloren hatte – es war gerade passiert, und er war noch da (er war nicht gegangen, er war noch da). Also arrangierte ich alles, kümmerte mich um die Mutter usw.; ich hatte alles gut arrangiert, bewahrte den Sohn sehr sorgfältig hier und hatte der Mutter gesagt, daß er sehr bald als jemand der „Familie" zurückkehren werde. Alles war gut arrangiert.

Aber natürlich verstieß es gegen die „Regeln" – alles, was ich mache, läuft gegen die Regeln. Ich bin es so gewöhnt, sonst wäre es nicht der Mühe wert, daß ich hier bin; die Regeln könnten einfach weiterbestehen. Dann gingen sie zu X. Sie hätten nichts sagen sollen, und doch haben sie es getan. Und damit war's geschehen, alles mögliche wurde gesagt, und meine Arbeit wurde vermasselt.

Nun geht alles nach den „Regeln", denn so „muß" es gemacht werden – ich will nichts mehr damit zu tun haben.

Ich selbst hörte eine Vielzahl von Regeln, die ich Gott sei dank nicht gekannt hatte. Die göttliche Gnade hatte mich vor all diesem Kram verschont – alle möglichen Regeln: wie dies geschieht und wie es nicht geschehen kann und wie es geschehen soll und wie ... Oh, mein Gott! Ich sah die Dinge in meinem Kopf sehr klar ohne Regeln, und ich führte sie genau so einfach aus, ohne irgendwelche Regeln im Kopf – das ging sehr gut. Sehr gut, ich hatte keine Schwierigkeiten. Die Dinge liefen ganz natürlich, sehr einfach. Und wenn man mir sagte: „Das geht nicht!", so sagte ich einfach: „Ich bedaure, so wurde es eben gemacht."

Das „geht nicht"! – Manchmal geht's eben doch!

(Schweigen)

Übrigens, wenn du dich an den Anfang von *Savitri* erinnerst (ich habe ihn erst kürzlich gelesen, ich kannte ihn nicht), im zweiten Gesang, wo er von Savitri spricht, sagt er, daß sie gekommen sei, um alle Regeln umzustoßen (er sagt es natürlich auf poetische Art) – alle Verbote, alle Regeln, alle starren Gesetze, alle verschlossenen Türen, alle Unmöglichkeiten, um all das aufzulösen.

Für mich war es besser: ich kannte die Regeln gar nicht erst. So mußte ich mich auch nicht damit herumschlagen, ich brauchte sie nur zu ignorieren – sie existierten gar nicht, was besser war.

Jetzt muß ich sie zuerst auflösen, um dann von vorn zu beginnen – völlig unnütz, verlorene Zeit!

Im unteren Mental bestand eine ganze Welt von Schwierigkeiten, die ich nicht kannte. Im Vital waren sie mir bekannt, weil ich mich damit herumschlagen mußte (was mir schon recht war!). Stell dir vor, diesmal wurde mir ein Krieger als vitales Wesen gegeben. Ein prächtiger, geschlechtsloser Krieger – er ist großartig. Weder Mann noch Frau: ein Krieger – so groß wie das Zimmer hier[1]. Als ich ihn zum ersten Mal sah, freute ich mich und sagte: „Gut, das ist der Mühe wert!"

Ja, dort gibt es Schlachten in rauhen Mengen.

À propos, wie sind deine Nächte, mein Kind? Ich habe dich nämlich der Obhut meines Kriegers übergeben.

Es geht besser. Jedenfalls sind sie bewußter.

---

1. Ungefähr 4,5 m hoch.

Ach, das ist gut.

Ich habe mich innerlich nicht besonders gut gefühlt, und so konnte ich davon nicht recht profitieren, aber sie sind bewußter.

Er hat mich eben daran erinnert. Ich hab dich seiner Obhut übergeben.

Das freut mich. Ich sehe, daß mein Bewußtsein gefaßter ist. Es ist sehr klar, ich fühle, daß etwas da ist, das mir hilft, bewußt zu sein[1] ... Die Orte, die ich besuche, sind nicht sehr interessant, aber das wird sich schon geben.

Ja, es geht nur darum, sich dessen bewußt zu werden, was man tut, und Meister seiner Handlungen zu werden.
Gut, mein Kind.
Hast du etwas mitgebracht? Ich bin von einer solchen Faulheit! Hast du eine Frage zu stellen?

Ich habe keine eigentliche Frage gefunden ...

(Satprem liest den folgenden Aphorismus:)

71 – Ein Gedanke ist ein auf die Wahrheit abgeschossener Pfeil; er kann einen Punkt treffen, aber nicht die ganze Zielscheibe abdecken. Der Bogenschütze ist jedoch meist so zufrieden mit seinem Erfolg, daß er nach nichts Weiterem verlangt.

Das ist offensichtlich! Das ist so offensichtlich (für uns).

Ja, aber was muß man tun, um die ganze Zielscheibe abzudecken?

Kein Bogenschütze mehr sein!
Das Bild ist sehr hübsch. Es ist gut für die Leute, die sich einbilden, die Wahrheit entdeckt zu haben. Es tut jenen gut, die glauben, die Wahrheit gefunden zu haben, sobald sie einen Punkt berührt haben.
Wieviele Male haben wir doch gesagt, daß es nicht so ist.

Man kann sich hier folgendes fragen: Wenn man einmal fähig ist, die ganze Zielscheibe abzudecken, das heißt alle Gesichtspunkte, die Nützlichkeit eines jeden Dinges zu sehen, wie kann man dann unter solchen Bedingungen noch handeln, da man ja

---

[1]. In der Tat hatte ich einen leuchtend-hellen weißen Krieger wahrgenommen (ohne vorher davon zu wissen), der mir als der Gott *Kartik* erschien (mit einer Lanze bewaffnete Sohn der universellen Mutter). Hinterher hatte Mutter mir gesagt, daß ihr vitales Wesen ein „diamantener Krieger" sei.

sieht, daß alles nützlich ist, alles seinen Platz hat? Ist es nicht nötig, irgendwie ausschließlich oder kämpferisch zu sein?

Weißt du, solange widersprüchliche Gedanken bestehen ...

Kennst du die Geschichte von diesem Philosophen, der im Süden Frankreichs wohnte? Ich erinnere mich nicht mehr an seinen Namen, ein sehr bekannter Mann, der Professor an der Universität von Montpellier war und in jener Gegend wohnte. Es gab mehrere Straßen, die zu ihm nach Hause führten. Dieser Mann verließ jeweils die Universität und kam bei einer Kreuzung an, von der mehrere Straßen ausgingen, die alle zu seinem Haus führten – die eine auf diese Seite, die andere auf jene, die nächste auf diese. Und er erzählte selbst, daß er sich jeden Tag beim Anhalten vor dieser Kreuzung fragte: „Welche werde ich nehmen?" Jede hatte ihre Vor- und Nachteile. Also ging ihm all dies durch seinen Kopf, die Vor- und Nachteile, dies und jenes, und so verlor er eine halbe Stunde, bis er die Straße ausgewählt hatte, um heimzugehen.

Dies gab er als Beispiel für die Unfähigkeit des Denkens im Handeln: Wenn man zu denken anfängt, kann man nicht mehr handeln.

Das ist sehr gut hier auf dieser ganz niedrigen Ebene, es gilt aber nicht für oben – dort ist es gerade das Gegenteil! Solange man der Bogenschütze ist und einen Punkt berührt, ist es so; die ganze Intelligenz unten ist so, sie sieht alle möglichen Dinge, und weil sie alle Möglichkeiten sieht, kann sie nicht wählen, um zu handeln. Um aber die ganze Zielscheibe, die ganze Wahrheit zu sehen, muß man auf die andere Seite gelangen. Und wenn man auf die andere Seite geht, ist es nicht mehr eine Summe von verschiedenen Wahrheiten oder eine unzählige Anzahl von Wahrheiten, die aneinandergereiht sind und die man eine nach der anderen sieht, ohne die Gesamtheit auf einmal erfassen zu können. Wenn man nach oben geht, sieht man zuerst das Ganze; das Ganze zeigt sich AUF EINEN BLICK in seiner Vollständigkeit, ohne jegliche Trennung. Dann muß man keine Auswahl mehr treffen, sondern es ist eine Schau, man sieht: DAS gilt es zu tun. Es gibt keine Wahl zwischen diesem und jenem, denn das hat keine Gültigkeit mehr. Es sind keine aufeinanderfolgenden Dinge mehr, die man nacheinander sieht, sondern es ist die gleichzeitige Schau eines Ganzen, das als Einheit existiert. Dann läuft die Wahl einfach auf eine Schau hinaus.

Solange man nicht in diesem Zustand ist, kann man das Ganze nicht sehen – man kann das Ganze nicht auf eine sukzessive Art sehen, indem man die Wahrheiten aneinanderreiht. Das ist gerade die Unfähigkeit des Mentals. Das Mental kann das nicht. Es sieht immer ein Ding nach dem anderen, es wird immer eine Aneinanderreihung sein, aber es ist nicht DAS. Etwas wird einem entgehen – das Gefühl der Wahrheit selbst wird einem so entgehen.

Erst wenn man eine globale, gleichzeitige Perspektive des Ganzen in seiner Einheit hat, kann man die Wahrheit in ihrer Ganzheit erfassen.

Die Handlung ist dann eben nicht mehr eine Wahl, die dem Irrtum, der Berichtigung, der Diskussion unterworfen ist, sondern die klare Schau dessen, was zu tun ist, eine unfehlbare Schau.

(Schweigen)

Nein, diese Frage führt uns woandershin ...
Genügt dir das nicht? *(Mutter lacht)*

Doch, doch!

*
* *

Ich möchte dich etwas über mein Japa fragen ... Hast du den Eindruck, daß mich das irgendwohin führt? Hat es einen Sinn?

Das war der Gegenstand meiner Studie der letzten beiden Tage – nicht speziell bei dir, aber die Wirkung des Japas, der Zweck des Japas in der Organisation des Lebens ... Ich kann nicht sagen, daß ich Entdeckungen mache (vielleicht waren es Entdeckungen für mich, ich weiß nicht), es geschieht jedenfalls nicht auf einer höheren Ebene, sondern die Studie vollzieht sich hier.

Es wäre sehr langwierig, das zu erzählen. Ich kann es nur zusammenfassen. Ich will auch keine Lehre daraus machen, und um lebendig zu sein, ist es zwangsläufig lang.

Seit einiger Zeit stieß ich morgens in meinem Japa auf Schwierigkeiten. Es ist kompliziert ... Jedenfalls schienen gewisse Dinge störend dazwischenzutreten und hinderten mich daran, bis zum Ende zu gehen, oder ließen mich in eine Art Trance treten, die alles stoppte. So begann ich, das zu untersuchen. Ich wollte wissen, was es war. Es ist ein sehr weiter Bogen, aber das Resultat meiner Studie ist das folgende (all dies von einem rein körperlichen Standpunkt aus, das heißt, es betrifft nicht das bewußte, lebendige, unabhängige Wesen, das ohne den Körper immer noch identisch mit sich wäre, also nicht das Wesen, dessen Leben, Bewußtsein und freies Handeln vom Körper unabhängig sind; ich spreche hier von dem Teil, der für seine Manifestation vom Körper abhängig ist, denn nur darum ging es).

Es führte zu einer Wahrnehmung verschiedener körperlicher Aktivitäten, einer ganzen Reihe von Aktivitäten, die – wenigstens scheinbar – ausschließlich mit dem Fortbestand des Körpers zu tun haben.

3. FEBRUAR 1962

Einige davon liegen im Grenzbereich, wie zum Beispiel der Schlaf: ein Teil davon ist nötig für den Fortbestand des Körpers, und ein anderer Teil bringt den Körper in Kontakt mit den anderen Teilen und Aktivitäten des Wesens. Ein Teil des Schlafs dient aber ausschließlich der Aufrechterhaltung des körperlichen Gleichgewichts. Dazu kommen Nahrung, Körperpflege usw., eine ganze Reihe von Dingen. Das spirituelle Leben darf nach Sri Aurobindo diese Dinge nicht unterdrücken: Alles, was für den harmonischen Fortbestand des Körpers unerläßlich ist, muß beibehalten werden. Alle übrigen Aktivitäten des Körpers werden vom Durchschnittsmenschen für sein Vergnügen und seinen persönlichen Vorteil benutzt. Der Unterschied beim spirituellen Menschen ist der, daß dieser seinen Körper in den Dienst des Göttlichen stellt, damit ihn das Göttliche für Seine Arbeit benutze und vielleicht, wenn man darin Sri Aurobindo folgt, zu Dessen eigener Freude – so wie der Zustand der Materie oder unseres Körpers ist, erscheint mir das allerdings zweifelhaft, oder zumindest ist es eine sehr unstete und partielle Erscheinung, weil dieser Körper eher ein Feld des Elends als der Freude ist. (All dies basiert nicht auf Spekulationen sondern auf meiner persönlichen Erfahrung – ich spreche hier von meiner persönlichen Erfahrung). Was die Arbeit betrifft, ist es anders: ein reines Spiel. Das ist wirklich die Freude des Körpers, sein Bedürfnis, nur noch zu existieren, um Ihm zu dienen. Nur zu existieren, um zu dienen. Und natürlich der Versuch, den ganzen Aufwand für den Fortbestand auf ein absolutes Minimum zu reduzieren und gleichzeitig das Göttliche auf irgendeine Art an den sehr reduzierten, begrenzten, mageren Möglichkeiten von Freude, die dieser Aufwand geben kann, teilhaben zu lassen. Eine Einbeziehung des Göttlichen in diese Bewegungen und all diese Dinge, wie Körperpflege, Essen, Schlaf – beim Schlaf ist es anders, dort wird es schon viel interessanter –, aber besonders bei der Körperpflege, der Nahrungsaufnahme und all den absolut unerläßlichen Dingen: die göttliche Gegenwart darin einbringen, damit die göttliche Freude sich dort so weit wie möglich ausdrücken kann. (Bis zu einem gewissen Grad gelingt dies bereits.)

Wo ist nun der Platz des Japas in dieser Angelegenheit?

Das Japa, wie auch die Meditation, ist eine Methode, die das aktivste und wirksamste Vorgehen zu sein scheint, um die göttliche Gegenwart möglichst weit in die körperliche Substanz einzugliedern. Das ist die Magie des Klangs.

Natürlich vervielfacht sich dessen Wirkung, wenn man sich der zugrundeliegenden Idee bewußt ist und sein Japa wie eine sehr aktive, BEWUSSTE Invokation gestaltet. Die eigentliche Basis aber ist die Magie des Klangs. Das ist eine tatsächliche Erfahrung, die wahr ist, absolut wahr. Beispielsweise erzeugt der Klang OM ganz besondere Schwingungen (es gibt andere solche Klänge, aber dieser ist natürlich der mächtigste von allen).

Es ist ein Versuch, die Substanz zu vergöttlichen.

Von einem ganz ähnlichen Standpunkt aus betrachtet, wird dadurch die physische Atmosphäre mit der göttlichen Gegenwart erfüllt. Die Zeit, die man mit dem Japa verbringt, ist also dazu bestimmt, der materiellen Substanz zu helfen, in einen innigeren Kontakt mit dem Göttlichen zu treten.

Wenn man dann, wie ich es tue, ein mantrisches Programm zur persönlichen Entwicklung, das heißt eine Art Gebet oder Invokation, und gleichzeitig ein Programm für eine kollektive Hilfe hinzufügt, wird es eine wirklich aktive Arbeit. Darüber hinaus besteht noch die Arbeit, die ich als die „äußere" bezeichne: der Kontakt mit den Leuten, das Lesen und Beantworten von Briefen, Leute treffen und mit ihnen reden, eben alle die Aktivitäten für die Organisation des Ashrams (in der Meditation wird es weltweit, aber physisch, materiell ist es im Moment auf den Ashram beschränkt).

In meiner Studie sah ich auch die Position von X und Leuten wie ihm, die ihr Leben sozusagen mit dem Japa verbringen (sie fügen auch noch die Meditation und die Pujas, die Zeremonien hinzu – ich spreche nur von den Aufrichtigen, nicht von jenen, die so tun als ob): Das ist ihre Art, für die Welt zu arbeiten, dem Göttlichen zu dienen. Ihnen erscheint dies als die beste Art und Weise – vielleicht sogar die einzige, aber das ist eine Frage des mentalen Glaubens. Jedenfalls ist es offensichtlich, daß selbst ein wenig ... nicht eigentlich eine Puja, aber eine Art Zeremonie, die man für sich selber gestaltet, das heißt gewohnheitsmäßige Gesten, die symbolisch für einen bestimmten Zustand stehen, nützlich sein und eine Hingabe und Beziehung zum Göttlichen und folglich einen Dienst am Göttlichen bedeuten kann. Von diesem Standpunkt aus gesehen kann es hilfreich sein (nicht aus der traditionellen Sicht, die kann ich nicht ausstehen – ich verstehe sie, aber sie scheint mir eher ein Hindernis für die wahre Selbsthingabe an das Göttliche zu sein). Ich spreche vom Japa und von SELBSTAUFERLEGTEN Regeln (die man selber findet oder die man akzeptiert, wenn einem jemand das Japa gegeben hat: Regeln, die man mit ganzem Herzen akzeptiert und nach denen man sich ausrichtet). Diesen selbstauferlegten Regeln gilt es zu folgen gleich einer Geste, die man mit Liebe ausführt; es sollte eine Weise sein, dem Göttlichen zu sagen: „Ich liebe Dich". Verstehst du? Wie man Blumen auf eine bestimmte Weise arrangiert, Weihrauch verbrennt, eine Menge solcher kleinen Dinge, die hübsch sind aufgrund dessen, was man in sie hineinlegt – es ist eine Art, sich hinzugeben.

Wenn man jetzt das Japa macht mit einer Idee oder Bestrebung dahinter, durch das Japa etwas zu erlangen, glaube ich, daß man es ein wenig verdirbt. Man verdirbt es. Wenn einem gesagt wird: „Tun Sie dies, und dann werden Sie jenes bekommen", mag ich das nicht sehr. Es ist wahr – es funktioniert –, aber dann ist es, als ob man einen Fisch ködert. Das mag ich nicht sehr.

Nein, es sollte eure Art sein, dem Göttlichen zu dienen, mit Ihm in Beziehung zu sein, Es zu lieben, Es mit eurem physischen Leben zu vereinen, Ihm ganz nahe zu sein und Es euch ganz nahe – auf diese Art ist es schön. Jedesmal sollte das Wort wie eine Invokation gesprochen werden oder wie man ein Liebeswort wiederholt, dann ist es schön.

So sehe ich die Sache.

Folglich muß man je nach seiner Mission auf der Welt das Verhältnis zwischen diesen Dingen selbst herausfinden: das Verhältnis zwischen äußerer Arbeit, intellektueller Arbeit, organisatorischer Arbeit und dieser inneren Arbeit; und dann die Bedürfnisse des Körpers, die man auf dieselbe Art erfüllt und dabei versucht, auch den Herrn sich daran erfreuen zu lassen. Ich habe das im Detail verfolgt: zum Beispiel soll das Bad etwas Angenehmes sein oder die Haarpflege, verschiedene Dinge dieser Art (natürlich spielen die üblichen dummen Ideen und das kleine persönliche Vergnügen schon lange keine Rolle mehr), es soll jedenfalls bestimmt nicht etwas sein, das man gleichgültig und aus Gewohnheit und Notwendigkeit tut, sondern ... eine Spur Schönheit und Charme, etwas dem Herrn Wohlgefälliges soll darin enthalten sein.

Das ist alles.

Mein Kind ... *(Mutter schaut Satprem lange an)*

Weißt du, für mich ist das Japa der Moment, in dem das ganze physische Leben AUSSCHLIESSLICH auf das Göttliche ausgerichtet ist. Ein Augenblick, in dem nichts anderes mehr existiert außer dem Göttlichen – in jeder einzelnen Sekunde sind sämtliche Zellen des Körpers und alles AUSSCHLIESSLICH auf das Göttliche ausgerichtet, es bleibt nur noch das Göttliche.

Wenn einem das gelingt, dann ist es gut.

Das Japa soll gewiß nicht so exzessiv betrieben werden, daß man vierundzwanzig Stunden am Tag damit zubringt, dann artet es zu Asketismus aus – nein, aber eine angemessene Dosis.

Es ist beinahe der einzige Luxus im Leben – so empfinde ich es. Luxus in dem Sinne: es existiert nichts mehr als Das, nur noch diese göttliche Schwingung um einen herum, in einem, überall – nur noch die göttliche Schwingung existiert.

Das ist eine Art Luxus.

So ist es, mein Kind ...

6. Februar 1962

In den letzten Tagen habe ich *Perseus*[1] gelesen – ich kannte das Stück schon, weil es hier aufgeführt wurde, aber es interessierte mich damals nicht sehr. Nun las ich es so, wie ich jetzt lese, und fand es SEHR interessant. Alle möglichen Dinge entdeckte ich darin, alles mögliche.

Ich erinnere mich nicht mehr, wann es aufgeführt wurde (du warst schon hier), aber ich merkte, daß die Zeitspanne zwischen damals und heute einer Differenz von mindestens fünfzig Jahren entspricht. Fünfzig Jahre einer Bewußtseinswandlung[2].

Aber praktisch bin ich immer noch mit demselben Problem konfrontiert.

Wenn ich es als eine Frage der Haltung ansehe, liegt die Erklärung nicht weit. Wenn ich aber die Wahrheit will, die eigentliche Wahrheit hinter der Haltung, dann wird es sehr schwierig.

Ich habe das gerade im Lichte der im *Perseus* beschriebenen Ereignisse gesehen. Wenn man das Problem nicht auf allgemeine Art angeht sondern exakt bis ins letzte Detail ... – Sobald man es aber ausspricht, löst es sich wieder in Luft auf. Erst wenn man es konkret fühlt und im Griff hat, hält man beide Dinge in den Händen ...

(Schweigen)

Ganz allgemein gesagt, ist das Problem folgendes: Nichts existiert, was nicht das Resultat des göttlichen Willens ist.

Immer dasselbe Problem. Immer dasselbe Problem.

Als Ganzes versteht man das Anti-Göttliche sehr gut, aber im Detail eines jeden Augenblicks ... wie trifft man da die Wahl zwischen diesem und jenem? Welches ist die Wahrheit hinter der Sache, die man will, und jener, die man nicht will? Wobei ich völlig aus dem Bereich des

---

1. *Perseus der Befreier*, Drama in fünf Akten von Sri Aurobindo.
2. Das Stück wurde acht Jahre zuvor, im Dezember 1954 gespielt.

egoistischen, individuellen Willens getreten bin – all das steht außer Frage, dort liegt nicht das Problem. Das ist es nicht.

Sobald man es auszudrücken versucht, löst es sich in Luft auf.

Und doch ist es sehr deutlich spürbar.

Die Erklärung ist natürlich der universelle Fortschritt, das heißt das Werden: was sein soll und was aufhört zu sein – das ist alles schön und gut; in den groben Umrissen ist es sehr leicht zu verstehen.

Vielleicht ist es der Gegensatz (wenn ein Gegensatz besteht) zwischen zwei Haltungen, von denen eine jede die Beziehung zum Göttlichen ausdrücken soll. Die eine ist die nicht nur willentliche sondern völlig ergebene Annahme aller Dinge, selbst der „schlimmsten Mißgeschicke" (was man gemeinhin als die „schlimmsten Mißgeschicke" bezeichnet). Ich nehme diese Geschichte nicht als Beispiel, weil sie durchaus selbsterklärend ist, aber wenn Andromeda eine Yogini wäre (mit einem „wenn" läßt sich alles konstruieren, doch ich benutze dies als einen Erklärungsversuch für das, was ich sagen will), würde sie die Idee des Todes bereitwillig akzeptieren. (Die Rede ist nicht von dem, was sich in der Geschichte selbst abspielt, ich gebe nur ein Fallbeispiel, um mich verständlich zu machen.) Es ist also genau der Konflikt zwischen dem, was sich sehr leicht fügt und den Tod akzeptiert, weil es der Wille Gottes ist – aus diesem einzigen Grund: Es ist der Wille Gottes, und somit geht das in Ordnung; es ist nun einmal so, also ist es richtig, wie es ist –, und gleichzeitig diese Liebe zum Leben. Diese Liebe zum Leben[1]. Wenn man sich an die Geschichte hält, sagt man sich: es war so, weil sie leben *mußte*, was alles erklärt, aber das will ich nicht sagen, mir geht es jetzt nicht um die historischen Gegebenheiten.

---

1. In Sri Aurobindos Drama wird Andromeda, die Tochter des Königs von Syrien, von ihrem eigenen Volk dazu verurteilt, für irgendeine Respektlosigkeit gegenüber dem Gott des Meeres, Poseidon, von demselben verschlungen zu werden – tatsächlich ist es die Geschichte des Übergangs eines halbprimitiven Völkerstammes, der in Angst und Schrecken vor dunklen und grausamen alten Göttern lebt, zu einer fortgeschritteneren und lichteren Entwicklungsstufe. Perseus, der Sohn von Danae und Zeus, der von Pallas Athene, der Göttin der Weisheit und des Wissens, beschützt wird, eilt herbei, um Andromeda vom Felsen zu befreien, an den sie gekettet war (der Fels ist bei den Rishis das Symbol des Unbewußten), und begründet die Religion von Athene, der „Allmächtigen, aus Seinem Wesen gemacht, um den unsterblichen Geist des Menschen zu führen und zu disziplinieren, damit er zur Ordnung und wunderbaren Meisterschaft seiner äußeren Welt finde" (in den Worten Sri Aurobindos). Es ist die Kraft des Fortschrittes, die sich gegen die alten Priester der alten Religion, symbolisiert durch den grausamen und ehrgeizigen Polydaon, wendet. Hier untersucht Mutter ein altes Problem – „immer dasselbe Problem" –, das sie in vielen Existenzen angetroffen haben muß (einschließlich Ägypten) und mit dem sie elf Jahre später wieder konfrontiert werden wird: einerseits die Annahme des Todes, der ihr aufgezwungen wird, als der Wille des Höchsten, und andererseits diese „Liebe zum Leben", die sie hier zweimal erwähnt.

Solche Dinge kommen nämlich im Bewußtsein vor ... Es ist mir immer zuwider, großes Aufhebens zu machen und große Worte zu gebrauchen, aber um mich wirklich zu erklären, müßte ich sagen: im Bewußtsein der universellen Mutter.

(Schweigen)

Automatisch ist alles Existierende natürlich der Ausdruck der göttlichen Freude, sogar die Dinge, die für das menschliche Bewußtsein am abscheulichsten sind – das versteht sich. Aber gleichzeitig besteht eine so intensive Aspiration, daß sie beinahe zu einer Qual wird, nach einer zu erlangenden Vervollkommnung der Schöpfung. Und es scheint, daß genau diese Intensität der Aspiration, diese Qual in der materiellen Welt nötig und eine notwendige Vorbereitung ist, damit jene Vollkommenheit möglich wird. Gleichzeitig ist alles Existierende schon im gegenwärtigen Augenblick vollkommen, denn es ist AUSSCHLIESSLICH das Göttliche. Es gibt nichts außer dem Göttlichen. So haben wir in jeder einzelnen Sekunde diese Fülle der göttlichen Freude in dem, was ist, und zugleich die Aspiration, die Qual – und die Schwierigkeit liegt darin, die beiden zu vereinen.

In der Praxis geht man vom einen zum anderen über, oder vielmehr steht das eine im Vordergrund, und das andere tritt zurück, das eine ist aktiv und das andere passiv. Das Gefühl der vollkommenen Freude ist mit einem fast statischen Zustand verknüpft (die Freude an der Bewegung ist zwar da, aber nicht das Anstreben des Zieles: dieses bleibt im Hintergrund). Wenn hingegen die Aspiration des Werdens vorherrscht, zieht sich die Freude am gegenwärtigen Augenblick, die Freude an der göttlichen Vollkommenheit, in einen statischen Zustand zurück.

Natürlich liegt das Problem gerade im Hin und Her zwischen den beiden.

Vielleicht ist es so, weil es so sein muß, aber es ist nicht befriedigend – gar nicht befriedigend.

In meinen erfülltesten und intensivsten Augenblicken, wo wirklich das Universum (ich meine damit das Werden des Höchsten) mit der höchstmöglichen aktiven Wahrnehmung des Höchsten existiert, da werde ich plötzlich davon erfaßt *(von dieser statischen, nirvanahaften Seite).* Es handelt sich nicht um eine Wahl zwischen den beiden, sondern ganz unten, vom Gesichtspunkt der Handlung aus, ist es wie eine Frage der Priorität. Der Instinkt dieses Körpers, dieses materiellen Stützpunktes, geht in Richtung Aspiration, weil dieses Wesen gebaut wurde, um zu handeln. Aber daraus läßt sich keine absolute Regel ableiten, es ist eher eine zufällige Vorliebe.

6. FEBRUAR 1962

Ich habe das Gefühl, daß das Leben das ist: diese Aspiration, diese Sehnsucht ... Während die Seligkeit ganz natürlich in den Bereich des Nirvanas führt. Ich weiß es nicht ...

Aber wie soll man nun den Leuten helfen? ... Man kann weder das eine noch das andere empfehlen. Und wenn man beides sagt, ist man mit diesem Dilemma konfrontiert.

Auch erreicht ein solches Problem einen Punkt von so ausgeprägter Spannung, daß man das Gefühl hat, nichts zu wissen, nichts zu verstehen, nie etwas verstehen zu können – einfach hoffnungslos. Wenn ich diesen Punkt erreiche, neige ich immer in dieselbe Richtung, immer heißt es: „Gut, ich liebe den Herrn von ganzem Herzen, und alles andere ist mir egal!" Ich versinke in den Zustand einer wunderbaren innigen Liebe und überlasse Ihm alles Weitere. Für mich ist die Sache damit erledigt.

Aber dies würde sich nur für die Leute eignen, die nicht denken.

Ist es ein Problem des materiellen Handelns hier auf dieser Welt?

Ja, es läuft immer auf das hinaus.

Aber spielt es eine Rolle für das Handeln, ob du die eine oder die andere Haltung einnimmst?

Ich weiß nicht. Ich weiß es nicht.

Ich erlebte nämlich (vor vielleicht ein oder zwei Tagen, ich weiß nicht mehr genau, es war ziemlich flüchtig aber sehr interessant) einen solchen Augenblick, als ich oben auf und ab ging: Plötzlich war da diese absolute Gewißheit, daß ich nichts wußte (auf dem Balkon dauerte es noch an), daß man (es gibt kein „Ich", überhaupt nicht mehr) nichts wußte ... (es gab auch kein „man", einzig ...) daß man nichts wissen konnte (ich bin gezwungen, Worte zu gebrauchen), daß es nichts zu wissen gab, daß es überhaupt keinen Sinn hatte, daß es vollkommen UNMÖGLICH war, irgend etwas zu verstehen, ja, sogar außerhalb des mentalen Bereichs, daß kein sprachlicher Ausdruck möglich war, daß es keine Möglichkeit zu verstehen gab. Das war so absolut, daß die Vorstellung, anderen zu helfen, der Welt zum Fortschritt zu verhelfen, das spirituelle Leben, die Suche nach dem Göttlichen, all das, alles, alles, nur Geschwätz und leere Worte waren. Daß nichts daran war und es nichts zu verstehen gab und es unmöglich war zu verstehen – es war sogar unmöglich zu sein. Das Gefühl einer völligen Unfähigkeit. Das wirkte wie ein Lösungsmittel. Alles war wie aufgelöst: die Welt, die Erde, die Menschen, das Leben, der Verstand, alles, restlos alles war aufgelöst, das heißt ein absolut negativer Zustand. Meine Antwort ist dann immer dieselbe – als die Erfahrung total und vollständig war, nichts mehr übrigblieb, da hatte ich das Gefühl von: „All das ist mir schnuppe ..." (das läßt sich wirklich mit den gewöhnlichsten Worten sagen), „ich verehre Dich". Und das „Ich" war etwas völlig Unbeständiges – es gab keine Form, kein Wesen, keine Eigenschaften, nur das „Ich verehre Dich" – etwas, das „ich" war, und „ich verehre Dich". Es war gerade noch genug Ich da, um Dich verehren zu können.

Von diesem Augenblick an war es wie eine unaussprechliche Innigkeit und oben eine Stimme ... auch sie von einer solchen Innigkeit und Harmonie (ein Klang, aber keine Worte, doch es machte absolut Sinn für mich, als ob es die präzisesten Worte seien): „Du hast soeben deinen schöpferischsten Augenblick erlebt."

Ach, wirklich? Um so besser!

Danach *(lachend)* habe ich den Vorhang zugezogen.

Zum Schluß ein unsägliches Lächeln, wie ... vielleicht die eigentliche Quelle des Humors? Eine Vernichtung oder Aufhebung von allem und: „Du hast soeben deinen schöpferischsten Augenblick erlebt". Da lachte ich – das ist alles, mir blieb nichts anderes zu tun!

(Schweigen)

Diese Dinge sind interessant, wir sollten sie wirklich aufheben.

Aber was sich unmöglich ausdrücken läßt, ist die Inexistenz eines Wesens, eines individuellen Wesens. Wenn ich „ich" sage, weiß man nicht, was „ich" bedeutet. Es ist auch nicht die Totalität – es ist nicht die Totalität, nicht das Universum in seiner Gesamtheit, und insbesondere ist es nicht die Erde. Die arme kleine Erde, ich sehe sie immer wie etwas Kleines, das im Universum dahintreibt. Was ist es also? ...

(Schweigen)

Diese Erfahrung zeigt sich in jedem beliebigen Augenblick: eine Sekunde der Konzentration, des Rückzugs von der Handlung, und die Seligkeit stellt sich ein. Wenn dieser Rückzug nicht stattfindet, ist es wie eine ewige, auf das Handeln ausgerichtete Allmacht, die vollständig umfaßt und aufrechterhalten wird von ... Dem. Diese auf das Handeln ausgerichtete Macht ist die erste Manifestation von DEM, das heißt, wenn DAS bewußt zu existieren beginnt, ist es wie die erste Form der Manifestation. *(Mutter legt ihre beiden Handflächen aufeinander, und ohne sie zu trennen, dreht sie sie auf die eine, dann auf die andere Seite, wie um die beiden Seiten derselben Sache zu zeigen.)* Es ist also unauslöschbar: es sind nicht zwei Dinge, nicht einmal zwei Aspekte, denn es ist kein Aspekt (Worte sind idiotisch und nichtssagend, sie ergeben keinen Sinn). Die Erfahrung läßt sich beliebig wiederholen: eine einzige Sache in ihrer Essenz, unübersehbar in ihrem Ausdruck,

6. FEBRUAR 1962

und sie scheint an Macht noch zuzunehmen. Ich machte diese Erfahrung willentlich, unter allen erdenklichen Umständen, einschließlich des Ohnmächtigwerdens des Körpers (das habe ich dir neulich erzählt). Man nennt das „Ohnmacht", aber ich habe mein Bewußtsein keine einzige Minute verloren. Keine einzige Minute habe ich mein Bewußtsein PHYSISCH verloren – und hinter all dem, alles begleitend, war diese Erfahrung gegenwärtig.

(Pavitra tritt ein, um Mutter eine „dringende" Frage zu stellen)

Ich höre nichts, ich bin anderswo.

(Pavitra geht hinaus)

So ist das: Ich war nicht da, und trotzdem habe ich PHYSISCH gesehen, wie etwas vorbeiging. Meine Augen waren geschlossen, nicht wahr?

Ja, du hast etwas gefühlt.

Ja, ich sah.
Da besteht jetzt kaum noch ein Unterschied: die physische Sicht ist ziemlich schwach geworden.

(Schweigen)

Verstehst du, was ich sage, oder ist es unverständliches Geschwätz?

Nein, nein! Soweit ich kann, kriege ich es mit.

Es ist schwierig.

Was du am Schluß gesagt hast, scheint mir etwas ...

Sieh an! Für mich ist das am klarsten.
Es ist so klar! So klar, aber unaussprechlich.
Ach, ich muß gehen ... Und wir haben nichts getan!
Die Worte sind da, aber sie ergeben keinen Sinn.

Doch. Aber als du dieses „Ich" zu erklären versuchtest, das mit beiden Aspekten im Hintergrund ist, habe ich nicht ganz begriffen.

Das ist wirklich schwierig.

Du sagst, es sei dasselbe ... Sind es keine Aspekte?

Intellektuell ausgedrückt, ist es das Höchste und ...

Die Shakti.

Die universelle Mutter.

Aber was ich zu übermitteln versuchte, war die EMPFINDUNG (denn es ist wirklich eine Frage der Empfindung – es ist kein Gefühl, keine Idee, es ist ... Für mich sind die Dinge eben konkret: Sie beginnen dann zu existieren, wenn sie konkret sind). Der konkrete Eindruck ist der, den ich auszudrücken versuchte, und er stellt sich automatisch, unmittelbar immer wieder ein. Der Kopf ist ohne Inhalt, still, unbeweglich, nichts ist da – leer, völlig leer, unbewegt, nichts, kein Gedanke, kein ... nichts, nichts, einfach eine Art Superempfindung. Und damit einhergehend, an der Grenze der Wahrnehmungen, beinahe ein Gefühl, eine enge Kombination (keine Mischung) von Allmacht und intensiver Freude. So voll!

Allmacht und intensive Freude.

Wenn so etwas wie eine Wortschwingung existierte, wäre es einfach: Du, Du – das ist alles.

Warum Du? Denn es ist nicht eigentlich anders, aber immerhin anders genug, damit es Du sein kann, um der Freude am Du willen – das ist es. Und doch ist es nicht anders.

Das scheint mir das höchste Geheimnis zu sein (oh, ein nächstes Mal ist es etwas anderes, das auch das höchste Geheimnis zu sein scheint), aber das ist wirklich ...

Die Erfahrung ist wiederholbar, beliebig oft – ich muß nur eine kleine innere Bewegung machen, und sie ist da.

Wenn man es wie all diese Idioten betrachtet, die sich für intelligent halten, könnte man fast sagen: Das muß der Grund sein, weshalb der Herr das Universum geschaffen hat.

Um der Freude an diesem Du willen.

Gratuliere, wenn du etwas verstehst!

Auf Wiedersehen, mein Kind.

9. Februar 1962

(Im Zusammenhang mit einer europäischen Anhängerin, die die Vorzüge eines gewissen pseudo-spirituellen Buches preist, das Mutter als „spirituellen Romantizismus" charakterisiert:)

Es ist sehr europäisch, die sind nun einmal so.

9. FEBRUAR 1962

Sie wollen vergleichen – sie wollen die Lehren vergleichen, sich nur ja nicht auf eine Sache festlegen: man muß einen „weiten Geist", einen eklektischen Geist haben. Und somit ...

Genau das wollen sie: viel Vitales, viel Phantasie und einen genügenden Anteil an Lüge, um mit ihrer eigenen Denkart im Einklang zu sein.

Wie Z, die mir sagte, Maharshi[1] habe in seinem Buch geschrieben, daß mir ganz Indien zu Füßen läge, wenn ich nur eine Hinduistin wäre und jeden Tag *Asanas* machte. Sicher war das für Z die große Schwierigkeit: Es war nämlich einfach, hierher zu kommen, sie konnte völlig frei mit mir sprechen, ich umgab mich nicht mit einem geheimnisvollen Mäntelchen ... Also war es zu einfach.

*
* *

*Kurz danach, im Zusammenhang mit der Lektüre
des Stücks „Rodogune" von Sri Aurobindo:*

Die Menschheit erscheint mir als so armselig! So erbärmlich – warum nur habe ich die ganze Zeit diesen Eindruck?
Ich hätte gerne eine tröstlichere Sicht von ihr.

Ja, sie ist erbärmlich dran. Ich muß sagen, je weiter ich gehe, desto ...

Aber das habe ich von Anfang an gewußt! Mein Kind, mit fünf wußte ich schon, daß sie jämmerlich dran war, schon damals wirkte sie so auf mich. Nur machte ich einfach das beste daraus, und die ganze Zeit, in der ich mit Sri Aurobindo arbeitete, ging das sehr gut: Ich verschwendete keinen Gedanken daran, ich nahm die Menschen so, wie sie waren, für das, was sie waren, und auch mit dem Leben hielt ich es so. Das ging völlig in Ordnung, man war damit sehr glücklich. Aber jetzt ... sie scheint mir so arm, so arm.
Ich würde gerne gehen.
Ich möchte lieber in einem anderen Stadium zurückkommen.
Ich kann nicht, ich habe zu tun.

---

1. Maharshi: ein berühmter, inzwischen verstorbener Yogi Südindiens.

13. Februar 1962

(Nachdem sich Mutter von Satprem verschiedene alte Entretiens[1] hatte vorlesen lassen, die im Ashram-Bulletin veröffentlicht werden sollten:)

Das ist leichte Kost, die wird ihnen kein Kopfzerbrechen bereiten!

Und trotzdem muß es gesagt sein.

Ich habe festgestellt, daß ich nicht verstanden werde, wenn ich jetzt etwas sage, wie ich es spontan sehe, ohne mich auf die Leute einzustellen – es ist schwierig, mich zu verstehen. Und ich spreche nicht von Leuten, die nichts wissen, nein, ich rede von denen, die mit mir gelebt und gedacht haben.

Meine Sicht der Dinge – DERSELBEN Dinge – ist völlig anders geworden. Völlig anders. Es kommt mir ganz so vor, als ob ich etwas hörte, das von jemand anderem gesagt wurde, es versetzt mich in den Geisteszustand einer anderen Person. Aber immerhin ist es verständlich, während jetzt ...

Damals hatte ich die Vorstellung einer „höheren Lebensart"; ich unterschied zwischen verschiedenen Lebensarten, und es gab eine höhere Lebensart. Jetzt hingegen erscheint mir diese sogenannte höhere Lebensart als so erbärmlich – so klein und eng und mickrig, daß ich mich sehr oft in der Haltung jener ertappe, die sich sagen: „Ist überhaupt etwas daran?" Und obwohl in mir ein anderer Wille und eine andere Schau von etwas Kommendem, das noch nicht da ist, anwesend sind, verstehe ich das Gefühl jener, die mit dem spirituellen Leben in Kontakt kamen und sich sagten: „Wozu das alles – wozu das alles? Was ist da schon Lebenswertes dran?" Man befindet sich ZWANGSLÄUFIG in einer Enge – man lebt in einer Enge, in schäbigen Verhältnissen, bloß um leben zu können, um den Bedürfnissen des Körpers zu genügen.

Und was für eine Anstrengung ist nötig für den Versuch, ein Licht, eine Kraft, eine Realität, eine Macht, einfach etwas WAHRES in diese Armseligkeit hineinzubringen. Durch eine beständige Bemühung und Anspannung, einen beständigen Willen, gelingt es mir plötzlich, ja, für zwei, drei Sekunden ... dann fällt man wieder zurück.

In der Illusion, die man früher hegte, gab es edle, großzügige, großartig-heroische Taten, alles, was dem Leben ein wenig Farbe gab

---

1. *Entretiens* [Gespräche]: In den Jahren 1951-58 beantwortete Mutter zweimal wöchentlich auf dem Sportplatz die Fragen der Schüler. Ihre Kommentare wurden unter dem Titel *Entretiens* veröffentlicht.

und einem einige interessante Stunden schenkte. Jetzt hingegen ist auch das vergangen, es erscheint einem wie eine Kinderei.

Mir ist durchaus klar, daß dieser Zustand nötig ist, um da hinauszukommen, denn solange einem etwas als normal und natürlich, als akzeptabel erscheint, findet man den Ausweg nicht. Man führt das eine Leben im Abseits und dann „das" [das Leben im Körper]; genau so haben es alle Leute, die ein spirituelles Leben führten, bis heute gehalten: Sie hatten ihr spirituelles Leben und ließen „das" automatisch weiterlaufen, ohne ihm Bedeutung beizumessen – das ist sehr leicht.

Aber was für eine Erleichterung wäre es doch, die Wahrheit in jedem einzelnen Augenblick leben zu können.

Das Mittel dazu haben wir noch nicht gefunden.

Das wird kommen.

So ist es, Kind.

Aber wird dieser Zeitabschnitt zwischen der einen und der anderen Welt, der alten Welt und der anderen, von langer Dauer sein? Es gibt nichts dazwischen ...

Im Moment noch.

Es ist wie ein Niemandsland, da ist nichts. Man ist nicht mehr auf dieser Seite und ...

... und noch nicht auf der anderen Seite. Ja, so ist es.

Somit neigt man immer dazu, zurückzutreten und nach oben zu fliehen. Aber so geht's nicht! Das ist die natürliche Bewegung, und ich sehe deutlich, daß sie falsch ist.

Heute morgen war beides da.

Ganz offensichtlich ist viel Ausgeglichenheit und innere Ruhe vonnöten. Ich hatte sehr stark das Gefühl der ausgeprägten Schäbigkeit, Stupidität und Dumpfheit aller äußeren Umstände, des gesamten körperlichen Lebens in seiner äußeren Form, und GLEICHZEITIG das Gefühl einer großartigen Symphonie der göttlichen Freude. Beide Zustände zusammen waren wie Pulsationen.

Aber das verdreht einem den Kopf. Da muß man sehr aufpassen, es ... *it makes you giddy* [es läßt einen schwindlig werden].

Das läßt sich nicht ausdrücken – sobald man es ausdrückt, löst es sich größtenteils in Luft auf. Aber sogar wenn man das Wenige sagte, das sich ausdrücken läßt, würden von zehn Personen neuneinhalb sicher sagen: „Die ist übergeschnappt!" Wenn ich das den Leuten sagte, würden sie wahrscheinlich sagen: „Sie hat einen Dachschaden!"

Das war so merkwürdig heute morgen, denn einerseits war da das Gefühl einer körperlichen Schwäche – fast einer physischen Zersetzung

– und GLEICHZEITIG, ZUR SELBEN ZEIT (nicht einmal hintereinander sondern beides zusammen) eine glorreiche göttliche Pracht.

Beides zugleich.

Meine stärksten Erfahrungen kommen immer, während ich mich zurechtmache, um auf den Balkon hinunterzugehen (das heißt im prosaischsten Teil des Lebens). Genau dann kommen sie. Wenn ich meditiere oder wenn ich gehe oder sogar, wenn ich jemanden empfange, ist es nicht so: Die physischen Dinge treten in den Hintergrund, haben keine Bedeutung mehr. Aber diese Erfahrungen kommen immer, wenn ich mitten im physischen Dasein stehe.

Es war merkwürdig heute morgen, denn einerseits (es handelt sich nicht einmal um eine „Seite", wie soll ich sagen? – eben beides zugleich) ging es dem Körper nicht gut, er war überhaupt nicht in Harmonie (einem gewöhnlichen Bewußtsein wäre er krank oder jedenfalls sehr schwach erschienen, gar nicht gut beieinander), und gleichzeitig, in DERSELBEN PHYSISCHEN EMPFINDUNG: eine Glorie! Eine glorreiche Freude und Glückseligkeit, ein Glanz!... Wie konnte das nur zusammen bestehen?

Man muß innerlich wirklich sehr, sehr ruhig bleiben. Äußerlich agiert man, putzt sich die Zähne usw., aber innerlich muß man sehr ruhig bleiben, um nicht den Halt zu verlieren.[1]

Was verhindert denn die Vereinigung der beiden Zustände?

Es ist keine Vereinigung – keine Vereinigung, der eine muß an die Stelle des anderen treten.

Der andere kann dann ...

Weißt du, es ist so, als ob man die Funktion der Organe verändern wollte. Wie soll man da vorgehen? Die beiden Zustände beginnen schon, gleichzeitig nebeneinander zu existieren. Was braucht es, damit der eine sich auflöst und der andere allein, verändert, zurückbleibt? Verändert, denn so, wie es jetzt ist, würde es nicht genügen, den Körper am Leben zu erhalten. Er könnte nicht alle lebensnotwendigen Funktionen erfüllen. Er würde zwar in einem Zustand der Seligkeit verharren und diesen Zustand genießen, aber nicht für lange, denn all seine Bedürfnisse bestehen noch. Das ist die Schwierigkeit. Für jene, die in hundert oder zweihundert Jahren kommen, wird es leicht sein, sie brauchen nur zu wählen: nicht mehr dem alten System anzugehören oder aber Teil des neuen zu sein.[2] Aber jetzt ... Ein Magen

---

1. Wir befinden uns genau einen Monat vor der ersten radikalen Wende in Mutters Yoga (13. März).
2. Offensichtlich gab es für Mutter nur eine mögliche Wahl.

muß schließlich verdauen! Da wird es eine neue Art geben, sich an die Naturkräfte anzupassen, eine neue Funktionsweise.

Aber müssen dazu nicht einige Wesen diese neue Funktionsweise vorbereiten?

Manchmal frage ich mich, ob es nicht ein Wahnsinn ist, so etwas versuchen zu wollen? ... Vielleicht sollte man diesen Körper einfach der Auflösung überlassen und andere vorbereiten, die sich besser dafür eignen – ich habe keine Ahnung.

Ich weiß es einfach nicht. Niemand vor mir hat das je getan, folglich gibt es auch niemanden, der es mir sagen könnte.

Meine Lösung ist da immer dieselbe: Ich bin so *(Geste der Hingabe)*, der Körper sagt: „Ich will es gerne versuchen, so gut ich kann."

Ist das nicht ein Wahnsinn? Oder ist es doch möglich? ... Ich weiß es nicht.

Aber es gab einst ein solches Wissen: alle alten Schriften berichten davon.

Ich glaube ja. Ich glaube ja.
Ich fühle sehr stark das Bedürfnis, jemanden zu haben, der weiß.

Ja, sehr oft habe ich auch gedacht, es müßte jemand hierher kommen, der ...

... der es weiß.

Der etwas weiß.[1]

Genau das erwartete ich von Sri Aurobindo.

Aber er suchte selbst. Vielleicht hätte er es gefunden, wenn er weitergemacht hätte ... Offenbar war es nicht möglich.[2]

Er sagte nämlich nie, er wisse es nicht.
Er sagte nie, er wisse es nicht.[3]

---

1. In den Agenda-Gesprächen von 1958 und '59, die Satprem nicht schriftlich festhielt, weil er sie für zu „persönlich" hielt, erläuterte Mutter dies als einen der Hauptgründe für ihre Ermutigung seiner tantrischen Disziplin. Satprem brach sogar in den Himalaya auf mit der Absicht, Mutter in der Art der alten Ritter die Geheimnisse der Transformation zurückzubringen. Mutter beschrieb ihm zu diesem Zweck den Ort, wo ein durch eine kalkhaltige Quelle versteinerter früherer Körper von ihr in einer Höhle des Himalayas lag. Doch das Geheimnis der neuen Spezies läßt sich offensichtlich nicht durch irgendeinen tantrischen oder sonstigen „Trick" finden – es gilt, die Natur selbst zu verändern. Niemand konnte Mutter helfen, denn wenn jemand „wüßte", wäre es bereits getan.
2. Mutter will damit sagen, daß es Sri Aurobindo nicht möglich war weiterzumachen.
3. Erinnern wir uns an einen Brief von Sri Aurobindo vom 16. August 1935: „Jetzt habe ich den Dreh gefunden – wie ein wahrer Einstein besitze ich die mathematische

Immer sagte er mir: „Jedes Ding zu seiner Zeit."

Aber wenn er es wußte, wird er es mir sagen können. Das muß bedeuten, daß der Augenblick noch nicht gekommen ist. Jede Nacht, mein Kind, bin ich nämlich für Stunden bewußt bei ihm (mindestens zwei Stunden jede Nacht), nicht mit ihm vereinigt, sondern wie mit jemandem, den ich sehe und mit dem ich spreche und der mir Dinge sagt.

Auch heute nacht ...

Es ist sein Wille, daß ich mir nicht notiere, was er sagt. Denn frühmorgens – wenn ich Zeit hätte – könnte ich mich sehr klar und präzise erinnern. Nachher verwischt es sich, es wird ausgelöscht, nur noch der Eindruck, der Einfluß bleibt – während des ganzen Tages bleibt er sehr stark, bis ein anderer an seine Stelle tritt. Das bildet so etwas wie eine Atmosphäre, in der ich lebe. Eine Atmosphäre des Wissens.

Aber er will nicht, daß ich mir das aufschreibe. Ich habe nicht nur keine Zeit dazu, sondern er will es nicht. Wenn ich aufwache (nicht „aufwache", sondern wenn ich diesen Zustand verlasse), gibt es keine Lücken in meinem Bewußtsein. Das ist etwas, das ich mir durch eine lebenslange Disziplin angeeignet habe, ich habe keine Lücken. Es ist nicht so, daß alles auf einen Schlag verschwindet. Es bleibt sehr klar da – ich gehe ohne den Eindruck eines Bruches vom einen Zustand in den anderen über. Aber ich sehe, was er tut: Er ersetzt die genaue Erinnerung an das, was gesagt und getan wurde, durch eine Art Atmosphäre, ein Gefühl, das ich den ganzen Tag hindurch bewahre.

Manchmal bleibt ein Bild zurück, das einen Schlüssel zur Atmosphäre bildet.

Letzte Nacht war es so lieblich! Wir kamen an einen Ort, wo alles in Schnee gehüllt war, ganz weiß, und alle Tiere der nordischen Gegenden lebten dort. Er selbst trug ein weißes Gewand. Ich ging an seiner Seite, und er begann, mein Mantra zu wiederholen, und sagte: „Sieh!" – Es war glorreich!

Dann die Tiere ... die Tiere und alle Dinge, die den Einfluß [des Mantras] aufnahmen und sich veränderten.[1]

Der Eindruck bleibt, kein präzises Wissen.

(Schweigen)

Vielleicht wird es kommen ..., wenn man mir genügend Zeit läßt.

Ja, das Lästige sind die Gedanken der Leute. Alle, alle denken die

---

Gleichung der ganzen Sache (unverständlich für jedermann außer mir selbst, wie in Einsteins Fall), und jetzt arbeite ich sie Ziffer für Ziffer aus."

1. Einmal mehr stellen wir fest, daß die Tiere oder die Pflanzen und selbst die „Dinge" leichter auf den Einfluß ansprechen als die Menschen.

ganze Zeit an Alter und Tod, an Tod und Alter und Krankheit, ach, wie lästig das ist. Ich selbst denke nämlich nie daran. Das ist nicht das Problem. Das Problem liegt in der Schwierigkeit der Arbeit, und dies ist keine Frage von Jahren. Das ist völlig ... das ist nichts, eine Sekunde in der Ewigkeit, das ist nichts!

Aber wenn man (ein „Man", ich weiß nicht, wer und was dieses „Man" ist) mir Zeit gibt, werde ich es wirklich erfahren – davon bin ich überzeugt. Überzeugt, weil trotz der wachsenden Schwierigkeiten auch das Wissen wächst, der Fortschritt ist unaufhaltsam. In dieser Hinsicht KANN ich mich nicht täuschen, das ist ausgeschlossen. Diese Gegenwart wird so konkret und so (wie soll ich sagen?) nützlich, konkret in ihrer Hilfe.

Aber offensichtlich nimmt es lange Zeit in Anspruch.

17. Februar 1962

Sind dir deine Träume jetzt besser bewußt oder nicht?

Manchmal ... Gestern kam so etwas, aber ich habe keine klare Erinnerung daran.

Ich begegne dir hin und wieder ... an sehr verschiedenen Orten. Darum frage ich dich.

Was tue ich dort?

Alles mögliche. Aber sehr häufig sind wir auf der Suche nach ... etwas Ausdrucksvollem: bald sind es Bilder, bald Sätze, bald ... Ich sagte dir schon, daß ich dir oft begegne, und zwar in einer Art Bibliothek ohne Bücher. Das ist wirklich interessant. Nach oben ist sie offen, nach unten ebenfalls, sie hat keine Wände und ist sehr, sehr groß, sicher fast so groß wie die Erde selbst. Dort sind Regale, die in der Luft zu hängen scheinen und in denen alle möglichen Dinge abgelegt sind. Sehr oft nehmen wir eine Vielzahl von Dingen aus den Regalen, um bestimmte Texte, Ideen zu finden. Ideen, Erklärungen, manchmal Erinnerungen, alles mögliche. Es ist eine Welt des Mentals, aber sehr hell und klar – sehr klar – und völlig geordnet, ohne jegliche Verwirrung und sehr offen. Sehr offen.

Dort treffe ich dich oft an.

Es sind nicht viele Leute da. Es ist ein Ort, der nicht *crowded* [überlaufen] ist. Dort sind einige Leute von hier und von anderswo, es ist wie eine Stätte des Lernens.

Aber wahrscheinlich besteht in deinem Bewußtsein keine Verbindung dazu, es gibt Lücken auf dem Rückweg; die Erinnerung löst sich dann auf. Du empfängst es nur durch Inspiration, nicht mit deinem kontinuierlichen Bewußtsein.

Das wird kommen. Es wird kommen, weil ich immer ... Indem man viele Male dorthin und zurück geht, schafft man sich einen Weg.

Mir kommt sehr häufig der Gedanke, daß ich ein neues Buch über Sri Aurobindo schreiben sollte.[1]

*
* *

...

Gut.

Ziemlich harte Tage ...

Die ganze Zeit verfolgt und bedrängt mich dieser Satz aus *Savitri*, als ihr der Herr vorschlägt, ein Leben in Seligkeit in den Höhen zu führen und sie ihm antwortet: „Nein, auf der Erde sind noch zu viele Schlachten auszufechten."[2]

Das drang in mich ein, und jedesmal, wenn sich Schwierigkeiten zeigen, kommt es, wie um zu sagen: „Beklag dich nicht!"

Und es gibt deren viele.

---

1. Die Aufzeichnung endet hier. Unglücklicherweise notierte sich Satprem Mutters Antwort nicht, was auch für eine lange Geschichte über Streitereien von Ashram-Mitgliedern zutrifft, die ihm Mutter erzählte. Einzig das nachfolgend wiedergegebene Ende des Gesprächs ist noch auf Band.
2. Ich steige nicht empor zu Deinem immerwährenden Tag ...
Die Erde ist der auserwählte Ort mächtigster Seelen.
Die Erde ist des heldenhaften Geistes Schlachtfeld ...
Deine Dienstbarkeiten auf der Erde, König, sind größer
Als all die wunderbaren Freiheiten des Himmels ...
O könnte ich sie doch verbreiten, könnte ich doch mehr Herzen umfassen
und ergreifen, bis die Liebe in uns Deine Welt ganz erfüllt hat! ...
Sind denn nicht noch Millionen Schlachten auszufechten?
Savitri, XI, 1 (Cent. Ed. XXIX, 686)

24. Februar 1962

Etwas scheint sich verändert zu haben.

Die ganze Zeit über, während mehrerer Monate, standen die Dinge gefährlich auf Messers Schneide: Ich hatte den Eindruck, daß es so oder auch anders ausgehen könne. An meinem Geburtstag[1] nahmen die Dinge dann auf einmal eine neue Wendung. So als wäre auf einen Schlag eine Formation weggehoben worden – eine Formation, die obenauf lag und schrecklich drückte ... ich sage nicht auf was, denn es schien auf allem zu sein – dann auf einmal: weggehoben, als hätte eine Hand die Sache ergriffen und aufgelöst, genau so, wie Sri Aurobindo einem die Krankheiten abnahm, genau dieselbe Bewegung[2].

Für den Körper hier war es ein ungeheurer Wandel, als wäre ich auf einen Schlag aus einer sehr üblen Zwangslage befreit worden.

Am Nachmittag machte ich auf dem Sportplatz[3] eine lustige Erfahrung: Als ich aus dem Auto stieg, um hineinzugehen, hatte ich den Eindruck, daß ... Seit sicher fast einem Jahr war ich mit einem Paar *useless* [unbrauchbarer] Beinen belastet (das heißt, es war mir auferlegt worden), Beinen, die nichts taugten, die schwach, ungeschickt, alt, ramponiert waren – unbrauchbar. Die ganze Zeit mußte ich meinen Willen einsetzen, um sie in Bewegung zu bringen, und auch dann geschah es auf eine mehr als ungeschickte Weise. All das wurde auf dieselbe Art weggehoben *(Mutter streicht mit ihrer Hand darüber)*. Ich tanzte fast buchstäblich. Einfach befreit zu sein von einem Paar solcher Beine! AUGENBLICKLICH fühlten sich meine Beine, wie sie vorher waren (ich hatte immer starke Beine): diese flinke, feste, behende Kraft, und ... ich mußte mich zurückhalten, um nicht Purzelbäume zu schlagen. Meine Beine fühlten sich an wie: „Ah, jetzt läßt sich's gehen!" Ich sagte ihnen: „Haltet euch still!", sonst hätten sie zu hüpfen und zu springen begonnen.

Das blieb, die Schwäche kam nicht wieder. Ich wartete ab, um zu sehen, ob es andauern würde – sie kam nicht wieder. Es ist wie etwas, das jetzt abgeschlossen ist.

Aber was war diese Formation?

Ich weiß nicht.

---

1. Am 21. Februar 1962 wurde Mutter 84.
2. Wenn Sri Aurobindo jemanden heilte, sah man oft, wie Mutter sagte, eine feinstoffliche Hand mit einem blauen Kraftstrom erscheinen, welche die Schwingung der Krankheit oder der Störung sozusagen zwischen ihren Fingerspitzen ergriff.
3. Am Nachmittag des 21. Februar wohnte Mutter einer Aufführung von Kindern bei.

Es gibt nämlich immer mehrere Erklärungsarten, wie ich bemerkt habe. Aber eine sehr allgemeinverständliche Erklärungsweise wäre sicher die, daß es sich um eine Art bösen Zauber handelte, auch für meine Gesundheit.

Als X das letzte Mal kam, war ich am Tag seiner Ankunft sehr krank; man hatte ihn nach oben in mein Zimmer gerufen, aber eigentlich geschah es, weil ich aus mehreren Gründen wollte, daß er nach oben komme, um ihm gewisse Dinge zu zeigen ... Aber er sah nichts, oder wenn er etwas sah, wollte er sich dazu nicht äußern. Er sagte: „Ach, es ist eine physische Krankheit." Das stimmte nicht, ich hatte keine physische Krankheit (möglicherweise wollte er nichts sagen). „Es ist eine physische Krankheit, vielleicht wirkt auch etwas von außen, aber es ist nichts Bedeutendes." Mir erschien es eher wie eine vor langer Zeit gemachte Formation – das Gefühl, einem Angriff ausgesetzt zu sein, hatte ich schon lange. Aber man hatte es sehr geschickt inszeniert.[1]

Entweder war es das oder etwas für die Arbeit Notwendiges, wie ich oft dachte: eine für die Arbeit notwendige Vorbereitung, etwas, das getan werden mußte.

Nacheinander wurden dadurch systematisch alle Teile meines Körpers und alle Funktionen der Organe berührt – auf sehr methodische Weise.

Ist das wirklich nötig? Ist diese Störung notwendig? Vielleicht bezeichne ich es als eine Störung, und es ist gar keine? ... Weißt du, in diesem Bereich wissen wir nichts. Wir haben unsere Standpunkte, die alten menschlichen Standpunkte, aber was die Funktion des Körpers betrifft, so wissen wir nicht, was gut oder nicht gut ist. Dasselbe trifft für das zu, was weh tut oder nicht weh tut: Der ursprüngliche Impuls des Körpers ist der, zu finden, daß es weh tut, aber wenn man darüber nachdenkt und aufmerksam hinschaut, ist es lediglich eine ungewohnt intensive Empfindung. Vielleicht war es das. Wenn man daran gewöhnt wäre (und vor allem, wenn es nicht mit der Vorstellung verknüpft wäre, daß es etwas Unangenehmes ist), hätte man ein ganz anderes Gefühl. Jedenfalls ist es nicht unerträglich – man kann viel ertragen, viel mehr, als man glaubt.

Ich bin mir nicht sicher. Wir tragen uns mit alten Vorstellungen, mit alten Routinen und alten Gewohnheiten, aber was wissen wir denn schon!

Jedenfalls war es etwas, das seinem Gang folgen und irgendwohin führen mußte.

---

1. Seit dem okkulten Angriff im Dezember 1958.

24. FEBRUAR 1962

Ich sollte noch erwähnen, daß drei oder vier Tage vor meinem Geburtstag etwas passierte, was dem Anschein nach schwerwiegend war oder es hätte sein können[1], und die Frage stellte sich: „Werde ich am 21. in der Lage sein, das Nötige zu tun?" Das mißfiel mir, und ich sagte: „Nein, ich kann diese Leute nicht im Stich lassen, wo sie sich von diesem Tag so viel versprochen haben, das geht einfach nicht." Tags zuvor blieb ich ausschließlich in einer sehr tiefen, inneren Invokation konzentriert, ganz und gar nicht oberflächlich, fern von allen Emotionen oder Gefühlen, wirklich am höchsten Punkt des Wesens. Ich blieb mit Dem in Kontakt, damit alles zum besten bestellt und von jeglicher falschen Bewegung in der Materie befreit sei. In der Nacht vom 20. auf den 21. wurde ich OFFENSICHTLICH geheilt; ich will damit sagen, daß ich der Aktion folgte und mich wirklich als geheilt sah. Als ich am Morgen aufstand, stand ich geheilt auf: Alles, was ich die ganze Zeit tun mußte, sämtliche *Tapasyas*, die ich befolgen mußte, um mich „auf Trab" zu halten – *to keep going* –, waren nicht mehr notwendig. Jemand hatte all dies erledigt – fertig, vorbei. Am nächsten Morgen, mit dieser Masse von zweitausend und einigen hundert Leuten, verlief alles völlig glatt, ohne das geringste Problem. Am Nachmittag hatte ich dann diese sehr besondere Erfahrung mit meinen Beinen.

So konnte ich am Morgen des 21. spontan und ohne zu zögern sagen: „Heute erhielt ich vom Herrn als Geschenk meine Heilung." (Ich erzählte auf Englisch, was mir die Leute alles gegeben hatten, und sagte: „ ... und vom Herrn erhielt ich das Geschenk meiner Heilung.")

Diese Erklärung ist einleuchtend, die Heilung war das Resultat der *Tapasya*. Das genügt. Etwas sagte nämlich sogar meinem Körper, der SUBSTANZ meines Körpers: „O ungläubige Substanz, jetzt kannst du nicht mehr sagen, daß es keine Wunder gibt", und dies während der ganzen Arbeit tags zuvor, am 20. Etwas sagte (ich weiß nicht wer – ich weiß es nicht mehr, weil es nicht mehr wie etwas Fremdes kommt; es scheint eine Weisheit zu sein, etwas, das weiß – nicht dieser oder jener sondern „etwas, das weiß", in welcher Form auch immer), etwas, das weiß, sagte dem Körper mit Nachdruck, indem es auf Dinge, Schwingungen, Bewegungen usw. hinwies: „O ungläubige Substanz, jetzt kannst du nicht mehr sagen, daß es keine Wunder gibt!" Besonders die Substanz ist nämlich daran gewöhnt, daß jedes Ding seine Auswirkung hat, daß die Krankheiten einem gewissen Verlauf folgen und daß sogar zur Heilung gewisse Dinge eintreten müssen (dies ist sehr subtil und rührt nicht von der Intelligenz her, die eine völlig andere Auffassung davon haben kann: Es ist eine Art Bewußtsein, das der

---

1. Ein Schlaganfall.

physischen Substanz angehört). Dieser Substanz wurden ablaufende Bewegungen, Schwingungen, Dinge gezeigt: „Siehst du, jetzt kannst du nicht mehr sagen, daß es keine Wunder gibt!" Das heißt, es war ein direktes Eingreifen des Herrn, der nicht den ausgetretenen Wegen folgt, der die Dinge auf Seine Weise tut.

Es gab diesen Schlaganfall (einen recht gravierenden Anfall, der den Arzt sehr beunruhigte), der, glaube ich, am Tag vor der Verteilung der Saris stattfand.[1] Am Morgen der Verteilung schien die ganze Zeit über ein anderer sich meines Körpers bemächtigt zu haben, der den Körper das Nötige tun ließ und alle Schwierigkeiten bewältigte – ich war sorgenfrei, ruhig, in der Art eines Beobachters. Einfach der Eindruck, ein sorgenfreier Beobachter zu sein: Ich mußte mich um nichts kümmern, jemand ... Was für ein „Jemand"? Jemand, etwas, ich weiß es nicht, es gibt keinen Unterschied mehr, es ist nicht mehr so zerstückelt, aber jedenfalls war es ein Wesen, eine Kraft, ein Bewußtsein – vielleicht war es etwas von mir selbst, ich weiß es nicht; all das ist nicht zerschnitten oder zerstückelt; es ist sehr präzise, aber ohne Trennung, sehr *smooth (Mutter macht eine abgerundete Geste),* keine Einschnitte. Es gab etwas, einen Willen oder eine Kraft oder ein Bewußtsein – offensichtlich eine Macht –, die vom Körper Besitz ergriffen hatte und ihn die ganze Arbeit tun ließ, die sich um alles kümmerte. Ich verfolgte das mit einem Lächeln. Aber jetzt ist es weg. Es kam nur, um diese Arbeit zu tun (ich war ziemlich schlecht dran), und als die Arbeit fertig war, löste es sich auf – es ging nicht abrupt weg, aber es war nicht mehr aktiv. Danach fühlte ich eine gewisse Zuversicht und sagte mir: „Nun, genau so etwas kann auch am 21. passieren, so wie es jetzt gerade passiert ist."

Der 19. war so-lala, und am 20. war ich den ganzen Tag über konzentriert: keine Kontakte mit niemandem mehr, nichts Äußeres, nur eine solche Intensität der Invokation wie ... ebenso intensiv und konzentriert wie in dem Moment, da man sterbend mit dem Herrn verschmelzen will. So war das. Dieselbe Bewegung der Identifikation, aber im Kern ein Wille, daß hier [auf der materiellen Ebene] alles gut gehe – das heißt, ich sagte dem Herrn: „DEIN Gutes, das wahre Gute, nicht ... Das wahre Gute, ein siegreiches Gutes, das einen echten Fortschritt gegenüber der üblichen Lebensweise darstellt." Den ganzen Tag über blieb ich konzentriert, ohne einen Mucks zu machen, die ganze Zeit, die ganze Zeit: Sogar wenn ich sprach, war es etwas rein Äußerliches, das sprach. Nachts, als ich mich schlafen legte, kam dieses Gefühl, daß sich etwas verändert hatte: Der Körper fühlte sich

---

1. Am 18. Februar verteilte Mutter Saris.

völlig anders. Und als ich am Morgen aufstand, waren alle Schmerzen, alle Beschwerden, alle Gefahren, alles – verschwunden. Da sagte ich: „Herr, Du hast mir das Geschenk der Gesundheit gegeben." So war es.

Diese Veränderung war die ganze Zeit begleitet von: „Jetzt kannst du nie mehr vergessen!" – an die Körpersubstanz gerichtet, an das, was die Zellen vereint. „Jetzt könnt ihr nie mehr vergessen, ihr werdet wissen, daß Wunder WIRKLICH möglich sind." Das heißt, daß die Dinge in der physischen Substanz überhaupt nicht mit den Naturgesetzen übereinstimmen müssen. „Ihr werdet es nicht vergessen." Es kam immer wieder wie ein Leitmotiv: „Jetzt werdet ihr gewiß nie mehr vergessen. So ist das." Und ich sah, daß es dringend nötig war, sie immer wieder daran zu erinnern: Sie vergessen alles augenblicklich und versuchen sofort, Erklärungen zu finden (wie dumm kann man nur sein!). Es ist eine Art Gefühl (keineswegs ein individueller Gedanke), eine Denkweise der Materie. Sie ist so gemacht oder gebaut, es gehört zu ihrem Aufbau. Wir nennen das „denken", weil wir kein Wort dafür haben, aber es ist nicht „denken" sondern die Art der Materie, die Dinge zu verstehen, eine Fähigkeit des Verstehens in der Materie.

Ach, genug geschwatzt!

*
* *

Später:

Glaubst du, etwas spräche dagegen, daß ich vor der Arbeit Pranayama[1] übe?

Ich glaube, es würde dir gut tun, mein Kind.

Ich begann vor drei Tagen, aber die ganze Zeit überkam mich diese Formation, die sagt: „Oh, das ist gefährlich, da gilt es aufzupassen." Diese Formation der Tradition umgibt das Ganze. So sagte ich mir heute morgen, daß ich lieber mit dir darüber sprechen würde.

Machst du es ohne Anweisungen?

Es gibt eine traditionelle Übungsart, die Formel ist mir bekannt.

Wie lautet sie?

Die Zeit variiert. Man atmet durch das linke Nasenloch ein, sagen wir während 4 Sekunden, dann hält man den Atem unter

---

1. *Pranayama:* Atemübungen.

Anheben des Zwerchfells und bei geschlossenen Öffnungen für 16 Sekunden an, anschließend atmet man 8 Sekunden lang auf der anderen Seite aus.

Sind das die „offiziellen" Zahlen?

Ja, zumindest was das Verhältnis betrifft: 4 einatmen, 16 anhalten, 8 ausatmen.

Sechzehn?

Es soll doppelt so lang sein wie die Ausatmung. Bei 8 macht das 8-16-32.

Ich machte das jahrelang und benutzte das gleiche System: einatmen, anhalten, ausatmen, die Lungen ganz leer lassen. Das letztere kann allerdings gefährlich sein, folglich rate ich es dir nicht. Ich machte es jahrelang. Sri Aurobindo und ich machten fast das gleiche, ohne daß wir es wußten, zusammen mit vielen anderen Dingen, die man eigentlich nicht tun sollte. Dies nur, um dir zu sagen, daß die Gefahr vor allem in dem liegt, was man denkt. Bei gewissen Bewegungen ließen wir beide die Luft aus dem Scheitel austreten – es scheint, daß man das nur tut, wenn man sterben will. *(Mutter lacht)* Uns hat es allerdings nicht umgebracht.

Nein, die Gefahr liegt VOR ALLEM in einer Gedankenformation.

Man kann damit eine ausgezeichnete Kontrolle über das Herz erlangen. Aber ich übte nie mit Gewalt, das heißt ich forcierte nicht. Ich glaube, ein Anhalten von 16 ist zu viel. Ich pflegte es so zu tun: langsam einatmen, wobei ich innerlich bis 4 zählte, dann 4 anhalten, so (ich tue es immer noch), unter Anheben des Zwerchfells und Senken des Kopfes[1] *(Mutter neigt ihren Hals)*, das heißt man verschließt alles und komprimiert die Luft (das heilt jeden Schluckauf fast augenblicklich, sehr praktisch!). Und dann, während des Anhaltens, ließ ich die Luft mit der Kraft zirkulieren (die Luft enthält eine Kraft), ebenso mit dem Frieden, und wo immer ich eine körperliche Störung feststellte (einen Schmerz oder etwas, das nicht in Ordnung war), richtete ich sie konzentriert darauf. Das ist sehr wirksam. Ich machte es so: einatmen, anhalten, ausatmen und Leere – man ist völlig leer. Das ist sehr nützlich, zum Beispiel für Leute, die tauchen.

Es fiel mir allerdings schwer, langsam einzuatmen. Das ist recht schwierig. Ich hatte mit 4 begonnen und war bei 12 angelangt. Ich übte 12-12-12-12. Es brauchte Monate, bis ich soweit war, das geht

---

1. *Uddiyana-bandha* und *Jalandhara-bandha*

nicht rasch. Es ist schwierig, sehr langsam zu atmen und all die Luft zu halten.

Jetzt, wo ich außer Übung bin, schaffe ich es kaum noch über 6. *(Mutter zeigt es).* Ich zähle so: 1-2-3-4 ... nicht schneller.

Und langsam ausatmen – das ist sehr schwierig –, wobei man darauf bedacht ist, die Lungenspitzen zu leeren; das ist nämlich ein Teil, der sich nicht leicht entleert und wo verbrauchte Luft zurückbleibt. Offenbar ist das eine der häufigsten Ursachen für Husten und Erkältungen: verbrauchte Luft. Das lernte ich, als ich eine Bronchitis hatte. Ich lernte, die Luft vollständig auszustoßen. Auch sang ich, und so wußte ich, wie das funktionierte: Man hält die Luft an, dann läßt man sie langsam raus, um ohne Unterbrechung singen zu können.

Ich empfehle dir, es zu tun.

Wie lange machst du es?

Acht oder zehn Minuten, dreimal täglich vor meinem Japa.

Ja, das ist sehr gut.

Ich weiß nicht warum, aber ich ließ mich von dieser traditionellen Formation beeinflussen, die sagt, daß es gefährlich sei.

Aber das hat jemand von außen auf dich geworfen, mein Kind.

Es hat mich beunruhigt.

Nein, es ist überhaupt nicht gefährlich, solange man nicht übertreibt. Wenn man es einfach ... Ich glaube, manche Leute üben Pranayama mit der Vorstellung, „Kräfte" zu erlangen. Vor allem die Vorstellung, Kräfte zu erlangen, verdirbt alles. Aber wenn man es einfach tut, um Fortschritte zu machen, ist keine Gefahr dabei.

Auf jeden Fall taten Sri Aurobindo und ich viele Dinge, die als gefährlich gelten, und es schadete uns in keiner Weise. Man muß nicht unbedingt gefährliche Dinge tun (!), aber uns passierte jedenfalls nichts. Folglich hängt es davon ab, wie man es tut.

Ich glaube, du kannst dir diese Formation gefahrlos aus dem Kopf schlagen.

Aber vielleicht ist es besser, weniger lang einzuatmen und den Atem länger anzuhalten, anstatt mit den gleichen Zeiten zu üben – ja, den Atem anzuhalten ist sehr interessant! Nehmen wir an, du hast Kopfweh oder Halsweh oder Schmerzen im Arm, irgend etwas, dann nimmst du die Luft, wenn sie drinnen ist *(Mutter demonstriert dies)* und richtest sie auf den kranken Teil – sehr, sehr praktisch und angenehm und unterhaltsam. Man sieht nämlich die Kraft, wie sie an die betreffende Stelle geht, dort eindringt, verweilt, alles mögliche.

Das ist wirklich interessant, denn heute morgen ... Bist du zum Balkon-Darshan gekommen?

Die letzten Tage bin ich gekommen, aber heute morgen nicht.

Ja, es schien mir, daß ich dich nicht sah. Aber als ich auf den Balkon hinaustrat, veranlaßte mich auf einmal etwas, Pranayama zu üben. Ich begann damit, es war lustig, und ich unterhielt mich bestens. Es war, als ob der Herr mit der Luft in mich einträte, und als dies anhielt (es spielte sich gleichzeitig auch auf der körperlichen Ebene ab), begann all die Luft sich nach außen zu verbreiten und in jedem einzelnen ihre Wirkung zu tun – mit einer so angenehmen Empfindung, einer so ruhigen Macht, ihrer selbst so sicher! Ein so angenehmer Friede!

Die Balkon-Darshans sind interessant.

Also tu das ... je nach Lust und Laune.

Um welche Zeit?

Zur Zeit meines Japas am Morgen, Mittag und Abend ...

*
* *

(Dann läßt sich Mutter von Satprem das Entretien vom 28. März 1956 vorlesen, in dem ein Kind fragt: „Wie können wir unser Verständnis steigern?" Mutter hatte geantwortet: „Durch eine Steigerung des Bewußtseins, indem man über das Mental hinausgeht, sein Bewußtsein erweitert, es vertieft, und Regionen berührt, die jenseits des Mentals liegen.")

Heute würde ich noch folgendes hinzufügen: durch die Erfahrung. Indem man Wissen in Erfahrung verwandelt. Die Erfahrung führt einen automatisch zur nächsten Erfahrung.

Ich verstehe nämlich unter „Erfahrung" etwas ganz anderes, als man gewöhnlich darunter versteht. Es ist etwas, das fast ... nicht neu im eigentlichen Sinn ist, sondern eine neue Realität annimmt. Es bedeutet nicht, „das zu erfahren, was man schon weiß", das versteht sich von selbst, das ist banal – sondern ... Ein anderes Wort wäre nötig. Anstatt zu wissen oder zu kennen (sogar ein Wissen, das dem mentalen Wissen oder selbst einem sehr umfassenden Wissen weit überlegen ist), gilt es, die Macht zu werden, die bewirkt, daß DAS IST.

Im Grunde genommen bedeutet es, das *Tapas* [die Energie] der Dinge zu werden – das *Tapas* des Universums.

Es heißt immer, daß das *Satchitananda* am Anfang der Manifestation stand, und zwar in dieser Reihenfolge: zuerst das *Sat*, die reine Existenz; dann das *Chit*, die bewußte Erfahrung dieser Existenz; und schließlich das *Ananda*, die Freude an der Existenz, die ihr Fortbestehen bewirkt. Aber zwischen dem *Chit* und dem *Ananda* kommt das *Tapas*, das heißt das sich verwirklichende *Chit*. Und wenn man dieses *Tapas* wird, das *Tapas* der Dinge, dann hat man das Wissen, das einem die Macht verleiht, zu verändern.[1] Das *Tapas* der Dinge herrscht über ihre Existenz innerhalb der Manifestation.

Weißt du, ich drücke das zum ersten Mal so aus, aber seit geraumer Zeit habe ich es zu leben begonnen. Wenn man DORT ist, hat man dieses Gefühl (wie soll ich sagen?) einer solch phantastischen Macht, der universellen Macht selbst! Dann hat man das Gefühl der totalen Meisterschaft über das Universum.

Aber das kannst du nicht so wiedergeben.

Und ob!

Also, gut.

27. Februar 1962

72 – Es ist ein Zeichen aufdämmernder Erkenntnis zu fühlen, daß man erst wenig oder gar nichts weiß; und doch hätte man schon alles Wissen, wenn man nur wüßte, was man weiß.

Was hast du zu fragen?

Hast du selber dazu nichts Spezielles zu sagen?

(Mutter schüttelt den Kopf)

---

1. *Tapas*: wörtlich Wärme. Die konzentrierte Energie, die alle Dinge ausmacht – eine Energie, die nicht durch irgendeinen Mechanismus sondern durch die konzentrierte Macht des Bewußtseins *(Chit)* erzeugt wird. Nach der indischen Tradition wurde die Welt durch das *Tapas* in Form eines Eies geschaffen – das Ur-Ei –, das aufbrach und die Welt durch die Brutwärme der Bewußtseins-Kraft aus sich gebar. „Das *Tapas* der Dinge zu werden", heißt, in der eigenen materiell-körperlichen Substanz diese *selbe* Grundlage der ungeheuren supramentalen Energie zu entdecken (was die Physiker, nach Einstein, als Atomenergie bezeichnen: $E = mc^2$), die die Steine, die Vögel und die Universen belebt – dann kann Gleiches auf Gleiches wirken. Diesen Punkt erreichte Mutter.

Ich habe eine Frage vorbereitet, sie lautet: „Es kommt vor, daß man im Schlaf ein sehr genaues Wissen darüber hat, was geschehen wird, ein Wissen voll konkreter Details von überraschender Präzision, als ob auf einer okkulten Ebene alles bis ins geringste Detail schon ausgearbeitet worden wäre. Stimmt das? Was ist diese Ebene des Wissens? Ist es eine bestimmte Ebene, oder gibt es mehrere davon? Wie kann man im Wachzustand einen bewußten Zugang dazu finden? Und wie kommt es, daß ernstzunehmende Leute, die Gott in sich verwirklicht haben, sich manchmal in ihren Voraussagen so grob täuschen können?

Ooh, das ist eine ganze Welt! *(Mutter lacht)* Das ist nicht eine Frage, das sind zwanzig!

Wenn dich etwas davon interessiert ...

Das ist sehr interessant, aber es wird mindestens acht Seiten ergeben!

Wahrträume ...

Es gibt mehrere Arten von Wahrträumen. Gewisse Träume dieser Art verwirklichen sich sofort, das heißt man träumt nachts von dem, was am folgenden Tag geschehen wird. Aber es gibt Wahrträume, deren Erfüllung sich über eine mehr oder weniger lange Zeit erstreckt, und je nach dem Zeitpunkt ihrer Erfüllung werden sie in verschiedenen Bereichen geträumt.

Je mehr man sich einer absoluten Gewißheit nähert, desto größer ist die Zeitspanne, weil man diese Visionen in einem Bereich hat, der sehr nahe am Ursprung liegt, und so kann die Zeit zwischen der Offenbarung des Kommenden und seiner Verwirklichung sehr lang sein. Weil man aber so nahe am Ursprung ist, hat die Offenbarung große Gewißheit.

Wenn man mit dem Höchsten identifiziert ist, herrscht absolute Gewißheit: in der Vergangenheit, in der Gegenwart, in der Zukunft und überall. Aber die Leute, die dorthin gehen, vergessen beim Zurückkommen im allgemeinen, was sie gesehen haben. Eine besonders strenge Disziplin ist nötig, um sich zu erinnern. Das ist der einzige Ort, wo man sich nicht täuschen kann.

Aber die Kommunikationsmaschen oder -glieder sind nicht immer vollständig, und es ist selten, daß man sich erinnert.

Um auf das zuerst Gesagte zurückzukommen, läßt sich jedenfalls je nach der Ebene der Vision ungefähr abschätzen, wie lange es dauert, bis sich die Vision verwirklicht. Unmittelbar bevorstehende Dinge existieren bereits in verwirklichter Form auf der subtilphysischen Ebene und können dort gesehen werden – sie sind dort existent, und was sich am folgenden Tag oder einige Stunden später abspielt, ist lediglich ihre Widerspiegelung (nicht einmal eine Übertragung) oder die Projektion des Bildes in der materiellen Welt. Im Subtilphysischen sieht man die Sache exakt in ihren sämtlichen Details, weil sie schon existiert. Alles hängt von der Genauigkeit und Fähigkeit der Vision ab: Wenn die visionäre Fähigkeit objektiv und aufrichtig ist, sieht man die Sache exakt; wenn sich jedoch Gefühle und Eindrücke hinzugesellen, wird sie verfärbt. Die Genauigkeit im Subtilphysischen hängt ausschließlich vom Instrument, das heißt vom Sehenden, ab.

Sobald man aber in einen feinstofflicheren Bereich gelangt, wie im Vital (und noch viel mehr im Mental), erweitert sich der Spielraum der Möglichkeiten. In groben Zügen kann man erkennen, was passieren wird, aber die Einzelheiten können so oder auch anders sein, denn bestimmte Bestrebungen und Einflüsse können dazwischentreten und zu Abweichungen führen.

Das kommt daher, daß der ursprüngliche Wille sich sozusagen in verschiedenen Bereichen widerspiegelt, wobei sich die Anordnung und Beziehung der Bilder untereinander je nach Bereich ändert. Die Welt, in der wir leben, ist eine Bilderwelt – nicht die Sache in ihrem eigentlichen Wesen sondern die Widerspiegelung dieser Sache. Man könnte sagen, daß wir in unserer materiellen Existenz lediglich eine Widerspiegelung, ein Abbild dessen darstellen, was wir in unserer eigentlichen Wirklichkeit sind. Die spezielle Beschaffenheit dieser Widerspiegelungen führt dann zu den Irrtümern und Verfälschungen – was man als wesentliche Wahrheit sieht, ist vollkommen wahr und rein und existiert seit aller Ewigkeit; die Bilder aber sind grundlegend veränderlich. Je nach dem Grad der den Schwingungen beigemengten Falschheit erhöht sich das Ausmaß der Entstellung und Abwandlung. Man könnte sagen, daß jeder Umstand, jedes Ereignis und jedes Ding eine reine Existenz – die wahre Existenz – und eine beträchtliche Anzahl unreine oder entstellte Existenzformen in den verschiedenen Wesensbereichen hat. Im intellektuellen Bereich zum Beispiel finden wir den Anfang einer wesentlichen Entstellung (der mentale Bereich weist eine beträchtliche Anzahl Entstellungen auf), und die Entstellungen nehmen zu, sobald sämtliche Gefühls- und Sinnesbereiche auf den Plan treten. Auf der materiellen Ebene angekommen, ist die Vision in den meisten Fällen nicht mehr erkenntlich, *unrecognizable*. Sie ist vollständig entstellt, und zwar so sehr, daß es manchmal schwierig zu erkennen ist, daß dies der materielle Ausdruck von dem sein soll – es besteht keine große Ähnlichkeit mehr.

Dieser Problemansatz ist recht neu und kann den Schlüssel zu vielen Dingen liefern.

Angenommen, man kennt jemanden gut, dem man materiell zu begegnen pflegt: Wenn man die betreffende Person im Subtilphysischen sieht, treten gewisse Dinge schon deutlicher hervor und werden sichtbarer und wichtiger, Dinge, die man auf der körperlichen Ebene nicht wahrnahm, weil sie im materiellen Einerlei von vielen anderen Dingen nicht mehr zu unterscheiden waren. Gewisse Ausdrucksformen des Charakters, die physisch nicht ersichtlich waren, werden nun bedeutend genug, um sichtbar zu werden. Wenn man jemanden auf der körperlichen Ebene betrachtet, erkennt man die Gesichtsfarbe, die Form der Gesichtszüge, den Ausdruck; wenn man dieses Gesicht gleichzeitig im Subtilphysischen sieht, nimmt man plötzlich wahr, daß ein Teil des Gesichts eine bestimmte Farbe und ein anderer Teil eine andere Farbe hat, daß sich in den Augen ein Ausdruck und eine Art Licht zeigen, die zuvor nicht sichtbar waren, und daß einem alles völlig anders vorkommt. Unseren physischen Augen würde dieser ganz andere Gesamteindruck recht ausgefallen erscheinen, für die feinstoffliche Sicht aber drückt es den Charakter aus und enthüllt sogar die Einflüsse, denen die betreffende Person unterworfen ist. (All dies ist die Wiedergabe einer Erfahrung, die ich vor einigen Tagen machte.)

Je nach der Ebene, deren man sich bewußt ist und in der man sich umsieht, nimmt man unterschiedlich nahe Bilder und Ereignisse auf mehr oder weniger exakte Weise wahr. Die einzige wahre und sichere Schau ist die Schau des göttlichen Bewußtseins. Das Problem ist also, sich des göttlichen Bewußtseins bewußt zu werden und dieses Bewußtsein die ganze Zeit über in allen Einzelheiten aufrechtzuerhalten.

Bis man das erreicht, gibt es alle möglichen Arten, Hinweise zu erhalten. Diese exakte und präzise und ... (wie soll ich sagen?) vertraute Schau, die gewisse Leute haben, kann aus mehreren Quellen herrühren. Es kann eine Schau durch Identität mit den Umständen und den Dingen sein, wenn man gelernt hat, sein Bewußtsein auszuweiten. Oder es kann ein Hinweis eines Schwätzers aus der unsichtbaren Welt sein, der sich damit unterhält, den Leuten mitzuteilen, was passieren wird – was sehr häufig vorkommt. In so einem Fall hängt alles von der moralischen Beschaffenheit des „Übermittlers" ab: Wenn er sich auf Kosten der Leute amüsiert, denkt er sich Geschichten für sie aus – genau das passiert meistens jenen, die ihre Informationen von Wesenheiten empfangen. Um die Leute zu ködern, erzählen sie ihnen oft kommende Dinge (sehr oft haben sie nämlich eine universelle Schau in irgendeinem Bereich des Vitals oder Mentals). Wenn sie dann sicher sind, daß man ihnen vertraut, können sie den Leuten einen Bären aufbinden, und, wie man auf englisch sagt, *you make a fool of yourself* [man macht sich lächerlich]. Das kommt so oft vor! Man müßte selbst in einem höheren Bewußtsein als jenem dieser Individuen oder Wesenheiten sein (oder dieser kleinen Gottheiten, wie sie von einigen genannt werden) und den Wert ihrer Aussagen von oben überprüfen können.

Wenn man im Besitz der universellen mentalen Schau ist, kann man alle mentalen Formationen erkennen. Dann kann man sehen – was sehr interessant ist –, wie die mentale Welt vorgeht, um sich auf der physischen Ebene zu verkörpern. Man sieht die verschiedenen Formationen, die Art und Weise, wie sie sich annähern oder bekämpfen, sich verbinden und organisieren, man sieht, wie einige die Oberhand gewinnen, einen größeren Einfluß ausüben und eine vollständigere Verwirklichung erzielen. Wenn man aber eine wirklich überlegene Schau haben will, muß man den Bereich der mentalen Welt verlassen und die ursprünglichen Willensformen bei ihrer Herabkunft in die Formenwelt wahrnehmen. In diesem Fall erkennt man vielleicht nicht alle Details, aber die zentrale TATSACHE; die Tatsache in ihrer grundlegenden Wahrheit ist indiskutabel, unleugbar und absolut korrekt.

Einige Leute haben auch die Fähigkeit, Dinge vorauszusagen, die schon auf der Erde existieren, aber in der Ferne, in einem sehr weiten Abstand von den physischen Augen. Das sind im allgemeinen jene, die im Besitz der Fähigkeit sind, ihr Bewußtsein auszudehnen und zu erweitern. Sie haben eine physische Sicht, die ein wenig feinstofflicher ist, eine Sicht, die von einem feinstofflicheren Organ als vom rein materiellen abhängt (man könnte es das Leben dieses Organs nennen). Wenn sie dann ihr Bewußtsein mit dem Willen zu sehen aussenden, können sie sehr gut wahrnehmen – sie sehen Dinge, die bereits existieren, aber noch nicht unser gewöhnliches Gesichtsfeld erreicht haben. Leute mit dieser Fähigkeit, die sagen, was sie sehen – aufrichtige Leute, keine Bluffer –, nehmen auf absolut präzise und exakte Weise wahr.

Letztlich ist der entscheidende Faktor bei allen, die weissagen und hellsehen, ihre absolute Aufrichtigkeit. Wegen der Neugier der Leute, ihren beharrlichen Fragen und ihrem Drängen – dem übrigens sehr wenige widerstehen können –, ergänzt eine fast unwillkürlich wirkende innere Vorstellungskraft das kleine Element, das noch fehlt. Genau das führt dann zu fehlerhaften Voraussagen. Sehr wenige Leute haben den Mut zu sagen: „Nein, das weiß ich nicht, dies sehe ich nicht, das entzieht sich meiner Kenntnis." Sie haben nicht einmal den Mut, es sich selbst einzugestehen! Dann braucht es nur ein ganz klein wenig Phantasie, die fast unbewußt agiert, um die Vision oder Information zu ergänzen – so daß alles Beliebige herauskommen kann. Sehr wenige

Leute können dem widerstehen. Ich kannte sehr viele Medien, viele außerordentlich begabte Wesen, und nur sehr wenige konnten genau dort aufhören, wo ihr Wissen endete. Oder aber es wird ein Detail hinzugedichtet. Aus diesem Grunde sind ihre Fähigkeiten immer ein wenig verdächtig. Man müßte wirklich ein Heiliger sein – ein großer Heiliger, ein großer Weiser – und völlig frei, losgelöst von jeglichem Einfluß der Leute (ich spreche nicht von jenen, die sich einen Namen machen wollen, weil die schon ganz am Anfang stolpern); aber sogar Gutwilligkeit – die Leute zufriedenstellen, ihnen eine Freude machen oder helfen zu wollen – reicht schon aus, um alles zu entstellen.

(*Lächelnd*) Noch ein Wunsch? Habe ich alles beantwortet?

Eine Frage drängt sich mir auf. Wenn die Ereignisse im Subtilphysischen schon existieren und man sie sieht, ist es dann nicht schon zu spät, ihren Gang zu verändern? Kann man dann noch etwas tun?

Dazu gibt es ein sehr interessantes Beispiel, das ich immer anführe. Der Betreffende erzählte es mir selbst. Vor langer Zeit (du mußt noch ganz klein gewesen sein) erschien in der Zeitung *Le Matin* jeden Tag ein kleines Cartoon eines Jungen, wie ein Liftboy (er erzählte es mir auf englisch), der mit dem Finger auf das Datum oder etwas Ähnliches zeigte (er war wie ein Hotelpage gekleidet). Dieser Mann war auf Reisen und wohnte in einem großen Hotel, ich weiß nicht mehr in welcher Stadt, jedenfalls einer Großstadt, und er erzählte mir, daß er nachts oder frühmorgens einen Traum hatte: Er sah, wie ihm dieser Hotelpage einen Leichenwagen zeigte (weißt du, so einen, mit dem man die Leute in Europa zum Friedhof bringt) und ihn einlud einzusteigen. Er sah dies. Als er am Morgen fertig war, verließ er sein Zimmer, das ganz oben war, und auf dem Treppenabsatz sah er ... diesen selben, gleichgekleideten Jungen, der auf den Aufzug zeigte, damit er einsteige. Das versetzte ihm einen Schock. Er lehnte ab: „Nein, danke!" Der Aufzug stürzte ab. Er wurde zerschmettert, und die Leute darin kamen um.

Er sagte mir, daß er danach an Träume glaubte.

Es war eine Vision. Er sah diesen Jungen, aber anstatt auf den Aufzug zeigte er auf seinen Leichenwagen. Als er dann sah, wie derselbe Junge genau die gleiche Geste machte wie in dem Cartoon, sagte er: „Nein, danke, ich gehe zu Fuß hinunter." Die Maschine versagte und stürzte ab (es war ein hydraulischer Aufzug), von ganz oben, die Leute wurden zu Brei zermalmt.

Meine Erklärung lautete (er fragte mich danach): Eine Wesenheit hatte ihn gewarnt. Das Bild des Hotelpagen weist auf eine Intelligenz, ein Bewußtsein als Vermittler hin – es scheint nicht sein eigenes

Unterbewußtsein gewesen zu sein!¹ Oder aber sein Unterbewußtsein war auf dem laufenden, weil es im Subtilphysischen gesehen hatte, was passieren würde – aber warum hätte ihm sein Unterbewußtsein ein solches Bild präsentiert? Ich weiß es nicht. Vielleicht wußte etwas im Unterbewußtsein davon – im Subtilphysischen existierte es ja schon da. Der Unfall – das Gesetz des Unfalls – existierte schon vor seinem Eintreten.

Offensichtlich besteht stets eine Zeitdifferenz, manchmal von einigen Stunden (das ist allerdings das Maximum), manchmal von Sekunden. Sehr häufig kündigen sich die Dinge an, wobei es eine Sache von einigen Minuten oder einigen Sekunden sein kann, um mit dem Bewußtsein in Kontakt zu treten. Ich weiß ständig, was passieren wird (absolut belanglose Dinge; sie im voraus zu wissen, ändert überhaupt nichts), aber diese Dinge existieren bereits und umgeben einen. Wenn das Bewußtsein weit genug ist, weiß man all das – zum Beispiel, daß mir die und die Person ein Paket bringt oder gleich eintrifft (solche Dinge). Das geschieht jeden Tag. Der Grund dafür liegt darin, daß das Bewußtsein ausgebreitet und folglich mit den Dingen in Kontakt ist.

Aber in so einem Fall kann man nicht von Wahrsagung sprechen, denn die Sache existiert ja schon; nur dauert es einige Sekunden, bis der Kontakt mit unseren Sinnen zustandekommt, weil eine Türe oder eine Wand dazwischen liegt.

Ich hatte mehrere ähnliche Erfahrungen. Einmal, auf einer Bergtour, lief ich auf einem Gebirgspfad, wo nur Platz für einen war: auf der einen Seite der Abgrund und auf der anderen der steil aufragende Fels. Drei Kinder folgten mir, und eine vierte Person bildete den Abschluß. Ich lief an der Spitze. Der Pfad führte um den Fels herum, das heißt man sah nicht, was vor einem lag (es war wirklich recht gefährlich: wenn man ausglitt, wäre es vorbei gewesen). Ich ging also voran, und plötzlich erblickte ich mit anderen Augen als den normalen (obwohl ich meinen Schritten aufmerksam folgte) eine Schlange, die hinter der Wegbiegung auf dem Felsen lag. Ganz behutsam tat ich einen Schritt voran, und tatsächlich war dort eine Schlange. Das ersparte mir den Schock der Überraschung (da ich sie ja gesehen hatte und vorsichtig weiterging), und so konnte ich den Kindern sagen, ohne sie zu erschrecken: „Bleibt stehen, seid ruhig und bewegt euch nicht!" Ein Schock hätte schlimme Folgen haben können. Die Schlange hatte ein Geräusch gehört, sie hatte sich schon zusammengerollt und lag in

---

1. Mutter präzisierte: „Was mich glauben läßt, daß es eine Wesenheit war, ist das Bild, während sein Unterbewußtsein ihn normalerweise ganz einfach vor der Tatsache gewarnt hätte."

Verteidigungsposition mit wiegendem Kopf vor ihrem Loch – es war eine Viper. Das geschah in Frankreich. Nichts passierte, aber wer weiß, was mit Verwirrung und blinder Aufregung geschehen wäre.

Diese Art Dinge erlebte ich sehr, sehr oft (allein viermal mit Schlangen). Ein Vorfall spielte sich hier, in der Nähe des Fischerdorfes Ariankuppam ab, wo ein Fluß ins Meer mündet. Die Nacht war sehr rasch hereingebrochen, und es war stockdunkel. Wir liefen auf einer Straße, und mitten im Schritt (ich hatte meinen Fuß gehoben und wollte ihn gerade wieder aufsetzen) hörte ich deutlich eine Stimme an meinem Ohr: „Vorsicht!" Es hatte jedoch niemand ein Wort gesagt. Darauf sah ich hin, und unmittelbar dort, wo mein Fuß den Erdboden berühren wollte, lag eine riesige schwarze Kobra, auf die ich bestimmt getreten wäre. Diese Burschen mögen das gar nicht. Sie nahm Reißaus und schwamm im Wasser auf und davon – wie schön das Tier war, mein Kind! Mit offener Haube und erhobenem Kopf schwamm sie wie eine Königin durchs Wasser. Ich hätte sicher für meine Frechheit gebüßt.

Solche Dinge stießen mir Hunderte von Malen zu: Im letzten Moment (keine Sekunde zu früh) wurde ich jeweils gewarnt, und dies unter sehr verschiedenen Umständen. Einmal, in Paris, überquerte ich gerade den Boulevard Saint Michel. Ich hatte beschlossen, innerhalb einer gewissen Anzahl Monate die Vereinigung mit der psychischen Gegenwart, dem inneren Göttlichen zu erreichen; ich dachte nur noch an das, ich war nur noch damit beschäftigt, und es waren die letzten Wochen dieser Zeit. Ich wohnte in der Nähe des Palais du Luxembourg, und ich war abends auf einem Spaziergang zu den Gärten des Luxembourg, um mich dort hinzusetzen – die ganz Zeit nach innen gewandt. Dort ist eine Art Kreuzung – gewiß nicht der Ort, den man verinnerlicht überqueren sollte, nicht gerade vernünftig! In diesem Zustand also trat ich auf die Kreuzung, als ich auf einmal einen Schock verspürte, wie ein Stoß, und instinktiv machte ich einen Satz zurück. Als ich zurücksprang, ratterte eine Straßenbahn an mir vorbei. Ich hatte sie auf eine Distanz von etwas mehr als einer Armlänge gespürt. Sie hatte meine Aura berührt, die Schutzaura (zu jenem Zeitpunkt war sie sehr stark – ich war in den Okkultismus vertieft und wußte, wie ich sie bewahren konnte). Die Schutzaura war also berührt worden, was mich buchstäblich zurückwarf, so als ob ich einen physischen Stoß erhalten hätte. Begleitet von den Beschimpfungen des Straßenbahnführers.

Ich sprang genau rechtzeitig zurück, und die Straßenbahn fuhr an mir vorbei.

Es fällt mir im Moment nichts mehr ein, aber solche Geschichten könnte ich haufenweise erzählen.

Die Gründe dafür können verschiedenartig sein. Sehr oft wurde ich von jemandem gewarnt, von einer kleinen Wesenheit oder irgendeinem Wesen. Manchmal beschützte mich die Aura – vor allen möglichen Dingen. Das heißt, das Leben war selten auf den physischen Körper beschränkt. Das ist hilfreich und gut. Es ist sogar notwendig, es verstärkt eure Fähigkeiten. Genau das sagte mir Theon schon ganz am Anfang: „Ihr beraubt euch der nützlichsten Sinne, AUCH FÜR DAS GEWÖHNLICHE LEBEN. Wenn man seine inneren Sinne entwickelt (er gab ihnen phantastische Namen), könnt ihr ..." Und es ist wahr, vollkommen wahr; durch den bloßen Gebrauch unserer bestehenden Sinne können wir unendlich viel mehr wissen, als es normalerweise der Fall ist. Und dies nicht nur auf mentaler sondern auch auf der vitalen und der physischen Ebene.

Aber durch welche Methode?

Ach, die Methode ist sehr leicht. Es gibt verschiedene Formen von Disziplinen. Das hängt davon ab, was man tun will.

Es kommt darauf an. Für jede Sache gibt es eine Methode. Vor allem muß man es aber wollen, das heißt man muß sich dafür entscheiden. Dann gibt man euch die Beschreibung all dieser Sinne mit ihren Funktionsweisen – eine lange Geschichte. Man wählt einen Sinn (oder mehrere), zum Beispiel denjenigen, für den man anfänglich die größte Begabung mit sich bringt, und entscheidet sich. Dann folgt man der Disziplin. Genau so, wie man seine Muskeln durch Übungen entwickelt. Man kann sogar Willenskraft in sich heranbilden.

Für die feinstofflichen Sinne ist die Methode, sich ein exaktes Bild von dem zu machen, was man sich wünscht, mit der entsprechenden Schwingung Kontakt aufzunehmen, um sich dann zu konzentrieren und Übungen zu machen. Zum Beispiel übt man sich darin, durch die Dinge hindurchzusehen oder durch einen Ton hindurchzuhören[1] oder Dinge auf Distanz zu sehen. Einmal war ich für mehrere Monate bettlägerig, was ich ziemlich langweilig fand – ich wollte sehen. Ich lag in einem Zimmer, und hinter dem Zimmer war ein weiteres kleines Zimmer und dahinter eine Art Brücke. In der Gartenmitte ging diese Brücke in eine Treppe über, die in ein sehr großes und schönes Studio

---

1. „Durch einen Ton hindurchzuhören", präzisierte Mutter, „bedeutet, mit der feinstofflichen, hinter den materiellen Tatsachen liegenden Realität in Verbindung zu treten: die Realität hinter dem Wort zum Beispiel oder hinter dem physischen Klang oder der Musik. Man konzentriert sich und hört dann, was dahinter liegt. Dies bedeutet, mit der hinter den Erscheinungen liegenden vitalen Realität in Kontakt zu treten (es kann auch eine mentale Realität sein, aber im allgemeinen existiert unmittelbar hinter dem physischen Klang eine vitale Realität)."

mitten im Garten hinunterführte[1]. Ich wollte sehen, was sich im Studio abspielte, denn ich langweilte mich in meinem Zimmer. Also blieb ich ganz ruhig, schloß meine Augen und sandte mein Bewußtsein nach und nach aus, ganz allmählich. Dies Tag für Tag: Regelmäßig machte ich meine Übungen zu einer bestimmten Stunde. Zuerst bedient man sich seiner Vorstellungskraft, und dann wird es zu einer Tatsache. Nach einer bestimmten Zeit konnte ich physisch wahrnehmen, daß sich meine Sicht verschob. Ich folgte ihr und sah unten Dinge, von denen ich überhaupt nichts wußte. Abends überprüfte ich alles, indem ich fragte: „War dies und jenes so und so?"

Aber jeden dieser Sinne muß man geduldig, ja, fast stur monatelang üben. Man nimmt einen Sinn nach dem anderen dran: das Gehör, den Sehsinn, und schließlich gelangt man zu den subtileren Sinnen wie Geschmack, Geruch und Tastsinn.

Auf mentaler Ebene ist es leichter, denn in diesem Bereich ist man eher gewöhnt, sich zu konzentrieren. Wenn man nachdenken und eine Lösung finden will, unterbricht man alle Tätigkeiten, und anstatt intellektuellen Folgerungen nachzugehen, stellt man sich völlig auf die Idee oder das Problem ein und gelangt schließlich durch große Konzentration zum Kernpunkt der Sache. Man hört mit allem auf und wartet, bis man durch die Intensität der Konzentration eine Antwort erhält. Auch dies braucht ein wenig Zeit, aber wenn man je ein guter Schüler war, versteht man schon etwas davon – es ist nicht wirklich schwierig.

Die physischen Sinne haben eine Art Erweiterung. Zum Beispiel sind der Gehör- und der Geruchssinn der Indianer viel stärker ausgebildet als die unsrigen (auch bei Hunden). Ich kannte einen Indianer. Er war mein Freund, als ich acht oder zehn war. Er war in den Tagen des Variété-Theaters mit Buffalo Bill gekommen (ach, das ist lange her!). Wenn er sein Ohr an den Boden schmiegte, war er so geschickt, daß er Entfernungen abschätzen konnte: Aufgrund der Stärke der Vibrationen konnte er sagen, aus welcher Entfernung die Schritte von jemandem kamen. Worauf alle Kinder sagten: „Das will ich auch lernen!" Und so versucht man es.

Auf diese Weise bereitet man sich vor. Man glaubt, man tue es nur zum Spaß, aber tatsächlich bereitet man sich für später vor.

---

1. Das Atelier in der Rue Lemercier in Paris, im Jahre 1897.

März

3. März 1962

Hier ist ein eigenartiger Aphorismus ...

Lies vor!

76 – Europa rühmt sich seiner praktischen und wissenschaftlichen Organisation und Tüchtigkeit. Ich warte, bis seine Organisation perfekt ist, dann wird ein Kind es zerstören.

Das ist peinlich!
Das ist schrecklich peinlich.
Wir können es stillschweigend übergehen.

Ich wäre schon neugierig zu erfahren, was Sri Aurobindo damit meinte.

Ich wußte es einmal, habe es aber schnellstens vergessen.
Ich wußte es, als er in seinem Körper war.
Später erinnerte ich mich daran, aber jedesmal verhielt ich mich so, wie wenn man etwas in einen Schrank wegschließt *(Geste)*.
Wir werden später sehen.
Das sollte nicht ausgesprochen werden.
Ich wußte, was er sagen wollte. Im Augenblick erinnere ich mich nicht daran[1].

*
* *

Nach der Arbeit geht es um eine von Satprem verfaßte Notiz:

Ich möchte deine Augen nicht strapazieren, meine Schrift ist fürchterlich.

Ich kann deine Schrift sehr gut lesen.
Es besteht ein beachtlicher Unterschied zwischen den Leuten, die denken, was sie schreiben, und denjenigen, die ohne zu denken schreiben. Bei denen, die ohne zu denken schreiben, ist es wie umwölkt, auch wenn ihr Stil anscheinend sehr klar ist, und ich verstehe nichts – die Worte tanzen nur vor meinen Augen. Mit dem Reden ist es auch so: wenn Leute beim Sprechen nicht mitdenken, ist es wie ein Brummen – sie formulieren die Worte, aber ich verstehe nichts.

---
1. Neun Jahre später erinnert sich Mutter und spricht noch einmal darüber (am 11. Dezember 1971); zu diesem Zeitpunkt hielt sie es im Gegenteil für sehr gut, darüber zu sprechen – der Augenblick war gekommen.

6. März 1962

Wie geht es dir?

Ich weiß überhaupt nicht, woran ich bin.

Du fühlst dich apathisch.

Ja, ich verstehe überhaupt nichts mehr.

Apathisch. Ja, was man im Englischen *dull* nennt. *(Lachend)* Du hast große Mühe, dich nicht zu ärgern.

Warum? Was ist passiert?

Ach, nichts! *(Mutter lacht)* Nichts Besonderes. Nur der Eindruck, daß du explodieren würdest, wenn man dich berührte!

Ich verstehe wirklich nichts mehr. Schon immer hatte ich ein absolutes Vertrauen in etwas anderes, und das bleibt unverändert. Aber ... ich habe den Eindruck, daß ich keine Fortschritte mache. Vor und hinter mir sehe ich nichts. Ich bin jetzt schon einige Jahre hier, und ich habe nicht den Eindruck, nur ein Atom vorangekommen zu sein, nichts – ich sehe nichts. Meinen Glauben verliere ich nicht, denn das ist mein einziger Daseinsgrund; wenn das nicht wäre, würde ich mich umbringen – wenn da nicht die Sicherheit von etwas anderem wäre. Aber praktisch ...

Solche Perioden gibt es.

Da ist aber auch gar nichts, was mir einen Fortschritt anzeigt, mir Vertrauen gäbe: „Ja, ich bin auf dem Weg!" Nichts.

Dieser Zustand an sich muß etwas sein, das es zu überwinden und zu besiegen gilt. Denn ... vor ein paar Tagen erzählte ich dir von dieser ungeheuerlichen Erfahrung im Körperbewußtsein[1] – ja, dieses so eintönige, so stumpfe Bewußtsein in der materiellen Welt. Da hat man genau den Eindruck von etwas, das sich nicht bewegt, sich nicht verändert, das unfähig ist zu antworten – daß man Millionen Jahre warten kann, ohne daß sich irgend etwas rührt. Diese Erfahrung kam nach einem ziemlich schwierigen Übergang – damit sich etwas in Bewegung setzt, sind immer Katastrophen erforderlich, das ist höchst eigenartig. Nicht nur das, auch der kleine Funken an Vorstellungskraft, den dieser Zustand hat (wenn man das überhaupt

---

[1]. Die Heilung von Mutters Beinen: „Jetzt, o ungläubige Substanz, kannst du nicht mehr behaupten, daß es keine Wunder gibt." (*Agenda* vom 24. Februar).

als Vorstellungskraft bezeichnen kann), ist immer katastrophal. Wenn hier etwas vorausgesehen wird, dann immer das Schlimmste. Ein sehr kleines, armseliges, gemeines Schlimmstes – immer das Schlimmste. Das ist ... das ist wirklich die widerwärtigste Verfassung des menschlichen Bewußtseins und der Materie. Jetzt stecke ich seit Monaten mittendrin, und für mich bedeutet das, der Reihe nach alle möglichen Krankheiten und physischen Schwierigkeiten durchzumachen.

Ich sagte dir, daß die Dinge in letzter Zeit wirklich etwas ... ekelhaft und gefährlich geworden sind. Eine Stunde, anderthalb Stunden lang machte ich eine solche Sadhana *(Mutter ballt beide Fäuste)*, ich HIELT diesen Körper und dieses Körperbewußtsein, und während diese Kraft innen arbeitete (wie wenn man einen sehr widerspenstigen Teig knetet), sagte mir ständig etwas: „Siehst du, du kannst nicht mehr leugnen, daß es Wunder gibt!" Das sagte es dem Körperbewußtsein (natürlich nicht mir): „Jetzt siehst du es! Du kannst nicht mehr behaupten, daß es keine Wunder gibt." Es mußte sehen – es sperrte vor Verwunderung Mund und Augen auf, wie ein Idiot, dem man den Himmel zeigt. Es ist so dumm, daß es sich nicht einmal über diese Entdeckung freuen konnte. Es mußte sie aber sehen, sie war vor seiner Nase; es konnte nicht davonlaufen, es mußte die Tatsache anerkennen. Doch stell dir vor: Sobald der Druck nachließ, war alles vergessen!

Ich erinnere mich natürlich der gesamten Erfahrung – das Körperbewußtsein hat sie aber vergessen. Sobald die kleinste Schwierigkeit auftaucht, schon beim kleinsten Schatten, kommt sofort die Erinnerung an die Schwierigkeit, und wieder heißt es: „Oh, nein! Was wird passieren?" Dieselben Ängste, dieselben Dummheiten.

Dadurch wurde mir klar, daß man einfach weitermachen muß.

Ärgerlich ist nur, daß ich physisch ziemlich kritische Augenblicke durchmache, die aber notwendig sind, um das aufzurütteln. Du siehst also, daß ich verstehe, was es für die anderen bedeutet! Denn ich bewahre stets das Bewußtsein oder den Kontakt mit ... nicht nur dem Wissen sondern mit der absoluten ERFAHRUNG der Identifikation. Nur die Arbeit hier in der Materie ist so. Ich verstehe jene, die von einem Tag zum nächsten leben, von einer Minute zur nächsten, für die es keine ständige, durchgehende, absolut bewußte und gewollte Arbeit jeder Sekunde ist ... und dabei hat der Körper einen solch guten Willen – ich habe dieses arme Ding manchmal überrascht, als es wie ein Kind weinte und flehte: „Was muß ich tun, um da herauszukommen?" Das veranlaßte alle Leute, die die innere Verwirklichung erreichten, zu behaupten: „Es ist unmöglich!" Das ist nur ihre eigene Unmöglichkeit. – Ich weiß, daß es nicht unmöglich ist, ich weiß, daß es sein wird, aber ... Wie lange wird es dauern? Das weiß ich nicht.

Ich habe den Eindruck, wenn man sich beeilen und Druck machen will, schneller gehen will, klemmt es, und er wird zum Stein – er fällt zurück in den Zustand des Steins. Der Stein brauchte sehr lange, um ein Mensch zu werden ... Das will ich also nicht. Man kann nicht über eine bestimmte Ungeduld hinausgehen – nicht einmal Ungeduld: einen bestimmten Druck. Jenseits eines bestimmten Drucks versteinert er. Daher verstehe ich die Leute, die eine Verwirklichung erreichen und im Glück der Verwirklichung leben – sie geben all dem einfach einen Tritt und sagen: „Ich verzichte darauf!"

So ist es immer geschehen.

Ich kann das aber nicht tun.

Ich verhalte mich immer so: „Nun gut ..." Ich sage dem Herrn mit einem Lächeln: „Wenn Du jetzt entschieden hast, daß ich gehen soll, gehe ich sehr gern!"

Gäbe Er Ohrfeigen, bekäme ich sicherlich eine! – Ich weiß es, ich fühle es, selbst während wir darüber sprechen.

Das geschieht nur, um sicherzustellen, daß das Bewußtsein in einem Zustand vollkommener Gelassenheit ist, das heißt, ob es so oder so ist oder noch anders, ist mir vollkommen egal: „Was Du willst" – spontan, gänzlich, ausschließlich – Mein Wille. Ich sage absichtlich „Mein" Wille, um auszudrücken, daß eine totale Zustimmung besteht – es ist keine Unterwerfung, es hat nichts mit einer Unterwerfung zu tun: es ist so *(Geste der vollkommenen Hingabe)*. Trotzdem sind keine großen Fortschritte festzustellen.

Doch ... (das sieht nach nichts aus, aber im gegenwärtigen Stadium der Dinge ...) plötzlich erkennt man zum Beispiel den ersten Schimmer einer bewußten Beherrschung der einen oder anderen Körperfunktion. Das läßt uns einen Zeitpunkt vorhersehen, wo all das durch den bewußten Willen gesteuert werden wird. Das entwickelt sich. Es ist aber erst ein winzig kleiner Anfang. Und die geringste mentale Einmischung der alten Bewegung verdirbt alles – das heißt, die alte Art, sich in seinem Körper zu verhalten: Man will dies, man will jenes, man zwingt ihn, dies oder jenes zu tun ... – sobald sich das zeigt, hört alles auf. Der Fortschritt hört auf. Man muß in einem Zustand der glückseligen Vereinigung bleiben, dann ... dann erkennt man die Anfänge der neuen Funktionsweise.

Das ist ein so feines Spiel geworden. Die GERINGSTE Kleinigkeit kann alles stören, bereits eine gewöhnliche Bewegung, die Bewegung der üblichen Funktionsweise (nichts Großartiges, das sind keine Dinge, die man leicht sieht: etwas Hauchdünnes, man muß ÄUSSERST aufmerksam sein, um es zu bemerken), gleitet man aus Gewohnheit dahinein, so hört alles auf. Dann muß man warten, bis es sich wieder legt, das heißt, man muß sich in Meditation, in Andacht versenken – den ganzen Weg noch einmal verfolgen. Hat man Das dann wieder eingefangen, so kann man einige Sekunden darin verbleiben, manchmal einige Minuten ... (wenn es einige Minuten sind, ist es wunderbar). Dann kommt es erneut zum Stillstand, und wieder muß man von vorne beginnen.

Ich sage dir das nicht, um dich zu entmutigen, sondern um dir zu sagen, daß man wirklich viel Geduld haben muß. Die einzige Lösung ist, es in einer gewissen Passivität zu tun: kein Ergebnis zu WOLLEN. Wenn man das Ergebnis WILL, bringt man eine Bewegung des Egos hinein, die alles verdirbt.

Schon vor langer Zeit sagte ich dir, daß wir SEHR nahe sind – seit langem.

Wenn die Leute mich fragen, sage ich (um ihnen etwas zu erwidern): „Wir werden sehen." Es ist überhaupt nicht so, als wüßte ich nichts – ich weiß genau, wie es sein wird. *(Lachend)* Ich weiß nur nicht wann. Das weiß ich nicht. Auch jetzt weiß ich nicht, wann es sein wird.

Denn das, was den Zeitpunkt wissen will, verspürt immer noch eine Eile.

Man muß ein Heiliger sein, mein Kind! *(Mutter lacht hellauf)*

(Satprem verzieht das Gesicht)

Ja, ich auch nicht. Ich sagte das auch! Als Sri Aurobindo da war, sagte ich allen: „Ich bin keine Heilige und will keine Heilige sein!" Und jetzt ist es mir passiert.

Man muß ein Heiliger ohne Heiligkeit sein.

Überhaupt keine Heiligkeit.

Weißt du, jede kleinste Regel, wie jene, die man einem einschärft: „Tu das nicht, tu jenes nicht, vergiß das nicht!", wie zum Beispiel die rituellen Waschungen, die Haltungen, die Ernährung – Unmengen von „das nicht und jenes nicht und dies und jenes doch" –, all das wurde weggefegt. So gründlich weggefegt, daß es manchmal sogar zum Hindernis wird. Besonders bei den Empfehlungen: „Tu unbedingt dies, tu jenes!" (eine Haltung oder eine Sache), ich wage es kaum zu sagen; ein Beispiel ist die Regelmäßigkeit: die Waschung immer zur gleichen Stunde durchführen, sein Japa immer auf die gleiche Weise machen, all das. Ich sehe, ich weiß sehr genau, daß es Sri Aurobindo ist, der mir die verschiedensten lächerlichen Hindernisse hinstellt – Hindernisse, die ich mit einer einzigen Sekunde der Reflexion wegräumen könnte –, er stellt sie mir wie spielerisch in den Weg! Wie in diesem Aphorismus, wo er sagte, daß er sich mit dem Herrn stritt und daß der Herr ihn in den Schlamm fallen ließ, erinnerst du dich[1]? Ich habe durchaus diesen Eindruck! Er wirft mir Knüppel zwischen die Beine und lacht. Dann sage ich: „Es ist gut, das reicht, ich mache mir nichts daraus! Ich tue alles, was Du willst, ich kümmere mich nicht darum: Ich tue es, oder ich tue es nicht, ich tue es so, oder ich tue es anders ..." All das verfliegt wie Rauch.

Was jedoch zu einem Dauerzustand geworden ist (ich dürfte es nicht sagen, denn das wird mir wieder Schwierigkeiten bereiten!), was jedenfalls versucht, dauerhaft zu werden, ist DAS UNTERSCHEIDUNGS-VERMÖGEN. Die Fähigkeit, alle Dinge einzuordnen: die Umstände, die Schwingungen, die Beziehungen, was von der Umgebung kommt, was antwortet. Ein Unterscheidungsvermögen in jeder Sekunde. Ich erkenne, woher die Dinge kommen, warum sie da sind, welche Wirkung sie haben, wohin sie mich führen, all dies. Das wird immer häufiger, beständiger, automatischer – wie ein Dauerzustand.

Das ist im wesentlichen die einzige Sache, wo ein deutlicher Fortschritt zu erkennen ist. Ich hoffe, davon zu sprechen, trägt mir keine Schwierigkeiten ein!

Aber jede Ungeduld und Gereiztheit ... Außer wenn dich das erleichtert. Manche Leute brauchen das als Überdruckventil. Dadurch verlieren sie allerdings viel Zeit.

An einem Tag war ich angespannt, es war so „unerträglich", wie man sagt, daß etwas im materiellsten Vital in einen Zustand geriet, den man gewöhnlich als Zorn bezeichnet (er war vollkommen beherrscht, in dem Sinne, daß er als Überdruckventil wirkte und als solches in all seinen Schwingungen beobachtet wurde). Ich war allein im Badezimmer, keiner sah mich: ich ergriff irgendeinen Gegenstand und peng, schmetterte ich ihn auf den Boden.

Uff! Das war eine Erleichterung.

Was soll man denn unterdessen tun?

Ich sage dir, was ich tue – ich erkläre dem Herrn: „Gut, wenn es so ist, dann tue ich überhaupt nichts mehr; ich lege mich in Deine Arme und warte." Ich tue es wirklich (ich hätte fast gesagt: materiell), konkret – und ich rühre mich nicht mehr: „Du wirst alles tun, ich tue gar nichts." Ich verbleibe wirklich so. Natürlich stellt sich sofort eine große Freude ein, und ich rühre mich nicht mehr.

---

1. Aphorismus 463 – Wenn ich anfangs in die Sünde verfiel, weinte ich jedesmal und geriet in Wut gegen mich selbst und gegen Gott, weil er es zugelassen hatte. Später wagte ich nur zu fragen: „Warum hast du mich wieder im Schlamm gewälzt, o mein Spielkamerad?"...

6. MÄRZ 1962

Ich bin völlig mit materieller Arbeit überlastet – mit Briefen, Leuten, Dingen, die vorbereitet und entschieden werden müssen, umständlichen Organisationsaufgaben –, das überfällt mich von allen Seiten und will all meine Zeit und Energie in Anspruch nehmen. In manchen Augenblicken wird es wirklich zuviel. Dann sage ich einfach: „Gut, Herr, jetzt lege ich mich in Deine Arme." Ich verharre so, denke an nichts mehr, befasse mich mit nichts, und ... die Glückseligkeit ist da. Meistens geht nach zehn Minuten alles gut.

Die Schwierigkeit ist, daß die mentalen Mechanismen nicht mehr funktionieren. Vorher unternahm man dieses oder jenes mit dem Mental; ich aktiviere das aber nicht mehr, und nun setzt mich nichts in Bewegung.

Natürlich. Das ist auch ein großer Fortschritt.

Aber vielleicht sollte ich ja etwas tun!

Nein.
Nein. Das ist ein großer Fortschritt. Es ist ein ungeheurer Fortschritt.

Gut. Ich habe aber den Eindruck, nichts zu tun. Zum Beispiel ...

Ja.

Außer dem Allernötigsten. Weil das getan werden muß, tue ich es, sonst ... Ich habe keine Lust, das Mental in Bewegung zu setzen, ich suche etwas anderes.

Ja, natürlich! Gott sei Dank. Ich sage dir doch: Das ist ein ungeheurer Fortschritt. Du solltest froh darüber sein!

Ja, praktisch tue ich aber nichts.

Was macht das schon!
Du kannst dich auf eine Matte legen, eine Blume oder ein Stück Himmel betrachten, wenn du ihn sehen kannst; bei Bedarf *(neckend)* kannst du eine Zigarette rauchen, um dich zu beschäftigen, und verharrst so, entspannt. Wenn du dein *Pranayama* machst, wirst du feststellen, daß du mit dieser Entspannung sehr stark wirst, deine Energien immer mehr auflädst. Dann wird jede Anstrengung mühelos sein, sie wird wie ein Kinderspiel.

Das ist die alte Gewohnheit, Angst vor der Faulheit zu haben. Ich mußte ... Sri Aurobindo hat mich sehr schnell davon kuriert. Bevor ich ihn traf, war ich so. Als erstes machte er dem den Garaus, und jegliche

Aktivität verschwand, vollkommene Stille, alle mentalen Konstruktionen, Gewohnheiten, all das war aus, vorbei ... im Handumdrehen.

Dann habe ich sehr darauf geachtet, daß es nicht zurückkam. Danach ...

Er beschreibt das dort, wo er den mentalen Gleichmut erklärt[1]. Er sagte, daß man einen Zustand erreicht, in dem man unfähig ist, *to initiate*, eine Aktivität auszulösen, und wenn man nicht eine Art Anstoß von oben erhält, rührt man sich nicht – man tut nichts, man verbleibt mental vollkommen reglos (nicht nur physisch sondern auch mental, besonders dort): man fängt nichts an.

Vorher wirkte das Denken immer schöpferisch, löste Handlungen, Willensäußerungen, Bewegungen aus, verursachte Konsequenzen. Wenn es aufhört, macht man sich zunächst große Sorgen, daß man schwachsinnig wird. Genau das Gegenteil trifft aber zu. Keine Idee, kein Wille, kein Impuls mehr, nichts! Dann tut man die Dinge nur, wenn etwas einen dazu veranlaßt – man weiß weder warum noch wie.

Natürlich kommt das nicht von unten, das darf nicht von unten kommen. Man kann das aber wirklich erst dann erreichen, wenn man alle Arbeit unten erledigt hat.

Ohne Datum (März) 1962

(Zu Beginn des Gesprächs läßt Mutter Pavitra rufen, um einige Briefe und bestimmte Streitigkeiten im Zusammenhang mit einem Lehrer der Ashram-Schule zu besprechen:)

Ihr wißt ja ... Wenn die Kinder miteinander Gericht oder Schule oder Armee spielen – ihr wißt, wie ernst sie das nehmen.

(Pavitra:) Ja, Mutter.

Ja: Wenn man einen Fehler macht, wird man bestraft ... Ihr kommt mir vor wie diese Kinder! Das ist lachhaft, da kann ich euch einfach nicht ernst nehmen. Ihr seid so ernst, daß ich euch nicht ernst nehmen kann. Wie peinlich!

---

1. In *Die Synthese des Yoga*.

Ich nahm eure Papiere sehr ernst, wollte all das hinter mich bringen. Ich wollte das erledigen und sah es mir an. Beim Lesen eurer Briefe und Berichte sah ich sofort einen Hof mit Kindern *(Mutter nimmt einen feierlichen Ton an)*: „Jetzt spielen wir Gericht ... Jetzt werden wir Schule spielen ..." Das also sah ich. „So ist es und NICHT anders. Wer einen Fehler macht, wird bestraft! Paßt gut auf!"

(Pavitra:) Mutter, ich hatte überhaupt nicht vor, einen Entschluß zu fassen. Wenn S aber einen Brief schickt, dann noch einen, und dann von Mutter eine Antwort erwartet, muß ich mich notgedrungen an dich wenden.

Mutter WILL aber keine Entscheidung treffen, weil ... weil das nicht von meiner Entscheidung abhängt. Ich kann euch sagen, was es ist (ihr habt mich nicht danach gefragt, das spielt keine Rolle, ich sage es euch trotzdem): S hat andere Interessen; ihn interessieren andere Dinge – das ist seine Sache, ich weiß es, wir wissen es. Er betrachtet seinen Unterricht als eine Pflicht, um etwas „für den Ashram" zu tun – er tut es so, wie er es mit seinem Wissen vermag (er weiß genug), mit aller Ernsthaftigkeit, aber starr, das heißt, „wenn man arbeitet, dann arbeitet man und vergnügt sich nicht". Darüberhinaus zeigt er keine Sympathie, kein Interesse für die Schüler, für ihre Aufnahmefähigkeit, für ihren Fortschritt. So ist es. Seine Klasse wird mit dem Stock geführt – das ärgert die Schüler.

(Pavitra:) Ja, Mutter, das ist wahr.

Es geht nicht darum, was er lehrt, sondern wie er lehrt. Wie wollt ihr das ändern?

(Pavitra:) Ich werde die Dinge so lassen, wie sie sind, und nur sagen, daß du wünschst, wie bisher fortzufahren.

Nein, ich finde, was er vorschlägt, ist vernünftig, wenn man nämlich sagt: *it's optional* [es ist wahlfrei], kommt niemand.

(Mutter erklärt verschiedene Einzelheiten)

Wenn ihr ihm das sagt, müßte es eigentlich gehen. Nur zu, und bewahrt euren Glauben! *(Mit einem belustigten Lächeln:)* Gott segne euch!

(Pavitra geht:) Ja, Mutter.

(Zu Satprem:) Ich kann sie einfach nicht ernst nehmen, das ist schade!

(Mutter verteilt Blumen) Diese ist herrlich! ... Deinen Tauben geht es gut? *(in Satprems Garten leben weiße Tauben)* Jetzt interessiere ich mich auch für deine Tauben.

Sie sind sehr lieb.

Mein Kind, X kommt erst nach dem 14. April. Er hat sein Programm geändert. Er ist krank, und es scheint ernst zu sein.

Ja, schon lange.

Natürlich wird es schlimmer – diese stundenlangen Pujas sind einfach zu viel. Sie sollten wenigstens durch eine Stunde Laufen ausgeglichen werden.

Aber jetzt an die Arbeit! ...

11. März 1962

(Satprem schlägt Mutter vor, ihr bestimmte frühere Agenda-Gespräche vorzulesen. Mutter weigert sich.)

Weißt du, ich wollte dir beinahe sagen: Diese Gespräche der Agenda eignen sich nicht für die breite Masse. Erst wenn ich am Ende angelangt bin – und dann wird das, was darin steht, keine Bedeutung mehr haben. Oder ich bin gegangen und hinterlasse eine kleine Notiz, daß ich sie nicht veröffentlichen will ...

Warum denn!

... Ich gebe sie nur ... Ich werde sagen, wem.

Das spielt keine Rolle. Eigentlich kannst du alles so tippen, wie du es aufgenommen hast. Du sagst mir das wohl mit der Vorstellung *(lächelnd)*, ich werde Ergänzungen anbringen?

Vielleicht Ergänzungen, es gibt aber auch Fragen.

Muß ich nicht manchmal auch streichen?

Nein, streichen ist nicht nötig! Aber manchmal sind da Dinge, die ich nicht richtig erfaßt oder interpretiert habe – ich interpretiere, wenn du nur eine Geste machst oder ...

Wenn es unvollständig, unausgesprochen ist.

In jedem dieser Texte gibt es so eine Stelle. Du mußt entscheiden, ob ich dir nur diese Stelle vorlesen soll oder ...

Ich glaube, eine Zeit wird kommen, wo es interessant sein wird. Deshalb sollten wir die Tonbänder nicht jetzt vergeuden.

Nein! Ich bin nicht deiner Meinung. Objektiv gesehen ist es äußerst aufschlußreich, die Schwierigkeiten zu sehen, die du durchgemacht hast.

Für die Öffentlichkeit kann es nicht aufschlußreich sein, denn es ist viel zu persönlich.

Ja, für eine Veröffentlichung zum jetzigen Zeitpunkt, aber für eine Veröffentlichung, sagen wir, in fünfzig Jahren?

Ach, in fünfzig Jahren wird das nicht mehr interessant sein.

Verzeihung!

Meinst du?

Ich glaube schon! Der ganze Weg ...

Gut, ich treffe dich in fünfzig Jahren, dann werden wir sehen, wie interessant wir das noch finden.

Aber gewiß, liebe Mutter!

Glaubst du, du wirst dann weiße Haare haben? ... Ich habe noch keine weißen Haare – ich färbe sie nicht, weißt du, sie sind so von Natur aus.
Nein, du hast eine Haarfarbe, die nie weiß wird.

Meine Schläfen sind schon ganz weiß.

Wirst du in fünfzig Jahren einen Bart haben?

Nein, Bärte mag ich nicht.

Um so besser!

Ich möchte lieber glattrasiert sein.

Dann wirst du aussehen wie ein *Bhikku*.
Gut.
In fünfzig Jahren werden wir uns mit der Agenda befassen.

Aber wirklich, liebe Mutter, objektiv gesehen sind sehr viele interessante Dinge darin ...

Ja, mein Kind, das nächste Mal, heute nicht.

*
* *

(Mutter hört sich die Lektüre eines früheren Entretiens[1] *über die Vitalwelt an. Sie untersagt die Veröffentlichung dieses Entretiens im Bulletin.)*

Einleitend sagte ich, daß das Vital von kleinen Wesenheiten und Formationen bevölkert ist, welche die Überreste verstorbener Menschen sind. Es gibt aber auch eine Vitalwelt, die mit dem nichts zu tun hat, die von den eigentlichen Vitalwesen bewohnt wird, und dort gibt es sehr mächtige Wesen, die auch von großer Schönheit sein können. Die meisten Menschen, die sich ohne ein ausreichendes spirituelles Leben mit dem Okkultismus beschäftigen, lassen sich von diesen Wesen täuschen. Sie werden sofort von ihnen geblendet und halten sie für ... Einige sehen sie als den höchsten Gott und machen aus ihnen Gegenstände der Anbetung – das ergibt dann die Religionsstifter. Sie haben großen Erfolg. In vielen Religionen ist der höchste Gott eines dieser Vitalwesen, die eine Erscheinung von überwältigender Schönheit annehmen können. Sie sind die großen Verführer der Welt – gefährliche Verführer, denn man muß den spirituellen Instinkt der wahren spirituellen Reinheit haben, um nicht getäuscht zu werden. Eine Vielzahl von Religionen und Sekten entstehen durch solche Offenbarungen und Wunder – das sind aber allesamt Vitalwesen.

Dies ist eine der größten Schwierigkeiten im Leben der Menschen – nicht im spirituellen Leben, aber im Leben der Leute, die sich mit dem Jenseits beschäftigen.

In der Vitalwelt gibt es himmlische Ebenen (keine Himmel sondern himmlische Ebenen), die wahrhaft paradiesisch sind. Dort fehlt das wirklich göttliche Element, aber nur die spirituelle Reinheit und der wahre spirituelle Sinn zeigen einem den Unterschied. Die Menschen, die im Vital und im Mental verbleiben, lassen sich verführen. Sie sehen wunderbare Dinge, eine Vielzahl von Wundern (dort gibt es die meisten Wunder).

Wenn ich das nicht gesagt habe [in diesem *Entretien*], dann habe ich einen großen Teil des Themas verfehlt. Gewöhnlich spreche ich nicht über diese Dinge, oder ich erwähne sie nur nebenbei, weil die

---

1. Vom 11. Juli 1956

Leute schreckliche Angst bekommen. Sie sagen sich sogleich: „Ist das wirklich ein Gott? Ist es das ...? Ist es jenes? Ist es kein verkleideter Teufel?" Sie geraten in Panik.

Es ist aber absolut wahr, um diese Bereiche zu betreten, muß man sich entweder vollkommen in der Obhut eines Gurus befinden, eines wahren Gurus, eines Wissenden, oder man muß eine Reinheit haben (keine Heiligkeit), eine absolute vitale und mentale Reinheit. Sehr häufig geschieht es, daß Leuten, die *Bhaktas* von Sri Aurobindo oder mir sind, eine Menge Wesen erscheinen und sagen: „Ich bin Sri Aurobindo". Das geschieht ständig, mit allen Erscheinungen (solche Verstellungen sind sehr leicht vorzutäuschen). Wenn sie aber wirklich aufrichtig sind, das heißt von großer spiritueller Reinheit – es erfordert eine innere psychische Reinheit –, dann werden sie nicht getäuscht, denn da ist immer etwas, das man SPÜRT, so daß man sich nicht täuscht. Ansonsten gibt es sehr viele, die sich täuschen lassen.

Ich spreche nicht gern darüber, denn die Leute haben keinerlei Unterscheidungsvermögen. Sie haben dann nur noch Angst und glauben an nichts mehr. Sie sagen mir ständig: „Ist das keine Täuschung?" Das lähmt alles. Deswegen sagte ich in diesem *Entretien* nichts darüber.

Du erwähnst es flüchtig.

Man sollte wenigstens erklären, daß es in der Vitalwelt Wesen gibt, die nach Belieben eine äußerst verführerische Erscheinung annehmen können – die blendendsten Lichter sind im Vital. Sie haben aber eine spezielle Beschaffenheit, und diejenigen, die wirklich DAS Licht erreicht haben, werden nicht getäuscht, denn ... Es ist unerklärlich, da ist etwas, das nur der spirituelle Sinn fühlt, das heißt der Friede, die Reinheit, das Gefühl der vollkommenen Sicherheit, des vollkommenen Friedens, der vollkommenen Reinheit (und ich zögere noch, das Wort Reinheit zu benutzen, weil man einen so dummen Sinn damit verbindet), die Abwesenheit aller Beimischungen.

Wenn man den spirituellen Sinn besitzt, haben auch die blendendsten vitalen Lichter immer etwas Künstliches – künstlich, kalt, hart, aggressiv, täuschend. All das FÜHLT man. Man muß aber selber all das hinter sich gelassen haben, man darf sich nicht selbst täuschen, um nicht getäuscht zu werden!

Das ist der eigentliche Grund, warum ich nicht vom Okkultismus spreche. Ich möchte den Leuten nicht vom Okkultismus erzählen, weil sie das mit einer äußerst gefährlichen Welt in Verbindung bringt, wo man nur sicher eintreten kann, wenn man ... Ich kann nicht einmal sagen, „wenn man ein Heiliger ist", denn das stimmt nicht, manche Heilige gehen in die Vitalwelt und stecken mittendrin! Also nur wenn man transformiert ist und wirklich das spirituelle Bewußtsein hat. Dann ist man vollkommen sicher, aber nur unter dieser Bedingung. Und wer hat schon das spirituelle Bewußtsein? – Nicht sehr viele, wirklich nicht sehr viele. Gewöhnlich tragen Leute mit dieser okkulten Neugierde alle möglichen vitalen Dinge in sich, die sie in Gefahr bringen, wenn sie da eintreten. Es sei denn, daß sie mit dem Schutz eines Gurus eintreten, dann kann man überall hingehen – sein Schutz ist, als würde er mit euch dorthin gehen, dann geht es gut: er hat das Wissen, er schützt euch. Aber allein, unabhängig dorthin zu gehen, das ist ... Man muß den eigentlichen göttlichen Schutz haben. Oder den des Gurus, der das Göttliche repräsentiert. Mit dem Schutz des Gurus ist man selbstverständlich in Sicherheit.

Ist denn keine fruchtbare Zusammenarbeit mit diesen Wesen möglich? Muß man sie generell meiden?

Eine Zusammenarbeit? Nicht in ihrer gegenwärtigen Form und nicht in der Welt, so wie sie ist.

Ich erzählte dir mehrmals von meinen Beziehungen zum Herrn der Nationen – hier ist es dasselbe. Das läßt sich wohl kaum als Zusammenarbeit bezeichnen.

Die Großen wissen (ich spreche nicht von den vielen Kleinen sondern den anderen, es gibt nur wenige Große und dann Millionen von Emanationen, die Großen selbst sind aber nicht zahlreich), sie wissen genug, um ihre Situation im Universum zu kennen und daß sie ein Ende haben werden. Sie wissen, daß sie vom Höchsten abgeschnitten sind und daß es den Höchsten gibt (obwohl sie ihn verneinen) und daß sie ein Ende nehmen werden. Sie haben die Position eingenommen, der Arbeit, dem Werk, der Entwicklung zu schaden und so viel zu zerstören, wie es in ihrer Macht steht.

Einige bekehren sich auch. Wenn das geschieht, schließt sich eine große Wesenheit der göttlichen Arbeit an – das kommt nicht häufig vor.

Aber was ist mit den kleinen Gottheiten? Du sprichst häufig von einer kleinen „Kali" oder „Durga", sind das hilfreiche Wesen?

Das ist etwas ganz anderes, sie stammen keineswegs aus dem Vital. Nein, nein! Das sind Manifestationen der Wesen des Übermentals, die für spezielle Aufgaben in das Vital projiziert wurden. Das sind keine Wesen aus dem Vital, sie stammen vom Ursprung, und sie sind noch mit einem Wesen aus einer anderen Welt verbunden. Das hat nichts mit dem Vital zu tun.

Dasselbe gilt für die Wesenheiten, mit denen die Tantriker in Beziehung treten: das sind Wesen der Natur, keine Wesen vitalen Ursprungs.

Das sind Kräfte der Natur, die sich personifizierten und die den Gesetzen der Natur gehorchen, das heißt ihr Ursprung liegt unten – ihr Ursprung liegt nicht im Vital sondern in der physischen Welt. Sie sind vitale Kräfte im Physischen aber keine Kräfte vitalen Ursprungs.

Erzählte ich dir nicht vor einigen Tagen die Geschichte dieser Wesenheiten, die eine Arbeit für mich machten? ... Ich hatte eine Vision. Sehr häufig, wenn ich ins Subtilphysische gehe und dort arbeite (gewöhnlich für die Leute und den Ashram, aber auch für die Welt), sehe ich oder begegne ich während meiner Arbeit Wesenheiten, die wie Naturgeister sind. Im allgemeinen sind es Kräfte weiblicher Erscheinung, die eine Arbeit verrichten und die große Macht haben – sie reagieren meistens auch auf tantrische Invokationen (ich spreche nicht von jenen, die sich an Kali oder an Durga wenden, das ist etwas ganz anderes und gehört einer anderen Welt an). Dies sind Kräfte der Natur, die zumeist sehr hilfsbereit sind – mir helfen sie jedenfalls großartig. Allerdings sind es begrenzte Wesen, sie haben ihre eigenen Vorstellungen und Gesetze, ihren eigenen Willen, und wenn man sie verärgert, können sie unangenehm werden. Sie sind aber keine feindlichen Wesen und keine Wesen des Vitals sondern personifizierte Kräfte der physischen Natur im Subtilphysischen.

Da müßte man eine ganze Welt von Dingen erzählen ...

(Schweigen)

Ich weiß nicht, ob es angebracht ist, dieses *Entretien* zu veröffentlichen. Wenn es zu unvollständig ist, sieht es nach unwissendem Gerede aus, und ich weigerte mich immer, die Sache vollständig zu behandeln, weil sie zutiefst beunruhigend für die Leute ist.

Wir könnten doch das, was du jetzt gesagt hast, hinzufügen?

Das Ergebnis wäre, daß sehr viele Leute alles Vertrauen in das, was sie sehen, verlieren. Dann kann man mit ihnen nicht mehr arbeiten. Ich kann ihnen nicht einmal mehr beibringen, das zu empfangen, was ich ihnen in der Stille sage, denn umgehend fragen sie: „Ach, ist das Mutter, oder ist es ein Geist der Lüge?" – Sie haben kein Unterscheidungsvermögen, sie wissen es nicht! Wenn sie jedesmal kommen und fragen: „Mutter, waren Sie es, oder war es ...?" Und wenn sie dann in dieser Verfassung sind, hören sie nicht mehr richtig zu. Ein ganzes Arbeitsgebiet kann ich nicht mehr erledigen, weil sie nicht das notwendige Unterscheidungsvermögen haben. Deshalb spreche ich im allgemeinen nicht davon.

Nein, ich möchte lieber nichts sagen.

Rein praktisch gesehen, wurden diese Dinge aus dem Grund auch immer geheim gehalten. Man darf das Wissen NUR erlangen, wenn es vom Unterscheidungsvermögen begleitet wird, mit dem man den Ursprung der Dinge, die man sieht oder empfängt, erkennen kann. Das eine ohne das andere ist eine gefährliche Waffe.

Manche Leute wurden dadurch sogar verrückt: durch eine ständige Angst – aus Angst verweigerten sie jeglichen Schutz. Ich sage dir: Nur jene, die eine tiefe Hingabe und eine große Liebe haben, lassen sich nicht täuschen – die Hingabe läßt sie sofort spüren, was die Wahrheit hinter diesen Dingen ist. Wenn sie völlig hingegeben sind, spüren sie, was das bedeutet *(Geste einer inneren Einschnürung)*. Die Hingabe muß aber aufrichtig und sehr stark sein. Das ist der einzige Schutz.

Da das Geschriebene in die verschiedensten Hände fallen kann, wird es zu einer sehr gefährlichen Waffe.

Nein, diese Dinge möchte ich lieber nicht im *Bulletin* sagen – ich will lieber nicht über okkulte Dinge sprechen. Jetzt, wo ich mit materiellen Schwierigkeiten kämpfen muß, die für mich früher nicht existierten (ich meine in der materiellen Welt), verstehe ich immer besser ... Das spielte sich im unteren Bereich ab, und ich beschäftigte mich überhaupt nicht damit, nicht einmal, als ich Okkultismus in der materiellsten Welt praktizierte, ich betrachtete das stets von oben. Immer war da dieses innere Licht der Gegenwart, mit dem ich geboren wurde, so hatte ich natürlich nie Probleme. Doch jetzt, wo ich mitten in der Arbeit bin, will ich nicht davon sprechen, es ist zu gefährlich.

Diese Lehre sollte man heimlich, unter dem Siegel der Verschwiegenheit geben und zusammen mit der Macht auch das notwendige Unterscheidungsvermögen vermitteln, damit man die Erfahrungen gefahrlos machen kann. Dazu ist die ständige Aufmerksamkeit und persönliche Fürsorge des Gurus erforderlich.

In manchen Stadien der Entwicklung ist sogar die physische Gegenwart des Gurus erforderlich: Man darf dann nur noch in Trance gehen, wenn der Guru neben einem sitzt. – Das kommt nicht in Frage! Stell dir vor, ich hätte eine Fülle von Leuten auf den Armen ... Das geht einfach nicht. Ich könnte eine solche Aufgabe nicht einmal richtig erledigen. Nein, das ist nicht möglich. Das hieße zu riskieren, eine Menge Leute einer ständigen Gefahr auszusetzen – das will ich nicht.

Wir lassen dieses *Entretien* also beiseite.

Aber auch ohne das, was du jetzt gesagt hast ...

Dann wird es albern, es ist zu unvollständig.

Ich will ihre Aufmerksamkeit lieber nicht zu sehr auf dieses Thema lenken. Es muß doch sicherlich noch andere Themen geben.

Wenn es unvollständig ist, wird es albern. Wollte man es wirklich vollständig machen, könnte man Bände füllen (es ist eine ungeheure Welt von Erfahrungen). Sagt man hingegen nur das eine oder andere, so vermittelt man den Eindruck, einer von diesen Dummköpfen zu sein, die, kaum haben sie einige Erfahrungen, schon glauben, die Welt entdeckt zu haben!

13. März 1962

Du bist schlechter Laune, ja, ich sah es schon von weitem.

(Satprem äußert verschiedene Klagen und fügt dann hinzu:) Zu guter letzt sagtest du mir letztes Mal noch, daß die Agenda nicht interessant sei, daß sie nicht einmal aufgehoben werden solle. Was habe ich dann hier zu suchen?

Was soll nicht aufgehoben werden?

Deine Agenda.

Meine Agenda! Aber ich hebe sie doch sehr sorgfältig auf!

Du sagst aber, daß sie dich nicht interessiere.

Ich? Habe ich das gesagt?

Ja, und ob!

Dann habe ich gelogen.

Nein, natürlich nicht. Du sagst aber, daß sie dich nicht interessiere, daß man sie in irgendeiner Ecke aufbewahren solle, oder ich weiß nicht was. Was habe ich dann hier zu suchen?

Du hast sicherlich nicht verstanden, was ich dir sagte. Ich sagte, daß sie im Augenblick nicht zu veröffentlichen sei, das ist etwas ganz anderes.

Ja, das trifft zweifellos zu, jetzt kann sie nicht veröffentlicht werden.

Dann gab ich dir eine Verabredung in fünfzig Jahren. Das war mein voller Ernst – ich lachte, aber gerade wenn ich lache, meine ich es ernst.

Nein, nein, mein Kind, du hast ganz einfach ein Gift geschluckt.

Nein, du hast sogar gesagt, wenn du zufällig gingest, würdest du eine Notiz hinterlassen, damit sie nicht veröffentlicht werde.

Veröffentlicht? Gewiß nicht in den Zeitungen! Sie ist für jene gedacht, die sich für den Yoga interessieren.

Wenn es so ist, ist das etwas anderes.

Ich meinte Zeitungen, Zeitschriften und die äußere Welt. Ich sagte: „Ich will nicht, daß die äußere Welt sich über etwas Heiliges lustig macht." Das ist alles.

Natürlich.

Das ist alles, was ich sagte. Ich habe es vielleicht nicht wörtlich so gesagt, ich sagte aber, daß sie für jene bestimmt ist, die mich lieben. Nur das. Jenen, die mich geliebt haben, gebe ich sie. Auch wenn sie mich vergessen haben, wird sie die Agenda an mich erinnern. Sie ist mein Geschenk für jene, die mich weiterhin lieben. Ich habe nicht die Absicht, ihnen ein wertloses Geschenk zu machen.

Nein, nein, ich muß mich wirklich sehr ungeschickt ausgedrückt haben, denn genau das Gegenteil trifft zu. Für mich ist die Agenda viel zu intim und mir zu nahe, um sie einem Haufen von Dummköpfen zum Fraße vorzusetzen.

Damit bin ich einverstanden. Du sagtest aber (jedenfalls verstand ich es so), du wolltest die Agenda systematisch unter Verschluß halten, und sie werde niemandem zur Verfügung stehen, auch nicht jenen, die sich für diese Arbeit interessieren.

Nein, nicht so. Ich sagte zwei Dinge: Wenn ich bis ans Ziel gelange, dann könnte ich es vielleicht zulassen, daß sie der Öffentlichkeit gezeigt wird – denn der Beweis wäre da: „Ihr braucht nicht zu spotten: Es führt DAHIN, wo wir jetzt sind." Falls der Herr aber entscheidet, daß es dieses Mal nicht sein soll, dann gebe ich sie jenen, die mich liebten, die mit mir lebten und arbeiteten, die es zusammen mit mir versuchten – und die Respekt vor dem haben, was wir versuchten. Wenn ich gehe, ist das sozusagen mein Abschiedsgeschenk. Ich habe aber nicht die Absicht zu gehen.

Ich hoffe es!

Bist du jetzt zufrieden? Das wollte ich sagen. Vielleicht habe ich mich schlecht ausgedrückt.

Nein, du sagst aber häufig: „Ach, das interessiert mich nicht!"

Nein, so bin ich nie. Gerade dann ... Ich kann mich scheinbar über etwas lustig machen, das ist etwas anderes, aber ... Hör zu, dir kann ich es sagen: Wenn ich so bin, wenn ich mich lustig zu machen scheine, dann gerade deshalb, weil es in manchen Augenblicken wirklich gefährlich ist.[1]

Ich verabscheue das Drama.

Ich will nicht tragisch sein. Ich möchte mich lieber über alles lustig machen, als erschüttert zu sein.

Anstatt hochtrabend zu erklären, daß es schwierig sei, mache ich mich lustig. Das ist etwas völlig anderes. Ich mag das Drama nicht – ich mag das Drama nicht. Die größten, höchsten, edelsten, prächtigsten Dinge lassen sich in aller Einfachheit sagen. Man braucht nicht dramatisch zu sein, man braucht die Situation nicht tragisch zu sehen. Ich will weder ein Opfer noch ein Held noch ... noch eine Märtyrerin sein, nichts von alledem!

Ich verstehe!

Weißt du, ich mag die Geschichte von Christus nicht.

Oh, ja!

Ja, so ist es.

Der Gott, den man kreuzigt, nein danke!

Wenn er seine Haut hingibt, gibt er seine Haut eben hin, das ist alles, es hat keine Bedeutung.

Verstehst du?

Oh, ja!

Das ist alles.

Genau so ist es.

(Schweigen)

Komm, mein Kind ...

Nein, wenn es manchmal scheint, es sei mir gleichgültig (denn das willst du doch sagen, oder?), ist es nur, um nicht wie ein Opfer oder Märtyrer zu erscheinen. Ich bin weder Opfer noch Märtyrerin, das verabscheue ich.

---

1. Dies sollte die letzte Unterhaltung mit Mutter vor ihrer schweren Prüfung sein.

Ich verstehe.

Das ist alles.

Ich sagte es dir bereits – es waren keine leeren Sätze –, ich dachte, du hättest es verstanden und würdest dich daran erinnern: Alles, was ich schreibe, hängt absolut von deiner Arbeit ab, wenn du nämlich nicht da wärest, würde ich kein Wort mehr schreiben – Briefe mit „ich sende Ihnen meine Segnung" und Punkt, das wäre alles. Nicht, weil ich keine Zeit habe oder es nicht kann, sondern weil es mir nicht gefällt. Wenn wir zusammen schreiben, habe ich das Gefühl von etwas, das vollständig ist und die nötige Qualität aufweist, um nützlich zu sein. Wenn du nicht da bist, um es aufzuschreiben, fehlt mir etwas. Wenn du es jetzt nutzlos findest, das für mich zu tun, täte mir das leid. Es würde mich ärgern.

Nein!

Verstehst du?

Denn es kommt von hoch oben. Es kommt nicht von hier, ganz und gar nicht: Es ist etwas, das hoch oben und vor SEHR LANGER ZEIT entschieden wurde. Bevor du kamst, hatte ich immer den Eindruck ... Die Zeit ohne Sri Aurobindo dauerte ja nicht lange, und als Sri Aurobindo noch da war, hatte ich nichts zu sagen; wenn ich etwas sagte, geschah es fast aus Versehen. Denn er sagte alles. Als er ging und ich anfing, seine Bücher zu lesen, die ich vorher nicht gelesen hatte, sagte ich mir: „Das ist der Grund! Ich brauchte gar nichts zu sagen!" Immer weniger hatte ich Lust, irgend etwas zu sagen. Als ich dann dir begegnete, erwachte sofort mein Interesse, ich sagte mir: „Zusammenarbeit! Hier läßt sich etwas Interessantes machen."

All das ist kein Zufall. Wir profitieren nicht von zufälligen Umständen, sondern das war VORBESTIMMT.

Mein ganzes Leben hatte ich immer den Eindruck, daß ich etwas zu sagen hatte, aber um es zu sagen, bedurfte es eines anderen Instruments als das meinige, um eine gewisse Vollkommenheit des Ausdrucks zu erreichen, die ich selber nicht finden konnte, weil das eben nicht meine Aufgabe ist. Es ist nicht meine Aufgabe.

Was ich der Welt bringen kann, sind Lichtblitze – etwas, das weit über alles hinausgeht, was bis jetzt verwirklicht wurde. Für den konkreten, festgelegten, materiellen Ausdruck habe ich aber nicht die Geduld. Ich könnte eine Gelehrte oder Schriftstellerin sein, so wie ich auch Malerin hätte sein können – aber für all das hatte ich nie die Geduld. „Etwas" ging immer zu schnell, zu hoch und zu weit.

13. MÄRZ 1962

Den schönen Ausdruck schätze ich sehr, das mag ich. In meinem Leben gab es Zeiten, wo ich sehr viel las – ich bin eine ganze Bibliothek! Aber das ist nicht meine Aufgabe.

Ja, natürlich! Dafür bist du nicht gekommen.

Ich schätze die Form deines Ausdrucks sehr. Er hat zugleich etwas Tiefes, sehr Plastisches und Ausgefeiltes – wie eine fein gemeißelte Statue. Er enthält eine tiefe Inspiration und hat einen Rhythmus, eine Harmonie – mir gefällt das. Es war mir eine große Freude, dein erstes Buch zu lesen [*Der Goldwäscher*]. Die Freude, schöne Formen zu entdecken, eine originelle Art, die Dinge zu betrachten und sie auszudrücken. Das schätze ich sehr. Spontan zählte ich dich zu den wahren Schriftstellern.

Ich hielt keine langen Reden darüber, weil ich es für überflüssig hielt, es ist aber wahr.

Du irrst vollkommen: Nicht DAS, WAS DU BIST, nagt an dir, sondern ganz im Gegenteil, WEIL du dich ärgerst, siehst du dich so.

Jetzt habe ich genug geschimpft, tun wir etwas!

Ich verspüre den Ehrgeiz, die Leute, die mit mir arbeiten, zufriedenzustellen – das macht mir die größte Freude. Das Ideal ... Man ist ja nie zufrieden, man wird nie zufrieden sein – man wird immer von einer Aspiration zur nächsten streben. Man sollte sich aber zumindest von einem Sinn getragen fühlen. Nichts hätte mich mehr treffen können als das, was du mir eben gesagt hast.

(Mutter sieht Satprem lange an)

Kind ...

April

3. April 1962

(Seit dem 16. März geht Mutter durch eine schwere Prüfung, die ihre physische Existenz bedroht. Trotz alledem ging sie am 18. und 20. März nochmals hinunter auf den Balkon – die letzten beiden Male. Seither verließ sie ihr Zimmer nicht mehr. Alle Zusammenkünfte mit Satprem werden zukünftig in ihrem Zimmer im Obergeschoß stattfinden. Der letzte Angriff ereignete sich in der vorhergehenden Nacht, vom 2. auf den 3., und äußerte sich in Form eines vollständigen Herzstillstands. Trotz ihres Zustandes fand Mutter heute morgen die Kraft zu sprechen, und zwar auf Englisch. Ihre Worte wurden aus dem Gedächtnis aufgezeichnet.)

Genau zwischen elf und zwölf Uhr (letzte Nacht) entdeckte ich durch eine Erfahrung die Existenz einer Gruppe von Leuten – ihre Identität wurde mir absichtlich nicht enthüllt –, die eine auf Sri Aurobindos Offenbarung basierende Religion begründen wollen. Sie haben jedoch nur den Aspekt der Macht und Stärke aufgegriffen, eine gewisse Art von Wissen und all das, was von den asurischen Kräften benutzt werden konnte. Hinter ihnen steht ein großes asurisches Wesen, dem es gelungen ist, die Erscheinung von Sri Aurobindo anzunehmen. Es ist nur eine Erscheinung. Diese Erscheinung von Sri Aurobindo erklärte mir, daß die Arbeit, die ich tue, nicht seine Arbeit sei. Es erklärte mir, daß ich ihn und sein Werk verraten habe, und es weigerte sich, irgend etwas mit mir zu tun zu haben.

In dieser Gruppe gibt es einen Mann, den ich ein- oder zweimal gesehen haben muß, der mit ihnen nicht geistig sondern nur dem Anschein nach verbunden ist, aber ohne zu verstehen. Er weiß nicht, was für ein Wesen dahinter steht. Im Glauben, es sei wirklich Sri Aurobindo, hofft er immer, daß er es dazu bringen könne, mich anzunehmen. Letzte Nacht sah ich dieses Wesen. Ich werde dir nicht alle Einzelheiten der Vision erzählen, das ist nicht nötig. Aber ich muß sagen, daß ich bei vollem Bewußtsein war, klaren Geistes, und daß ich wußte, daß eine asurische Kraft anwesend war; ich wies sie aber nicht zurück, da ich um die Unendlichkeit von Sri Aurobindo weiß. Ich wußte, daß alles ein Teil von ihm ist, und ich will nichts zurückweisen. Letzte Nacht traf ich dieses Wesen dreimal und entschuldigte mich sogar für Sünden, die ich nicht begangen habe – all das in voller Liebe und Hingabe.

Ich wachte um zwölf Uhr auf und erinnerte mich an alles.

Zwischen Viertel nach zwölf und zwei Uhr war ich mit dem wirklichen Sri Aurobindo zusammen, in einer tiefsten und innigsten

Beziehung, auch da in vollendetem Bewußtsein, einer vollendeten Wachheit, Ruhe und Gleichmütigkeit. Um zwei Uhr wachte ich auf und notierte, daß mir Sri Aurobindo unmittelbar zuvor selbst gezeigt hatte, daß er immer noch nicht völlig Herr des physischen Reiches war.

Ich erwachte um zwei Uhr und bemerkte, daß das Herz vom Angriff dieser Gruppe betroffen war. Sie wollen diesem Körper das Leben entreißen, da sie wissen, daß ihre Pläne zum Scheitern verurteilt sind, solange ich in einem Körper auf der Erde bin. Ihr erster Angriff in Vision und Tat fand vor vielen Jahren statt. Er ereignete sich in der Nacht, und ich sprach mit niemandem darüber. Ich notierte das Datum, und wenn ich diese Krise überwinden kann, werde ich es finden und bekanntgeben. Schon vor Jahren hätten sie mich gern tot gesehen. Sie sind für diese Angriffe auf mein Leben verantwortlich. Ich bin immer noch am Leben, weil der Herr mich am Leben erhalten will, sonst wäre ich schon vor vielen Jahren gegangen.

Ich bin nicht mehr in meinem Körper; ich habe es dem Herrn anvertraut, dafür zu sorgen, ob er das Supramental erlangen soll oder nicht. Ich weiß, und habe dies auch gesagt, daß jetzt der letzte Kampf stattfindet. Wenn das Ziel, für das dieser Körper lebt, erfüllt werden soll, das heißt, der erste Schritt zur Supramentalen Transformation, dann wird er heute überdauern. Die Entscheidung darüber steht dem Herrn zu. Ich frage nicht einmal, was er beschlossen hat. Wenn der Körper den Kampf nicht durchstehen kann, wenn er aufgelöst werden muß, dann wird die Menschheit durch eine kritische Zeit gehen. Die asurische Kraft, der es gelang, Sri Aurobindos Erscheinung anzunehmen, will eine neue Religion oder ein neues, vielleicht grausames und gnadenloses Gedankengut im Namen der Supramentalen Verwirklichung erschaffen. Aber alle müssen wissen, daß dies nicht wahr ist, dies ist nicht die Lehre Sri Aurobindos, nicht die Wahrheit, die er gelehrt hat. Sri Aurobindos Wahrheit ist eine Wahrheit der Liebe, des Lichtes und der Gnade. Er ist gut und groß und mitfühlend und göttlich ... *Et c'est Lui qui aura la victoire finale* [Er wird den endgültigen Sieg davontragen].

Wenn ihr jetzt als einzelne helfen wollt, braucht ihr nur zu beten. Was der Herr will, wird getan. Was immer er mit diesem armen Körper beabsichtigt, wird er tun.

(Etwas später, als ihr diese Aufzeichnung vorgelesen wurde:)

Der Kampf findet im Körper statt.

Es kann nicht so weitergehen. Sie müssen bezwungen werden, sonst wird dieser Körper bezwungen ... Alles hängt davon ab, was der Herr beschließt.

Der Körper ist das Schlachtfeld. Wie weit ich widerstehen kann, weiß ich nicht. Schließlich hängt alles von Ihm ab. Er weiß, ob die Zeit gekommen ist oder nicht – die Zeit für den Beginn des Sieges, dann wird der Körper überleben; falls nicht, werden meine Liebe und mein Bewußtsein auf jeden Fall da sein.

13. April 1962

(Nach einem gefährlichen Monat hatte Mutter plötzlich die ungeheure, entscheidende Erfahrung, und zum ersten Mal berichtet sie nun davon. Sie liegt auf dem Bett in ihrem Zimmer oben und ist sehr abgemagert. Es ist ungefähr zehn Uhr morgens. Ihre Stimme hat sich sehr verändert. In der Ferne hört man Schulkinder spielen:)

Die Nacht vom 12. auf den 13. April.

Plötzlich in der Nacht erwachte ich mit dem vollen Bewußtsein dessen, was wir den „Yoga der Welt" nennen könnten. Die Höchste Liebe manifestierte sich durch große Pulsationen, und jede Pulsation trieb die Welt in ihrer Manifestation voran. Es waren die ungeheuren Pulsationen der ewigen, gewaltigen Liebe, Liebe allein: jede einzelne Pulsation der Liebe trug das Universum weiter in seiner Manifestation.

Und die Gewißheit, daß das, was getan werden muß, vollbracht ist und die Supramentale Manifestation verwirklicht ist.

Alles war persönlich, nichts war individuell.

Dies ging immer weiter und weiter und weiter ...

Die Gewißheit, daß das, was getan werden muß, VOLLBRACHT ist.

Alle Folgen der Falschheit waren verschwunden: Der Tod war eine Illusion, die Krankheit war eine Illusion, die Unwissenheit war eine Illusion – etwas, das keine Wirklichkeit hatte, keine Existenz ... Nur Liebe und Liebe und Liebe und Liebe – unermeßlich, riesig, gewaltig, alles mit sich forttragend.

Und wie, wie nur soll es sich in der Welt ausdrücken? Es war wie ein Ding der Unmöglichkeit, wegen des Widerspruchs ... Aber dann kam es: „Du hast es auf Dich genommen, daß diese Welt die Supramentale Wahrheit kennen soll ... und sie wird total, als Ganzes ausgedrückt werden." Ja, ja ...

Und die Sache ist VOLLBRACHT.

(langes Schweigen)

Das individuelle Bewußtsein stellte sich wieder ein, lediglich das Gefühl einer Begrenzung, einer Begrenzung des Schmerzes. Ohne das gibt es kein Individuum.[1]

Und wir machen uns wieder auf den Weg, des Sieges gewiß.

Die Himmel sind voll der Siegesgesänge!

Allein die Wahrheit existiert; sie allein wird sich manifestieren. Voran! ... Voran!

Gloire à Toi, Seigneur, Triomphateur suprême![2]

(Schweigen)

Jetzt an die Arbeit!

Geduld ... Durchhaltevermögen ... vollkommener Gleichmut und absoluter Glaube.

(Schweigen)

Im Vergleich zur Erfahrung ist alles, was ich sage, nichts, nichts, nichts als Worte.

Unser Bewußtsein ist dasselbe, absolut dasselbe wie das des Herrn. Es gab keinen Unterschied, überhaupt keinen Unterschied ...

Wir sind Das, wir sind Das, wir sind Das.

(Schweigen)

Später werde ich mehr dazu sagen können. Das Werkzeug ist noch nicht bereit.

Dies ist erst der Anfang.

*

Später fügte Mutter hinzu:

Die Erfahrung dauerte mindestens vier Stunden.

Es gibt vieles, wovon ich später sprechen werde.

---

1. Hier beginnt Mutter, Französisch zu sprechen
2. Ruhm sei Dir, Herr, erhabener Triumphierer!

20. April 1962

(Brief von Satprem an Mutter)

20. April 1962

Liebe Mutter,

1) Ich erhielt einen Brief vom Verleger, der seine Bitten um Änderungen wiederholt. Ich antworte ihm noch heute, daß ich ein anderes Buch schreiben werde. Ich habe keine Ahnung, wie ich dieses Buch schreiben soll.

2) Die Arbeit, die Du mir gabst, ist fertig. Ich bringe sie Dir, wann Du willst, aber das eilt überhaupt nicht – ruhe Dich aus!

Dein Kind

Unterschrieben: Satprem

28. April 1962

(Brief von Mutter an Satprem)

28.4.62

Satprem, mein liebes Kind!

Was das Buch betrifft, so ist es gut, daß etwas läuft.

In den letzten Tagen habe ich begonnen, mir über das *Bulletin* für den Monat August Gedanken zu machen. In einigen Tagen kann ich vermutlich mit der Arbeit anfangen. Das bedeutet, daß ich Dich am Morgen zu mir kommen lassen kann, und Du könntest mir dann vorlesen, was Du vorbereitet hast.

Wir werden die Aphorismen im Juni machen; dann wird es sicherlich leichter sein. Sag mir, ob Du Arbeitspläne hast (für Deine Arbeit); wir werden uns danach richten.

Am ersten Tag, an dem Du kommst, kannst Du mir die Arbeit mitbringen, die Du erledigt hast.

Immer bei Dir.

Unterschrieben: Mutter

Später wird es für die Agenda viel zu sagen geben.

Mai

8. Mai 1962

(Notiz von Satprem an Mutter:)

X schreibt unter anderem:
1) Daß er hier eine spezielle viertägige Puja abhalten werde, um zu helfen.
2) Daß er verstanden habe, das heißt, ihm sei bewußt geworden, daß „die gegenwärtige Zeit schrecklich ist".

Was soll ich ihm sagen oder ihm zu verstehen geben, wenn ich ihn am Bahnhof treffe?

(Mutters Antwort auf der Rückseite:)

Wahrscheinlich sollte man ihn über die aufgezeichnete Botschaft [vom 13. April] informieren, falls er sie noch nicht kennt.

Du kannst ihm sagen, daß es dem Körper besser geht, daß ich aber noch gezwungen bin, große Vorsicht walten zu lassen und mich zu pflegen. Ich verlasse mein Zimmer nicht, das zu einem Krankenzimmer umfunktioniert wurde, und es wird mir unmöglich sein, ihn zu empfangen.

Laß mich wissen, was passiert ist, nachdem Du ihn gesehen hast. Wenn möglich, werde ich Dich um 10 Uhr rufen, damit Du mir die Einzelheiten mitteilen kannst.

Unterschrieben: Mutter

13. Mai 1962

(Dies ist das erste Gespräch mit Mutter seit zwei Monaten. Sie liegt noch auf ihrer Chaiselongue. Sie sieht sehr blaß und zerbrechlich aus, beinahe durchscheinend. Hier gibt sie weitere Erläuterungen der Erfahrung, die sie vor einem Monat, am 13. April hatte. Der folgende Text wurde nicht auf Band aufgezeichnet, sondern aus dem Gedächtnis niedergeschrieben und dann Mutter vorgelesen.)

Ich war am Ursprung – ich WAR der Ursprung. Während mehr als zwei Stunden, bewußt auf diesem Bett hier, war ich der Quell. Es waren wie Wogen – große Wogen, die schließlich brachen. Jede dieser Wogen kam einer Zeitspanne des Universums gleich.

Es war die Liebe in ihrer höchsten Essenz, aber es hat nichts mit dem zu tun, was man unter diesem Wort versteht.

Jede Woge dieser puren Liebe breitete sich aus, indem sie sich teilte. Es waren keine Kräfte, es ging weit über Kräfte und all das hinaus: Das Universum, so wie wir es kennen, existierte nicht mehr, es war eine sonderbare Illusion, ohne Beziehung zu DEM. Es gab nur die Wahrheit des Universums mit diesen großen Farbwogen – sie waren farbig, große Farbwogen mit etwas, das der Essenz der Farbe gleichkommt.

Es war ungeheuer. Ich durchlebte mehr als zwei Stunden auf diese Weise, bewußt.

Dann war da eine Stimme, die mir alles erklärte (nicht genau eine Stimme sondern etwas, das der Ursprung von Sri Aurobindo war, wie die letzte Woge des Ursprungs). Nacheinander erklärte sie mir jede Woge, jede Zeitspanne des Universums und schließlich, wie alles zu dem geworden ist *(Geste der Umkehr)*: die Entstellung des Universums. Ich fragte mich, wie es in diesem höchsten Bewußtsein möglich war, mit dem gegenwärtigen entstellten Universum in Beziehung zu treten. Wie nur läßt sich die Verbindung herstellen, ohne dieses Bewußtsein zu verlieren? – Eine Beziehung zwischen den beiden schien unmöglich zu sein. Da erinnerte mich die Stimme an mein Versprechen: daß ich versprochen hatte, die Arbeit auf dieser Erde zu tun, und daß sie getan werden würde. „Ich habe versprochen, die Arbeit zu tun, und sie wird getan werden."

Dann begann der Prozeß des Abstiegs[1], und die Stimme erklärte ihn mir – ich erlebte das in allen Einzelheiten, es war nicht angenehm. Der Wechsel von diesem wahren Bewußtsein zum individuellen Bewußtsein dauerte ganze anderthalb Stunden. Denn während der vollen Dauer der Erfahrung existierte diese Individualität hier, dieser Körper, nicht mehr; es gab keine Grenzen mehr, ich war nicht mehr da – nur DIE PERSON war da. Es dauerte anderthalb Stunden, um zum Körperbewußtsein zurückzukehren (nicht zum physischen Bewußtsein sondern zum Bewußtsein des Körpers), zum individuellen Körperbewußtsein.

Erstes Anzeichen der Rückkehr der Individualität war ein Schmerz, ein Punkt *(Mutter umschreibt mit ihren Fingern einen winzigen Punkt ihres Wesens)*. Ja, denn ich habe eine Wunde, eine Wunde an einer

---

1. Das Wort „Abstieg" ist nicht das richtige Wort, wie man nachher sehen wird.

ziemlich unangenehmen Stelle, und das tut weh[1] *(Mutter lacht)*. So fühlte ich den Schmerz: er stand für die zurückkommende Individualität. Ansonsten gab es nichts mehr, keinen Körper, kein Individuum, keine Grenzen mehr. Aber es ist seltsam, ich machte eine merkwürdige Entdeckung[2], denn ich nahm an, es sei das Individuum *(Mutter berührt ihren Körper)*, das den Schmerz, die Gebrechlichkeiten, alle Mißgeschicke des Menschenlebens fühlt, doch jetzt erkannte ich, daß nicht das Individuum und mein Körper diese Mißgeschicke spüren, sondern daß jedes Mißgeschick, jeder Schmerz, jede Gebrechlichkeit sozusagen eine eigene Individualität aufweist, und daß jede dieser Individualitäten ein Schlachtfeld darstellt.

Mein Körper ist eine Welt der Schlachten.

Er ist das Schlachtfeld.

*
* *

*(Als dieser Text Mutter vorgelesen wurde,
brachte sie folgende Änderung an:)*

Ich zöge dem Wort „Abstieg" ein anderes Wort vor, weil es keinerlei Empfindung oder Vorstellung eines Abstiegs gab ... Man könnte es als „Materialisierungs"- oder „Individualisierungs"-Prozeß bezeichnen – „Bewußtseinstransformation" wäre noch genauer. Es ist der Prozeß des Übergangs vom wahren Bewußtsein zum entstellten Bewußtsein – so ist es genau.

Du sagst es: der Übergang vom wahren Bewußtsein zum gewöhnlichen Bewußtsein.

Genau das ist es. „Abstieg" entspricht überhaupt nicht meiner Empfindung. Es gab kein Gefühl eines Abstiegs. Keines. Weder Auf- noch Abstieg. In keiner Weise. Diese schöpferischen Wogen wiesen innerhalb der Schöpfung keine POSITION auf. Es war ... es gab NUR DAS – NUR DAS existierte, sonst nichts.

Alles spielte sich in Dem ab.

Es war wirklich ... Es gab weder oben noch unten, weder innen noch außen – nichts von alledem: das existierte nicht mehr. Es gab nur noch DAS.

---

1. Mutter sollte noch beinahe zwölf Jahre an dieser selben Wunde leiden.
2. Später betonte Mutter: „Es handelt sich nicht um eine Entdeckung von allgemeiner Bedeutung: sie betraf nur meinen Körper. Ich sage nicht, daß alle Körper so sind, sondern daß *mein* Körper – was aus meinem Körper geworden ist – so ist.

Es war ... ein „Etwas", das sich ausdrückte, das sich durch diese Wogen manifestierte und das ALLES war. Es gab wirklich nichts außer dem, es gab nichts mehr als DAS. Folglich ergeben die Worte „hoch", „niedrig", „Abstieg" überhaupt keinen Sinn mehr.

Wenn du willst, könnte man es als „den Prozeß der Rückkehr" umschreiben?

Der Rückkehr zum Körperbewußtsein.
Oder der Materialisierung.

*
* *

(Kurz danach geht es um ein früheres Entretien *vom 22. August 1956, das im nächsten Bulletin veröffentlicht werden soll und in dem Mutter sagt: „Wenn ihr imstande seid, es zu empfangen, empfangt ihr vom Göttlichen die* TOTALITÄT *der Beziehung, die zu haben euch* MÖGLICH *ist. Dabei handelt es sich weder um eine Aufteilung noch einen Anteil noch eine Wiederholung, sondern einzig und allein um die Beziehung, die jeder zum Göttlichen haben kann. Somit ist man vom psychologischen Standpunkt aus gesehen* DER EINZIGE *mit dieser direkten Beziehung zum Göttlichen." Mutter fügt nun in einer Stimme, die von sehr weit herzukommen scheint, hinzu:)*

Man ist ganz allein mit dem Höchsten.

15. Mai 1962

(In der Nacht auf den 3. April hatte Mutter ein asurisches Wesen getroffen, dem es gelungen war, Sri Aurobindos Erscheinung anzunehmen, sowie eine Gruppe von Leuten, die eine nietzscheanische Religion begründen wollten. Im Anschluß an diese Begegnung hatte eine Herzattacke Mutters Existenz ernsthaft bedroht. Es war allerdings nicht die erste Begegnung.)

Ich hatte gesagt *(am 3. April)*, daß ich das Datum meiner ersten Begegnung mit diesem falschen Sri Aurobindo wieder ausfindig machen wollte. Jetzt bin ich auf das Datum einer anderen Erfahrung gestoßen, die sich vielleicht drei oder vier Wochen danach zutrug, so daß sich der Zeitpunkt nun bestimmen läßt *(Mutter zeigt das Blatt eines alten Abreißkalenders, auf das sie geschrieben hatte:)*

"Nacht vom 24. auf den 25. Juli 1959, erstmaliges Eindringen der supramentalen Kraft in den Körper. Sri Aurobindo lebendig in einem konkreten und dauerhaften subtilphysischen Körper."

Ich erzählte dir von dieser Erfahrung, als ich Sri Aurobindo (den wahren) im Subtilphysischen antraf – dies ist das exakte Datum; früh an jenem Morgen notierte ich es mir auf diesem Blatt. Somit komme ich auf das ungefähre Datum der anderen Vision: es muß Ende Juni oder Anfang Juli 1959 gewesen sein, als ich die erste Erfahrung mit diesen Leuten hatte.

Habe ich dir davon erzählt? ... Es war eine Art Vision, die ich als Beginn der Arbeit am Unterbewußtsein betrachtete. Ich war an einem Ort angekommen, wo Sri Aurobindo wohnte. Er war in seinem Zimmer eingeschlossen. Es war eine Art große Halle, eine ungeheuer weite Halle mit Zimmern, die auf diese Halle hinausführten, und seine Wohnung lag auf der einen Seite, etwa so *(Geste)*. Ich bat darum, ihn zu sehen. Man antwortete mir, daß dies nicht möglich sei, daß es zu warten gelte. Ich war überrascht. Dann passierte einiges in der Halle, was mit A und M zu tun hatte (recht interessante Dinge, die sie allerdings persönlich betrafen). So wartete ich eben. Dann, als das vorbei war, verlangte ich von neuem, einzutreten. Darauf antwortete man mir, oder vielmehr sah ich durch den Eingang ... einen großgewachsenen Sri Aurobindo, viel größer, als er in Wirklichkeit war, stark, recht mager ("mager" auf eine andere Art, als er in Wirklichkeit war, hier hatte er etwas Trockenes, ausgesprochen Hartes und Kaltes), und er war ein wenig dunkler, als er gewöhnlich aussah. Ich sah ihn auf und ab gehen, und als man ihm sagte, daß ich ihn sehen wolle, sah ich ihn von weitem, wie er erwiderte: "Nein, ich will sie nicht sehen, ich erkenne sie nicht an, ich will nichts mit ihr zu tun haben – sie hat mich verraten." Etwas in der Art (ich hörte die Worte nicht, aber die Gesten waren deutlich genug). Dies geschah zum ersten Mal, nichts Derartiges war je vorgefallen.

Dann hatte ich plötzlich den Eindruck, daß dies der Ausdruck der Gedanken von gewissen Personen war. Eine ganze Clique, die ich kenne (ich kenne ihre Namen und alle Einzelheiten), behauptete, während des Krieges hätte ich Sri Aurobindo dazu beeinflußt, von seinem nationalistischen Pfad abzurücken und sich den Alliierten zuzuwenden; sie fanden, daß ich sein Leben, sein Bewußtsein, sein Werk, ja, alles ruiniert hätte – verstehst du?¹ Was ich da sah, war das genaue ABBILD des Sachverhalts. Jemand, dessen Namen ich nicht nennen werde (aber ich sprach nachher mit ihm, er ist immer noch hier), kam aus dem Zimmer, um mir all das zu sagen. In meiner Vision sagte ich ihm zwei Dinge (jetzt liegt das alles sehr weit zurück – es war im Jahre 1959 –, und ich erinnere mich nicht mehr, ob ich ihm eines nach dem anderen oder alles zusammen sagte). Zuerst protestierte ich gegen alles, was dieser angebliche Sri Aurobindo über mich sagte, wobei ich gleichzeitig auf die Person, die aus dem Zimmer kam, zuging. (Es ist jemand, der hier wohnt und mit Sri Aurobindo vertraut war und es immer noch ist. Er war dort, weil er teilweise unter dem Einfluß dieser zweiflerischen Gedanken, gewisser Zweifel zu stehen schien.) Ich nannte ihn bei seinem Namen und sagte ihm auf Englisch: „Aber wir hatten doch eine wirkliche spirituelle Beziehung, eine echte Verbindung! ..." Er schmolz sofort, stimmte mir zu und stürzte sich in meine Arme. Das heißt, es kam einer Bekehrung gleich (deshalb sprach ich nachher mit ihm; ich sagte ihm allerdings nichts von der Erfahrung, sondern sprach mit ihm über die Zweifel, die er hegte). Das war wirklich der Ausgangspunkt für eine Bekehrung in einem Teil seines Wesens, und deshalb gebe ich auch keinen Namen. Gleichzeitig sagte ich ihm als Antwort auf das, was der falsche Sri Aurobindo sagte, mit Nachdruck

---

1. Tatsächlich gab es im Ashram eine ganze, von Subhas Bose beeinflußte Gruppe von Leuten (die man die „Intelligentsia" des Ashrams nennen könnte), die fest auf der Seite der Nazis und Japaner gegen die Engländer standen. (Immerhin sollte erwähnt werden, daß die Engländer die Invasoren Indiens waren und daß daher die Feinde Englands von vielen automatisch als die Freunde Indiens angesehen wurden.) Das ging soweit, daß Sri Aurobindo scharf eingreifen mußte und schrieb: „Ich versichere euch nochmals mit Nachdruck, daß dieser Krieg der Krieg der Mutter ist ... Der Sieg der einen Seite (der Alliierten) würde den evolutionären Kräften den Weg offen halten, wohingegen der Sieg der anderen Seite die Menschheit zurückreißen und sie entsetzlich entwürdigen würde; schlimmstensfalls könnte dies sogar zu ihrem endgültigen Scheitern als Spezies führen, so wie andere Arten in der Evolution scheiterten und ausstarben ... Die Alliierten stehen wenigstens für humane Werte, auch wenn sie öfters ihren eigenen besten Idealen zuwidergehandelt haben mögen (das tun die Menschen immer), wohingegen Hitler für diabolische Werte steht oder für menschliche Werte, die so überspitzt sind, daß sie ins Diabolische umkippen. Dies will nicht besagen, daß die Engländer und Amerikaner fleckenlose kleine Engel seien, noch daß die Deutschen eine sündige und böse Rasse wären, sondern ..." (29. Juli 1942 und 3. September 1943, *Cent. Ed.*, XXVI, 394ff). Auch Mutter mußte öffentlich erklären: „Es ist notwendig geworden, unmißverständlich und kategorisch klarzustellen, daß all jene, die mit ihren Gedanken oder Wünschen den Sieg der Nazis unterstützen und herbeirufen, dadurch automatisch zu Kollaborateuren des Asura gegen das Göttliche werden und mithelfen, den Sieg des Asura zu ermöglichen ... Folglich müssen jene, die den Sieg der Nazis und ihrer Verbündeten wünschen, sich zukünftig darüber im klaren sein, daß sie damit unser Werk zu zerstören wünschen und Sri Aurobindo gegenüber verräterisch handeln." (6. Mai 1941)

(auch auf Englisch): „Dies kommt einer Leugnung jeglicher spirituellen Erfahrung gleich!" Und auf einen Schlag verschwand das ganze Bild, die ganze Konstruktion, alles – weg! Verschwunden, aufgelöst. Die Kraft fegte alles weg.

Als ich danach diese zweite Vision *(vom 3. April 1962)* hatte, sah ich, daß es dasselbe Wesen war, das hinter dem sogenannten Sri Aurobindo steckte (und es gab eine ganze organisierte Gruppe um ihn herum, Leute, Zeremonien usw.). Folglich schloß ich daraus, daß sich das Ganze fortentwickelt hatte. Als ich jedoch zum ersten Mal mit diesen Leuten in Kontakt kam [1959], war es lediglich eine Angelegenheit des Unterbewußtseins, und die Auswirkungen waren ausschließlich psychologischer Natur (ein oder zwei Stunden genügten, um die Dinge wieder an ihren Platz zu rücken und zu ordnen). Es hatte keinerlei Auswirkung auf meine Gesundheit. Diesmal hingegen ...

Somit sah ich sie zum ersten Mal 1959. Es muß Ende Juni oder Anfang Juli gewesen sein. Dieser Zettel hier *(das Kalenderblatt)* gab mir den Hinweis, denn ich weiß, daß die andere Erfahrung [von Sri Aurobindo im Subtilphysischen] einige Wochen später stattfand.

Du sagst, dieses asurische Wesen stehe hinter einer organisierten Gruppe von Leuten, mit Zeremonien ...

Zeremonien?

Das kannst du streichen, weil es so nicht war. Es war eine ORGANISATION.

Was ich dich fragen wollte: Existieren diese Leute im Subtilphysischen oder in unserer physischen Welt?

Nein, nein, meine Visionen sind im Subtilphysischen, diese Leute leben aber auf der Erde. Ich kenne sie nicht. Ich kenne nur den einen, von dem ich erzählte. Es ist aber sicher, daß es eine physische Organisation gibt, die diesen Visionen entspricht. Ich kenne die Einzelheiten nicht – sie wurden mir nicht enthüllt. Es handelt sich aber um eine Gruppe PHYSISCHER Leute.

Sind sie mächtig?

Ich weiß es nicht, ich kenne sie nicht.

Sicherlich ist unter ihnen wenigstens ein Tantriker – und zwar ein beschlagener, jemand, der sein Handwerk versteht. Ja, alle Zeichen deuten darauf hin.

Aber was ihre äußere Macht betrifft ... Die Leute um den falschen Sri Aurobindo, die mir diese Vorwürfe machten, waren im Ashram – sie sind inzwischen weggegangen. Es sind absolut konkrete Personen.

Aber bei jenen der letzten Gruppe *(in der letzten Vision)* weiß ich es nicht, ich kenne sie nicht physisch, somit kann ich nichts sagen.

Vielleicht werde ich es eines Tages erfahren.

*   *   *

(Dann liest Satprem Mutter das vor, was er während der vorangegangenen Unterhaltung vom 13. Mai notierte, und fragt nach weiteren Einzelheiten der Erfahrung vom 13. April:)

Aber das Versprechen, das du erhalten hast ...

Das ist kein Versprechen, das ich erhielt, sondern diese Stimme erinnerte mich an mein Versprechen. Als ich mir sagte: „Es ist unmöglich, vom wahren Bewußtsein in dieses überzugehen", hörte ich augenblicklich ... nicht Sri Aurobindo, das würde einen sofort an einen Körper denken lassen, aber diese Stimme, die mir sagte: „Dein Versprechen: Du hast gesagt, daß du die Arbeit tun wirst". Da sagte ich: „Ja, ich werde die Arbeit tun." Von da an begann der Prozeß der Materialisierung, der Übergang vom wahren Bewußtsein in das gewöhnliche Bewußtsein.

Ich „erhielt" kein Versprechen, sondern es ist die Erinnerung an ein Versprechen, das ich gab.

Und das erlaubte dir zu sagen: „The thing is done" [die Sache ist getan]?

Nein, die Erfahrung.

Es war die Erfahrung, als ... Das habe ich dir nicht gesagt.

(langes Schweigen)

Es geschah, als ich diese Wogen war – diese Wogen der Liebe. Als ich der letzten bewußt wurde, die (wie soll ich sagen?) äußerlich von Sri Aurobindo verwirklicht wurde – sich durch den Avatar Sri Aurobindo ausdrückte –, in dem Augenblick kam die absolute Gewißheit, daß die Sache getan ist, daß sie bestimmt war.

Im selben Augenblick dachte ich: „Wie aber läßt sich DAS in dieses umsetzen, wie kann man die beiden zusammenbringen?" Da hörte ich: „Du hast versprochen, es zu tun, folglich wirst du es tun", und damit begann langsam der Übergang, als würde ich noch einmal geschickt, es zu tun. Etwa so: „Du hast versprochen, es zu tun, und du wirst es tun", dies meinte ich mit Versprechen. Ich kam in diesen Körper zurück, um es zu tun.

15. MAI 1962

Ich sagte *(am 3. April)*, daß der Körper das Schlachtfeld ist, daß die Schlacht IN diesem Körper ausgetragen wird. Und in dieser Erfahrung *(des 13. Aprils)* wurde ich in den Körper zurückgeschickt, denn die Sache, diese letzte schöpferische Woge sollte durch diesen Körper verwirklicht werden.

(Schweigen)

Die Erfahrungen dauern an ...
Zum Beispiel gehe ich ein wenig auf und ab, um den Körper wieder daran zu gewöhnen (ich gehe in Begleitung einer Person). Als ich damit anfing, beobachtete ich einen recht merkwürdigen Zustand, den ich so beschreiben könnte: das, was mir die Illusion des Körpers gibt *(Mutter lacht)* ... Ich vertraue ihn der Person an, die mit mir geht (das heißt, er liegt nicht in meiner Verantwortung: diese Person achtet darauf, daß er nicht hinfällt, sich nicht stößt – du verstehst). Das Bewußtsein ist eine Art grenzenloses Bewußtsein, wie eine materielle Entsprechung oder eine Übersetzung dieser Wogen, wie Wellen, aber Wellen, die nicht ... Es sind keine einzelnen Wellen sondern eine WellenBEWEGUNG; eine Bewegung materieller, körperlicher Wellen, könnte man sagen, so weit wie die Erde, aber ... weder rund noch flach noch ... etwas mit dem Gefühl der Unendlichkeit, aber in einer Wellenbewegung. Und diese Wellenbewegung ist die Bewegung des Lebens. Das Bewußtsein (des Körpers, nehme ich an) schwebt darin in einer Art ewigem Frieden ... Es ist aber keine Weite, dieses Wort wäre falsch; es ist eine grenzenlose Bewegung mit einem sehr harmonischen und stillen, weiten, ruhigen Rhythmus. Diese Bewegung ist das Leben.
Ich gehe im Zimmer umher, und sie geht mit mir.
Es ist sehr still – keine Gedanken, nur gerade eine Beobachtungsfähigkeit und eine Unendlichkeit von Bewegungen, Schwingungen von etwas, das die Essenz des Denkens wäre, das sich dort in einem Rhythmus bewegt, wie eine Wellenbewegung, die weder Anfang noch Ende hat, aber eine Verdichtung so *(Geste von oben nach unten)* und eine Verdichtung so *(horizontale Geste)*, dann eine Bewegung der Ausdehnung *(Geste wie das Wogen eines Ozeans)*. Das heißt eine Art Zusammenziehung, Konzentration, dann Ausdehnung, Ausbreitung[1].
Gestern hatte ich die volle Erfahrung – ich ließ mich vollkommen gehen. Es dauerte ungefähr vierzig Minuten, während ich im Zimmer auf und ab ging.
Mit Ausnahme der Tatsache des Leidens (daß es hier weh tut und dort weh tut, ein Schmerz hier und ein Schmerz dort, was einen die

---
1. Siehe die Bemerkung am Ende dieser Unterhaltung.

Individualität des Körpers wahrnehmen läßt) ist diese große Wellenbewegung des Lebens zu meinem normalen Bewußtseinszustand geworden. Das heißt, ich ... jedenfalls das, was ich „ich" nenne *(Geste ganz oben)*, mein Bewußtsein, befindet sich vollkommen außerhalb des Körpers. Was ich gerade beschrieb, ist das Bewußtsein des Körpers, und nur durch den Schmerz kommt die Erinnerung an das, was ein Körper normalerweise ist: Es tut hier und dort und da weh ... Dieser Schmerz hat ein extrem begrenztes kleines Leben, nichts Allgemeines – nicht der Körper leidet, sondern der Schmerz leidet. Nur der Stelle tut es weh: eine Schramme hier, eine Wunde dort, solche Dinge. Nur das ist individuell und leidet; der Körper als solcher hat keine Wunde, verstehst du?

Das ist sehr schwierig auszudrücken.

Aber so ist meine Erfahrung. Gestern betrachtete ich sie noch einmal näher, um dir davon berichten zu können.

Du unterscheidest zwischen dem Körperbewußtsein und dem physischen Bewußtsein?

Ja. Ach, das physische Bewußtsein ist eine sehr komplexe Sache. Es enthält die gesamte bewußte physische Welt.

Das physische Bewußtsein wurde schon vor sehr langer Zeit universalisiert. Es enthält alle irdischen Bewegungen[1]. Während der Körper sich nur darauf beschränkt *(Mutter berührt ihren Körper)*, auf diese kleine Ansammlung von Substanz – das meine ich mit „Bewußtsein des Körpers".

Wenn ich sage: „Ich bin aus dem Körper herausgetreten"[2], heißt das keineswegs, daß ich das physische Bewußtsein verlassen habe – meine Verbindung mit der allgemeinen irdischen Welt ist dieselbe geblieben. Es geht ausschließlich um das Körperliche, diese Konkretisierung oder Ansammlung besonderer Substanz, die jedem von uns einen anderen Körper verleiht – eine unterschiedliche ERSCHEINUNG.

Diese Erscheinung ist übrigens sehr illusorisch. Sobald man sich in eine gewisse Höhe erhebt, verliert sie sehr schnell ihre Realität (in dieser fortschreitenden Wiedermaterialisierung sah ich das genau[3]). Unsere Erscheinung ist völlig illusorisch. Unsere besondere Form, das

---

1. Als Beispiel fügte Mutter hinzu: „Ich werde fortwährend in die Atmosphäre der mich umgebenden Leute GETAUCHT: in ihre Gedanken, ihre Art zu empfinden, zu sehen, zu verstehen ..."
2. Am 3. April sagte Mutter: *I am no more in my body* [ich bin nicht mehr in meinem Körper].
3. Die Erfahrung vom 13. April, die ich irrtümlich als „den Abstieg" ins Körperbewußtsein beschrieb.

heißt die Form dieser oder jener Person – was man mit den physischen Augen sieht –, reicht nicht sehr weit. Schon in der vitalen Welt ist es vollkommen anders.

Ich glaube, das ist alles, was ich heute sagen kann.

*
* *

(Etwas später gibt Mutter Satprem das Kalenderblatt, auf dem die Erfahrung vom 24.-25. Juli 1959 steht – die erste Begegnung mit Sri Aurobindo im Subtilphysischen –, dann ein anderes Blatt, wo sie schrieb: „I am only realizing what He has conceived. I am only the protagonist and the continuator of His work."[1] Mutter erklärt:)

Man wollte mir den Friedensnobelpreis verleihen und bat mich um Papiere – damals schrieb ich das. Das heißt, nicht diese Person hier tat diese Dinge sondern allein Sri Aurobindo.

Sie wollten Sri Aurobindo den Nobelpreis verleihen, aber gerade im Jahr vor der Verleihung ist er gegangen. Da dieser Preis keinem „Toten" verliehen wird, bekam er ihn nicht. Man wollte ihn auf mich übertragen, worauf ich dies schrieb. Ich wollte keinen schnöden Ruhm. In dem Jahr wurde dann wohl kein Friedenspreis verliehen.

Ich denke, die Sache ist begraben.

*
* *

(Dann macht Mutter sich an die Vorbereitung des nächsten Bulletins. *Sie bittet Satprem, langsam und deutlich zu sprechen:)*

Zwischen mir und den Leuten liegt eine Art universelle Wolke – ich sehe wie durch einen Schleier und höre wie durch eine Wolke, deswegen bitte ich dich, deutlich zu sprechen.

*
* *

*Anmerkung über die Wellenbewegung,
die Mutter im Körper erlebte*

Wieder einmal landen wir mit Mutter mitten in der Physik der Materie. Alle Physiktheorien, die die Struktur unseres Universums und die

---

1. „Ich verwirkliche nur das, was Er entwarf. Ich bin nur die Protagonistin und Fortsetzerin Seines Werkes." (1951)

Zusammensetzung der Materie zu beschreiben versuchen, ob sie nun aus den Laboratorien der „offiziellen" Wissenschaft oder den Arbeiten einzelner Forscher hervorgehen, stimmen in einem Punkt überein: Die Wellenbewegung ist der Grundbestandteil und die dynamische Grundlage der physischen Realität. Ob es sich nun um das elektromagnetische Feld, das Gravitationsfeld oder sogar das „materielle" Feld handelt, wie es bestimmte Gelehrte behaupten, im Herzen des Atoms wie an den äußersten Grenzen des Universums bewegt sich alles oder verbreitet sich alles in einer Wellenbewegung: „Die Wellenbewegung ist die Bewegung des Lebens", sagt Mutter auf ergreifende Weise.

„ ... Eine Wellenbewegung, die weder Anfang noch Ende hat, mit einer Verdichtung so (Geste von oben nach unten) und einer Verdichtung so (horizontale Geste) ..." Erinnern wir uns doch an das elektromagnetische Feld und seine beiden senkrecht zueinander stehenden Bestandteile, das elektrische Feld und das magnetische Feld, die sich in einer unendlichen Sinuskurve fortbewegen. Und weiter: „ ... Eine Art Sammlung, Konzentration, dann Ausdehnung, Ausbreitung." Genau die Fortpflanzung eines Schwingungsfeldes im Raum!

So ergreifend diese Parallele auch sein mag, gibt es doch einen grundlegenden Unterschied zwischen den mathematischen Konzepten und Mutters Erfahrung. Im einen Falle handelt es sich um die abstrakten Instrumente des menschlichen Mentals, mit denen es die Welt besser zu verstehen und zu beherrschen sucht: niemand hat elektromagnetische Wellen je GESEHEN – noch weniger die Gravitationswellen. Das sind Vorstellungen, bequeme, unsichtbare „Modelle", die an sich aber nicht existieren. Sie existieren nur durch ihre AUSWIRKUNGEN: das Sonnenlicht, das eine elektromagnetische Welle ist, berührt unsere Netzhaut und erlaubt uns, diese Blume zu sehen; unter dem Einfluß der Gravitation fällt Newtons Apfel vom Baum – niemand hat jedoch die Wirklichkeit dieser Wellen GELEBT. Für Mutter ist im Gegensatz dazu jegliches Verständnis der Wirklichkeit zuallererst eine erlebte Erfahrung. Sie IST diese Wellenbewegung, sie IST diese Welle: „Ich gehe im Zimmer auf und ab, und sie geht mit mir." Hier berühren wir ein außergewöhnliches Mysterium und eine ungeheuerliche Frage: Wie kann man körperlich, materiell diese Welle SEIN, welche die Welten in ihrer unendlichen Bewegung bildet und mitreißt und die Existenz der Atome und der Galaxien regiert? Wie kann man eine unendliche, allgegenwärtige elektromagnetische Welle SEIN, dabei aber in den engen Grenzen eines menschlichen Körpers verbleiben?

Weiter könnte man sagen, indem Mutter DAS ist, löst sie gleichzeitig die berühmte Frage der „einheitlichen Theorie", die in einer einzigen mathematischen Gleichung die Bewegung der Planeten und die der Atome umfassen will, die Frage, der Einstein vergeblich die letzten Jahre seines Lebens widmete. Mutters Körperbewußtsein ist EINS *mit der Bewegung des Universums, Mutter lebt die „einheitliche Theorie" in ihrem Körper. Damit eröffnet sie uns keine weitere abstrakte Theorie sondern den eigentlichen Weg einer anderen Spezies auf der Erde, die physisch, materiell im Ausmaß des Universums leben wird. Die zukünftige Spezies nach dem Menschen ist wahrscheinlich nicht jene, die einige Organe mehr oder weniger hat, sondern eine, die fähig sein wird, zugleich überall im Universum zu* SEIN. *Eine Art materieller Allgegenwart. Folglich ist es vielleicht nicht so sehr eine „neue" Spezies als eine* GLOBALE *Spezies, die alles umfaßt, vom Grashalm unter unseren Füßen bis zu den „entfernten" Galaxien. Eine mannigfaltige Wellenexistenz. In der Tat eine Zusammenfassung oder Bündelung der Evolution, die am Ende ihres Weges jede Stelle und jede Art sowie jede Bewegung ihrer eigenen Evolution wird.*

18. Mai 1962

Neulich sagtest du: „Das, was ich als „Mich" ganz oben bezeichne, mein Bewußtsein, liegt vollkommen außerhalb des Körpers." Dann sagtest du am 3. April auch noch etwas, das für mich wie ein Schock war: „I am no more in this body" [Ich bin nicht mehr in diesem Körper]. Warum? ... Hast du denn den Körper verlassen?

(sehr langes Schweigen)

Wie soll ich das erklären? ...

(langes Schweigen)

Ich kann es nicht erklären ...
Als Scherz könnte ich beinahe sagen: Schon seit Jahren hatte ich das Gefühl, mein Bewußtsein sei außerhalb dieses Körpers – ich sagte immer, es sei dort *(Geste über dem Kopf)*. Ich fühlte, daß mein Bewußtsein nicht in meinem Körper war. Seit der ersten Erfahrung *(am 3. April)*, als der Arzt sagte, das Herz sei physisch in Mitleidenschaft gezogen worden und ich müsse achtsam sein, sonst würde es nicht mehr schlagen, da fühlte ich ..., daß mein Körper außerhalb von mir war! Das hört sich wie ein Scherz an, aber es ist so.
Um mich verständlich zu machen, sagte ich deshalb: „Ich bin nicht mehr in meinem Körper." Das ist es aber nicht. Schon seit langem bin

ich nicht mehr in meinem Körper, ist mein Bewußtsein außerhalb meines Körpers. Es bestand aber eine Beziehung, durch die es „mein Körper" war (wenn ich jetzt unbedacht redete, könnte ich sagen: „das, was mein Körper war", dabei weiß ich sehr wohl, daß er lebt!). Aber seit dem 3. April, als alle erklärten, ich sei schwer krank, und man mir untersagte, mich auf den Beinen zu halten, hatte ich den Eindruck, daß das, was man „meinen Körper" nennt, außerhalb von mir ist.

Ich hatte eine Beziehung aufrechterhalten, sogar eine gute Beziehung. Das hielt einige Tage an (ich weiß nicht mehr, wie viele Tage, denn lange hatte ich kein Zeitgefühl mehr), aber nach einigen Tagen (vielleicht nach zehn oder zwanzig Tagen, ich weiß es nicht) handelte der Wille, der Körper war wieder unter der Kontrolle des Willens – allerdings nicht sofort: Während einiger Tage war der Wille über den Körper aufgehoben (ich lebte und war völlig bewußt, aber nicht in meinem Körper), dieser Körper wurde nur noch von denen bewegt, die sich um mich kümmerten. Er war nicht abgetrennt, aber ich konnte nicht einmal mehr sagen: „Das ist ein Körper" – es war nichts mehr! Etwas ... Aufgrund all meiner Vorbereitungen durch die Universalisierung des Körperbewußtseins hatte ich nicht einmal den Eindruck einer fremdartigen Erfahrung (dies ist sicherlich das Resultat). Der Körper war „etwas", eine Ansammlung von Substanz, die durch den Willen der drei Personen geführt wurde, die sich materiell um ihn kümmerten. Nicht, daß ich dessen nicht bewußt war, aber ... Ich beschäftigte mich auch nicht sehr mit ihm, aber soweit ich ihn beachtete, das heißt insoweit die Aufmerksamkeit auf ihn gerichtet war, betrachtete ich ihn als ein körperliches Gebilde, das durch den Willen dieser Personen bewegt wurde. Der Höchste Wille war damit einverstanden – der Körper war ihnen wie anvertraut (ich weiß nicht, wie ich es ausdrücken soll ...) ja, er war ihnen anvertraut, und ich beobachtete das – ich weiß nicht, wie viele Tage ich das ohne große Anteilnahme betrachtete.

Die einzige sehr konkrete Verbindung war der Schmerz. So hielt er den Kontakt aufrecht.

Ich glaubte, als du sagtest: „I am no more in this body", aufgrund der Notwendigkeit der Arbeit habe sich etwas von dir zurückgezogen.

Nein, nein! Nichts zog sich zurück, denn es hatte sich bereits seit langem zurückgezogen. Das Bewußtsein war überhaupt nicht mehr im Körper zentriert. Wenn ich zum Beispiel „ich" sagte, kam mir NIE in den Sinn, daß es dies sei *(Mutter zeigt auf ihren Körper)*. Ich, das „ich", das sprach, war immer ein vom Körper VOLLKOMMEN unabhängiger Wille, vollkommen unabhängig.

Aber dort *(seit dem 3. April)* war es ein eigenartiges Phänomen ... Vorher sagte ich immer: „Ich bin außerhalb meines Körpers." Während es hier so war, als sei der Körper übergeben oder anvertraut worden – eher anvertraut.

Nach und nach kam er zurück, insofern er aktiv ... Nein, nicht einmal das kann ich sagen, das ist nicht wahr – zurück kam nur die immer genauer werdende Erinnerung, wie ich das Leben dieses Körpers organisiert hatte: die ganze Formation der Organisation, die ich gemacht hatte, selbst in den kleinsten Details, bezüglich der Dinge, die ich gebrauchte, wie ich sie benutzte, wie ich diese Objekte um den Körper organisierte, all das. Diese Erinnerung (ist es eine „Erinnerung"?), dieses Bewußtsein kehrte zurück, sozusagen als würde ich den Kontakt dieser beiden wiederherstellen. Anstatt alle Verantwortung den Anderen zu überlassen, kehrt die Formation zurück, die ich vorher gemacht hatte – mit Änderungen, Verbesserungen, Vereinfachungen (es geschah nicht mit dieser Absicht, auch kein Wille in diesem Sinne, aber die Dinge kommen verändert ins Bewußtsein zurück). Es ist also eine Art bewußte Formation, die sich wieder um diesen Körper kristallisiert.

Ich habe den Eindruck (es ist wirklich ein Gefühl) von etwas, das überhaupt nicht ich bin, sondern das mir anvertraut ist. Es ist mehr und mehr der Eindruck von etwas, das mir anvertraut wurde, das mir in der universellen Organisation für einen ganz bestimmten Zweck anvertraut wurde. Das ist jetzt wirklich mein Gefühl (das Denken ist sehr still, deswegen ist es schwierig, es auszudrücken: ich „denke" all das nicht, sondern es sind gewisse Erkenntnisse), aber keine Empfindung, wie man sie gewöhnlich hat, denn die EINZIGE (das betone ich), die EINZIGE Empfindung, die in der alten Weise verbleibt, ist der physische Schmerz. Das ... ich habe wirklich den Eindruck, das sind die SYMBOLISCHEN STELLEN dessen, was vom alten Bewußtsein verbleibt: der Schmerz.

Nur den Schmerz empfinde ich so, wie ich ihn vorher empfand. Zum Beispiel sind die Nahrung, der Geschmack, der Geruch, das Sehen, das Hören, all das, vollkommen verändert. All dies gehört einem anderen Rhythmus an. Es kam allmählich, wie eine Kristallisierung von etwas, das dahinter ist, nicht von hier: Geschmack, Geruchssinn, Sehen und Hören, Berühren (das Berühren ist jetzt auch anders) ... Einzig dieser Punkt, DER SCHMERZ ...

Der Schmerz ist die alte Welt.

Es ist sehr eigenartig, der Schmerz ist wie ein etwas zu konkretes symbolisches Zeichen des Lebens in der Unwissenheit.

Selbst da geschah es mehrere Male (aber wie ein Blitz, der Blitz einer neuen Erfahrung), daß der Schmerz in etwas anderes überging (das geschah drei-, viermal). Plötzlich wurde dieser Schmerz ... zu etwas völlig anderem (kein angenehmes Gefühl, überhaupt nicht): ein anderer Bewußtseinszustand.

Wenn das bliebe, wäre ich wirklich frei von der Welt, so wie sie ist.

Dennoch hört man mich, wenn ich spreche. Und ich kann sehen, wenn auch auf eine eigenartige Art. In manchen Augenblicken sehe ich mit größerer Genauigkeit, als ich je kannte (vor ein paar Tagen beschrieb ich dir, wie alles gleichsam ständig hinter einem Schleier ist). So höre ich auch. Manche Töne ... Ich bemerkte aber auch einen kaum wahrnehmbaren Ton, der hundert Meter entfernt erklang, und hatte den Eindruck, daß es ganz nah war. All das ist verändert. Das heißt, die Funktionen der Organe ... Haben sich die Organe oder ihre Funktion verändert? Ich weiß es nicht. Jedenfalls gehorcht alles einem völlig anderen Gesetz.

Ich habe ganz und gar den Eindruck, daß diese sogenannte Krankheit die ILLUSORISCHE äußere Form des unerläßlichen Prozesses der Transformation ist. Daß es ohne diese angebliche Krankheit keine Transformation geben kann, daß es ... keine Krankheit ist. Ich WEISS es, und wenn die Leute „Krankheit" sagen, lacht etwas. Etwas sagt: „Diese Dummköpfe!"

Das ist keine Krankheit.

Ein Loslösen?

Vielleicht.

Vielleicht.

Es war ein wenig heftig! *(Mutter lacht)* ... Übrigens doch nicht so heftig, denn da ist noch etwas, das ich bis jetzt niemandem gesagt habe. Als man den Arzt rief ... Ich wurde nämlich ständig ohnmächtig: Kaum tat ich einen Schritt, plumps! Daraufhin rief man den Arzt. Er untersuchte mich (angeblich war alles schlecht dran, alle Organe, alles war gestört). Als er erklärte, daß ich krank sei und im Bett bleiben müsse, mich nicht bewegen dürfe (während einer Zeit durfte ich nicht einmal sprechen!), gab es etwas (nicht genau das, was man als mein Bewußtsein bezeichnen könnte: es war weitaus ewiger als mein Bewußtsein – mein Bewußtsein ist das Bewußtsein einer der Formen der Offenbarung –, dies war viel mehr, es ging darüber hinaus), das JA sagte. Wenn „Das" nicht zugestimmt hätte, hätte ich beinahe wie gewohnt weiterleben können. „Das" verfügte, „Das" beschloß – ich habe es noch niemandem erzählt.

Sonst hätte ich nicht zugestimmt. Wenn „Das" nicht einverstanden gewesen wäre, hätte ich meinem Körper gesagt: „Geh, mach weiter,

18. MAI 1962

lauf!", und er hätte weitergemacht. Er hörte auf, weil „Das" zustimmte. „Das" sagte: „Ja, so ist es!" Da verstand ich, daß diese angebliche Krankheit für die Arbeit erforderlich war. Deshalb ließ ich sie ihren Lauf nehmen. Dann geschah das, was ich dir erzählte: Dieser Körper wurde drei Personen überantwortet, die sich übrigens wunderbar um ihn kümmerten (ich war wirklich voller Bewunderung), mit einer Opferbereitschaft, einer Pflege, einfach wunderbar! Ich sagte dem Herrn ständig: „Wirklich, Herr, Du hast die materiellen Bedingungen und alles bestens angeordnet, damit die erforderlichen Dinge vereint sind, und Du hast mich mit Leuten umgeben, die man gar nicht genug loben kann." Ungefähr vierzehn Tage lang hatten sie eine sehr schwere Zeit. Der Körper war eine Jammergestalt! *(Mutter lacht)* Sie mußten an alles denken, alles entscheiden, für alles Sorge tragen. Und sie behüteten ihn wirklich sehr gut.

Es ist eine wunderbare Geschichte (aus der Sicht, wie ich sie sehe). Ich beobachtete dies sehr sorgfältig: Es ist keine gewöhnliche Geschichte, die mit einem außergewöhnlichen Wissen betrachtet wird, sondern ein wahres Wissen und Bewußtsein wohnen einer außergewöhnlichen Geschichte bei. Die Leute wissen vielleicht nicht, daß sie außergewöhnlich ist, aber nur weil ihr Bewußtsein nicht wach genug ist. Doch auch sie waren und sind außergewöhnlich.

Die ganze Geschichte ist ein Märchen.

Das einzige, was materiell konkret in dieser Welt verbleibt – in dieser Welt der Illusion –, ist der Schmerz. Das scheint mir die eigentliche Essenz der Lüge zu sein.

Das, was ihn fühlt, fühlt ihn allerdings sehr konkret! ... Ich sehe sehr wohl, daß es falsch ist, doch das hindert den Körper nicht daran, ihn zu fühlen – es gibt einen Grund. Es gibt einen Grund: dort ist das Schlachtfeld.

Mir wurde sogar untersagt, mein Wissen, meine Kraft und meine Macht einzusetzen, um damit den Schmerz aufzulösen, wie ich es vorher tat (ich konnte das sehr gut). Nein, das wurde mir völlig untersagt. Ich sehe aber, daß etwas anderes in Sicht ist. Etwas anderes ist in Vorbereitung... Das ist noch ... Man kann nicht von Wunder reden, weil es kein Wunder ist, es ist aber das Wunderbare, das Unbekannte ... Wann wird es kommen? Wie wird es kommen? Ich weiß es nicht.

Es ist jedenfalls interessant.

(Schweigen)

Es ist wirklich etwas sehr Radikales geschehen, denn ... Ich versuchte es einmal, nur um mir klarzumachen, ob ich es noch könnte. Mir wurde aufgetragen, es nicht zu versuchen, was klug war, denn es gelang mir nicht: Ich kann nicht zur alten Verbindung zurückkehren, das ist unmöglich.

Nur die gewohnte Organisation der Gegenstände, der Gesamtheit der materiellen Substanz, die die Umgebung dieses Körpers ausmachte, kommt zurück – mit kleinen Änderungen (all das, ohne durch den Kopf zu gehen, der Kopf hat nichts damit zu tun). Eine gewisse Formation konkretisiert sich wieder für die äußere Organisation des Lebens.

Die alte Beziehung existiert überhaupt nicht mehr.

(Schweigen)

Man könnte wirklich sagen, daß der Körper für eine gewisse Zeit vollkommen aus meinem Bewußtsein getreten war. Nicht ich bin aus meinem Körper getreten, sondern der Körper trat aus meinem Bewußtsein.

Ich hoffe, du kommst damit klar, denn ich erkläre diese Sache zum ersten Mal. In der Tat ist es das erste Mal, daß ich sie betrachte. Das ist interessant. Ein interessantes Phänomen.

22. Mai 1962

(Zu Beginn dieser Unterhaltung, die leider nicht aufgezeichnet wurde, war von gewissen menschlichen Häßlichkeiten die Rede. Insbesondere ging es um den Bruch mit X, der während der letzten Jahre mein Yoga-Lehrer war. Der Grund dafür wird vielleicht eines Tages offengelegt, aber schon jetzt unterstreiche ich, daß der Fehler nicht so sehr bei X lag, den ich respektierte, sondern bei der Intrigantengruppe im Ashram, die sich in der Hoffnung auf ich weiß nicht welche „Macht" an ihn hängte. Es ist vielleicht angebracht, daß die menschlichen „Häßlichkeiten", von denen hier die Rede ist, aus unseren Aufzeichnungen verschwunden sind, auch wenn sie sehr bald nach Mutters Abschied wieder ans Tageslicht traten, denn sie betrafen nur die Schüler. Mutters Betrachtungen und die Einzelheiten sind somit verloren, außer diesem letzten Fragment:)

Was für eine Welt!

Ach, du kannst dir nicht vorstellen, welche Entdeckungen ich machte, seitdem ich mich zurückgezogen habe und im Prinzip äußerlich nicht mehr existiere ...

Ich bin schon über achtzig, habe bereits alle oder beinahe alle Länder der Welt besucht und alle möglichen Leute gesehen – trotzdem entdeckte hier ich noch so manches und tue es weiterhin.

Es gibt einen bemerkenswerten Satz in *Die Synthese des Yoga* (im „Yoga der Selbst-Vollendung"), wo er vier Dinge sagt – erinnerst du dich? –, die vier Dinge, die der Schüler benötigt (ich habe die Stelle gerade übersetzt). Ich kannte sie natürlich, aber in den letzten Tagen kam das wie gerufen, vor allem nach dieser letzten Erfahrung, die für das physische Wesen ein Erdbeben ist. Der vierte Punkt ist wunderbar. Wir kennen die ersten drei: Ausgeglichenheit, Friede und etwas Schwieriges, nämlich *a spiritual ease in all circumstances* [in allen Situationen eine spirituelle Gelassenheit]. Im Französischen gibt es nur das Wort „confort" für *ease*, er fügte „spirituell" hinzu, damit man nicht an ein physisches Wohlbehagen denkt – es geht um ein Wohlbehagen der Gefühle, der Empfindungen, in allem. Wenn man große Schmerzen hat, ist das natürlich schwierig. Wenn man nicht schlafen kann, weil es physisch schmerzt, wenn man keinen Appetit hat, weil man physische Schmerzen hat, wenn man durch einen ständigen physischen Schmerz erschöpft ist – „einen": eine Vielzahl physischer Schmerzen –, dann ist *„ease"* im Körper schwierig. Mir erschien nur dies schwierig; jedenfalls bin ich dabei, das zu untersuchen – ich glaube, es wurde mir geschickt, um es zu studieren.

Aber der letzte Punkt ist ein Wunder, er sagt: *The joy and laughter of the soul* [die Freude und das Lachen der Seele], das ist so wahr! So wahr! Immer, ständig, in allen Widrigkeiten, was auch immer geschieht, selbst wenn der Körper unglaubliche Schmerzen hat, lacht im Innern freudig die Seele. Das ist immer, immer so.

Wenn ich mich entspanne (weil man mir geraten hat – „man" ist der Höchste, Er hat mir empfohlen: *relax, relax, relax!* Er will nicht, daß die Handlung durch den Druck eines individuellen Willens geschieht, also *relax* – gut, *relax*), wenn man aber „*relaxt*" und plötzlich ein schrecklicher Schmerz auftritt, stutzt man: „huch!" – und gleichzeitig lache ich! Die Leute müssen denken ... Ich schreie, und ich lache! *(Mutter lacht)*

Ohne Datum (Ende Mai) 1962

(Brief von Mutter an Satprem über seine Schwierigkeiten mit X)

Mittwoch

Satprem, mein liebes Kind,

...

Erhebe Dich hoch oben in das Licht, von dem man alle Dinge mit dem Lächeln der ewigen Gelassenheit sieht – dort bist Du in meiner ständigen und zärtlichen Begleitung.

Unterzeichnet: Mutter

24. Mai 1962

> Aphorismus 73 – Wenn die Weisheit kommt, ist ihre erste Lektion: „Wissen als solches existiert nicht; es gibt nur flüchtige Wahrnehmungen der unendlichen Gottheit."

Das ist sehr gut.
Es bedarf keiner Fragen.

> 74 – Praktisches Wissen ist etwas anderes; es ist reell und nützlich, aber nie vollständig. Folglich muß man es systematisieren und kodifizieren, was aber fatal ist.

In seinem eigenen Bereich ist es reell – aber nur dort.
Diese Frage hat mich sehr oft beschäftigt. Eine Zeitlang glaubte ich sogar, ein umfassendes, komplettes und vollkommenes Wissen der gesamten Funktion der physischen Natur, so wie wir sie in der Welt der Unwissenheit wahrnehmen, könnte ein Mittel sein, die Wahrheit der Dinge zu erlangen oder wiederzufinden. Nach dieser letzten Erfahrung[1] kann ich nicht mehr so denken.
Ich weiß nicht, ob ich mich verständlich mache ... Lange glaubte ich, daß die Wissenschaft auf das wahre Wissen stoßen würde, wenn

---

1. Vom 13. April.

24. MAI 1962

sie in absoluter Weise bis an die Grenzen ihrer Möglichkeit vorstieße (falls das möglich ist), zum Beispiel in ihrem Studium der Zusammensetzung der Materie. Kraft des stetigen Vorwärtsdrängens der Forschung käme der Augenblick, wo sich die beiden träfen. Als ich nun diese Erfahrung des Übergangs vom Bewußtsein der ewigen Wahrheit ins Bewußtsein der individualisierten Welt hatte[1], erschien mir das unmöglich. Und wenn du mich jetzt fragst, glaube ich, daß beide Standpunkte nicht zutreffen – sowohl die Möglichkeit des Zusammentreffens, indem man die Wissenschaft bis aufs äußerste vorantreibt, als auch die Unmöglichkeit einer wahren bewußten Verbindung mit der materiellen Welt, beides entspricht nicht der Wahrheit. Es gibt noch etwas anderes.

Seit einigen Tagen bin ich immer mehr mit dem gesamten Problem konfrontiert, als ob ich es nie zuvor gesehen hätte.

Vielleicht sind es zwei Wege, die zu einer dritten Position führen, und vielleicht bin ich augenblicklich dabei, dies ... nicht eigentlich zu studieren, aber doch auf der Suche, wo die beiden sich in einem Dritten verbinden, das die wahre Sache wäre.

Gewiß führt das zum Extrem getriebene objektive, wissenschaftliche Wissen, wenn es ihm gelingt, absolut umfassend zu sein (da gibt es ein „wenn"), wenigstens zur Schwelle. Das sagt Sri Aurobindo. Nur, sagt er, sei dies fatal, weil alle, die sich diesem Wissen widmeten, darin eine absolute Wahrheit sahen, was ihnen die Tür zum anderen Ansatz verschließt. In dieser Hinsicht ist es fatal.

Nach meiner persönlichen Erfahrung könnte ich sagen, daß es für all jene, die an eine AUSSCHLIESSLICHE spirituelle Annäherung, die Annäherung durch eine innere Erfahrung glauben, auch fatal ist. Wenn dieser Ansatz ausschließlich ist, offenbart auch er ihnen nur EINEN Aspekt, EINE Wahrheit des Ganzen, aber nicht das Ganze. Die andere Seite erscheint mir auch unerläßlich, denn als ich so vollständig in dieser höchsten Verwirklichung lebte, war es absolut unleugbar, daß die andere, äußere, verlogene Verwirklichung nur eine (wahrscheinlich zufällige) Entstellung von etwas darstellte, das EBENSO WAHR ist wie das andere.

Wir sind auf der Suche nach diesem „Etwas". Vielleicht sind wir nicht nur auf der Suche, sondern nehmen auch an seiner ENTSTEHUNG Teil.

Wir werden dazu benutzt, an seiner Manifestierung teilzunehmen.

Die Manifestierung von „dem", was für alle noch unvorstellbar ist, weil es noch nicht existiert. Sein Ausdruck liegt noch in der Zukunft.

---
1. Siehe *Agenda* vom 13. Mai, S. 133.

Mehr kann ich nicht sagen.

(Schweigen)

In diesem Bewußtseinszustand lebe ich gegenwärtig. Ich stehe gleichsam diesem ewigen Problem gegenüber, aber ... aus EINER ANDEREN POSITION.

Diese Positionen, die man als die spirituelle und die „materialistische" Position bezeichnen könnte, die sich für unvereinbar hielten (unvereinbar und einmalig, was sie dazu veranlaßt, den Wert der anderen in bezug auf die Wahrheit zu leugnen), sind unzureichend, nicht nur, weil sie die andere nicht gelten lassen, sondern weil sich das Problem auch nicht lösen läßt, indem man beide annimmt und vereint. Es erfordert etwas anderes, eine dritte Sache, nicht die Folge aus den beiden sondern etwas, das es noch zu entdecken gilt, das wahrscheinlich das Tor zum totalen Wissen öffnen wird.

Dies ist mein gegenwärtiger Standpunkt.

Mehr kann ich nicht sagen, denn hier stehe ich.

Praktisch kann man sich fragen, wie man daran teilnehmen kann ...

An dieser Entdeckung?

Im Grunde genommen ist es immer dasselbe. Immer dasselbe: sein eigenes Wesen verwirklichen, bewußt mit der höchsten Wahrheit des eigenen Wesens in Verbindung treten, EGAL in welcher Form, EGAL auf welchem Weg – das spielt keine Rolle –, aber nur so ist es möglich. Wir tragen ... jedes Individuum trägt eine Wahrheit in sich, und es muß sich mit dieser Wahrheit vereinen, diese Wahrheit muß es leben. So ist der Weg, den es zu verfolgen hat, um sich dieser Wahrheit anzuschließen und sie zu verwirklichen, genau derjenige, der SO NAHE WIE MÖGLICH an die Erkenntnis heranführen wird. Das heißt, daß beide absolut eins sind: die persönliche Verwirklichung und die Erkenntnis.

Wer weiß, vielleicht wird gerade die Vielfalt der Ansätze das Geheimnis freilegen – das Geheimnis, das die Tür öffnen wird.

Ich glaube nicht, daß ein einziges Individuum (auf der Erde, so wie sie jetzt ist), ein einziges Individuum, so groß es auch sein mag, so ewig sein Bewußtsein und sein Ursprung sein mögen, allein die gegenwärtige Welt und Schöpfung ändern und diese höhere Wahrheit der neuen Welt verwirklichen kann – eine wahrere Welt, wenn nicht absolut wahr. Anscheinend erfordert es eine bestimmte Anzahl von Individuen (bis jetzt scheinen diese Individuen in zeitlicher Folge aufgetreten zu sein, aber vielleicht kann es auch im Raum, als Kollektiv, stattfinden), damit sich diese Wahrheit konkretisiert und verwirklicht.

Praktisch bin ich davon überzeugt.

Das heißt, EIN AVATAR, so groß, so bewußt, so mächtig er auch sein mag, kann nicht allein das supramentale Leben auf der Erde verwirklichen. Entweder ist es eine in zeitlicher Folge auftretende Gruppe oder eine im Raum verbreitete Gruppe – vielleicht beides –, die für diese Verwirklichung unerläßlich sind. Davon bin ich überzeugt.

Das Individuum kann den Anstoß geben, den Weg weisen, den Weg selber BEGEHEN, das heißt, den Weg zeigen, indem es ihn selbst geht – aber nicht vollenden. Die Vollendung untersteht den Gesetzen der Gesamtheit, die Ausdruck eines bestimmten Aspekts der Ewigkeit und des Unendlichen sind. Natürlich! Es ist ja alles dasselbe Wesen, keine verschiedenen Individuen oder Persönlichkeiten sondern dasselbe Wesen. Es ist ein und dasselbe Wesen, das sich auf eine bestimmte Weise ausdrückt, was sich für uns in Form eines Zusammenspiels, einer Gruppe, einer Gemeinschaft zeigt.

Hast du noch eine Frage zu diesem Thema?

Ich wollte dich fragen: In welcher Hinsicht ist deine Sichtweise nach dieser Erfahrung (vom 13. April) anders geworden? Worin besteht der Unterschied?

Ich wiederhole.

Sehr lange schien mir, wenn man eine perfekte Vereinigung des zur äußersten Grenze verfolgten wissenschaftlichen Ansatzes und des spirituellen Ansatzes in seiner extremen Verwirklichung herstellen könnte, daß man dann natürlich auf die gesuchte Wahrheit, die umfassende Wahrheit stoßen würde. Doch nach den beiden Erfahrungen – der des äußeren Lebens (die Universalisierung, das Auslöschen der Persönlichkeit, eben alle yogischen Erfahrungen, die man in einem materiellen Körper haben kann) und der Erfahrung der totalen und vollkommenen Vereinigung mit dem Ursprung –, nach diesen beiden Erfahrungen ist etwas passiert, das ich noch nicht beschreiben kann, aber ich weiß jetzt, daß die Kenntnis dieser beiden und ihre Vereinigung nicht ausreicht, daß es etwas Drittes gibt, zu dem sie führen, und daß dieses Dritte ... *in the making* ist, sich entwickelt. Dieses Dritte kann zur Verwirklichung führen, zur Wahrheit, die wir suchen.

Ist es diesmal klar?

Ich meinte etwas anderes ...

Ah! Was denn?

Inwiefern hat sich deine Sicht der PHYSISCHEN Welt seit dieser Erfahrung vom 13. April verändert?

Dieses Bewußtsein läßt sich nur annäherungsweise umschreiben.

(Schweigen)

Durch den Yoga hatte ich eine Beziehung zur materiellen Welt gewonnen, die auf dem Begriff der vierten Dimension basierte (der inneren Dimensionen, die im Yoga unzählig werden), auf der Anwendung dieser Haltung und dieses Bewußtseinszustandes. Ich untersuchte die Beziehung zwischen der materiellen und der spirituellen Welt mit diesem Sinn für die inneren Dimensionen und durch eine Vervollkommnung des Bewußtseins der inneren Dimensionen – das war meine bisherige Erfahrung.

Seit langem ging es nicht mehr nur um die drei Dimensionen (das gehört ABSOLUT der Welt der Illusion und der Lüge an). Doch selbst der Gebrauch des Sinns für die vierte Dimension mit allem, was sie umfaßt, erscheint mir jetzt oberflächlich – so sehr, daß ich ihn NICHT MEHR ERLANGEN KANN. Das andere, die dreidimensionale Welt, ist absolut unwirklich, aber jetzt erscheint mir selbst die vierte Dimension (wie soll ich sagen?) konventionell. Als wäre es eine konventionelle „Übersetzung", um uns eine bestimmte Annäherungsart zu ermöglichen.

Jetzt aber zu sagen, was die wahre Position ist ... Das liegt so weit außerhalb aller intellektuellen Zustände, daß ich es nicht in Worte fassen kann.

Doch ich weiß, daß die Formel kommen wird. Sie wird allerdings in einer Reihe von gelebten Erfahrungen kommen, die ich noch nicht habe.

(Schweigen)

Der erste Ansatz war mir ein sehr nützliches und praktisches Mittel, mit dessen Hilfe ich meinen Yoga machte und der mir eine Beherrschung der Materie gestattete, aber jetzt erschien mir das als bloße Methode, ein Mittel, ein Prozeß – es ist nicht DAS.

Dies ist mein gegenwärtiger Zustand.

Mehr kann ich nicht sagen.

Ich möchte lieber weitere Fortschritte machen, bevor ich mehr sage.

* * *

Kurz darauf

Reicht das?
Es ist schwer zu verdauen.

Es ist aber wichtig.

24. MAI 1962

Ich möchte erst weitere Fortschritte machen ... Es sei denn, das folgende Thema wäre etwas völlig anderes.

Ja, es ist ein völlig anderes Thema. Aber du bist müde ...

Lies vor!

76 – Europa rühmt sich seiner praktischen und wissenschaftlichen Organisation und Tüchtigkeit. Ich warte, bis seine Organisation perfekt ist, dann wird ein Kind es zerstören.

Dazu sage ich nichts.
Wir überspringen das.
Was läßt sich dazu schon sagen!
Mir kam bereits der Gedanke, daß wir eine bestimmte Anzahl von Aphorismen auslassen, überspringen, vergessen werden müssen[1], insbesondere all jene über die Ärzte und die Medizin. Nicht, daß ich ihre Wahrheit leugne, keineswegs! Aber ich bezweifle, daß es angebracht ist, jetzt darüber zu sprechen. Und dieser braucht auch nicht besprochen zu werden.

Ich glaube nicht, daß all diese Aphorismen für die Veröffentlichung bestimmt waren – ich glaube nicht, daß er sie veröffentlichen wollte. Er hat sehr private Dinge gesagt.

Diesen zählen wir zur Rubrik der privaten Dinge!
Und der folgende?

77 – Das Genie entdeckt ein System; das mittelmäßige Talent stereotypisiert es, bis es durch ein neues Genie zerschlagen wird. Für eine Armee ist es gefährlich, von Veteranen geführt zu werden, denn auf die andere Seite kann Gott Napoleon stellen.

Auch hierüber können wir nicht sprechen, ich glaube nicht.
Im Grunde genommen müßten wir eine Auswahl treffen, und nur über bestimmte Aphorismen sprechen, die Anlaß für Erklärungen bieten. Diese aber ... Die Leute sind nicht bereit zu verstehen. Und es paßt nicht zum Stil des *Bulletins*. Wir bräuchten eine Zeitschrift, eine Kampf-Zeitschrift, die allen gewöhnlichen Ideen den Kampf ansagt, dann wären all diese Aphorismen (wie zum Beispiel jene über die Ärzte) wie die Heerführer der Kampftruppen. Eine Zeitschrift mit dem Ziel des „Zerschlagens alter Idole". So etwas. Eine solche Zeitschrift wäre sehr interessant – ein Kampf-Magazin.

Das kann aber nicht das Instrument eines Ashrams sein. Es müßte den Anschein einer literarischen Zeitschrift haben (es kann keine

---

1. Später änderte Mutter ihre Meinung (siehe auch Gespräch vom 3.3.1962, S. 101).

politische Zeitschrift sein, sonst würde man am nächsten Tag im Gefängnis landen!). Es dürfte nicht als etwas Praktisches dargestellt werden sondern als literarische, philosophische Spekulationen; das würde nichts ausmachen, denn dadurch erhielte das Kampf-Magazin ja lediglich die nötige Rückendeckung.

Das wäre etwas, was wir sehr gut für 1965 oder 1967 planen könnten. 1967 könnten wir das wahrscheinlich tun. In jeder Ausgabe (ich weiß nicht, wie viele Ausgaben es jährlich geben würde) wird einer dieser Aphorismen voll ausgeleuchtet, wie der über Europa.

Das wäre sehr interessant. Wir sollten es in Betracht ziehen.

Das *Bulletin* sollte ruhig und friedlich sein, nicht stürmisch – wir wollen niemanden erschlagen. Wir wollen sozusagen nur die Straße ausebnen, um sie leichter begehbar zu machen, nichts anderes. Keine Lawinen auf die Köpfe der Leute rollen!

27. Mai 1962

(Über die „Wellenbewegung" der Erfahrung vom 13. April:)

... Was ich da sage, ist vollkommen wahr. Wenn ich nicht gerade beobachte, formuliere, erkläre, ist es ein absolut ruhiger, friedlicher, zufriedener Zustand, der sich selbst genügt. Ich sehe sehr wohl, daß daraus etwas hervortreten muß.

Sobald ich aber versuche, es hervorzubringen, verwischt sich alles. Das heißt, daß es noch nicht reif ist. Es ist ein sehr unpersönlicher Zustand, wo die Gewohnheit der Reaktion auf die äußeren, umgebenden Dinge vollkommen verschwunden ist. Sie wurde aber durch nichts ersetzt. Es ist ... eine Wellenbewegung.

Das ist alles.

Wann sich das in etwas anderes verwandeln wird, weiß ich nicht.

Es zu versuchen ist nicht möglich. Durch eine Anstrengung ist es auch nicht möglich, man kann nicht suchen, weil sofort die intellektuelle Aktivität dazwischentritt, die damit nichts zu tun hat.

Folglich schließe ich daraus, daß es etwas ist, das man werden, sein, leben muß – aber wie, auf welche Weise? Ich weiß es nicht.

Was macht dein Buch?

27. MAI 1962

(Hier geht es um einen nicht erhalten gebliebenen Brief, in dem Satprem den Wunsch äußerte, sein neues Buch[1] *im Himalaya zu schreiben, fern von den gegenwärtigen Umständen. Teil dieser Umstände war ein schlechter Gesundheitszustand, dessen unsichtbare Ursache vor allem die heftige, fast physische innere Verwundung durch den Bruch mit X war. Der Zweck war also eine „Luftveränderung".)*

(Mit einem ironischen Lächeln) Auf den gewundenen Wegen der Welt sieht diese Reise nicht schlecht aus. Für dich persönlich wäre es jedenfalls eine Erfahrung, die dich ... ja, die dich konkret die Nichtigkeit bestimmter Dinge fühlen ließe ... Durch alle Leben und alle Umstände des Lebens kommt dieses und dann jenes, eine Sache, dann eine andere und später wieder etwas anderes ... *(Geste im Zickzack)*, um einem die Augen zu entsiegeln.

(Schweigen)

Sujatas Fall ist schwieriger. Vom rein äußerlichen Standpunkt wäre es zweifellos sowohl erfreulich als auch lehrreich. Aber Sujata steht in einer sehr speziellen Beziehung zu mir. Im Grunde genommen macht sie den Yoga, ohne ihn zu tun, das heißt, sie profitiert automatisch vom Yoga, den Sri Aurobindo und ich machen. Dies geriete in Gefahr, gestört zu werden.

Ich sage nicht, daß es unbedingt so sein wird, ich weiß es nicht – es könnte aber sein. Jedenfalls ... wie ich sagte, vom äußeren Standpunkt könnte es sicherlich eine Bereicherung für das Wesen sein.

Aus kollektiver Sicht wäre es natürlich ein Nachteil für die Arbeit. Selbst wenn wir es schafften, das *Bulletin* für August zu beenden, wäre die Novemberausgabe in Frage gestellt.

Die *Agenda* ihrerseits wird während dieser Zeit schlicht zum Stillstand kommen. Vielleicht werde ich auch nichts zu sagen haben, ich weiß es nicht – es kann sein, daß ich für zwei oder drei Monate nichts zu sagen habe, vielleicht auch länger. Ich weiß es nicht. Ich weiß nicht, was mir passieren wird, ich meine all dem *(Mutter deutet auf ihren Körper)*, dieser Ansammlung körperlicher Erfahrung und Erforschung. Mir wurde nichts gesagt – ich frage nicht danach und will es auch nicht wissen. Folglich werde ich wahrscheinlich nichts zu sagen haben. So sehe ich die Sache insgesamt.

Im Bewußtsein gibt es keine definitive Antwort.

---

1. *Das Abenteuer des Bewußtseins* [deutsche Übers.: Verlag Hinder + Deelmann].

Die letzten Tage – besonders jetzt, aufgrund der Geschichte mit X – sah ich die beiden Personen in dir. Die eine erscheint dir viel wirklicher, weil sie mehr Ausdruck erhielt, sich mehr verwirklichen konnte und sich selbst bewußter ist. Es ist etwas, das du gut kennst. Das andere Wesen hat noch nicht die Macht ... (wie soll ich sagen?), offen, bewußt dein Schicksal zu lenken. Daher wirst du möglicherweise noch Labyrinthe vor dir haben.

Gegenwärtig befinde ich mich in einem scheinbar neutralen Zustand, wo ich nur sagen kann: „Wir werden sehen." Es gibt kein definitives „Nein" und kein definitives „Ja", keine definitive Zustimmung, aber auch kein Nein, das sagt: „Es ist unmöglich." Demzufolge scheint es immer noch das ewige „Wir werden sehen" zu sein. Aber wann werden wir denn sehen? – Ich weiß es nicht, vielleicht in einigen Stunden, in einigen Tagen, in einigen Minuten, ich weiß es nicht.

Dieses Vorhaben stellt jedenfalls keine Öffnung nach oben dar. Es ist kein Flug zu einer höheren Verwirklichung – nein, entschieden nicht.

Das suchte ich ja auch nicht!

Es ist der Weg des Labyrinths in den Umständen des physischen Lebens.

Das ist so deutlich, wie es nur sein kann.

Aber der Beweggrund war ein physischer Zustand. Anfangs dachte ich nicht an Sujata ... Ich weiß nicht, ich bin sehr müde, ja. Meine Reserven sind aufgebraucht. Sobald etwas Zusätzliches anfällt, bin ich erschöpft. Hinzu kommt ein entmutigender psychologischer Zustand, weil ... Besonders meine Nächte sind vollkommen unbewußt, ich schlafe nicht, weil das Mental sich dreht. In meinen Meditationen ist es immer dasselbe ... Verstehst du, ich habe den Eindruck, da ist nichts, nichts, nichts. Die Ursache scheint mir in meiner gegenwärtigen physischen Lebensweise zu liegen.[1]

Eine mangelnde Vitalität.

---

1. Hierzu ist anzumerken, daß ich während der letzten acht Jahre (außer während meiner „Fluchten", und selbst dann noch ...) mit der Vorbereitung des *Bulletins* und den anderen Veröffentlichungen des Ashrams, den Übersetzungen von Sri Aurobindos Werken, der Aufzeichnung dieser *Agenda*, dem Schreiben meiner eigenen Bücher, den Stunden des Japas und anderen Aufgaben an die fünfzehn Stunden pro Tag beschäftigt war.

27. MAI 1962

Eine mangelnde Vitalität, zu viel Spannung, ich weiß nicht, oder das Klima setzt mir zu. Eine bestimmte Anzahl physischer Dinge, die ... Das war der Beweggrund dieses Plans.

Von Sujata verlangst du geradezu ein Opfer. Nicht äußerlich, aber für sie wäre das ein Opfer. Sie würde dir etwas opfern, und zwar etwas sehr Kostbares: sie müßte ihre eigene Verwirklichung opfern, um dir zu helfen. Das hat auch seinen Stellenwert in der Hierarchie der Verwirklichung.

Ich verstehe.

Sie würde notgedrungen mit anderen Leuten in Kontakt kommen.

Wenn ich überhaupt irgendwo hingehe, vermeide ich alle Kontakte. Ich suche keinen gesellschaftlichen Austausch.

(Mutter schweigt)

Ich kann es nicht sagen.

Woran liegt denn die vollkommene Unbewußtheit meiner Nächte? Die vollkommene Abwesenheit von was auch immer in meinen Meditationen?

(Nach einem Schweigen) Das ist etwas, das du selber fühlen müßtest, nicht?
Ich weiß es, aber ...
Wenn man nicht selber die Erfahrung hat, kommt einem das vor wie ... eine Art Märchen (aber kein angenehmes Märchen).

Vielleicht könntest du mir einen Hinweis geben ...

(Nach einem Schweigen) Unter jenen, die das Stadium der aufeinanderfolgenden Reinkarnationen zur Entwicklung des psychischen Wesens überschritten haben und die eine bewußte, voll entwickelte Seele haben, gibt es manche ... (wie soll ich sagen?), die auserwählt oder bestimmt sind, an einer besonderen irdischen Aktion teilzunehmen. Wie du weißt, gibt es im Verlauf der Reinkarnationen stets ... mehr oder weniger Unordnung und Verwirrung. Wenn du willst, kann ich dir meinen Fall erzählen: Trotz aller getroffenen Vorsichtsmaßnahmen traten notgedrungen gewisse Verwirrungen auf, die natürlich die Arbeit erschwerten. Auch bei Sri Aurobindo. Mitunter stören diese Verwirrungen die Arbeit sehr.

Es gibt aber Menschen – nicht viele –, die nur aus EINEM Grund wieder auf die Erde kamen, nämlich um auf eine ganz bestimmte Art an einer bestimmten Arbeit mitzuwirken. Die äußeren, persönlichen oder individuellen Dinge werden dem weitgehend geopfert. Zum Beispiel werden bestimmte Fähigkeiten, die vom höheren Wesen stammen und die im gewöhnlichen Leben ein bestimmtes Ausmaß an Kraft, Erfolg, Macht oder Verwirklichung zur Folge hätten, unter Bedingungen versetzt, wo ihre äußere Wirksamkeit den Notwendigkeiten dieser Arbeit untergeordnet wird.

Laß mich deutlicher werden: Es wäre zum Beispiel erforderlich gewesen, daß dein physischer Körper entweder stärker oder flexibler wäre oder einen gewissen sehr starken vitalen Ausgleich hätte, damit du nicht unter deinen Arbeitsbedingungen leidest ... Für jemanden, der einem yogischen Aufstieg folgt, dessen Seele sich weiterentwickelt, sind normalerweise die Bedingungen seines physischen Lebens, was immer sie auch seien, die besten für seine innere Entwicklung, selbst wenn diese Bedingungen äußerlich nicht gut sind. Folglich kann man ihm nur raten: „Entweder gib das spirituelle Leben auf oder halte durch!" Bei dir ist es aber etwas anderes. Es handelt sich um eine Mission, eine Arbeit, und es besteht eine Diskrepanz zwischen deiner spezifischen physischen Formation und dieser Mission. Fragst du mich deutlich, was ich sehe, kann ich es dir klar sagen. Bestimmten Sadhaks oder jenen, die aufrichtig den Weg des Yogas gehen wollen, würde ich sagen: „Ihr könnt es tun oder lassen; man muß einfach lernen, sich innerlich ausreichend zu wandeln, um den Körper und seine Bedürfnisse zu beherrschen." – Aber dir kann ich das nicht sagen, weil es nicht so ist.

Ich will sagen, es kann sein – es kann sein –, daß sogar eine innere Umwandlung (zum Beispiel eine vollständige Umgestaltung des Vitalwesens) nicht unbedingt zu einer Verbesserung deiner Gesundheit führt. Hier ... Hier sehe ich nichts Zwingendes. Zum gewöhnlichen Leben zurückzukehren, wäre allerdings das Ende von allem – deines physischen wie auch deines inneren Lebens.

Das will ich ja auch gar nicht!

Das ist offensichtlich – diese Erfahrung hattest du ja.

Aber Vorsichtsmaßnahmen und bestimmte äußere Hilfen sind nicht zu vernachlässigen. Deshalb kann ich nicht sagen: „Achte nicht auf deinen Körper, geh voran, und alles wird gut gehen!" – Nein. Zwei oder drei Monate in den Bergen könnten dir durchaus helfen. Das ist möglich. Aber ich sehe nichts Bestimmtes, ich weiß es nicht.

Ist die Blockade während der Meditationen denn auch die Folge dieser besonderen „Arbeit"?... Ich habe den unbestimmten Eindruck von Verwirklichungen, die ich bereits hatte ...

27. MAI 1962

Aber ja!

... verstehst du, all das ist mir verschlossen. Ich habe den Eindruck von einem Wissen, das ich bereits hatte, einer Vision, die ich bereits hatte ...

Bestimmt.

Und daß all das ... Ich bin wie jemand, der verbannt wurde, verstehst du?

Eine VERBINDUNG fehlt.

Jeden Morgen, wenn ich mit einem schwarzen Loch angesichts meiner Nacht erwache, sage ich mir voller Entmutigung: „Was soll das alles?"

Ja.

Dort könnte die physische Seite ...

Es liegt am Vital, mein Kind. Bei deiner Formation ist etwas passiert – dein Vital ist nicht stark genug.

Verstehst du, ich bin absolut davon überzeugt, daß sich auch für dich alles augenblicklich ändern wird *(Geste der Umkehrung)*, wenn ich das gefunden habe, was ich suche [die dritte Position] – mit einem Schlag, ohne jegliche Anstrengung deinerseits – es wird so sein, ein Blitz. In der Zwischenzeit möchte ich aber, daß es dir gut geht. Und wenn dir einige Monate in den Bergen sehr gut tun ... Ich sage „wenn" – ich bin nicht sicher.

Das einzige, was dir wirklich gut tun würde, ist eben das, was du die Befreiung von der „Blockade" nennst – dann wäre es vorbei.

Ja, natürlich! Davon bin ich überzeugt.

Du wärst glücklich, und deinem Körper ginge es auch gut.

Eben wegen dieser Blockade sagt sich der Körper: „Was soll das alles?"

Vielleicht nicht. Vielleicht liegt es an etwas im Körper selbst? Wegen diesem „vielleicht" zögere ich.

Nimm zum Beispiel dieses Buch. Ich weiß nicht, ob es „Tamas" [Trägheit] ist, aber ich möchte am liebsten nur da sitzen und nichts tun! Oder nur ein Minimum an Arbeit tun, um verbunden zu bleiben – etwas Arbeit für dich, und die übrige Zeit ...

Ja, das wäre nicht schlecht! Ich verstehe das sehr gut.

Über dieses Buch, das ich schreiben soll, würde ich äußerlich sagen: „Ich habe keine Lust!" ... Ich bin zwar immerhin an einem Punkt angelangt, wo ich nicht mehr auf meine „Lust" oder „Unlust" achte, aber ich kann nicht behaupten, daß ich sehr enthusiastisch wäre.

Ja, das ist keine Tätigkeit, die dich interessiert. Das verstehe ich!

Trotzdem – trotz allem besteht eine Art ständige Kommunikation [zwischen dir und mir], durch die du ohne dein Wissen mit den Erfahrungen in Verbindung stehst. Und offensichtlich treibt meine Erfahrung gegenwärtig nicht zur Aktivität.

Nein, das ist es nicht. Deine physische Erschöpfung gefällt mir gar nicht.

Ich werde schnell müde, ich habe keine Reserven, und bei der geringsten Kleinigkeit bin ich sofort ... Dann die Leute – der Kontakt mit den anderen erschöpft mich. Zu X zu gehen, war für mich eine Folter.

Ja.

Ich werde „schauen", wenn du willst.

Meinen ersten Eindruck habe ich dir gesagt.

Ich werde es mir ansehen, und während dieser Zeit sollten wir möglichst viel für das August-*Bulletin* erledigen.

Was ich dir eigentlich unterbreiten wollte, ist diese Lustlosigkeit, das Buch zu schreiben.

Das macht nichts, mein Kind!

Ich möchte nur nicht, daß ...

Gib mir einige Tage, um zu schauen, und dann werden wir sehen, ob ein Hinweis kommt.

Ich verschwende deine Zeit ...

Nein, ich bin an nichts gebunden, ich habe keine Verpflichtungen mehr!

Was du gesagt hast, ist wahr, ich empfinde das sehr wohl. Wenn diese Blockade gelöst werden könnte, gäbe es keine Probleme mehr.

Ja, genau!

Ich verspüre eine Ungeduld, denn da ist etwas, das ich KENNE, aber es gelingt mir nicht, es zu fühlen, weil der Kontakt fehlt. So drehe ich mich im Kreis. Es ist immer dasselbe.

Ein Verbindungsstück fehlt. Dort weiß man *(Geste oben)*, hier weiß man nicht *(in der Materie)*, und ständig meint man, ein Ortswechsel oder eine Veränderung der physischen Bedingungen würde den Kontakt herstellen ... Das kann passieren, das ist wahr: ein plötzlicher Blitz. Aber das kann unter BELIEBIGEN Umständen geschehen. Es hängt nicht von einer äußeren Veränderung ab. Ich weiß, daß nichts am Klima oder an den Bedingungen hier absolut unerträglich ist – das liegt nur an der Vorstellung, die man sich davon macht, an der mentalen (und vitalen) Reaktion. Hätte man einfach die Freude der vollkommenen Öffnung, würde sich alles übrige von selbst ergeben.

Es ist auch möglich, daß es dort in der Einsamkeit und angesichts der Berge plötzlich geschieht – auch das ist möglich. Es gibt nichts, das nicht auch eine Möglichkeit der Wahrheit enthielte.

Aber laß mich wenigstens bis Dienstag schauen – dann sage ich dir, was ich sehe.

Auf Wiedersehen, mein Kind.

29. Mai 1962

> *... Ist dieses zweite Buch über Sri Aurobindo nicht etwas durch die Umstände Erzwungenes? Ist es wirklich etwas, das sein soll, das bereits existiert und verfügt wurde?*

Ich sehe einen „Sri Aurobindo" ...

(Schweigen)

Kaum etwas Philosophisches und Intellektuelles, eher eine Geschichte. Die Darstellung seines Werkes auf sehr praktische und konkrete Weise, so wie ich es hier den Kindern sagte, als ich ihnen erklärte: „Wißt ihr, dies ist der Grund, warum ihr hier seid". Ich sagte es auf eine Weise, daß sie es verstehen konnten. So ein Buch sehe ich. Wenn ich schreiben würde (ich werde nie ein Buch über Sri Aurobindo schreiben, nie-nie-nie – das weiß ich), wenn ich aber je ein Buch über Sri Aurobindo schriebe, würde ich es wie ein Märchen schreiben: „Stellt euch vor ... Ihr seht das Leben, ihr seht, wie es ist, ihr seid dieses Dasein gewöhnt, es ist trübsinnig, traurig (manche Leute finden es unterhaltsam, aber nur weil sie sich mit wenig zufrieden geben). Doch dahinter steckt ein Märchen, etwas, das im Kommen ist und das unaussprechlich schön sein wird. Und daran werden wir teilnehmen ... Ihr habt keine Ahnung, ihr glaubt, daß ihr nach dem Tode alles vergessen und verlassen werdet, aber das ist nicht wahr! Alle, die sich für ein schönes, helles, freudiges, fortschrittliches Leben interessieren, werden auf die eine oder andere Art daran teilhaben. Ihr wißt es jetzt noch nicht, aber nach einiger Zeit werdet ihr es wissen ..."

Ein Märchen.

Könntest du dir vorstellen, ein Märchen zu erzählen? ... Es braucht nicht sehr lang zu sein.

Mit Bildern, mein Kind. Bilder von den verschiedenen praktischen Tätigkeiten, wie im Kino – eine hübsche illustrierte Zeitschrift. Das scheint mir wirklich die einzige Möglichkeit zu sein, es zu sagen, denn das kann man sehen. Du zeigst all das und sagst: „Ja, und hier ist jemand, der mit all dem etwas zu gestalten versucht. Seht doch das schöne Bild, die schöne Geschichte dahinter ... Diese Geschichte wollte er auf die Erde ziehen, und sie wird gewiß kommen."

„Wenn ihr wollt, könnt ihr auch mithelfen, damit es auf die Erde kommt."

Mein Kind, wenn es so angelegt wäre, könnte das ein fabelhaftes Buch werden! ...

Bei deiner ersten Version handelt es sich ein prophetisches und sehr schönes Buch, ich muß aber sagen, daß es nicht vielen Leuten zugänglich ist – tatsächlich wäre es ein Buch, um uns mit all jenen in Verbindung zu bringen, die sich für den Yoga, für das spirituelle Leben interessieren: eine Elite. Es ist ein Buch für eine Elite, nicht für die breite Öffentlichkeit.

Ich stelle mir fast ein Buch für Kinder vor. Für eine ganze Generation von Zehn- bis Achtzehnjährigen ... Für Tausende von Kindern – mit schönen Bildern.

(Schweigen)

Mich beunruhigt wirklich nur eines, und zwar deine physische Gesundheit ... Doch um die Wahrheit zu sagen (die wahre Wahrheit dessen, was ich WEISS), so glaube ich nicht, daß es irgendein Klima gibt, dem sich der Körper nicht anpassen könnte.

Nein, das glaube ich auch nicht!

Die Menschen sind schließlich nicht so begrenzt! Eher ist es ... ja, eine Frage des Atavismus, der Erziehung, aller möglichen Dinge.

29. MAI 1962

Ich glaube, der Hauptgrund ist der, daß es dich nicht interessiert – es macht dir keinen Spaß!

(Satprem lacht übereinstimmend)

Ich wurde von einer asketischen, stoischen Mutter erzogen, die wie eine Eisenstange war. Als wir klein waren, sagte sie meinem Bruder und mir ständig, daß wir nicht auf der Erde seien, um uns zu amüsieren, daß es eine ständige Hölle sei und man seinen Teil auf sich nehmen müsse und die einzig mögliche Befriedigung die Pflichterfüllung sei.

Mein Kind, das war eine hervorragende Erziehung!

Hervorragend. Dafür bin ich ihr unendlich dankbar. Mein Körper verlangte nie danach, sich zu amüsieren oder gesund zu sein, nichts – er sagte: „So ist das Leben, man muß es so nehmen." Deswegen sagte ich der ersten Person, die mir erklärte, daß es anders sein könne (ich war bereits über zwanzig): „Ach, wirklich? Glauben Sie?" *(Mutter lacht)* Und als sie mir von Theons Lehre und dem *Kosmischen Leben* erzählte, vom inneren Gott und der neuen Welt, die eine Welt der Schönheit und (zumindest) des Friedens und des Lichts sei, stürzte ich mich kopfüber dahinein.

Schon damals sagte man mir: „Es hängt ausschließlich von DIR ab, nicht von den Umständen – beschuldige bloß nicht die Umstände! Du mußt es in dir finden, in dir liegt das Element der Transformation. Egal wo du dich befindest, selbst wenn du in einer Zelle auf dem Grund eines Lochs steckst, kannst du es tun." Es fiel auf fruchtbaren Boden, denn der Körper verlangte nach nichts.

Ich glaube, das ist die beste Erziehung. Hier lehren wir die Kinder genau das Gegenteil! Prinzipiell trifft es zu – es ist allerdings nicht praktisch.

Wieso nicht praktisch?

(Mutter lacht) Ich glaube nicht, daß es praktisch ist, sie zu lehren, daß das Leben dazu da ist, sich zu entwickeln, sich zu verwirklichen, glücklich zu sein – sie werden nämlich unerträglich! *(Mutter lacht)*

Manche Kinder hier werden richtige kleine Teufel. Durchaus interessant, ja, das Vital ist gewiß nicht unterdrückt. Aber dann ...

Hier lebt ein kleiner Amerikaner (seine Mutter ist ... ich weiß nicht, ob sie äußerst schwach ist oder ob sie ihn abgöttisch liebt, jedenfalls läßt sie ihn machen, was er will: sie verteidigt ihn immer, niemand darf ihn bestrafen oder schelten). Der Junge kann in keine Klasse gehen (er akzeptiert keinen Lehrer), er läuft im Hof umher und geht von einer Klasse zur anderen, macht Lärm, schlägt die Leute, beleidigt die Lehrer, ein Riesenwirbel, und dann läuft er davon. Eines Tages kam er

167

auf das Spielfeld (man hatte ihm untersagt, dorthin zu gehen, weil er sich wie ein Verrückter benimmt), er betrat das Spielfeld unbemerkt. Die Mädchen und Frauen machten gerade ihre Übungen auf der Erde: er sprang auf ihren Bäuchen umher. Ein Skandal!

Ach, was für ein Zirkus! Aber so ist die Atmosphäre.

Nun, das ist ein anderes Thema.

Die Lösung für dich wäre, daß du Erfahrungen hast, ich weiß es ...

Ich habe den Eindruck, daß sich etwas geändert hat, seit X gegangen ist.

So!

Ich weiß nicht, ich kann es nicht genau definieren ... Ich habe den Eindruck, anstatt Berge versetzen zu wollen, bleibe ich passiver. Es besteht jetzt eher eine Bewegung der Hingabe als der Konzentration.

Ja, genau! Eben das werfe ich dem tantrischen System vor: sie glauben überhaupt nicht an die Möglichkeit einer Hilfe von oben. Sie glauben an die stramme Leine. Das ist nicht gut.

Ja, ich fühle ... Es ist zwar sehr subtil, aber ich fühle eine Verbesserung.

Würdest du mich nach meinem Geschmack fragen (habe ich überhaupt noch einen Geschmack? – sicher habe ich keine Vorlieben, aber manche Dinge sind spontaner), wäre meine spontane Bewegung dies *(alles umfassende Geste, offen in alle Richtungen)* und dann loslassen.

Könnte ich dich in bestimmte Schwingungen tauchen, bräuchtest du die Berge nicht mehr.

Die Berge ... Ich weiß, wie das ist: Der Körper fühlt sich während einer bestimmten Zeit wohl, aber ... Weißt du, Z hatte dasselbe Gefühl (sie kommt aus den Bergen), es schien ihr, daß sie ohne die Bergluft ständig krank sein würde. Ich wußte, daß es nicht stimmte, daß es innere Schwierigkeiten waren. Aber ich ließ sie in die Berge gehen – der Körper fühlte sich überschwenglich gut! Doch sie kam noch kranker zurück als vorher. Obwohl ihr Körper vor Freude ganz außer sich war – das ist rein oberflächlich.

Nein, ich fühle überhaupt nicht, daß ich die Berge brauche. Die Idee kam mir nur wegen des Buches.

Kind, offen gesagt, glaube ich nicht, daß dort das Problem liegt, weil ich dieses Buch sehe, fühle. Da ich es so lebend fühle, glaubst du nicht auch, daß es leichter wäre, es hier zu schreiben als dort oben? ...

Nein, der einzige Beweggrund wäre deine Gesundheit. Könnte ich nur ... Als ich in Frankreich war, wollte ich so gern in den Himalaya gehen. Als ich dann hier ankam, war zuerst alles sehr gut, ich war sehr zufrieden, alles war schön, großartig, aber ... ach, könnte ich doch nur für kurze Zeit in den Himalaya gehen! (Ich liebte die Berge immer sehr.) Damals wohnte ich in einem Haus in der Rue Dupleix. Ich meditierte, während ich auf und ab ging, und da war ein kleiner Hof, eingegrenzt von einer mit Glassplittern besetzten Mauer, damit keine Einbrecher darüber klettern konnten. Ich meditierte gerade – über das spirituelle Leben –, als mein Auge plötzlich von etwas angezogen wurde: Auf einem spitzen blauen Glasstück auf der Mauer spiegelte sich ein Sonnenstrahl, und absolut spontan, ohne zu überlegen oder zu denken ... sah ich den Gipfel des Himalayas. Ich war auf dem Gipfel des Himalayas.

Das hielt mehr als eine halbe Stunde an. Es war ein wunderbarer Blick auf die Berge – die Bergluft, die Leichtigkeit der Berge, alles war da. Der Glanz der Sonne auf den Gipfeln des Himalayas.

Nach dieser halben Stunde hatte ich nicht mehr das geringste Verlangen, dorthin zu gehen.

Ich hatte die VOLLE Erfahrung, die man spirituell im Himalaya erlangen kann.

Es war eine Gnade, die mir da zuteil wurde. Man machte mir dieses Geschenk.

Könnte ich dir so ein Geschenk machen ... Ich versuche es. Ich weiß nicht warum, aber ich kann es noch nicht. Du weißt sehr wohl, daß ich für viele Leute Vieles getan habe. Warum also das nicht? – Die Möglichkeit wurde noch nicht gefunden.

Hat man die Erfahrung, ist sie voll! Sie ist vollkommen physisch und materiell.

(Schweigen)

Ich hatte eine ähnliche Erfahrung mit dem Meer ... Im Haus, wo ich die „Prosperity"[1] verteile, ist eine Veranda mit einem kleinen verborgenen Winkel am Ende. Dort ist ein Fenster (kein Fenster, eine Öffnung), und man sieht ein kleines Stück Meer *(Geste)*. Der Körper fühlte sich gerade ziemlich eingeschlossen, müde, eingeengt. Ich hielt dort mit ungefähr zwanzig Personen Meditationen ab (wie immer teilte ich Sri Aurobindo nachher meine Beobachtungen mit). Eines Tages ging ich über diese Veranda zur Meditation, ich drehte mich um und ... sah das

---
1. Anfangs verteilte Mutter selber einmal im Monat die diversen persönlichen Gebrauchsartikel an die Schüler.

Meer. Plötzlich spürte ich die ganze ozeanische Weite mit dem Gefühl des freien Segelns von Ort zu Ort, der Brise des Meeres, des Geruchs des Meeres und dann dieses Gefühl der Weite, der Öffnung, der Freiheit. Etwas Grenzenloses. Das dauerte eine Viertelstunde, zwanzig Minuten. Danach fühlte sich mein Körper so erfrischt wie nach einer langen Schiffsreise.

Ich betone die PHYSISCHE Wirkung: die Erfahrung ist konkret, sie hat einen physischen Effekt. Das möchte ich dir geben.

Der gute Wille ist da ...

Vergessen wir diese Reise. Wenn mir das Buch eingegeben wird, beginne ich damit, das ist alles.

Das eilt nicht.

Es eilt nicht, ich möchte, daß es dir einfach so kommt, wie zum Spaß, daß du dir vorstellst, mit Kindern zu sprechen, und ihnen die schönste Geschichte der Welt erzählst.

Und das ist wahr! Es ist das schönste Märchen der Welt. Es gibt kein schöneres.

„Ich will euch die schönste Geschichte der Welt erzählen ..."

Ich werde mich bemühen. Ich werde es versuchen.

*
* *

(Dann stellt Mutter Satprem verschiedene Fragen über sein Japa. Nach einem langen Schweigen, in dem sie sehr fern zu sein oder weit „zu sehen" scheint, fügt sie hinzu:)

Mein Kind, das ist sehr interessant ... Als du mir das sagtest, geriet ich automatisch in diesen Zustand, und da war dieses ... Wie soll ich sagen? ... Ich weiß nicht, wie ich das nennen soll, es ist eine Bewegung ähnlich dem Willen, aber ohne Bezug zum Denken, ein Gefühl: ich wollte dich in die Erfahrung miteinbeziehen. Dann zeigte man mir – buchstäblich –, daß all deine Beziehungen zur inneren und äußeren Welt hier stattfinden *(Geste über dem Kopf)*, deswegen drückt es sich so gut als intellektuelle Aktivität aus. Hier hingegen *(Geste zum Sonnengeflecht)* ist sehr wenig. Ich sah und berührte es. Dort kommt es nur als indirekte Folge. Und dann da *(Geste noch tiefer)*: NICHTS. Das bleibt, wie es ist, so wie es gebildet wurde, als du auf die Welt kamst!

Dann zeigte man mir, daß hier *(Nabelgegend)* eine Ausweitung des Wesens und der Schwingungen erforderlich wäre – ein Friede und eine Ruhe in der Unendlichkeit. DORT, das heißt das *Prana*, muß es sich ausweiten, in Frieden, Frieden, Frieden und Ruhe. Aber in der Unendlichkeit.

Das würde dich befreien.

Hier *(Geste zum Kopf und darüber)* ist die Arbeit getan, da besteht keine Gefahr, sie kann nicht verloren gehen, dort ist die Verbindung sehr wirksam hergestellt: du brauchst nur so zu machen *(Geste, Atem zu holen)*, und es ist da. Hier *(Herzbereich)* ist es etwas zu ... ein wenig zu klassisch, in dem Sinne, daß du unweigerlich in das klassische Wissen und die klassischen Methoden und Wege verfällst – das wird sich ganz natürlich von selbst geben.

Hier *(Nabelgegend)* erfordert es etwas wie *a quiet ease* [ein ruhiges Wohlbehagen], auf Französisch gibt es kein treffendes Wort dafür: *a quiet ease*. Das ist verkrampft und muß sich ausweiten. Das innere Leben des Pranas muß erweitert werden (das innere Vital, das wahre Vital, das die Erfahrungen hat, von denen ich dir erzählte – jene des Glassplitters und des Blicks auf das Meer), das muß weiter werden. Weit – weit ... Es ist verkrampft und leidet. Es muß innerlich entspannt werden, das heißt, es gilt, die Kraft dorthin zu bringen: die Kraft dieser neuen Erfahrung *(vom 13. April)* dorthin bringen. Du brauchst dich nur gehen zu lassen – ideal wäre, wenn du diese Wellenbewegung erfassen könntest.

Einfach entspannen, entspannen, entspannen, man schwebt. Auf einer unendlichen Wellenbewegung schweben, schweben, schweben. Sollen wir es versuchen?

Nimm aber nicht die Meditationsstellung ein! Und verkrampfe dich nicht, laß dich gehen, als ob du dich ganz einfach ausruhen wolltest – nicht in einem leeren Loch ausruhen, sondern in einer unendlichen Masse von Kraft ... in einer plastischen Festigkeit.

(Meditation)

Eine sehr leuchtende Atmosphäre ...

31. Mai 1962

Wie war die Nacht, unverändert?

Nicht gerade glänzend.

Unverändert.

Ich hatte einen symbolischen Traum (sehr symbolisch!). Es war das letzte, woran ich mich heute morgen erinnern konnte ... Ich trug eine Art Gewand, das mich sehr behinderte und das voll von großen Dornen war ...

Ach, wie furchtbar!

... deshalb konnte ich keine bequeme Lage finden – in allen Lagen war es unerträglich.

Damit bist du aufgewacht ...

Etwas höchst Merkwürdiges passiert mir ständig, wenigstens fünfzigmal am Tag (vor allem in der Nacht ist es sehr klar). Ganz äußerlich ist es, als ginge man von einem Zimmer in ein anderes oder von einem Haus in ein anderes, und man durchschreitet die Tür oder die Wand automatisch, fast ohne es zu merken. Im einen Zimmer zu sein, zeigt sich äußerlich durch einen vollkommen behaglichen Zustand, wo es überhaupt keinen Schmerz gibt, nirgends, nur einen weiten Frieden – einen frohen Frieden, in vollkommener Ruhe ... ein Idealzustand, der manchmal sehr, sehr lange anhält. Vor allem nachts tritt das ein (tagsüber werde ich durch die Leute gestört, die mit allen möglichen Vorwänden kommen), aber nachts bin ich für eine bestimmte Anzahl von Stunden ungestört, und da bleibt dieser Zustand beinahe konstant. Dann, ganz plötzlich, ohne sichtbaren, erkenntlichen Grund (bis jetzt konnte ich noch nicht herausfinden, warum oder wie) ... FÄLLT man sozusagen ins andere Zimmer oder ins andere Haus, als ob man einen falschen Schritt machte, und dann hat man Schmerzen hier und da, es geht einem nicht gut.

Offensichtlich ist das die Fortsetzung der gleichen Erfahrung, von der ich dir erzählte[1], es zeigt sich nun so. Die beiden Zustände sind jetzt also unterscheidbar – der Unterschied wurde wahrnehmbar. Auf das Warum und Wie bin ich noch nicht gestoßen – ob es etwas Äußeres ist oder ganz einfach eine alte Falte. Ja, es erscheint mir wie eine alte Falte im Stoff: man kann noch so viel bügeln, die Falte bleibt. Ich habe eher diesen Eindruck – es ist überhaupt keine bewußte Gewohnheit,

---

1. Am 18. Mai: der Schmerz als Symbol des Lebens in der Unwissenheit.

sondern eine alte Falte. Aber vielleicht wird sie auch von etwas ausgelöst, das von außen kommt?...

Wenn ich im Zustand der alten Falte bin, habe ich solche Träume. Ach, eine ganze Reihe (da gibt es besondere Sorten und Kategorien): man will eine Treppe hinuntergehen, aber plötzlich ist die Treppe weg; man will eine Straße nehmen, aber die Straße verschließt sich; man will jemanden einholen, aber man kann nicht. Die verschiedensten Dinge (ich könnte viele Beispiele anführen). Obwohl sich diese Träume mit kleinen Unterschieden in der äußeren Form wiederholen, sind sie immer von derselben Art – eine wohlbekannte Art, die ich jetzt einfach als *self-imposed troubles* [selbstgewählte Widrigkeiten] abhake. Wenn ich da herauskomme und mir das ansehe, erkenne ich sehr deutlich, daß es ganz einfach eine dumme Gewohnheit ist, sich wegen nichts zu ärgern. *(Mutter lacht)* Ach, alles, was man dann machen will, ist sofort kompliziert und schwierig ...

Ja, diese Träume kommen aus dem Unterbewußten. Das sind hauptsächlich unterbewußte Gewohnheiten ... Aber die Schmerzen, das Dornengewand, das ist so deutlich *(Mutter lacht)*, wohin man sich auch wendet!

Wenn ich früher einen derartigen Traum hatte, ärgerte mich das noch stundenlang danach (das ist viele Jahre her); ich war verdrossen und fragte mich, welches Mißgeschick mir widerfahren würde. Dann verstand ich aber, daß es idiotisch war. Ich begriff, daß es im Unterbewußten war, eine anschauliche Form von ... ja, schlechten psychologischen Gewohnheiten, sonst nichts. Ich quälte mich und fragte mich: „Wie soll ich das loswerden?" Man trägt einen Haufen Gebrechen mit sich herum, die mit dem Körper geschaffen wurden. Aus Erfahrung lernte ich und sah, daß es nur alte Falten waren.

Auf keinen Fall darf man sich damit quälen, sondern man sagt dem Herrn einfach (natürlich in aller Aufrichtigkeit): „Das ist Deine Sache. Befreie mich davon!" Das ist sehr wirksam. Es wirkt. Ich habe erlebt, daß ich auf diese Weise in einem einzigen Augenblick alte Dinge auflösen konnte: kleine tiefsitzende, dumme und altbekannte Gewohnheiten, von denen man sich ganz einfach nicht befreien konnte. Während des Japas oder als ich umherging oder während einer Meditation schoß plötzlich die Flamme hervor ... Man hat es wirklich lange versucht, man ist es leid, es ist widerlich, man will, daß es sich ändert, man will es wirklich, und dann sagt man dem Herrn: „Ich kann es nicht ..." Sehr aufrichtig, man weiß, daß man es nicht kann, man hat es immer wieder versucht und hat nichts erreicht – man kann es nicht: „Da, ich übergebe es Dir, tu es!" Etwa so. Plötzlich sieht man dann, daß es sich auflöst. Das ist wunderbar. Weißt du, wie Sri Aurobindo jemanden von einem Schmerz befreite? – Dasselbe. Diese Gewohnheiten sind mit den Formationen des Körpers verbunden.

Bestimmt werde ich eines Tages dieselbe Methode für den „Zimmerwechsel" anwenden, dazu muß es aber sehr deutlich und klar geworden sein, im Bewußtsein sehr klar definiert. Denn dieser Zimmerwechsel (intellektuell sagt man „Bewußtseinswechsel" – im Grunde genommen besagt das nichts, denn hier geht es um etwas äußerst Materielles) … Bisweilen erlebte ich den Wechsel des Zimmers OHNE ÄNDERUNG DER AUSWIRKUNGEN. Wahrscheinlich war ich nicht im materiellen Bewußtsein konzentriert sondern in einem höheren Bewußtsein, das woanders steht und beobachtet – das Bewußtsein des Beobachters –, in einer Position, wo alles fließt … wie ein ruhiger, friedvoller Fluß. Das ist wunderbar: Die ganze Schöpfung, das gesamte Leben, alle Bewegungen, alle Dinge, all das bildet gleichsam eine einzige Masse, und mittendrin stellt der Körper einen sehr homogenen Teil dar. Alles fließt wie ein friedvoller Fluß, still, lächelnd, ins Unendliche. Dann plötzlich: plumps! Man stolpert *(Geste des Umsturzes[1])*, man wird wieder ZUGEORDNET; man ist irgendwo, in einem bestimmten Augenblick, und dann ein Schmerz hier, ein Schmerz da, ein Schmerz … Ich war schon Zeuge des Wechsels vom einen zum anderen Zustand, OHNE die Schmerzen zu spüren oder sie konkret zu erleben. Ich war also überhaupt nicht im Körper, nicht an den Körper GEBUNDEN. Ich sah es nur, war nur ein Beobachter. Und es ist immer begleitet von etwas wie der Bemerkung eines wohlwollenden, aber wachsamen Freundes, der einem sagt: „Aber warum denn schon wieder!" oder: „Warum auch das noch? Was soll das?" Ich konnte noch nicht herausfinden, wodurch es ausgelöst wird …

Das wird kommen.

Das ist sehr interessant, weil es sehr neu ist.

Was geschieht?… Was geht da vor?…

(Schweigen)

Mehrere Male bemerkte ich eine ganz kleine Änderung, eine kleine Bewegung im Bewußtsein der Person oder der Personen im Zimmer (weil ich beinahe nie allein im Zimmer bin – wahrscheinlich gibt es aber noch viele andere Gründe). Ich zögere immer, etwas von außen Kommendes dafür verantwortlich zu machen, denn das nimmt einem Dreiviertel der Möglichkeit, die Sache in den Griff zu bekommen.

Wenn wir nur den Mechanismus finden könnten! …

---

1. „Wie die Umkehrung eines Prismas", erklärte Mutter später.

Offensichtlich ist es etwas, das mit den anderen verbunden ist und reagiert. Diese Verbindung kann ich aber nicht auflösen, weil sie das Ergebnis einer jahrelangen Arbeit der Universalisierung ist – deshalb werde ich nicht damit spielen, das aufzulösen! Nein, ich will es nicht für mich allein finden, darum geht es mir absolut nicht. Dafür bin ich nicht hiergeblieben. Ich muß den Mechanismus finden. Übrigens tue ich eher das Gegenteil: Jedesmal, wenn ich in diesem Zustand bin, verbreite und verteile ich ihn. Vielleicht kehren deswegen auch diese alten Gewohnheiten zurück? ...

*
* *

(Dann geht es wieder um das neue Buch über Sri Aurobindo als ein „Märchen":)

Hatte unsere Meditation keine Auswirkung?
Du hast nichts gespürt?

(negative Geste)

Nichts.
Gut.
Wir werden es weiter versuchen.
Ja, nachdem du letztes Mal gegangen warst, erzählte ich die Geschichte noch über eine Stunde lang weiter! Ich sah mich stehend, von einer ganzen Schar Kindern umgeben. Es kam auf mich herab (nicht etwas, das ich zog oder an das ich dachte: ich dachte überhaupt nicht daran), ich stand einfach da und erzählte, erzählte, erzählte – das kam und kam, es war wirklich amüsant!
Ich schickte es dir, aber *(lachend)* ich weiß nicht, ob du es empfangen hast.
Etwas, das sehr leicht daher kommt, ohne dem großes Gewicht beizumessen, das aber gerade aus einer neuen Welt stammt. Ja, jetzt unterscheide ich ständig zwischen ... (wie soll ich sagen?) dem gradlinigen Leben mit scharfen Winkeln und dem wellenartigen Leben. Ich könnte sagen: Es gibt ein Leben, wo alles scharfkantig, hart, winkelig ist *(Mutter macht zerhackte Gesten mit sich kreuzenden Linien)* und wo man sich überall stößt, und dann ein wellenartiges Leben, sehr weich, äußerst reizend – SEHR charmant –, aber nicht ... nicht sehr solide. Merkwürdig, eine vollkommen andere Lebensart. Und meine Geschichte stammte aus dieser Welt. Hier war nichts *(Mutter berührt ihre Stirn)* und auch da nichts *(über dem Kopf)*, etwas wie ... wie Wellen. Sehr fröhlich, sehr froh, und sorglos.

(Schweigen)

Möchtest du, daß wir etwas ruhig bleiben? Nur wenn du möchtest. Wenn du etwas sagen willst, dann sag es!

Nein.

Wenn du eine Frage stellen willst, so frag! Wenn du willst, daß wir ruhig bleiben, machen wir es, wie du willst – bis elf Uhr stehe ich dir zur Verfügung.

Nichts? Du willst mir nichts sagen? Gibt es nichts, was du sagen möchtest?

Ach, es ist alles etwas konfus ... Ich habe den Eindruck, daß ich von allem um mich herum abgeschnitten werde, daß ich auf einen Weg gerate, wo ich die Welt als Illusion betrachten werde.

Das ist noch das Dornengewand.

Aber was ich sah, was ich seit vorgestern für dich sah, ist genau das Gegenteil. Etwas, das sich löst. Nur sehe ich sehr wohl ... es gibt auch einen untauglichen Weg, dem man nicht folgen darf – und die beiden liegen sehr dicht beieinander. Warum nur so nahe? Das ist wie diese beiden Zimmer, warum sind sie so nahe? ... Gäbe es doch wenigstens einen Abstand! Aber nein, alles ist ineinander verschachtelt.

Hier ist es dasselbe: Du müßtest wirklich diesen Weg der Weite, der Ausweitung, der Entspannung, der Ausdehnung, des AUFBLÜHENS finden – im Vital, nicht so sehr im Vital der Empfindungen sondern eher ... eine Sanftheit. Das Vital, das in der Schönheit erblüht: Sanftheit und Schönheit. Ich will nicht von „Gefühlen" sprechen, weil man da sofort in ein Sumpfloch gerät, nein, aber ... eine Sanftheit, ein Zauber, eine Schönheit – nicht da *(im Kopf)* sondern hier. Dann eine Ruhe, aber keine harte, starre und stagnierende Ruhe sondern eine Ruhe in der Wellenbewegung... Man läßt sich treiben[1].

(Schweigen)

Die Kunst, sich vom Höchsten in der Unendlichkeit tragen zu lassen.

(Schweigen)

Aber im Unendlichen des Werdens, ohne all die Härten und Stöße des Lebens, die man gewöhnlich empfindet.

---

[1]. Mutter geht in eine Art Trance, und fast bis zum Ende dieser Unterhaltung spricht sie langsam, wie von weit her.

31. MAI 1962

Die Kunst, sich vom Höchsten *(Mutter fügt die Hände zusammen)* im unendlichen Werden tragen zu lassen.

(langes Schweigen)

Alles, was von da kommt *(Mutter berührt ihre Stirn, ihr Gesicht)*, ist hart, trocken, zerknittert ... ungestüm und aggressiv. Auch die guten Absichten sind aggressiv, sogar die Zuneigung, die Zärtlichkeiten, die Anhänglichkeit – all das ist äußerst aggressiv. Wie Rutenschläge.
Im Grunde genommen ist das gesamte mentale Leben hart.

(Schweigen)

Das muß man erfassen: eine Art Rhythmus, eine Wellenbewegung, die eine solche Weite hat, eine solche Macht! – Das ist ungeheuerlich. Und es stört nichts. Es verschiebt nichts, es stößt sich an nichts[1]. Es trägt das Universum in seiner Wellenbewegung – so geschmeidig!

(Schweigen)

Ich weiß nicht, ob es für die anderen genauso ist (wahrscheinlich nicht), für mich ist es jedenfalls unbestreitbar das einzig Wahre und Wirksame. Dieser Eindruck, daß man nicht existiert, daß die einzig existierende Sache – was man gewöhnlich „sich selbst" nennt – etwas ist, das knirscht und sich widersetzt.
Das kann man allerdings sehr leicht mit einer einfachen Bewegung aus seinem Bewußtsein entfernen und auf beinahe kindliche Art formulieren: „Herr, allein Du, nur Du kannst ... allein Du, Du kannst es tun." Dann diese Ausweitung (wirklich eine Entspannung): Man läßt sich schmelzen – man schmilzt. Der Kopf bleibt ruhig und rührt sich nicht mehr. Man ist ganz in diesem Empfinden: man läßt sich schmelzen, mit einem Gefühl der Grenzenlosigkeit.
Keine Unterscheidungen mehr.
Keine Unterscheidungen. Auch physisch ist es etwas, das keinen Anfang hat: kein Gefühl „ab diesem Augenblick, von diesem Punkt an" – das existiert nicht mehr. Es ist wie eine Entspannung in einer unbestimmten Vergangenheit.
Ich spreche von einer KÖRPERLICHEN Empfindung.
Jedenfalls gelingt es auf diese Weise dem, was hier spricht, im ... wahren Zimmer zu bleiben.

---

[1]. Seltsamerweise sagen auch die Physiker, daß eine Wellenbewegung die Materie nicht *fortbewegt*. Zum Beispiel versetzen die konzentrischen Wellen auf der Oberfläche eines Teiches die Wassermoleküle nicht: ein auf dem Wasser schwimmender Korken hebt und senkt sich im Rhythmus der Wellenbewegung, ohne sich auf dem Teich fortzubewegen.

So, wie ich es jetzt beschreibe, scheint es noch Zeit in Anspruch zu nehmen, aber tatsächlich genügen ein, zwei Minuten Stille, und es ist da.

(Schweigen)

Der Körper wurde von drei Worten gewiegt ...

Sie wiederholen sich automatisch, ohne willentliche Bemühung (er ist sich selbst sehr bewußt, daß es für ihn zwar diese drei Worte sind, daß es aber auch andere sein könnten, daß es ursprünglich die Wahl einer höheren Intelligenz war). Sie sind zur automatischen Begleitung geworden. Es sind nicht die Worte an sich, sondern all das, was sie in ihrer Schwingung darstellen und mit sich bringen ... Es wäre somit absolut unzutreffend zu sagen: „Genau diese Worte helfen". Sie bilden aber eine Begleitung – eine Begleitung von Schwingungen (subtilphysischen Schwingungen) –, und das hat eine Art Zustand oder Erfahrung aufgebaut, eine Beziehung zwischen ihrer Gegenwart und dieser Bewegung des ewigen Lebens, der Wellenbewegung.

Ein anderes Bewußtseinszentrum, eine andere (wie soll ich sagen?) eine andere Konkretisierung, ein anderes Amalgam könnte und würde natürlich eine andere Schwingung wählen.

Um es einfach auszudrücken, hilft die Schwingung des Mantras dem Körper, in einen bestimmten Zustand zu treten – es ist aber nicht DIESES Mantra an sich, sondern die besondere Beziehung, die sich zwischen einem Mantra und dem Körper gebildet hat (es muß ein wahres Mantra sein, das heißt eines, das mit Macht ausgestattet ist). Es kommt spontan: Sobald der Körper zu gehen beginnt, geht er im Rhythmus dieser Worte. Und der Rhythmus der Worte bringt ganz natürlich eine bestimmte Schwingung mit sich, die ihrerseits diesen Zustand bewirkt.

Es wäre aber falsch zu sagen, daß ausschließlich diese besonderen Worte dazu führen. Das wäre eine Dummheit. Worauf es ankommt, ist die Aufrichtigkeit der Aspiration, die Genauigkeit des Ausdrucks und die Kraft – das heißt, die Kraft, die aus der Annahme des Mantras herrührt. Das ist sehr interessant: Das Mantra wurde durch die höchste Macht als wirksames Mittel AKZEPTIERT, und dadurch enthält es sofort eine bestimmte Kraft, eine bestimmte Macht[1]. Das ist aber ein rein persönliches Phänomen (der Ausdruck ist derselbe, die Schwingungen

---

1. Mutter spricht nicht nur von ihrem eigenen Mantra, sondern von allen, wie sie später erläuterte: „Jedes Mantra hat nur eine Wirkung, wenn es von der Macht *akzeptiert* wird, an die es sich richtet. Wenn man ein Mantra für irgendeine Gottheit wiederholt, wie die Tantriker zum Beispiel, und die Gottheit das Mantra akzeptiert, dann erhält es die Kraft, wenn aber die Gottheit es nicht akzeptiert, dann hat euer

sind jedoch persönlich). Ein Mantra, das den einen direkt zur göttlichen Verwirklichung führt, könnte einen anderen kalt und unberührt lassen.

Was ist deine Erfahrung, wenn du dein Mantra sagst? ... Du hast mir einmal gesagt, daß du dich wohl fühlst, wenn du es sagst.

Im allgemeinen erhole ich mich dabei.

Ja, so ist es, das ist sehr gut.

Ich weiß allerdings nichts, was es bedeutet.

Mein Kind, es bedeutet das, was du hineinlegst – deine Aspiration.

Für mich kann es nur EINES bedeuten: Ich nenne es „den Höchsten", denn man muß es ja irgendwie bezeichnen, aber es ist die äußerste Grenze unserer Aspiration in jeder Hinsicht, in alle Richtungen, zu allen Gelegenheiten: der äußerste Gipfel unserer Aspiration, WAS AUCH IMMER SIE SEI, egal in welcher Richtung und auf welchem Gebiet – wirklich jenseits aller Aktivitäten.

Meine konkreteste Annäherung geschieht durch die Schwingung der reinen Liebe – nicht die Liebe für etwas, keine Liebe, die man empfängt oder gibt, sondern die Liebe an sich: die Liebe. Sie existiert in sich. Für mich ist das natürlich die unmittelbarste Annäherung. (Es ist jedoch nicht ausschließlich: es umfaßt alles übrige und schließt andere Ansätze und Kontakte nicht aus.)

Seit meiner Kindheit und zu Beginn meines Yogas weigerte sich immer etwas in meinem Wesen, das Wort „Gott" zu gebrauchen, aufgrund all der Lügen, die dahinter stehen (Sri Aurobindo befreite mich davon – er beseitigte alle Begrenzungen, auch diese). Dieses Wort kommt jedenfalls nicht spontan.

Aber die Liebe ... Im Augenblick, wenn der Kontakt entsteht *(Geste)*, sprudelt etwas hervor ...

Die Worte sind jedoch völlig unbedeutend.

Ich konnte jedenfalls feststellen, daß es dem Körper hilft, einen bestimmten Zustand, eine bestimmte Aspiration mit einem bestimmten Ton zu verbinden. Das Mantra wurde mir von niemandem gegeben, ich hatte das Japa vor der Begegnung mit X begonnen (als ich nach einem Mittel suchte, um den Körper an der Erfahrung teilnehmen zu lassen – den Körper selbst, DAS). Gewiß wurde mir das als Hilfe gegeben, denn diese Methode drängte sich mir in eindringlicher Weise auf. Als ich bestimmte Worte hörte, war ich wie elektrisiert. Allen

---

Mantra keine Macht. Ich habe das nicht gelesen: ich weiß es aus eigener Erfahrung. Ich glaube aber, daß das auch in den tantrischen Texten erklärt wird."

Sanskritregeln zum Trotz stellte ich mir einen Satz aus drei Worten zusammen – nicht einmal einen vollständigen Sanskrit-Satz –, und für mich ergeben diese drei Worte einen vollen Sinn (ich hüte mich natürlich, darüber mit einem Sanskrit-Spezialisten zu diskutieren!). Sie haben einen vollkommenen, lebendigen Sinn. Sie wurden Millionen Male wiederholt – das ist keine Übertreibung –, sie entspringen dem Körper spontan.

Nach dieser Erfahrung *(vom 13. April)* war das der erste Klang, den der Körper wiedergab. Mit dem ersten Schmerz kam dieser Klang, somit ist er gut da drinnen verankert[1]. Er führt genau diese Schwingung des ewigen Lebens herbei: das erste, was ich in diesen Worten empfand, war eine starke, zuversichtliche und lächelnde Ruhe.

Ja, ich bin sicher, daß es sehr gut und hilfreich ist.

Das war's, mein Kind. Jetzt habe ich nichts mehr zu sagen. Ich schwatze vollkommen unnützes Zeug. Aber ... ich freue mich, dich zu sehen, und ich glaube, es ist nützlich.

Gut.

Ich bitte die Leute, dir gute Sachen zu essen zu geben! Ich weiß aber nicht, ob sie es tun ... Du mußt mit Freude essen. Wenn niemand es tut, werde ich sie dir wieder selber geben ...

---

1. In der Materie des Körpers.

Juni

2. Juni 1962

(Mutter kommt auf das vorhergehende Gespräch zurück, in dem sie nach den Gründen des Übergangs vom einen „Zimmer" ins andere suchte, vom schmerzbehafteten Zimmer in das wahre Zimmer: „Es gelingt mir nicht zu erfassen, wie es dazu kommt. Was passiert?")

Gestern nachmittag hatte ich eine Erfahrung, die vielleicht den Weg weist.

Es war eine sehr interessante Erfahrung, sicherlich für bestimmte Personen interessant, weil ich gewisser Reinkarnationen gewahr wurde. Ich war in einem Zustand, den man einen „Zustand des Wissens" nennen könnte, wo ich die Dinge mit Bestimmtheit wußte, ohne jeden Zweifel.

Es steht in Zusammenhang mit dem, was ich dir vor einigen Tagen sagte. Dabei war bemerkenswert, wie ich gewisse Leute besuchte, die auf der anderen Flußseite waren. Normalerweise war das Wasser dieses Flusses schmutzig, und er war nur mit einem Boot zu überqueren. Gestern befand ich mich aber in einem besonderen Zustand, wo ich mich einfach aufs Wasser setzte und sagte: „Ich will dorthin!" Und ganz selbstverständlich führte mich ein reiner, kristallklarer Wasserstrom dorthin, wo ich wollte. Das war ein sehr angenehmes Gefühl: ich saß lächelnd auf dem Wasser und ... brrt, wurde ich auf die andere Seite geführt. Ich sagte mir: „Ah, das ist gut! Wird das andauern?" Und wieder sagte ich: „Ich will dorthin!", das heißt zurückkehren, und ... brrt, kehrte ich zurück.

Dann erschien jemand ... In diesen „Träumen" kommen symbolische Personen vor. Sie scheinen aus Wesensteilen der mich umgebenden Menschen zu bestehen und sind mit mir aufgrund der gemeinsamen Arbeit und einer bestimmten Hilfe für die Arbeit verbunden. Es sind symbolische Persönlichkeiten und immer dieselben: da ist ein großer Schlanker, auch Kleine, Junge und Alte ... Ich kann nicht sagen: „das ist diese oder jene Person", aber IN dieser oder IN jener wird etwas wiedergegeben. Darunter ist jemand wie ein „großer Bruder", der in verschiedenen Umständen hilft. Zum Beispiel, wenn es dort ein Boot gäbe, würde der große Bruder es steuern. Er kam also auf mich zu und sagte: „Ja, ich weiß, wie das geht!" Er wollte es versuchen. Ich sagte aber: „Nein, nein, du Unglücklicher, du wirst alles verderben. Damit es geht, muß ich sagen: ICH WILL DORTHIN." Als er auf seine Art versuchte, mich über das Wasser zu bringen, wurde das Wasser trübe, und ich ging beinahe unter. Ich protestierte und sagte ihm: „Nein-nein-nein, das nicht, das geht überhaupt nicht! DAS (das heißt das Gefühl eines bestimmten höheren Willens, ich erklärte es aber nicht), DAS muß sagen: ICH WILL DORTHIN, und dann geht es."

Danach wechselte die Erfahrung, andere Dinge kamen. Aber was ich gerade erzählte, gehört gewiß zu der Erfahrung von neulich *(der beiden verschachtelten Zimmer),* weil beide zusammen kamen[1].

Das Wasser war so wirklich! Die Erfahrung war so real, daß ich die Frische des Wassers spürte. Es war das angenehme Gefühl, auf etwas sehr Weichem, sehr Schnellem und sehr Frischem zu sitzen, das mich wegtrug.

Das muß zu denselben Erfahrungen gehören.

Weil ich im Zustand des Wissens war, wußte ich plötzlich, wer sich in Leuten, die ich schon sehr lange kannte, reinkarniert hatte (damit hatte ich mich nie beschäftigt, es kam einfach so). Ich rief sie sozusagen bei ihrem anderen Namen ... In einem speziellen Zustand, ja, einem Zustand des Wissens, aber nicht des spirituellen Wissens sondern eines Wissens im Hinblick auf die materielle Welt. In diesen Visionen stellt das Wasser immer das Vital dar. Ist das Wasser harmonisch, heißt dies, daß das Vital harmonisch ist.

Das ereignete sich ungefähr um ein Uhr nachmittags, es war sehr lustig: wie auf einem Stuhl saß ich auf dem Wasser! Das Wasser war kristallklar, transparent, mit kleinen Wellen, und es hatte eine dunkelblaue Tiefe. Oben war es aber vollkommen klar und transparent, fast farblos. Als der „große Bruder" kam, der sich brüstete, das Überqueren auch zu beherrschen, und er mich übersetzen wollte, wurde es trübe, so wie das Wasser eines Flusses meistens ist, unsauber, gelblich oder grau.

Das muß die Fortsetzung der Erfahrung von neulich gewesen sein. Ich begann den Schlüssel zu finden.

Aber was stellt dieser „große Bruder" dar?

Ich glaube, es ist das materielle Wissen, das heißt der höhere Gebrauch des physischen Mentals, das den Zugang zum wahren Zimmer verhindert[2]. Denn ich erklärte ihm, daß ich nur sagen mußte: ICH WILL DORTHIN (das war ein kristallklarer, zwingender Wille, der von

---

1. Das heißt der klare Fluß und der trübe Fluß, das schmerzliche Zimmer und das wahre Zimmer. Später präzisierte Mutter: „Das Wasser war im gleichen Augenblick entweder so oder so – ich veränderte nicht meinen Platz, sondern der ZUSTAND änderte sich."
2. Mutter betonte: „Jene, die sich des Mentals bedienen, um zu erkennen, können das wahre Zimmer nicht betreten – das ist offensichtlich."

ganz oben kam). „Ich muß sagen: ICH WILL DORTHIN – nicht so, nicht mit deinen Mitteln!" *(Mutter lacht)*

*
* *

(Etwas später, über Mutters Ausruf: „Wenn wir nur den Mechanismus finden könnten!")

Es ist weder ein „Trick" noch ein Dreh, es liegt dazwischen.
Es gibt Kästchen, die man nur auf eine bestimmte Art öffnen kann. Kennt man diese Art nicht ... Auch Schranktüren ... Es ist nicht sichtbar. Es ist wirklich ein Trick. Hier ist es aber mehr als ein Trick, es ist ein sehr subtiler Mechanismus. Als käme man sehr nahe an etwas heran: „Ah!" Plötzlich ist es da.

*
* *

(Dann kommt Mutter auf einen Abschnitt des vorhergehenden Gesprächs zurück, in dem sie sagte: „Ich will es nicht für mich allein finden ... jedesmal, wenn ich in dem Zustand bin, verbreite ich ihn.")

Wenn ich dort bin, kommt sofort dieser Wille, daß sich das so weit wie möglich ausbreite, daß dieser Zustand allen, die mir auf irgendeine Weise nahe sind, vom Materiellen bis zum Spirituellen, zugute kommen möge. Dies ist die erste Bewegung, und so erreicht mich wahrscheinlich die Ansteckung des falschen Zimmers.
Das ist es wahrscheinlich. Auf jeden Fall ist es erforderlich.

Sind wir denn etwas empfänglich für deine Arbeit?

Ich hatte Beispiele von Leuten, die völlig unerwartete Erfahrungen machten, in keinem Verhältnis zu ihrem gewöhnlichen Bewußtseinszustand. Offensichtlich sind ihre Erfahrungen das Ergebnis davon. Leute, die ich nicht nenne, weil das nicht sehr nett wäre (denn man erwartete diese Erfahrungen wirklich nicht!). Das ist es sicherlich.
Ja, es hat eine Auswirkung – in der Ferne und hier in der Nähe. Jene, die sehr nahe sind, scheinen nicht die Empfänglichsten zu sein! Aber hier ist es eine viel komplexere und SOLIDERE Aktion, das heißt anstelle einer plötzlichen Erfahrung, die ohne jedes Verhältnis zu ihrer Verfassung wäre, wie ich es sagte, BAUT man mehr und mehr ... Ich befinde mich ständig in Bauwerken, riesigen Konstruktionen, die entstehen. Letzte Nacht war es so. Ich mußte durch Zement waten – sozusagen im Brei. Dann begegnen mir die verschiedensten Leute,

die mehr oder weniger auch symbolisch sind, die aber mitunter die Züge von jemandem haben. Das ist eine WELT von Umständen, die nebensächlichsten Einzelheiten sind symbolisch – ich erinnere mich an alles. Man müßte eine ganze Welt anscheinend uninteressanter (das heißt äußerlich nicht interessanter) Einzelheiten erzählen, das gibt mir aber in jeder Hinsicht den Schlüssel zur gegebenen Situation der entstehenden Welt.

Fast die ganze letzte Nacht verbrachte ich in einem derartigen Gebäude. All die Leute, die helfen, waren symbolisch dort vertreten. Das ist stets materiell: Leute, die materiell entweder durch eine Arbeit oder mit Geld helfen ... Ich erinnere mich, in dieser Nacht fiel mir eine Person auf (es gab noch viele, viele Hindernisse), aber als ich kam, war immer etwas oder jemand da, und es ordnete sich. Ganz im Gegensatz zu den Träumen, von denen ich vor einigen Tagen sprach: jede Schwierigkeit ordnete sich, sobald ich hinkam. Dann kam ich an eine Stelle, die schwierig zu überqueren war (man kletterte über schlüpfrige Gerüste), da stand plötzlich ein Mann vor mir (es war kein Mann, wahrscheinlich war er ein Symbol, es könnte aber jemand sein), der Maurermeister war (beim Erwachen heute morgen dachte ich an die Freimaurerei und an ihr Symbol; ich sagte mir, vielleicht muß man es so deuten?). Er war einer der Arbeiter. In meiner Nähe waren auch Leute, die zur Überwachung, Beobachtung und Führung da waren und die sich für sehr überlegen hielten ... aber sie halfen nie aus den Schwierigkeiten heraus. Sie schufen eher neue, als daß sie halfen. Dieser Maurermeister war vielleicht fünfzig – eine stattliche Erscheinung. Das Gesicht eines Arbeiters, aber schön, konzentriert. Er ordnete eine Situation sehr wirksam und mit großer Sorgfalt (eine Stelle, die es zu überqueren galt), wirklich gut. Als das beendet war und ich meinen Weg fortsetzen konnte, kam etwas wie ein Anflug von Liebe ohne Gesten oder Worte, die zu ihm ausging und ihn erreichte – er spürte es, er empfing es. Sein Gesicht strahlte, und er sagte mir (ich weiß nicht, in welcher Sprache, denn es waren keine Worte, die ich hörte), aber er sagte mir in einer wunderbaren Demut, er flehte mich an: „Bitte, lassen Sie mich diese Minute nie vergessen. Sie war für mich die schönste meines Lebens." (Ich übersetze es. Er sagte das, ich weiß aber nicht in welcher Sprache.) Das war eine so starke Erfahrung! Seine Demut, seine Aufnahmefähigkeit, seine Antwort waren so wunderbar, so rein, daß es mir beim Erwachen, als ich aus dieser Erfahrung kam, einen absolut bezaubernden Eindruck hinterließ.

Vielleicht gibt es hier jemanden, der einen Teil davon verkörpert – eine schöne Erscheinung ... Ein Mann in den fünfziger Jahren. Wahrscheinlich ist es symbolisch ... manchmal werden diese

Persönlichkeiten mit den Zügen von mehreren anderen geschaffen, um anzudeuten, daß es sich um einen Bewußtseinszustand handelt und nicht um eine Individualität. Sehr selten ist es eine Einzelperson: es ist ein Bewußtseinszustand.

Diese Erfahrung hinterließ eine wirkliche Zufriedenheit in mir, ein Gefühl der Fülle – seine Arbeit war vollkommen, und seine Antwort auf die göttliche Kraft, die Gnade, die zu ihm ausging, war wunderbar ... Vielleicht war es ein Zusammenspiel[1], vielleicht war es jemand – ich weiß es nicht. Das geschah letzte Nacht.

Das war sehr interessant, denn ich hatte dir ja von all den Schwierigkeiten in den anderen nächtlichen Visionen erzählt. – Dies war das genaue Gegenteil: ich war an einem Ort, der sehr kompliziert und voller Hindernisse und Schwierigkeiten war, aber jedesmal, wenn ich erschien, war jemand oder etwas da, das alles in Ordnung brachte, und so konnte ich weitergehen. Es ordnete sich automatisch. Der Eindruck einer Macht, die alles in Ordnung bringt. Ich erinnere mich auch daran, als ich mich vor dieser beträchtlichen Schwierigkeit befand und der Maurer kam, war jemand an meiner rechten Seite (der übrigens einen dunklen Mantel trug und der sehr „offiziell" war), der dachte (es war eher eine Gedankenverbindung als Worte): „Ach, sie nimmt immer die Hilfe der Arbeiter anstatt ..." Ich antwortete: „Die Arbeiter sind tüchtiger und guten Willens ..." (du kennst die Geschichten der „Kasten" oder der „Gesellschaftsschichten", der „sozialen Schichten"), ich sagte: „Die Arbeiter haben ein einfaches Herz, sind leistungsfähiger in ihrer Arbeit und williger als die Leute, die zu wissen glauben!" Das war interessant; ich hatte also gestern zwei besondere Erfahrungen hintereinander.

Die Erfahrung vom Nachmittag war sehr komisch, denn ich kümmerte mich gerade um die Arbeit (für eine der Abteilungen organisierte ich alles, ich erinnere mich nicht mehr, für welche), dann sagte ich der Person, mit der ich sprach: „So, jetzt gehe ich zu meinen Vettern." Als ich jung war, war da der Bruder meines Vaters mit einer sehr großen Familie, einer stattlichen Anzahl Kinder, was in Frankreich selten ist, und ich hatte einen älteren Vetter, er war der Älteste der Familie. Er war Ingenieur, ich weiß nicht mehr, in welcher Branche, vielleicht im Straßen- oder Maschinenbau (er war auch ein begabter Chemiker). Dieser Junge mochte mich sehr. Er ging als Offizier in den Krieg und zog sich dabei eine Krankheit zu, ich weiß nicht mehr welche. Er starb ungefähr 1915, als ich wieder nach Frankreich kam. Und in meiner Erfahrung von gestern nachmittag war meine Einstellung gegenüber

---

1. Ein Zusammenspiel von mehreren Personen, in einer vereinigt.

einer Familie HIER absolut wie die Beziehung zu diesen Leuten damals, als ich jung war. Vor allem mit dem Vetter (die anderen waren verschwommener, wie ein *background*, wie der Hintergrund des Gemäldes dieser Erfahrung). Ich sagte: „Ich will sie besuchen" – sie haben hier ein sehr schönes Anwesen, auch damals hatte diese Familie ein schönes Anwesen in Frankreich (sie hatten das Schloß der Madame de Sévigné in Sucy, in der Nähe von Paris, ein sehr schöner Ort). Das war aber so konkret! (Es geht nicht durch den Kopf, da war kein Gedanke: es war ein Gefühl). Ich sagte: „Jetzt muß ich sie besuchen." Im ersten Augenblick, als ich meine Vision hatte, sagte ich mir: „Werde ich verrückt? Sind sie wirklich hier in Pondicherry?" – dieser Onkel, mit dem ich nur eine sehr entfernte Verbindung hatte und dieser Vetter, den ich nicht häufig sah, von dem ich aber wußte, daß er nett und zuverlässig war – ich fragte mich: „Sind sie wirklich hier?" ... Das war ein sehr merkwürdiges Gefühl (der Kopf arbeitete überhaupt nicht: nur das GEFÜHL). Ich besuchte also diesen „Cousin". Auf dem Weg dorthin mußte ich das Wasser überqueren, und da hatte ich diese Erfahrung. Bei meiner Rückkehr und nach der Diskussion mit dem „spirituellen Bruder", dem ich eine Abfuhr erteilte (ich sagte ihm: „Verschwinde, ich brauche dich nicht!"), fand ich mich am Ufer wieder. Ich sammelte mein Bewußtsein und sagte mir: „Ich muß klar sehen!" Dann erkannte ich, daß sich dieser Cousin hier in jemandem inkarniert hatte. Ich sagte: „Sieh an, das ist eigenartig!" ... Dieser Cousin, der während des Krieges frühzeitig starb. Es stimmte überein.

Es ist aber ein besonderer Zustand: kein mentaler Eingriff, man erlebt die Dinge mit BESTIMMTHEIT, so wie man sie physisch erlebt – wie das in physischer Hinsicht ein Tisch ist *(Mutter klopft auf den Tisch)*. Diese Art Wahrnehmung ist bestimmt. Entschlossen sagte ich: „Ich besuche meine Cousins." Die Schwingung der Beziehung war absolut bestimmt – es wurde überhaupt nicht gedacht. Es war auch keine „Erinnerung": Man „erinnert" sich nicht, sondern es ist lebendig da. Ein eigenartiger Zustand. Ich war mehrere Male in diesem Zustand. Wenn ich in diesem Zustand bin, weiß ich, daß dies der Zustand sein muß, in dem sich die Leute befinden, die wissen, was sich ereignen wird, die weissagen – es bestand kein Zweifel. Überhaupt keine Einmischung der Gedanken. Absolut nichts Intellektuelles: nur vital-physische Schwingungen, und man weiß. Da fragt man sich nicht einmal, warum man es weiß, nein: es ist vollkommen offensichtlich. In diesem Zustand sah ich die Reinkarnation dieses Cousins, deshalb bin ich mir der Sache sicher. Gott weiß! *(Mutter lacht)* Als ich sie verließ und alles mit dem gewöhnlichen Bewußtsein zu betrachten begann, sagte ich mir: „Hätte ich das je gedacht!" Es war meilenweit von meinen

Gedanken entfernt. Ich dachte nie an diesen Cousin. Er war ein lieber Junge, aber ich beschäftigte mich nicht mit ihm. Er nahm keinen Platz in meinem aktiven Bewußtsein ein.

Das ist komisch.

Nun, mein Kind, wenn du solche Nächte haben könntest, wäre das interessant!

Da muß ein Loch sein.

Ja, ich weiß. Zwischen zwei Teilen deines Bewußtseins besteht ganz einfach eine Lücke, und wenn dein Bewußtsein dort hindurchgeht, verliert es alles, was auf der anderen Seite passierte ... Als fiele man in ein Loch!

Man braucht sehr lange, um das aufzubauen. Es muß aber möglich sein, einen Weg zu bereiten – das suche ich gerade.

Gibt es keine praktische Methode?

Eine praktische Methode, ja.

Zuerst auf der materiellsten Ebene: sich NIEMALS BEWEGEN, wenn man erwacht. Der Körper muß geschult werden ... Weißt du, nicht einmal den Kopf bewegen *(Mutter dreht den Kopf)*. Vollkommen reglos bleiben. Zwischen Schlaf und Wachzustand verharren, mit einem sehr RUHIGEN Willen, sich zu erinnern.

Das kann sofort glücken, es kann aber auch lange dauern.

Dies ist jedoch elementar aus rein materieller Sicht: Wenn du beim Erwachen auch nur den Kopf bewegst, vergeht alles. Man muß so verharren, sich nicht bewegen. Dann eine friedliche Konzentration und abwarten.

Erinnert man sich manchmal an ein Wort, eine Geste, eine Farbe oder ein Bild, dann muß man sich daran heften, ohne sich zu bewegen.

Manchen Leuten gelingt das sofort, bei anderen dauert es länger. Man erlernt es aber. Man muß eine Brücke bauen.

Dann darf man es nicht eilig haben, vor allem sich nicht sagen: „Oh, ich werde zu spät sein ..." Verharren, als hätte man die Ewigkeit vor sich.

6. Juni 1962

Hast du letzte Nacht nichts gesehen, nichts empfunden?

?

Ich frage dich, weil ich es diese Nacht versuchte. Es war gegen vier Uhr morgens, ich konzentrierte mich, eben um zu versuchen, die Verbindung herzustellen [zwischen Satprems wachem und dem anderen Bewußtsein]. Hast du nichts empfunden?

Es ist sehr vage.

Es ist eine andere Art, sich zu erinnern, daran liegt es.

Für jemanden, der es nicht gewohnt ist, muß es einen verschwommenen Eindruck machen ... Wenn man sein Bewußtsein nach innen richtet, was man unter „sich konzentrieren" versteht (zum Beispiel zum Meditieren oder um sein Japa zu machen), diese Bewegung der Verinnerlichung, die für das äußere Bewußtsein so scharf wirkt, ist als betrete man etwas ... es ist nicht „rauchig", weil es nicht dunkel ist, aber wattig: der Eindruck von etwas ohne Kanten, ohne genaue Abgrenzung. Hast du diesen Eindruck nicht, wenn du dich konzentrierst?

Wenn ich mich konzentriere, sehe ich nichts.

Nicht sehen: fühlen.

Alles ist anders. Nicht das physische Gefühl, sondern das Empfinden. Alles ist Empfinden.

Auch jetzt setzte ich mich und wartete auf dich. Ich kann keine Sekunde unbeschäftigt bleiben, ohne mich sofort nach innen zu wenden – anstatt nach außen gerichtet zu sein, ist das Bewußtsein nach innen gekehrt. Ich beobachtete, daß der Körper, als er saß und wartete, den Eindruck hatte, in etwas Weiches, Wolliges, Abgerundetes eingedrungen zu sein, etwas, das *soft* [sanft] war. In beiden Fällen bewegte ich mich nicht. Ich saß so und wartete. Es ist, als ginge man von etwas Trockenem, Reinem, Genauem (weder ein Gedanke noch eine Vision – vergiß diese beiden: reines Empfinden), von etwas Trockenem, Genauem, Bestimmtem in etwas Weiches, Cremiges ... in einen weißen und klaren Rauch – auch nicht grell weiß: weich, klar, rein, und dann ein Friede ... ja, als könnte nichts in der Welt sich diesem Frieden widersetzen.

Das dauerte den Bruchteil einer Sekunde, um sich einzustellen: ich saß und wartete auf dich, ich dachte, daß du kommen würdest, die Tür öffnete sich aber nicht, und da machte der Körper automatisch so

(Geste der Wende nach innen). Da es sehr plötzlich geschah, wurde mir der Unterschied der Körperempfindung klar ... In seiner gewöhnlichen Empfindung herrscht ein ungeheurer Wille – sehr ruhig, sehr friedvoll, keine Hetze, keine Spannung, aber ein Wille, der fast hart ist, weil er direkt, klar, konzentriert ist. Nicht konzentriert: geballt. Der Körper wird davon geführt, er gehorcht dem. Wenn es nicht dieser Zustand ist, ist es der andere: weich, cremig, *soft*, wollig, und dann ein Friede! ... Nichts in der Welt scheint ihn stören zu können.

Weil es nur eine Sekunde oder den Bruchteil einer Sekunde dauerte, konnte ich beide beobachten.

Soweit ich mich erinnere (ich erinnere mich nie sehr genau), könnte man sagen, daß ich mich zu Beginn dieser angeblichen Krankheit ständig in diesem verschwommenen Zustand befand – alles: die Leute, die Dinge, das Leben, das Universum, alles war so. Es gab nur diese so weiche, einhüllende Schwingung. Es ist geblieben, es ist da.

Ich brauche keine Zeit dazu. Der Zeitfaktor spielt keine Rolle – das ist eine Art innerer Entschluß: so oder so *(Mutter dreht ihre beiden Handfläche nach innen oder nach außen).* Die Leute sagen: „Ach, Sie haben gewartet!" – Nein, ich warte nie; dies oder das, die Aktion oder eine Glückseligkeit im Frieden *(dieselbe Geste).* Ich spreche vom Körper, nicht vom Geist – der Geist ist woanders. Der KÖRPER ist so.

Dann die Nächte! ... Ich erzählte dir das: Nächte wie die von vorgestern mit Visionen, Handlungen ... Diese Nacht verging, und ich hatte das Bewußtsein nie verloren, ich hatte nicht den Eindruck, auch nur eine Minute geschlafen zu haben. Es war so *(beide Hände über dem Kopf geöffnet),* in einer Unendlichkeit der Zeit. Hin und wieder schaue ich auf die Uhr (plötzlich zieht mich etwas, und ich sehe auf die Uhr), dann sind zwei Stunden verflogen, zweieinhalb Stunden – wie eine Sekunde. Hätte man mich gefragt, ob ich geschlafen habe, das heißt, ob das Bewußtsein eingeschlafen sei: nicht eine Sekunde. Das Gefühl der Zeit verschwindet vollkommen, in einer ... Es ist eine innere Unbewegtheit, aber eine bewegte Unbewegtheit!

Wenn das so weitergeht, stecken sie mich in eine Gummizelle.

Es ist eigenartig.

Ich hatte beschlossen, dir nichts zu sagen, weil ich nichts zu sagen habe – es ist etwas, das Zeit braucht, um sich zu klären –, aber als ich gerade auf dich wartete, ereignete sich das. Da sah ich es mir an. Oben beobachtete etwas das, was sich im Körper ereignete, als ob es den Körper aufforderte: „Laß uns sehen: Wie fühlst du?" Er fühlt, wie ich es dir beschrieb.

(Schweigen)

Ich übersetze gerade *Der Yoga der Selbst-Vollendung*: was der Körper sein und werden muß, um Instrument zu sein. Es ist beeindruckend.

Es ereignete sich aber etwas, sozusagen ohne daß ich es wahrnahm. Früher, vor dieser Erfahrung *(vom 13. April)*, fühlte der Körper den Kampf gegen die Kräfte der Abnutzung (die verschiedenen Organe, die sich abnutzen und die zum Beispiel ihre Widerstandsfähigkeit und ihr Reaktionsvermögen verlieren, wie es immer schwieriger wird, bestimmte Bewegungen durchzuführen). Er fühlte das, obgleich das Körperbewußtsein überhaupt kein Gefühl des Alterns kennt, überhaupt nicht – das existiert nicht –, tatsächlich gab es eine völlig materielle Schwierigkeit... Jetzt könnte man sagen, daß für die gewöhnliche, äußere, oberflächliche Sicht eine enorme Verschlechterung eingetreten ist, aber der Körper empfindet das überhaupt nicht! Er fühlt, daß diese Bewegung oder jene Anstrengung, diese Geste, jene Handlung der Welt der Unwissenheit angehören und nicht auf die wahre Art ausgeführt werden: es ist nicht die wahre Bewegung, es wird nicht auf die wahre Weise ausgeführt. Es ist nicht so, wie es sein sollte. Er hat das Gefühl oder die Wahrnehmung, daß dieser sanfte, kantenlose Zustand, von dem ich sprach, sich auf eine bestimmte Weise entwickeln und körperliche Wirkungen hervorbringen muß, die die wahre Handlung, den Ausdruck des wahren Willens erlauben. Vielleicht äußerlich die gleiche Sache (das weiß ich noch nicht), aber anders ausgeführt. Ich spreche vom alltäglichen Tun jeder Minute – aufstehen, gehen, sich waschen –, keine großen Dinge. Das Gefühl der Unfähigkeit gibt es überhaupt nicht mehr, aber ein Gefühl ... (wie soll ich sagen?) *an unwillingness* [ein Widerwille] – eine Weigerung des Körpers, die Dinge auf die alte Art auszuführen.

Ein neuer Weg muß gefunden werden.

Es geht nicht darum, es mit dem Kopf „zu finden" – eine Art, die irgendwo ENTSTEHT.

Ich spreche von banalen Dingen, vom Zähneputzen zum Beispiel: wie ich mir jetzt die Zähne putze und wie ich es früher tat, da ist ein Unterschied. (Ich nehme an, daß es äußerlich gleich sein muß.)

Jetzt habe ich auch Schwierigkeiten, ja fast einen Widerwillen, die Dinge so zu betrachten, wie die anderen sie sehen. Mir fällt es schwer, es ist nicht spontan. Ich müßte mich anstrengen, und das will ich nicht.

Was den Kopf betrifft, so hat er gelernt, ruhig zu bleiben ... Ich gehe morgens und nachmittags auf und ab, während ich das Mantra wiederhole, so wie ich es vorher tat. Vorher mußte ich aber die Gedanken vertreiben und mich konzentrieren und bemühen. Jetzt kommt dieser Zustand, der alles einnimmt – den Kopf, den Körper, alles –, und dann gehe ich in diesem wattigen Traum (wattig ist nicht das richtige Wort, aber ich finde nur das). Das ist wohltuend, weich, ohne Kanten ... und geschmeidig. Keine Widerstände ... Ach, dieser Friede! ...

So ist es, mein Kind.

(Mutter sieht Satprem an) Kann ich dich nicht etwas „anstecken"? Ich versuchte es vergangene Nacht. Ich werde es weiter versuchen. Was hast du um vier Uhr heute morgen gemacht? Geschlafen?

Ja.

Wann stehst du auf?

Ungefähr um sechs.

Wir werden sehen ...

Wenn ich mich nach innen zurückziehe, habe ich aber überhaupt nicht dieses Gefühl [vage, wollig].

Empfindest du nichts?

Überhaupt nichts. Im Gegenteil, ich habe das Gefühl ... wie Kristall. Das ist alles. Du hast mir einmal gesagt, ich sei in einer Glasstatue eingeschlossen, erinnerst du dich? Das ist genau mein Eindruck. Es ist klar, sehr klar, aber da ist nichts.

Das ist eine mentale Verinnerlichung.

Oh, ja! Es ist sehr klar, sehr klar, sehr hell – ein wenig hart. Wenn du wüßtest, wie hart mir jetzt alles erscheint ...

Wenn ich den Zustand wechsle, habe ich plötzlich den Eindruck, daß mein Körper von Reibeisen, von Holzstücken umgeben ist ... Dabei liegt er sehr bequem auf Federkissen gebettet.

(Schweigen)

Ich weiß nicht, es müßte eher eine KRAFT *sein als ein Bewußtseinszustand – eine Kraft, die die Dinge* ÄNDERN *kann ... Anstatt die Handlung zu ändern, müßte es eine Kraft sein, die die Materie ändert, sie mehr*[1] *...*

Mein Kind, alles ist Kraft! Das Leben ist eine Kraft – ohne Kraft kein Leben.

Ja, ich will sagen: Anstelle von etwas Subjektivem oder etwas, was du „verspürst", müßte es eine Kraft sein, die zum Beispiel diese materielle Härte in etwas Weiches verwandelt.

---

1. Als Satprem diese Frage stellte, dachte er an das Beispiel von Madame Theon, die ihre Sandalen kommen ließ, anstatt sie zu holen.

Ich habe mich nicht verändert.

Ich habe mich nicht verändert, das ist es. Wenn sich etwas verändert hätte, würde es nicht wiederkommen, aber es besteht gleichzeitig. Es ist gleichzeitig zugegen[1].

Ließe es sich verändern, hätte es sich schon LANGE geändert *(die Materie)*.

(Schweigen)

Ich erinnere mich, irgendwo einen Abschnitt bei Sri Aurobindo gelesen zu haben, wo er von den philosophischen oder spirituellen Theorien spricht, nach denen es nur eine Seele oder einen *Purusha* gibt (ich weiß nicht mehr, wie er es nannte). Und nur sie habe die Erfahrung der gesamten Entstellung und auch die der Rückkehr. Mit unbestreitbarer Logik wurde gesagt, wenn es EINE Seele gibt, ist es von dem Augenblick an, wo etwas beherrscht wurde – sei es ein Individuum, eine Welt, ein Gott oder eine Ameise, das ist unwichtig –, von dieser Minute an, wo die Kraft existiert, die Entstellung in die Wahrheit zu verwandeln, ist es getan! Das muß automatisch Anwendung finden.

Man hat weiter geglaubt, daß die Leute diese Rückkehr vollzogen hatten, weil sie sie lebten und beschrieben, und daß alles übrige trotzdem fortbesteht, koexistiert. Demzufolge ist es ...

Etwas anderes.

(langes Schweigen)

Wird es immer eine Welt geben, so wie sie ist?

(Schweigen)

Alles ändert sich ja, aber nichts vergeht. Denken wir in der üblichen Form, haben wir den Eindruck, daß sich der gegenwärtige Zustand der Welt ändert und durch einen anderen ersetzt wird. Andererseits wissen wir aus Erfahrung, daß alles, was ist, ewig ist ... Folglich?

(langes Schweigen)

Man kann sich sehr wohl eine Welt vorstellen, in der man in dem Zustand lebt, von dem ich sprach, der sich nach seinen normalen Gesetzen entwickeln würde. Aber würde die Existenz dieser Welt die andere aufheben?

Siehst du, da stehen wir vor einem ungelösten Problem.

---

1. Mutter scheint sagen zu wollen, daß der harte Zustand und der Zustand ohne Kanten nebeneinander bestehen, wie die beiden „Zimmer" oder die zwei Flüsse.

Ja, aber die andere Welt, die du dir vorstellst, wäre das eine subjektiv verschiedene Welt, oder wären die materiellen Eigenschaften anders?... Wäre es nur durch unsere subjektive Wahrnehmung eine andere Welt, weil wir es denken, oder ...

Die Kraft ... logischerweise hat man eine Macht über die Dinge.
Ich bin (wie soll ich sagen?) dabei und dicht am Ziel. Man muß aber Beweise haben – ja, Beweise. Für EINEN SELBST ist unbestreitbar, daß die Dinge sich ändern – ich hatte einige BLITZE einer objektiven Änderung: nicht in bezug auf mein Bewußtsein, sondern eine Änderung, die vom Bewußtsein anderer wahrgenommen werden kann. Es ist aber wie ein Blitz. Dann sage ich „Ah!" Während ich das sage, ist es auch schon vorbei. Folglich kann man nicht darüber sprechen.

Die Ereignisse kann man ändern. Überall, wo dieser Bewußtseinszustand eindringt, kann man die Dinge ändern – dafür habe ich Hunderte und Aberhunderte von Beispielen, wie ich auch die Erfahrung machte, den Bewußtseinszustand der Leute und die Umstände zu ändern, die ja das Ergebnis dieses Bewußtseinzustandes sind[1]. All das gehört in den Bereich des psychologischen Lebens. Ich spreche aber von dem *(Mutter klopft energisch auf den Tisch).*

Da gibt es das Beispiel von Madame Theons Sandalen, die herbeieilten und sich an ihre Füße legten, anstatt daß die Füße in die Sandalen stiegen – das gehört aber in einen anderen Bereich. Man könnte das nicht als „natürliches Phänomen" bezeichnen: sie richtete ihren Willen und ihren Einsatz darauf, und die Substanz der Sandalen wurde empfänglich. Beweist das, daß die Welt so wird?... Ich weiß es nicht.

Zwei- oder dreimal sah ich blitzartig etwas, das sich zeigte, das sich verschob. Aber kaum wurde es wahrgenommen, war es auch schon vorbei. Das heißt, daß ich nicht weiß, ob es nicht nur subjektiv ist. Um sicher zu sein, muß es von einem anderen bestätigt werden.

Wir werden sehen, Geduld!

Nun, mein Kind, was machst du? Heute hast du keine Arbeit, es ist nur Geschwätz.

Aber es ist doch interessant!

Hast du dein Buch begonnen?

---

1. Mutter nennt das „den Bewußtseinszeiger verschieben": „Wenn die Leute deprimiert oder verzweifelt zu mir kommen", hatte sie mir einmal erzählt, „reicht es aus, den Bewußtseinszeiger ganz wenig zu verschieben, dann verlassen sie mich glücklich. Aus Gewohnheit kehrt es aber leider zurück." (siehe *Agenda* vom 25. Februar 1958, Band 1, Seite 145).

Nein. Ich muß darüber nachdenken, mich konzentrieren. Dazu brauche ich Zeit.

*
* *

Etwas später, am Ende des Gesprächs:

Kind, wenn du dich hinlegst und bevor du einschläfst, denke ganz einfach kurz an mich und habe den Willen, das zu empfangen, was ich dir schicke – nur einige Sekunden, bevor du einschläfst. Das ist alles. Du brauchst dich nicht zu konzentrieren und dich am Einschlafen zu hindern – nur kurz den Willen zu formulieren, und dann schläfst du. Denn ich versuche es wirklich!

Natürlich versuchst du es! ... Ich klage niemanden an, es liegt eher an mir, weil ich verschlossen bin.

Das liegt weder an dir noch an mir oder Peter, Paul oder dem Herrn – es ist so. Es hat einen Grund, und wir sind zu schwerfällig, um ihn zu kennen.

Ja, aber der Grund läßt lange auf sich warten. Ich habe den Eindruck, daß das eines Tages zerbricht.

Ja!

Vielleicht zerbricht es aber nicht in der richtigen Richtung ... Eines Tages werde ich alles zum Teufel jagen.

Nein, genau das behindert. Es ist eine Verhärtung.

Mein Kind, wenn du wüßtest, wie hart die Dinge in den Wesen werden können! Wie habe ich kämpfen und kämpfen und kämpfen müssen ... Diese Erfahrung *(vom 13. April)* hat die Arbeit getan, sonst war es ein Kampf in jeder Minute. Das Leben macht einen eisern *(Mutter schließt ihre Faust)*.

Und das ist geschehen. Das ist geschehen.

Wir werden es versuchen! *(Mutter lacht)*

Auf Wiedersehen, mein Kind!

9. Juni 1962

(Während des vorhergehenden Gesprächs dachte Satprem an eine objektive Änderung anstelle einer subjektiven oder einer bloßen Änderung der Einstellung gegenüber den Dingen, die die Materie der Dinge ändert, ihre Härte zum Beispiel. Hier erläutert Mutter ihre Antwort, nämlich, „wenn die Materie sich ändern ließe, hätte sie sich schon seit langem geändert" – eine Antwort, die auf den ersten Blick jede Hoffnung auf Transformation zunichte zu machen scheint.)

Da gibt es nichts zu ändern! – Die Verbindungen ändern sich.

Nehmen wir als Beispiel das, was die Wissenschaft beim sogenannten Aufbau der Materie herausgefunden hat. Als sie zum Aufbau des Atoms kamen, gab es da nichts zu ändern. Zu ändern ist da nichts! Das grundlegende Element ändert sich nicht, nur die Verbindung ändert sich.

Für alles gibt es nur ein einziges Grundelement; alles spielt sich in den VERBINDUNGEN ab[1]. Für die Transformation ist es genau das gleiche.

Du sprichst von „Kraft", aber gerade ...

(langes Schweigen)

Dieser Begriff „subjektiv" und „objektiv" gehört NOCH der alten Welt und den drei Dimensionen an, höchstens den vier Dimensionen ... Es ist ein und dieselbe Kraft, die die Verbindungen ein und desselben Elements ändert – um es ganz einfach zu sagen –, es ist dieselbe Kraft, die die subjektive Erfahrung UND die objektive Verwirklichung ergibt. Man könnte sagen, es ist nur die Frage einer mehr oder weniger großen Totalität der Erfahrung. Wäre es eine totale Erfahrung, so wäre es die Erfahrung des Höchsten, und sie wäre universell.

Ergibt das einen Sinn, was ich sage?

Alles läuft fast auf die Fähigkeit hinaus, die Erfahrung auszubreiten oder alles in die Erfahrung EINZUBEZIEHEN (was das gleiche ist). Man muß vergessen, daß da die eine Person oder die andere Person, eine

---

1. Der einstimmige Ruf der Physiker der Materie im Jahr 1979 war, daß die mathematischen „Modelle" der Teilchenstruktur der Materie zu komplex geworden sind: „Es gibt zu viele Arten Quarks (hypothetische Elementarteilchen und „letzte" Bestandteile der Materie), und viel zu viele ihrer Aspekte sind nicht beobachtbar". Die Wissenschaft verspürt die Notwendigkeit einer einfacheren Arbeitshypothese. Von daher ergibt sich der dringende Wunsch der Physiker nach einem neuen, vereinfachenden und einheitlichen Begriff, der die Materie ohne Rückgriff auf „nicht Beobachtbares" erklärt. Vielleicht liegt dieser „Begriff" als Keim in diesem kurzen rätselhaften Satz von Mutter: „Für alles gibt es nur ein einziges Grundelement; alles spielt sich in den Verbindungen ab."

Sache oder eine andere Sache ist – stell dir vor (wenn du es nicht konkret realisieren kannst, stell es dir vor), daß es nur EINE äußerst komplexe Sache und eine Erfahrung gibt, die sich an einem Punkt ereignet und sich wie ein Ölfleck ausbreitet oder alles in sich einbezieht, je nachdem. Das ist eine sehr vage Darstellung, aber nur so versteht man es. Die einzige Erklärung der „Ansteckung" ist die Einheit.

Der Unterschied liegt in der Kraft. Je größer die Kraft ist, so könnte man sagen (das sind alles sehr unbeholfene Worte), desto verbreiteter ist die Erfahrung. Die Größe der Kraft hängt vom Ausgangspunkt ab. Geht sie vom Ursprung aus, so ist die Kraft sozusagen universell (gegenwärtig beschäftigen wir uns nur mit einem Universum), sie ist universell. Diese Kraft offenbart sich von Stufe zu Stufe, und sie konkretisiert und beschränkt sich: auf jeder Stufe verringert sich die Reichweite. Wenn eure Kraft vital ist (oder „pranisch", wie man hier dazu sagt), ist das Aktionsfeld irdisch: manchmal ist es auf einige Individuen begrenzt, manchmal ist es nur eine Kraft, die in einem kleinen Wesen handeln kann. Es ist aber DIESELBE ursprüngliche Kraft, die in DERSELBEN Substanz wirkt – ich kann es nicht sagen, es gibt keine Worte dafür, ich fühle es aber genau.

Ich kann bestätigen, daß dieser Begriff von „subjektiv" und „objektiv" noch der Welt der Illusion angehört. Der INHALT der Erfahrung kann mikroskopisch oder universell sein, gemäß der Qualität der zum Ausdruck kommenden Kraft oder des Ausstrahlungsfeldes der Kraft. Denn es kann eine gewollte und beschlossene Beschränkung sein, keine auferlegte. Daher kann es eine gewollte Beschränkung sein. Das heißt, daß der Kraft-Wille aus dem Ursprung kommen kann, aber freiwillig sein Aktionsfeld begrenzt. Es ist jedoch dieselbe Kraft und dieselbe Substanz.

Im Grunde gibt es nur eine Kraft und eine Substanz. Es gibt unzählige Ausführungsarten, Modalitäten der Kraft und der Substanz, aber nur EINE Kraft und EINE Substanz, wie es nur EIN Bewußtsein und EINE Wahrheit gibt.

> *Ja, aber wenn du sagst, daß sich „nur die Verbindung ändert", handelt es sich trotzdem um eine Subjektivität (ich verwende dieses Wort, weil es kein anderes gibt). Kommt man aber zur Tatsache der Transformation, zum Beispiel der physischen Unsterblichkeit des Körpers, ist es doch etwas anderes als nur eine einfache innere Änderung der Verbindungen? Denn letztlich muß sich DIE MATERIE transformieren. Somit ist es eine Kraft über die Materie. Nicht nur die Verbindung muß sich ändern, oder?*

Nein, das Wort „Verbindung" kannst du nur verstehen, wenn du es in seinem wissenschaftlichen Sinn gebrauchst, das heißt, daß dein Körper wie mein Körper, wie dieser Tisch und dieser Teppich alle aus Atomen bestehen; und diese Atome bestehen aus etwas, das EINZIGARTIG ist; und nur die Bewegung oder die Verbindung von diesem „Etwas" macht den sichtbaren Unterschied aus: unterschiedliche Körper, unterschiedliche Formen ...

Dann muß diese Verbindung geändert werden.

Das muß man aber sehr genau verstehen. Da sage ich, daß die Kraft diese inner-atomare Bewegung verändern muß, dann gehorcht deine Substanz der Bewegung der Transformation, anstatt sich aufzulösen, verstehst du? Es ist DIESELBE Sache, alles ist dieselbe Sache. Nur die Verbindung in den Dingen muß geändert werden.

Dann ist OFFENSICHTLICH, daß man die Unsterblichkeit erreichen kann! Nur die Starrheit der Dinge bewirkt, daß sie sich zersetzen – es ist eine bloß scheinbare Zerstörung: das wesentliche Element bleibt das gleiche, überall, in allem, in der Verwesung wie im Leben.

Das ist so interessant!

Im Grunde genommen ist es nur der konstruktive Wille. Wenn es vom konstruktiven Willen abhängt, ist dieser konstruktive Wille ewig, unsterblich, unendlich, das ist offensichtlich. Demzufolge gibt es keinen Grund, daß das, was Er geschaffen hat, nicht dieser Unsterblichkeit und dieser Unendlichkeit angehöre – es besteht kein Grund, daß die Dinge sich scheinbar auflösen müßten, um ihre Form zu ändern. Das ist nicht unbedingt notwendig. Aus irgendeinem Grund (der uns wahrscheinlich nichts angeht) kam es so, es ist aber nicht unumgänglich, es könnte anders sein.

(Schweigen)

Die Schwierigkeit besteht darin, da herauszukommen: man berührt, man sieht, und man ist Sklave. Beobachtet man aber von DA aus *(Geste über dem Kopf)*, erscheint das ganz einfach!

Ich behaupte: Wenn man von da aus betrachtet, so bin ich sicher, daß es keinen Unterschied zwischen „subjektiv" und „objektiv" gibt, außer man setzt eine unabhängige Realität des eigenen Individuums und des individuellen Bewußtseins voraus – das heißt, wenn man in seiner Vorstellung alles in kleine Stücke zerlegt, dann ...

12. Juni 1962

(Dieses Gespräch führte unerwartet zum Bruch mit X, der die letzten Jahre Satprems tantrischer Lehrer war. Vielleicht sollte kurz gesagt werden, wie es dazu kam. Jedesmal, wenn ich X in den Ashram brachte, hängte sich ein Schwarm von Schülern an seine Fersen, besonders die reichen Männer – dieselben, die elf Jahre später, nach Mutters Abschied, ihre wahren Absichten in Auroville wie auch in Pondicherry zeigten. Meine etwas direkte Art behinderte sehr schnell ihre Pläne. Ich schätzte X sehr, und als ich wiederholt sah, daß diese Leute – ich sollte sagen: diese spirituellen Halunken – Mutter über die angeblichen Aussagen von X falsch informierten, um Verwirrung zu schaffen (denn in der Verwirrung können sie am besten walten), wollte ich X vor diesen schädlichen Äußerungen und diesen unehrlichen Leuten warnen. Anstatt mich anzuhören und zu verstehen, daß mein Herz mich sprechen ließ, geriet X in heftigen Zorn gegen mich (mit all seiner tantrischen Kraft), als hätte ich sein Ansehen in Frage gestellt. Ich habe nicht ohne Schmerz mit ihm gebrochen.)

Gibt es nichts Neues?

Hm! ...

Auch bei mir gibt es nichts.
Überhaupt nichts.
Du hast aber einen Brief *(Mutter sieht einen Umschlag auf dem Boden neben Satprem).*

Ich weiß nicht, was es ist, ich habe ihn noch nicht geöffnet, er kam heute morgen.

Ist es nicht dein Verleger?

Der Verleger sagt: „Wenn Sie ein Buch fertig haben, schicken Sie es!"

Haben sie das gesagt?

Ja.

Gut.
Dann stellen wir die andere Arbeit ein.

Dieses Buch muß mir kommen!

12. JUNI 1962

Es wird schon kommen. Da habe ich keine Zweifel. Du brauchst dich nur dahin zu wenden *(Geste über dem Kopf).*

Manche Leute sind zufrieden mit dem, was sie schreiben. Ich muß sagen, dieses Gefühl habe ich nicht.

Im allgemeinen sind es Dummköpfe.
Aber weißt du, wenn du glaubst, daß es nur kommt, wenn du weggehst ... das ist immer noch möglich.

Nein, nicht wegen der Inspiration wollte ich in den Himalaya gehen – ich weiß sehr wohl, daß die Inspiration überall kommt! Nein, nicht deswegen, es war ...

Für die Gesundheit?

Ja. Diese Angelegenheit hat mich verletzt. Du kennst nicht alle Einzelheiten, es war häßlich.

Aber mein Kind ... ich habe dir nicht alles erzählt, was sich ereignete! Jetzt sagt er jedem, daß er mit dem Ashram brechen mußte, weil er schlecht behandelt wurde.

Das sagt er ...

Er sagt, er hätte das, was man ihm nachsagt, nie gesagt, während ich N[1] fast schwören ließ, daß er die Wahrheit sagt ... X behauptet, er habe nie gesagt, daß mir nur noch zwei Monate verblieben (sicherlich hat er es nie in dieser Form gesagt).

Ja, sicherlich!

Da gibt es keinen Zweifel. Er sagt, daß ihm Unrecht getan wurde (er nennt nicht deinen Namen, er nennt keine Namen, wenigstens wiederholte man sie mir nicht), daß er beleidigt und beschimpft wurde und daher mit dem Ashram brechen müsse.

Als ich ihn aufsuchte und mit ihm sprach, war es nach meinem Japa. Es geschah in einem absolut ruhigen inneren Zustand – absolut, da war kein ... ich hatte nur das Gefühl, daß man ihm helfen mußte, weil er Dinge sagte, die ihm Unrecht zufügten. Ich hatte dieses sehr starke Gefühl, das heißt ein Gefühl der Zuneigung – der Zuneigung, die aber die Dinge klar und ohne Emotion sagt. Ich war sehr ruhig, als ich das alles sagte. Danach

---
1. Einer dieser reichen Männer, der die angeblichen Aussagen von X in Umlauf gebracht hatte.

war ich bewegt, aber hauptsächlich, weil er sofort ungeheuerlich reagierte. Da konnte ich nichts mehr machen. Ich sagte ihm die Dinge ... wirklich, hätte er den leisesten ... selbst ein Mann, der nie Yoga übte, hätte gefühlt, daß ich ganz einfach mit meinem Herzen sprach. Selbst ein Mensch ohne spirituelle Kultur hätte das empfunden. Wie hat er es so anders aufnehmen können!

Ich bin nicht sicher, daß er es anders aufgefaßt hat.

Ach, das war so ...

Nein, ich glaube nicht, daß er denkt, du hättest ihn beleidigt – ich glaube, das ist Politik, mein Kind!

Denn als Z ihn das erste Mal ansprach, sagte er ihm nicht: „Das habe ich nicht gesagt", er sagte nur: „Ach, beschäftigen wir uns nicht mit diesen banalen Dingen", und er sprach ihn wegen seines Armes an, den er heilen wollte. Das zweite Mal leugnete er einen Teil. Er leugnete, von meiner Gesundheit gesprochen zu haben ... Das dritte Mal ... Verstehst du, jedesmal, wenn seine Behauptung unhaltbar wurde, bestritt er sie, er sagte einfach: „Nein, das habe ich nicht gesagt!"

Dann hat er seine Beziehungen mit dem Ashram abgebrochen?

Er sagt es – er hat es aber nicht getan.

Natürlich sagt er, daß er für mich all das bewahrt, was er empfand und sah. Er sagte, daß er sein *Yantra*[1] vom Ashram zurückziehen wolle. Er hat es aber dagelassen. An Z schreibt er, daß er sich um seinen Arm kümmere. Komisch ist, daß A und M ihn besuchten! M kam natürlich in den Ashram, um hier zu bleiben, aber ... er sucht nach Macht. Ich spüre es deutlich. M verkehrte mit einer Person, die Macht hatte, sie aber nicht gerade gut nutzte, und M fühlte so etwas bei X, er sucht instinktiv nach Macht. Und als er X besuchte, fühlte er da vielleicht eine Kraft in sich erwachen. Nun geht er! ... Ich glaube nicht, daß er sich mit Indien oder mit dem Ashram verbunden fühlt: er sucht Macht.

Weißt du ... für mich ist das alles nur eine Komödie der Außenwelt, das entspricht überhaupt nichts Wirklichem – die ganze Geschichte. Was ich klar erkannte und was dem entspricht, was du empfunden hast, ist dies: Wenn X in enger Verbindung mit uns verbleibt, wäre es besser, er würde lernen, keine Geschichten zu erzählen ... oder sagen wir es lieber positiv: daß er keinen unbewußten Teil seines Wesens sprechen läßt.

---

1. Yantra: tantrisches Symbol, das dazu dient, Götter, Göttinnen oder jenseitige Wesen anzurufen oder zu beschwören.

Ja! Ich hasse Klatsch und erzähle keinen, aber bestimmten Personen hat er unwahrscheinliche Dinge erzählt. Ich „berichte" dir das nicht, denn ich finde das ... Das mag ich nicht. Deswegen sprach ich ihn an – in so einem Fall beziehe ich mich immer auf das Innere, auf die tiefe Zuneigung, die ich für ihn empfand, das heißt, ich versuche, ihm zu helfen. Ich habe KEINE andere Reaktion. Ich sehe ihn in einer schwierigen Situation und versuche, ihm zu helfen.

Ja, aber verstehst du, diese Leute um ihn ...

Oh!

Das konnte er nicht akzeptieren, er mußte seine Position wahren.

Diese Leute! Weißt du, da machte ich Entdeckungen ...

Weil er seine Position halten mußte.

(Schweigen)

Unglücklicherweise ist er ein Mensch, der aufgrund seiner Prinzipien und seiner Ausbildung nicht an den Fortschritt und die Transformation glaubt. Er glaubt, wenn man die Bedingungen erfüllt, erhalte man die *Siddhi*[1], und das ist alles. Man erhält die *Siddhi,* und das Ziel ist erreicht. Er hatte sein Ziel bereits erreicht, bevor er zu uns kam. Er hätte auf Distanz bleiben können, aber er trat in innige Verbindung mit etwas, das alle Arten von Schwierigkeiten birgt. Es sind Schwierigkeiten, die weder ignoriert werden noch erwünscht sind, sondern im wesentlichen eine Kraft des Fortschritts darstellen – es ist eine ungeheuerliche Kraft des Fortschritts! Ich sah das und fragte mich: „Wie kann er das aushalten?" Ich glaubte, er würde sich auf Distanz halten und nicht in die Atmosphäre eindringen. Er versuchte, in die Atmosphäre einzutreten, er schloß sich bestimmten Personen an, und vor allem, als er mit mir meditierte (er bat darum, nicht ich), antwortete plötzlich etwas ... Das hat natürlich einen Konflikt heraufbeschworen. Ein Teil seines Wesens ist der Bewegung gefolgt, der Rest blieb zurück, rührte sich nicht. Das verursachte eine Diskrepanz.

Man muß sich in einem schrecklich oberflächlichen Bewußtsein befinden, um zu reagieren, wie er es tat. Er hatte eine ziemlich tiefe Beziehung zu dir, es gab Augenblicke, wo er sehr gut verstand, wer du bist (er weiß es, er sagte es mir). Wenn er also wirklich in einem yogischen Zustand war, hätte er gelächelt, selbst wenn du etwas

---

1. *Siddhi:* Verwirklichung (manchmal auch: okkulte Kräfte).

Unbeholfenes, Inkorrektes getan hättest! Er hätte gesagt: „Das ist sein ungestümes Wesen, das darf man nicht beachten."

Aber Mutter! Gott weiß, daß ich kritisch bin! Ich habe mich gefragt: Ich habe KEINEN *Fehltritt getan, ich sprach sehr ruhig – sehr ruhig und nicht mit der Absicht, ihn anzuklagen, sondern im Gegenteil, indem ich ihm zu sagen versuchte: „Wirklich, sehen wir uns doch die Sache an ..." Ich habe wirklich keinen Fehler gemacht.*

Doch, du hast einen Fehler gemacht.

Ja, du hattest mir gesagt, ich solle nichts sagen.

Ja, weil ich es gesehen hatte – du konntest es nicht sehen, ich sah aber, wenn du etwas sagtest, würde das eine Katastrophe auslösen. *(Mutter lacht)* Als ich das sah, sagte ich dir sofort: „Sprich nicht!"

Ich tat es aber ABSICHTLICH, *weil ich mir sagte: man muß ihm helfen.*

Man KANN einem Menschen in seiner Position mit einem so rudimentären Grad an Kultur nicht helfen – um so weniger, als all sein Wissen darauf begründet ist, daß es keinen Fortschritt gibt. Wie kann man ihm da helfen, voranzukommen?

Nun, es wird kommen, was kommen muß, und es wird bestimmt für alle das beste sein, einschließlich für ihn selbst[1]!

Seitdem kam ich mit einem bestimmten Bereich der mentalen Entstellung in Berührung, der etwas ... *bewildering* [beunruhigend] ist. Ich beobachtete, daß ich etwas sage, das für mich klar wie Gebirgswasser ist, und dann ...

(Schweigen)

Nein, er war Gegenstand einer speziellen Aufmerksamkeit der Gnade, die ihn in eine Welt projizierte, die äußerlich nicht die seine war. Das heißt, er hat in einigen Jahren die Strecke mehrerer Leben zurückgelegt, was recht schwierig war. Er ist wirklich in einigen Jahren innerlich den Weg von vielen Leben gegangen. Außerdem wurde er

---

1. Ich weiß nicht, welche Schlüsse die anderen daraus ziehen, mich jedenfalls verband diese Angelegenheit endgültig und ausschließlich mit Mutter und ließ mich vor allem die Bedeutungslosigkeit der Berge von Yoga-Disziplin erkennen, die einen nur stärker in einer „Verwirklichung" gefangenhält – alle Verwirklichungen sind Gefängnisse, ausgenommen das Supramental, das leicht wie Luft ist. Was die Geldleute betrifft, scheint ihr dunkler Vorsatz geglückt zu sein, der darin bestand, zwischen X auf der einen Seite und Mutter und mir auf der anderen eine Distanz hervorzurufen, um ein leichteres Spiel zu haben.

vor die Notwendigkeit eines sehr großen Fortschritts gestellt, der um so schwieriger ist, als er weder akzeptiert noch mental vorgesehen war. Also versteht er überhaupt nichts mehr, der arme Mann! Wenn ich ihn wie ein Kleinkind in meine Arme nehmen und ihm sagen könnte: „Mein armer Kleiner, mein Kind ..." und er sich wohl fühlte, wäre das sehr gut. Das ist aber nicht möglich – er besitzt einen enormen spirituellen Aufbau. So tue ich es von weitem, ohne Worte, in aller Stille – aber wieviel davon durchdringt diese Kruste? Das weiß ich nicht! ... Das einzige, was ich sage und wiederhole: „Die göttliche Liebe ignoriert alle Mißverständnisse und menschlichen Verwirrungen." Wir werden sehen. „Wo es die göttliche Liebe gibt, können Verwirrungen und menschliche Mißverständnisse nicht existieren, da kommen sie nicht rein."

Das ist die einzige Lösung.

Man darf dem aber nicht ein ATOM des Mentals hinzufügen – die geringste intellektuelle Aktivität verdirbt alles.

Man muß alles mit einem kristallenen Lächeln betrachten.

(Schweigen)

Er wurde mit einer gefährlichen Gnade in Verbindung gebracht – manche Gnaden sind gefährlich ... Ich wußte es von Anfang an. Wir werden sehen ... Das kann von einem einzigen ... Lichtblitz abhängen: Wenn sich etwas ereignen würde, das die Kruste durchdringt, wäre es gut. Dann würde er ein sehr guter Mensch werden.

Der Herr wird entscheiden.

(Schweigen)

Es gibt eine etwas allzu menschliche Art, die Dinge zu betrachten, die zu Behauptungen führt, daß ich eine ÄUSSERST gefährliche Person sei, sehr gefährlich. Wie oft ist das gesagt worden ... Eine Engländerin war hier, sie hatte eine enttäuschte Liebe erlebt und kam nach Indien, um „Trost" zu finden. Dann stieß sie auf Pondicherry. Das war ganz am Anfang (meine Gespräche mit ihr bildeten die *Conversations* auf Englisch; hinterher wurde es dann übersetzt – ich übersetzte es oder vielmehr sagte es noch einmal auf Französisch[1]). Nach einem Jahr sagte mir diese Frau (in Verzweiflung!): „Als ich hier ankam, konnte ich die Leute noch lieben und an den Menschen glauben. Jetzt, wo ich bewußt geworden bin, bin ich voller Verachtung und Haß." Da antwortete ich ihr: „Gehen Sie noch ein Stück weiter." Sie sagte mir: „Oh, nein, mir reicht das!" Dann fügte sie hinzu: „Sie sind eine sehr gefährliche

---

1. *Conversations with the Mother*, die später als die *Entretiens 1929* erschienen.

Person!" – Weil ich die Leute bewußt mache! *(Mutter lacht)* Das ist aber wahr! Wenn man angefangen hat, muß man bis zum Ende gehen. Man darf nicht auf halbem Weg anhalten – sonst wird es unerfreulich.

Ich tue es nicht absichtlich.

Im Grunde genommen tue ich überhaupt nichts absichtlich. Es ist so *(Geste mit offenen Händen):* Herr, Du hast es gewollt ...

Das liegt nicht an mir.

*
* *

Etwas später

Was ich sage, wird immer schwieriger ...
Vielleicht werden die Leute in fünfzig Jahren verstehen!

(Schweigen)

Ich fühle mich ein wenig wie ein bebrütetes Ei ... das heißt, eine bestimmte Inkubationszeit ist erforderlich, oder?

Diesmal beobachte ich mehr und mehr, daß die Leute von Panik ergriffen wurden und sich vorstellten, ich würde sterben – ich hätte sterben können, wenn der Herr es gewollt hätte. Aber ... es war eine Art Tod, das ist sicher – ganz sicher –, ich sage es nicht, denn ... man muß schließlich die Gemütsruhe der Leute respektieren!

Einen Schritt weiter, und ich würde sagen: ich starb und ... ich bin auferstanden. Ich sage es aber nicht.

Eine Menge Leute beteten, legten auch Gelübde ab, sie würden eine Wallfahrt hierhin oder dorthin machen, damit ich nicht sterbe – das ist sehr rührend.

Das objektiviert meine Situation sehr. Ich habe nichts mit einer Krankheit zu tun, die man heilt! Ich kann nicht genesen! – Es ist eine Arbeit der Transformation. Jederzeit, wenn der Herr entscheidet, daß es *hopeless* [hoffnungslos] ist, wird es *hopeless* sein, wird es beendet sein; und egal was kommen wird, wenn der Herr entscheidet, daß wir bis zum Ende der Erfahrung gehen sollen, gehen wir bis zum Ende der Erfahrung.

Diese Art zu sehen, zu fühlen, zu reagieren, gehört einer anderen Welt an – einer ganz anderen Welt ... Würde ich die Gemütsruhe der Leute nicht respektieren, könnte ich sagen: „Ich weiß nicht, ob ich lebe oder ob ich tot bin." Denn es gibt ein Leben, eine Schwingungsart des Lebens, die völlig unabhängig ist von ... Nein, ich sage es anders: Die Art, wie die Leute ihr gewöhnliches Leben empfinden, ist eng mit einem bestimmten Empfinden ihrer selbst verknüpft – ein Empfinden ihres Körpers und ihrer selbst. Schaltet man dieses Gefühl vollkommen aus, diese Empfindung, diese Verbindung, die die Leute „ich lebe" nennen, schaltet man es aus, wie kann man dann sagen: „ich lebe" oder „ich lebe nicht"? – Das EXISTIERT NICHT MEHR. Das ist jetzt vollkommen verschwunden. In dieser Nacht[1] wurde es endgültig ausgeräumt. Es ist nicht zurückgekommen. Das scheint unmöglich ... Was sie „ich lebe" nennen ... Ich kann nicht wie sie sagen: „Ich lebe" – es ist völlig anders.

Das sollte nicht aufgezeichnet werden, weil sie sich noch fragen werden, ob es nicht besser wäre, mich psychiatrisch zu behandeln! *(Mutter lacht)*
Aber auch das ist unwichtig!

(Schweigen)

Man hat dieses Gefühl einer so ungeheuerlichen Kraft, so FREI, so unabhängig von allen Umständen, allen Reaktionen, allen Ereignissen – und es hängt nicht davon ab, daß dieser Körper so oder anders ist. Etwas anderes ... Etwas anderes.
Nur eins hängt vom Körper ab: das Sprechen, der Ausdruck – aber wer weiß? ... *(Mutter sieht Satprem lange an, als ob sie eine unbekannte Möglichkeit erwäge)*
Das reicht für heute.
Bleiben wir noch fünf Minuten still? *(um zu meditieren)*
Sag mir ganz offen, ob es dir hilft oder nicht? Du kannst mir alles sagen, du kannst mir auch sagen, daß es dir nicht hilft, du kannst mir sagen, daß es dir weh tut, egal was, du kannst es mir sagen! Das ist unwichtig, ich bin nicht empfindlich.

Liebe Mutter, nein ...

Du fühlst nichts? – nichts.

Es ist immer das gleiche. Es ist sehr ... Es ist ruhig, klar, aber es passiert nichts.

Du glaubst, etwas müsse passieren? *(Mutter lacht)* Ich habe so viele Jahre gearbeitet, damit sich nichts ereignet!
Es ist so schwer zu erreichen, daß sich nichts ereignet.

Aber ja, ich habe sehr daran gearbeitet (wenn ich so sagen darf), all die Jahre widmete ich dem. Bei Sri Aurobindo las ich: mentale Stille, Ruhe, Frieden. Dafür habe ich gearbeitet. Das heißt, ich glaube, daß es mir gelungen ist – wenn ich meditiere, ist es still.

---

1. Nacht vom 12. auf den 13. April.

Ja, natürlich.

Nichts bewegt sich – da ist nichts!

Warum sollte denn etwas da sein?

Aber was soll's dann?

Wenn etwas da ist, ist es nicht mehr still!

Etwas anderes müßte da sein! Ich dachte ...

Oh ... etwas anderes?

Für mich ist diese Ruhe nur der Ausgangspunkt. Darin offenbart sich etwas, oder?

Ich beklage mich immer, wenn sich etwas offenbart und die Ruhe unterbricht.

Hätte ich zum Beispiel in dieser Bewegungslosigkeit eine Vision der Mutter – eine Vision der Mutter –, daß Sie da wäre, wie ... ja, daß Sie mich kennt, daß Sie nahe ist, daß Sie weiß, daß ich existiere – eine Verbindung, etwas! Das würde alles ändern! Wenn ich sagen könnte: du schließt die Augen, und du siehst Sie – wie Ramakrishna zum Beispiel, er hatte diese Verbindung. Ich weiß nicht, mein ganzes Leben wäre verändert, ich hätte eine Verbindung mit ETWAS. *Es wäre nicht nur die Stille und die Stille und die Stille ...*

Das ist aber eine Stufe darunter.
Was erforderlich wäre, ist ...

Eine Stufe darunter?

Eine bildliche, konkrete, fühlbare Verbindung ist in einem Bewußtsein... „darunter" meine ich nicht in einer abschätzigen Art, ich meine ein materielleres Bewußtsein. Das ist im Vital. Das ist im Vital. Die Erfahrungen Ramakrishnas waren im Vital.

Ich weiß nicht, das gibt dem Leben einen Sinn; dann wird das Leben voll!

Ja! Aber im Vital ... Dein Vital braucht eine Menge Vorbereitungen dafür – das wird kommen, aber ... ich glaube nicht, daß es dir die Zufriedenheit bringt, die du erhoffst. Was ich möchte, ist, daß du plötzlich in das supramentale Licht vorstößt, mit dem EMPFINDEN der ewigen Fülle. Dann, ja, da fühlt man etwas ... Aber nicht unbedingt eine Form. Manche Leute sehen Formen, aber es muß nicht unbedingt eine Form sein.

(Schweigen)

Vielleicht ist es ein Mißverständnis. *(Mutter lacht)* Ich glaubte, du wolltest ...

(Schweigen)

Nun, wenn du das willst, dann mußt du sehr daran arbeiten, eine weite Ruhe, einen weiten Frieden in dein Vital und dein Gefühlswesen zu bringen – dann dürfen dich Ereignisse wie dieses [mit X] nicht berühren, dich krank machen usw. Nur so könntest du das erreichen.

Ein Blitz, ja (in Brindaban¹ hattest du einmal eine Erfahrung), das ist möglich. Du willst aber einen Dauerzustand.

Gut.

(Schweigen)

Was ich schon immer wollte: Wenn man plötzlich in das höchste Licht, die Ewigkeit, die Unendlichkeit aufsteigt und dann dieses Wunder! Dann ... anstatt ein Wunder zu sein, wird es ein normaler Zustand.

Das wäre etwas. Das wollte ich dir geben.

Gut.

Ich weiß nicht ...

Stell dir vor: für mich ist das leichter als das andere!

Gut, wir werden es versuchen.

(Schweigen)

Oh! Du willst, daß Sie dir sagt, daß Sie dich kennt! – Aber Sie sagt es dir! Sie hat es dir schon oft gesagt!

Du willst, daß Sie dir sagt: „Du gehörst mir, du bist mein?"

Du willst SIE SEHEN?

Ja.

(Meditation)

---

1. Brindaban: Krishnas Stadt, wo er mit den Gopis spielte.

16. Juni 1962

Diese Angelegenheit wird noch lange dauern [die Transformation].

Wenn ich in die Zukunft schaue, sehe ich keine radikale Änderung (das heißt keine Änderung der Organisation, des Lebens usw.), das wird noch SEHR lange, sehr lange dauern. Sehr viel Geduld ist erforderlich.

Nein, es ist keine Frage der Geduld, es ist so: *(Mutter hält ihre beiden offenen Hände über dem Kopf zur Ewigkeit gewandt).*

(Schweigen)

Mir hinterläßt das den Eindruck einer Klingel, die man nicht betätigt! Sie liegt auf dem Tisch (du kennst diese Tischklingeln) ... – niemand läutet sie.

20. Juni 1962

Pavitra sagte mir unlängst, daß nach den letzten wissenschaftlichen Entdeckungen die Materie, so wie sie jetzt ist, unsterblich sein kann. Es gibt keinen Grund anzunehmen, der Austausch (weil es sich ständig erneuert) könnte nicht ausreichen, den Verfall zu vermeiden. In der Zusammensetzung der Materie gibt es nichts, das sich ihrer Unsterblichkeit widersetzt – der Unsterblichkeit der Form natürlich. Auch ohne Eingriff anderer Bereiche, was immer sie auch seien, sogar für Leute ohne mystischen oder okkulten Geist. Wenn die Wissenschaft ihre Kurve verfolgt (wenn sie nicht plötzlich mit etwas konfrontiert wird, das sie nicht versteht), besteht kein Grund, daß sie nicht das Mittel finden sollte, diese Substanz in Formen zu verwenden, die nicht vergehen.

Für die praktisch Veranlagten ist das eine große Hilfe.

Aus der Sicht des spirituellen Wissens sind der Verfall, die Auflösung, die Zersetzung offensichtlich und unbestreitbar das Ergebnis einer falschen Einstellung.

Einer falschen Einstellung?

Ja, einer falschen Haltung.

Meine Erfahrung setzt sich in kleinen Einzelheiten fort, die in sich nicht wahrnehmbar sind, die aber die Orientierung geben. Mehr und mehr ist es das: man nimmt eine falsche Haltung an, und sofort löst das die Störung aus. Fast ist es so, als ob man ein Zahnrad versetzt – das ist es nicht, weil ein Zahnrad etwas sehr Starres ist. Nehmen wir aber an, daß sich das gesamte Universum dreht, sich ohne Zusammenstöße dreht, und nur wenn man so oder so oder so macht *(Mutter zeigt die Positionsänderungen in einer Art Getriebe)*, entsteht die Störung. Es gibt viele Möglichkeiten, eine falsche Haltung einzunehmen. So als würde man ein Zahnrad ein wenig verschieben: es läuft noch (vorausgesetzt, daß es sich um ein besonders flexibles Getriebe handelt), aber es knirscht – es reibt, und somit verbraucht, verschlechtert es sich und geht kaputt.

Wäre es aber in der wahren Position, gäbe es keine Reibung.

Der Eindruck der Reibung existiert nicht – das existiert nicht, es gibt keine Reibung. Die Reibung kommt nur von einem falschen Winkel, von einer Verlagerung.

Man kann das natürlich viel leichter auf eine psychologische Art ausdrücken – psychologisch ist es sehr einfach, wie kristallklares Bergwasser –, aber auch MATERIELL ist es so.

*
* *

Später

Ich hoffte, ich würde X im Dezember zu seinem Geburtstag sehen können. Ich weiß allerdings nicht, ob ich bis dahin meine öffentlichen Aktivitäten wieder aufgenommen haben werde – das würde mich sehr erstaunen. Offengestanden, wenn die Dinge so sind, wie ich sie sah (wie ich sie sah und fühlte), müßte jedenfalls ein sehr ernsthafter Anfang der Transformation eintreten – und dafür ... Jahre sind nichts! Jahre sind nichts. Alle haben es eilig. Sie wollen absolut, daß ich mein Leben wieder aufnehme. Im Augenblick sehe ich keine Möglichkeit.

Ich weiß aber nichts.

Ich versuche nicht, es herauszubekommen, ich weiß es nicht. Da ist nur das Gefühl, daß es SEHR langsam geht, sehr langsam, und wäre man so leichtsinnig, schnell gehen zu wollen, ergäbe es wahrscheinlich entweder Katastrophen oder ernsthafte Rückschläge.

In dieser Hinsicht – vom Standpunkt dieses Körpers, seiner Aktivität gesehen – werde ich in einem Zustand höchster Gleichgültigkeit gehalten. Die Wünsche der Leute, die Programme, die Projekte, das alles liegt sehr weit weg, sehr weit *(Geste wie an einer entfernten Küste)*, vollkommen verwischt. Das betrachte ich nicht einmal. Es zeigt sich mir nur, wenn mir jemand etwas sagt *(Mutter zeigt einen Gedanken, der einen Augenblick dort schwebt)*, dann ist es vorbei.

Der Körper selbst hat das Gefühl, daß er lernen muß, in der Ewigkeit zu leben.

Das scheint mir unerläßlich zu sein.

Dafür muß gewiß zuallererst die Eile, die Ungeduld verschwinden – das ist offensichtlich.

Gut, mein Kind, schreibe dein Buch!

23. Juni 1962

Vor ein oder zwei Tagen (ich weiß es nicht mehr genau, jedenfalls nachdem wir uns das letzte Mal trafen), ohne daß ich an etwas dachte, ohne es zu wollen, nichts (ich ging gerade auf und ab, ich weiß nicht mehr, was ich tat) wurde ich oder sah ich plötzlich ein großes weißes Wesen mit einer Art Hellebarde in der Hand und einer zwingenden Willenshaltung *(eiserne Geste)* ... Es war, als sagte es der Welt: „Genug der Ausflüchte, genug des Lavierens, jetzt ist es Zeit, es muß vollbracht werden!"

Alles, was der Körper tat, war völlig unwichtig: egal was ich tat, ich sah immer dieses große Wesen (ich sah das von oben) – es war wie eine große Transformationsmacht im Vital. Ein sehr großes Wesen, sehr ruhig, sehr mächtig, natürlich ohne Leidenschaft, aber völlig unbeugsam und ... „Genug des Wartens, genug der Ausflüchte, genug des Zögerns, ES IST AN DER ZEIT!"

Das hielt länger als eine Stunde an – wenigstens zwei Stunden. Der Körper war so wie immer, und ich setzte die Tätigkeit fort, mit der ich gerade beschäftigt war, das war alles. Ich erzähle es dir, weil ich mich mittendrin plötzlich an dich erinnerte: „Er will sehen!" Also sagte ich diesem Wesen: „Zeig dich Satprem, zeige ihm, daß du da bist!"

Ich fragte mich, ob du etwas gesehen hast ...

?

Das hielt lange an. Ich weiß aber nicht mehr, wann es war. Ein Teil ereignete sich, als ich auf und ab ging (ich gehe um 5 Uhr morgens und um 5 Uhr abends). Als ich mit dem Gehen begann, war es da, und lange danach – ich weiß aber nicht mehr, ob es am Morgen oder Abend war.

23. JUNI 1962

Jeden Morgen, während ich gehe, konzentriere ich mich mit der Hoffnung, daß du dich an deine Nächte erinnerst und eine Erfahrung hast.

Und es rührte sich nicht, in dem Sinn, daß vieles hätte passieren können: Es stand da, wie an der Grenze zur irdischen Welt und wie eine Erklärung des Höchsten – ein sehr großes Wesen.

Ganz weiß, hell leuchtend, funkelnd! Mit dieser Hellebarde und, ja, mit einem sehr entschlossenen Ausdruck: „Genug der Ausflüchte, jetzt wird nicht mehr gezögert, die Zeit ist gekommen!"

Da sagte ich ihm: „Geh zu Satprem, zeige dich ihm!" Du hast nichts gesehen?

Nein.[1]

Es ereignet sich so manches.

Sujata hatte einen Traum letzte Nacht ...

So!

Wenn du willst, lese ich dir vor, was sie aufgeschrieben hat: „Ich war in Pavitras Büro und stand auf dem Teppich neben seinem Tisch. Ich hebe die Augen und sehe den Flur. Er ist leer. Da erscheint plötzlich Mutter ganz hinten in der Nähe ihres Badezimmers. Sie ist sehr klein, meine liebe Mutter. Sie kommt auf das Büro zu, wo ich mich befinde. Sie geht rechts am kleinen Boudoir vorbei. Sie hat bereits die großen Fenster mit den Vögeln und den Rosenvasen zu ihrer Linken gelassen. Sie wird größer. Mit jedem Schritt wird sie größer. Sie erreicht ihren Stuhl, die Treppentür, mein Labor, und sie wird immer größer; dann die Tür zu Pavitras Zimmer, die Terrassentür, und Mutter erreicht das Büro. Sie überschreitet die Türschwelle: Ihr Kopf berührt oben fast den Türsturz. Mutter tritt ein. Sie hat eine Größe! Jetzt berührt ihr Kopf die Decke.[2] Stehend reiche ich kaum bis zu ihren Knien! Etwas in mir ist vor dieser erhabenen Größe erschüttert. Ich werfe mich zu ihren Füßen."

(Nach einem Schweigen) Ich sehe sie häufig nachts ...

(Schweigen)

---

1. Satprem hatte nichts gesehen, während seines Japas hatte er jedoch plötzlich den „Eindruck" eines großen Kriegers neben ihm – da es nur ein „Eindruck" war, nahm er es nicht so wichtig. Er wollte *sehen*, wie man einen Tisch oder einen Stuhl sieht.
2. Eine Höhe von ca. 5 Metern.

Es gibt eine ganze Reihe sehr neuer Dinge im Unterbewußten (im vitalen und physischen Unterbewußtsein), die ich vorher nicht hatte. Es ist nicht mein Unterbewußtsein, es ist viel allgemeiner, und fast wie Offenbarungen, das heißt, ich sehe plötzlich mit Überraschung Dinge über Leute (Leute, die ich sehr gut kenne, deren inneres Wesen ich sehr gut kenne): „Sieh an, das war da!"

Viele, viele Leute.

Mich interessiert das nicht besonders (!), man will aber offensichtlich, daß ich es weiß. Nicht weil ich sehen oder wissen will (die Konzentration ist eher darauf gerichtet, den Körper vorzubereiten und empfänglich zu machen: aktiv tue ich das), aber in meiner Andacht exteriorisiere ich mich wahrscheinlich plötzlich oder ich weiß nicht was, und dann sehe ich alles mögliche. Ich SCHLAFE NICHT (wie soll ich sagen?) ... ich gehe von einem bewußten Konzentrationszustand in einen passiveren Zustand über, wo man mich an den verschiedensten Szenen, Visionen mit vielen Leuten und vielen Dingen teilnehmen läßt, um mein Wissen zu vervollständigen. Einige sind amüsant, interessant, neu, und ich weiß es nicht, aber ich vermute, daß Sri Aurobindo etwas damit zu tun hat, weil dahinter ein Humor steht. *(Mutter lacht)* Es sind komische Sachen, die mich zum Lachen bringen. Vor allem aufgrund der übermäßigen Ernsthaftigkeit der Leute gegenüber Dingen, die völlig unwichtig sind – das ist es: die unverhältnismäßige Bedeutung, die die Menschen vollkommen unwichtigen Ereignissen beimessen!

(Schweigen)

Letzte Nacht schien man ein großes Fest vorzubereiten. Ich weiß nicht wo (vielleicht im Ashram, denn da waren viele Leute aus dem Ashram), das war es aber nicht, es war ein Fest der Erde, und alle waren in weiße Spitzen gekleidet. Das war natürlich zutiefst lächerlich. Sie taten es sehr sorgfältig, und es war sehr wichtig.

Was stellten die weißen Spitzen dar? ... Das war so wichtig!

Da gab es Einzelheiten ... sehr amüsant.

(Schweigen)

Auch letzte Nacht bemerkte ich, daß ich sehr groß war – im allgemeinen bin ich sehr groß. Groß und stark.

27. Juni 1962

... Ich habe nichts zu sagen.

Es ist eine Zeit der Beobachtung und der Studien. Es gibt wirklich nichts zu sagen. Eine Welt der detaillierten Beobachtungen, die mich hoffentlich zu etwas ... Positiverem führen. Es ist aber eher eine Demonstration der Untauglichkeit der gewöhnlichen Methoden, um der Wahrheit entsprechend zu handeln – Tag und Nacht.

Vor zwei Nächten hatte ich eine Erfahrung, die ich vielleicht seit mehr als einem Jahr nicht mehr hatte. Es war eine Art Konzentration und Sammlung der göttlichen Energie in den Körperzellen ... Einige Zeit (ich weiß nicht mehr wann) waren die Nächte wie das Aufladen einer Batterie durch den Kontakt mit den universellen Kräften – vor zwei Nächten erlebte ich es spontan wieder. Und vergangene Nacht wollte ich beobachten, studieren, sehen, wie es geschieht – ich hatte reichliche Demonstrationen der Unangemessenheit (sagt man das so?), jedenfalls daß alle Bewußtseinsmethoden, die im Mental wirken, vollkommen unbrauchbar sind. Sie sind unbrauchbar und verderben die Erfahrung.

Meine große Sorge bei meinen früheren Erfahrungen war immer, ruhig und unbewegt zu bleiben, damit sie nicht unterbrochen werden, danach fand dann immer die gewöhnliche mentale Verarbeitung statt (nicht gewöhnlich, aber gewöhnlich für das Mental), und das schien unvermeidbar. Jetzt funktioniert das nicht mehr auf dieselbe Art, es ist auf die unvermeidbaren Eingriffe reduziert, das heißt, wenn die Leute mich ansprechen, spreche ich mit ihnen. Ich bleibe so ruhig, wie ich kann, sie sprechen aber trotzdem, sie erzählen mir alle möglichen Dinge, und ich muß antworten. Darauf ist es reduziert. Aber schon so, wie es ist, sobald ich etwas konzentriert bin, erscheint das so ... es ist nicht schlecht, entstellt, nein, so ist es nicht: es ist INADÄQUAT. Das heißt, daß es überhaupt nichts überträgt.

Die wahre Sache entzieht sich gänzlich.

Ich bin somit in einer Übergangsposition – es ist sehr gut zu sehen, was nicht geht, man müßte aber wenigstens etwas haben, das geht.

Ich hatte Versprechungen – große Versprechungen. Keine „Versprechungen", sondern es kam: „So wird es sein!" Aber große Dinge: konkrete Offenbarungen der göttlichen Macht, des göttlichen Bewußtseins, der göttlichen Handlung, und das spontan, natürlich, unvermeidlich ...

Unleugbar wird versucht, das vorzubereiten *(Mutter berührt ihren Körper)*, damit es dem Ausdruck nicht mehr das gewohnte Hindernis gegenüberstellt.

Lieber wäre mir natürlich, daß es bereits wäre, als darüber zu sprechen. Das wäre interessanter. Im Augenblick möchte ich deshalb lieber nichts sagen.

(Schweigen)

Viele Dinge könnten sich ereignen ... Wie lange das dauern wird, weiß ich aber nicht.

(Schweigen)

Vergangene Nacht sagte ich mir: „Das ist ja nicht gerade brillant, wenn wir noch da stecken! ..." Da war eine Erfahrung (die keine Erfahrung mehr war sondern ein fast normaler Zustand, der sich fortsetzt und, so weit ich sehen konnte, beständig ist)... der Aufladung der Batterie und dann ein abscheuliches Empfangsgerät für die Beobachtung, das ich zuvor aber sehr gut fand. Vor dem letzten April und die ganzen Jahre davor war das alles sehr ruhig, das Denken war immer dahin gerichtet *(nach oben weisende Geste)*, das Mental war still, und so funktionierte es – ich hielt dieses Funktionieren für sehr gut. Jetzt wurde mir klar, daß es wertlos ist. Jedem wünsche ich das, was ich vorher hatte (!), das war sehr bequem, weit besser als die gewöhnlichen Mittel – es ist aber nichts. Das ist noch ... ein Kunstgriff. Es ist nicht die Wahre Sache. Es gehört noch zu den Dingen, die das Leben daran hindern, göttlich zu sein, somit taugt es nichts.

Was gibt es schon in unserer gegenwärtigen Existenz, das das Leben nicht daran hindert, göttlich zu sein! Das weiß ich nicht *(Mutter lacht)* ... Glücklicherweise stimmten Sri Aurobindo und ich in diesem Punkt *(dem Humor)* überein. Ohne daß ich etwas tun müßte, ist in mir immer etwas, das lacht – bereits seit meiner Jugend. Es sieht alle Katastrophen, alle Leiden – es sieht und kann nicht umhin zu lachen, wie man über eine Sache lacht, die so tut als ob.

Im Grunde genommen kann man es nur so aushalten. Es ist etwas Großartiges.

*
* *

(Später spricht Mutter wieder von dem Erscheinen des großen weißen Wesens, das mit einer Art Hellebarde bewaffnet war:)

Das war einer meiner Seinszustände, der da stand und sich offenbarte. Es ist ein Teil meines Vitalwesens oder eher eines meiner unzähligen Vitalwesen – denn es gibt ihrer eine ganze Menge. Dieses interessiert sich besonders für die Belange dieser Erde.

Eine Projektion von dir? Eine Emanation von dir?

27. JUNI 1962

Mein Kind, du weißt doch, ich sagte einmal, wo immer sich in der Geschichte der Erde das Bewußtsein manifestieren konnte, war ich zugegen[1] – das ist eine Tatsache. Wie in der Geschichte von *Savitri*: immer zugegen, immer in diesem oder jenem Wesen zugegen. Während der italienischen und französischen Renaissance zum Beispiel waren vier Emanationen gleichzeitig da. Auch zu einem anderen Zeitpunkt, zur Zeit von Christus. Ach, weißt du, ich erinnerte mich an so viele Dinge, ungeheuer viele! Man könnte Bücher damit füllen. Nicht immer, aber mehrmals war es eine yogische Formation des Vitalwesens, das an diesem oder jenem Leben mitwirkte ... unsterblich[2]. Und dieses Mal, sobald ich den Yoga begann, kamen sie von überall her zurück. Sie warteten. Die einen warteten, die anderen arbeiteten (sie hatten ihr unabhängiges Leben), und sie haben sich alle versammelt. Deswegen erinnerte ich mich an sie. Eine nach der anderen kam, das war ein regelrechter Regen. Es blieb gerade noch Zeit zu assimilieren, zu sehen, einzuordnen, zu organisieren, und schon kam eine andere. Sie sind natürlich sehr unabhängig, sie tun ihre Arbeit, trotzdem aber sehr zentralisiert. Da gibt es von allem etwas – alles nur Erdenkliche. Einige waren auch in Männern: sie sind nicht ausschließlich weiblich.

Anfangs glaubte ich, es seien Geschichten.

Bevor ich Sri Aurobindo traf, kam diese Ansammlung von Dingen Nacht für Nacht, manchmal auch am Tag. Ich erzählte es dann Sri Aurobindo, der mir erklärte, daß das ganz natürlich sei: In dieser Inkarnation der Mahashakti, die herabkam (wie er es in *Savitri* sagte), wollte natürlich alles, was mehr oder weniger mit Ihr verbunden war, teilnehmen, das ist ganz natürlich. Vor allem ist es eine Besonderheit im Vital: dort war die Hauptsorge immer, zu organisieren, zu zentralisieren und zu entwickeln, die vitalen Kräfte zu vereinen und zum Gehorsam zu bringen. Folglich gibt es eine beträchtliche Anzahl vitaler Wesen, die in der Geschichte ihre Rolle spielten, und jedes kommt mit seiner besonderen Fähigkeit zurück.

Aber dieses [das große weiße Wesen] ist kein Wesen menschlichen Ursprungs. Es wurde nicht in einem menschlichen Leben gebildet: es ist ein Wesen, das sich inkarnierte (es hat sich bereits inkarniert), und es war eines von jenen, die die gegenwärtige Formation des aktuellen Wesens [von Mutter] leiteten. Ich sagte es bereits, ich sah es: es ist geschlechtslos, das heißt, es ist weder weiblich noch männlich, und es ist von äußerster Furchtlosigkeit im Vital, mit einer ruhigen, aber

---

[1] „Since the beginning of the earth, wherever and whenever there was the possibility of manifesting a ray of the Consciousness, I was there." 14.3.52
[2] Jede dieser Formationen hat eine unabhängige, unsterbliche Existenz.

absoluten Kraft. In einem von Sri Aurobindos Stücken fand ich eine sehr gute Beschreibung, wo er von der Göttin Athene sprach (im *Perseus* glaube ich, ich erinnere mich nicht genau), sie hat diese Art ... eine allmächtige Ruhe voller Autorität! Ja, es ist im *Perseus*, als sie dem Gott des Meeres erschien und ihn zwang, in seinen Bereich zurückzukehren. Die Beschreibung trifft auf dieses Wesen gut zu[1].

Übrigens sind alle griechischen Götter Aspekte einer gleichen Sache: man sieht sie so, so, so *(Mutter dreht ihre Hand, um die Facetten desselben Prismas zu zeigen),* das ist ganz einfach ein und dieselbe Sache[2].

Sri Aurobindos Beschreibung paßt genau zu diesem Wesen. Dieses selbe Wesen kam vor einigen Tagen, ohne daß ich es rief oder an es dachte oder es suchte. Es schien sagen zu wollen, daß die Zeit für sein Eingreifen gekommen sei.

So ließ ich es machen!

Zu Sri Aurobindos Lebzeiten waren die vier Wesenheiten, von denen er spricht – die vier Aspekte *Der Mutter*[3] –, immer anwesend. Ich mußte der einen oder der anderen ständig sagen: „Sei ruhig, sei ruhig ..." – Sie wollten immer eingreifen!

Habe ich dir das nicht erzählt? Das letzte Mal, als ich zur Puja hinunterging (ich weiß nicht mehr, ob es letztes Jahr oder das Jahr davor war – ich erinnere mich überhaupt an nichts mehr, weißt du: all das ist weggefegt), es war das Jahr davor. Vor der Durga-Puja kam Durga immer. Sie kam immer zwei oder drei Tage vorher (es war nicht 1961, sondern 1960, nach diesem Jahrestag)[4]. Ich ging wie gewohnt, und sie war gekommen, und sie unterwarf sich dem Höchsten ... Diese Gottheiten haben sonst nicht dieses Gefühl. Gottheiten wie Durga, auch die

---

1. *A whiteness and a strength is in the skies ...*
Virgin formidable
In beauty, disturber of the ancient world! ...
How art thou white and beautiful and calm,
Yet clothed in tumult! Heaven above thee shakes
Wounded with lightnings, goddess, and the sea
Flees from thy dreadful tranquil feet.

(*Perseus the Deliverer,* Cent. Ed. VI.6)

Licht und Kraft nehmen den Himmel ein ...
Mächtige Jungfrau
Von Schönheit, Störenfried der alten Welt! ...
Wie weiß und schön und ruhig bist Du
Und doch in Tumult gekleidet! Die Himmel über Dir erzittern
Von Blitzen verwundet, o Göttin, und das Meer
Flüchtet vor deinen fürchterlichen, ruhigen Schritten.

2. „Das sind unterschiedliche Aspekte von etwas, das in sich existiert," erklärte Mutter. „Diese Wesen kleiden sich je nach Land und Zivilisation in unterschiedliche Aspekte."

3. Siehe Sri Aurobindos Buch desselben Titels.

4. Erster Jahrestag der Supramentalen Herabkunft.

griechischen (jetzt sind sie etwas veraltet, aber die indischen sind noch sehr lebendig), sind Verkörperungen von etwas Ewigem (man könnte fast sagen, Lokalisierungen), sie haben aber nicht das Gefühl der Ergebenheit gegenüber dem Höchsten. Während ich ging, war Durga also da – das war wirklich schön! Durgas ungeheuerliche Kraft, die ständig die feindlichen Kräfte niederschlug, unterwarf sich dem Höchsten, so weit, daß sie die feindlichen Kräfte nicht mehr anerkannte: ALLES ist der Höchste. Das war wie eine Erweiterung ihres Bewußtseins.

In dieser Welt geschahen sehr interessante Dinge [seit der Herabkunft des Supramentals]... Wie das erklären?... All diese Wesen haben ihre Unabhängigkeit, eine absolute Bewegungsfreiheit (und gleichzeitig sind alle ein einziges Wesen), die wahre Bedeutung der vollkommenen Einheit kam jedoch erst mit dem höchsten Bewußtsein. Und mit diesem Eingreifen hier *(von Mutter)*, mit der jetzigen Inkarnation und diesem Bewußtsein, das sich hier niederließ *(Mutter schließt ihre Faust in einer Geste der unbewegten Stärke)*, auf eine absolute Art (das heißt, daß es keine Schwankungen gibt), HIER auf der Erde, in der irdischen Atmosphäre, da hat diese Inkarnation eine strahlende Wirkung auf all diese Welten, diese Universen, diese Wesenheiten. Das zeigt sich durch kleine Vorfälle[1] – ganz unbedeutende Zwischenfälle irdischer Dimension. Aber das ist interessant.

(langes Schweigen)

Das bedeutete sozusagen das Verschwinden all dessen, was sich vor dieser Erfahrung vom 13. April ereignet hatte, und eine völlige Aufhebung der gewöhnlichen Funktion des Bewußtseins. Stück für Stück versucht es, sich wieder aufzubauen – es versucht nicht nur: es ARBEITET daran, sich auf einer wahreren Basis zu wiederherzustellen oder auf wahreren Verbindungen oder Schwingungen oder Funktionen (ich weiß nicht, wie ich es nennen soll: all das zugleich). Diese Gegenwart [das große weiße Wesen] vor ein paar Tagen war nichts wirklich Neues, in dem Sinn, daß dieses Wesen bereits einige Male eingriff, und dennoch war es neu, denn die gesamte Funktion war neu. Auch meine Erfahrung vor zwei Nächten *(das Aufladen der Batterie)* hatte ich bereits seit Monaten, aber jetzt war sie neu, weil sie auf einer neuen Funktionsbasis stattfand. Jedesmal (ist es aus Gewohnheit oder um es mir verständlich zu machen, damit ich sehe?) jedesmal, wenn die alte Funktion eingreifen will, habe ich zuerst den Eindruck, daß ich den wahren Kontakt verliere, daß die Wahre Sache entweicht, und dann frage ich mich, wie man so funktionieren kann, ohne verrückt zu

---

1. Wie der Vorfall, den Mutter gerade erzählte: die Ergebenheit der Durga.

werden! Das erstaunt mich jetzt. Ich habe den Eindruck, daß man verrückt wird. Das heißt, es knirscht, es reibt, es hat keinen Sinn – *it misses the point,* es landet immer daneben. Es ist nicht die Wahre Sache, es liegt daneben. Es versucht etwas zu imitieren, das unnachahmlich ist. Dann sage ich mir: „Bin ich noch ganz richtig im Kopf? ... Verliere ich meine Fähigkeiten?" Dann beobachte ich, daß das keineswegs der Fall ist, daß da oben eine unbewegte und UNERSCHÜTTERLICHE Konzentration herrscht, konstant und allmächtig: ein Tropfen von Dem, ein Funke von Dem, und alle Probleme sind gelöst. Dann sehe ich deutlich, daß es nur eine Demonstration war, um mir die Unangemessenheit (das englische Wort *inadequacy*) der gewohnten alten Funktion zu zeigen – sie ist inadäquat –, damit ich wirklich überzeugt bin. Übrigens ist das ziemlich beschwerlich. Vergangene Nacht erlebte ich es und noch diese Tage: es dauert einige Sekunden – genug, damit die Lektion ausreichend ist! Vielleicht auch, um es mir verständlich zu machen. Danach frage ich mich aber: „Wenn alle in diesem Zustand sind ... und nichts davon wissen, das ist furchtbar!" Mir wird wirklich klar, daß die KLEINSTE Begebenheit, der geringste Umstand, augenblicklich VÖLLIG entstellt wird durch die Art, wie die Menschen ... *work it out* [es übertragen], wie sie die Ereignisse erleben.

Das ist eine Erfahrung jeder Minute.

Es ist aber noch eine Zeit der Vorbereitung. Beobachtungen, Beobachtungen, Studien, Studien, Erfahrungen, sehr viele Erfahrungen sind noch erforderlich, denn das alles ist nichts – man muß DIE Sache erhaschen. Man muß einen Zipfel der wahren Funktionsweise erfassen, um sie gezielt anstelle der anderen einsetzen zu können. Das ist es genau.

Das erfordert ein Studium jeder Minute.

Zum Beispiel liest man mir einen Brief vor, und ich muß antworten. Zwei Funktionen überlagern einander: die gewöhnliche Reaktion, die stets von oben kam (von hier kommt nichts: es kam von oben, war aber die gewöhnliche Reaktion), und wenn ich auf diese Art schreibe, kommt nach einem Augenblick das Gefühl „das paßt nicht", und dann eine andere Funktion, die noch nicht (wie soll ich es ausdrücken? ich müßte Englisch sprechen!) *handy* ist, zu meiner Verfügung steht. Ich muß ruhig bleiben, dann handelt es *(das neue Funktionieren).* Die beiden überlagern sich, und wenn eine Tätigkeit ausgeführt werden soll, muß ich die eine beruhigen, damit die andere hervortreten kann. Oh, bei der anderen Art gibt es unerwartete Dinge ... Ich beantworte zum Beispiel einen Brief, oder ich will jemandem etwas mitteilen. Zunächst ist es das, was von oben kommt und sich ausdrückt (es ist lichtvoll genug, aber ANGEPASST). Dann dieses Gefühl, daß es inadäquat ist – das geht nicht. Also trete ich zurück, und etwas anderes kommt. Ich gebe zu ... das, was kommt, kann die Leute verrückt machen. ES IST SO VÖLLIG ANDERS.

Gestern schrieb ich so einen Brief. Auf einem Stück Papier schrieb ich erst auf die gewöhnliche Art, wie früher. Während ich schrieb, herrschte dieses Gefühl, daß es nicht „das" ist. Dann schrieb ich einen Kommentar auf die gleiche Weise mit der Vision von oben (einen Kommentar über den Brief dieser Person). Als das erledigt war, blieb dieses Gefühl noch, da nahm ich ein anderes Stück Papier – ein blaues – und schrieb etwas, auch das war es immer noch nicht ... Da nahm ich noch ein Stück Papier und schrieb noch etwas ... und steckte alles in einen Umschlag. – Ich hoffe, die Person, die das bekommt, hat einen ruhigen Kopf ... Gleichzeitig war da etwas, das mir sagte: „Das wird ihr guttun", deshalb ließ ich es laufen.

Das ereignete sich gestern, ich kenne das Ergebnis noch nicht. So ist es – das kann dir eines Tages auch passieren. *(Lachend)* Dann mußt du aber aufpassen!

Natürlich ist das eine sehr gute Vertrauensprüfung für die Leute, sonst müssen sie ... Für jemanden, der die Erfahrung nicht hat wie ich, scheint es überhaupt keinen Zusammenhang zu haben ... Man kann es erklären (man kann alles erklären, es liegt nicht jenseits aller Erklärungen). Aber auf den ersten Blick ist es verwirrend.

So ist es ...

Verlier aber nicht deine Zeit damit, das aufzuschreiben.

Doch! Das ist wichtig, es sind die Etappen.

Dann sehe ich dich Samstag? Oder ist das zu früh?

Ganz wie du willst.

Nach all dem, was ich dir gerade erzählte, wo ist da das „ich will"? *(Mutter lacht)*

Nein, aber du mußt es sehen und entscheiden.

Ich möchte, daß du dein Buch schreibst.

Es kommt voran – nicht schnell.

Wenn ich dir nicht all das erzählte, ginge es verloren, weil ich sonst keine Gelegenheit habe, es jemandem zu erzählen – wie du dir denken kannst. Morgen gibt es etwas anderes, übermorgen auch, und das alles verschwindet in einer Vergangenheit, die für mich das Interesse der Aktualität verliert.

Ja, FÜR DICH verliert sie es, aber nicht für alle.

Aber damit das erhalten bleibt, muß ich dich sehen.

Natürlich!

Sehe ich dich nicht, bleibt es nicht. Die Ergebnisse sind da, die Sache selber aber verschwindet.

Das wäre schade. Ich kann auch häufiger kommen, wenn es dich nicht ...

(Mutter nimmt Satprems Hände)

*
* *

Beim Gehen

Ich wollte dir etwas Merkwürdiges erzählen ... Sujata sagte mir, seit du im März wieder nach oben gezogen bist, sehe sie dich nachts immer GRÖSSER, als du vorher warst!?

Ja, alle – alle!
Wenn ich mich selbst sehe, bin ich auch sehr groß – was ist passiert? ... Es ist das neue Wesen. Ich sage dir: seit dem 12. [April] ... Wann wird es physisch zum Ausdruck kommen? – Ich weiß es nicht.

Es ist ein Wesen des Subtilphysischen, kein Vitalwesen. Es ist ein Wesen des Subtilphysischen, und ich bin groß und stark.

Sage ihr: Nicht nur sie sieht mich so, sondern viele.

Ich selbst ... wenn ich mich nachts sehe, sehe ich mich so. Vielleicht muß das *(Mutter berührt ihren Körper)* zurückweichen. Ich weiß aber nicht wann.

Kein Alter – etwas, das weder jung noch alt ist ... es ist ganz anders, groß und stark.

Ich sehe mich so.

Das ist das Subtilphysische. Sag es ihr!

Sie sagt mir: „Es ist eigenartig, seit März sehe ich sie größer."

Ja, etwas will sich hier manifestieren, und ... Ich sehe sehr wohl, daß man dabei ist ... Wie das materialisieren?

Erfahrungen sind im Gange, und wir werden sehen, was dabei herauskommt. Diese Arbeit ist recht neu! *(Mutter lacht)*

Bis Samstag!

(Schweigen)

Das ist genau die Art von Dingen, die mir gesagt werden („gesagt" ist eine Redeweise, aber es ist ein Wissen. Es ist indiskutabel, viel absoluter als Worte und alles, was als solche gilt): Eines Tages wird es konkret sichtbar sein, man wird es sehen. Ich warte. Ich warte darauf.

Wenn ich auf das warten muß, um mich zu zeigen, dann dauert es allerdings noch einige Zeit.

Logischerweise müßte ich bis auf den Tag unsichtbar bleiben, wo ich in meiner neuen Form erscheine. Es scheint aber nicht schnell zu gehen. Bis jetzt verändert es sich nicht, außer einem Gefühl der Kraft, die in den Körper kommt – ein Empfinden von Kraft, als ob es DRÜCKTE[1]. Etwas sehr Konkretes.

Wir werden sehen! Man muß Geduld haben.

Auf Wiedersehen, mein Kind!

Brauchst du nichts?

30. Juni 1962

(Mutter gibt Satprem eine alte Notiz zur Aufbewahrung – ich erinnere mich leider nicht mehr welche –, eines dieser kleinen Papierstückchen, die überall verstreut liegen und auf denen sie eine Erfahrung notierte oder vielmehr in materiellen Worten die sich manifestierende Kraft konkretisierte. Als Kommentar zu dieser Notiz fügt sie hinzu:)

Das ist eine Erfahrung, die ich viele hundert Male machte: Man hat eine tiefe, wahre Erfahrung, und umgehend bemächtigt sich das Mental, auch das höhere Mental (meistens das höhere Mental), das sehr aktiv ist, dieser Sache und macht daraus SEINE Sache, und damit bringt es auch seine Entstellung.

Es legt sich aber nur darüber, es umfaßt nicht alles: dahinter bleibt etwas sehr Wahres.

Das sind die Barrieren, die das Mental der Wahrheit auferlegt ...

Ich schrieb es auf, aber nicht, um es dir zu geben. Manchmal schreibe ich etwas und hebe es dann Jahre auf, um ... Es ist ein

---

1. Wie ein Küken gegen seine Schale.

Sammlungspunkt für die Handlung. Hätte ich es nicht aufgeschrieben, könnte ich nicht so gut arbeiten – es sind okkulte Dokumente[1].

*
* *

(Über das letzte Gespräch und Mutters „unzählige Vitalwesen", die sich diesmal „wie ein Regen" inkarnierten:)

Als ich klein war, zwischen zehn und zwölf Jahren, hatte ich interessante Erfahrungen, die ich damals überhaupt nicht verstand. Ich hatte Geschichtsbücher – die Bücher, die einem gegeben werden, um Geschichte zu lernen. Ich las das, und dann war es plötzlich, als würde das Buch transparent, oder die geschriebenen Worte wurden transparent, ich sah andere Worte, oder ich sah Bilder. Ich wußte überhaupt nicht, was passierte. Das erschien mir so natürlich, daß ich glaubte, es sei bei allen so. Ich verstand mich aber sehr gut mit meinem Bruder (er war nur eineinhalb Jahre älter als ich), und da sagte ich ihm: „Weißt du, im Geschichtsbuch erzählen sie Dummheiten – SO muß es lauten, nicht so: SO muß es lauten!" Mehrere Male erfuhr ich sehr genaue Berichtigungen, Einzelheiten über die eine oder andere Person. Jetzt weiß ich es (später verstand ich): das waren sicherlich Erinnerungen. Zu bestimmten geschriebenen Sätzen sagte ich sogar: „Aber das stimmt doch nicht! Das war niemals so! Es hat sich SO ereignet." Es kam aus dem Buch – das Buch war offen! Ich arbeitete einfach wie jedes Kind, und ... plötzlich ereignete sich etwas. Natürlich war es in mir, ich glaubte aber, es sei im Buch!

Ich erfuhr sehr viel über Johanna von Orleans, sehr vieles, mit großer Genauigkeit, sehr interessant – ich erzähle es nicht, weil ich mich nicht genau erinnere, und wenn es nicht genau ist, hat es keinen Wert. Dann die italienische Renaissance: Leonardo da Vinci, Mona Lisa, und die französische Renaissance: François I., Marguerite de Valois[2] usw.

Zweimal wußte ich, daß MIR etwas passierte – daß es keine Bilder waren. Es nahm dann aber eine andere Form an. Einmal ... (da war ich älter, ich war wohl schon zwanzig) es war in Versailles, mein Cousin hatte mich zum Abendessen eingeladen, zu dem es Champagner gab. Er sagte aber nicht, daß es trockener Champagner war (ich trank

---

[1]. In etwa wie die tantrischen *Yantras*, aber anstelle der geometrischen Symbole sind es Worte, die mit einer Kraft versehen sind. Bezüglich dieser kleinen Notizen hatte Mutter Satprem einmal erklärt, daß sie diese von Zeit zu Zeit wieder „auflade", indem sie sie ansehe oder ganz einfach neben sich auf den Tisch lege.

[2]. Von der Clément Marot sagte: „Sie hat den Körper einer Frau, das Herz eines Mannes und den Kopf eines Engels."

nie Wein oder Alkohol). Ich trank also, ohne achtzugeben ... Als wir uns dann erheben mußten und den vollen Saal durchqueren, ach, das war schwierig, sehr schwierig! Wir kamen oberhalb des Parks an, in der Nähe des Schlosses, wo man einen guten Überblick hat. Ich sah mir also den Park an. Da sah ich, wie sich der Park mit Lichtern füllte (das heißt, die elektrischen Lichter waren verschwunden), alle Arten von Lichtern, Fackeln, Laternen ... und viele Leute, die umherspazierten... in Kostümen im Stil Louis XIV. Ich hatte die Augen weit offen und sah mir das an, ich hielt mich an der Balustrade fest, um nicht umzufallen, weil ich mich nicht sehr sicher fühlte. Ich sah das, und ich sah mich selbst, wie ich mich mit den Leuten unterhielt (jetzt erinnere ich mich nicht mehr, aber auch da gab es „Berichtigungen"), das heißt, daß ich jemand war (ich weiß jetzt nicht mehr wer), und die beiden Bildhauerbrüder waren da ... *(Mutter versucht vergeblich, sich an den Namen zu erinnern*[1]*)*, jedenfalls waren da alle möglichen Leute, und ich sah mich dort im Gespräch. Ich hatte ausreichend Selbstkontrolle, denn ich erzählte alles, was ich sah, und es scheint, daß es da genaue Einzelheiten mit sehr interessanten Berichtigungen gab. Das war das eine Mal.

Ein anderes Mal passierte es in Blois. In Blois wird der Anjou-Wein hergestellt – da war es ebenso. Ich trank sonst nur Wasser oder Tee, und da reichte man uns zum Essen einen schäumenden Anjou, der sehr leicht schien ... Danach gingen wir ins Museum (ein Künstlerfreund begleitete mich, wir waren alle unter Künstlern). Ich war anscheinend sehr geistreich! Plötzlich hielt ich vor einem Gemälde inne ... von welchem Maler war es doch? Coué ... Nein, Clouet! Clouet, die Prinzessin ... eine der Prinzessinnen[2]. Ich begann, meine Eindrücke über das Gemälde laut zu äußern (nach einer Weile wurde mir klar, daß die Leute zuhörten), ich sagte: „Aber, aber! Was hat dieser Kerl aus mir gemacht, wie hat er mich zugerichtet! – So war es überhaupt nicht." (Es war ein schönes Gemälde, ich war aber nicht zufrieden.) Ich sagte: „Wie er mich darstellt! So war es aber nicht, es war SO!" Ich gab

---

1. *Auch später versuchte Mutter noch, sich an den Namen zu erinnern, jedoch ohne Erfolg:* Diese Bildhauerbrüder arbeiteten sehr viel am Palast von Versailles... Ich bin nicht sicher, ob ich nicht Madame de Montespan war. Ich erinnere mich nicht mehr. Von diesen Dingen darf man nicht oberflächlich sprechen. Damals war es präzise, genau: ich wußte alle Namen, alle Einzelheiten, alle Worte – ich schrieb es nie auf, und somit ist es verloren. Man darf diese Dinge nicht sagen, wenn man sie nur ungefähr weiß. Ich werde nach den Bildhauerbrüdern forschen. Nein, laß es so bleiben, nur „Umrisse" *(Mutter lacht)*.
2. Verwechselt Mutter das mit Corneille de Lyon? Denn in Blois soll es keinen Clouet geben, nur ein Portrait von Madeleine von Schottland, Tochter von François I., gemalt von Corneille de Lyon. Oder hat sie es mit einer anderen Stadt und einem anderen Schloß verwechselt?

Einzelheiten an. Ich war mir meiner physischen Umgebung nicht sehr bewußt, aber dann wurde mir doch klar, daß um mich Leute waren, die zuhörten. Ich gab mir also einen Ruck – ich sagte nichts mehr und ging. Ich sagte ihnen aber: „Hören Sie, das war ich, das war MEIN Portrait, das war ICH!"

Fast alle meine Erinnerungen an frühere Leben kamen so, das heißt, das reinkarnierte Wesen trat an die Oberfläche und begann zu handeln, als wäre es allein da ... Mit fünfzehn passierte mir das in Italien, aber auf eine außerordentliche Art. Da stellte ich hinterher Nachforschungen an und fand die Einzelheiten (ich war mit meiner Mutter in Venedig und suchte in den Museen, den Archiven; ich fand meinen Namen und den der anderen Leute). Und zwar erlebte ich eine Szene im Dogenpalast wieder, aber auf eine so ... so absolut intensive Art *(lachend)* – eine Szene, wo man mich erwürgte und in den Kanal warf –, daß meine Mutter mich schnellstens nach draußen begleiten mußte ... Ich schrieb es auf, somit ist die Erinnerung korrekt verblieben. Die anderen Erfahrungen hatte ich nicht aufgeschrieben, daher sind die Einzelheiten verschwunden, während das hier notiert wurde. Die Namen hatte ich aber nicht angegeben. Am nächsten Tag fand ich die ganze Geschichte. Ich erzählte das damals Theon und seiner Frau. Er erinnerte sich auch an eines seiner Leben zu dieser Zeit. Tatsächlich hatte ich ein Portrait gesehen, das absolut Theon war. Das Portrait eines Dogen. Es war ein Portrait von Tizian, und es war wirklich Theon. SEIN Portrait, als hätte man ihn jetzt gemalt[1].

Diese Dinge kamen immer, ohne daß ich nach ihnen suchte, sie wollte oder verstand, ohne Disziplin, nichts – vollkommen spontan. Davon gibt es viele, viele ...

Als ich Theon begegnete, klärte sich alles auf: ich verstand, ordnete es ein. Vieles geschah aber davor – all das, was ich dir jetzt erzählte, geschah vor der Begegnung mit Theon.

> Du sagst: „Sie kamen eine nach der anderen, sogar Inkarnationen in Männern ..."?

Eine war in Murat, am Tag seines großen Sieges[2]. Speziell für diesen Sieg erfaßte ihn eine vitale Kraft, die verblieb und in mich einging. Da sah ich alles! Ich sah das Eintreten in den Körper Murats und die

---

1. Da gibt es die Auswahl zwischen mehreren furchterregenden Köpfen. Aber eines der wenigen erhaltenen Portraits der fünf Dogen, die Tizian malte, wäre das des Dogen Antonio Grimani, gemalt zwischen 1555 und 1576, das im Dogenpalast von Venedig hängt.
2. Handelt es sich um die Schlacht von Eylau (8. Februar 1807) oder die von Friedland (14. Juni 1807)?

gesamte Szene des Kampfes. Ich erlebte das alles. Als es zu Ende war, verließ sie ihn wieder. Das war sehr interessant.

Ich wollte dich fragen ... Ich weiß nicht, ob es Inkarnationen von dir waren, aber Mona Lisa und Marguerite de Valois lebten doch zur gleichen Zeit?!

Ja, ich sagte dir schon, vier auf einmal[1]!

Vier auf einmal. Im allgemeinen waren es die verschiedenen Seinszustände der Mutter – die vier Aspekte. Meistens war es ein Aspekt in jeder Inkarnation (wenn es vier gab). Oder in einem war weniger Präsenz vorhanden, und im anderen war die Präsenz dieses oder jenes Aspekts. Manchmal war die Präsenz etwas zentraler und die Emanationen weniger zentral, unbedeutender.

Das passierte jedoch mehrere Male – mehrere Male. Zweimal war es sehr klar. Ich hatte häufig dieses Gefühl, daß es nicht nur EINE Inkarnation war: daß sich die Ereignisse der Geschichte um diese oder jene Person kristallisierten, daß aber andere (wie soll ich sagen?) weniger auffällige Inkarnationen gleichzeitig waren.

Das sind unterschiedliche Aspekte der Mutter.

*
* *

(Etwas später nimmt Mutter den Abschnitt wieder auf, wo sie sagte, daß ihre gegenwärtige Inkarnation auf der Erde nicht nur eine irdische Auswirkung hatte, sondern sich in allen anderen Welten auswirke, insbesondere auch unter den Göttern)

Alle diese Wesen der unterschiedlichen Pantheone, die Götter, die Gottheiten haben nicht die gleiche Beziehung zum Höchsten, wie sie der Mensch hat, der ein psychisches Wesen besitzt, das heißt die Gegenwart des Höchsten in seinem Innern. Die Götter sind Emanationen – unabhängige Emanationen –, die für einen speziellen Zweck geschaffen wurden, für eine spezielle Aufgabe, die sie SPONTAN erfüllen: nicht mit dem Gefühl einer konstanten Unterordnung unter den Höchsten, sondern durch das, was sie SIND, dafür sind sie da, und sie kennen nichts anderes als das, was sie sind. Sie haben nicht die ständige Verbindung mit dem Höchsten, die der Mensch hat – der Mensch, der den Höchsten in sich trägt.

Das ist ein beachtlicher Unterschied.

---

1. Gespräch vom 27. Juni.

Doch mit dieser gegenwärtigen Inkarnation der Mahashakti, die die erste Offenbarung des Höchsten, der erste Schritt der Schöpfung ist –, seitdem sie sich in der materiellen Welt inkarnierte (sie ist die ursprüngliche Gestalterin all dieser Wesen) und durch die Position, die sie gegenüber dem Höchsten in der materiellen Welt einnahm, sowie durch die Tatsache, daß sie sich in einem menschlichen Körper inkarnierte, wurden auch alle anderen auf eine äußerst interessante Weise beeinflußt[1]. Ich kam mit allen Göttern in Verbindung, mit allen großen Wesen, und die meisten änderten ihre Haltung. Selbst bei jenen, die sich nicht ändern wollten, beeinflußte es trotzdem ihre Seinsart.

Im Grunde genommen ist die menschliche Erfahrung mit der direkten Inkarnation des Höchsten[2] eine EINZIGARTIGE Erfahrung, die der universellen Geschichte eine neue Orientierung gab ... Sri Aurobindo spricht davon, er erklärt den Unterschied zwischen der vedischen Epoche und der vedischen Beziehung zum Höchsten im Vergleich zum Erscheinen des Vedanta (ich glaube, es ist der Vedanta?): die Hingabe, die Anbetung, die *Bhakti*, der innere Gott[3]. ERST MIT DEM MENSCHEN konnte diese Seite der Beziehung mit dem Höchsten existieren, denn der Mensch ist in der universellen Geschichte ein besonderes Wesen – er besitzt die Gegenwart Gottes. Manche dieser großen Götter nahmen einen menschlichen Körper an, UM DAS ZU ERHALTEN[4]. Es sind nicht viele, denn sie schätzten sehr wohl ihre vollkommene Unabhängigkeit und ihre Allmacht. Sie fühlten kein VERLANGEN (anders als der Mensch,

---

1. Einige Zeit danach schnitt Satprem diesen Absatz nochmals an, als er fragte, ob Mutter nicht seit ihrem Ursprung auf der Erde gehandelt hätte und nicht erst durch ihre gegenwärtige Inkarnation der Mahashakti. Antwort: „Es geschah immer durch EMANATIONEN, während es jetzt so ist, wie Sri Aurobindo es in *Savitri* beschreibt, wenn der Höchste zu Savitri sagt: „Ein Tag wird kommen, wo die Welt bereit sein wird und die höchste Mutter sich inkarniert." Savitri war auf der Erde. Sie ist eine Emanation. Waren das somit alles Emanationen? Seit dem Anfang waren es alles Emanationen. Es muß also heißen: „Mit der GEGENWÄRTIGEN Inkarnation"..."
2. Das heißt, mit dem psychischen Wesen oder der Seele IM MENSCHEN, die direkte Inkarnation des Höchsten im Menschen: „Das kam mit der menschlichen Spezies."
3. Später fragte Satprem Mutter: So, wie du das da sagst, scheint es, daß es während der vedischen Epoche keine Gegenwart Gottes im Menschen gab! Nein! Sie haben sie entdeckt. Die Menschen haben eine spirituelle Entwicklung durchgemacht. Der Veda steht in Verbindung mit den Göttern und DURCH DIE GÖTTER mit dem Höchsten, nicht aber in direkter Verbindung mit dem Höchsten (innen, psychisch). Das sagt Sri Aurobindo (ich verstehe nichts davon!). Während der Vedanta, die Krishna-Anbeter, den inneren Gott hatten: sie hatten eine direkte Verbindung mit dem inneren Gott (wie in der Gita).
4. Satprem fragte etwas später: Wenn ein Gott einen menschlichen Körper annimmt, muß das für ihn schrecklich sein. Oder ist ihm seine Göttlichkeit sehr verschleiert? Ja, sehr verschleiert. Das sind sehr mächtige Wesen, man hat den Eindruck einer Macht, sie ist aber sehr verschleiert. Krishna hatte einen menschlichen Körper, Shiva auch.

der in seiner völligen Abhängigkeit kämpfen mußte): sie waren völlig frei.¹

Deswegen ... Wie oft kam Durga! Wenn sie kam, behielt ich sie im Auge (!), denn ich fühlte sehr wohl, daß in ihrer Gegenwart nicht diese Verbindung mit dem Höchsten bestand (sie brauchte sie nicht). Es war nicht etwas, das bewußt, willentlich auf sie wirkte, um dieses Ergebnis zu erzielen, sondern es war wie eine Ansteckung. Ich erinnere mich, sie kam, und meine Aspiration war so stark, meine innere Haltung war so konzentriert ... eines Tages, als Durga da war, herrschte ein derartiges Gefühl der Macht, der Unermeßlichkeit, eine unaussprechliche Glückseligkeit in der Verbindung mit dem Höchsten, daß sie wie eingenommen, wie absorbiert war. In dieser Glückseligkeit unterwarf sie sich dem Höchsten.

Sehr interessant.

Überhaupt nicht das Ergebnis eines Willens oder von sonst etwas: sie wurde überwältigt.

Das sind Bewußtseinsbewegungen und Bewußtseinszustände, in denen ich mich wohl fühle. *(Mutter seufzt)* Ich unterwarf mich aber vielen, vielen Disziplinen, um mich hier zu konzentrieren *(im Körper)*: Von ganz klein an fühlte sich immer etwas eingeengt, übermäßig erdrückt, das eine derartige Macht fühlte. Wenn die sich ausdrücken würde *(Geste des Ausbrechens)*, würde alles zertrümmert.

Jetzt ist sie gebändigt.

Reicht dir das?

Nein, nein!

(Mutter lacht)

---

1. Angenommen, einer dieser Götter inkarniert sich in der gegenwärtigen Welt – das wäre nicht angenehm für ihn, er würde ersticken. Angenehm? ... Aber sie reichen weit genug über die Grenzen ihres Körpers hinaus, damit sie nicht ersticken.

Juli

4. Juli 1962

Neulich sagte mir Pavitra beiläufig: „Aber die moderne Wissenschaft wird uns nicht folgen und uns nicht glauben". Als Grund gab er an, daß man nur „unentbehrliche Hypothesen" aufstellen solle und daß unsere Hypothesen nicht „unentbehrlich" seien (sie halten unser Wissen für Hypothesen, denn sie haben keine Erfahrung). Ich ließ mich nicht auf eine Diskussion ein, sonst hätte ich ihm gesagt: „Wir stellen keinerlei Hypothesen auf. Wir legen einfach unsere Erfahrungen dar. *We state our experiences.* Es steht ihnen frei, uns nicht zu glauben oder zu denken, daß wir halbverrückt sind oder Halluzinationen haben – das ist ihre Angelegenheit –, jedenfalls stellen wir keine Hypothesen auf, wir sprechen von Dingen, die wir aus Erfahrung kennen."

Aber danach hatte ich während einiger Stunden die Vision dieses Geisteszustands, und ich fand, daß absolut keine Notwendigkeit bestand, Hypothesen aufzustellen (denn Pavitra sprach von der „Hypothese" der verschiedenen Seinszustände). Genau dies sagte ich dir neulich: daß ich dieses Stadium überschritten habe, ich brauche die inneren Dimensionen nicht mehr.[1] Ich sah diese materialistische Einstellung und sagte mir: „Gerade durch ihre Erfahrung werden sie genötigt, die Einheit einzugestehen – jedenfalls die Einheit der Substanz –, und die Einheit einzugestehen genügt, um den Schlüssel zum ganzen Problem zu haben!"

Das ließ mich erneut erkennen, daß die letzte Erfahrung *(vom 13. April)* im Grunde wohl kam, um mich von ALLEM vergangenen Wissen zu befreien und daß ... die Wahrheit ohne all das gelebt werden kann. Ich brauche diese ganze Terminologie nicht, nicht die von Sri Aurobindo und die der anderen sowieso nicht. All diese Klassifikationen und Erfahrungen brauche ich nicht – ich benötige EINE Erfahrung, und zwar die, die ich habe. Und die habe ich in allen Dingen und unter allen Umständen: die Erfahrung der ewigen, unendlichen, absoluten Einheit, die sich im Endlichen, im Relativen und Zeitlichen manifestiert. Mehr und mehr erscheint es mir auch, daß der Wandlungsprozeß, den ich suche, kein Problem ist. Er erschien als das letzte Problem, aber jetzt scheint er mir kein Problem mehr zu sein, denn ... Das läßt sich einfach nicht sagen ... – Es beliebt Ihm, so zu sein, Er ist so.

Das Geheimnis besteht einfach darin, im „Es beliebt Ihm" zu bleiben.

Nicht nur im Objektivierten zu sein, sondern auch im Objektivierenden.

---

1. Siehe Gespräch vom 24. Mai 1962, S. 152

Das ist alles. Damit brauche ich keine weitere Theorie.

(Schweigen)

Wenn es zum Äußersten getrieben wird und die Identifikation vollkommen ist, bedeutet das NOTWENDIGERWEISE die Allmacht.

Im Grunde könnte nur die Allmacht die Welt verwandeln, die Welt überzeugen. Die Welt ist nicht bereit für die Erfahrung der höchsten Liebe – die höchste Liebe beseitigt alle Probleme, selbst das Problem der Schöpfung: Es gibt keine Probleme mehr, ich weiß es seit der Erfahrung *(vom 13. April)*. Aber die Welt ist nicht bereit. Vielleicht braucht sie noch einige Jahrtausende, bis sie bereit ist. Sie beginnt aber, für die Manifestation der höchsten Macht bereit zu sein (was andeuten würde, daß diese sich zuerst manifestieren wird). Die höchste Macht wird von einer BESTÄNDIGEN Identifikation herrühren.

Diese Beständigkeit ist noch nicht endgültig vorhanden – einmal ist man identifiziert und dann wieder nicht, man ist es und dann wieder nicht; gerade das verzögert die Sache unendlich. Das heißt, man tut genau das, was man den Leuten zu tun verbietet! Man hat einen Fuß hier und einen Fuß da – das geht nicht.

(Schweigen)

Es muß Gesetze geben – Gesetze, die der Ausdruck einer Weisheit sind, die uns übersteigt –, denn das Ganze scheint einer Kurve zu folgen, die ich nicht verstehe, weil ich in der Kurve bin. Erst wenn es zu Ende ist, wenn man am Ziel angelangt ist, versteht man die Sache, aber ich bin mitten darin, vielleicht noch ganz am Anfang ...

(langes Schweigen)

Man könnte hübsche Dinge sagen, die aber nichts erklären, zum Beispiel der Eindruck, daß es nötig ist, dem Tod zu sterben, um in die Unsterblichkeit geboren zu werden.

Das sagt nichts aus, aber darin liegt eine Entsprechung.

Dem Tode sterben, das heißt, nicht mehr sterben zu können, weil der Tod keine Realität mehr hat.

Das fängt an, sich zu ... ich kann nicht sagen, sich zu „kristallisieren", das ist viel zu hart ... Es ist wie ein leichter Hauch, der sich verdichtet.

(Schweigen)

N.S. ist gestorben. Es war die Folge eines Unfalls – sein Herz war in schlechtem Zustand, und das beunruhigte ihn, jedenfalls fiel er hin. Wahrscheinlich wurde er ohnmächtig und brach sich den Schädel. Er hatte eine Gehirnblutung, die ihn „bewußtlos" machte (all das sagt die moderne Wissenschaft). Im Augenblick des Unfalls kam er zu mir (nicht in einer präzisen Form, aber in einem Bewußtseinszustand, den ich sofort erkannte). Er blieb hier, in völligem Vertrauen und glückseligem Frieden, OHNE SICH ZU RÜHREN – ohne sich in irgendeinem Bereich seines Wesens zu rühren, absolut ... *(Geste der Hingabe)* ein völliges Vertrauen: Was kommen wird, wird kommen, was ist, ist. Ohne Diskussion, sogar ohne das Bedürfnis zu wissen. Dann ein angenehmer Friede, *a great ease* [ein großes Wohlbehagen].

Sie versuchten, kämpften, operierten usw. – keine Regung, nichts rührte sich. Eines Tages erklärten sie dann, er sei tot (nebenbei gesagt scheint es, daß aus medizinischer Sicht das Herz nach dem Tod des Körpers für einige Sekunden schwach weiterschlägt, dann hört es auf, und es ist zu Ende). Bei ihm schlug das Herz auf diese Weise (die nicht ausreicht, das Blut zu bewegen) für eine halbe Stunde weiter. Einen solchen Puls hat man auch, wenn man in Trance ist (diese Leute scheinen von krasser Unwissenheit zu sein – alle! – aber was soll's). Sie sagten oooh! Sogar die Ärzte sagten: „Ooh! Er ist ein großer Yogi, denn das geschieht nur bei großen Yogis" ... Was wollen sie damit sagen? Keine Ahnung. Ich weiß, daß dieser Puls, der nicht ausreicht, das Blut durch den Körper zu bewegen (was bewirkt, daß der Körper sich in einem kataleptischen Zustand befindet), für die Erhaltung des Lebens genügt. So können die Yogis Monate in Trance verbleiben. Ich weiß nicht, was für Ärzte das sind (wahrscheinlich sehr moderne), aber das kennen sie nicht. Ihres Wissens dauerte es bei ihm eine halbe Stunde (normalerweise ist es eine Angelegenheit einiger Sekunden). Gut. Dann ihre Bemerkungen... Während der ganzen Zeit war er hier, ohne sich zu rühren. Plötzlich spürte ich eine Erschütterung und schaute nach ihm – er war nicht mehr da. Ich war beschäftigt und achtete nicht auf die genaue Zeit, aber es war am Nachmittag. Das ist alles, was ich wußte. Dann kam man und sagte mir, daß man beschlossen habe, ihn zu kremieren, und ihn zu dem Zeitpunkt verbrannte.

Dieser Mann war durch die Heftigkeit des Unfalls gewaltsam aus sich hinausgeschleudert worden. Er muß in dem Augenblick in einem Zustand des Vertrauens an mich gedacht haben, denn er kam und rührte sich nicht mehr – er erfuhr niemals, was seinem Körper widerfuhr. Er wußte nicht, daß er tot war! Und wenn ...

Plötzlich sagte ich mir: „Dieser Brauch, die Leute zu kremieren, ist von erschreckender Brutalität!" (Als erstes entfacht man das Feuer in ihrem Mund...) Er wußte nicht, daß er tot war, und da merkte er es durch die Reaktion des Lebens der Körperform.

Selbst wenn der Körper in sehr schlechter Verfassung ist, braucht das Leben der Körperform mindestens sieben Tage, um sich zu verflüchtigen. Für jemanden, der Yoga geübt hat, ist dieses Leben BEWUSST. Dann kremiert man die Leute einige Stunden, nachdem die Ärzte sie für tot erklärt haben, und dabei ist das Leben der Form noch völlig lebendig, und bei Leuten, die Yoga praktizierten, sogar bewußt.

Das hat mich ein wenig ...

Während es in seinem Zustand KEINEN UNTERSCHIED für ihn machte, tot oder lebendig zu sein – das war das Interessante! Er blieb in einem gleichbleibenden glückseligen, vertrauensvollen und friedlichen Zustand, und ganz sanft hätte ich ihn wahrscheinlich zur psychischen Welt geführt oder anderswohin, entsprechend der empfangenen Anweisung, was zu tun sei. Er hätte niemals erfahren, daß er tot war.[1]

Das öffnete mir eine Tür[2].

Weil man ihn verbrannte, wurde er plötzlich *(Mutter wird von einem heftigen Schauer erfaßt)* gewaltsam mit der Zerstörung der Körperform konfrontiert[3]. Es muß das Leben der Form gewesen sein, das ausgestoßen wurde: auf heftigste Art aus dem Körper herausgeschleudert, muß es sich auf ihn gestürzt haben. Und dann natürlich ...

(Schweigen)

Plötzlich sagte ich mir: „Aber er fuhr fort zu sein, zu leben, Erfahrungen zu machen, völlig UNABHÄNGIG von seinem Körper, er brauchte seinen Körpers überhaupt nicht, um seine Erfahrungen zu haben." Mit meinem Schutz und Wissen hätte ich ihn entweder zu einem ruhevollen Ort oder in Beziehung zu einem anderen Körper bringen können, wenn es nötig gewesen wäre, und damit wäre es beendet gewesen. Nun ist alles aufgewühlt, und man muß warten, bis sich alles beruhigt.[4]

Man kann also sterben, ohne zu wissen, daß man tot ist.

Und bei vollem Bewußtsein bleiben – er war völlig bewußt, glückselig.

Ich halte das für wichtig, eine wichtige Erfahrung.

---

1. Etwas später fügte Mutter diesen Kommentar hinzu: „Es ist eine interessante Erfahrung. Er hätte psychisch WEITERLEBEN können (psychisch ist man ja unsterblich), er hätte weiterleben können, ohne zu wissen, daß er tot war ..., wenn man ihn nicht kremiert hätte."
2. Erinnern wir uns an das Gespräch vom 12. Juni: „Ich weiß nicht, ob ich lebe oder ob ich tot bin ... Eine Art Schwingung des Lebens, die völlig unabhängig ist. Ich kann nicht sagen „ich lebe", es ist etwas ganz anderes."
3. „Ich spreche von einer SUBTILEN Form", erklärte Mutter, „es ist die subtile Form des Körpers."
4. Eine Woche später fügt Mutter hinzu: „Es hat sich geordnet: Er ist für eine gewisse Zeit (ich glaube, nur für eine gewisse Zeit) in den psychischen Bereich gegangen, um sich zu sammeln."

Ich erzählte niemandem, was in dem Moment geschah, als man ihn kremierte, denn die Leute hätten sich sehr elend und unglücklich gefühlt. Ich sagte nur, daß er zu mir gekommen sei. Erzähle es also niemandem! Sie sollen es nicht wissen. Nicht, daß es nicht wieder in Ordnung gebracht werden kann, aber es ist jedenfalls eine unangenehme Erfahrung.

Doch es zeigte sich mir, um mich auf diese Möglichkeit hinzuweisen.

(Schweigen)

Im gewöhnlichen Bewußtsein steht der Erfahrung hauptsächlich im Wege, daß wir viel zu sehr an die physische Form gebunden sind, so wie wir sie sehen und die uns eine endgültige Wirklichkeit des Wesens zu sein scheint.

Ich versuche, das den Leuten auf anschauliche Weise verständlich zu machen. Das heißt, ich erscheine den Leuten selten in einer Form, die auch nur annähernd jener gleicht, die ich physisch ... ich wollte sagen „hatte". Es hängt immer davon ab, womit sie in Beziehung stehen, was ihnen am nächsten steht – die verschiedensten Formen. Ich versuche ihnen verständlich zu machen, daß DAS genauso wahrhaftig meine Form ist wie dies *(Mutter berührt ihren Körper)*. Um die Wahrheit zu sagen, kommt das meiner Form viel näher als dies. Was die wahre Form betrifft – die WAHRE Form –, so muß man fähig sein, in Beziehung zu dem Höchsten zu treten, um ihren Anblick ertragen zu können. Wenn sie dann sagen: „Ich will Sie sehen ... ich sehe Sie ...", ist es ihre Identifikation mit jenem Aspekt von mir, den sie kennen. Aber diese vielen Formen sind ALLE gleichermaßen wahr, und die meisten sind wahrer, als der Körper es jemals war, denn für mein Bewußtsein war er immer, ach, welch jämmerliche Annäherung: eine Karikatur. Nicht einmal eine Karikatur, nein, keinerlei Ähnlichkeit.

Er hatte seine Vorteile (ich scheine spontan immer in der Vergangenheit zu sprechen), er hatte seine Qualitäten. Deshalb wurde er so erschaffen und ausgewählt. Vom Standpunkt der Nützlichkeit war es sehr notwendig, aber was die Manifestation betrifft ...

Wenn er wirklich ausdrucksvoll gewesen wäre, etwas wirklich Aussagekräftiges, hätte ich vielleicht mehr gezögert ..., ihn gehen zu lassen.

Es gab nie eine sehr starke Bindung an diese Form. Eine Bindung (selbst in sogenannter tiefer Unwissenheit) gab es nur an das Bewußtsein. Am Bewußtsein hielt etwas sehr stark fest, etwas, das nicht wollte, daß es zerstört würde, das sagte: „Dies ist etwas Wertvolles". Aber der Körper ... er ist nicht einmal ein sehr gutes Instrument, nicht einmal das. Allerdings ist er bescheiden, plastisch, sucht sich nicht zu behaupten, sondern paßt sich allen Notwendigkeiten an. Er ist fähig, sich auf alle Gesichtspunkte einzustellen und alle Ideale zu verwirklichen, die er als der Verwirklichung würdig betrachtet – diese Anpassungsfähigkeit war sein Vorzug. Er ist von großer Bescheidenheit, in dem Sinne, daß er sich nichts und niemandem aufdrängen wollte. Er ist sich seiner Unfähigkeit voll bewußt ... ist aber imstande, alles zu tun und zu verwirklichen. Diese Struktur wurde ihm im Augenblick seiner Entstehung bewußt verliehen, denn darauf kam es an ... Nichts ist zu groß, nichts erdrückt ihn, denn es besteht kein Widerstand einer kleinen Persönlichkeit, die sich ganz winzig fühlt – das hat überhaupt keine Bedeutung, nur DAS BEWUSSTSEIN ist von Belang. Das Bewußtsein, das weit wie das Universum und noch weiter ist. Das Bewußtsein und die Fähigkeit, sich anzupassen – sich entsprechend jeglicher Notwendigkeiten zu formen.

Auch jetzt noch ist mein einziges Urteil über diese Form, daß sie zu starr ist. Die großen inneren Offenbarungen, die großen Bewegungen des schöpferischen Bewußtseins werden die ganze Zeit dadurch behindert. Er versucht sein Bestes, aber er steht noch unter der Herrschaft erbärmlich starrer Gesetze. Erbärmlich! Wieviel Zeit ist nötig, um das zu überwinden?

Man darf es nicht eilig haben!

(Schweigen)

Welche Schlüsse kann man aus der Erfahrung von N.S. ziehen? Welche praktischen Möglichkeiten eröffneten sich dadurch?

Das hängt vom Einzelfall ab.

Hier überließ ich ihnen die Entscheidung, denn ich kümmere mich nicht um diese Angelegenheiten, aber ich schlug vor, ihn bis zum nächsten Morgen in Ruhe zu lassen. Während der Nacht hätte ich etwas unternommen. Sie hatten es eilig – sie haben es immer eilig ...

Ich sage nicht einmal, man solle grundsätzlich nicht kremieren, denn in WENIGSTENS neunundneunzig von hundert Fällen ist es das Beste, was man tun kann.

Es gibt nur eine Hoffnung, nämlich daß die Menschen weise werden – sie sind aber nicht weise. Sobald sie ein Gesetz, ein Prinzip gelten lassen, müssen sie ihm blind folgen, weil sie keine Weisheit besitzen.

Hätte ich die Verantwortung übernommen (ich tat es absichtlich nicht, aus anderen Gründen), so hätte ich gesagt: „Laßt ihn so bis morgen früh!" In der Nacht hätte ich etwas unternommen. Aber das ist ein Fall unter Millionen. Daraus läßt sich kein Prinzip aufstellen.

4. JULI 1962

Nein, ich meinte: Welche Schlußfolgerungen kann man für dich, für deine Erfahrung aus dieser Geschichte ziehen?

Ach, für meine Erfahrung! Wohl, daß man sterben kann, ohne zu wissen, daß man tot ist. Man kann sterben (was die Menschen „sterben" nennen), ohne zu wissen, daß man tot ist. Folglich ist das nicht von entscheidender Bedeutung.

Die Menschen sagen: „Er ist bewußtlos". Sie hielten ihn für bewußtlos, weil sich im Körper nichts regte und der Körper auf ein minimales Bewußtsein reduziert war (etwas war gewiß noch vorhanden, denn er reagierte), ein wirklich minimales Bewußtsein, etwas ohne große Reaktionsfähigkeit, denn es handelte sich nicht um einen vollkommenen Yogi, er war noch im Lernstadium. Für einen Menschen, der Hatha-Yoga geübt hätte, wäre es zum Beispiel völlig anders gewesen, viel schwerwiegender. Aber ich will sagen, daß N.S. völlig bewußt an meiner Seite war. Er hätte in eine andere Manifestationsform eintreten können, ohne die Schrecken des Todes durchzumachen – das läßt sich durchaus vermeiden. Dies ist meine Erfahrung, die ich für äußerst wichtig halte.

Dies hat sich übrigens zum ersten Mal ereignet, denn alle Leute (wie I, zum Beispiel), die durch einen Unfall gewaltsam aus ihrem Körper geschleudert wurden, erlangen nach einiger Zeit wieder das Bewußtsein: es sammelt sich wieder. In diesem Fall aber war sein Bewußtsein niemals zerstreut, er verlor niemals das Bewußtsein.

Seine Stunde war gekommen – ich wußte es im Augenblick des Unfalls, ich wußte, daß seine Stunde gekommen war, das heißt, daß er seinen Körper verlassen mußte.

Seine Stunde war gekommen, und man arrangierte die Umstände („man", weißt du, ich sage einfach „man", um nicht zu sagen ...), „man" ordnete die Umstände an, um maximalen Nutzen daraus zu ziehen. Das ließ mich viele Dinge verstehen ... Man muß viele praktische Erfahrungen haben, um zu lernen.

Aber um diese Erfahrungen zu haben, das heißt, um Nutzen daraus zu ziehen, muß man bereits auf der anderen Seite sein. Vieles lernte ich schon vor diesem Punkt *(13. April)*, aber ich lernte es sozusagen auf dieser Seite der Grenze. Jetzt stehe ich auf der anderen Seite. Jedenfalls weitgehend, nicht völlig.

Also gut.

Mach weiter mit deinem Buch! Das nächste Mal liest du mir die Fortsetzung vor!

Es geht nicht schnell voran.

Das macht nichts. Denn was ist schon schnell! Ich finde ... Seit dem 13. April finde ich, daß alle Menschen ständig wegen nichts in Eile sind. Sie hetzen sich immer, als müßten sie einen Zug erwischen. Aber warum denn? ... Das ist ein großer Fehler – ein großer Fehler. Warum diese Eile? Das ist eine bestimmte innere Schwingung. Wie etwas, das die ganze Zeit vibriert, das alles verdirbt.

Alles, was sie tun, tun sie schnell, als ob sie etwas antriebe – sie essen schnell, sie bewegen sich schnell, sie schlafen schnell, sie machen ihre Toilette schnell, sie sprechen schnell. Aber warum? Warum in solcher Eile sein?

Das ist eine beständige Erfahrung. Ich muß mich zurückhalten, um nicht zu sagen: „Warum überstürzt ihr denn alles?"

Sobald man aufhört, sich zu beeilen, tritt man in eine wahrhaftigere Schwingung ein.

Also bis Samstag. Mach weiter! Es ist sehr gut, viel besser, als du glaubst!

7. Juli 1962

(Satprem liest Mutter einige Abschnitte aus seinem neuen Buch über Sri Aurobindo vor. Das erste Buch – Sri Aurobindo und die Transformation der Welt *– war vom Pariser Verleger als „abstrakt und unklar" beurteilt worden. Mutter bemerkt dazu:)*

Wahrscheinlich werden sie nichts verstehen.
Für mich war das andere Buch sinnfälliger.

Ja, für mich auch. Als ich es schrieb, war es intensiver. Hier habe ich gar nicht den Eindruck einer Inspiration beim Schreiben.

Meine Vorstellung war, völlig sachlich zu sein, Begebenheiten zu erzählen: aus Sri Aurobindos Leben, vom Ashram, etwas in der Art.

Das ist immer noch ... *(Geste oberhalb des Kopfes)*. Das ist für intelligente Leute, die sich für geistige Dinge interessieren.

Ich weiß nicht, wie man diese Dinge verschweigen kann ...

7. JULI 1962

Jedenfalls läuft es gut – es ist gut, ich sage das nicht, um zu kritisieren, ich finde es sehr gut ... Es liegt noch etwas zu hoch.

Ach, hör mal!

Aber es geht gut. *(Mutter lacht)* Noch etwas zu hoch für sie.
Ist das Kapitel damit fertig?

Das war nur, um die Dinge einzuordnen. Ich muß doch wohl sagen, was Sri Aurobindo an Neuem gebracht hat, denn um das ganze „spirituelle" Indien geht es ja gerade nicht. Auf die eine oder die andere Art muß man ihnen das doch klar machen, nicht wahr?

Ja, du sagst es ihnen auf sehr intelligente Art.

Es ist einfach ausgedrückt.

Ja-a ... Oh, man könnte es noch viel einfacher sagen! Aber das macht nichts. Ich möchte damit nicht sagen, es sei nicht gut. – Es ist sehr gut.

Ach, weißt du, ich schätze die Inspirationen, die mir kommen, nicht sehr hoch ein ... Ich meine damit, ich weiß, daß es genausogut etwas anderes sein könnte. – Es ist nichts „Unvermeidliches".

Nein, von Inspiration lassen sie sich nicht berühren, darauf kannst du dich also nicht verlassen. Aber du hast für intelligente Leute geschrieben, für Menschen, die suchen und die sich für Ideen interessieren – sind sie auch so veranlagt?

Aber nach dieser Einleitung beabsichtige ich, das Problem praktisch anzugehen: Sobald die Leute das Ende des Mentals erreichen, drehen sie sich im Kreise und finden nichts – deshalb spreche ich von Bereichen oberhalb des Mentals und von Entdeckungen, die man macht, wenn man in sich selbst einkehrt: das mentale Schweigen. Ich spreche von einer praktischen Disziplin. Das war meine Vorstellung. Ich wollte den Yoga nicht abstrakt erklären, sondern die Sache von der praktischen Seite angehen: Dies versucht man zu tun, und dann kann so etwas geschehen – die mentale Transformation, die Verwandlung im Vital, die Träume usw. All die praktischen Dinge. Ich wollte vom psychologischen Gesichtspunkt ausgehen.

Das ist gut. Im Hinblick auf das Werk, auf dein Schaffen, ist es natürlich sehr gut – es ist sehr interessant, das soll gesagt werden, das

MUSS gesagt werden. Ist der Mann, der diesen Brief schrieb, aber fähig, etwas davon zu verstehen? Da setze ich ein Fragezeichen.
Wir werden sehen.

Wenn er das nicht versteht, bedeutet es, daß er sowieso nichts verstehen wird.

Erzähl ihnen doch, daß wir Sport betreiben, ein Schwimmbecken haben! ...

Das werde ich sagen.

Das können sie verstehen. Das heißt, diesen Aspekt, daß wir keine Bande von Mönchen sind, die im Kreise sitzen und Meditationen abhalten, sondern daß alle Aktivitäten zugelassen sind und daß jeder beschäftigt ist: Der Schriftsteller schreibt, der Maler malt, und die Kinder treiben Sport. Das würden sie verstehen.

Ich werde das besprechen, aber später, am Ende. Nachdem ich die Umwandlungen des Bewußtseins beschrieben habe, die immerhin die Grundlage der Arbeit sind, werde ich zeigen, wie sich das in der Praxis auswirkt. Aber wenn ich sofort damit beginne, ohne zu sagen, warum es so ist ...

Das stört sie nicht!
Ich hatte vor allem diesen Teil im Auge. Ich sagte: „Man muß ihnen das nur an den Kopf werfen", und damit hat sich's.

Aber man muß doch versuchen, ihnen verständlich zu machen, warum das so ist!

Nein, das kannst du vergessen. „Versuchen, es ihnen verständlich zu machen", das mußt du aus dem Programm streichen. Zu deiner persönlichen Befriedigung bin ich damit einverstanden, denn damit wird die Sache wahrer und lebendiger, aber diese Vorstellung kannst du vergessen – es ist unmöglich, sie verstehen zu lassen. Ich sage dir, wenn du den Bereich der materiellen Tatsachen verläßt *(Mutter hält die Hand vor die Nase)*, sind sie verloren. Erzähl ihnen doch: „Sobald man aus dem Zug steigt und sich umsieht, sagt man euch: All diese Häuser da, das ist der Ashram. Hier ist die Bibliothek, da sind die Tennisplätze, dort die Sportplätze, das ist ..." Ja, das verstehen sie!

Es ist gut. Es wird ein sehr gutes Buch. Aber wahrscheinlich werden sie nur bei einem sehr kleinen Teil sagen: „Ach, endlich etwas Praktisches!"

Daß der Ashram mit zwei Häusern und so und so vielen Leuten anfing, diesen Aspekt wollte man in Amerika wissen. Als ich um Geld

7. JULI 1962

aus Amerika bat, fragten sie danach, und ich mußte ihnen mitteilen, daß wir zu einem bestimmten Zeitpunkt mit zwei Häusern begannen und wie es dann Schritt für Schritt zu dem wurde, was es jetzt ist. Daß wir jetzt so und so viele Häuser haben *(Mutter lacht)* und daß es so viele Leute sind und daß wir so viele Besucher jedes Jahr haben und daß das Samadhi ein Pilgerort geworden ist und daß ... einfach all diese Geschichten, wie sie in Zeitungen erscheinen – das schrieb ich nach Amerika. Ich sammelte Papiere, Dokumente und Statistiken, und sie waren sehr zufrieden. Hätte ich ihnen nur ein Viertel von dem gesagt, was du schreibst, hätten sie erwidert: „Um Himmels willen, seid praktisch!"

„Praktisch", das will sagen, nicht mehr zu verstehen als sie. Das ist es: Praktisch sein bedeutet, nicht mehr zu verstehen als sie.

Aber das macht nichts.

?

Du hast für ein aufgeklärtes Publikum geschrieben, das Ideen liebt – so weit, so gut. Aber ein solches Buch kauft man nicht für ein wenig Geld und liest es im Zug zwischen zwei Stationen. So ist es nicht, nein, man muß über das Gelesene nachdenken und still sein. Sitzen und nachdenken – es gibt nicht einen unter Millionen, der so ist!

Sie haben es in der Tasche, wenn sie in der Metro sind (vielleicht nicht in der Metro, dort reicht die Zeit nicht), aber im Zug ziehen sie es aus der Tasche und ...

(Satprem macht eine entmutigte Geste)

Nein, nein, hör nicht auf, schreib es fertig! Aber vielleicht verlangen sie von dir, es zu kürzen *(Mutter lacht)* – es wird „Längen" geben. „Warum haltet ihr euch bei Ideen auf? Das ist zweitrangig."

Ich verstehe. Aber ich sehe nicht, wie ich ...

Nein, schreib dein Buch, wie du es siehst!

Ich hatte ein psychologisches Buch im Auge. Das heißt für jemanden, der Forschungen anstellt, der zu verstehen sucht. Nicht auf philosophische sondern auf psychologische Art, wie jemand, der mit sich selbst experimentiert.

Was?
Einer unter einer Million! Du wirst keine Leser finden.
Nein, nein, die Leute wollen „sich die Zeit vertreiben", etwas, das sie unterhält und das sie für eine halbe Stunde ihre Unannehmlichkeiten, ihre Familienangelegenheiten und Geschäfte vergessen läßt.

Das soll keine Kritik sein, es ist nur eine Voraussage.

Nein, mach weiter! Sie werden dir nur sagen: „Ihr Buch ist sehr gut ... aber es hat Längen. Wenn Sie uns erlauben, es zu kürzen ..." *(Mutter lacht)* Und bei allem, was wirklich psychologisch ist, werden sie eine große Schere nehmen und ... *(Mutter lacht)*

Aber das kann getrennt erscheinen.

Mach weiter! Darin sind Dinge, die als gesonderte Artikel in Zeitschriften für ernsthafte Leser erscheinen können, Leute also, die gerne denken – deren gibt es nicht viele.

Schick es ihnen, du wirst sehen! Wenn sie kürzen wollen, werden wir eben kürzen und diese Teile an eine Zeitschrift schicken. Dann werden sie ihr kleines Geschichtenbuch haben.[1]

* * *

(Etwas später ist die Rede von den immer knapper werdenden Tonbändern, auf die Satprem diese Gespräche aufnimmt. Es sei angemerkt, daß Mutter sich stets weigerte, die Tonbänder des Ashrams zu benützen.)

... Wenn es verloren geht, ist es eben verloren! Der Herr wird darüber entscheiden, das spielt keine Rolle.

Man muß dem Herrn etwas behilflich sein.

Er kennt sein Metier nicht! *(Mutter lacht)*

Man fragt sich immer, ob Er die Dinge dieser Welt eigentlich so gut kennt wie wir. *(Mutter lacht hellauf)* Das ist sehr amüsant.

* * *

(Beim Fortgehen macht Mutter die folgende Bemerkung über den Widerstand des Verlegers in Paris:)

Ich tue folgendes: *(Geste, mit dem Daumen einen Druck auszuüben).* Wer weiß, alles kann passieren. Es geschehen recht interessante Dinge in der Welt, die mir zeigen, daß es trotzdem eine Antwort gibt, es antwortet ein bißchen – ich mache so *(dieselbe Geste)*, und es ist nicht ganz umsonst. Was sich in Algerien tut[2], auch gewisse Dinge in Amerika ... es gibt eine Antwort. Dann haben Leute plötzlich Erfahrungen (ich

---

1. Mutter behielt recht (teilweise!). Das zweite Buch wurde von diesem Verlag ebenfalls abgelehnt, dann aber von einem anderen angenommen.
2. Algerien wurde gerade für unabhängig erklärt.

glaube, ich sagte es dir schon), die ihrem Zustand völlig unangemessen sind – Erfahrungen, als würden sie in eine Kurve geschleudert, die sie mehrere Leben überspringen läßt. Dies geschieht individuell, wie mir scheint – Menschen mit einem Minimum an Vertrauen gewinnen mehrere Leben... vielleicht viele Leben – aber auch die Welt.

Das heißt, daß wir mit Siebenmeilenschritten vorankommen, ja, mehr noch.

Jedenfalls ist dein Buch gut.

Wie ich immer sage: „Seid eurer Zeit wenigstens um zwei Generationen voraus." Dein Buch ist ihnen auch eine Generation voraus.

11. Juli 1962

(Es geht wieder um das Gespräch vom 4. Juli: „Man muß dem Tode sterben, um in die Unsterblichkeit geboren zu werden.")

Das kannst du dir nicht vorstellen. Als ich dies sagte, hatte ich es gerade gesehen – irgendwo in einem blendenden Licht –, voll wunderbarer Bedeutung. Als ich es dann ausdrückte, fragte ich mich natürlich, warum es ... es war nicht mehr das. Das war einfach wunderbar, es erklärte ... Nicht, daß es alles erklärte, aber es war eine Offenbarung. Die Übertragung muß fehlerhaft gewesen sein. Nachher, als du fort warst, kam es wieder. Ich fragte mich: „Warum sagte ich wohl, daß es so wunderbar war!" Ich verstand, es war wunderbar, als ich es sah: es war etwas GESEHENES. Ich SAH die Worte, strahlender als die strahlendsten Diamanten, voll von der Kraft eines wunderbaren Wissens, als enthielte es den Schlüssel aller Dinge. Als ich es aussprach, wurde es fast platt. Im Vergleich dazu ist es jedenfalls völlig platt. Hatte es eine Wirkung auf dich, als ich es sagte?

Ich fühlte, daß da etwas war ...

Es war ein Wunder! Ein solches Strahlen! Als mir nur noch die Erinnerung an das Strahlen blieb (ich habe sie immer noch), als die Offenbarung vorbei war, fragte ich mich: „Was war bloß in diesen Worten: dem Tode sterben?" ... Dieses „dem-Tode-sterben" war glorreich, mein Kind.

Aber was ich sagte, ist nichts.

Als du es ausdrücktest, hatte ich den Eindruck, darin stecke ein Geheimnis.

Ja, ja! Das war die MACHT darin.

Es waren genau diese Worte, aber ... in den Worten war etwas anderes enthalten. Liegt es an der Übertragung? ... Und doch waren es diese Worte.

Das ist sehr interessant.

Wenn man jetzt zu verstehen versucht, findet man wohl etwas, aber es bedeutet nichts.

Sobald man übersetzt, sobald man mit dem Verstand an die Dinge herangeht, wird alles merkwürdig platt. Man hat den Eindruck, daß alles platt wird.

Ja, erledigt, so platt – seines Inhalts entleert.

Etwas geht verloren, unwiderruflich verloren ... Wir müßten ein anderes Ausdrucksmittel haben.

Das Schweigen vielleicht.

Nein ... ich weiß nicht, könnten es nicht farbige Wellen sein?

Vielleicht. Ja, an jenem Tag *(13. April)* bestand die ganze Schöpfung aus farbigen Wellen, aber nicht die Farben, die wir hier haben, es war ... Ja, jener Tag ...

Für gute zwei Stunden war es absolut ... Die Welt, die ganze Schöpfung, erschien mir wie ein spielendes Kind, so war die Beziehung. Und was für ein Spiel!

Ja, es war heiter, leicht. Aber SEHR schön, sehr leicht.

Das ist nie mehr verblaßt, es blieb immer da *(Geste hinter dem Kopf)*. In jedem beliebigen Augenblick kann ich hineintauchen. Es ist derselbe Unterschied wie beim „dem-Tod-sterben"; es ist derselbe Unterschied zwischen der Rückkehr zum Bewußtsein, das spricht, und DEM. Es ist dasselbe. Das „dem-Tode-sterben" enthielt die ganze KRAFT davon.[1] Es war klar und ... von überwältigender Kraft. Auch der Eindruck: leicht, leicht! Es ist weder eine Frage von schwer noch von leicht: spontan, NATÜRLICH und so heiter! Das „dem-Tode-sterben" war voller Freude. Eine solche Freude! ... Ich könnte sagen: „Es ist doch offensichtlich! Seht ihr denn nicht, wie offensichtlich es ist! Man muß nur dem Tode sterben, das ist alles!"

---

1. Mutter fügte hinzu: „Darin besteht der große Unterschied: es ist die schöpferische Macht."

11. JULI 1962

(Schweigen)

Gegenwärtig muß ich während kurzen Zeiten in der Nacht plötzlich eine Arbeit mit den mentalen Konstruktionen des einen oder des anderen verrichten. Da habe ich den Eindruck, mit einer ungeheuren Lüge konfrontiert zu sein. Einer zerstörerischen Lüge – ein VÖLLIGER Widerspruch zu dieser schöpferischen Schwingung, die sich unendlich entfaltet.

Manche Leute sind hier, manche sind anderswo, aber es ist der mentale Zustand (sogar des höheren Mentals, nicht etwas sehr Erdverbundenes), der mentale Zustand des einen oder anderen ... Es kommt individuell, ich erfahre jeweils zugleich den Namen. Eine Art Unbehagen ergreift meinen Körper, als wäre ich in der Gegenwart von ... Ich weiß nicht, im gewöhnlichen Leben würde ich sagen: „Verschwinde!" *(Mutter jagt etwas mit einer heftigen Geste fort)* Doch hier wird es mir vorgesetzt, damit ich eine bestimmte Arbeit verrichte (ich kenne die Person: manche sind hier, manche sind anderswo – es sind Leute, mit denen ich über den Yoga in Beziehung stehe). Folglich begegne ich diesen mentalen Formationen, und es wird so GEHALTEN *(Mutter faßt die Sache fest mit beiden Händen)*, damit ich es nicht fortweise. Dann (man könnte dabei ohne weiteres verrückt werden) führe ich langsam die göttliche Schwingung herbei und halte sie so *(Mutter hält diese Schwingung in der Faust und treibt sie wie ein Schwert des Lichtes hinein)*, ohne Bewegung ... bis alles sich in Schweigen auflöst.

Ich kam noch nicht dazu *(lachend)*, sie zu fragen, was mit ihnen geschehen ist.

Vielleicht waren sie sich nicht sofort bewußt, aber sicherlich wird es eine Wirkung haben.

Das geschah früher nie, es ist völlig neu. Vorher drückte sich diese Kraft durch das höhere Mental aus, weit oben (das, was Sri Aurobindo das Übermental nennt). Es war dort oben, genau so, dann löste es die Dinge auf, zerstreute, änderte sie, verrichtete eine ganze Arbeit, aber ohne Schwierigkeiten, ohne Anstrengung *(Geste über den Kopf, wie um ein ruhiges und widerstandsloses Fließen zu bezeichnen)*, mühelos. Es war mein Handeln in jeder Sekunde, beständig, überall, immerwährend, die ganze Zeit, mit allen Dingen, die auf mich zukommen. DAS hingegen ist völlig neu. Es ist eine Art „Überlagerung", etwas wird dem PHYSISCHEN Gehirn auferlegt (es dient wohl dazu, die Gehirnzellen zu verändern), deshalb ist mir nur eines erlaubt: *(Mutter ergreift die mentale Konstruktion, die sich ihr zeigt)* es steht mir so gegenüber und verläßt mich nicht, es saugt sich fest wie ein Blutegel und rührt sich nicht. So muß ich die höchste göttliche Schwingung hineinbringen, die ich anderntags *(13. April)* erfuhr, und es dann so halten, bewegungslos (manchmal braucht es lange Zeit) ... bis alles in göttliches Schweigen getaucht ist.

(Schweigen)

Ich weiß nicht mehr, ob es heute oder gestern morgen war, als ich gegen halb fünf oder Viertel vor fünf aufstand ... Ganz plötzlich (wie soll ich sagen?) dachte ich willentlich und wie aus Gewohnheit an dich. Ich fragte: „Muß man mit Satprem auch so verfahren?" *(Dieser Vorgang mit dem Lichtschwert)* Ich erhielt keine Antwort. Bis jetzt kam noch nichts.

Wenn ich an dich denke, führt mich das immer in einen sehr kristallenen und leuchtenden Bereich – kristallklar, manchmal mit ... Ein Zustand, in dem ich mich ohne Reibung mitteilen kann.

Trotzdem habe ich den Eindruck, daß es verschlossen ist.

Es ist nicht verschlossen.

Ich habe den Eindruck, daß ich mich nicht so ausbreite [horizontale Geste ins Unendliche].

Nein, es ist nicht so *(horizontal)* sondern so *(vertikal)*. Es ist nicht universal. Je mehr es herabsteigt, um so mehr ... Aber mein Kontakt mit dir findet immer oberhalb deines Kopfes statt.

Da sind keine Trennwände, nein, keine Mauern. Es ist vielmehr eine Konzentration (wie soll ich sagen?) mit Unregelmäßigkeiten, in dem Sinn, daß mit einem Mal ein sehr intensives, klares Licht aufleuchtet, wie ein Blitz, und dann ... nimmt es wieder ab. Manche Stellen sind sehr leuchtend und sehr aufnahmefähig – sie empfangen, empfangen, empfangen. Andere sind ... nicht schlafend, aber passiver. Es ist nicht so *(horizontal)* sondern so *(vertikal)*. Die ganze Tätigkeit spielt sich über dem Kopf ab – sehr aktiv, sehr tätig. Es ist nicht in Mauern eingeschlossen – sehr aktiv. Von Zeit zu Zeit gibt es einen kleinen Lichtausbruch.

So sehe ich dich immer. Du LEBST dort *(Geste oberhalb des Kopfes)*.

Du hast wenig Kontakt mit den äußeren Gegebenheiten. Dein wahres Leben spielt sich dort ab. Hier steigt es etwas herab *(Mutter zeigt auf die obere Stirn)*, und es liegt dort *(Geste oberhalb des Kopfes und darum herum)*. Es ist größer als dein Körper, sehr aktiv und sehr beständig. Von Zeit zu Zeit kommt es dann wie ein Wasserfall – ein Wasserfall *(herabrieselnde Geste)*, leuchtend und schön. Wie leuchtende Fontänen. Es ist SEHR schön und fällt wie ein Regen. Hier fängt es dann an, sich zu bewegen *(Höhe der Stirn)*.

Ja, es ist gut – interessant.

Trotzdem habe ich nicht den Eindruck, es sei das wahre Leben.

Das, nein.

Das wahre Leben ... das wird kommen.

Das wahre Leben ist etwas anderes, das kommen muß. Es ist etwas anderes.

Das wahre Leben ist Sat-prem. Das ist für später. Das muß sich erst manifestieren, dann wirst du den Eindruck des wahren Lebens haben.

Es wird kommen.

Man darf nicht ungeduldig sein, denn wenn man ungeduldig ist, imitiert man die Dinge. Man imitiert die Dinge in sich selbst, in seiner Erfahrung. Man imitiert die Verwirklichung (man weiß es nicht, man tut es in Aufrichtigkeit), aber die Ungeduld bewirkt das.

In EINFACHER Reinheit kann es nur kommen, wenn ... der Herr alles tut, alles entscheidet, handelt, verwirklicht, lebt, die Erfahrung hat.

Wenn alles Seine Angelegenheit ist, wenn man absolut nichts zu tun hat und man NICHT EINMAL WEISS, WO MAN IST – dann ... kommt es in seiner Reinheit, nicht vorher.

Darin besteht der radikale Unterschied seit der letzten Erfahrung *(vom 13. April)*: es gibt nichts mehr außer dem Herrn. Der Rest ... was ist das? Es ist nur eine Angewohnheit zu sprechen (nicht einmal eine Angewohnheit zu denken, das ist alles verschwunden), eine Angewohnheit zu sprechen. Je weniger man deshalb spricht, um so zufriedener ist man. Sonst ... nichts mehr. Was kann es anderes geben? – Er sieht, Er will, Er handelt.

Alles kommt spontan, einfach, in großer Schlichtheit.

Es wird kommen, mein Kind, nur keine Ungeduld!

Bis jetzt ist es auf gutem Wege. Es ist sehr gut.

Im Grunde ist es immer eine Art mehr oder weniger verdecktes Begehren, die Befriedigung der Verwirklichung zu haben *(Mutter macht eine Bewegung des Hinsetzens)*. Ich kenne das: man will sich existieren, fortschreiten, handeln sehen ... *(Mutter lacht)*

Also gut, mein Kind!

14. Juli 1962

Mein Kind, letzte Nacht sah ich dich zum ersten Mal so zu mir kommen, wie du bist. Ich sagte dir: „Oh, wie gut!" Du kamst so *(Mutter macht eine Geste dicht vor ihrem Gesicht)* und sahst mich an. Ich sagte mir: „Er ist bewußt!"

Warst du nicht bewußt?

?

Es war gegen drei Uhr morgens.

In symbolischen Visionen, im mentalen Bereich sehe ich dich oft, aber hier war es nicht so: es war das Subtilphysische, so nahe *(dieselbe Geste)*. Du kamst bewußt und sahst mich an. Ich sagte dir: „Ach, wie gut!"

Ich hatte einen Traum von dir, aber ich habe den Eindruck, es war eine Erfindung des Unterbewußten.

Nein, dann muß es eine Übertragung sein.

Ein seltsamer Traum, sehr seltsam. Eine Menschenmasse erwartete dich, und du solltest erscheinen. Du kamst auch – und dann wurdest du plötzlich ohnmächtig. Du wurdest ohnmächtig, weil du physisch krank warst oder irgend etwas, ich weiß nicht. Man trug dich dann weg. Eine Menge wartete, um dich zu sehen, und stieß mich zurück (mir fiel auf, daß ich wie ein Sannyasin gekleidet war). Schließlich ging ich auf einmal nahe zu dir (ich wandte mich von der Menge ab), ich ging ganz nah zu dir und dann ... sagtest du mir gewisse Dinge. Ich weiß nicht mehr was. Du schienst ganz klein zu sein – ganz weiß, aber ganz klein und müde, als ob du gerade ohnmächtig geworden wärest. Siehst du, solche Dinge [1]...

Nein, ich schlief nicht, ich konzentrierte mich, und DURCH diese Konzentration, während ich ganz von Kräften umgeben war, kamst du. Das war sehr schön!

Gut, es wird kommen, es ist ein gutes Zeichen. Ich freute mich sehr, und ich hatte den Eindruck: „Ah, es tut sich etwas!"

---

[1]. Vom jetzigem Zeitpunkt aus gesehen scheint mir dieser „Traum" nicht vom Unterbewußten zu kommen sondern tatsächlich vom Subtilphysischen, wo diese Menschenmenge Mutter unaufhörlich bedrängte und ermüdete (und mich übrigens tatsächlich zurückwies), aber TROTZ dieser Menge drang ich durch und gelangte „ganz nah" zu Mutter – was mit Mutters Vision übereinstimmt. „Als Sannyasin gekleidet" bedeutet, bar aller alltäglichen Banalitäten.

14. JULI 1962

Es wird kommen.

*
* *

(Satprem liest Mutter einen Abschnitt aus dem letzten Gespräch vor, in dem sie sagt: „Darin besteht der radikale Unterschied seit der Erfahrung vom 13. April: es gibt nur noch den Herrn. Der Rest ... was ist das? Es ist nur eine Gewohnheit zu sprechen (nicht einmal eine Gewohnheit zu denken, das ist alles verschwunden). Sonst ... nichts mehr. Was kann es anderes geben? – Er sieht, Er will, Er handelt.")

Siehst du, darin ist dieselbe Schwingung enthalten wie im „dem-Tode-sterben". Es ist etwas ... ja, man könnte sagen: es ist Seine Gegenwart ... Seine Schöpferkraft. Es ist eine besondere Schwingung. Fühlst du nicht selbst etwas ... etwas, das eine reine Superelektizität wäre?

Wenn man Das berührt, sieht man, daß es überall ist, man nimmt es nur nicht wahr.

Aber als du die Worte lasest, kam es ganz plötzlich: Das muß die Macht des Höchsten in den materiellen Schwingungen sein.

Es ist interessant. Das muß noch erforscht werden.

*
* *

(In bezug auf das letzte Gespräch, als Mutter erklärte, um die Erfahrung in ihrer einfachen Reinheit zu haben, dürfe man „nicht einmal wissen, wo man ist". Statt dessen „will man sich existieren, fortschreiten, handeln sehen ...")

Das *(dieses Gefühl einer individuellen Stellung, in der man ein bestimmtes Wesen ist, in einen bestimmten Raum gestellt, das sich in seinem Sein betrachtet oder sich seiend fühlt)* ist wirklich etwas, das mit der letzten Erfahrung *(vom 13. April)* verschwand. Das störte mich vorher sehr. Ich sagte mir immer: „Wie kann man das nur loswerden?"

Im Grunde ist es auch mit diesem „dem-Tode-sterben" verbunden, denn, stell dir vor, warum sehe ich die Erfahrung vom 12. auf den 13. immer zu meiner Linken? *(Mutter macht eine Geste zu ihrer Linken)* Und ziemlich weit weg, als hätte ich von dort bis hierher eine EBENE Strecke zurückgelegt *(horizontale Geste)*, um wieder in meinen Körper einzutreten. Dort *(zur Linken)* hatte ich ihn nicht mehr: ich lebte VOLL bewußt, hatte aber keinen Körper mehr – das ließ mich sagen, mein Körper sei tot. Ich hatte ihn nicht mehr ... Die Erfahrung ist WEIT weg, irgendwo weit weg von hier (nicht im Garten!) ... Irgendwo im physischen Bewußtsein, links, sehr weit weg. Ich kam auf einer ebenen Strecke von dort hierher, und wurde gewahr, daß ich noch einen Körper hatte.[1]

Aber dieser Körper ist nicht mehr mein Körper: es ist einfach ein Körper.

Nur langsam übernimmt das Bewußtsein wieder die Kontrolle, aber nicht auf dieselbe Weise. Als ich verstehen wollte, als ich das „dem-Tode-sterben" zu verstehen versuchte, fand ich mich dort wieder *(Geste nach links)*, und es war, als sagte man mir: „Dies war deine Erfahrung."

Ich hatte das Gefühl, dort VIEL lebendiger zu sein als hier. Weitaus lebendiger! Sogar jetzt, wenn ich diese Empfindung der Macht und Intensität des Lebens suche und die Erfahrung *(vom 13. April)* wiederfinden will, gehe ich immer dorthin, nach links.

Warum nach links? ...

(Schweigen)

Ja, ich erinnere mich, wie ich in dieser Nacht sagte: „Na, endlich! Wie schön. Endlich sind wir angelangt!"

Das wird sich übertragen *(materiell)*.

Ich sah dich genauso, wie ich dich jetzt sehe, nur mit einer größeren Schwingungsintensität, etwas, das mehr vibrierte – die physische Welt ist für mich immer verschleiert, als ob man eine Decke darüber gestülpt hätte –, da war die Decke weg. Du warst es, ganz genau, dieselben Züge, derselbe Ausdruck, aber ... intensiv. Intensiv, und du schautest mich an *(Mutter macht eine Geste, als ob Satprem sie von ganz nahe anschaue)*, als ob du sagtest: „Ach! So bist du!" *(Lachen)*

Ich freute mich sehr: „Endlich sind wir angelangt!" Diesen Eindruck hatte ich: Endlich sind wir am Ziel!

In einigen Tagen wird es sich wohl übertragen. Dort *(Geste nach links)* haben die Tage, die Monate auch einen anderen Sinn. Stell dir vor, es gibt Minuten ... (ich gehe physisch im Zimmer auf und ab, während ich die Worte wiederhole[2]), manchmal mache ich zehn Runden in

---

1. Wenn man seinen Körper verläßt (und ich nehme an, auch wenn man stirbt), hat man immer den Eindruck von einer „Bewegung nach oben" oder „nach innen", das heißt in die Tiefe (was auf dasselbe hinausläuft, es ist einfach die Übertragung eines Dimensionswechsels), aber das Erstaunliche an Mutters Erfahrung ist die EBENE Bewegung, das heißt, sie verließ die physische Welt nicht. So steht man vor einem seltsamen Fragezeichen: eine physische Welt IN der physischen Welt – eine andere oder dieselbe, nur unterschiedlich gelebt? Eine physische Welt, in welcher der Tod nicht besteht: man ist dem Tod gestorben. Die kommende Welt?
2. Mutters Japa

einer Sekunde, obgleich es immer dasselbe Schrittempo ist. Physisch sähe niemand einen Unterschied. Manche Runden ... zehn, zwanzig, dreißig dauern eine Sekunde. Dann wieder dauert eine Runde, ach, schrecklich lange, sie nimmt kein Ende.

Das geht mit einer sonderbaren automatischen Wahrnehmung der Zeit einher – der Uhrzeit (denn wegen des Kommens und Gehens der Leute ist alles genau organisiert: um die und die Zeit diese Sache, zu einer anderen Zeit jene Sache). Ich brauche die Uhr nicht zu hören: gerade bevor die Uhr schlägt, weiß ich es. Einen Teil des Japas wiederhole ich auf eine Weise, liegend, denn die Kraft ist größer (das sind keine Meditationen sondern Handlungen), einen anderen Teil, während ich gehe. Eine gewisse Zeit bleibe ich liegen, eine gewisse Zeit gehe ich, und zu einer festgesetzten Zeit geht dieser weg, jener kommt usw. Aber all dies sind keine Leute sondern Bewegungen des Herrn (ich sage es ihnen nicht). Das ist wirklich interessant, denn die eine Bewegung des Herrn hat diese Schwingung, eine andere Bewegung des Herrn hat eine andere Schwingung, und alles ist sehr gut aufeinander abgestimmt, um ein gewisses Ganzes zu ergeben. Und es kündigt sich immer genau an, bevor es Zeit ist: 6 Uhr, 6:30, 7 Uhr, 7:30, genau so. Nicht „sechs, sieben" mit Worten, sondern: es ist Zeit, es ist Zeit, es ist Zeit ... Parallel zu dieser chronometrischen Präzision spüre ich die andere Wahrnehmung der Zeit, die nicht mehr dieselbe Zeit ist ... Unsere Zeit ist eine sehr starre Konvention, aber eine lebendige Formation, die ihre lebendige Macht hier in der Welt der Taten hat. Die andere Zeit ist ... der Rhythmus des Bewußtseins. Je nach der Intensität der Gegenwart (das folgt einer Bewegung der Konzentration und der Ausdehnung), je nach dieser Pulsation, die nicht regelmäßig und mechanisch sondern veränderlich ist, nehmen die Runden entweder überhaupt keine Zeit in Anspruch oder aber ENORM viel. Doch das stört die andere nicht, es ist kein Widerspruch. Die andere liegt auf einer anderen, viel äußerlicheren Ebene. Sie hat jedoch ihre Nützlichkeit und ihr eigenes Gesetz. Die eine behindert die andere nicht[1].

---

1. Seit Einsteins Relativitätstheorie weiß man, daß eine solche Erfahrung der Relativität der Zeit „physisch" verwirklicht werden kann. Es genügt, sich zum Beispiel die Zeit an Bord eines Raumfahrzeuges vorzustellen, dessen Geschwindigkeit sich der des Lichts nähert: die Zeit „verkürzt" sich. An Bord des Raumfahrzeuges nimmt das *gleiche* Ereignis weniger Zeit in Anspruch als auf der Erde. Die *Geschwindigkeit* bewirkt die Verkürzung der Zeit. Bei Mutters Erfahrung (die ja ebenso „physisch" ist) ist „die Intensität der Gegenwart" der Ursprung des Zeitwechsels. Das heißt, das Bewußtsein bewirkt die Verkürzung der Zeit. Wir haben es demnach mit zwei Erfahrungen zu tun, die zum gleichen physischen Ergebnis führen, aber in einer unterschiedlichen Sprache ausgedrückt sind. Einerseits spricht man von „Geschwindigkeit" und andererseits von „Bewußtsein". Aber was ist Geschwindigkeit letztlich? ... (Der Unterschied der „Sprache" ist gewaltig genug

Schritt für Schritt wird vorhersehbar[1] ...

(Schweigen)

Von Zeit zu Zeit berührt man die Schwingung der Liebe des Höchsten, die schöpferische Liebe, die Liebe, die erschafft, unterstützt, unterhält, fortschreiten läßt und die der Manifestation ihre Seinsberechtigung gibt (die großen pulsierenden Wogen waren eine Übertragung davon), und Das ist etwas so Ungeheures und Wunderbares für den materiellen, körperlichen Ausdruck, daß es wie dosiert abgegeben wird. Von Zeit zu Zeit wird einem ein bißchen davon gegeben, damit man weiß, daß Dies das Ziel ist (jedenfalls das erste Ziel).

Man darf aber nichts überstürzen, vor allem kein Verlangen hegen. Schön ruhig sein. Je ruhiger man ist, desto länger dauert es an. Wenn man in Eile ist, verschwindet es.

Ich sehe, daß eine AUSSERORDENTLICHE Standhaftigkeit und Fähigkeit vonnöten sind, um Das ertragen zu können, ohne zu bersten. Das wird jetzt langsam vorbereitet.

Man darf es nicht eilig haben.

(Schweigen)

Gestern brachte „man" mich eine Zeitlang in Beziehung mit der Denkweise der Leute – der Art, wie die Leute denken ... Ich sah, daß ich mich vorsehen muß – es ist besser zu schweigen! Denn sehr leicht könnten sie denken, ich sei geistesgestört: „Sie ist alt, es ist eine

---

in seinen Implikationen, denn es wäre doch viel einfacher, auf einen Knopf des „Bewußtseins" zu drücken als auf ein Gaspedal, um die Lichtgeschwindigkeit zu erreichen.) Geschwindigkeit ist eine Frage des Abstands. Der Abstand ist eine Frage von zwei Beinen oder zwei Flügeln, in bezug auf ein begrenztes Phänomen oder ein begrenztes Wesen. Wenn man sagt: „mit Lichtgeschwindigkeit", stellen wir uns vor, unsere Beine oder unsere zwei Flügel würden sich extrem schnell fortbewegen. Alle Phänomene des Universums werden in bezug auf diese zwei Beine oder diese zwei Flügel oder diese Rakete gesehen und wahrgenommen – sie sind eine Schöpfung unserer gegenwärtigen zweibeinigen Biologie. Aber für ein Wesen (ein supramentales Wesen der nächsten Biologie), das alles in sich enthält, das gleichzeitig überall ist, ohne Abstand – wo gibt es da eine Geschwindigkeit? ... Die Lichtgeschwindigkeit besteht *nur* im Verhältnis zu unseren zwei Beinen. Man sagt: Die Geschwindigkeit nimmt zu, und die Zeit verkürzt sich. Die zukünftige Biologie wird sagen: Das Bewußtsein intensiviert sich, und die Zeit verkürzt sich oder besteht nicht – die Abstände sind ausgelöscht, der Körper altert nicht mehr. Der ganze Käfig der Welt löst sich auf. „Die Zeit ist ein Rhythmus des Bewußtseins", sagt Mutter. Ändert man den Rhythmus, so verändert sich die *physische* Welt. Ist dies das ganze Problem der Transformation?
1. Als ich sie später über diesen unvollendeten Satz befragte, sagte Mutter: „Ich sprach nicht weiter, denn es war ein Eindruck und keine Gewißheit. Wir werden später darüber reden". Wollte Mutter über ein Stadium sprechen, in dem sie gleichzeitig in beiden Zeitzuständen würde leben können?

14. JULI 1962

Gehirnsklerose, sie wird senil, sie fällt in die Kindheit zurück ..." – Ich sah das und fand es sehr lustig. Eine ganze Denkweise wurde mir gezeigt. Und dabei halten sie sich für intelligent, sie glauben, sie wüßten viel.

Nun ...

(Schweigen)

Sogar in Indien.
Ich fange an zu glauben ...
Ich stelle das fest, wenn ich in Kontakt mit der äußeren Welt gebracht werde, mit Europa.

... Aber schließlich ist die alte Welt eine alte Welt, im wahren Sinne des Wortes alt. Indien ist viel älter, aber es ist lebendiger. Jetzt wirkt es verdorben. Es wurde verdorben: Weißt du, wie wenn man eine verdorbene Frucht neben eine gute legt – England kam und blieb zu lange. Das hat viel verdorben, sehr viel verdorben. Das ist schwierig zu heilen. Sonst ist das, was nicht verdorben wurde, sehr gut.

Aber da, wo ein kleines Etwas vorhanden ist, wie man es bei kleinen Kindern und bei Tieren findet, ein kleines Etwas, das so macht *(Mutter ahmt ein junges Vögelchen nach, das den Schnabel aus dem Nest streckt und sich umschaut)*, das piep, piep, piep macht, oh, so aufgeweckt, es will wissen: das ist in Amerika. Sie haben eine harte Schale wie der Panzer eines Autos – man muß sie mit Hammerschlägen zerschmettern –, aber darunter ist etwas, das wissen will. Das gar nichts weiß. Es ist völlig unwissend, aber es will wissen! Und das kann man berühren. Sie werden vielleicht als erste erwachen.

Einige in Indien, aber eine allgemeinere Bewegung dort *(in Amerika)*.

Seltsam! Sie sind dort *(Geste nach rechts)*. Aber warum sind sie rechts? ... Ja, auf der Karte ist es so. Liegt es auf der anderen Seite des Meeres? Ja? *(Mutter schaut in Richtung der Küste von Pondicherry)* Ja, das ist es ... Aber es hat etwas mit der Rechten zu tun – die Handlung. Die Rechte bedeutet Handlung.

Sie sind dumm, so dumm! Sie verstehen gar nichts und dennoch ... plötzlich erwacht da eine Flamme der Aspiration. Dann wollen sie wissen, wollen suchen, wollen finden, wollen erfahren, wollen ... Es macht so *(Mutter zwinkert wie ein aufwachender junger Vogel)*, das schwingt und sucht.

Sie haben es verstanden, sehr kindlich zu bleiben.

Sehr kindlich. Aber das ist charmant. Das ist charmant.

(Schweigen)

All das ist für die nächsten hundert Jahre. Es wird Veränderungen geben.

(Schweigen)

1900? ... Ja, im Jahre 2000 wird es eine klare Richtung annehmen. Du wirst noch da sein.

Keine Ahnung!

Nein, ich spreche nicht davon, was man ist, wenn man „dem Tode gestorben" ist. Ich meine einen normalen physischen Zustand – wie lange dauert es noch bis zum Jahr 2000?

Uh ...

Nicht viel, vierzig Jahre.

Siebenunddreißig Jahre.

Ja, das ist nichts! Das ist nichts, das ist eine Minute – du wirst auf jeden Fall da sein, sogar ohne dem Tode zu sterben. Du wirst es sehen.
Ja, ja, das ist schon bald.

Du wirst auch da sein.

Ich, ich war schon immer und werde immer sein, für mich macht das keinen Unterschied.

(sehr langes Schweigen)

Nach einiger Zeit werden wir uns sagen: „Erinnerst du dich noch, in dem und dem Jahr, da glaubten wir wirklich etwas zu tun!" *(Mutter lacht)*
Plötzlich fand ich mich so in die Zukunft versetzt: „Erinnerst du dich, dort (seltsam, es liegt immer zur Linken, warum wohl?), erinnerst du dich, dort glaubten wir wirklich, wir täten etwas, wir glaubten, wir wüßten etwas."
Sehr amüsant.

(sehr langes Schweigen)

Ja, im gewöhnlichen Bewußtsein ist es wie eine Achse, und alles dreht sich um die Achse. Eine irgendwo verankerte Achse, um die sich alles dreht – das ist das gewöhnliche individuelle Bewußtsein. Wenn das in Bewegung gerät, fühlt man sich verloren. Es ist wie eine große Achse (sie ist mehr oder weniger groß, sie kann auch ganz klein sein), die senkrecht in der Zeit steht, und alles dreht sich um sie herum. Das Bewußtsein erstreckt sich mehr oder weniger weit, ist mehr oder weniger hoch, mehr oder weniger stark, aber es dreht sich um eine Achse. Für mich gibt es jetzt keine Achse mehr.

Ich habe das beobachtet – sie ist nicht mehr da, fort, verschwunden!

Es kann hierhin gehen, dahin gehen, dorthin gehen *(Geste in die verschiedenen Himmelsrichtungen)*, es kann rückwärts gehen, vorwärts, überall hin – es gibt keine Achse mehr, es dreht sich nicht mehr um eine Achse. Interessant.

Ich glaube, du folgst mir nicht mehr! *(Mutter lacht)*

Das ist eine interessante Erfahrung. Keine Achse mehr!

18. Juli 1962

*(Über die Schwingung der höchsten Liebe
in Mutters Erfahrung am 13. April:)*

Eine gründliche Vorbereitung der Materie ist nötig, damit sie stark genug ist, diese Schwingungen ertragen zu können, und … es ist, als würde einem eine kleine Dosis davon gegeben, um zu sehen, wie weit man es aushalten kann. Aber sofort erleuchtet in allen Zellen, im Herzen und den Organen eine solch intensive Freude, als würde alles bersten.

Als ob es einem sagen wollte: „Siehst du, so ist es."

Ich kann es jederzeit kommen lassen – ich brauch mich nur in einen gewissen Zustand zu versetzen, damit es kommt. Aber ich stelle fest, daß jemand („jemand" ist eine Redensart) dies einteilt – den Kontakt für eine gewisse Zeit oder in einer gewissen Menge, einer gewissen Dosis gestattet – und daß es ein Auftrag von ganz oben ist. Folglich ist nichts zu machen. Die geringste Ungeduld würde alles verderben – wahrscheinlich würde die Macht, den Kontakt herzustellen, verloren gehen. Ich tat es niemals und beabsichtige es auch nicht.

(Schweigen)

Es ist wie ein Bild … Siehst du, der Körper ist auf der Chaiselongue ausgestreckt, etwa so, wie wenn man Versuche an Tieren ausführt. Der Körper ist das „Versuchsobjekt". Dann ist da mein Bewußtsein, jener

Teil des Bewußtseins, der auf die irdische Erfahrung und die gegenwärtige Transformation ausgerichtet ist (wenn ich von „ich" spreche, ist das gemeint). Und dann der Herr ... Ich sage „der Herr", ich benutze dieses Wort, denn es ist die beste Art, es auszudrücken, für mich ist es das Passendste. Aber NIEMALS denke ich an ein Wesen. Für mich ist es ein gleichzeitiger Kontakt mit der Ewigkeit, der Unendlichkeit, der Ganzheit von allem – von allem, was ist, allem, was war, allem, was sein wird – eben allem. All diese Worte verderben es, aber es ist automatisch „das", mit einem Bewußtsein, einer Süße und ... FÜRSORGE. Mit allen Qualitäten, die eine vollkommene Persönlichkeit ausmachen (ich weiß nicht, ob du mich verstehst, aber es ist so). Und „Das" (ich benutze all diese Worte, um es auszudrücken, und doch muß ich dreiviertel auslassen) ist eine spontane, fortlaufende und unmittelbare Erfahrung. Dieses „Ich", von dem ich spreche, verlangt für den Körper die Erfahrung oder einen kleinen Anfang oder Schatten der Erfahrung dieser Liebe. Jedesmal kommt sie SOFORT, wenn man darum bittet. Aber ich sehe die drei zusammen[1] – die drei sind im Bewußtsein und in der Wahrnehmung beisammen –, und ich sehe, wie diese Liebe genau im Verhältnis, das der Körper aushalten kann, dosiert und aufrechterhalten wird.

Der Körper weiß es, und das stimmt ihn ein bißchen traurig. Aber augenblicklich kommt da etwas, das ausgleicht, beruhigt und ihn unermeßlich werden läßt. Sofort hat er dann das Gefühl der Unermeßlichkeit, und er findet seine Ruhe wieder.

Ich beschreibe die Erfahrung, denn es ist genau das, was gestern geschah. (Es ereignet sich täglich, aber gestern war es sehr klar.) Es ist noch gegenwärtig (ich habe es noch vor Augen, es ist noch da). Im Grunde ist es immer da; es ist nur augenfälliger, wenn der Körper bewegungslos beim Yoga ausgestreckt ist. Beim Gehen ist es nicht dasselbe, denn er ist tätig. Beim Gehen handelt er für alles, was mit ihm in Beziehung steht, so wird es zu etwas Umfassendem und Mächtigem. Wenn er liegt und den Herrn bittet, Besitz von ihm zu ergreifen, tut er das mit seiner ganzen Aspiration: er bittet darum. In dieser Intensität der Aspiration bleibt gerade noch eine kleine Möglichkeit einer Gefühlsbewegung. Aber die versinkt sofort in einer ... unbewegten Unermeßlichkeit der Materie, die das göttliche Herabkommen spürt, wie das Ferment, das den Teig aufgehen läßt – genau das ist es: In dieser irdischen Unermeßlichkeit der Materie läßt die göttliche Herabkunft den Teig aufgehen ... Das sind Schwingungen von einer Intensität, die alles Gewohnte übersteigen – das Vital erscheint flach

---

1. Der Körper, das „Ich" und der Herr.

und farblos daneben. Aber was für eine Weisheit! Sie weiß sich der Zeit zu bedienen – das heißt, sie drückt sich in Zeit aus, um ... das Risiko des Schadens zu vermindern.

Man sieht wohl: Wäre diese Flamme der Aspiration, die Flamme von *Agni* in ihrer vollen Transformations- und Fortschrittsmacht sich selbst überlassen, würde sie wenig Rücksicht auf das Ergebnis des Vorgangs nehmen – für sie ist das Ergebnis, daß das Feuer brennt. Es könnte zu Funktionsstörungen der Organe kommen. Sie müssen sich alle einer Umwandlung unterziehen, aber wenn die Transformation zu schnell und zu plötzlich stattfände, dann würde alles fehlgehen. Der Apparat würde einfach explodieren. Dies ist nicht die Weisheit des universellen Bewußtseins (ich glaube, es ist nicht sehr weise) sondern etwas unendlich Höheres: die Höchste Weisheit. Das ist etwas so Wunderbares! Dinge, die die universellen Kräfte wegen ihres universellen Spiels vernachlässigen würden, sieht Er voraus – ein Wunder!

(Schweigen)

Man darf nicht in Eile sein.

Es ist schwer vorstellbar, wie ein physischer Körper sich zum Beispiel ausdehnen oder erweitern kann; all dies kommt mir unvorstellbar vor.

Es ist unvorstellbar, weil der Körper es noch nicht tun kann.

Nein, du kannst es nicht sehen. Wenn die Erscheinung meines Körpers seinem Bewußtsein gliche (er ist ja bewußt), wenn das, was die Augen sehen, mit dem übereinstimmte, was er fühlt, wäre es vermutlich grotesk, abscheulich ... oder erschreckend.

Was die Augen sehen, ist so trügerisch, so trügerisch!

Aber er fühlt sich INNERHALB der Dinge, IN den Personen oder IN der Handlung – er selbst fühlt sich wirklich darin. Er hat keine Grenzen mehr, nichts mehr davon *(Mutter berührt die Haut ihrer Hände, als wäre die Trennung verschwunden)*. Wenn mich zum Beispiel jemand versehentlich mit einem Gegenstand oder einem Körperteil anstößt (das kommt vor), ist es NIEMALS etwas, das von außen kommt, sondern es geschieht stets INNEN – das Bewußtsein des Körpers ist eben viel größer als mein Körper. Gestern verschob jemand den Tisch, und das Tischbein stieß gegen meinen Fuß. Da kam die gewöhnliche äußere Reaktion (denn das geschieht automatisch auf eigenartige Weise), das heißt der Körper zuckt zusammen. Aber das Bewußtsein des Körpers – ich spreche hier vom Bewußtsein des Körpers – sah INNERHALB SEINER SELBST, daß innen ein ungewolltes und unerwartetes Zusammentreffen zweier Dinge stattfand und daß eine gewisse Bewegung der

Konzentration an dieser Stelle innerhalb seiner selbst einen Schmerz oder Schaden bewirken würde, wenn er aber die andere Bewegung (wie soll ich sagen?) der Vereinigung oder der Aufhebung der Trennung machte ... (er kann es tun, er kann es sehr wohl tun), so wäre die Folge des Ereignisses ausgelöscht – das ist auch eingetreten. Ich tat es. Ich saß da und ließ meinen Körper mit der Sache fertig werden (ich selbst beobachtete mit großem Interesse), und ich bemerkte, daß er genau fühlte, daß der Stoß innerhalb und nicht außerhalb geschah. Es war nicht etwas, das von außen kam und stieß, sondern innerhalb seiner selbst stießen zwei Dinge unerwartet oder vielmehr unvorhergesehen und ungewollt aufeinander. Ich verfolgte sehr genau, wie der Körper eine Bewegung vollkommener Identifikation machte (jemand hatte den Tisch im Gesinnungszustand der Trennung bewegt, und dieses Gefühl der Trennung begleitete den Stoß, verstehst du, dazu kam natürlich das Bedauern[1] usw.) Der Körper trat einfach in seinen normalen Zustand ein, in dem es kein Gefühl der Trennung gab, und die Wirkung verschwand au-gen-blick-lich. Das heißt, hätte man mich gefragt: „Wo haben Sie sich gestoßen, an welcher Stelle?", hätte ich es nicht sagen können, ich wußte es nicht. Aufgrund der Äußerungen der anderen wußte ich lediglich, daß das Tischbein gegen meinen Fuß stieß. Aber wo? Ich wüßte es nicht mehr zu sagen – zehn Minuten nach dem Vorfall wußte ich es nicht mehr: es war völlig verschwunden. Es verschwand durch eine WILLENTLICHE Bewegung.

Das Bewußtsein des Körpers verfügt über einen Willen. Immerfort ruft es den Willen des Herrn: „Herr, ergreife Besitz von diesem, ergreife Besitz von jenem, ergreife Besitz ..." Es geht nicht um das Besitzergreifen des Willens, denn das geschah vor langer Zeit, sondern: „Nimm diese Zellen in Besitz, jene Zellen, dieses, jenes ..." Das ist die Aspiration DES KÖRPERS. Der Stoß rührte nicht von diesem Willen her, der im Körper tätig war, sondern von etwas, das nicht „das" war, das durch ein unbewußtes Element eingetreten war. Da löschte der Körper all das einfach aus, er absorbierte und verarbeitete das Element der Unbewußtheit – und so verschwand es vollkommen.

Weißt du, wie er ist? Sofort fragte er sich (ich beobachtete es von oben, ich blieb schön ruhig), er fragte sich: „Aber wenn ..." (das „wenn" ist immer dumm, doch es ist eine alte körperliche Gewohnheit), „wenn es ein scharfer Gegenstand gewesen wäre, hätte sich die Auswirkung

---

1. „Das Bedauern dessen, der mich stieß", präzisierte Mutter. „Der Bewußtseinszustand dieser Person drang mit dem Stoß in den Körper ein. Dieses Bedauern, einen Stoß versetzt zu haben, war eine Bewegung des Egos. All das, all diese Vibrationen begleiteten den Stoß, und der Körper mußte das auslöschen, um das Ergebnis auszulöschen."

dann ebenso leicht beheben lassen?" *(Mutter lacht)* Da hörte ich die sehr klare Antwort von jemandem: „Dummkopf! Es hätte sich gar nicht erst ereignet!" Das heißt, der notwendige Schutz wäre dagewesen. Der Schutz greift nur ein, wenn es wirklich notwendig ist, nicht nur zum Spaß, um zu zeigen, daß er existiert. So war es (ich übersetze): „Idiot! Wie dumm du bist! Es hätte sich gar nicht erst ereignet."

Das ist eine ganze Welt der Erfahrungen. Das Bewußtsein weilt irgendwo hoch oben, sieht aber sehr genau und beobachtet all das mit Interesse.

Man kann es sich nicht vorstellen – man KANN NICHT ... Wenn ich versuche, das Leben nach Art der Leute zu sehen (das wird immer schwieriger, aber was soll's), wie die Leute es gewöhnlich sehen, wird es ein Riesendurcheinander! Ich verstehe nichts mehr, es hat keinen Sinn – nichts hat mehr einen Sinn. Um der praktischen Notwendigkeiten willen wurde ich lediglich vorgewarnt, daß niemand – NIEMAND – verstehen kann, wie sehr der Herr in alle Dinge vermengt, in allen Dingen gegenwärtig ist und in allen Dingen handelt.

In allen Dingen!

(Schweigen)

Wenn Er mir zum Beispiel „sagt" (das geschieht nicht äußerlich, es ist ein äußerst empfindlicher Automatismus, und zwischen dem Auftrag und der Ausführung vergeht keine Zeit, es sind nicht zwei Bewegungen sondern eine einzige), wenn Er sagt: „Sprich!" oder „Sei ruhig!", wie neulich, als ich, wie du bemerktest, mitten in einem Satz innehielt, ist es mit einem Mal ... *(Mutter macht eine Bewegung, als ob sie unfähig wäre zu sprechen oder sich plötzlich das Schweigen in ihr ausbreitete).* In einem anderen Augenblick sprudelt es wie jetzt heraus. Ich „höre" keinen Auftrag, ich „fühle" keinen Auftrag, sondern ich LEBE den Auftrag. Für mich ist es so offensichtlich, daß das der Herr ist, daß es mir albern erscheint, darüber zu sprechen.

Ach, es geschehen so lustige Dinge ... Neulich empfing ich T. Ihre alte Mutter ist in Moskau, und sie ist sehr alt, sie liegt im Sterben, und sie bat T, zu ihr zu kommen. Sie wird also dorthin reisen. Das ist ein nicht ungefährliches Abenteuer. Sie schrieb mir daraufhin mit der Bitte, mich vor ihrer Abreise zu sehen (ich empfange niemanden und hatte nicht die Absicht, sie zu empfangen, aber es wurde so entschieden, also ließ ich sie kommen). Man hatte ihr aufgetragen, nicht zu sprechen, aber das ist unmöglich, sie ist eine Schnatterliese. Dann begann sie mit Klagen (sie glaubte wahrscheinlich, das gehöre zum guten Ton) über meine „so schwere Krankheit" und ich weiß nicht, was noch – ich hörte nicht hin. Ich sagte ihr einfach: „Nein, das ist es nicht, es gehört zum Yoga". Mit dem Eifer eines unwissenden kleinen Kindes erwiderte sie: „Yoga! Aber du darfst keinen Yoga betreiben! Du darfst nicht ..." In dem Moment erschien die Gestalt des Herrn (die Gestalt des Herrn nimmt sehr oft Sri Aurobindos Erscheinung an – ein idealisierter Sri Aurobindo, nicht ganz so, wie er physisch war). Er erschien hier *(vor Mutters Gesicht)*, er war blau. Er sprach zu der Kleinen und ließ mich ihre Wange mit dem Finger berühren, etwa so *(Mutter tätschelt die Wange von T)*: „Die kleinen Kinder sprechen von Dingen, die sie nicht verstehen." Das war so sehr Er! Er sprach, und ich sah nur noch Ihn, seine Erscheinung: „Die kleinen Kinder sprechen von Dingen, die sie nicht verstehen."

Ich weiß nicht, wie ich ihr erschien (mich amüsierte das sehr), aber sie muß etwas gespürt haben (sie sagte nichts), sie muß zumindest etwas Seltsames empfunden haben, denn eine Art Schauer ging durch ihr Wesen. Als sie fortging, sagte sie: „Vielleicht werde ich vor meiner Abfahrt nochmal kommen, aber ich werde nicht darum bitten, Mutter zu sehen"! *(Mutter lacht)*

Aber Das, diese Sache, war ganz blau – blau. Und Es sagte: „Die kleinen Kinder sprechen von Dingen, die sie nicht kennen."

Gut, ich glaube, es ist Zeit!

21. Juli 1962

Neulich sprachst du von Europa, du sagtest: „Die alte Welt ist wirklich alt ..."

Ach, sieh an! Gerade gestern las man mir einen Brief von Sri Aurobindo vor, den er im April 1920 an seinen Bruder Barin schrieb, einige Tage vor meiner Rückkehr aus Japan ... Er war in Bengali geschrieben – ungeheuer interessant! Er spricht vom Zustand der Welt, besonders dem Zustand Indiens und auch, wie er sich einen Teil seiner Tätigkeit nach Vollendung seines Yogas vorstellte, überaus interessant. Darin schreibt er auch sehr anerkennende Dinge über Europa. Sri Aurobindo sagte ungefähr folgendes: „Ihr glaubt alle, daß Europa auf das Ende zugeht, aber das ist nicht wahr, es ist noch nicht am Ende", das heißt, seine Macht besteht noch.

Das war 1920.
Aber es war vor dem Krieg ...
Das ist sehr interessant.

Dennoch hat man den Eindruck, daß die Europäer sehr schnell voranschreiten könnten, wenn sie mit der Aufrichtigkeit, die ihnen eigen ist, verstehen würden.

Genau das sagte Sri Aurobindo.

Denn sie sind aufrichtig.

Ja, sie sind aufrichtig, aber auf einer anderen Ebene als der spirituellen. Sie sind von einer materiellen Aufrichtigkeit, einer materiellen EHRLICHKEIT, und mit dem nötigen Verständnis könnten sie sehr schnell voranschreiten.

Aber ich glaube, es ist eine Frage der Individuen, nicht der Allgemeinheit.

Du wirst das selber lesen. Es zeigt einen neuen Aspekt aus Sri Aurobindos Gedankenwelt. Im Gespräch mit Indern war er kritischer und sprach ausführlicher über seine Erfahrungen mit dem Westen.

*
* *

Addendum

Ein Brief Sri Aurobindos an seinen jüngeren Bruder Barin

7. April 1920

Lieber Barin,

Ich erhielt Deinen Brief, kam aber bis jetzt noch nicht dazu zu antworten. Auch daß ich mich jetzt zum Schreiben hingesetzt habe, ist ein Wunder; einen Brief zu verfassen, bedeutet für mich ein Ereignis, das alle Schaltjahre einmal eintritt – besonders Bengali habe ich seit fünf oder sechs Jahren nicht mehr geschrieben. Wenn es mir gelingen sollte, diesen Brief zu vollenden und der Post zu übergeben, wird das Wunder vollbracht sein!

Zunächst zu Deinem Yoga. Du willst mir die Verantwortung für Deinen Yoga übertragen, und ich bin bereit, dies anzunehmen. Das bedeutet aber, die Verantwortung an Den zu übergeben, der durch seine Göttliche *Shakti* [Energie], ob offenbar oder verborgen, sowohl Dich als auch mich bewegt. Und Du mußt wissen, daß das notwendige Ergebnis davon sein wird, daß Du den besonderen Weg beschreiten mußt, den Er mir gewiesen hat, den Weg, welchen ich den Weg des Integralen Yogas nenne. Das, womit ich anfing, was Lele[1] mir gab, war ein Suchen nach dem Weg, ein Kreisen in viele Richtungen – ein erstes Berühren, ein Aufnehmen, ein Damit-Umgehen und Erforschen von diesem und jenem aus all den alten, partiellen Yoga-Arten, eine umfassende Erfahrung des einen und dann das Verfolgen eines anderen Weges.

Später, als ich nach Pondicherry kam, nahm dieser unstete Zustand ein Ende. Jener Welt-Guru, der in uns allen ist, gab mir vollständige Anweisungen für meinen Weg – seine vollständige Theorie, die zehn Glieder dieses Yoga-Körpers. In den letzten zehn Jahren hat Er mich dazu veranlaßt, dies durch Erfahrung zu entwickeln, und diese Phase ist noch nicht abgeschlossen. Es mag zwei weitere Jahre dauern, und solange sie noch nicht abgeschlossen ist, bezweifle ich, daß ich in der Lage sein werde, nach Bengalen zurückzukehren. Pondicherry ist der Ort, der für meine Yoga-*Siddhi* [Verwirklichung] bestimmt ist, mit einer Ausnahme, und das ist jener Teil, der die Handlung betrifft. Das Zentrum meiner Arbeit liegt in Bengalen, obwohl ich hoffe, daß ihr Wirkungskreis ganz Indien und die gesamte Welt umfassen wird.

Ich werde Dir später schreiben, wie diese Art von Yoga aussieht. Oder, wenn Du hierher kommst, kann ich mit Dir darüber sprechen. In dieser Sache ist das gesprochene Wort besser als das geschriebene. Gegenwärtig kann ich lediglich sagen, daß sein Urprinzip darin besteht, die Harmonie und Einheit vollkommenen Wissens, vollkommener Werke und vollkommener *Bhakti* [Hingabe] herzustellen, all das über das Mental zu erheben und ihm auf der supramentalen Ebene des *Vijnana* [Gnosis] die vollkommene Vollendung zu geben. Hier lag der Fehler des alten Yogas – das Mental und den Geist kannte er und begnügte sich mit der Erfahrung des Geistes im Mental. Das Mental kann aber einzig das Getrennte und Partielle begreifen, das Unendliche und Unteilbare kann es nicht fassen. Die Mittel des Mentals, das Unendliche zu erreichen, sind *Sannyasa* [Verzicht], *Moksha* [Befreiung] und *Nirvana* – andere kennt es nicht. Der eine oder andere mag in der Tat dieses formlose Moksha erreichen, aber was hat man davon? Brahman, das Selbst, Gott sind allgegenwärtig. Was Gott im Menschen erreichen will, ist, sich hier zu verkörpern, im Individuum wie auch in der Gemeinschaft – Gott im Leben zu verwirklichen.

Mit dem alten Yoga gelang es nicht, diese Harmonie und Einheit von Geist und Leben zu vollziehen. Stattdessen wurde die Welt als *Maya*

---

[1]. Lele, ein tantrischer Lehrmeister, den Sri Aurobindo 1908 traf und der ihm die Verwirklichung des mentalen Schweigens und des Nirvanas gab.

[Illusion] oder als vergängliches Spiel verworfen. Das Ergebnis davon ist ein Verlust an Lebenskraft und die Degeneration Indiens. Wie es in der Gita heißt: „Diese Völker würden zugrundegehen, wenn Ich die Werke nicht vollbrächte." Die Völker Indiens sind tatsächlich zugrundegegangen. Einige *Sannyasins* und *Bairagis* [Verzichtende], um heilig und vollkommen und befreit zu sein, einige *Bhaktas* [Gottesliebende] für den Tanz in einer hellen Ekstase der Liebe und der innigsten Empfindung und des *Anandas* [Wonne], und ein ganzes Geschlecht wird leblos, bar jeder Intelligenz und versinkt in tiefem *Tamas* [Trägheit] – ist das die Auswirkung wahrer Spiritualität? Nein, zuerst müssen wir alle partiellen Erfahrungen zu erlangen versuchen, die auf der mentalen Ebene möglich sind, und das Mental mit spiritueller Freude durchfluten und es mit dem spirituellen Licht erleuchten, danach aber müssen wir darüber hinaus gehen. Können wir nicht darüber hinaus gehen, das heißt bis zur supramentalen Ebene, ist es kaum möglich, das letzte Geheimnis der Welt zu ergründen, und das Problem, das es stellt, bleibt ungelöst. Denn dort löst sich die Unwissenheit auf, welche die dualistische Gegenüberstellung von Geist und Materie, der Wahrheit des Geistes und der Wahrheit des Lebens schuf. Dort besteht keine Notwendigkeit mehr, die Welt als Maya anzusehen. Die Welt ist das Ewige Spiel Gottes, die ewige Manifestation des Selbsts. Unter diesen Umständen wird es möglich, Gott voll und ganz zu erkennen und zu verwirklichen, das zu tun, was die Gita sagt, „Mich integral zu erkennen." Der physische Körper, das Leben, das Mental (der Verstand), das Supramental und das Ananda – dies sind die fünf Ebenen des Geistes. Je höher der Mensch sich in diesem Aufstieg erhebt, desto mehr nähert er sich dem Zustand der höchsten Vollendung, die seiner spirituellen Evolution offensteht. Steigt man zum Supramental auf, wird es leicht, das Ananda zu erlangen. Man erreicht eine solide Basis im Zustand des unteilbaren und unendlichen Anandas, nicht allein im zeitlosen *Parabrahman* [Absoluten] sondern im Körper, im Leben, in der Welt. Das integrale Sein, das integrale Bewußtsein, das integrale Ananda erblühen und nehmen im Leben Gestalt an. Das ist der Kern meines Yogas, sein grundlegendes Prinzip.

Dieser Wandel ist nicht einfach zu erreichen. Nach 15 Jahren gelange ich erst jetzt in die unterste der drei Ebenen des Supramentals und versuche, alles Darunterliegende heraufzuziehen. Wenn diese Siddhi vollendet ist, bin ich aber absolut sicher, daß Gott durch mich diese supramentale Siddhi anderen mit weniger Anstrengung geben wird. Dann wird meine eigentliche Arbeit beginnen. Ich begehre keinen schnellen Erfolg in der Arbeit. Was zu geschehen hat, wird in Gottes dafür vorgesehener Zeit geschehen. Ich hege keine voreiligen oder unklaren Bestrebungen, mich ausgehend von der Stärke des kleinen Egos auf das Arbeitsfeld zu stürzen. Selbst wenn mir in meiner Arbeit kein Erfolg beschieden wäre, würde mich das nicht erschüttern. Es ist nicht meine sondern Gottes Arbeit. Ich werde keinem anderen Ruf folgen; wenn Gott mich bewegt, werde ich mich bewegen.

Ich weiß sehr genau, daß Bengalen nicht wirklich bereit ist. Die eingetretene spirituelle Flut ist größtenteils ein Wiederaufguß des Alten. Sie ist keinesfalls die wirkliche Transformation. Nichtsdestotrotz war auch sie nötig. Bengalen hat in sich die alten Yoga-Arten geweckt und erschöpft ihre *Samskaras* [überkommene, altgewohnte Tendenzen], zieht hieraus die Essenz und befruchtet den Boden damit. Zuerst kam der Vedanta an die Reihe – *Adwaita* [Nicht-Dualität, Lehre vom einen Dasein], *Sannyasa*, Shankaras *Maya* und alles übrige. Nun beschäftigt man sich mit dem *Vaishnava Dharma* – dem Lila [Weltspiel], der Liebe, dem Rausch emotionaler Erfahrung. All das ist sehr alt, nicht geeignet für das neue Zeitalter, und es wird nicht von Dauer sein, denn solche Erregung kann nicht dauerhaft sein. Die Bedeutung der *Vaishnava Bhava* [emotionalen Begeisterung] liegt jedoch darin, daß sie eine Verbindung zwischen Gott und Welt herstellt und dem Leben Sinn gibt; da es sich aber um eine partielle Bhava handelt, fehlt der Gesamtzusammenhang, die volle Bedeutung. Die Tendenz, Sekten zu gründen, die Du bemerkt hast, war unvermeidlich. Es liegt in der Natur des Mentals, sich einen Teil herauszugreifen, ihn als Ganzes zu behandeln und alle anderen Teile auszuschließen. Der *Siddha* [erleuchtetes Wesen], der den Enthusiasmus (Bhava) aufbringt, obwohl er sich nur auf einen Teilaspekt stürzt, behält doch ein Wissen des integralen Ganzen, selbst wenn er vielleicht nicht in der Lage ist, diesem Gestalt zu verleihen. Aber seine Schüler erhalten dieses Wissen eben deswegen nicht, weil ihm die Gestalt fehlt. Sie packen ihre kleinen Bündel – laß sie machen! Die Bündel werden sich von selbst öffnen, wenn Gott sich voll offenbart. All diese Dinge sind Anzeichen von Unvollständigkeit und Unreife. Das beunruhigt mich nicht im geringsten. Soll die Kraft der Spiritualität im Lande spielen, in wievielen Arten und Sekten auch immer es ihr beliebt. Wir werden später sehen ... Wir befinden uns noch im Säuglingsstadium oder im Embryonalzustand des neuen Zeitalters. Es sind erste Vorzeichen, noch nicht einmal der Anfang.

Es liegt im Wesen dieses Yogas, daß die Basis nicht vollkommen wird, bevor die Siddhi oben besteht. Die Anhänger meiner Richtung haben noch viele der alten Samskaras beibehalten; einige Tendenzen haben sich erschöpft, andere bestehen noch. Es gab zum Beispiel das Samskara des Sannyasa, sogar den Wunsch, ein *Aravinda Math* [Sri Aurobindo Kloster] zu gründen. Jetzt hat die Vernunft eingesehen, daß

21. JULI 1962

es nicht um Sannyasa geht, doch der Eindruck dieser alten Idee wurde noch nicht vom *Prana* [Atem, Lebensenergie] getilgt. Als nächstes kam die Rede darauf, inmitten der Welt zu stehen, ein Mensch mit allen weltlichen Händeln zu sein und dabei doch ein Mensch der Entsagung zu bleiben. Die Notwendigkeit, auf das Begehren zu verzichten, wurde verstanden, aber das Gleichgewicht zwischen dem Verzicht auf Begehren und dem Genießen des Anandas ist vom Mental noch nicht richtig begriffen worden. Auch haben sie meinen Yoga begonnen, weil er dem bengalischen Temperament sehr entgegenkam, nicht so sehr in Betracht der Seite des Wissens als hinsichtlich Bhakti und Karma [Werke]. Ein bißchen Wissen und Erkenntnis haben sich mit eingestellt, aber der größte Teil hat sich verflüchtigt; der Nebel der Rührseligkeit ist noch nicht aufgelöst, die Bahn des *sattvischen Bhavas* [religiösen Eifers] ist ungebrochen. Das Ego ist noch vorhanden. Ich habe keine Eile und erlaube jedem, sich gemäß seiner Natur zu entwickeln. Es geht mir nicht darum, jeden in dieselbe Form zu pressen. Das Grundlegende wird tatsächlich eins in allen sein, aber es wird sich in vielen Gestalten ausdrücken – jeder wächst und gestaltet sich von innen heraus. Ich will nichts von außen aufbauen. Die Grundlage ist vorhanden, der Rest wird sich einstellen.

Worauf ich abziele, ist keine Gesellschaft wie die gegenwärtige, die in Gespaltenheit wurzelt. Was mir vor Augen schwebt, ist eine *Sangha* [Kommune], die sich auf dem Geist und Bild der Einheit gründet. Von diesem Gedanken ausgehend, hat man sie als *Deva Sangha* bezeichnet – eine Kommune jener, die das göttliche Leben wollen. Eine solche Sangha muß zunächst an einem Ort eingerichtet werden, um sich dann über das ganze Land auszubreiten. Fällt aber auch nur ein Schatten von Egoismus über dieses Bestreben, wird sich die Sangha in eine Sekte verwandeln. Der Gedanke mag sich wie selbstverständlich einschleichen, daß dieser oder jener Kollektivkörper die einzig wahre Sangha der Zukunft sei, das eine und alleinige Zentrum, und daß alles andere sein Umfeld zu sein hat und daß jene außerhalb dieser Grenzen nicht dazugehören oder, falls sie dies doch tun, daß sie irrig und abtrünnig geworden sind, weil sie anders denken.

Du magst fragen, was für eine Notwendigkeit für solch eine Sangha bestehe? „Laß mich frei sein und in jedem Gefäß leben; laß alle eins werden ohne Form, und laß all das, was sein muß, inmitten dieser ungeheuren Formlosigkeit geschehen!" Darin liegt eine Wahrheit, aber allein eine Seite der Wahrheit. Wir haben es nicht einzig mit dem form- und gestaltlosen Geist zu tun; wir müssen ebenso der Bewegung des Lebens eine Richtung geben, und ohne Form und Gestalt kann es keine wirksame Bewegung des Lebens geben. Das Gestaltlose hat

Gestalt angenommen, und diese Annahme von Namen und Gestalt ist keine Laune der Maya. Form und Gestalt existieren, da sie unabdingbar sind. Wir wollen keine der weltlichen Aktivitäten aus unserem Gebiet ausklammern. Politik, Wirtschaft, Gesellschaft, Dichtung, Literatur, Kunst, all das wird bleiben, doch wir müssen ihnen eine neue Seele und eine neue Gestalt geben.

Warum habe ich mich aus der Politik zurückgezogen? Weil die Politik dieses Landes nichts ist, was Indien echt angehört. Es ist ein Impuls aus Europa und eine Imitation. Es gab eine Zeit, in welcher eine Notwendigkeit dafür bestand. Auch wir haben nach europäischem Muster Politik betrieben. Hätten wir dies nicht getan, wäre das Land nicht aufgestanden, und wir hätten auch keine Erfahrung gewonnen und eine abgerundete Entwicklung erlangt. Es besteht noch immer eine gewisse Notwendigkeit dafür, nicht so sehr in Bengalen als vielmehr in den übrigen Provinzen Indiens. Aber die Zeit ist gekommen, den Schatten in seiner Verbreitung aufzuhalten und die Realität beim Schopfe zu packen. Wir müssen zur wahren Seele Indiens vordringen und alle Arbeiten in ihrem Bilde vollbringen.

Die Leute reden jetzt davon, Politik zu vergeistigen. Das Ergebnis, falls es ein dauerhaftes Ergebnis gibt, wird eine Art Bolschewismus indischer Prägung sein. Selbst einer solchen Arbeit gegenüber habe ich keine Vorbehalte. Laß jeden Menschen nach seiner eigenen Inspiration verfahren. Hier liegt aber in keiner Weise die wahre Aufgabe. Gießt man die spirituelle Macht in all diese unklaren Formen – die Wasser des kausalen Ozeans in grobe Gefäße – so brechen entweder die Gefäße, und das Wasser wird vergeudet, oder aber die spirituelle Macht verdunstet, und allein die unklare Form bleibt zurück. Das ist auf allen Gebieten das gleiche. Ich kann die spirituelle Macht geben, aber diese Macht wird dazu verwendet werden, das Götzenbild eines Affen zu bauen und es im Tempel Shivas aufzustellen. Ist der Affe mit Leben versehen und mit Macht ausgestattet, mag er die Rolle des Verehrers Hanuman spielen und viel für Rama[1] ausrichten können, solange dieses Leben und diese Macht bestehen bleiben. Was wir allerdings im Tempel Indiens wollen, ist nicht Hanuman, sondern Gott, den Avatar, Rama selbst.

Wir können uns mit allem befassen, aber nur, um alles auf den wahren Weg zu bringen und wenn wir dabei den Geist und die Gestalt unseres Ideals bewahren. Tun wir das nicht, werden wir unsere Richtung verlieren, und die wirkliche Arbeit wird nicht getan werden.

---

1. Rama, der göttliche Avatar, der mit Hilfe von Hanuman und den anderen Affen den Dämonen Ravana tötete.

Bleiben wir individuell überall zersplittert, wird zwar etwas getan; bleiben wir aber überall als Teile einer Sangha, wird hundertmal soviel erreicht werden. Bis jetzt ist die Zeit dafür noch nicht gekommen. Versuchen wir, ihr hastig eine Gestalt zu verleihen, wird es vielleicht nicht genau das sein, was wir wollen. Die Sangha wird zunächst eine nicht-konzentrierte Form haben. Jene, welche das Ideal teilen, werden geeint sein, aber an verschiedenen Orten arbeiten. Später werden sie eine Art spirituelle Kommune bilden und eine konzentrierte Sangha schaffen. Sie werden dann all ihren Werken einen Rahmen geben, welcher den Erfordernissen des Geistes und der Notwendigkeit des Zeitalters entspricht – keinen bedingten und starren Rahmen, kein *Achalayatana*[1], sondern eine freie Form, die sich gleich der See ausbreiten wird, sich in vielen Wellen ergießt, um etwas hier zu umspülen oder dort zu überfluten und schließlich alles in sich aufzunehmen. Wenn wir daran weiterarbeiten, wird sich eine spirituelle Kommune aufbauen. Soweit meine gegenwärtige Vorstellung! Noch ist nicht alles voll entwickelt. Alles liegt in Gottes Händen; was immer er uns tun läßt, werden wir tun.

Laß mich jetzt auf einige bestimmte Fragen Deines Briefes eingehen. Ich möchte mich hier nicht allzu ausführlich zu dem äußern, was Du über Deinen Yoga geschrieben hast. Wir werden bessere Gelegenheit dazu haben, wenn wir uns treffen. Den Körper als eine Leiche zu betrachten, ist ein Zeichen von Sannyasa, dem Weg des Nirvanas. Mit einer solchen Idee kannst Du nicht der Welt angehören. Du mußt an allen Dingen Freude haben können – sowohl im Geiste als auch im Körper. Der Körper besitzt ein Bewußtsein, er ist Gottes Form. Wenn Du Gott in allem sehen kannst, was es in der Welt gibt, wenn Du diese Vision hast, daß all das hier Brahman ist, *Sarvamidam Brahma*, daß Vasudeva all das hier ist – *Vasudevah sarvamiti* –, dann kennst Du die universelle Freude. Der Fluß dieser Freude stürzt in den Körper und breitet sich dort aus. Bist Du in einem solchen Zustand, erfüllt von spirituellem Bewußtsein, so kannst Du durchaus ein Eheleben führen, ein Leben in der Welt. In all Deinen Aufgaben und Arbeiten findest Du den Ausdruck der Göttlichen Freude. Bisher habe ich alle Gegenstände und Wahrnehmungen des Mentals und der Sinne in Freude auf der mentalen Ebene verwandelt. Nun nehmen sie die Form supramentaler Freude an. In diesem Zustand herrscht die vollkommene Vision und Wahrnehmung von *Sat-Chit-Ananda*.

Du schreibst über die *Deva Sangha* und sagst: „Ich bin kein Gott sondern nur ein Stück gründlich behämmertes und gehärtetes Metall."

---

1. Ein Gefängnis, ein Ort, wo alles bis auf die kleinste Einzelheit reglementiert ist.

Niemand ist ein Gott, aber in jedem Menschen ist ein Gott gegenwärtig, und diesen zu offenbaren ist Ziel und Zweck des göttlichen Lebens. Das können wir alle tun. Ich räume ein, daß es große und kleine *Adharas* [Gefäße] gibt. Ich vermag jedoch nicht anzuerkennen, daß die Beschreibung Deiner selbst zutreffend ist. Wie auch immer die Natur des Gefäßes beschaffen sein mag, ist es einmal von Gott berührt, ist einmal der Geist erwacht, so spielen die Größe oder Geringfügigkeit und all das keine besondere Rolle mehr. Es mag einmal mehr Schwierigkeiten geben, es mag länger dauern, es mag Unterschiede in der Art der Offenbarung geben, aber selbst dies ist nicht gewiß. Der innere Gott schenkt diesen Hindernissen und Mängeln keine Beachtung. Er bahnt sich seinen Weg durch sie. War die Summe meiner Fehler etwa gering? Gab es in meinem Denken und Herzen und Vital-Wesen und Körper weniger Widerstände? Hat es nicht auch Zeit in Anspruch genommen? Hat Gott mich weniger mit dem Hammer bearbeitet? Tag um Tag, Augenblick um Augenblick wurde ich geformt, ich weiß nicht ob in einen Gott oder was. Aber ich wurde oder werde etwas. Das genügt, denn Gott wollte es erbauen. Dies gilt für jeden anderen genauso. Nicht unsere eigene Stärke sondern die Shakti Gottes ist der *Sadhaka* [Arbeiter] in diesem Yoga.

Laß mich Dir in Kürze ein oder zwei Dinge sagen, die ich lange vorausgesehen habe. Meines Erachtens liegt der Hauptgrund für die Schwäche Indiens weder in der Unterjochung [durch die Engländer] noch in der Armut oder dem Mangel an Spiritualität oder *Dharma* [Ethik], sondern im Niedergang der Kraft des Denkens, der zunehmenden Unwissenheit im Mutterland der Weisheit. Überall sehe ich eine Unfähigkeit oder Unwilligkeit zu denken – Unfähigkeit oder Abscheu zu denken. Was immer die Verhältnisse im Mittelalter gewesen sein mögen, der gegenwärtige Stand der Dinge ist Anzeichen einer entsetzlichen Degeneration. Das Mittelalter war die Nacht, die Zeit des Sieges der Unwissenheit. Die Moderne ist das Zeitalter des Sieges der Erkenntnis und des Wissens. Wer immer am meisten denkt, sucht, arbeitet, kann die Wahrheit der Welt erforschen und erlernen – und entsprechend mehr Shakti erlangen. Betrachtet man Europa, wird man zweier Aspekte gewahr: eines ungeheuren Meeres von Gedanken und des Spiels einer gewaltigen und rapide fortschreitenden, aber doch disziplinierten Kraft. Darin besteht die gesamte Shakti Europas. Und in der Kraft dieser Shakti droht es, die Welt zu verschlingen, gleich den *Tapaswins* [Asketen] unserer Antike, durch deren Kraft selbst die Welten-Götter in Angst und Schrecken versetzt und unterjocht wurden. Es heißt, Europa stürze sich in die Fänge der Zerstörung. Ich bin nicht dieser Meinung. All diese Revolutionen und Umstürze sind im Gegenteil die Voraussetzungen für eine neue Schöpfung.

Nun betrachte Indien! Mit Ausnahme einiger einsamer Giganten gibt es überall den „einfachen Mann von der Straße", das heißt den durchschnittlichen Menschen, der nicht denken will und nicht denken kann, der nicht die geringste Shakti sondern einzig eine kurzlebige Erregtheit in sich trägt. In Indien sucht man den schlichten Gedanken, das bequeme „Wort". In Europa will man den tiefen Gedanken, das tiefe „Wort"; dort verlangt es auch den gewöhnlichen Arbeiter oder Handwerker danach zu denken, zu wissen, er gibt sich nicht mit oberflächlichen Phänomenen zufrieden, sondern verlangt danach, hinter die Dinge zu sehen. Es besteht allerdings noch ein Unterschied, und zwar eine fatale Beschränkung von Europas Stärke und Denken. Berührt es nämlich die spirituelle Sphäre, kommt seine Gedankenkraft nicht mehr weiter. Dort sieht Europa nur noch Rätsel – nebulöse Metaphysik, yogische Halluzinationen. Man reibt sich die Augen wie im Rauch und sieht nichts mehr klar. Dennoch wird eine gewisse Anstrengung unternommen, um selbst diese Beschränkung zu überwinden. Wir besitzen den spirituellen Sinn bereits – wir verdanken ihn unseren Vorvätern – und wer immer über diesen Sinn verfügt, erhält damit ein solches Wissen und Shakti, daß sich die gesamte und gewaltige Macht Europas in einem Atemzug gleich einem Grashalm wegblasen läßt. Um diese Shakti zu gewinnen, muß man ein Verehrer der Shakti sein. Wir aber sind keine Verehrer der Shakti. Wir sind Verehrer des Weges des geringsten Widerstandes. Auf diesem Weg ist die Shakti nicht zu erlangen. Unsere Vorväter tauchten in ein Meer unermeßlicher Gedanken, und sie erlangten unermeßliches Wissen und gründeten darauf eine mächtige Zivilisation. Im Verlauf ihres Fortschreitens kamen Überdruß und Erschöpfung über sie. Die Kraft des Gedankens verminderte sich und damit zugleich der starke Strom der Shakti. Unsere Zivilisation ist zu einem *Achalayatana* [Gefängnis] geworden, unsere Religion eine bigotte Ansammlung von Äußerlichkeiten, unsere Spiritualität ein schwacher Abglanz des Lichts oder eine augenblicksbedingte Welle religiösen Rausches. Solange diese Situation anhält, ist jedes dauerhafte Wiederaufleben Indiens unwahrscheinlich.

In Bengalen findet sich diese Schwäche in ihrer extremsten Ausprägung. Der Bengale verfügt über quicklebendige Intelligenz, emotionale Kapazität und Intuition. In all diesen Qualitäten ist er in Indien erstrangig. All das ist zwar notwendig, aber nicht hinreichend. Würden sich zu den vorgenannten Qualitäten die Tiefe des Gedankens, gelassene Stärke, Heldenmut sowie die Fähigkeit und die Lust auf langanhaltende Arbeit hinzugesellen, so wäre der Bengale nicht allein führend in Indien sondern in der Menschheit. Gerade das aber will er nicht aufbringen. Es verlangt ihn nach einer bequemen Erledigung der Dinge, nach einer Ansammlung von Wissen ohne Denken, nach den Früchten der Arbeit ohne Arbeit, Siddhi durch eine leichte Sadhana [Disziplin]. Seine Stärke und sein Rückhalt sind die leichte Erregbarkeit seines Gefühlsmentals. Ein Übermaß an Emotion bar jeden Wissens ist jedoch gerade das Symptom der Krankheit. Letztlich führt dies nur zu Ermüdung und Trägheit. Das Land befindet sich in einem anhaltenden, allmählichen Niedergang, einer Ebbe der Lebenskraft. Was ist aus dem Bengalen in seinem eigenen Land geworden? Er verdient sich keine ausreichende Nahrung zum Essen oder Kleidung zum Tragen, allerseits hört man nur Klagen; sein Reichtum, sein Handel und seine Ländereien, selbst seine Landwirtschaft sind dabei, in andere Hände überzugehen. Wir haben die Sadhana der Shakti aufgegeben, und die Shakti hat uns aufgegeben. Wir verfolgen die Sadhana der Liebe, aber wo es an Wissen und Shakti fehlt, bleibt auch die Liebe nicht erhalten, und Engstirnigkeit und Kleinlichkeit machen sich breit, und in einem kleinen und engstirnigen Mental gibt es keinen Platz für die Liebe. Wo gibt es Liebe in Bengalen? Es gibt mehr Streitigkeiten, Eifersucht, gegenseitige Geringschätzung, Unverständnis und Abspalterei als irgendwo sonst, sogar in Indien, das so stark von Spaltung zerrüttet ist.

In der edlen heroischen Epoche des arischen Volkes[1] gab es kein solches Geschrei und Gezänk, aber die unternommenen Anstrengungen wirkten unerschütterlich über viele Jahrhunderte hinweg. Die Anstrengung des Bengalen überdauert bestenfalls ein bis zwei Tage.

Du sagst, eine rasende Begeisterung wäre vonnöten, um das Land mit emotionaler Erregung zu erfüllen. In der Zeit des *Swadeshi* [Kampf um die Unabhängigkeit Indiens, Boykott englischer Güter] hatten wir all das auf politischer Ebene erreicht, aber was wir erreichten, liegt heute im Staub. Wird es in der spirituellen Sphäre günstigere Ergebnisse geben? Ich sage nicht, daß es keine Ergebnisse gab. Es gab sie wohl. Jedwede Bewegung zieht irgendwelche Folgen nach sich, meistenteils aber in bezug auf eine Vermehrung der Möglichkeiten. Das ist jedoch keinesfalls die geeignete Methode, die Dinge auf dauerhafte Weise zu verwirklichen. Aus diesem Grunde habe ich nicht mehr die Absicht, emotionale Erregung oder irgendeine andere Art von mentalem Rausch als Grundlage zu nehmen. Es ist meine Absicht, einen weiträumigen und starken Gleichmut zum Fundament des Yogas zu machen. Auf dieser inneren Ausgeglichenheit will ich eine

---

1. Im vedischen Zeitalter.

uneingeschränkte, unerschütterliche, unverwüstliche Shakti mit der erforderlichen Systematik und in all ihren Bewegungen begründen. Mein Wille zielt auf eine weite Entfaltung des Lichts der Erkenntnis im Ozean der Shakti ab. In dieser leuchtenden Unermeßlichkeit wünsche ich die stille Ekstase unendlicher Liebe, Freude und Einheit. Mein Wille ist es nicht, Hunderttausende von Schülern zu haben. Es wird vollauf genügen, wenn ich einhundert ganze Menschen bekommen kann, die, geläutert von kleinlichem Egoismus, Instrumente Gottes sein werden. Ich schenke dem gewohnten Gehabe des Gurus keinen Glauben. Ich will kein Guru sein. Wenn jemand aufwacht und von innen heraus seine schlummernde Gottheit manifestiert und das göttliche Leben erreicht – sei es durch meinen Fingerzeig oder durch einen anderen – so ist das mein Ziel. Ein solcher Schlag Menschen wird die Erhebung des Landes vollbringen.

Wenn bei Dir nach dieser Lektion der Eindruck entsteht, ich verzweifle an der Zukunft Bengalens, so ist das falsch. Auch ich hoffe, daß sich – wie man sagt – jetzt ein großes Licht in Bengalen offenbaren wird. Jedoch habe ich versucht, die andere Seite der Münze zu zeigen, wo der Fehler, der Irrtum, der Mangel liegt. Sollten sich diese nicht ändern, so wird das erreichte Licht kein großes Licht sein, und es wird nicht von Dauer sein.

Der Sinn meines ungewöhnlich langen Briefes ist der, daß auch ich mein Bündel schnüre. Aber ich bin überzeugt, daß dieses Bündel gleich dem Netz des Petrus allein mit dem Fang der Ewigkeit erfüllt ist. Ich werde das Bündel jetzt noch nicht öffnen. Würde ich dies tun, bevor die Zeit dafür gekommen ist, wäre alles vertan. Ich begebe mich auch gegenwärtig nicht nach Bengalen zurück, nicht weil Bengalen nicht bereit ist, sondern weil ich nicht bereit bin. Wenn der Unreife unter die Unreifen geht, was kann er ausrichten?

Dein Sejda[1],

Sri Aurobindo

---

1. Sejda: älterer Bruder.

25. Juli 1962

(Satprem liest Mutter einen Abschnitt aus seinem Manuskript über Sri Aurobindo vor, der das mentale Schweigen betrifft.)

Das ist sehr gut.

Es ist grau.

Ist es das Ende des Kapitels?
Und das folgende?

Das weiß ich eben nicht.

Du weißt es nicht?

Eigentlich wollte ich zuerst vom Bewußtsein sprechen (sagen, was das Bewußtsein ist), dann merkte ich, daß es besser ist, vorher über das Vital zu sprechen, denn das Vital ... man muß es beruhigen, bevor man irgend etwas erreichen kann.

Nicht unbedingt.
Ich glaube, ich würde beim Bewußtsein anfangen und das Vital nachher behandeln.

Aber wenn ich vom Bewußtsein spreche, muß ich vom Aufstieg des Bewußtseins sprechen und folglich vom Überbewußten. Kann ich denn von all dem sprechen, bevor ich das Vital behandle?

Ja.

(Schweigen)

In der Tat, wenn ich die Reihenfolge meines Yogas betrachte ... Als ich fünf war (ich muß vorher begonnen haben, aber die Erinnerung ist etwas vage, es gibt nichts Präzises), aber von fünf Jahren an habe ich im Bewußtsein ... keine mentale Erinnerung, aber wie soll ich sagen? Es ist vermerkt, einen Vermerk. Ich begann mit dem Bewußtsein. Ohne überhaupt zu wissen, was es war, wohlverstanden. Die erste Erfahrung war die des Bewußtseins hier *(Geste über dem Kopf)*, ich spürte es dort wie ein Licht und eine Kraft *(dieselbe Geste)*, mit fünf Jahren.

Es war eine sehr angenehme Empfindung: Ich setzte mich auf einen kleinen Stuhl, der eigens für mich angefertigt worden war, ich war ganz allein im Zimmer ... und (ich wußte nicht, was es war, überhaupt nichts, verstandesmäßig null) ich hatte eine SEHR ANGENEHME Empfindung von etwas sehr Starkem und Lichtvollem. Es war dort *(über dem*

Kopf): das Bewußtsein. Der Eindruck war: Das muß ich leben, das muß ich sein – natürlich nicht mit all diesen Worten, aber ... *(Mutter macht eine Bewegung der Aspiration nach oben)* und dann zog ich es herab, denn das bedeutete den wirklichen Seinsgrund für mich.

Das ist meine erste Erinnerung: mit fünf. Es wirkte mehr in ethischem als in intellektuellem Sinn. Aber auch in intellektueller Weise, denn zum Beispiel ... Äußerlich war ich ein Kind wie alle anderen, außer daß ich, wie es schien, schwierig war – schwierig, das heißt: nicht interessiert am Essen, nicht interessiert an gewöhnlichen Spielen. Ich wollte nicht zu Freunden gehen, um zu naschen, denn ich war ganz und gar nicht daran interessiert, Kuchen zu essen. Es war unmöglich, mich zu bestrafen, denn es war mir völlig egal: Wenn man mir den Nachtisch versagte, war es eher eine Erleichterung. Aber ich lehnte es völlig ab, Lesen zu lernen, ich weigerte mich zu lernen. Auch was das Waschen angeht, denn ich war in den Händen einer Engländerin. Sie wollte mir kalte Bäder geben, die mein Bruder akzeptierte, aber ich schrie! Später erwies es sich – denn der Arzt sagte es –, daß es nicht gut für mich war, aber das war viel später. So sah es also aus. Aber wenn mit Verwandten, mit Kameraden, mit Freunden Schwierigkeiten auftraten und ich all die Gemeinheit oder den bösen Willen fühlte – vielerlei mißliche Dinge, die hervortraten –, so war ich recht empfindlich, hauptsächlich weil ich instinktiv ein Ideal von Schönheit und Harmonie in mir trug, das von all den Dingen des Lebens erschüttert wurde. Wenn ich dann Kummer hatte, hütete ich mich wohl, über irgend etwas zu meiner Mutter oder meinem Vater zu sprechen, denn meinem Vater war es völlig egal und meine Mutter schalt mich – das war immer das erste, was sie tat. So ging ich in mein Zimmer und setzte mich auf meinen kleinen Stuhl. Dort konzentrierte ich mich und versuchte zu verstehen – auf meine Art. Ich erinnere mich, daß nach einigen wahrscheinlich unfruchtbaren Versuchen das Ergebnis folgendermaßen war. Ich sprach oft zu mir selbst (ich weiß nicht wie und warum, aber ich sprach immer zu mir selbst, wie ich zu anderen sprach), und ich sagte mir: „Also gut, du hast Kummer, weil jemand dir etwas wirklich Abscheuliches gesagt hat. Warum bringt dich das zum Weinen? Warum hast du Kummer? Er tat doch etwas Unrechtes, er sollte weinen. Du hast ihm nichts Böses getan ... Hast du ihm etwas Gemeines gesagt? Hast du dich mit ihr geschlagen? oder mit ihm? – Nein, du hast doch nichts getan, oder? Also gut, da du nichts getan hast, mußt du keinen Kummer haben. Nur wenn du etwas Schlechtes getan hättest, müßtest du Kummer haben, aber ..." Das wirkte sehr gut: ich weinte niemals. Mit einer ganz kleinen Bewegung dort innen oder mit diesem kleinen Etwas, das sagte: „Du hast nicht Schlechtes getan", gab es keinen Kummer.

Das Gegenstück war auch da: der gleiche „Jemand" war in zunehmendem Maße gegenwärtig, beobachtete mich und sprach zu mir, sobald ich ein Wort zuviel sagte, eine Geste zuviel machte oder einen kleinen falschen Gedanken hatte oder meinen Bruder hänselte oder egal was, beim geringsten Anlaß: „Siehst du, paß auf!" *(Mutter nimmt einen ernsten Tonfall an)*. Zuerst jammerte ich, dann lehrte es mich: „Man soll nicht klagen, sondern in Ordnung bringen, wiedergutmachen." Wenn es wiedergutzumachen war, tat ich es, und fast immer war es wiedergutzumachen – all das im Ausmaß der Intelligenz eines Kindes von fünf bis sieben Jahren.

Folglich war es das Bewußtsein.

Danach folgte die ganze Phase, in der man lernt und sich entwikkelt, aber all das auf der gewöhnlichen mentalen Ebene, das heißt die Studien[1]. Aus Neugier wollte ich lesen lernen. Vielleicht habe ich dir schon erzählt, wie es sich ereignete? ... Mein Bruder kam von der Schule zurück (er muß ungefähr sieben oder etwas jünger als sieben gewesen sein – er war anderthalb Jahre älter als ich), er kam mit diesen großen Bildern zurück, die man noch heute anfertigt (weißt du, Zeichnungen für Kinder, darunter steht etwas Kurzes geschrieben). Er kam zurück und gab mir eins. Ich fragte ihn: „Was ist da geschrieben?" Er antwortete: „Lies doch!" Ich erwiderte: „Kann ich nicht." – „Lern es!" Ich antwortete ihm: „Gut, gib mir die Buchstaben". Er brachte mir ein Buch mit Buchstaben, um das Alphabet zu lernen. In zwei Tagen kannte ich sie, und am dritten Tag begann ich zu lesen. So lernte ich es. „Ach!" sagten sie mir, „das Kind ist zurückgeblieben. Sechs Jahre, und sie kann noch nicht lesen, wie empörend!" Die ganze Familie beklagte sich. Aber es traf sich, daß ich innerhalb von acht Tagen alles wußte, das zu lernen ich sonst Jahre gebraucht hätte – das gab ihnen etwas zum Nachdenken.

Danach die Studien. Ich war immer eine sehr aufgeweckte Schülerin – aus demselben Grund: ich wollte verstehen. Da, wo die anderen auswendig lernten, interessierte es mich nicht – ich wollte verstehen. Und ich hatte ein Gedächtnis! Ein hervorragendes Gedächtnis für Laute und Bilder. Es genügte, daß ich am Abend ein Gedicht laut las: am Morgen wußte ich es noch. Wenn ich ein Buch studierte oder las und man mich danach fragte, sagte ich: „Oh, ja! Das steht auf dieser

---

[1]. Mutter präzisierte: „In der Tat war das Lernstadium auch noch eine Entwicklung des Bewußtseins: Ich lernte nicht auswendig, sondern wollte verstehen, und wenn ich etwas verstand, wußte ich es. Das heißt, das gesamte Lernstadium fällt in die Kategorie der Entwicklung des Bewußtseins, denn es war noch nicht intellektuell."

Seite" – ich fand die Seite wieder. Es war noch nicht verblaßt, es war noch klar. Aber das ist ja auch das normale Lernalter.

Dann fing ich sehr früh an zu malen (um die acht, zehn Jahre herum) – ich setzte meine Studien fort und begann zu malen. Mit zwölf fertigte ich schon Gemälde an: Porträts. Eine große Wißbegierde und Interesse für alle Dinge der Kunst, der Schönheit: Musik, Malerei. In diesem Abschnitt meines Lebens fand eine intensive Entwicklung des Vitals statt, aber eine Entwicklung im selben Sinn wie zu der Zeit, als ich sehr klein war, mit einer Art innerem Lehrer. Alles war ein Studium: Erforschung der Empfindungen, Erforschung der Beobachtungen, Erforschung der Ausführungen, Vergleiche usw. und sogar Erforschung des Geschmacks, des Geruchs, des Gehörs, mit einer ganzen Gamme von Beobachtungen. Das heißt eine Art Klassifikation der Erfahrungen. Das setzte sich bei allen Ereignissen des Lebens fort, bei allen Erfahrungen, die das Leben geben kann, alles, alles, all die Erfahrungen – Unglück, Freuden, Schwierigkeiten, Leiden, alles, alles – ach, ein breites Feld! Aber immer mit „Dem" darinnen, das beurteilt, entscheidet, einordnet, organisiert und eine Art System einrichtet.

Dann setzte durch die Begegnung mit Theon plötzlich der bewußte Yoga ein, da war ich wohl einundzwanzig. Das bedeutete eine Veränderung der Lebensausrichtung, eine ganze Reihe von Erfahrungen mit interessanten okkulten Ergebnissen der vitalen Entwicklung.

Dann folgte die intensive Entwicklung des Mentals, die vollständigste nur mögliche Entwicklung des Mentals: Studium aller Philosophien, aller Ideenspiele, bis ins geringste Detail – die Systeme durchdringen, sie verstehen. So vergingen zehn Jahre intensiver mentaler Studien, und sie führten mich zu ... Sri Aurobindo.

Ich hatte also diese ganze Vorbereitung. Ich erzähle dir diese Details, um dir zu sagen, daß es mit dem Bewußtsein begann – ich wußte sehr genau, daß es das Bewußtsein war, auch wenn ich kein Wort oder keine Ideen hatte, es zu erklären –, das Bewußtsein und seine Macht: seine Handlungsmacht, seine Wirkungsmacht. Danach die vollständigste nur mögliche Entwicklung des Vitals, mit sehr detaillierten Studien. Dann die Entwicklung des Mentals bis zu seinen äußersten Grenzen, hoch oben, wo man mit allen Ideen jongliert, das heißt eine mentale Entwicklung, wo man bereits verstanden hat, daß alle Ideen wahr sind und eine Synthese zu machen ist und daß es etwas Leuchtendes und Wahres jenseits der Synthese gibt. Hinter all dem setzte sich das Bewußtsein fort. In diesem Zustand kam ich hier an: mit einer Welt von Erfahrungen und bereits mit der bewußten Vereinigung mit dem Göttlichen oben und innen – all das war bewußt verwirklicht und notiert, als ich zu Sri Aurobindo kam.

Aus Sicht der *Shakti* ist das der normale Verlauf: Bewußtsein, Vital, Mental, Spiritualität.

Nun ist es für einen Mann vielleicht anders? Ich weiß es nicht. Denn Sri Aurobindo war ein sehr spezieller Fall, und außer ihm sehe ich niemanden, der ein überzeugendes Beispiel geben könnte ... Aber bei Männern ist gewöhnlich das physische Bewußtsein und dann das mentale Bewußtsein am weitesten entwickelt. Das Vital ist meist sehr impulsiv und sehr wenig beherrscht. Das ist meine Erfahrung bei all den Hunderten und Aberhunderten von Leuten, denen ich begegnet bin. Im Normalfall haben sie einerseits eine physische Kraft, entwickelt durch Spiele, Übungen usw., und zugleich eine mehr oder weniger hohe Entwicklung im Mental, aber sehr mental. Das Vital bleibt sehr impulsiv und sehr wenig geordnet, außer bei Künstlern, und selbst da ... Ich lebte zehn Jahre mit Künstlern, und ich stellte fest, daß es großenteils ein Brachland war. Ich begegnete all den großen Künstlern der Epoche, ich war bei weitem die Jüngste (es war die Jahrhundertwende, mit der Weltausstellung 1900 und den künstlerischen Meistern der Epoche), ich war viel jünger als sie. Sie hatten die Dreißig, Fünfunddreißig, Vierzig erreicht, und ich war neunzehn, zwanzig. Sogar in ihren eigenen Gebieten war ich viel weiter fortgeschritten als sie – nicht in meinem Schaffen (ich war eine sehr gewöhnliche Künstlerin), aber im Hinblick auf das Bewußtsein: die Beobachtungen, Erfahrungen, Studien.

Ich weiß nicht, aber mir scheint, das Problem des Bewußtseins muß vorher kommen.

So fing ich an.

Ich glaube, so ist es richtig. Der Ablauf meines Lebens war äußerst logisch (nicht ich entschied: mit fünf Jahren entscheidet man ja nicht), äußerst logisch. Jeder Schritt wurde durch den vorhergehenden eingeleitet.

Aber was ist das Bewußtsein, das man als Kraft in sich spürt? Zum Beispiel während der Meditation steigt es manchmal auf und ab, es ist nicht festgesetzt. Was ist dieses Bewußtsein?

Das ist die *Shakti*!

Manche empfangen sie von oben. Bei anderen steigt sie von unten auf *(Geste zur Wurzel der Wirbelsäule)*. Ich sagte dir einmal, daß all die alten Systeme immer von unten nach oben fortschritten, während Sri Aurobindo das Bewußtsein von oben nach unten zog. In den Meditationen wird das sehr deutlich (jedenfalls im Yoga, in den Erfahrungen): in den traditionellen Systemen erwacht immer die Wurzel der *Kundalini* und steigt von Zentrum zu Zentrum, von Zentrum zu Zentrum, bis zum „Erblühen" hier *(Geste zur Schädelspitze mit ein wenig Ironie über das „Erblühen").* Bei Sri Aurobindo kommt es so *(Bewegung der herabsteigenden Kraft),* und es richtet sich dort ein *(über dem Kopf),* es tritt ein, und von da steigt es herab, immer tiefer, überall, bis nach unten, bis unter die Füße, ins Unterbewußte, und noch tiefer, ins Unbewußte.

Das ist die *Shakti*. Er sagt (ich übersetze das gerade), wenn man die *Shakti* unten erfaßt, wie es individuell geschieht, ist es eine *Shakti*, die sozusagen schon verschleiert ist (sie hat ihre Macht, ist aber verschleiert). Ergreift man sie hingegen oben, ist es die REINE *Shakti*. Wenn man sie mit genügend Vorsicht und langsam genug herabsteigen läßt, damit sie (wie soll ich sagen?) nicht verunreinigt wird oder jedenfalls während ihres Eintritts in die Materie nicht getrübt wird, so ist das Ergebnis sofort sehr viel besser. Beginnt man hingegen mit dem Gefühl einer großen Macht in sich (denn überall, wo sie erwacht, ist es stets eine große Macht), besteht immer die Gefahr der Vermischung mit dem Ego, wie er erklärte. Wenn sie aber in ihrer Reinheit kommt und wenn man darauf bedacht ist, sie rein zu erhalten, das heißt die Bewegung nicht übereilt, damit sie einen in dem Maße reinigt, wie sie herabkommt, ist die Hälfte der Arbeit bereits vollbracht.

Das ist ein Problem. Wenn man mit dem Überbewußten in Kontakt kommt und hier auf der Höhe des Kopfes austritt, steigt es dennoch von unten auf. Handelt es sich in diesem Fall um eine andere Bewegung, eine aufsteigende Bewegung?

Das ist das Bewußtsein des *Jiva* [Seele]. Es ist das persönliche, individuelle Bewußtsein.

Es ist etwas, das wächst ...

Es ist das individuelle Bewußtsein. In der Aspiration ist es gewöhnlich ein Ausdruck des psychischen Wesens, das heißt dessen, was sich um das göttliche Zentrum gesammelt hat, um die kleine göttliche Flamme, die im Innern des Menschen liegt – in jedem menschlichen Wesen gibt es diese göttliche Flamme, und Schritt für Schritt, durch alle Inkarnationen und das ganze Karma und all das, bildet sich ein Wesen, das Theon das „psychische Wesen" nannte. Wenn das psychische Wesen seine volle Entwicklung erreicht hat, bildet es sozusagen eine Hülle, ein Art körperliche oder jedenfalls individuelle Hülle der Seele, die ein Teil des Höchsten ist – der *Jiva* ist die individuelle Form des Höchsten. Wie es nur einen Höchsten gibt, so gibt es auch nur einen *Jiva* aber in Millionen individuellen Formen. Um diesen *Jiva*, der zunächst ein göttlicher Funke ist – unbewegt, ewig, auch unendlich (unendlich in seinen Möglichkeiten, mehr als in seiner Dimension) –, kristallisiert sich durch alle Inkarnationen Schritt für Schritt all das heraus, was den göttlichen Einfluß empfangen hat und auf den göttlichen Einfluß antwortet. Er wird zugleich immer bewußter und immer geordneter. Am Ende wird es ein völlig bewußtes individuelles Wesen, Meister seiner selbst und ausschließlich durch den göttlichen Willen bewegt. Es wird ein individueller Ausdruck des Höchsten. Das bezeichnen wir dann als das „psychische Wesen".

Gewöhnlich haben jene, die Yoga betreiben, entweder ein völlig entwickeltes, unabhängiges psychisches Wesen, das wieder ins Leben trat, um die Arbeit des Göttlichen zu verrichten, oder ein psychisches Wesen, das in seiner letzten Inkarnation steht und das seine Formation vollenden will, sich verwirklichen will.

Dieses psychische Wesen hat die Aspiration und den Kontakt.

Wenn man nun sagt: „Werdet euch eures psychischen Wesens bewußt", geschieht das, damit das Wesen, das von der äußeren Natur geformt wurde, durch das psychische Wesen mit der göttlichen Gegenwart Kontakt aufnimmt. Dann übernimmt das psychische Wesen die Herrschaft über den Menschen, und das ist im Grunde der innere Lehrer... Als ich ganz klein war, war diese „Person" (es war keine Person sondern ein Bewußtsein und ein Wille, die sich ausdrückten) wirklich die psychische Gegenwart – bei mir stand etwas anderes dahinter, aber das ist ein besonderer Fall. Was sich für mich ereignete, geschieht jedoch für alle, die ein psychisches Wesen haben, das sich willentlich inkarniert hat. Das psychische Wesen übernimmt die Führung des Lebens, und wenn ihr es handeln laßt, ordnet es ALLE Umstände – das ist wunderbar!... Ich sah es (nicht nur für mich sondern für viele Leute, die auch bewußte psychische Wesen hatten): alles ordnet sich – keineswegs für eure egoistische, persönliche Befriedigung sondern für euren endgültigen Fortschritt, eure letzte Verwirklichung. Alle Lebensumstände, selbst solche, die ihr als katastrophal bezeichnet, sind derart beschaffen, um euch so schnell wie möglich dorthin zu führen, wo ihr hingehen müßt.

Bei dir ist es mehr als ein psychisches Wesen: Das psychische Wesen ist, wie ich dir sagte, von etwas begleitet, das mit einem speziellen Ziel kam und das aus Regionen stammt, die Sri Aurobindo *Overmind* [Übermental] nennt, die Bereiche oberhalb des Mentals, mit einer besonderen intellektuellen Macht – einer besonderen leuchtenden, bewußten Macht – für eine besondere Aufgabe. Das liegt hier *(Geste, die den Kopf und die Brust umfaßt)*, und mit dem Psychischen versucht es, alles anzuordnen. Und das spürst du in deinem Psychischen. Das muß eine große Macht haben, du mußt eine Art leuchtender Kraft spüren, oder?

Oh ja, ich fühle es!

Ja, das ist es.

Deshalb kann ich die Kraft, die von oben kommt, nicht von derjenigen unterscheiden, die von innen kommt.

Von einem bestimmten Punkt an trifft man keine Unterscheidung mehr[1].

Deshalb fällt es mir schwer, darüber zu sprechen, denn ich weiß nicht, was von oben und was von unten kommt.

Sprechen ...
Alles, was ich dir sagte ... Weißt du, es ist ... Man hat immer den Eindruck „kurz davor zu stehen", es „beinahe" oder „fast" zu sein. Etwas liegt an der Grenze, tangentiell zur Wahrheit – es erreicht niemals den Punkt, es bleibt immer daneben. Sobald man spricht, ist es ungefähr.

Man müßte alles zugleich sagen.

Ja, das ist es. Das ist ja der Grund! Man müßte alles zugleich sagen, wie kann man das? Genau so ist es.

Ich sehe wohl, um zu schreiben ... müßte es eine globale Ausdrucksweise geben.

Aber Sri Aurobindo sagte das immer. Sobald man anfängt zu beschreiben, ist es so *(Geste eines schrittweisen Voranschreitens),* und sobald das passiert, ist es nicht mehr das.
Darüber muß man sich klar sein.

Nein, schreiben ist nicht befriedigend, weißt du, es ist kein Ausdrucksmittel ... Die Musik?

Nicht viel besser.
Die Malerei ist schlechter.
Nein ...

---

1. Natürlich! Man kann sie berühren, indem man den Kopf hineintaucht oder die Fußspitzen, dennoch badet alles in demselben Kraftstrom (außer den Mauern unseres Mentals). Es gibt Augenblicke oder Stellen, wo man weniger hart ist, und dort kommt es auf natürliche Weise „herein". Da sagt man: Das ist die Shakti von „oben" oder die Shakti von „unten" oder von „innen". Wenn die Mauern aber gefallen sind, gibt es weder oben noch unten, man steht mitten im Strom.

(Schweigen)

Ich fragte mich: Vielleicht käme ein menschliches Wesen, das ein außergewöhnlich mächtiges Stimmorgan entwickelt hätte, der Wahrheit am nächsten. Es könnte das, was es sagen will oder was sich ausdrücken will, einfach mit dem Stimmorgan verbinden und es dann unter diesem Einfluß herauskommen lassen.

Ich erlebte kurze Augenblicke von solchen Erfahrungen, aber selbst da erschien es mir armselig – armselig, weil ein ganzer Bereich unzugänglich bleibt... Ich erinnere mich an die Zeit, wo ich mich am 31. Dezember um Mitternacht an die Orgel setzte, ohne im mindesten zu wissen, was ich spielen oder singen würde. Ich ließ die Kraft kommen – sie spielte, und dann kamen der Ton, die Stimme, und mit der Stimme die Worte. Ich schrieb nichts im voraus. Nur weil die Leute sich daran machten zu notieren, was ich sagte (und natürlich falsch notierten), ging ich dazu über, es aufzuschreiben. Aber erst sehr viel später, als ich nicht mehr um Mitternacht hinging, begann ich, im voraus zu schreiben. Die ersten Male (Sri Aurobindo war da, das ist schon lange her) war es so: ich wußte weder was ich spielen noch was ich sagen würde. Erst kam der Ton, dann die Stimme und mit der Stimme die Worte. Es war etwas, das sich sammelte, konkretisierte.

Es war machtvoll genug, aber unvollkommen. Unvollkommen.

(Schweigen)

Vielleicht müßte man die Musik durch Spiele aus Licht ergänzen können. Aber keine künstlichen Spiele.

(langes Schweigen)

Die bewußte und willentliche Handhabung gewisser lichtvoller Vibrationen zum Ton hinzufügen.

Aber der Gedanke (der Gedanke, wie wir ihn jetzt verstehen) ist im Vergleich viel materieller. Der Gedanke, die Formulierung in Worten liegt viel weiter unten auf der Skala.

Es gibt Gedanken... Sind es Gedanken? Es ist viel höher als die Idee, viel höher als der Gedanke ... Es ist die VISION DES WISSENS, in einem äußerst lichtvollen Bereich, in dem die Schwingungen sehr genau und sehr stark sind, und sie überträgt sich offensichtlich beim Herabstieg durch Töne und Worte (aber das liegt viel weiter unten). Wenn man ihr eine Form gäbe, die dem Ursprung am nächsten kommt, wären es lichtvolle Schwingungen.

Doch der menschliche Verstand bemächtigt sich aller Dinge und kopiert sie. Er macht eine Kopie: all diese Lichtspiele, alles, was man jetzt tut ... Wie die Vorliebe fürs Theater und den Film ... Dennoch hat es eine Wirkung, oder? Aber es ist eine Kopie.

Wir sind Affen.

(Schweigen)

Mein Kind, ich glaube, ich täusche mich nicht: Fange mit dem Bewußtsein an!

Und laß es dir nicht einfallen, all dies aufzuschreiben, es ist nicht der Mühe wert!

Aber doch, es ist interessant! Ich tue es nachmittags, und morgens arbeite ich.

Um interessant zu sein, muß es systematisch sein, mit Beispielen. Aber das wäre eine endlose Geschichte ...

Jedenfalls waren die Lebensabschnitte so klar wie nur möglich, genau abgegrenzt, und sie bereiteten alles für meine Ankunft hier vor.

Viele, viele Dinge verschwanden völlig aus meinem Leben – ich kenne sie nicht mehr, sie sind aus dem Bewußtsein verschwunden: alles, was unnütz war. Aber die Vision von allem, was den *Jiva* für seine hiesige Aktion vorbereitete, ist sehr klar. Schon bevor ich herkam und Sri Aurobindo traf, verwirklichte ich alles, was ich verwirklichen mußte, um seinen Yoga beginnen zu können. Alles war bereit und geordnet, organisiert – großartig! Mit einem wunderbaren Gedankengebäude. In fünf Minuten zerschmetterte er es!

Ach, wie glücklich ich war! uff! ... Das war wirklich die Belohnung für all meine Anstrengungen.

Nichts! Ich wußte nichts mehr, ich verstand überhaupt nichts mehr, es gab keine einzige Idee mehr in meinem Kopf! Alles, was ich durch all meine Erfahrungen während so vieler Jahre erarbeitet hatte (ich muß schon über fünfunddreißig gewesen sein), durch bewußten Yoga, unbewußten Yoga, Leben, gelebte, organisierte, eingestufte Erfahrungen (was für ein Aufbau!), pluff! alles am Boden. Das war phantastisch. Ich hatte ihn nicht einmal darum gebeten.

Ich hatte versucht, das totale mentale Schweigen zu erlangen – diese mentale Ruhe, von der er spricht (wenn man sie erlangt hat, kann alles durch euren Kopf gehen, nichts bewegt sich, wie du es gerade beschrieben hast¹) –, es gelang mir nicht. Ich hatte es vergeblich ver-

---

1. Mutter bezieht sich auf einen Brief Sri Aurobindos, den Satprem in seinem Manuskript erwähnte: „ ... in einem ruhigen Geist ist die Substanz des geistigen Wesens ruhig, so ruhig, daß es durch nichts gestört wird. Wenn Gedanken oder Beschäftigungen kommen, steigen sie ganz und gar nicht vom Mental auf, sondern sie kommen von außen und durchziehen den Geist, wie ein Vogelzug den Himmel

sucht. Wenn ich still sein wollte, konnte ich es. Sobald ich aber nicht mehr ausschließlich darauf konzentriert war und nur das wollte, kam eine Invasion. Ich mußte die ganze Arbeit erneut beginnen.

Ich erzählte ihm das lediglich (nicht in vielen Einzelheiten, nur mit wenigen Worten). Dann setzte ich mich in seine Nähe, und er begann, mit Richard zu sprechen: über die Welt, den Yoga, die Zukunft, allerlei Dinge, über alles, was sich ereignen würde. Er wußte, daß der Krieg ausbrechen würde. Es war 1914, der Krieg brach im August aus, und er wußte es schon Ende März, Anfang April. Die beiden sprachen also – über große Spekulationen. Mich interessierte das überhaupt nicht, ich hörte nicht zu. Es waren alles Dinge, die der Vergangenheit angehörten, die ich selber auch schon gesehen hatte (ich hatte selber Visionen und mein eigenes Wissen). Ich saß einfach neben ihm auf dem Boden (er saß auf einem Stuhl an einem Tisch, gegenüber von Richard, und sie sprachen). Ich saß einfach dort und hörte nicht zu. Ich weiß nicht, wie lange sie sich unterhielten, aber plötzlich fühlte ich eine große Kraft in mich kommen – einen solchen Frieden! Ein Schweigen! Machtvoll! Es kam, machte so *(Mutter wischt über ihre Stirn)*, kam so herab und hörte dort auf *(Geste bis zur Brust)*[1]. Als sie ihr Gespräch beendet hatten, erhob ich mich und ging. Da merkte ich, daß ich keinen einzigen Gedanken mehr hatte – daß ich nichts mehr wußte, nichts mehr verstand, in einer völligen LEERE war. Ich sagte dem Herrn Dank und dankte Sri Aurobindo in meinem Herzen.

Ich traf alle Vorkehrungen, nichts zu stören. Ich bewahrte es so (acht bis zehn Tage lang, ich erinnere mich nicht mehr genau). Nichts, keine Idee, kein Gedanke, gar nichts – eine vollständige LEERE. Vom äußeren Standpunkt war es die totale Verdummung.

Ich weilte in meiner inneren Freude – rührte mich nicht, bewegte nichts. Ich sprach so wenig wie möglich, und es war wie eine Mechanik, es war nicht ich. Langsam, langsam, als sammelte es sich wie Tropfen, bildete sich dann wieder etwas. Aber es hatte keine Grenzen, keine ... es war weit wie das Universum und wunderbar still und lichtvoll. Hier

---

in windstiller Luft durchzieht. Sie ziehen vorüber, stören nichts, hinterlassen keine Spur. Sogar wenn tausend Bilder oder äußerst heftige Ereignisse sie durchziehen, bleibt die ruhige Stille, als wäre die eigentliche Beschaffenheit des Mentals eine Substanz ewigen und unzerstörbaren Friedens. Ein Geist, der diese Ruhe erlangt hat, kann sogar intensiv und kraftvoll handeln, aber er wird seine fundamentale Stille bewahren – er bringt nichts aus sich selbst hervor, sondern empfängt von oben und gibt dem eine geistige Form, ohne selbst etwas hinzuzufügen, ruhig, leidenschaftslos und dennoch mit der Freude der Wahrheit und der glücklichen Macht und dem Licht seines Kommens." (Cent. Ed. XXIII, 637).

1. Mutter präzisierte: „Es umfaßte die drei Zentren des aktiven Mentals (hinter der Stirn, zwischen den Brauen und an der Kehle)."

(im Kopf) nichts, aber von DA *(oberhalb des Kopfes)* begann es, alles zu sehen.

Das verließ mich nie wieder – als Beweis für Sri Aurobindos Kraft ist das unvergleichlich! Ich glaube nicht, daß er je ein anderes Beispiel (wie soll ich sagen?) eines so vollkommenen Erfolges hatte – ein Wunder. Das verließ mich NIEMALS. Ich reiste nach Japan, tat zahllose Dinge, hatte alle möglichen Abenteuer, sogar äußerst unangenehme, aber das verließ mich nie mehr – ruhig, ruhig, ruhig ...

Er bewirkte das, er allein. Ich bat ihn nicht einmal darum, ich hatte kein besonderes Verlangen danach (es gab die vorangegangenen Bemühungen, ich wußte, daß es kommen mußte, das war alles), aber an dem Tag sagte ich ihm nichts davon, ich dachte nicht daran, tat nichts, ich saß nur dort. Äußerlich schien er ganz vertieft in sein Gespräch über dies und jenes, über die kommenden Ereignisse in der Welt, und so weiter ...

So verstehe ich die Dinge.

Aber ich konnte es niemals auf diese Art für andere tun – auf diese Weise, mit dieser Fülle, niemals, niemals ... Das ist phantastisch! Das war ungeheuerlich ... Man kann wirklich sagen, daß nur der Herr so etwas tun kann, nur Er – ohne die geringste Anstrengung, ohne auch nur den Anschein ... er erweckte nicht einmal den Anschein, konzentriert zu sein, nichts, einfach so.

Du hast ihn nie getroffen?

Doch, ich hatte ein „Darshan".

Ach! Du hast ihn gesehen.

Dann hatte ich eine Erfahrung, im ersten Jahr meines Aufenthaltes (ich wußte übrigens nicht, daß es eine Erfahrung war ...)

Ja?

Im ersten Jahr meines Aufenthaltes kam er eine Nacht und legte seine Hand auf mein Herz. Ich weinte, weinte, weinte – im Traum ... Nachher sagte ich mir: „Welch eine komische Einbildung hatte ich da!" Ich hielt es für eine Einbildung.

Oh, mein Kind, aber das ist wunderbar!

Er legte seine Hand auf mein Herz, und ich weinte, weinte in meinem Traum, wie ich nur konnte.

Das ist psychisch. Das ist der psychische Kontakt.
Oh, dann wird es nicht schwierig sein!
Gut.

Es macht doch einen Unterschied, ihn gesehen zu haben.

Ich sah ihn einmal, 1948 hatte ich ein Darshan.

Das war ja, als Baron[1] da war!
Sieh an, das ist interessant. 1948 ... Ja! Es ging ihm noch gut. Er hatte sein Bein gebrochen.
Wie lange bist du das erste Mal hiergeblieben?

Ich glaube bis 1949.

Ach! Dann wußte er also auch, daß du vorbestimmt warst. Wenn er dich gesehen hat, wußte er es.
Das ist gut.
Es ist gut, mein Kind, es ist gut, sorge dich nicht!

(Mutter lacht)

Es ist spät.

Möchtest du etwas Käse mitnehmen?

Nein danke, du hast mir schon welchen gegeben, ich habe noch reichlich davon.

Ich sage dir das, weil es alles ist, was ich habe. *(Mutter lacht)*
Also bis Samstag, mit dem „Bewußtsein"!

Gut, vielleicht.

28. Juli 1962

(Mutter kommt auf die verschiedenen Zeitabschnitte ihrer Entwicklung zurück, über die sie in der letzten Unterhaltung sprach:)

Ich sah, daß die verschiedenen Entwicklungsetappen in Zeitabschnitten von zwölf Jahren stattfanden. Ich erinnere mich nicht

---

[1]. Der frühere Gouverneur des „französischen Indiens", bei dem Satprem einen Posten in der Regierung von Pondicherry angetreten hatte. Tatsächlich glaube ich, daß es 1946 und nicht 1948 war, als ich Sri Aurobindo begegnete.

mehr an die genauen Daten, aber es geschah in Abschnitten von zwölf Jahren. Der erste, ungefähr von 5 bis 18 Jahren (ich begann mit fünf, davor kann ich nichts aussagen), war die Zeit des Bewußtseins. Dann die ganze künstlerische und vitale Entwicklung, die ihren Endpunkt in der okkulten Entwicklung mit Theon fand (ich glaube, ich begegnete ihm 1905 oder 1906)[1]. Dann begann eine intensive geistige Entwicklung, ungefähr um diese Zeit, von 1908 bis ca. 1920, etwas früher, aber hauptsächlich, bevor ich 1914 hierher kam.

Von 1920 an war es deutlich die volle Entwicklung, nicht die spirituelle Entwicklung, denn die hatte von Anfang an stattgefunden, aber die AKTION, die Aktion mit Sri Aurobindo. Das geschah mit Bestimmtheit von 1920 an. Ich begegnete Sri Aurobindo vorher, aber in ihrem vollen Ausmaß begann sie erst 1920[2].

Und die Verwirklichung des inneren Gottes?

Die Daten ... Ich bin nicht gut in Daten! Ich habe keine Aufzeichnungen mehr, die mir genaue Hinweise geben könnten. Aber die Verwirklichung des inneren Gottes muß um 1911 gewesen sein, denn da begann ich meine *Meditationen*[3] zu schreiben. Doch das ist eine fortlaufende Sache, seit ich ganz klein war, aber zuerst mit der Betonung auf dem Bewußtsein, dann auf dem Vital und dem Ästhetischen, dann auf dem Mental. Schließlich der Endpunkt für die Handlung hier, 1920.

Von 1911, 1912 bis 1914 geschah die ganze Vorbereitung, die inneren Erfahrungen, die psychischen Erfahrungen, die mich auf die Begegnung mit Sri Aurobindo vorbereiteten (das geschah demnach parallel zur mentalen Entwicklung).

Praktisch überlappen sich die Perioden, aber ungefähr alle zwölf Jahre herrschte eine besondere Entwicklung vor. In dieser Reihenfolge: erst das Bewußtsein, dann das Vital (besonders im Hinblick auf die Ästhetik, aber zugleich eine Studie der Wahrnehmungen), dann das Mental, dann die spirituelle Verwirklichung. Zwischen dem Vital und dem Mental kam die kurze Periode des Okkultismus, der als Übergang und zugleich als Basis für die spirituelle Entwicklung diente.

---
1. Mutter traf Theon zum ersten Mal 1904 in Paris. Dann besuchte sie ihn 1905 und 1906 in Tlemcen.
2. Nach ihrer Rückkehr von Japan im April 1920.
3. Die ersten *Prières et Méditations* stammen vom November 1912.

31. Juli 1962

(Am Anfang des Gesprächs liest Satprem Mutter einen unerfreulichen Brief vor, den er von seinem Verleger P.A.L. aus Paris erhielt:)

Er sagt folgendes: „Ich las mit viel Interesse die Einleitung Ihres neuen Buches über Sri Aurobindo. Ich gestehe, der Grund, warum ich nicht sofort antwortete, war, daß ich sehr unsicher bleibe. Der Text ist ansprechend, aber er gibt keinen Aufschluß darüber, in welchem Maße das folgende Buch den Grundsätzen der Reihe „Spirituelle Meister" entspricht. Ich fürchte sehr, daß wir auf eine erneute gegenseitige Enttäuschung zusteuern. Ich spüre, daß Sie ein sehr persönliches Buch schreiben möchten, während diese Reihe aus Büchern bestehen soll, die im wesentlichen Darstellungen, Einführungen, Werkzeuge der Information sind ..." usw.

(Nach einem Schweigen) Ich spüre eine Art Eingabe: Wenn ich das Suchlicht in diese Richtung wende, fühle ich, daß der Widerstand plötzlich weicht – es muß ein Mittel geben, ihn weichen zu lassen ...

Antworte nicht, bleib ruhig, schreib dein Buch, und wir werden sehen!

Ich habe den Eindruck, daß dieser Herr bewußt oder unbewußt (ich weiß es nicht) ein Werkzeug des katholischen Widerstands geworden ist. Der ist in der alten Welt sehr stark, sogar in Amerika, obwohl er dort mehr christlich ist als katholisch. Aber in Frankreich ist er schrecklich stark: Er versucht jede Öffnung einzunehmen und will jede Abweichung verhindern.

Er wird nachgeben.

Aber ich betrachte hier keine persönlichen Dinge, wie diesen Brief oder Einzelheiten, sondern allgemeine Handlungen. Etwas versperrt den Weg *(Geste)*, und dann fällt es plötzlich, dann geht es weiter.

Ich kann nicht sagen, daß dieser Herr es wüßte (wahrscheinlich weiß er nichts – was sich im menschlichen Gehirn abspielt, ist sehr zusammenhangslos), aber er ist jedenfalls voller Mißtrauen: „Was sagt mir, daß dieses Buch mich nicht in eine ungewollte Richtung führen wird?" ...

Ihr großer Vorwurf war: „Sie sind abstrakt". Wenn man „konkret" sein will, muß man demnach von Erfahrungen sprechen.

31. JULI 1962

Nein, was sie konkret nennen, heißt, zu erzählen, was Sri Aurobindo physisch tat. Das nennen sie konkret. Psychologie ist für sie abstrakt.

Ach, ich weiß nicht, was ich tun soll.

Laß mich ein Beispiel geben. A schrieb mir: „Wenn Sie wissen, wie man mit *Agni*[1] in Verbindung treten kann, lassen Sie es mich wissen, denn ich brauche ihn." (!) Ich antwortete ihm ganz natürlich, daß man eine Aspiration für den Fortschritt, den Willen zur Vervollkommnung haben müsse, und daß man das Feuer entzündet, indem man seine Begierden verbrennt. Ich sagte ihm das auf eine Art, die ich sehr konkret nenne. Er antwortete mir *(lachend)*: „Ooh! Sie leben in Abstraktionen, das will ich nicht, ich will einen lebenden Gott." – Eine Persönlichkeit!

So sind sie eben.

Die Psychologie ist Abstraktion. Was sie wollen, ist dies: An dem Datum ging er an diesen Ort, er sah folgende Leute, tat dieses – eben all das Äußerlichste und Banalste. Auch der Yoga wird so: Er setzte sich, er blieb so und so viele Stunden, er hatte diese Vision, er versuchte jene Methode, er machte Asanas und Atemübungen ...

Das nennen sie konkret.

Nur das ist für sie konkret. Die Psychologie ist völlig abstrakt, hat keine Realität für sie.

Aber ich versuchte ja, so konkret wie möglich zu sein! So, wie man eine Ratte auf den Labortisch legt und seziert, um zu sehen, was drin ist.

Dazu muß man schon ziemlich fortgeschritten sein.

Hör zu: Denk nicht daran, kümmere dich nicht darum, und beende das Buch!

Ich bin nicht sehr zufrieden damit.

Das ist nicht nötig.

Ist es nötig, zufrieden zu sein? *(Mutter lacht)*

Ich habe festgestellt, wenn man den Eindruck hat, etwas sehr Schlechtes geleistet zu haben, ist es gewöhnlich das Nützlichste.

Für mich war es immer so. Ich erinnere mich, viele Dinge getan zu haben, ein wenig Malerei, ein wenig Musik, ein wenig Schriftstellerei (sehr wenig). Und immer, wenn ich dachte: „Oh la-la, welch ein Fehlschlag!", waren die Leute genau da am meisten berührt und zufrieden.

---

1. *Agni*, das Feuer der inneren Aspiration. In den Veden wird es durch eine Gottheit verkörpert.

Man darf sich nicht darum kümmern, es hat keine Bedeutung.

Ich glaube, es ist sehr gefährlich, zufrieden zu sein, denn etwas schläft ein, und zwar der beste Teil des Wesens.

Es spielt keine Rolle, ob man zufrieden oder unzufrieden ist.

Vielleicht wird bei diesem Herrn eines Tages „jemand" mit dem Daumen drücken, und er wird sagen: „Ah, gut ... Versuchen wir es!"

Mach einfach weiter!

August

4. August 1962

Möchtest du einen Abschnitt von dem hören, was du das letzte Mal gesagt hast?

Du hast nichts von mir, was erzählst du da!
Ich dachte: „Endlich habe ich einmal nichts gesagt!"

Ja, seit einiger Zeit sagst du nicht viel ...

(Mit einem ironischen Lächeln) Das ist das Ergebnis eines bewußten Willens!
Es geht voran, aber es wird erst dann interessant, wenn eine ganze Kurve vollendet ist. Auf halbem Weg ist es besser, nicht darüber zu sprechen.
Jetzt lies mir vor!

*
* *

(Satprem liest Mutter einen Abschnitt aus seinem Manuskript vor, der das Vital und den Mechanismus des Eindringens der Vibrationen betrifft.)

Was du über den Eintritt all der Dinge durch die Zentren sagst, ist völlig richtig.
Gerade in den letzten Tagen studierte ich die verschiedenen Vibrationen im Detail: wie sie sich nähern, wie sie in die verschiedenen Zentren eindringen ... Ich weiß nicht, wie ich es erklären kann, da gibt es Unterschiede von Vibrationen, die Unterschieden im Geschmack ähneln. Es ist eine ganze Palette, und all dies sind Vibrationen, nichts als Vibrationen, aber unter ihnen gibt es Unterschiede des Geschmacks, der Farbe, der Intensität, vielleicht auch Unterschiede der Kraft – natürlich im wesentlichen Unterschiede der Qualität.
All das wird im neuro-physischen Bereich beobachtet, das heißt im Subtilphysischen – aber es ist noch physisch – und mit einem völligen mentalen Schweigen, in dem alle Wertschätzungen (besonders die „Beurteilungen") und auch eine gewisse Art der Beobachtung verschwunden sind. Deshalb kann ich nichts darüber sagen.
Diese Vibrationen haben verschiedene Qualitäten. Würden sie sich durch eine mentale Beobachtung ausdrücken, geschähe es durch all diese Dinge: Geschmack, Farbe usw., alles, was ich gerade sagte[1] –

---

[1] Es ist interessant anzumerken, daß Mutter alle Wahrnehmungen, die wir dem physischen, materiellen Bereich zuordnen (Geschmack, Farbe usw.), dem Mental zuordnet – welcher Natur ist dann die *wahre* physische Wahrnehmung?

aber sie drücken sich nicht so aus. Sie sind fast ausschließlich wie Empfindungen, aber ... Manche Schwingungen haben abgerundete Winkel. Manche kommen horizontal (hier geht es besonders um alles, was horizontal kommt). Manche sind das Ergebnis des Bewußtseinszustands *(vertikale Bewegung von oben nach unten)*. Gleichzeitig sind da welche ... es ist, als würden sie mit einem sehr stark vergrößernden Mikroskop betrachtet: manche sind abgerundet, andere spitz, manche sind dunkler, manche heller. Einige stören den Körper sehr, manche werden sogar als gefährlich empfunden. Manche versetzen den Körper im Gegenteil in einen Zustand, der empfänglich ist für die Schwingung, die wir die „Schwingung des Herrn" nennen, das heißt die höchste Schwingung. Das alles ist das Ergebnis einer Disziplin oder Tapasya, um den Körper vorzubereiten, die Schwingungen des Herrn zu empfangen (zuerst muß er sie empfangen können, dann bewahren und schließlich verwirklichen). Diese sind *unmistakable* [unverkennbar], ganz anders. Aber einige helfen, einige begünstigen, andere stören und einige widersprechen.

Alle haben ihre eigene Natur. Einige kommen von den Gedanken der Leute (nicht ins Mental sondern in meinen Körper: die materielle Auswirkung ihres psychologischen Zustandes und sogar ihres Gesundheitszustandes). Manche Dinge sind allgemeiner, dauerhafter. Andere sind momentan, für einige Augenblicke. Das beginnt in erster Linie mit einer Studie der verschiedenen Merkmale – man könnte fast Schaubilder aufstellen. Wenn wir uns eine Maschine vorstellen, die subtil genug wäre, das alles aufzuzeichnen, ergäbe es alle möglichen Kurven.[1] Gewisse Schwingungen hören sofort auf, ändern sich, werden aufgelöst oder zurückgesandt. Manche werden sozusagen angenommen und transformiert. Die Mehrzahl wird einfach ferngehalten, und die Handlung findet auf Distanz statt – in einer genügend großen Distanz. Ich halte sie fern. *(Mutter lacht)* Sehr wenige werden zugelassen. Aber einige werden um der Erfahrung willen zugelassen, und man sieht, daß sie den Körper sehr stören. Auch die beständige Aura der Leute hat eine Wirkung: Durch die Wirkung auf den Körper weiß ich, daß jemand eintritt, denn *(lachend)* diese Schwingung verursacht eine bestimmte Einwirkung auf den Körper – ganz prosaische Dinge, wenn man so will, die aber zu untersuchen sind. Man sieht, daß all das seine eigenen Gesetze hat.

Der Austausch der Vibrationen zwischen den Leuten ist ungeheuerlich, und darin lebt man ständig, ständig, ständig – selbst wenn man allein ist, denn diese Dinge kreisen. Es genügt zum Beispiel, daß ein

---

1. Wie die Nadel eines Barographen.

Gedanke von jemandem kommt und auf den euren trifft und daß ihr an ihn denkt (das ist eine Antwort), damit sich sofort das körperliche Ergebnis seiner Vibration fühlbar macht. Folglich ist die Idee der Einsamkeit, um den Yoga zu erleichtern, eine KINDEREI.

Die einzige Möglichkeit ist, sich so vollkommen mit der höchsten Schwingung zu vereinen, daß alles automatisch unter Seinen Einfluß gebracht wird. In dem Fall ist es einfacher, sich größer, höher, weiter zu fühlen als die Welt (um lediglich die Erde zu nehmen: die irdische Welt) denn als Individuum[1]. Weil es einfacher ist, so zu machen *(umfassende Geste)*, alles zu nehmen, alles zu umhüllen und es zu verändern, indem man draußen bleibt, als wenn man darin bleibt. Zur Zeit sind die beiden Dinge gleichzeitig, und das „darin bleiben" war[2] das Resultat der ganzen Erfahrung dieser Jahre, um die höchste Gegenwart in die materiellste Welt zu bringen – dafür muß man (wie soll ich sagen? ...) die körperliche Identität akzeptieren.

Vorher war der Vorgang anders (wenn ich „vorher" sage, heißt das vor dem 13. April), jetzt ist alles verändert. Der Körper ist nur noch ein Erfahrungsfeld, er ist keine Individualität – überhaupt nicht. Aber er ist ein Erfahrungsfeld von sehr gutem Willen (das wahre Wort wäre *willing* – fügsam). Tagsüber spielt sich das in einem gewissen Bereich ab und nachts in einem anderen – das beginnt, das ganze Unterbewußtsein zu klären. In dieser Hinsicht geht es sehr schnell.

Aber all das sind nur unzählige Erfahrungen, die sich aneinanderreihen, eine nach der anderen, einfach so. Es gibt keine Koordination und kein „Ganzes" – ich weiß nicht einmal, ob das möglich ist.[3] Das wird jedenfalls erst viel später sein.

Also gut.

Es sind Millionen kaum wahrnehmbarer Beobachtungen, die sich aneinanderreihen.

(Schweigen)

Durch gewisse Dinge sehe ich die Richtung sehr deutlich, sehr präzise, sehr absolut, gerade vom Höchsten kommend. Er ordnet alle

---

1. Mutter kommentiert diesen Satz weiter in der Unterhaltung vom 11. August.
2. Satprem bemerkte später zu Mutter, daß es *ist* heißen müßte und nicht *war*, denn „die beiden Dinge sind gleichzeitig": Die beiden Dinge sind gleichzeitig, folglich „IST das „darin bleiben" ..." oder? *(Mutter lacht)* Das macht nichts, das macht nichts! Unsere Zeiten, Gegenwart, Vergangenheit und Zukunft sind offensichtlich ... *(Lachend)* Ich habe den Eindruck, in meinem Yoga so schnell wie ein Düsenflugzeug voranzuschreiten – das liegt schon weit zurück!
3. In der Tat sollte sich das koordinierte „Ganze" erst 1975 zu entwickeln suchen, als ich die Trilogie „Mutter" schrieb. Bis zum Schluß wird es „eine Sache nach der anderen" sein, ohne Verbindung: der Urwald.

diese Dinge genau, wie es sein muß – die Formen, verschiedene Formen der Einstellung. Denn da *(Geste zur Schädelspitze)*, selbst dort *(etwas tiefer)* bis hier *(Stirn)* bleibt es unbewegt ... All diese Vibrationen kommen, gehen vorbei, drehen sich, sie kommen von überall her, aber hier ist nichts *(Kopf)*, keine Reaktion. Doch ich sah: Damit das Wirken des Yogas eine genaue Orientierung erhält, gibt es in intellektueller Hinsicht mehrere ... was Sri Aurobindo *frame* [Rahmen] nennt, im Französischen ist es nicht das Wort „cadre", mehrere Arten der Organisation.[1] Eine – die stärkste – ist *Die Synthese des Yoga*, meine Arbeit an der Übersetzung. Ich übersetze ungefähr eine Seite am Tag, und auf dieser Seite steht immer eine Idee oder ein Satz, der GENAU der Ausdruck des Erfahrungsfeldes ist, das ich während der vorhergehenden Nacht oder des Tages erlebte. Dort gibt es Details ... Interessant ist, daß du mir heute deine Seiten vorgelesen hast und darin Stellen waren, die GENAU den Rahmen für eine gewisse Erfahrungsgruppe bildeten, die ich erlebte – fast mit denselben Worten.[2] Solche Dinge. All das ist wie eine Ansammlung intellektueller Formen, um das Erfahrungsgebiet zu präzisieren, denn hier *(Geste zur Stirn)* ist nichts mehr, Leere. Es muß also eine Form kommen. Die vorherrschenden Formen sind die Sri Aurobindos, aber was du schreibst, hat auch eine Bedeutung, es ist eine sehr präzise, sehr interessante Art zu denken. Ich sehe also, daß es mit mehr oder weniger großer Intensität, mehr oder weniger großer Präzision ein ungeheures Feld der intellektuellen Denkweise, der intellektuellen Formulierung ist, das als SIEB dient, um diesen Willen des Höchsten eintreten zu lassen. Das Sieb, diese Art von ungeheurem universellen Sieb ergibt die Präzision.[3] Das ist höchst interessant. Auf diese Weise ist das Mental völlig ruhig – es braucht nichts zu tun, alles wird für es getan. Es ist nur ein Spiegel, ein lebendiger Spiegel, auf dem sich alles einschreibt und der sein Bild wiedergeben kann, ohne in Aktion zu treten.

Die Nächte ändern ihren Charakter, die Tage ändern ihren Charakter.

Dann ist dort ein sehr kleiner Anfang, noch sehr klein, der anzeigt, wie die Macht funktionieren wird. Aber das ... *(Mutter macht eine Geste ins Weite)* es ist einfach eine kleine Färbung.

Erst wenn das funktioniert, werden wir weiterkommen.

Gut!

---

1. Man könnte vielleicht sagen „Bezugspunkte" oder „Koordinaten".
2. Einige Tage später fügte Mutter hinzu: „Das beweist, daß du auf derselben „Linie der Herabkunft" bist und daß deine intellektuelle Tätigkeit ausreicht – ich bemühe mich ja sehr, meinen Intellekt ruhig zu halten ... also *(lachend)* arbeitet deiner!"
3. Mutter kommentierte diesen Absatz einige Tage später im Gespräch vom 11. August.

Ich habe wieder geschwatzt und dir Arbeit gemacht.

Nein, das ist keine Arbeit!

Dann bis Mittwoch. Auf Wiedersehen, mein Kind!

8. August 1962

(Satprem liest Mutter einen Abschnitt aus seinem Manuskript vor:)

Das ist sehr gut.
Ausgezeichnet.

Ach, es ist eintönig, platt ...

Was gibt dir diesen Eindruck? Hast du etwa einen von diesen Kritikern in dir? Sri Aurobindo sagt, daß man immer jemanden mit sich führt, der alles kritisiert, was man tut. Er ordnet diesen Herrn einfach unter die gegnerischen Kräfte ein, in einer individuellen Form. Ja, du sagst immer „das geht nicht, das ist schlecht" ...

Weil die Dinge für mich mit einer anderen Kraft gesagt werden müßten. Hier scheint mir, man könnte es genauso gut anders sagen, verstehst du, es ist ganz und gar nicht zwingend ... Ich könnte es in dieser Form sagen oder anders ...

Mein Kind, ich habe dir schon zwanzigmal gesagt, und ich wiederhole es: Wenn es „zwingend" wäre, könnte es niemand verstehen.

Ich weiß nicht, für mich ist dies ganz und gar keine wahre Ausdrucksform.

Ja, ja, ich weiß sehr wohl, du denkst an eine Offenbarung, aber die Welt ist nicht bereit für die Offenbarung – das wird später kommen, in zehn Jahren.

Zehn Jahre?

Ja, zehn Jahre.

(langes Schweigen)

Ich mache interessante Entdeckungen. Keine Entdeckungen, aber jetzt sind all diese Dinge nicht mehr theoretisch, ganz und gar nicht mental (das Mental ist angenehm ruhig): sie sind im wesentlichen praktisch. Es nimmt seltsame Formen an ... Als ich neulich auf und ab ging, kehrte plötzlich eine alte Formation zurück, etwas, das sich schon einmal zu materialisieren versuchte (zur Zeit von Sri Aurobindo, und Sri Aurobindo hinderte es daran, sich zu materialisieren), eine der unzähligen Möglichkeiten, die sich in der Existenz dieses Körpers zu manifestieren versuchte – ich werde nicht sagen, was es ist.

Es war eines der traurigsten Dinge, die sich im Zusammenhang mit dem spirituellen Leben physisch manifestieren konnten.

Damals versuchte es herabzukommen. Ich sagte nichts, absolut nichts, aber Sri Aurobindo wußte es (obwohl wir nie darüber sprachen, sah er es), und er tat einfach ... *(Mutter fegt es mit einer Geste weg)*, was er tun mußte. *Brushed it aside*, fegte es beiseite. Ich hatte seit mehr als zehn Jahren nicht mehr daran gedacht: mit seiner Geste war es verschwunden.

Es kam wieder.

Ich fragte mich: „Warum kommt es wieder?" Dann sah ich, daß dieser Körper instinktiv, nach der Art, wie er gebaut und konstruiert ist, die Prüfungen – *ordeals* –, schmerzhafte Erfahrungen ANZIEHT. Angesichts dieser Formationen ist er stets passiv, zustimmend, annehmend, mit einem so totalen Vertrauen in die Zielsetzung, mit einer so großen Gewißheit, daß er im Augenblick der größten Schwierigkeit Hilfe finden und gerettet werden wird und daß hinter all dem der Wille steht, schnell voranzugehen, Zeit zu gewinnen, alle Möglichkeiten auszuschöpfen – nicht unbedingt die schlechten Möglichkeiten, aber jene, die hindern, die Unannehmlichkeiten bringen, die aufhalten, die das Ziel zu leugnen scheinen –, damit sie in die Vergangenheit gedrängt werden und den Fortschritt nicht behindern.

Ich sah das. Dann verschwand es. Es kam nur, um mir das zu zeigen. Der Körper gab erneut seine ewige Zustimmung – was man ihm auch auflädt, er wird immer bereit sein, es zu empfangen und zu ertragen.

Ich dachte überhaupt nicht, daß es Konsequenzen haben würde, aber es hatte eine Konsequenz[1]! – Etwas mußte wahrscheinlich erschöpft

---

1. Mutter hat eine sehr geschwollene Backe wegen eines Abszesses ... Es ist anzumerken, daß Satprem gedacht hatte, dieses „Konsequenzen haben" beziehe sich auf das Erscheinen der alten Formation. Mutter berichtete: „Es ist subtiler! Ich dachte nicht, daß DIESE ERFAHRUNG Konsequenzen haben würde, denn die alte Formation hat jetzt keine Bedeutung mehr: sie war mit Sri Aurobindo verbunden. Ich wollte es nicht sagen, aber sie war an Sri Aurobindos physische Gegenwart geknüpft, also

werden. Gestern war in physischer Hinsicht ein reichlich schlechter Tag. Nur rein äußerlich, tatsächlich war der Körper sehr klar bewußt, zutiefst glücklich, freudig, so daß alles Leiden unwesentlich wird, keine Bedeutung hat. Damit war es für die Umgebung wirklich die Gelegenheit, einen Fortschritt zu erzielen. Das hilft.

Von einem oberflächlichen Standpunkt aus gesehen, könnte man es *(diese Besonderheit des Körpers, die Prüfungen anzuziehen)* eine Art Karma nennen, aber das ist es nicht. Es ist wirklich wie einer der Angelpunkte, kein zentraler, aber ein Angelpunkt der unsichtbaren Aktion des Körpers, seines Bewußtseins, und das zieht bestimmte Umstände an. Eine ganze Ansammlung von Dingen des physischen Körpers wurde dadurch sehr klar, präzise – dafür wurde er ja gebaut: die Entwicklungsstufen zu durcheilen.

In intellektueller Hinsicht glaube ich ganz und gar nicht an die Idee, das Unglück anderer auf sich zu nehmen – all das sind Albernheiten. Aber bestimmte Vibrationen in der Welt müssen angenommen, erschöpft und transformiert werden. Für das Innere vollzog sich diese Arbeit mein ganzes Leben lang auf bewußte, strahlende Weise, aber jetzt geschieht es in rein physischer Hinsicht, unabhängig von allen Realitäten anderer Welten, körperlich. Das gab mir einen Schlüssel, einen der notwendigen Schlüssel für die Arbeit.

Ein anderes Mal wird es vielleicht etwas anderes sein.

Wie eine Tür, die sich öffnete. Das war eine Offenbarung.

Immer dosiert diese Fürsorge alles – sie ist immer da, immer.

Ich erkannte jetzt ... Während einer Zeit verhielt sich der Körper wie ein kleines Kind: Er beklagte sich, wenn die Dinge nicht so liefen, wie sie sollten – er revoltierte nicht, aber er stöhnte. Doch diesmal war seine einzige Reaktion: „Warum bin ich nicht transformiert? Warum bin ich nicht transformiert? Ich will transformiert werden, ich will transformiert werden, ich will ..." Nicht mit Worten, denn diese Angelegenheit hatte nichts Mentales an sich, einfach eine Spannung – wie man sie hat, wenn das Tor zum psychischen Wesen verschlossen ist und man sich immerfort dagegen stemmt, um auf die andere Seite zu gelangen. Dieselbe Spannung: stoßen, stoßen, stoßen ... gegen was? Ich weiß es nicht. Man nennt es „Transformation", weil man nicht weiß, was es ist – wenn man es wüßte, hätte man schon angefangen, sie zu verwirklichen... Man erhält einen vagen Eindruck, wie der Zustand sein könnte (nur äußerst vage), und das Gefühl der Spannung, des

---

hat sie jetzt keine Bedeutung mehr. Sie kann sich nicht mehr verwirklichen. Er tat das Nötige, so daß es für sie völlig unmöglich war, sich zu verwirklichen. Aber diese Erfahrung ist wie eine ERINNERUNG dessen, was war. Ich dachte nicht, daß es Konsequenzen haben würde, aber es hatte eine!" *(Mutter berührt ihre Wange)*

Drängens – der inbrünstigen Fürbitte. Diesmal war das die einzige Reaktion, nichts anderes, überhaupt nicht mehr diese Art Kummer (vor fünfzig Jahren gab es eine Zeit, wo solche Dummheiten kamen wie „womit habe ich das verdient?", das ist jetzt längst verschwunden). Später war da ein Bedauern über Störungen, Unharmonisches, Häßlichkeiten, aber auch das ist verschwunden. Neuerdings, seit der letzten Erfahrung vom 13. April, existiert das nicht mehr. Jetzt heißt es nur noch: Transformation, Transformation, Transformation. Es bleibt nur noch diese Idee, nur noch dieser Wille.

(Schweigen)

In den letzten Tagen vor diesem Zwischenfall war etwas anderes gekommen, eine Art erfinderische und schöpferische Vision der zukünftigen materiellsten physischen Möglichkeiten.

Seit meiner frühen Kindheit besaß ich immer eine große Formationsmacht, aber ich hatte sie in eine bestimmte Richtung gelenkt und unterbunden, denn ich hielt sie für unnütz. In letzter Zeit kam sie aber mit dem sicheren Kennzeichen ihres Ursprungs zurück – von ganz oben: „So ist es, so wird es sein." Doch das ist noch für später. Dem äußeren Verstand erscheinen diese Dinge völlig unrealistisch, sie werden sich aber verwirklichen lassen ... vielleicht in einigen Jahrhunderten, ich weiß es nicht. Sie bereiten die Zukunft vor, mit einer ungeheuren Kraft der Schöpfung, der Verwirklichung. Immer im Physischen (der Rest ist sehr ruhig), immer im Physischen. Das führte zu einer sehr schnellen Bewegung des physischen Bewußtseins (für den materiellsten Teil, die materiellste Substanz) und bewirkte eine Verschiebung. Dann[1] kehrte vorgestern diese alte Formation plötzlich zurück und ließ mich einen Teil der Natur, einen Teil des AUFBAUS des physischen Körpers und die Nützlichkeit dieses Aufbaus verstehen. Jetzt ist alles in Ordnung. Wieder wurde etwas hinzugefügt.

Aber werden diese schlechten Vibrationen, die deinen Körper stören[2], durch die Tatsache, daß du sie annimmst, abgebaut?

---

1. Später fragte Satprem, ob „dann" an das Vorhergehende anknüpfe. Mit anderen Worten, ob diese alte Formation mit der zukünftigen Vision verbunden sei. Antwort: „Ich glaube, sie ist damit verbunden. Ich bin nicht sicher, aber ich glaube schon. Ich habe den Eindruck, daß diese Kurve der zukünftigen Verwirklichung mich in Kontakt mit den alten Formationen brachte, die vorher auf mich zukamen *(die Formationen der schöpferischen Vorstellung)*. Das brachte mich in Kontakt mit einer Gewohnheit des Körpers, und diese Gewohnheit des Körpers löste die Zahnschmerzen aus."
2. Der Zahnabszeß

8. AUGUST 1962

Es ist nicht so, daß ich schlechte Vibrationen „empfange", sondern die ganze physische Substanz ... (wie soll ich sagen?) folgt nicht der Bewegung oder dem Rhythmus, in dem sie sein sollte. Zum Beispiel besteht zwischen der Vision der alten Formation, von der ich sprach, und diesen ... (ich kann es nicht Zahnschmerzen nennen, aber jedenfalls ging etwas schief) kaum eine sichtbare Verbindung. Das wurde nicht von einer bestimmten Vibration erzeugt, vielmehr ist es ... als ob die eine oder andere Sache Gelegenheit gäbe, eine bestimmte Menge oder eine gewisse Art zu absorbieren (es ist mehr eine Menge als eine Art – wahrscheinlich beides), einen SchwingungsMODUS, um ihn mit DEM göttlichen Schwingungsmodus in Beziehung zu bringen.

Aber ich verstehe deine Frage. Du fragst, ob es sich auf alle identischen Vibrationen in der Welt auswirke? ... Im Prinzip ja. Aber man kann nicht sagen, daß die Wirkung sofort sichtbar wäre. Vor allem haben wir kein Beobachtungsfeld – was wissen wir schon materiell? Nur das, was uns unmittelbar umgibt: das ist nichts. Aber ich hatte zum Beispiel 1920, glaube ich (ja es war 1920), eine solche Erfahrung, die sich durch eine symbolische aber irdische Aktion ausdrückte. Ich erinnere mich nicht mehr genau an die Details, die es interessant machen würden, aber in dieser Vision waren alle Nationen durch eine symbolische Einheit repräsentiert. Da gab es ein gewisses Grauen – einen Schrecken, und in dieser Versammlung aller Nationen wollte sich ein Wille des Schreckens manifestieren. Ich beobachtete das. Ich erinnere mich, daß es eine sehr bewußte, ziemlich langwierige und detaillierte Angelegenheit war, mit einer intensiveren Realität, als sie physischen Dingen eigen ist (es geschah im Subtilphysischen). Nachher, als es beendet war, als ich das Nötige getan hatte (ich erzähle es nicht, denn ich erinnere mich nicht mehr an alle Details, und ohne Präzision verliert es seinen Wert), aber als ich da herauskam, konnte ich mit TOTALER Überzeugung sagen: „Der Schrecken ist in der Welt überwunden worden." – Das stimmt nicht, denn es gibt noch unzählige Leute, die Schrecken empfinden, aber einer gewissen Art von Schrecken war seine Basis ENTZOGEN worden. Das bereits Manifestierte setzt sich fort und erschöpft sich allmählich, aber dieser Schrecken, der wachsen und das Leben der Nationen dominieren wollte, wurde definitiv gestoppt.

Ich hatte andere analoge Erfahrungen, zum Beispiel als Sri Aurobindo noch lebte, an Durgas Tag (du weißt, der Tag, an dem sie einen Asura überwältigt: sie tötet ihn nicht, sondern bringt ihn in ihre Gewalt), und jedesmal, jedes Jahr wurde irgend etwas ausgelöscht (meine Erfahrungen waren niemals mental: die Erfahrung kam plötzlich, und NACHHER wurde mir klar, daß es gerade Durgas Tag war).

Jedesmal sagte ich Sri Aurobindo: „Sieh an, heute wurde dies oder das an seiner Wurzel abgeschnitten." Für die gegnerischen Kräfte ist es so – ja, es ist wie etwas, das aus der Welt entwurzelt wird. Das, was sich schon ausgebreitet hat, fährt fort und folgt seinem Karma, aber die schöpferische QUELLE ist versiegt. Das geschah auch, als dieser Asura des Bewußtseins und der Dunkelheit sich unterwarf (ich glaube, es war 1904) – er wurde bekehrt, er sagte mir: „Die Milliarden Wesen, die meine Emanationen sind, werden ihr Leben fortführen, aber die Wurzel, die Quelle ist versiegt."[1] Wieviel Zeit wird es brauchen, um alles zu erschöpfen? – Das läßt sich nicht sagen, aber die Quelle ist versiegt. Dies ist ein äußerst wichtiger Punkt. Dieser Schrecken von 1920 wollte sich in der Welt ausbreiten und wirklich katastrophal werden. In dieser inneren Vision erkannte ich aber, daß eine ganze Bewegung in ihrer Quelle versiegt war. Das bedeutet, daß das Karma sich erschöpft, Schritt für Schritt, Schritt für Schritt, Schritt für Schritt ...

Für diese kleinen physischen Bewegungen ist es dasselbe. Es ist, als gebe es die „Initiation" der Dinge nicht mehr, das heißt, sie entstehen nicht mehr, aber alles, was schon in der Welt da ist, muß sich noch erschöpfen.

Ich sehe schnellere Mittel, aber die gehören im wesentlichen der supramentalen Welt an.

Um Karma zu ändern, um Karma anzuhalten, um eine gewisse Anzahl von Vibrationen sozusagen aus dem Verkehr zu ziehen, ist noch eine andere Bewegung vonnöten. Das ist eine ganz andere Sache. Diese Macht ist noch nicht da. Das wird sichtbare, offenkundige Ergebnisse bewirken. Das andere erzeugt auch sehr konkrete, offenkundige Resultate, aber nicht sichtbare (nicht für die menschliche Beobachtung, die viel zu beschränkt, viel zu oberflächlich ist). Doch es hat Resultate, das ist ganz klar. Diese Vision des Schreckens änderte sehr klar die Kurve, in die die Nationen gestoßen wurden. Aber das ist nur für den sichtbar, der eine innere Vision hat.

(Schweigen)

Ist es elf Uhr?

Gut, mach weiter mit deinem Buch! Es ist gut, viel besser, als du glaubst. *(Satprem macht eine Geste der Verneinung)* Doch, doch! Mit den endgültigen Dingen geht es wie mit meinen endgültigen Transformationen: Man muß warten können. Das wird später kommen.

Etwas wie ein Mantra wäre besser.

---

1. Vermutlich handelt es sich um das Wesen, das Mutter 1906 in Tlemcen mit einem Körper versah und das nach China ging, um die Revolution vorzubereiten.

Ich verstehe! Aber ich verstehe sehr gut. Doch man muß warten können. Wenn du jetzt auf diese Art schreiben würdest, wäre es für das Publikum völlig unnütz: es würde nichts verstehen.

Dein Buch ist sehr gut – sehr gut, sehr nützlich.

Auf Wiedersehen, mein Kind!

11. August 1962

(Satprem bittet um eine Erklärung dieses Satzes vom 4. August: „Es ist leichter, sich größer, höher, weiter zu fühlen als die Welt, denn ALS EIN INDIVIDUUM. Weil es einfacher ist, alles zu nehmen, zu umhüllen und zu verändern, wenn man außen bleibt, als darin.)

Ja, es ist leichter, sich größer als die Erde zu fühlen (für ein Wesen oder eine Kraft oder ein Bewußtsein) denn als ein Individuum.[1]

Als ein Individuum?

(Mutter lacht) Für mich ist es sehr klar! ...

Es ist eine Antwort auf etwas, das ich gerade in der *Synthese des Yoga* übersetze. Es gibt diese drei Aspekte, die man stets in seinem Bewußtsein vereint bewahren soll: das *Jiva* (Individuum), die *Shakti* und den *Ishwara* (den Höchsten). Er beschreibt wunderbar, wie man die drei in einer Art innerer Hierarchie vereinigt. Wenn ich übersetze, habe ich immer alle die Erfahrungen, sie kommen einfach so, und während ich das sah, sagte ich mir immer: „Nein, dieses Jiva stört mich. Dieses Jiva schränkt mich ein! Das ist nicht natürlich für mich." – Für mich ist das Natürliche ... wohl die Mahashakti. Es ist immer diese Empfindung der schöpferischen Macht und des Herrn. Diese unendliche, wunderbare, mannigfaltige Freude des Höchsten. Dann vermischen sich die beiden so sehr – man kann wohl fühlen, daß da der Herr ist, aber man kann sie nicht unterscheiden, nicht von einander trennen. Das ergibt ein köstliches Spiel. Das Jiva dort einzuführen, verdirbt demnach alles, verkleinert es!

All das wollte ich mit meinem Satz sagen.

---

1. Zweifellos wollte Mutter sagen: „als sich als ein Individuum zu fühlen".

Ich sagte es, denn diejenigen, die es mit ihrer eigenen Erfahrung lesen, haben natürlich den Eindruck eines individuellen Wesens, das mit Dem vereint ist – das geht bei mir nicht. Ich kann das nicht! Das andere ist natürlich, spontan und bewundernswert – es ist die Seinsfreude und die Lebensfreude. Sobald das *(das Jiva)* kommt, ach, man fühlt sich ganz klein[1].

*
* *

(Dann kommentiert Mutter einen Abschnitt desselben Gesprächs vom 4. August, wo sie von „dieser Art unendlichem universalen Sieb, aus dem sich die Präzisionen ergibt", spricht)

Das ist sehr interessant! Es wird gleichsam durch das Gewebe eines Siebes gefiltert, und daraus ergibt sich die Präzision.

Das herabkommende Licht ... Ich SEHE es – wie von außen, von innen, von oben, von unten, von überall zugleich: diese ungeheure wunderbare, ewige, universelle Schwingung, und an einer Stelle ist es dann fein und leicht. Es ist von einem silbernen Grau – es umgibt die Welt, die Schöpfung. Die Schwingung durchdringt das ... und wird zu Ideen. Nicht Ideen: höher als Ideen – der Ursprung der Ideen. Sie nimmt Form an. Das Netz ist fein, fein, fein, so fein, so dünn, aber überall *(Geste, wie das Netz die Erde umhüllt)*.

Die ganze Zeit: Ich sah es neulich, ich sehe es jetzt – es scheint eine permanente Sache zu sein. Es ist der Ursprung aller intellektuellen Formulierungen (jene, die der Wahrheit am nächsten liegen, keine Entstellung). Sehr interessant!

*
* *

(Mutter hatte vom ständigen Austausch der Vibrationen gesprochen, so daß die Idee der Einsamkeit, um den Yoga zu erleichtern, eine „Kinderei" sei. Sie hatte hinzugefügt: „Die einzige Möglichkeit besteht darin, sich so vollkommen mit der höchsten Schwingung zu vereinen, daß automatisch alles unter Seinen Einfluß gebracht wird.")

Ich hatte diese Erfahrung während mehrerer Stunden am Morgen. Sie begann mitten in der Nacht und dauerte über mehrere Stunden

---

[1]. Erinnern wir uns an Sri Aurobindo *(The Cosmic Spirit)*: *I have broken the limits of embodied mind And am no more the figure of a soul The burning galaxies are in me outlined* ... (Cent. Ed. V. 151) Ich habe die Grenzen des verkörperten Mentals durchbrochen Und bin nicht mehr ein Bild der Seele Die brennenden Galaxien zeichnen sich in mir ab.

bis zum Morgen an. Bis ich ... von Leuten bestürmt wurde. Als es nachts begann, war es ungeheuerlich. Es geschah im Körper (all das geschieht im Körper), mit einem Gefühl von ungeheurer Macht. Während ich die Erfahrung hatte, sagte ich mir sogar plötzlich: „Halt, morgen muß ich das Satprem erzählen" – mitten in der Erfahrung! Dann dieser Eindruck, daß DIE Schwingung so vollkommen gegenwärtig war („gegenwärtig": ich habe das Gefühl, daß sie immer hier ist, dort wurde sie aber wahrgenommen, und das verleiht ihr eine andere Wirksamkeit – eine Art, die uns zugänglich ist). Während des ganzen Morgens bis acht, halb neun Uhr war es so. Nach acht Uhr verblaßte die Erfahrung langsam. Sie begann gegen elf Uhr nachts und dauerte bis dahin. Folglich ... Ja, es ist genau, was ich dort sagte: automatisch wird damit alles an seinen Platz gerückt.

*
* *

(Etwas später, über das Gespräch vom 8. August, in dem Mutter sagte, daß in dieser inneren Freude der Gegenwart „alles Leiden unbedeutend wird":)

Ja, heute morgen während dieser Stunden der Gegenwart wurde das so offensichtlich, was ich da sage, so offensichtlich! Weißt du, es ist ganz und gar ... Es gibt nur noch den Herrn: den Herrn, der alles sieht – der Körper ist nur eines unter all den Dingen, die Er sieht. Er sieht die Dinge und lacht. Er lacht – immer sein Lachen über diese Tragödie ... diese Tragödie des Daseins. Aber diese Gegenwart war da, ich sah Ihn, es gab nur Ihn – unermeßlich, wunderbar und zugleich in der Dimension der Erde. Man könnte fast sagen, in der Dimension dieses Zimmers. Er war da – in allem, in aller Vergangenheit, in aller Zukunft, überall. Alles war so. Er lächelte, Er lächelte mit dem Bewußtsein dieser Freude – Freude ist nicht das richtige Wort (Freude ist armselig). Jedenfalls gab es keine Erregung, nicht all das, was das menschliche Bewußtsein in diese Dinge legt, sondern ... die ewige Gewißheit, diese so klare Schau der GERINGSTEN Details. All das zugleich, mit einem Lächeln. Und ... ich kann nicht mehr sagen, was Er ist, was ich bin, und dennoch empfinde ich diese Freude, Ihn wahrzunehmen – das verschwindet nicht. Ich bin nirgends, aber ich empfinde diese Freude: die Freude, Ihn wahrzunehmen.

Das ist schwierig zu beschreiben. Es dauerte von Mitternacht bis acht Uhr.

Alles geschah natürlich, einfach so. Man konnte nicht einmal sagen, daß es „irgendwo" war: es geschah einfach. Das ist eine andere ... eine andere Seinsweise.

Ohne Zweifel wird es eines Tages so sein: Nichts wird die Macht haben, das Wesen in die alte Bewegung zurückfallen zu lassen.

Denn ich stand auf, ging umher, machte meine Toilette – nichts bewegte Das. Alles vollzog sich reibungslos, meine Tätigkeiten beanspruchten keinen Platz *(lachend)*, sie geschahen irgendwo und störten nicht.

Ich sehe nur Das – dieses Bewußtsein. Es ist ein Bewußtsein, eine Gegenwart. Alles, alles ist da, die Macht, die Gegenwart, das Bewußtsein, die Freude, eine Liebe ... All das erweckt den Eindruck ... fast einer Form, diese Schwingung des goldenen Lichts – karmin-golden, das materiellste Licht des Supramentals –, eine Form. Eine Form und keine Form, und doch ist es eine Form!

(Schweigen)

Gut, mein Kind.
Darin kommen interessante Dinge vor.
All das zusammen wird etwas Interessantes ergeben *(diese Agenda)*.

Aber sicher! Es ist eine Fundgrube, eine Welt!

Gut.
Es ist gut, mein Kind. Mehr und mehr weiß ich, daß ich dir deinen wahren Namen gab (das scheint hier nicht hinzupassen, aber ...). Je mehr ich in bewußten Kontakt mit der Zukunft trete – die DA ist, die einfach drängt herabzukommen, so wie wir drängen voranzugehen ... Ja, es ist gut.

Mach dir keine Sorgen – mach dir keine Sorgen, laß dich einfach SEIN, was du wahrhaftig bist!

14. August 1962

(Ich erinnere mich nicht mehr genau an die Umstände, die zur folgenden Unterhaltung führten, denn ich bewahrte keine Notizen meiner Fragen an Mutter oder der äußeren Details, aber anscheinend wollte ich einen Brief an X, meinen damaligen tantrischen Lehrmeister, schreiben, um ihn zu treffen und ihm zu erklären, was geschehen war, und vor allem, um ihm zu sagen, daß ich trotz der äußeren Umstände und unseres äußeren Bruches eine tiefe Zuneigung für ihn bewahre.)

... Man darf niemals zurückgehen, man muß immer vorwärtsschreiten.

Die Kurven verlaufen so, so, so *(gewundene Bewegung)*, und nur wenn man wie der supramentale Pfeil vorangeht, kann man darüber hinausgehen. Was [mit X] passierte, war also notwendig. Es gibt aber eine höhere Stufe, als es jemandem übel zu nehmen, daß man sich in ihm getäuscht hat. Das ist eine so gewöhnliche, menschliche Sache – lächerlich! Aber so ist es nun mal. Er ist und war immer, was er ist. Er gab niemals vor, etwas anderes zu sein, als er ist, nur *(mit einem ironischen Lächeln über Satprem)* hat die Vorstellungskraft viele Vergoldungen hinzugefügt, die es nicht gab, und nun bewirkten die Umstände (die immer unter dem Einfluß des Bewußtseins stehen), daß die Vergoldungen verschwanden. Was du aufrichtig für ihn empfandest, was nicht das Ergebnis einer überquellenden Vorstellungskraft sondern ein aufrichtiges Gefühl war, das muß natürlich bestehen bleiben[1].

Aber es bleibt ja bestehen!

Dann gibt es nur eines zu sagen: „Mein Gefühl bleibt unverändert." Du brauchst dich nicht wieder unter seinen Einfluß zu stellen, denn es war nur der Einfluß deiner Vorstellungskraft.

Ich weiß nicht recht, wie ich es ihm sagen soll ...

Warum willst du dir im voraus ausdenken, was du ihm sagen wirst? Bewahre in deinem Bewußtsein nicht die äußere Konvention, die Illusion, in der du lebtest, sondern die Realität!
Entscheide nichts mental!
Man muß unbewegt, schweigend sein können und den Herrn durch sich sprechen lassen. Das ist viel besser, als vorher zu entscheiden, viel

---
[1]. In der Tat kam mein endgültiger Bruch mit X erst zwei Jahre später, 1964.

besser ... Mich hat der Herr niemals im Stich gelassen. Ich fand mich Hunderte von Malen in sehr schwierigen Umständen. Ich tat nichts und sagte: „Gut, wir werden schon sehen, was geschieht!" und natürlich geschah immer das Beste. Ich hatte nichts damit zu tun – nicht ich war es sondern der Herr.

Je weniger man erklärt, je weniger Pläne man macht, desto besser – immer, immer.

*
* *

Etwas später

Gleich nachdem ich das letzte Mal mit dir sprach, betrachtete ich die Sache nochmals genau, um völlig sicher zu sein, und ich sah, daß sogar mein Körper eine kleine Anstrengung machen mußte (nur eine kleine Anstrengung), um die Empfindung zu haben, etwas Getrenntes zu sein, eine Individualität zu sein. Das erschien ihm störend, als ob man ihn in eine Schachtel stecke!

Es besteht vielmehr der Eindruck von Schwingungen, die irgendwo angesammelt und verdichtet sind. Aber mit einem sehr anpassungsfähigen inneren Spiel, denn es verteilt sich *(Geste der Ausbreitung in alle Richtungen)* wie durch eine Art Verfeinerung oder Verflüchtigung. Es hat keine Grenzen – wie könnte es auch! Es verläuft so *(dieselbe ausstrahlende Geste)*. Dieselben Schwingungen sind überall, in allen Körpern und in allen Dingen. Nur eine willentliche Konzentration in einer besonderen Anordnung ergibt das, was wir als Körper bezeichnen – spontan fühlt er sich immer so (er hält nicht inne, sich zu beobachten, aber wenn etwas ihn veranlaßt, sich zu betrachten, spürt er es spontan so). Diese Begrenzung, die in allen Wesen ist und die in ihm WAR (war er es?... Oder haben sich die Zellen verändert? Ich weiß es nicht), jedenfalls ist die Begrenzung dessen, was die Leute „diesen Körper" nennen, völlig verschwunden. Früher (vor dreißig Jahren) fühlte er etwas Abgetrenntes, das sich zwischen anderen getrennten Dingen bewegte – das ist verschwunden.

Mehrere Male versuchte ich es, ich sagte mir: „Sehen wir mal, ist da nichts, überhaupt nichts, das so fühlt[1]?" Von oben betrachtete ich es so. „Ist da wirklich, tatsächlich nichts? Bist du völlig aufrichtig, spontan[2]? Ist da nichts?" – Unmöglich, etwas zu finden. Unmöglich!

In allen Seinszuständen, sogar im Subtilphysischen, im Mental, im Vital, überall ist es seit langer Zeit nicht mehr so. Aber hier geht es um

---

1. Die Trennung des Körpers.
2. Der Körper ist gemeint.

den Körper. Ich sage „ich" – das, was „ich" sagt, ist ... weit wie das Universum. Das KANN NICHT anders sein. Es ist nicht so, weil ich es will oder darauf bestehe, nicht als Ergebnis einer Tapasya oder ... keineswegs: das KANN NICHT ANDERS SEIN, es ist so. So ist meine spontane Seinsart. Die Erfahrung hat sich völlig (wie soll ich sagen?) exteriorisiert.

Darin liegt der WESENTLICHE Unterschied bei diesem Körper. Deshalb fühlt er sich nicht wie die anderen Körper. Es ist ... *(Mutter schüttelt den Kopf)* nein, es ist nicht dasselbe, er spürt deutlich, daß es nicht dasselbe ist, denn seine Reaktion ist anders!

Vielleicht gab es vorher ein Jiva? Ich weiß es nicht, ich erinnere mich nicht mehr. Denn jetzt erinnere ich mich eigentlich nur an ein fortschreitendes Universum und eine besondere Konzentration auf die Belange der Erde, weil der Herr entschied, daß der Augenblick gekommen sei ... etwas zu ändern. Das ist alles. Etwas verändern!

(Schweigen)

Ein Mann – der weder besonders alt noch jung ist – lebt seid fünfundzwanzig Jahren ununterbrochen an einer der Quellen des Ganges, in einer kleinen Höhle, die in den Berg gegraben ist, sehr klein, völlig kahl, gestampfte Erde, nur ein Tigerfell. Er sitzt auf dem Tigerfell, ganz nackt, mit nichts an, nackt wie ein neugeborenes Kind, im tiefsten Winter wie im Sommer – draußen ist alles mit Schnee bedeckt. Er ißt ... manchmal bringen ihm die vorbeigehenden Leute Früchte. Die läßt er in der Sonne trocknen, legt sie dann ins Wasser und trinkt es. Das ist alles. Seit fünfundzwanzig Jahren lebt er dort, ohne diesen Platz zu verlassen.

Eines unserer Kinder (V) ging ganz allein dorthin – ein mutiger Junge. Im Winter ist es völlig von allem abgeschnitten, es gibt nichts. (Es war im Mai, und draußen lag noch Schnee, und was für eine Kälte! – Es muß schrecklich sein.) Er sitzt da, ganz nackt, das erscheint ihm völlig natürlich! Er fragte den Jungen sogar: „Willst du die Nacht hier verbringen?..." Aber es genügte ihm schon so!

V ging dorthin und setzte sich in seine Nähe. Dann versank der Mann in eine Art Trance und begann, ihm Dinge über sein Leben zu erzählen (über das Leben des Jungen, nicht sein eigenes!). V interessierte sich, war neugierig und fragte ihn: „Woher komme ich denn?" Der Mann antwortete: „Oh! Von einem Ashram am Meer – dort ist das Meer." Dann begann er zu erzählen (man muß dazusagen, daß er äußerlich absolut nichts von Sri Aurobindo, mir und dem Ashram wußte – überhaupt nichts). Er sagte ihm, daß dort ein „großer Weiser" und „die Mutter" lebten und daß sie etwas auf der Erde vollbringen wollten, das noch nie zuvor vollbracht worden war – es sei sehr schwierig. Ich weiß nicht, ob er sagte, daß ich jetzt allein sei, aber jedenfalls sagte er dann: „Ja, sie mußte sich zurückziehen[1], denn die Leute, die sie umgeben, verstehen nichts, und ... das Leben dort ist sehr schwierig geworden. Es wird noch bis 1964 sehr schwierig sein."

Vielleicht las er im Kopf des Jungen (ich weiß es nicht), aber jedenfalls entsprach es keinem bewußten Gedanken. Er sagte mehrere Male: „Sie wollen etwas vollbringen, das noch nie zuvor vollbracht worden ist, es ist sehr schwierig – sehr schwierig. Sie sind gekommen, um das zu vollbringen."

Vor zwei Tagen erfuhr ich das. Es interessierte mich: „Etwas, das noch nie zuvor vollbracht worden ist. Etwas völlig Neues."[2]

Er sagte noch viele andere Dinge. Es scheint, daß er ein besonderes Hindi spricht, das sehr schwer zu verstehen ist. Aber das wiederholte er mehrere Male, und es war völlig klar.

Das interessierte mich.

Sri Aurobindo und ich sind wirklich dafür gekommen. Das schwebte über meinem Kopf, seit ich ganz klein war: etwas Neues und sehr Schwieriges *(Mutter lächelt)*. Sehr schwierig.

Angeblich sagte er, wenn wir bis 1964 durchhielten, würden die Schwierigkeiten verschwinden. Aber das ist eine sehr starke Formation – woher erhielt er sie? Ist es Sri Aurobindos Formation? Ist es der Gedanke des Jungen? Oder von wem?... Aber dann ist er ein wunderbarer Gedankenleser, er muß auf wunderbare Weise in der mentalen Welt sehen.

Das fand ich interessant. Wenn man die Leute hier fragte, hätten nicht viele eine so klare Idee: „Sie sind gekommen, um etwas völlig Neues zu vollbringen, etwas sehr Schwieriges."

Das ist schön.

Gut, mein Kind.

---

1. Mutters „Rückzug" dauerte nicht lange an. 1962 war vielleicht ihr einziges ruhiges Jahr. Von 1963 an wird die mitleidslose Menschenmenge wieder einsetzen.
2. Einige Tage später bemerkte Mutter mit einer Art Bewunderung: „Es ist fast wie ein Wunder, wenn diese Leute zugeben können, daß man etwas völlig Neues vollbringt! Das ist die große Schwierigkeit bei allen, die etwas verwirklicht haben – sie haben die Tür verschlossen: „Jetzt haben wir verwirklicht, was die Alten gesagt haben, und das genügt." Da einen Menschen zu finden, der äußerlich nichts weiß und der FÜHLTE, daß wir etwas vollbringen wollen, das noch nie vorher vollbracht worden ist ... das finde ich äußerst interessant. Das bedeutet eine Öffnung. Eine Öffnung hoch oben, höher als die gewöhnliche spirituelle Atmosphäre."

18. August 1962

(Für das neue Buch über Sri Aurobindo sieht Mutter voraus, daß noch viele Kürzungen erforderlich sein werden und daß es im Grunde hauptsächlich darum geht zu verhindern, daß der Verleger das Buch irgendwelchen Ignoranten anvertraut. Sie fügt hinzu:)

... Aber du verstehst doch, daß diese Leute das nicht begreifen können, sie sind eine verschlossene Wand. Nicht einmal ein Bronzetor: aus Ziegeln und Zement gemauert – nichts kann hindurchdringen.

Armer Sri Aurobindo!

Aber das, was sich hier in Pondicherry ereignete, braucht man nicht lange zu beschreiben. Denn von dem Moment an, wo er sich zurückzog (genau genommen war es von dem Moment an, als er von dort hierher zog[1]), gehörte sein Leben nicht mehr der Allgemeinheit. Was sich dann ereignete ... ja, das wird in hundert Jahren interessant sein. Nicht jetzt.

*
* *

(Dann spricht Mutter über die gemeinsame Meditation am 15. August anläßlich von Sri Aurobindos 90. Geburtstag:)

Mein Kind, am 15. hielten wir um zehn Uhr eine Meditation ab[2]. Seit Viertel vor zehn saß ich in vollkommenem Schweigen am Tisch hier. Und ... ich kann nicht sagen, Sri Aurobindo sei „gekommen", denn er ist immer hier, aber er manifestierte sich auf eine besondere Art ... Im Subtilphysischen wurde er konkret so groß, daß er mit gekreuzten Beinen auf dem ganzen *compound* [Gebäudekomplex] saß. Er ragte etwas darüber hinaus, aber er saß buchstäblich auf dem Gebäude. Das bewirkte, daß alle meditierenden Leute, wenn sie nicht verschlossen waren, in ihm waren. Er saß da (nicht auf ihrem Kopf!), und ich fühlte (ich war hier), ich fühlte die REIBUNG seiner Gegenwart im Subtilphysischen, eine absolut physische Reibung. Ich sah ihn, denn du weißt wohl, daß ich nicht dort drinnen bin *(im Körper)*, ich sah ihn sehr groß, in vollkommenen Proportionen, sitzend, und dann kam er ganz sanft, ganz sanft, ganz sanft herab. Dieser Herabstieg verursachte die Reibung – sehr sanft, um den Leuten keinen Schrecken einzujagen –, ganz sanft, ganz sanft. Dann ließ er sich nieder und blieb mehr als eine

---
1. Sri Aurobindo zog sich 1926 zurück, aber 1928 verließ er den linken Flügel des Ashrams, um sich endgültig im rechten Gebäudeteil niederzulassen.
2. Es sei bemerkt, daß seit Mutters „Krankheit" im März 1962 bis Februar 1963 kein Darshan mehr stattfinden sollte.

halbe Stunde da, ein bißchen länger, einige Minuten länger, einfach so, völlig unbewegt, aber sehr konzentriert auf alle Leute, die da waren – sie waren in ihm.

Ich saß da, lächelnd, fast ... fast lachend: Man fühlte ihn überall, überall *(Mutter berührt ihren ganzen Körper)*. Aber in einem solchen Frieden – ein Friede! Eine Kraft! Eine Macht! Das Gefühl der Ewigkeit, der Unermeßlichkeit, des Absoluten. Eine Empfindung des Absoluten, als sei alles vollbracht, als lebte man in der Ewigkeit.

Es war *compelling* [unwiderstehlich]. Man mußte völlig verschlossen sein, um das nicht zu fühlen.

Ich bestreite nicht, daß es viele verschlossene Leute gab. Das weiß ich nicht *(lachend)*, ich fragte sie nicht nach ihrer Meinung.

Danach verschwand er nicht plötzlich: es geschah langsam, ganz langsam, wie etwas, das sich verflüchtigt. Dann ging alles wieder seinen gewohnten Gang, mit Konzentrationen hier und Aktivitäten dort.

Ich glaube, manche Leute müssen es gefühlt haben (vielleicht verstanden sie es nicht im vollen Ausmaß, denn sie hatten nicht die Schau des Ganzen), aber sie fühlten vielleicht, wie er in sie herabkam. Denn am Nachmittag, als alles wieder in seine gewohnte Ordnung zurückgekehrt war, kam es wie eine Welle des Bedauerns, als ob man sagte: „Ach, diese schöne Erfahrung ist vorbei." (Er ist natürlich immer da, aber nicht auf diese Weise! Er ist immer da.) Das ging durch die Atmosphäre: „Ach, jetzt ist der 15. August vorbei. Dieser schöne Anlaß ist vorbei." Aber so war es ... mehr als konkret, ich weiß nicht, wie ich es sagen soll, es kam ... mit einer Absolutheit.

Ich sah ihn sehr oft in seinem supramentalen Licht. Sehr oft kam er (als ich auf dem Balkon war, kam er – manchmal war er über dem Samadhi, er kam sehr oft), aber das ... vor allem war das Ausmaß ungeheuer, denn, wie ich dir sagte, überragte er sitzend das Gebäude, und dann materialisierte er sich auf PHYSISCH fühlbare Weise. Es brachte eine solche Zuversicht, eine solche Freude, eine solche Gewißheit, ein solches Vertrauen. Alles war so sicher, so absolut gewiß, als sei alles vollbracht worden. Es herrschte nicht mehr diese Angst oder Spannung, die Dinge zu vollbringen.

Das dauerte ungefähr eine Dreiviertelstunde. Danach kehrten die Dinge in ihre gewohnte Ordnung zurück.

(Schweigen)

Es war der schönste 15. August, den wir je hatten.
Es dauerte eine Dreiviertelstunde.

(Schweigen)

Das einzige ... (er hatte mir sein Vorhaben nicht angekündigt) aber als man mir sagte, daß man sich versammeln wolle, um eine halbe Stunde zu meditieren, nahm etwas in mir das sehr ernst: „Also gut!" Ich bereitete alles für die Meditation vor. Ich setzte mich an den Tisch (ungefähr Viertel vor zehn) – und dann begann es. Es brauchte ungefähr fünf Minuten, um sich zu bilden. Ah! Dann verstand ich.

Er machte uns ein schönes Geschenk.

All seine Milde, all seine Größe, all seine Macht, all seine Ruhe, all das war da. Sogar viel stärker und viel klarer als zu der Zeit, wo er in seinem Körper war!

Ich hatte immer diesen Eindruck – in seinem Zimmer war es immer so. Wann immer ich ihn traf, hatte ich diesen Eindruck. Selbst während der ganzen Zeit, als ich arbeitete, hatte ich den Eindruck, daß er hinter mir stehe und alle Dinge verrichte. Aber dies war sehr viel stärker. Viel stärker ... Man wurde erfaßt, und dann gab es kein Entrinnen mehr. So war es. Es war etwas ABSOLUTES.

Ich fragte niemanden, sagte niemandem etwas, sprach nicht darüber, sagte kein Wort – du bist der erste. Nur Pavitra fragte ich gestern mit einem Lächeln, ob er eine gute Meditation hatte. Er antwortete mir: „Ja." Dann sagte ich ihm: „Nun, tatsächlich saß Sri Aurobindo auf dir!" *(Mutter lacht)* Er antwortete mir: „Ich saß hier unten in Sri Aurobindos Zimmer." Und ich erwiderte: „Da war er auch!" *(Mutter lacht)*

Ich war wie stillgelegt. Ich hatte die Erfahrung, völlig stillgelegt zu sein.

Ach!

Wirklich, die halbe Stunde ging vorbei, ich bewegte mich nicht, nichts bewegte sich.

Das ist es.

Nichts, alles war absolut ... aufgehoben.

Das ist gut, du hast vollen Nutzen daraus gezogen.

Diese Empfindung hatte ich noch nie. Manchmal war ich ruhig, aber diesmal war ich wie stillgelegt.

Ja, stillgelegt, das ist es. Das ist sehr gut. So ist es.
Gut, mein Kind.
Dann verstehst du, daß du nur eines zu tun hast, und zwar dein Buch zu beenden.

Ja! Ach, ich wollte einen so schönen Sri Aurobindo schreiben, aber dann ...

Die Dinge lösen sich sehr ...

Du hast noch etwas zu viel von deiner alten Denkweise in dir, und das quält dich die ganze Zeit. Etwas quält dich die ganze Zeit, und das ist völlig unnütz – wenn man sich quält, vergeudet man nur seine Zeit.

25. August 1962

(Satprem beschwert sich über die Schwierigkeiten beim Schreiben seines Buches. Mutter versinkt während fünfzehn Minuten in Konzentration, dann sagt sie:)

Gut.

Er kam, um dich mit allerlei Dingen zu umgeben, damit du dein Buch schreibst.

Alle möglichen goldenen Dinge.

Nun mußt du sie aufschreiben. Du wirst es mir Dienstag sagen.

Er wiederholte immer wieder: „*No worry, no worry ... Take it easy, take it easy*" [beunruhige dich nicht, entspanne dich]. Es war, als wollte er dich ans Ufer eines fließenden Flusses setzen, als sehe man das Wasser fließen, fließen, fließen, so natürlich. Als säßest du auf einer Wiese mit hübschen kleinen Blumen und fließendem Wasser. Er sagte: „*Don't worry, take it easy, take it easy!*"

Er umgab dich mit vielerlei Dingen.

Ich bin ziemlich müde.

Ach, müde?

Vorher schlief ich immer zwischen ein und zwei Uhr. Seit April, seit ungefähr fünf Monaten ist das vorbei, verschwunden[1].

Warum? Kannst du nicht oder hast du keine Zeit?

---

1. Das trifft seltsamerweise mit der Wende in Mutters Yoga zusammen, als wären mir von nun an alle inneren Spaziergänge abgeschnitten worden, um mich zu zwingen, im Körper zu bleiben.

Nein, nein, ich habe Zeit, aber es gelingt mir nicht. Das ist schade, denn es war eine bewußte Stunde. Ich ging oft am Strand spazieren.

Du hast am Strand geschlafen?

Nein, im Schlaf ging ich an den Strand! Es war eine Stunde der Entspannung. Das ist verschwunden.

Sieh an!
Ich bin nicht dafür verantwortlich.

Nein, das weiß ich wohl!

Ich glaubte im Gegenteil, daß du dich ausruhtest.

Nein, siehst du, das ist vorbei.

Denn ich ruhe mich aus, ich bin in einer sehr ... (wie soll ich sagen?) geballten *(Mutter schließt ihre Faust)*, unverdünnten, sehr machtvollen Trance, von halb eins, Viertel vor eins, bis Viertel vor zwei: eine gute Stunde. Das ist eine günstige Zeit.

Ja, wirklich.

Dann schließ dich doch an!
Leg dich hin und ruf mich einfach! Dann läßt du dich gehen! Versuche es! Versuch es heute!
Du streckst dich ruhig aus, ohne an etwas zu denken, und dann rufst du mich, das ist alles. Du läßt dich einfach gehen, wie ein Tuch.

Gut.

Versuche es!

28. August 1962

(Ich bedaure unendlich, den Anfang des Gesprächs nicht in meinen Notizen aufbewahrt zu haben, denn es hätte das Folgende erläutert. Soweit ich mich erinnere, ging es um meinen Schlaf, und Mutter schien zu sagen, daß meine „Spaziergänge am Strand" sich im Schlaf und durch einen Übergang in einen anderen Zustand vollziehen, wohingegen es für sie – und hier beginnen meine Notizen – keinen „Schlaf" und keinen „Übergang" in einen anderen Zustand, vom gewöhnlichen Physischen zum Subtilphysischen mehr gebe, als ob alles ein und dieselbe zusammenhängende Materie geworden sei oder werden würde.
Zweifellos die wahre Materie.)

Das ist eines der Dinge, die sich gerade entwickeln. Es ist, als würden die beiden *(das gewöhnliche Physische und das Subtilphysische)* immer mehr verschmelzen.

Ich erklärte es dir schon öfters: anstatt vom einen zum anderen ÜBERZUGEHEN, ist es, als ob ein Zustand den anderen durchdringe *(Mutter streicht mit den Fingern ihrer rechten Hand durch die der linken)*, und man kann die beiden fast gleichzeitig fühlen. Das ist eines der Ergebnisse der gegenwärtigen Entwicklung. Eine kleine Konzentration genügt zum Beispiel, um beide zugleich zu fühlen. Das führt beinahe zu der Überzeugung, daß eine Art DURCHDRINGUNG die wahre Umwandlung im Physischen herbeiführen wird. Das materiellste Physische hat nicht mehr dieselbe Dichte, die nichts empfängt, die sich der Durchdringung entgegensetzt: Es wird porös, und weil es porös wird, kann es durchdrungen werden. In der Tat hatte ich mehrere Male die Erfahrung einer Schwingung, die die Beschaffenheit der anderen auf ganz natürliche Weise änderte: die Schwingung des Subtilphysischen bewirkte eine Art ... fast eine Transformation, jedenfalls eine wahrnehmbare Veränderung in der rein physischen Schwingung.

Das scheint der Vorgang zu sein oder jedenfalls einer der wichtigsten Vorgänge.

Das wächst mehr und mehr. Fast alle Nächte werden in diesem Bereich verbracht. Aber selbst tagsüber, sobald ich mich nicht bewege, sobald der Körper unbewegt ist, besteht die Wahrnehmung der beiden Schwingungen, und die physische Schwingung wird gleichsam porös.

Das scheint der Vorgang oder sicherlich ein wichtiger Vorgang für die Transformation des physischen Körpers zu sein.

(Schweigen)

28. AUGUST 1962

Denn das Subtilphysische scheint seine Macht, sein Licht und seine Bewußtseinsfähigkeit zu DOSIEREN, angepaßt an die rein physische Aufnahmefähigkeit der rein physischen Schwingungen. Das hat zur Folge, daß die Ergebnisse sich über eine sehr lange Zeit hinziehen. Es geschieht sehr, sehr allmählich. Aber es ist eine fast andauernde Arbeit. Nur bei einer Tätigkeit des Körpers und wenn das Bewußtsein gezwungenermaßen nach außen gerichtet wird (nicht auf dieselbe Art wie vorher, das ist unmöglich, aber noch in einer Form, die wie die Folge des alten Bewußtseins ist), wenn sich dann die Arbeit fortsetzt, geschieht es auf unsichtbare Weise. Oder vielleicht setzt sie sich nicht fort? Ich weiß es nicht. Aber sobald keine Tätigkeit die Aufmerksamkeit beansprucht, sobald eine Konzentration oder Unbewegtheit besteht – vielleicht auch nur eine Passivität –, wird diese Durchdringung fühlbar: sie ist sichtbar – sichtbar. Es ist nicht so, als ob etwas Subtileres in etwas weniger Subtiles eindringe, ohne es zu ändern, sondern das Eindringen ändert die Zusammensetzung, das ist sehr wichtig. Es ist nicht nur ein Grad der Subtilität sondern eine Veränderung der inneren Zusammensetzung. Wahrscheinlich ist es eine Wirkung, die sich in ihrem Extrem auf atomarer Ebene ausdrückt. So erklärt sich dann (wie soll ich sagen?) die praktische Möglichkeit der Transformation.

Diese Erfahrung habe ich die ganze Zeit.

Manchmal kommt etwas so Neues oder ein wenig zu Extremes, da muß man recht vorsichtig sein, daß sich keine panische Angst im Körper ausbreitet. Man sieht, daß alles dosiert und gehalten wird, damit ... *(Mutter lacht)* nichts zerbricht.

Äußerlich ist es eine sehr bescheidene Arbeit, die kein Aufsehen erregt. Es sind keine Erleuchtungen, die einen mit Freude erfüllen und ... All das ist gut für Leute, die spirituelle Freuden suchen – das gehört der Vergangenheit an.

Es ist eine äußerst bescheidene Arbeit. Sogar in rein intellektueller Hinsicht – nicht wie das Gefühl, die Dinge zu wissen, zu kennen, weil man sie IST, was einem die Freude, das Gefühl des Fortschritts gibt – hier hat man nicht einmal das! Es ist SEHR bescheiden. Eine sehr bescheidene Arbeit, ohne Glanz. Aber sie setzt sich auf sehr geordnete Weise fort, sehr regelmäßig und sehr BEHARRLICH.

Es wird gewiß sehr lange brauchen.

Bei jedem Schritt ist es, als müsse man sehr aufpassen, damit nichts umkippt. Besonders die neuen Schwingungsverbindungen sind sehr schwierig für den Körper: er muß vollkommen ruhig und beherrscht sein, sehr friedlich, damit er nicht in Panik gerät. Denn er ist daran gewöhnt, daß die Folgen der Schwingungen einer regelmäßigen Kurve folgen, und wenn sich das verändert, empfindet er eine Art furchtsame

Überraschung. Das muß man vermeiden und ihn ganz sanft im Griff halten.

Was das Mental denkt und zu sehen erwartet, erscheint wie eine Albernheit im Vergleich, denn es ist ... ja, es erscheint wie eine Theateraufführung. Das ist wie der Unterschied zwischen einem großen Theaterstück und dem sehr bescheidenen Leben jeder Minute. So ist das.

Alle Mächte, alle *Siddhis*, alle Verwirklichungen, all diese Dinge sind ... ein großes Schauspiel – das große spirituelle Schauspiel. So ist es hier nicht! Sehr bescheiden, sehr bescheiden, sehr unaufdringlich, sehr demütig, nichts wird gezeigt. Damit etwas Sichtbares geschieht, um ein sichtbares Resultat zu erzielen, bedarf es der Arbeit vieler Jahre, schweigsam, sehr sorgfältig, bevor selbst für das individuelle Bewußtsein *(bei Mutter)* irgend etwas wahrnehmbar werden kann.

Jene, die schnell vorangehen wollen, die versuchen, in diesem Bereich schnell voranzugehen, werden scheitern.

Man kann nicht schnell gehen.

Einmal, als ich das sah, beklagte ich mich etwas beim Herrn und sagte ihm: „Herr, warum hast du diesen Körper für diese Arbeit so gebaut? Schau, wie er ist!" Er antwortete mir *(lachend)*: „Er ist der beste, den man machen konnte." Da sagte ich „Danke!" und blieb ruhig.

Wahrscheinlich ist es wahr! Er hat seine Qualitäten, was man in Englisch *stubborn* nennt [stur, beharrlich], weißt du *(Mutter stemmt ihre beiden Fäuste aufeinander und bleibt unbewegt)*. *Stubborn* ist im wesentlichen eine englische Qualität, so gibt es kein anderes Wort dafür. Er ist *stubborn*. Das ist erforderlich.

Gut.

31. August 1962

Geht es mit deinem Schlaf besser?

Ich fühle mehr eine Art Benommenheit als wirkliche Ruhe und wirklichen Schlaf.

Keine Ruhe? Keine völlige Entspannung?

Versuche es, mein Kind, versuch es noch einmal! Versuch es immer wieder, es wird kommen!

Es geht nicht um „Schlaf" sondern um eine Art Frieden, der herabkommt. Es kann mit einer Schwere anfangen, aber dann geht es über in eine innere Unbewegtheit – eine Unbewegtheit des Geistes. Auch der Körper wird ruhig, ruhig, ruhig, sehr ruhig, und wenn ihn nichts stört, geht man von da in das Gefühl der Ewigkeit. Das ist eine wunderbare Erfahrung. Die wahre Empfindung der Ewigkeit: Alles steht still, und dann NICHTS. Wenn du eine visionäre Fähigkeit hast (es ist nicht nötig), aber wenn du sie hast, wird alles ganz weiß – ganz weiß und leuchtend, ganz weiß. Es kann durchaus auch sein, daß nichts kommt *(keine Vision)*, denn das ist eine ... man wird damit geboren.

Alle Zellen öffnen sich und werden sich ihrer Ewigkeit bewußt.

Es kann sein, daß drei, vier, fünf Mal nichts geschieht, und dann beim sechsten Mal geschieht es. In diesen Sachen muß man sehr beharrlich sein.

Versuche es!

Selbst wenn du nicht schläfst, verschafft es dir jedenfalls Ruhe – ausgestreckt zu sein, wie ein Tuch auf dem Bett ausgebreitet oder auf einer Matte, das ruht immer aus. Es ruht das vitale Wesen sehr gut aus, das kann dir nicht schaden.

*
* *

(Etwas später, über die letzte Unterhaltung: „Eine äußerlich sehr bescheidene Arbeit, die keinen Lärm macht. Keine Erleuchtungen, die einen mit Freude erfüllen: all das ist gut für Leute, die spirituelle Freuden suchen – das gehört der Vergangenheit an.")

Gestern sagte ich Pavitra, daß all diese Verwirklichungen, all diese ... ja, diese Kräfte, diese Fähigkeiten, diese Konstruktionen, diese Manifestationen, all das erscheint mir jetzt wie das Leben eines Gauklers.

Er war schockiert.

Ich sagte ihm: „Ja, auf mich macht es den Eindruck ... eines Gauklerlebens – wie ein Gaukler zieht man von Marktplatz zu Marktplatz, um seine Kunststücke vorzuführen." *(Lachen)*

Aber das ist wahr!

(Schweigen)

Wie ernst es wird! Ruhig, friedlich, ohne Wichtigtuerei, weißt du, ohne sich Sand in die Augen zu streuen, nichts davon.

Und nicht mit der Idee: „Ja, ich setze das für eine gewisse Zeit fort, dann wird am Ende etwas Glänzendes herauskommen" – ganz und gar nicht.

Denn das Ende ist die neue Schöpfung, und man kann sich schon vorstellen ... Wie viele Etappen, unvollendete, unvollkommene Dinge, Annäherungen, Versuche – WINZIG KLEINE VERWIRKLICHUNGEN – die einen sagen lassen: „Ah, ja! Wir sind auf dem Weg." Wie viele ... ja, man könnte fast sagen Jahrhunderte, wird es so sein, bevor der strahlende Körper des supramentalen Wesens erscheint? ... Gestern abend kam etwas ... Auf mich machte es einen erregten Eindruck. Es war eine Macht der schöpferischen Vorstellung, die versuchte, sich die supramentalen Formen auszumalen, Wesen, die in anderen Welten wohnen, allerlei solche Dinge. Ich sah vieles. Aber es erschien mir so ... als wolle man Champagner aufschäumen lassen. Ich sagte: „Das ist alles recht und gut, es dient dazu, meine Vorstellungskraft zu steigern, damit ich dem Herrn Formen anbiete." Ich sagte aber, daß dies nicht nötig sei. *(Mutter lacht)* Gerade das erschien mir ... auch das, was ich ehemals als eine große schöpferische Macht einstufte (viele Dinge verwirklichten sich tatsächlich auf der Erde, Jahre nachdem ich sie in einem dieser Momente der Superschöpfung, der Superimagination gesehen hatte). Diesmal kam es auf diese Art (ich weiß nicht, ob es geschah, um mir ein bißchen Unterhaltung, ein kleines Schauspiel auf dem Weg zu verschaffen), es kam so, und ich betrachtete es. Ich sah wohl all seine Macht, ich sah wohl, daß es sich in der Zukunft materialisieren wollte, und ich sagte: „Welch ein Schauspiel! Warum dieses Theater?" – Gaukler.

Es war ein supramentales Licht, es stammte vom supramentalen Licht. Wesen von anderen Welten, wie sie mit den zukünftigen Wesen in Beziehung treten würden, allerlei Dinge dieser Art – Geschichten, um Kinder zu unterhalten.

Aber die Schwingung war da, oben, um die Erde herum (sie umgab die Erde), sehr stark, als wäre es von anderen Teilen des Universums gekommen und wollte in die Erdatmosphäre eintreten, um zu helfen, diese neuen Verbindungen herzustellen. All das erschien mir wie Kindereien. Das ganze Universum schien mir in einer Kinderei zu leben. Da war etwas anderes, das so still war – so still, so ruhig, nicht in Eile, es versuchte nichts darzustellen, es konnte in einer Ewigkeit des Bemühens und ruhigen Fortschritts leben. Es blieb unbewegt dort und beobachtete all diese Dinge. Schließlich (das Schauspiel dauerte den ganzen Abend), als ich mich für die Nacht auf mein Bett legte, sagte ich dem Herrn: „Ich brauche mich nicht abzulenken, ich brauche keine Dinge zu sehen, die mich ermutigen – ich will nur sehr ruhig arbeiten,

IN DIR. Du arbeitest. Du bist da. Du bist einzig. Du verwirklichst." Dann wurde alles schweigend, ruhig, unbewegt – und die Aufregung legte sich.

Auch im Universum gibt es Aufregung (!), wenn man nicht aufpaßt. Mein Eindruck ist einfach, daß es die Dinge kompliziert – das verwirrt die Karten, weißt du, es macht die Dinge kompliziert. Man muß warten, bis der Schaum sich glättet, um seinen Weg zum Ziel ruhig wieder aufnehmen zu können.

Gut, Kind.

Kann man nicht hoffen ... Weißt du, in der Evolution gibt es manchmal plötzliche Mutationen ...

Das kann sein, es ist möglich. Es ist möglich, ich sage nicht, daß es unmöglich ist, es kann kommen, aber ... immer mehr besteht das Leben, das für diesen Körper bestimmt ist, darin, die Dinge zu verrichten, ohne es zu wissen, die Welt zu verändern, ohne es zu sehen, und ... sich nicht, absolut nicht um das Ergebnis zu kümmern. Ich habe den Eindruck (um ganz explizit zu sein), daß der Begriff des „Ergebnisses" völlig verschwinden muß, um die höchste und reinste Macht zu erlangen – daß die höchste Macht eine Macht ist, die sich ÜBERHAUPT NICHT um das Ergebnis kümmert, und daß der Sinn für das Resultat immer noch einen Bruch zwischen der wesentlichen höchsten Macht und dem Bewußtsein bedeutet. Das heißt, daß das Bewußtsein sich abzutrennen beginnt[1], um das Gefühl für das Ergebnis zu erlangen, sonst hat es das nicht.

Es ist, als müsse alles ... als müsse die Aktion, die ewige Aktion in jeder Sekunde der Manifestation DIE Sache sein. In jeder Pulsation, jeder Woge, die in der Manifestation der Zeit entspricht, ist Es DIE Sache. Bereits die Idee, daß etwas ein Ergebnis haben wird, bedeutet eine Entstellung.

Ununterbrochen, mit einer einzigen Verbindung – der Verbindung zur höchsten Ewigkeit. Aber das Gefühl einer Konsequenz ist falsch. Es bedeutet bereits einen Abstieg des Bewußtseins. Das drückt sich dadurch aus – sogar physisch innerhalb dieses ganzen Breies der Verwirrung, Unwissenheit und Dummheit drückt sich das dadurch aus: „Ich verrichte die Dinge, und was dabei herauskommt, geht mich nichts an." So drückt es sich hier aus *(im Körper).*

Eine Art Befreiung (ich spreche nicht von Sorgen oder Besorgnis, darum geht es nicht), nicht einmal die IDEE, daß es eine Konsequenz hat: Es ist so, weil es so ist. Es soll so sein, und es ist so, mehr nicht.

---

1. Von der Identität mit der höchsten Macht.

In jeder Sekunde ist es so, weil es so sein soll, und so ist es. Und DAS wiederholt sich ewig. Es ist das ewige Pulsieren, das sich in der Zeit durch diese Wogen ausdrückt – das fühle ich sehr stark, sehr stark. Es ist eine sehr beständige, sehr spontane, sehr natürliche Erfahrung. Diese Idee von dem, was zurückliegt, und dem, was vorn liegt, all das ist ... eine Wahrheit, die sich von der unveränderlichen Ewigkeit in die Ewigkeit der Manifestation wandelt. Es verändert sich auf diese Weise *(pulsierende Geste)* genau wie Luftschübe – puff! puff! puff! ...

Man könnte von Luftschüben sprechen, so unbeschwert wie die Seifenblasen eines Kindes. Überhaupt kein Gefühl für Konsequenzen, gar keines – puff! puff! puff! auf diese Weise.

Diese Erfahrung verläßt mich nie.

Wenn dann die Leute kommen und mir ihre Geschichten erzählen, habe ich den Eindruck, als ob man mir den Kopf in eine schwarze Brühe tauchte, und ich verstehe nichts mehr. Sie fragen mich um Rat, was sie tun sollen. *(Mutter lacht)* Jetzt antworte ich ihnen stets: „Tut irgend etwas, es spielt keine Rolle!" *(Mutter lacht)*

September

5. September 1962

(Bevor Satprem sein Manuskript über Sri Aurobindo vorliest, bittet er Mutter, eventuelle Fehler zu berichtigen, weil er von Dingen spricht, von denen er keine direkten Erfahrungen hat:)

Von manchen Dingen habe ich keine Erfahrungen.

Ich habe auch nicht alle Erfahrungen.

Also wirklich! ...

(Lachend) Ich habe eine gewisse Anzahl, aber ...
Eigentlich sollte man nach einigen Tausenden von Geburten alle Erfahrungen haben, wenn man sich die Mühe machte, sich zu erinnern. Das wäre der Vorteil der Wiedergeburt. Man kann nicht alles in einem Leben machen, aber in Tausenden von Leben kann man alle Ebenen durchlaufen.

Man müßte sich erinnern.

Natürlich erinnert man sich am Anfang sehr, sehr wenig. Je mehr man fortschreitet, um so mehr erinnert man sich (ich rede von der Erfahrung des psychischen Wesens).
Ich spreche natürlich nicht von dem, was die universelle Mutter wissen kann, denn das fällt in eine andere Kategorie. Ich rede von der rein irdischen Erfahrung, der Erfahrung des psychischen Wesens. Da gibt es im Grunde wenige Dinge ... eigentlich gibt es keine, die mir fremd und unbekannt erscheinen. Denkweisen, ja, seit frühester Kindheit war ich entsetzt über die Art, wie die Leute denken und fühlen – das erschien mir ungeheuerlich. Aber die Lebensumstände, die Ereignisse des Lebens, all das ist mehr oder weniger Wiedergekäutes.
Was scharfe Eindrücke in mir hinterließ, weißt du *(Mutter macht eine schmerzliche Geste)*, was einen sagen läßt: „Ah, nein! Das genügt, nicht noch einmal, es reicht!", das sind die Dinge, die zu meinen Leben als Herrscherin gehören – ja: Kaiserin, Königin, Dinge dieser Art. Das sind schmerzliche Eindrücke. Von allen Eindrücken sind es die schmerzlichsten. Ich erinnere mich sehr genau an einen Entschluß, den ich in meinem letzten Leben als Kaiserin faßte: „Nie wieder! Ich habe genug, ich will nicht mehr! Ich möchte lieber (nicht einmal „ich möchte lieber" sondern eine positive Wahl), ich WILL ein unbedeutendes Wesen sein, in einer unbedeutenden Familie, endlich frei sein zu tun, was ich will!" Diesmal war das meine erste Erinnerung: „Ja, eine unbedeutende Familie, ein unbedeutendes Wesen, in einem

unbedeutenden Milieu, um das tun zu können, was ich will – keine Bande von Leuten, die mich beobachten, mir nachspionieren und mir Regeln für mein Handeln auferlegen."

Das hielt nicht lange an. *(Mutter lacht)*

Das heißt, daß man seiner Bestimmung nicht entkommen kann. Hier ist es lediglich nicht offiziell, und trotzdem besteht ein weiter Handlungsspielraum.

Auch Sri Aurobindo sagte ich dies sofort: „Es war der Entschluß meines psychischen Wesens (mein psychisches Wesen war in einer bestimmten Person – ich weiß, wer es war), und als ich fortging, sagte es in absoluter Weise: So etwas will ich nicht mehr!"

Das übrige ist mir egal, es hinterließ keinen so ... einschneidenden Eindruck.

Jetzt lies mir deinen Text vor! Vielleicht kann ich erkennen, ob er wahr ist oder nicht!

Im Grunde ist alles wahr. Unter der Voraussetzung, daß man gleichzeitig alles andere auch zuläßt.

*
* *

(Satprem liest einen Abschnitt aus seinem Manuskript vor, der Krankheiten betrifft, wobei er insbesondere von „yogischen Krankheiten" spricht, die von einem inneren Mißverhältnis herrühren können, wenn die verschiedenen Teile des Bewußtseins nicht gleichermaßen entwickelt sind.)

Diese Krankheiten sind nicht von derselben Beschaffenheit wie die anderen, in dem Sinne, daß man GEWÖHNLICH (ich mache keine absoluten Behauptungen) bei ihnen keine Viren oder Bakterien als Ursache findet sondern eine Art Störung – wie nennen sie es doch? Sie haben jetzt ein großartiges Wort dafür ... Weißt du, eine Unfähigkeit, etwas zu ertragen, ein Mangel an Harmonie ...

Allergie?

Das ist es. Auch die Krankheiten aufgrund von Störungen im Kolloidsystem (das Blut ist zum Beispiel eine kolloidale Flüssigkeit), wenn die Beziehungen zwischen den Elementen nicht mehr das sind, was sie in normaler und natürlicher Weise sind. Das sind zwei neu entdeckte Krankheitsursachen. Es ist gewöhnlich (nicht in absoluter Weise) das Ergebnis eines „inneren Mißverhältnisses", wie du es nennst, das heißt, wenn die verschiedenen Teile des Wesens nicht auf dem gleichen Entwicklungsniveau sind – das führt zu derartigen Symptomen.

5. SEPTEMBER 1962

Bis auf sehr wenige Ausnahmen findet man keine Keime, Mikroben, Bakterien am Ursprung dieser Krankheiten. Sehr häufig werden sie als „Geisteskrankheiten", „nervöse Krankheiten" usw. eingeordnet, aber sie rühren von diesem inneren Mißverhältnis her.

*
* *

(Dann liest Satprem einen Abschnitt über das „Subtilphysische" und die Exteriorisierung vor. Er schildert die Erfahrung von D, der, als er sich zum ersten Mal exteriorisierte, nicht mehr in seinen Körper zurückkehren konnte, weil er versuchte, von den Füßen her einzutreten. Hier ist seine Geschichte: „Ich war in Konzentration auf meinem Sofa ausgestreckt, als ich mich plötzlich bei meinem Freund Z wiederfand, der gerade mit mehreren anderen musizierte. Ich sah alles sehr klar, sogar viel klarer als im Physischen, und ich bewegte mich sehr schnell und unbehindert. Ich blieb eine ganze Weile dort und beobachtete. Ich versuchte sogar, ihre Aufmerksamkeit auf mich zu ziehen, aber sie waren nicht bewußt. Dann zerrte plötzlich etwas an mir, wie ein Instinkt: „Ich muß zurückkehren." Ich spürte Halsschmerzen. Ich erinnere mich, um ihr Zimmer zu verlassen, das außer einem kleinen Fenster unter der Decke keine Öffnungen hatte, verflüchtigte sich meine Form (denn ich hatte noch eine Form, aber sie war nicht stofflich, sie war leuchtender, weniger undurchsichtig). Ich verschwand wie Rauch durch das offene Fenster. Dann fand ich mich wieder in meinem Zimmer in der Nähe meines Körpers, und ich sah, daß mein Kopf schief und steif auf dem Kissen lag und ich Mühe hatte zu atmen. Ich wollte in meinen Körper zurückkehren – unmöglich. Mir wurde Angst. Ich trat durch die Beine ein, und als ich die Höhe der Knie erreichte, war es jedesmal, als ob ich nach außen abglitte, zwei-, dreimal auf diese Art. Das Bewußtsein stieg, dann glitt es ab, wie ein Gummiband. Ich sagte mir: „Wenn ich nur den Hocker umkippen könnte (unter meinen Füßen stand ein kleiner Hocker), würde das Lärm verursachen, und ich würde aufwachen!" Nichts zu machen. Mein Atem ging immer schwerer. Ich hatte furchtbare Angst. Plötzlich erinnerte ich mich an Mutter und rief: „Mutter! Mutter!" Sofort befand ich mich wieder in meinem Körper, wach und mit einem steifen Hals.")

(Mutter lacht sehr)

D erzählte diese Geschichte.

Dieser D, welch ein Esel! Er weiß nicht, wo man wieder eintritt! Aber das hat er mir nie erzählt. Ich hätte ihm meine Meinung gesagt.

Man muß hier austreten *(beim Herzen)*, man kann auch durch die Schädeldecke austreten, aber das ist schwieriger. Man muß hier austreten *(beim Herzen)* und auch dort wieder eintreten. Das ist ganz natürlich, das lehrt man einem als erstes, wenn man sich exteriorisieren will. Man muß das ganze Bewußtsein da *(auf das Herz)* konzentrieren und dort austreten. Dort muß man auch wieder eintreten und das Bindeglied bewahren.

Aber das ist interessant, sehr interessant.

Nein, das hat er mir niemals erzählt. Bei den Füßen wieder eintreten zu wollen!

Manche Leute versuchen es durch den Kopf, das ist etwas schwierig. Es ist etwas schwierig, und man muß es können. Aber durch das Herz ist es ganz natürlich.

Sieh an, sieh an! ... Seine Geschichte ist interessant.

Ja, und sie wird den Leuten den Vorgang verständlich machen.

Ja, sie ist sehr lehrreich.

Ich habe meinen Körper nie bewußt verlassen können.

Das ist eine Begabung.

Manchmal treten Schwingungen hier aus [beim Schädel].

Das ist etwas anderes.

Was ist es? Manchmal habe ich den Eindruck eines starken Zugs: etwas vibriert intensiv und zieht an mir, als werde ich am Scheitel hinausgezerrt.

Das ist die Öffnung zum höheren Mental.

Es gehört mehr der *Kundalini*-Methode an. Das ist nicht die Erfahrung der Exteriorisierung sondern die mentale Öffnung zu den höheren Bereichen.

Aber es geschieht manchmal genau im Augenblick des Einschlafens.

Auf diese Weise nimmst du Kontakt auf. Das ist unerläßlich.

Aber das kommt vom Yoga. Es kann durch frühere Leben vorbereitet worden sein, oder es kann in einem Leben geschehen, wenn man bereit ist. Darauf kommt es an: über das Schädeldach, das einen einschließt, hinauszugehen. Weißt du, diesen Deckel muß man durchbrechen. Die Befähigung dafür ist ein sicheres Zeichen, daß man für den Yoga bereit ist – den „Yoga", jedenfalls für Sri Aurobindos Yoga.

Die anderen Dinge wie Exteriorisierungen usw. sind angeboren, so wie es geborene Künstler, geborene Maler, geborene Flieger gibt. Es ist eine Laune der Natur. Ich kannte ausgesprochen dumme Mädchen, die sich aber auf bewundernswerte Weise exteriorisierten und die das ganze Bewußtsein ihrer Erfahrungen im Subtilphysischen oder im Mental oder im materiellen Vital bewahren konnten (wenn man nicht entwickelt ist, geschieht es häufiger im materiellen Vital als im Subtilphysischen). Sie erzählten einem alles, was sie sahen, aber sie waren unfähig, dem Yoga zu folgen.

Ich sage dir, das sind Launen der Natur.

Es ist schon schade, daß sie keine Laune für mich hat.

Aber es ist nicht unerläßlich für den Yoga.

Natürlich, aber trotzdem ...

Nur für materialistische Leute ist es von großer Bedeutung, denn es bringt sie mit etwas in Berührung, das ihnen „übernatürlich" erscheint.

Ja, das ist das Interessante daran: Es zeigt ihnen die unabhängige Existenz des Bewußtseins außerhalb des Körpers.

So ist es. Aber an sich ist es nicht unentbehrlich.

Nein. Aber ich hätte dennoch gerne ...

Es würde dir Spaß machen.

Nun, ja! Es würde mich nicht nur unterhalten, sondern ich hätte auch das Gefühl, daß sich das Bewußtsein entwickelt.

Nicht immer.

Wenn man das dort oben nicht hat (*die Öffnung oberhalb des Kopfes*), zieht man keinen Nutzen daraus. Diese Mädchen, von denen ich dir erzählte (ich kannte drei, die so waren, nicht nur eine), machten keinerlei Fortschritte. Sie konnten vielleicht immer besser sehen, aber sie machten keinen inneren Fortschritt.

Woher kommt es denn, daß ich persönlich zum Beispiel nie Erfahrungen habe?

Aber nein! Das ist nicht wahr, du hast Erfahrungen. Das ist nicht wahr. Ich weiß, daß es nicht wahr ist, du hast sie – ich sehe deine Erfahrungen.

Aber ich selbst sehe sie nicht!

Weil du dich nicht erinnerst.

Es gibt viele Gründe, aber den eigentlichen Grund nannte ich dir schon: Es genügt, daß ein winziger Bereich des Wesens nicht entwickelt ist. Das hängt von den Erbanlagen ab, von der Art, wie der Körper gebildet wurde, vom Milieu, in dem man geboren wurde, von der Erziehung, die man erhielt, vom Leben, das man führte, vor allem aber vom Interesse, das man in seinem Leben für höhere Dinge hatte. Offensichtlich waren deine Energien eben sehr viel mehr darauf konzentriert, diese Decke zu durchbrechen *(die Schädeldecke)*, um in Beziehung zur Quelle der Wahrheit zu treten, als mediumnistische Erfahrungen zu haben. In Hinsicht auf den Zweck deines Kommens war das UNENDLICH wichtiger. Solche kleinen Erfahrungen, wie sich zu exteriorisieren usw., sind kleine Unterhaltungen auf dem Weg. Ich empfand das immer so.

Ja, Mutter, das ist schön und gut, aber äußerlich wird man nicht ermutigt. Ich habe das Gefühl, daß nichts geschieht – jeden Morgen wache ich auf: nichts. In meinen Meditationen geschieht nichts – niemals geschieht etwas. Meine einzige Gewißheit ist, daß es nichts anderes zu tun gibt.

Könntest du nur das unbewegte Licht sehen, das du dort oben hast, mein Kind! *(Mutter blickt über Satprems Kopf)* Tausende gäben alles andere dafür!

Tatsache ist, daß man nie mit dem zufrieden ist, was man hat ...

Aber es passiert nichts!

... und man will immer das, was man nicht hat. Denn wir wurden für eine integrale Vollkommenheit geschaffen, und solange sie nicht integral ist, sind wir nicht zufrieden.

Laß dich damit trösten, daß es zu seiner Zeit kommen wird.

Wird es kommen? Ja?

Oh, ja! Bestimmt! Eines Tages kann es ganz plötzlich für dich geschehen.

Ich habe das Gefühl, daß sich nichts ereignet, das ist entmutigend.

Natürlich! Ich glaubte auch für sehr lange Zeit, daß nichts geschehe!

Ich kannte niemals diese Freuden der Erfahrungen – niemals. Sie kamen nie, bevor es nötig war. Niemals geschah etwas für mich, wenn es nicht absolut unentbehrlich für meine Arbeit war. Verstehst du, man muß seine Arbeit genau kennen und sich des göttlichen Willens bewußt sein, um zu wissen, was ich dir gerade sagte, daher vergehen oft Jahre, bevor es geschieht.

Ich erinnere mich, als ich hier ankam, nachdem ich viele, viele Erfahrungen und viele Verwirklichungen gehabt hatte, fragte ich Sri Aurobindo als erstes: „Warum bin ich so mittelmäßig? ... Alles, was ich tue, ist mittelmäßig, alle meine Verwirklichungen sind mittelmäßig, niemals ist es etwas Bemerkenswertes, Außergewöhnliches, immer mittelmäßig. Es liegt weder tief noch hoch – alles ist mittelmäßig." Das war mein Eindruck. Ich malte; es war keine schlechte Malerei, aber viele andere malten genauso gut. Ich musizierte; es war keine schlechte Musik, aber man konnte nicht sagen: „Ach, welch Musikgenie!" Ich schrieb: völlig gewöhnlich; meine Gedanken waren ein wenig höher als die meiner Kameraden, aber sie enthielten nichts Außergewöhnliches, ich hatte keine philosophischen Begabungen usw. So war es bei allem, was ich tat: Mein Körper war geschickt, aber nicht mehr als das. Ich war nicht häßlich aber auch nicht schön – alles auf diese Art: mittelmäßig, immer mittelmäßig. Da sagte er mir: „Es war unerläßlich."

Also schwieg ich, hielt mich ruhig, und sehr schnell, innerhalb einiger Wochen verstand ich.

Ich hatte diesen Eindruck während meiner ganzen Kindheit. Ich war eine gute Schülerin aber kein Genie, usw.

Von frühester Jugend an faszinierte mich immer eine Sache: Ich wollte immer bewußt sein. Jetzt macht es mich wütend, daß ich gerade nicht bewußt bin – das ärgert mich.

Lange, lange Zeit erschien mir das als das einzig Lebenswerte – das Bewußtsein. Als ich Theon traf und den Mechanismus verstand, begriff ich auch, warum ich auf einer bestimmten Ebene nicht bewußt war. Ich glaube, ich erzählte dir, daß ich zehn Monate eines Jahres damit verbrachte, die Verbindung zwischen zwei Bewußtseinsschichten herzustellen. Eine ganze Reihe von Dingen kam nicht spontan, weil dieser Kontakt fehlte. Madame Theon sagte mir: „Das ist so, weil eine Schicht zwischen dieser und jener Stelle nicht entwickelt ist." Ich war mir aller Bewußtseinsstufen sehr bewußt. Theon hatte es auf sehr einfache Weise erklärt, so mußte man kein Genie sein, um zu verstehen: Er hatte eine vierstufige Unterteilung aufgestellt, und jede dieser Stufen war wieder vierfach unterteilt und so weiter, was unzählige Aufteilungen im Wesen ergab. Aber dank dieser mentalen Vereinfachung konnte man fortgeschrittene psychologische Studien seines Wesens betreiben. Durch Beobachtung und Elimination entdeckte ich, daß zwischen dem und dem *(zwei Ebenen in Mutters Bewußtsein)* eine unentwickelte Schicht lag, das heißt, sie war nicht bewußt. So arbeitete ich während zehn Monaten ausschließlich daran – ohne Ergebnis. Es war mir egal, ich machte weiter. Ich sagte mir einfach: „Vielleicht werde ich fünfzig Jahre brauchen, um etwas zu erreichen, ich weiß es nicht." Dann ging ich weg (ich wohnte in Paris), ich fuhr aufs Land. Als ich mich dort ins Gras legte – durch den Kontakt mit der Erde und dem Gras –, pfft! fand plötzlich ein innerer Aufbruch statt, die Verbindung war hergestellt, und das volle Bewußtsein und alle Erfahrungen folgten. Da sagte ich mir: „Gut, es hat etwas genützt!"

Ich bin sicher, daß es so ist, daß die Arbeit langsam vorangeht, auf unmerkliche Weise, wie das Küken sich im Ei heranbildet: Man sieht nur die Schale – man weiß nicht, was darin ist, ob es noch ein Ei ist oder schon ein Küken (hätte man die Instrumente, um hindurchzusehen, könnte man es natürlich wissen, aber ich meine die gewöhnliche Situation). Dann macht der Schnabel plötzlich pick! und dann krack! und das Küken ist ausgeschlüpft – so geschieht es. Für den Kontakt mit dem psychischen Wesen ist es genau dasselbe. Man kann monatelang, manchmal jahrelang, vor einer verschlossenen Tür sitzen und drängen, drängen, drängen. Man fühlt den Druck des Drängens, es ist schmerzhaft, und man erreicht nichts, kein Resultat. Plötzlich, man weiß nicht wie noch warum, setzt man sich, und pluff, öffnet sich alles, alles birst, alles ist bereit, alles ist getan – es ist geschafft, man taucht ins volle psychische Bewußtsein, man wird mit seinem psychischen Wesen vertraut. Dann ändert sich alles – alles ändert sich – das ganze Leben ändert sich völlig, es ist eine vollständige Umwälzung des ganzen Daseins.

Im Grunde ist es das beste, sich einfach keine Sorgen zu machen, sich nicht zu ärgern oder deprimiert zu werden (Depression ist das Schlimmste von allem), man darf nicht ungeduldig werden, nicht den Mut verlieren – einfach ruhig bleiben und sagen: „Wenn es kommt, kommt es", aber mit unnachgiebiger Beharrlichkeit tun, was man zu tun beschloß, und weitermachen, weitermachen, selbst wenn es völlig vergeblich erscheint.

Wenn ich nur eine Methode hätte!

5. SEPTEMBER 1962

Es gibt Methoden. Die Bücher sind voll von Methoden – ich empfehle sie nicht, denn es ist immer die Methode desjenigen, der das Buch schrieb oder davon gehört hat. Man muß seine eigene Methode finden.

Man kann Andeutungen bekommen, man kann seine Methode finden.

Aber man muß ... Sieh, es ist so wie beim Japa. Das Japa wird einem gegeben, man erhält es (es sei denn, man findet es selber, aber das ist schwieriger und verlangt schon eine andere Verwirklichung), man empfängt sein Japa zusammen mit der Kraft, es durchzuführen – aber man muß trotzdem lernen, es zu tun, nicht? Lange gelingt es einem nicht völlig, oder es passieren alle möglichen Dinge (mittendrin erinnert man sich nicht mehr, oder man schläft ein, ist müde oder bekommt Kopfschmerzen – alle möglichen Dinge –, oder sogar die äußeren Umstände behindern einen). Da ist es dasselbe, man sagt sich: „Ich werde es tun", und man wird es tun, selbst wenn ... Man muß ganz wie ein Maulesel sein und vorangehen – alles widersetzt sich, aber man fährt fort. Man sagte, man werde es tun, und man wird es tun. Es führt zu keinem Resultat: das ist mir egal. Alles richtet sich gegen mich: das ist mir egal. Ich sagte, ich werde es tun, also werde ich es tun ... Ich sagte, ich werde es tun, also werde ich es tun. So muß man vorgehen.

In deinem Fall ist es dasselbe. Es hängt davon ab, was man tun will. Allein das, was ich dir zum Beispiel über den Schlaf oder das Ausruhen sagte, sollte bereits genügen. Darauf begründest du deine eigene Disziplin – seien es gesprochene Worte oder bestimmte Gesten oder empfangene Ideen. Man baut sich seine eigene Disziplin auf. Wenn man einmal seine eigene Disziplin gewählt hat, bleibt man dabei.

Das ist meine Erfahrung.

Beharrlich. Man muß beharrlich sein – unnachgiebig beharrlich. Das Unbewußte und die Unwissenheit widersetzen sich zwar – mit all der sturen, unwandelbaren Macht des Unbewußten und der Unwissenheit –, aber es gilt dasselbe wie für den Felsen und den Wassertropfen. Es ist eine Frage der Zeit. Der Wassertropfen durchdringt den Felsen. Es dauert lange, aber es wird ihm gelingen, denn er fällt, einer nach dem anderen. Zuerst prallt er ab (am Anfang prallt er ab), dann macht er ein Loch, und es entsteht ein ungeheurer rauschender Fluß darunter. Die Natur gibt uns da ein wunderbares Beispiel, wunderbar. Man muß sich wie der Wassertropfen auf dem Felsen verhalten.

Wasser ist vitale Energie. Der Fels ist das Unbewußte.

So ist es, mein Kind.

*
* *

(Beim Weggehen macht Mutter eine Bemerkung über jemanden, und da Satprem offenbar nicht glauben kann, was sie sagt – er wollte nicht an die Häßlichkeiten glauben, er notierte sie nicht einmal –, fügt Mutter hinzu:)

... Denn du bist noch nicht in diesem Bereich, in den ich gehe! Das ist anderswo.

Nicht höher, nicht weiter innen: anderswo. Eine andere Art zu sehen[1].

8. September 1962

(Mutter scheint nicht ganz gesund zu sein. Angeblich hatte sie Ohnmachtsanfälle. Ich wußte nichts Näheres.)

Bist du müde?

Ja, ein bißchen.

Seit drei Tagen läuft eine Schlacht, eine Schlacht, eine Schlacht.

(langes Schweigen)

Man kann nicht wissen, ob es ein Zufall ist ... Ich glaube nicht an Zufälle.

Ich dachte gerade: Trifft es nicht mit der Ankunft von X zusammen?

Er kam gestern. Die Meditation war gut, in dem Sinne, daß sie sehr konzentriert war, sehr still, und er erlebte einen Aufstieg *(Geste eines Dreiecks mit nach oben weisender Spitze)* mit einem Höhepunkt (für ihn) und einer Herabkunft von Licht. Sehr ruhig, sehr still.

Der Arzt sagt, er habe die Grippe – vielleicht hat er mich angesteckt? Ich weiß es nicht.

(Schweigen)

---

1. Dieses „anderswo", das nicht „höher" und nicht „mehr innen" ist, scheint der Verschiebung auf einer Ebene zu entsprechen, von der Mutter sprach: die andere Materie.

Es ist gar nicht mehr das Gefühl einer „Krankheit". Vorgestern war es sehr deutlich das Gefühl eines Angriffs, eines sehr heftigen Angriffs – ich mußte mehr als eine halbe Stunde kämpfen.

Etwas will dem physischen Körper immer das Leben entreißen. Es nimmt diese Form an.

(Schweigen)

Offensichtlich stehen X und ich nicht auf derselben Ebene, das ist ganz klar. Seine Macht und sein Handeln liegen auf mental-physischer Ebene *(Geste nach unten)*, und es mag sein, daß mir das Komplikationen bereitet, denn dadurch muß ich eine Arbeit verrichten, um die ich mich sonst nicht kümmere.

Du hast mir öfters gesagt, daß jedesmal, wenn er kommt, Dinge von unten aufsteigen.

Ja.

Es berührt mich nicht, denn dieser Bereich ist seit langem geordnet, aber es berührt die Atmosphäre und bringt mich in Kontakt mit Dingen, mit denen ich mich sonst nicht abgebe. Da es nun im Moment für den Körper schwierig ist ... Ich sagte dir gerade in unseren letzten Gesprächen, daß das Subtilphysische dabei ist, das Physische zu durchdringen.

Offensichtlich war der Körper nicht gerade erpicht darauf, daß seine Schwierigkeiten noch zunehmen.

(langes Schweigen)

Es ist ein seltsames Gefühl, eine eigenartige Wahrnehmung der beiden Funktionsweisen: der wahren Funktionsweise und der vom individuellen Gefühl des individuellen Körpers entstellten Funktionsweise. Man kann nicht einmal sagen, sie würden sich überlagern, es ist fast gleichzeitig, das macht es schwierig, es zu erklären ... Es gibt eine Menge falscher Funktionsweisen des Körpers. Ich weiß nicht, ob man das Krankheiten nennen kann – vielleicht bezeichnen die Ärzte das als Krankheit, ich weiß es nicht –, aber auf jeden Fall ist es eine falsche Funktionsweise – eine falsche Funktionsweise der Körperorgane: Herz, Magen, Darm, Lunge usw. Und zugleich ... man kann es nicht als „Funktionsweise" bezeichnen, aber jedenfalls ist es der wahre Zustand. Das bewirkt, daß gewisse Störungen nur auftreten, wenn das Bewußtsein ... gleichsam in eine gewisse Stellung gezogen oder gestoßen oder gesetzt wird, und da tritt die falsche Funktionsweise SOFORT auf – nicht als Konsequenz, sondern das Bewußtsein wird ihrer Existenz gewahr. Und wenn das Bewußtsein lange genug in dieser

Stellung verharrt, tritt das ein, was man üblicherweise als Konsequenzen bezeichnet: die falsche Funktionsweise hat Konsequenzen (ganz kleine Dinge, ein physisches Unbehagen, wenn du so willst). Und wenn (sei es durch die yogische Disziplin, sei es durch das Eingreifen des Herrn, man kann es nennen, wie man will) das Bewußtsein wieder seine wahre Haltung einnimmt, hört es SOFORT auf. Aber manchmal ist es so *(Mutter macht eine Bewegung des Überlappens oder Durchdringens, indem sie die Finger ihrer offenen rechten Hand durch die Finger der linken schiebt)*, das heißt, es ist dies und dann das, dies und dann das *(dieselbe Geste, um eine Wechselbewegung des Bewußtseins zwischen den beiden Zuständen zu zeigen)*, diese Position und dann jene Position, diese Position und dann jene. Innerhalb weniger Sekunden bewirkt es diese Bewegung, und dann hat man fast die gleichzeitige Wahrnehmung der beiden Funktionen. Dadurch erkannte ich auch den Vorgang, sonst hätte ich ihn nicht verstanden. Ich hätte geglaubt, es sei ein Zustand, von dem ich dann in einen anderen fiele – aber so ist es nicht, es ist nur ... Alles, die ganze Substanz, die Vibrationen folgen wahrscheinlich ihrem normalen Lauf, und nur die Wahrnehmung des Bewußtseins wechselt.

Wenn man dieses Wissen bis an seine Grenze treibt, es verallgemeinert, bedeutet es, daß das Leben (was wir gewöhnlich „das Leben" nennen, das physische Leben, das Leben des Körpers) und der Tod DASSELBE SIND, sie bestehen gleichzeitig ... nur das Bewußtsein verhält sich so oder so, verschiebt sich so oder so *(dieselbe Geste des Hin und Hers zwischen den Fingern)*. Ich weiß nicht, ob ich mich verständlich machen kann, aber das ist phantastisch!

Diese Erfahrung habe ich mit konkreten und völlig banalen Beispielen. Nichts, das Anlaß für Einbildungen oder Enthusiasmus gäbe, nichts dergleichen, es geschieht in den absolut banalsten Details. Zum Beispiel (das ist nur EIN Beispiel) findet plötzlich diese Art Verschiebung des Bewußtseins statt (sie ist nicht wahrnehmbar, man merkt es nicht, denn ich vermute, wenn man Zeit zum Beobachten hätte, fände es nicht statt; es ist nicht objektiviert), und ... der Eindruck, daß man ohnmächtig wird, das heißt, daß das ganze Blut vom Kopf in die Füße fließt und dann hopp! Wenn nun das Bewußtsein RECHTZEITIG zurückkommt, passiert nichts. Wenn es nicht rechtzeitig zurückkommt, geschieht es.

Das scheint zu bedeuten ... Ich weiß nicht, ob man es verallgemeinern kann oder ob es ein Sonderfall ist, der gerade erarbeitet wird – ich kann es nicht sagen, aber der Eindruck ist sehr deutlich, daß das, was sich im gewöhnlichen Bewußtsein der Leute – in den Erscheinungen – durch den Tod ausdrückt, nur dadurch verursacht wird, daß das Bewußtsein nicht schnell genug in seine wahre Position zurückgelangt.

Ich verstehe sehr wohl, daß es nichts zu bedeuten scheint. Ich fühle wohl, daß die Worte fehlen, daß der Ausdruck völlig fehlt, um die Erfahrung zu erklären.

Wenn man es gehoben ausdrücken will, sagt man: „Es ist eine Bewußtseinsumkehrung" – doch das trifft es nicht. Das ist Literatur.

Aber vielleicht ist es eine Annäherung ans wahre Wissen – das Wissen bedeutet die Macht, es zu ändern. Die Macht über etwas besteht darin, es zu kennen. Wir können von Wissen reden, wenn wir die Sache erschaffen oder ändern, sie andauern lassen oder anhalten können – das ist Macht. Das bedeutet Wissen. Alles andere sind Erklärungen, die das Mental sich selbst gibt. Ich fühle wohl, daß etwas („etwas"! Ja, Sri Aurobindo nennt es „den Herrn des Yogas", das heißt, den Teil des Herrn, der sich um die Evolution der Erde kümmert) mich zur Entdeckung dieser Macht führt – zu diesem Wissen –, natürlich durch das einzig mögliche Mittel: die Erfahrung. Mit großer Behutsamkeit, denn ich spüre wohl, daß ...

Es geht so schnell voran, wie es kann.

Äußerlich beunruhigen diese scheinbaren Störungen natürlich die Leute, besonders den Arzt. Ich erklärte ihm, daß all das mit dem Yoga und der Transformation zu tun habe, daß er sich nicht sorgen solle, aber für die gewöhnliche Sicht ist es offensichtlich beunruhigend. Eine Tatsache ist besonders bestürzend für die gewöhnliche Anschauung, und zwar die, daß ich sehr regelmäßig an Gewicht verliere. Ich bin schon bei einer lächerlichen Zahl angelangt: ich wiege nur noch neununddreißig Kilo! Mein normales Gewicht für meine Größe und meinen Körperbau wäre sechzig. Das heißt mit fünfundzwanzig Jahren wog ich 60, 62 Kilo. Jetzt wiege ich nur noch 39, und es wird immer weniger. Ich verstehe, daß das für die Leute, die die Dinge vom gewöhnlichen Standpunkt aus betrachten, beunruhigend ist ... Ich esse nicht viel (nicht wenig, nicht viel, völlig durchschnittlich), und ich scheine keinen Nutzen aus meiner Nahrung zu ziehen – all das aus der Sicht der äußeren Anschauung. Dann erlebe ich eigenartige Phänomene. Meistens sage ich nichts davon (nur dir erzähle ich das, sonst niemandem), ich spreche nicht darüber, aber von Zeit zu Zeit muß es wohl so scheinen, als würde ich ohnmächtig. Auch nicht auf gewöhnliche Weise, das ist es ja! Nichts geschieht auf gewöhnliche Weise, dadurch wird es sehr beunruhigend! *(Mutter lacht)* Die Energie ist un-ge-heu-er-lich! Viel gewaltiger, als sie jemals war – und die physische Kraft verschwindet fast gänzlich. Ich kann handeln, aber nur, wenn ich Energie hineingebe. Das heißt, der geringste physische Akt verlangt Energie. Ich glaube, der Körper ist völlig ... transparent; er scheint ... manchmal berühre ich ihn, um zu sehen, ob er noch ... ob er fest oder weich ist!

(Schweigen)

Es gab einen äußerst heftigen Angriff (ich glaube, es war gestern, nein, vorgestern), und im selben Augenblick kam eine ungeheure kämpferische Kraft in mich (der Angriff bestand darin, alles, was bösen Willens ist, auf den Ursprung zurückzuwerfen, wenn es einen gibt, und alles, was gefährlich erscheint, zu begünstigen und zu fördern). Das Bewußtsein war fast wie eine Wesenheit der Kampfesmacht, es kam und blieb da, bis der Körper wieder seinen Frieden fand – seinen normalen Frieden.

Ich beobachtete dabei fast Schlachtenblitze. Ein interessantes Schauspiel! Der Körper war sich der erhaltenen Hilfe sehr bewußt – es gab ihm viel Vertrauen, er kam von dort mit der gesteigerten Sicherheit heraus, daß er geführt werde, wie es zur Vollbringung „der Sache" nötig ist – eine Sache, die äußerlich niemand genau kennt, niemand! Niemand kann es wissen, weder den Vorgang noch ... nichts. Völlig neu!

Natürlich weiß das höchste Bewußtsein, was Es tut und was geschehen wird, in dem Sinne, daß Es weiß, was Es will, aber das verläuft nicht über Ursache zu Wirkung und über Ereignisse oder Umstände zu Konsequenzen wie im gewöhnlichen Bewußtsein. So geschieht es ganz und gar nicht, und deshalb sind wir im Augenblick unfähig, es äußerlich auszudrücken. Später werden wir etwas erarbeiten können, aber es wird immer nur ... (wie soll ich sagen?) eine erzählte Geschichte sein, oder? Nicht DIE Sache selbst.

Jedenfalls kann alles, was ich dir hier sage, von Nutzen sein!

Ja!

Wie eine Andeutung. Es ist allerdings sehr unzureichend, es ist ein Ungefähr.

Gut, mein Kind.

*
* *

(Am Ende der Unterhaltung spricht Mutter wieder von X's Besuch:)

Was geschehen mußte, ist nach und nach eingetreten, das heißt, du hast eine Beziehung mit einem X, der nicht X sondern der X DEINER Formation ist – ich sagte es dir schon –, ein idealer X, den du in dir aufgebaut hast. Es wäre besser, dein Ideal nicht mehr mit X zu verbinden, denn ... die beiden entsprechen sich nicht.

Aber wie soll ich mich äußerlich verhalten?

Nichts. Oder du machst ein *Pranam*[1] vor ihm, das ist alles, das spielt keine Rolle. Mein Kind, ich könnte mit aller Aufrichtigkeit vor einem kleinen Hund ein Pranam machen – indem ich den Herrn sehe. Du mußt nur an den Herrn denken.

So verhalte ich mich auch immer.

An den Herrn denken, das ist alles.
Höflich sein.
Laß dich nicht durch diesen Besuch stören.
Eigentlich erscheint es mir wirklich wie etwas Nebensächliches, das einen Teil eines ungeheuren Ganzen ausmacht. Er stellt EINEN Aspekt der Suche nach dem Göttlichen auf der Erde dar[2] und ist Teil eines großen Ganzen wie all die Sannyasins, Sadhus usw. Es trifft sich, daß X uns näher steht, weil er die Göttin der Liebe sehr verehrt, den Liebesaspekt der Shakti. Das hat ihn uns natürlich nahe gebracht, aber ... Ich sehe ihn als Teil einer ganzen Welt, in der es viele andere Dinge gibt. Du kennst das Fest, das alle zehn Jahre stattfindet (glaube ich), mit all den Sadhus, die im Ganges baden[3]. Ich sah die Fotos – es ist schmerzlich ... ja, schmerzlich. Das ist nicht schöner, nicht harmonischer als eine Horde von Leuten, die sich in eine Revolution stürzen. Das ist ... das enthält keine besondere Gnade.

Erinnerst du dich an die Geschichte des Mannes, der seit fünfundzwanzig Jahren an den Quellen des Ganges lebt? Hier ist er *(Mutter zeigt das Foto).* Er war in seiner Höhle, und V sagte ihm: „Ich möchte ein Foto von Ihnen machen." Er erwiderte: „Gut". Er kam heraus und setzte sich in den Schnee – völlig nackt.

(Mutter betrachtet das Foto) In der Stirn, den Augen und der Nase (ich weiß nicht warum, aber besonders in der Nase) gibt es etwas sehr Ähnliches bei all jenen, die die Erfahrung des inneren Kontaktes hatten.

Er ist mehr ein Beispiel für das, was der Mensch erreichen kann: er ist wie ein Vorläufer. Eher ein Vorläufer als ein Arbeiter. Er ist keine schöpferische Kraft auf der Erde sondern ein Beispiel.

---

1. *Pranam*: sich verbeugen oder sich in Verehrung niederwerfen.
2. X symbolisiert die tantrische Forschung.
3. *Kumbhamela*: Hunderttausende von Asketen und Pilgern versammeln sich zum gemeinsamen Bad im Ganges.

Ja, das sind eher Siddhis als evolutionäre Entwicklungen. Es sind Dinge, die der Natur aufgezwungen werden.

Es sind eher Fähigkeiten, die sich später in der neuen Rasse entwickeln müssen, die im Keim angelegt sind, und man ließ den Keim als Beispiel wachsen, aufsprießen, bevor die allgemeine Sache stattfindet – es sind Beispiele.

Es gibt noch einen. Seine Schüler sagen, er sei 154 Jahre alt – ich werde dir sein Portrait zeigen *(Mutter holt das Foto).* D besucht ihn zweimal im Monat, und gestern oder vorgestern sagte er ihm angeblich: „Ja, wißt ihr, für mich ist das größte Wunder, mehr als tausend Menschen für ein spirituelles Vorhaben versammelt zu haben!" *(Mutter lacht hellauf)* Das ist lustig! ... Tausendzweihundert Leute ist die offizielle Zahl des Ashrams – „eine Gruppe von mehr als tausendzweihundert Leuten für ein spirituelles Vorhaben versammelt zu haben!"

Er sagte, er würde hierher kommen, wenn ich ihn riefe – ich ließ ihm sagen, daß ich ihn nicht rufen werde, denn ich könne einen so alten Mann nicht stören, ohne ihn empfangen zu können.

(Mutter betrachtet das Foto) Er scheint ein rechtschaffener Mann zu sein.

Aber es gibt viele wie ihn.

X wirft mir vor, daß ich kein „Kumkum" mehr auf der Stirn trage[1]. *Ich antwortete nichts, sagte nichts.*

Er hat Angst, daß die Leute den Weg vergessen, wenn sie keine Riten ausüben.

Ja, er hat den Eindruck, daß ich alles fallen lasse.

So ist es. Er hat den Eindruck, man sei vom Weg gefallen, wenn man die Dinge nicht tut, die er sagte und wie er sie sagte. Er kann das nicht verstehen. Und Diskutieren führt zu nichts.

Er ist nicht zufrieden mit mir.

Er glaubt, daß du *kicked your sadhana* [deine yogische Disziplin hinausgeworfen hast].

Das ist lächerlich!

Aber nein! Ich sage dir, er kann es nicht verstehen. Für ihn bedeutet Sadhana ... Ich ließ ihm sagen, daß ich in die Sadhana vertieft

---

1. *Kumkum:* roter Puder, der bei Riten benutzt wird – Satprem trug ein rotes Dreieck zwischen den Augenbrauen.

sei. Sofort sah ich in seinen Gedanken die Vorstellung, daß ich mit gekreuzten Beinen sitze und eine ewige Puja verrichte! Verstehst du. Für ihn bedeutet Sadhana bestimmte festgelegte Regeln, und wenn man die Regeln vernachlässigt, läßt man die Sadhana fallen. Aber das macht nichts, sei unbesorgt!

Die „Krankheit" bedeutet, daß ihn etwas mehrere Leben auf einmal durchlaufen lassen will. Wenn es gelingt, wird er am Ende sicher verstehen. Wenn es nicht gelingt, haben wir getan, was wir vermochten, hat er getan, was er konnte, und alles wird zum besten sein.

Ich habe einen Zustand erreicht, wo ich das Streben zum Göttlichen selbst in einem sehr kleinen, sehr unbewußten Wesen sehen kann: in kleinen Hunden, kleinen Katzen, kleinen Kindern, einem Baum – es ist sichtbar. Das ist die ungeheure Sadhana der Erde ... die sich vorbereitet, das Göttliche zu empfangen.

Das ist alles, was erforderlich ist.

Die Formen sind uns völlig egal.

15. September 1962

(Satprem liest eine Stelle aus seinem Manuskript vor, wo es um die unterschiedliche Leuchtkraft auf den verschiedenen Bewußtseinsebenen geht. Mutter unterbricht, um folgendes hinzuzufügen:)

Irgendwo vom Übermental an (oberhalb des höheren Mentals und vom Übermental an) sind die Dinge AUS SICH SELBST leuchtend: sie werden nicht mehr von einem äußeren Licht erhellt, sondern leuchten selber. Das bedeutet einen beträchtlichen Unterschied für die Sicht. Die Dinge werden nicht mehr von außen erhellt, sondern leuchten aus sich. Das ist der wesentliche Unterschied in der Beschaffenheit des Lichtes.

Das geht so weit, daß mir jetzt die beleuchteten Dinge künstlich erscheinen. Sie haben kein eigenes Licht mehr.

Das kann ein sehr mildes Licht sein, sehr *subdued* (gedämpft), nicht blendend, aber es leuchtet aus sich selbst. Je höher man geht, um so strahlender und gleichmäßiger wird das Licht.

*
* *

Etwas später

Die Leute regen sich auf, sie wollen eine vollständige Ausgabe meiner *Entretiens* auf Englisch herausgeben. Ich sagte ihnen, sie sollten sich ruhig verhalten: „Ich will das nicht, später werden wir eine Ausgabe auf Französisch vorbereiten, wenn es so weit ist."

Ich will kein Englisch. Ich will kein Englisch! Weniger und weniger will ich Englisch. Zum Beispiel ist die Übersetzung der *Gebete und Meditationen* vergriffen, sie wollten sie nachdrucken, ich sagte nein: „Wenn ihr wollt, könnt ihr alles nachdrucken, was Sri Aurobindo SELBST übersetzt hat (das ist nicht viel, ein dünner Band). Das, ja, weil es Sri Aurobindos Übersetzung ist." Aber selbst das ist nicht dasselbe wie mein Text – er ist von Sri Aurobindo, nicht von mir.

Die *Gebete und Meditationen* kamen direkt, jedesmal wurde es mir gleichsam diktiert. Am Ende meiner Konzentration schrieb ich, und es ging nicht durch das Denken, es kam direkt. Es kam offensichtlich von jemandem, der sich um eine hübsche Form bemühte. Ich hatte es immer unter Verschluß gehalten, damit niemand es sah. Erst hier fragte mich Sri Aurobindo danach, also zeigte ich ihm einige Blätter, und er wollte den Rest sehen. Sonst hätte ich es weiter verschlossen gehalten. Den Rest zerstörte ich. Ich hatte fünf dicke Bände, jeden Tag schrieb ich (natürlich gab es Wiederholungen), es war das Ergebnis der Konzentration. Ich traf eine Auswahl, was veröffentlicht werden sollte (Sri Aurobindo half dabei), kopierte alles, dann schnitt ich die Blätter heraus und verbrannte den Rest.

Das ist schade!

Einige Originale der Teile, die veröffentlicht wurden, blieben erhalten. Ich verteilte sie fast alle – die Tinte ist verblichen, fast weiß. Den Rest verbrannte ich.

Das ist wirklich schade.

Es war für niemanden bestimmt. Es sollte nicht gelesen werden. Ich zeigte es Sri Aurobindo, weil er über gewisse Dinge sprach – da sagte ich ihm: „Ja, diese Erfahrung hatte ich am ...", dann zeigte ich ihm mein Heft mit dem Datum (jeden Tag war etwas eingetragen).

Fünf dicke Hefte, während vieler Jahre. Selbst hier setzte ich es für einige Zeit fort.

In Japan schrieb ich viel.

Jedenfalls bewahrte ich alles auf, was von allgemeinem Interesse war. Deshalb gibt es einige Lücken in den Daten, sonst wären sie fortlaufend – das war beeindruckend!

Erst hier wollten die Leute alles aufheben. *(Mutter macht eine Bewegung, als ob sie alles von sich werfen wollte)* Die Welt schreitet schnell voran – die Welt schreitet sehr schnell voran, warum aufheben?

(Schweigen)

So sagte ich, wenn die Leute lesen wollen, was ich schrieb ... (natürlich schrieb ich manches auf Englisch; was auf Englisch geschrieben wurde, ist auf Englisch, wie die *Conversations with the Mother*, die ich erst nachher auf Französisch schrieb – nicht genau gleich aber annähernd –, da ist es sehr gut, es wurde auf Englisch geschrieben), aber diejenigen, die meine Sachen lesen möchten, sollen Französisch lernen, das wird ihnen nicht schaden!

Es verleiht dem Gedanken eine Genauigkeit wie keine andere Sprache.

Offensichtlich sollte man es auf Französisch lesen.

Es ist etwas ganz anderes. Es ist unübersetzbar, nicht dieselbe Mentalität! Desgleichen wie der französische Humor und der englische Humor sehr weit voneinander entfernt sind. So weit, daß sie sich gewöhnlich nicht verstehen.

18. September 1962

Ich brauche nicht mehr lange, um *Die Synthese des Yoga* abzuschließen, und ich weiß, was ich danach tun werde ... Es wird ähnlich wie diese Hefte sein *(Gebete und Meditationen)*. Ich werde den Teil von *Savitri* vom Gespräch mit dem Tod bis zu dem Punkt nehmen, wo der höchste Herr ihr die Zukunft der Erde prophezeit (als erstes, später werde ich weitersehen) – das ist ziemlich lang, mehrere Seiten. Das ist für meine eigene Befriedigung.

Ich werde es zuerst Vers für Vers übersetzen, mit Leerzeilen zwischen den Versen (nicht Wort für Wort sondern Zeile für Zeile). Nachher will ich versuchen, es auf französische Weise auszudrücken *(Mutter macht eine Bewegung, als wolle sie es von oben nach unten ziehen).*

Es ist keineswegs meine Absicht, das jemandem zu zeigen oder es jemanden lesen zu lassen, sondern um in dieser Atmosphäre zu verweilen, denn ich liebe die Atmosphäre von *Savitri* sehr. Es verschafft mir eine Stunde der Konzentration. Dann werde ich sehen, ob zufällig ... ich habe kein dichterisches Talent, aber ich werde ja sehen, ob es kommt! (Zu einer organisierten Mentalität habe ich im gegenwärtigen Dasein keine Begabung, daher wird es also nicht kommen!) Das wird interessant sein, ich werde sehen, ob es kommt. Ich werde es versuchen.

Ich kenne dieses Licht. Jedesmal, wenn ich *Savitri* lese, bin ich sofort in diesem Licht. Ein sehr, sehr schönes Licht.

Ich werde sehen.

Ich werde es erst mit französischen Worten ausdrücken, so wie es Sri Aurobindo auf Englisch gesagt hat. Dann will ich sehen, ob es OHNE ÄNDERUNG durchkommt, das heißt, ob seine gleiche Inspiration auch im Französischen wirkt. Das wird eine interessante Beschäftigung sein. Wenn ich eine, zwei, drei Zeilen täglich übersetze, genügt mir das. Jeden Tag werde ich so eine Stunde verbringen.

Ich habe keine Ahnung, was dabei herauskommen wird. Ich weiß nur, daß ich eine große Freude empfinde, dort oben in diesem Licht zu verweilen. Es ist ein supramentales Licht. Ein ästhetisches supramentales Licht der Schönheit. Sehr, sehr harmonisch.

Nun stört es mich nicht mehr, *Die Synthese* zu beenden. Ich war verdrossen, denn ich hatte kein anderes Buch von Sri Aurobindo, das mir in meiner Sadhana helfen konnte, nur *Die Synthese*. Wie ich schon sagte, kam es immer zur rechten Zeit, genau dann, wenn es für die Erfahrung notwendig war.

Ich weiß, wenn diese Übersetzung fertig ist (denn ich kenne *Savitri* und weiß, was es bedeutet), wenn sie fertig ist ... werde ich entweder dort angelangt sein, oder aber es wird lange Zeit dauern[1].

All seine anderen Bücher, die mir helfen könnten, sind bereits übersetzt. Aber *Savitri* nehme ich nicht um der Übersetzung halber, sondern um zu SEHEN. Um einen Versuch zu machen. Um jeden Tag die Erfahrung des Kontakts damit zu haben.

Ich hatte großartige Erfahrungen, als ich es zum ersten Mal las, vor zwei Jahren, glaube ich. Wunderbare Erfahrungen! Wunderbar.

---

[1]. Siehe als Addendum die letzten Zeilen von *Savitri*, die Mutter übersetzte.

18. SEPTEMBER 1962

Seither habe ich jedesmal, wenn ich diese Zeilen lese, dieselbe ... nicht dieselbe Erfahrung, aber ich trete in Verbindung mit diesem Bereich.

Es wird eine sehr interessante Beschäftigung sein.

Das ist interessanter, als die Geschichten der Leute anzuhören. Ach! ... *(Mutter klopft sich an den Kopf)*

*
* *

Addendum

(Dies sind die letzten Zeilen von Savitri, die Mutter acht Jahre später übersetzte, wie sie unter dem Datum des 1. Juli 1970 in ihrem Heft vorgefunden wurden:)

1.7.1970

Doch wie soll ich im endlosen Frieden Ruhe suchen,
Die ich der mächtigen Mutter gewalttätige Kraft behause
Und ihre Schau hierher gewandt habe,
diese rätselhafte Welt zu lesen,
Ihren Willen gestählt habe in der Glut der Weisheitssonne
Und dem flammenden Schweigen ihres Liebesherzens?
Gewiß, die Welt ist ein spirituelles Paradox,
Erfunden von einem Bedürfnis im Unsichtbaren,
Nur eine armselige Übertragung für die Sinne des Geschöpfes
Von Jenem, das für immer weit hinausragt über Sprache und Idee,
Nur ein Symbol dessen, das man niemals symbolisieren kann,
Eine fehlerhaft ausgesprochene Sprache, falsch geschrieben, doch wahr.[1]

(Original:)

> But how shall I seek rest in endless peace
> Who house the mighty Mother's violent force,
> Her vision turned to read the enigmaed world,
> Her will tempered in the blaze of Wisdom's sun
> And the flaming silence of her heart of love?
> The world is a spiritual paradox
> Invented by a need in the Unseen,
> A poor translation to the creature's sense

---

1. Die drei folgenden Zeilen, die Mutter nie übersetzte, lauten: Denn ihre Mächte sind aus den ewigen Höhen hergekommen Und hineingetaucht in diesen unbewußten düstern Abgrund Und aus ihm wieder aufgestiegen, um ihr wunderbares Werk zu tun.

Of That which for ever exceeds idea and speech,
A symbol of what can never be symbolised,
A language mispronounced, misspelt, yet true.

X.IV.647

22. September 1962

(Mutter macht eine kurze Bemerkung über eine Person, die dem traditionellen Yoga folgt und ständig krank ist:)

... Das ist der Hauptfehler dieses alten Yoga-Systems: Solange sie in dem Bereich bleiben, wo sie den Yoga betreiben, geht alles gut, aber sobald sie herabsteigen, sind sie schlimmer als die anderen.

* * *

(Nachdem sich Mutter einen Abschnitt des Manuskripts angehört hat, der sich auf die Gewaltlosigkeit und Gandhi bezieht, macht sie eine weitere kurze Bemerkung:)

Sie beweihräuchern sich selbst mit ihrem *Ahimsa*[1] – abscheulich!

* * *

Addendum

(Eine kurze Passage aus dem Abenteuer des Bewußtseins, *die Satprem Mutter vorlas:)*

... Mitten im Krieg von 1914 schrieb Sri Aurobindo mit prophetischer Kraft: Die Niederlage Deutschlands ... genügt nicht, um den Geist auszulöschen, der sich in Deutschland verkörpert. Er wird wahrscheinlich anderswo, in einer anderen Rasse oder in einem anderen Reich, zu einer neuen Inkarnation desselben Geistes führen. Dann

---

1. *Ahimsa:* Gewaltlosigkeit.

muß die ganze Schlacht noch einmal geschlagen werden. Solange die alten Götter lebendig sind, ist es nicht von großem Nutzen, die Körper, die sie beseelen, zu zerschlagen oder zu zerstören, denn sie verstehen es sehr gut, neue Gestalten anzunehmen. 1813 besiegte Deutschland den Geist Napoleons, und 1870 zerstörte es die Reste der französischen Vorherrschaft in Europa. Dieses selbe Deutschland wurde zur Inkarnation dessen, was es besiegte. Das Phänomen kann sich leicht in einem noch erschreckenderen Maßstab wiederholen[1]. *Heute wissen wir, daß die alten Götter der Seelenwanderung fähig sind. Als er sah, wie all die Jahre der Gewaltlosigkeit zu den schrecklichen Gewalttaten führten, die die Teilung Indiens 1947 kennzeichneten, bemerkte Gandhi vor seinem Tod selbst mit Trauer: „Das Gefühl der Gewalttätigkeit, das wir heimlich hegten, fällt auf uns zurück, und wir springen uns gegenseitig an die Kehle, wenn es um die Machtaufteilung geht ... Jetzt, wo das Joch der Unterwerfung abgeworfen wurde, stiegen alle Kräfte des Übels an die Oberfläche." Denn weder die Gewaltlosigkeit noch die Gewalttätigkeit berühren die Quelle des Übels ...*

26. September 1962

(Nach der Lektüre eines Abschnittes aus dem Manuskript:)

Das ist sehr gut!
Ich würde zu gerne ihr Gesicht sehen ... das wäre amüsant.

Danach werde ich zu Alipore übergehen: das Überbewußte.

Das wird spannend sein.

Es ist schwierig.

Nein, es ist sehr gut.
Es wird ein gutes Buch, *unusual* – eine ungewöhnliche Darstellung. Es ist interessant, mein Kind.

Einmal, wenn du Zeit hast, möchte ich dir einige Fragen stellen. Denn beim Überbewußten sind mir manche Dinge unklar.

---
1. *Das Ideal einer geeinten Menschheit* IX.89 (Cent. Ed. XV. 320)

Du kannst mir Fragen stellen, aber ich denke, du wirst die Antworten in dem finden, was er schrieb, meinst du nicht?

Ja und nein.

Was möchtest du wissen?

Vor allem möchte ich den Unterschied zwischen dem Übermental und dem Supramental verstehen. Besonders diese Frage möchte ich nicht auf abstrakte Weise sondern konkret verstehen.

Das Übermental ist nicht intellektuell. Es ist der Bereich der Götter. Es ist der Bereich der Götter und der Bereich, der die Erde regierte. Alle Götter, die die Menschen kannten und verehrten und mit denen sie in Beziehung traten, liegen in diesem Bereich.

Ja, ein Bereich der Götter, mit göttlichen Lebensweisen – es ist nicht das Supramental.

Ja, genau – aber worin besteht dann der eigentliche Unterschied?

Ich glaube nicht, daß die Götter das Supramental erreichten.

Die Götter gehen nicht über das Übermental hinaus.

Ich kenne die rein hinduistischen Traditionen nicht, aber die Götter sind die Wesen, mit denen die Veden und die Leute der vedischen Epoche in Beziehung standen, so denke ich wenigstens. Was ich von den Göttern weiß, erfuhr ich schon zuvor durch die andere, chaldäische Tradition. Aber Theon sagte, daß die vedische Tradition (die er übrigens auch kannte) und diese Tradition aus einer gemeinsamen früheren Tradition hervorgegangen seien. Er erzählte diese Geschichte der Ersterschienenen, die sich in ihrer vollkommenen Unabhängigkeit durch ihre Taten vom Höchsten abtrennten und diese ganze Störung verursachten – darin liegt die Ursache des Durcheinanders der Schöpfung. Danach wurden die Götter geschaffen: die Götter erschienen, um das Übel wiedergutzumachen und die Welt nach dem höchsten Willen zu ordnen. Natürlich ist das eine kindliche Art, die Dinge auszudrücken, aber es ist verständlich. All diese Götter arbeiten also in Harmonie und Ordnung. Das besagt diese alte Tradition.

Die indische Tradition, so wie ich sie verstand, schloß all die von den Ersterschienenen Abstammenden in ihren Pantheon ein – denn die Götter der Zerstörung, die Götter des Unbewußten, die Götter des Leidens gehören alle zu ihren Göttern.

Im Grunde ist es jedem anheimgestellt, alles Beliebige mit beliebigen Namen zu versehen. So empfand ich es immer. Selbst in der

Hindu-Tradition steht geschrieben: „Der Mensch ist wie Vieh für die Götter, mißtraut den Göttern!"

Für mich sind das alles Ausdrucksweisen – für jeden die Worte, die seiner Natur am besten entsprechen.

Ich hatte eine bewußte Beziehung zu all den Wesen der Überlieferung, die ich durch Theon kennenlernte, und zu all den Wesen, wie sie in der indischen Tradition erklärt werden. Eigentlich kam ich, soweit ich weiß, mit allen Gottheiten sämtlicher Religionen in Berührung. Es ist abgestuft *(Geste einer Hierarchie)*. Es gibt Wesen vom ... sogar im Vital sind sie vorhanden. Im Mental haben die Menschen vieles vergöttlicht: Alle Wesen, die nicht genau wie sie selbst waren, machten sie zu Göttern. Wenn man eklektisch eingestellt ist, kann man zu allen eine Beziehung haben. Alle haben ihre Realität, ihre Existenz.

Dieser Bereich beherrscht die Erde und das Mental (selbst das höchste Mental). Aber die Evolution, die IRDISCHE Evolution, die ihrem eigenen Rhythmus folgt, der verdichteter, konzentrierter und man könnte sagen zugespitzter ist als die universelle Evolution in ihrer Gesamtheit, diese irdische Tradition schuf durch die menschliche Rasse eine Art höheren Intellekt, der fähig ist, den übermentalen Bereich oder den Bereich der Götter zu überschreiten und direkt zu einem erhabeneren Prinzip zu gelangen.

Jedenfalls hat der übermentale Bereich, der Bereich der Götter, die die Macht haben, das Universum und TEILWEISE die Erde zu regieren, seine unabhängige Realität. Man kann mit ihm in Beziehung treten, und man kann sich seiner bedienen – die „Ahnen" der Veden bedienten sich seiner, die Okkultisten bedienen sich seiner, selbst die Tantriker bedienen sich seiner. Es gibt aber einen anderen Weg, der den Göttern mißtraut und der durch einen ... man könnte sagen, intellektuellen Asketismus führt, der den Formen, den Bildnissen, den verschieden Ausdrucksweisen mißtraut und geradewegs, sehr stolz und sehr rein wie ein Blitz direkt zum supramentalen Licht vorstößt. Das ist eine lebendige Erfahrung.

Sri Aurobindo verkündete den integralen Yoga, der alles umfaßt und in dem man folglich alle Erfahrungen machen kann. In der Tat wurde das Universum als Erfahrungsfeld geschaffen. Manche Menschen bevorzugen kurze, direkte und steile Wege – das ist ihre Sache. Andere wollen ihre Zeit auf dem Weg vertrödeln – auch das ist ihre Sache. Manche fühlen sich veranlaßt, alle Erfahrungen zu machen, und sie halten sich folglich oft und lange in der übermentalen Welt auf. Manche – die große Mehrzahl jener, die RELIGIÖSE Aspirationen haben – finden eine Beziehung zu den Gottheiten und verweilen dort, das genügt ihnen.

Aber alles, was ich gerade sagte, ist nur ein sehr kleiner Teil all dessen, was existiert.

Im Grunde liegt der Bereich der Götter auf derselben Seite wie der unsere, lediglich im Maßstab der Götter: mit der Macht der Götter, den Möglichkeiten der Götter, dem Bewußtsein der Götter, der Freiheit der Götter, und zudem sind sie unsterblich. Eben ein Götterleben! Es ist ... ich glaube, die Mehrzahl der Menschen wäre mehr als zufrieden damit.

Sie kommen auch auf die Erde, um sich zu amüsieren, alle Überlieferungen erzählen uns das (ich weiß, daß einige auf die Erde kommen und einen menschlichen Körper annehmen, um ein psychisches Wesen zu haben – aber nicht alle). Die meisten amüsieren sich damit, in Beziehung zu den Menschenwesen zu treten. Jedenfalls haben sie in ihrem eigenen Bereich einen Körper – man hat keineswegs den Eindruck, daß sie körperlos seien. Sie haben einen Körper, einen unsterblichen Körper.

Ja, aber auch im Supramental?

Die Götter gehen ja nicht ins Supramental!

Nein, was ich eigentlich wissen wollte, ist der Unterschied, wenn man auf die andere Seite hinübergeht, ins Supramental. Der Unterschied zwischen der Schau des Supramentals und des Übermentals?

Ich weiß nicht, was Sri Aurobindo dir sagen würde ...

Gerade in diesen Tagen habe ich darüber nachgedacht. Für mich ist das übermentale Bewußtsein ein gesteigertes Bewußtsein: viel schöner, viel höher, viel kraftvoller, viel glücklicher, viel ... mit vielen „Viel". Aber ... zum Beispiel kann ich dir eines sagen: Die Götter haben nicht das Gefühl der Einheit. Auf ihre Art streiten sie miteinander. Jedenfalls möchte ich zum Ausdruck bringen, daß sie nicht das Gefühl der Einheit haben, sie haben nicht das Empfinden, eins und der Ausdruck des Göttlichen zu sein – des einzigen Göttlichen. Folglich gehören sie noch zu dieser Seite, lediglich in einer großartigeren Form, und mit einer für uns unvorstellbaren Macht, zum Beispiel der Fähigkeit, nach Belieben ihre Form zu ändern, an allen Orten zugleich zu sein – alle möglichen Dinge, von denen die armen Menschen nur träumen können. Diese Götter haben all das. Sie leben eben ein göttliches Leben! Aber es ist nicht das Supramental.

Das Supramental ist das Wissen, das reine Wissen. Ja, Wissen – wissen, was zu wissen ist.

Dort ist es nicht mehr ein Spiel ZWISCHEN Menschen und Dingen sondern ... Das Zeichen des Supramentals ist wirklich die Einheit. Die Einheit, die nicht mehr die Summe einer Anzahl verschiedener Dinge ist sondern im Gegenteil eine Einheit, die ... mit sich selbst spielt. Es besteht keine Beziehung mehr wie die zwischen den Göttern untereinander oder zwischen den Göttern und der Welt – sie gehören noch der Vielfalt an, aber FREI VON UNWISSENHEIT. Sie kennen keine Unwissenheit, sie haben nicht, was wir hier haben, was dem menschlichen Wesen zueigen ist. Sie kennen keine Unwissenheit, keine Unbewußtheit, aber sie haben das Gefühl der Verschiedenheit und der Trennung.

Und Sri Aurobindos Erfahrung in Alipore? Weißt du, die berühmte Erfahrung, als er Narayana in den Gefangenen sieht, Narayana in den Wächtern, Narayana überall?

Das ist das Höchste. Die Einheit.

Ist es eine supramentale Erfahrung oder ...?

Sie ist supramental.

Supramental?

Ja, die supramentale Erfahrung – er nannte sie Narayana, weil er Inder war.

Sie ist supramental, nicht übermental?

Nein, nein.
Es ist so, wie Sri Aurobindo auch die Botschaft der Gita erklärt: nicht das Übermental sondern das Supramental. Die Einheit, die Erfahrung der Einheit.

Für mich war die Erfahrung der Götter nie mehr als eine Ablenkung – eine Unterhaltung, eine Belustigung. All das erschien mir weder wesentlich noch unerläßlich. Man kann sich den Luxus leisten, all diese Erfahrungen zu haben, und es vermehrt euer Wissen, eure Macht, euer dies, euer jenes, aber sonst ist es nicht von Bedeutung. DIE Sache ist ganz anders.

Man kann darauf verzichten. Man kann den Kontakt mit dem Supramental ohne irgendeine dieser Erfahrungen haben – sie sind nicht unerläßlich. Aber wenn man das Universum kennen und erleben will, wenn man mit dem Höchsten in Seinem Ausdruck identifiziert sein will, dann gehört all das zu Seinem Ausdruck in verschiedenen Abstufungen, mit verschiedenen Kräften. All das ist ein Teil Seiner Erfahrung. Warum nicht? Man kann sich den Luxus leisten, all das zu erfahren. Es ist sehr interessant – sehr interessant, aber nicht unerläßlich.

Ich glaube, wenn ihr einmal mit dem Höchsten identifiziert seid, wenn der Höchste euch gewählt hat, um ein Werk auf der Erde zu verrichten, dann gewährt Er euch all diese Dinge ganz natürlich – weil es eure Handlungsfähigkeit vermehrt, das ist alles. Das ist alles.

Für mich gibt es keine Probleme mehr, gar keine Probleme mehr!

Diese Klassifikation *(der Bewußtseinsebenen)* ist sehr nützlich; in einem gegebenen Augenblick, hauptsächlich im Moment des Anstiegs, der Bewußtwerdung, ist das sehr wichtig, aber nachher ...

(Schweigen)

Sri Aurobindo betonte das Übermental nicht besonders. Der einzige interessante Punkt liegt darin, daß das Übermental die Welt durch all die Religionen regiere, daß es der Ort aller Gottheiten ist, aller Wesen, aus denen die Menschen in ihren Religionen Götter machten. Dies sind Wesen, die in ihrer eigenen Welt existieren, und manche Menschen standen mit ihnen in Beziehung und waren wie überwältigt durch ihre Macht und ihre Überlegenheit, und sie schufen daraus die Religionen – Religionen und Götter.

Aber man sollte dem keine übermäßige Bedeutung zuschreiben[1]. Wie ich dir sagte, man kann daran vorbeigehen, ohne es zu durchschreiten, oder man kann sogar hindurchgehen, ohne es zu bemerken. In den Veden fand ich interessant, daß gesagt wird, wenn man nicht aufsteigt, wie es sich gehört, und wenn man versucht voranzugehen, ohne diese Götter einzubeziehen, stoßen einem unangenehme Dinge zu, und man wird auf dem Weg aufgehalten – erinnerst du dich?[2] Das gibt dir eine Vorstellung. Es ist wie eine Zwischenzone – der Erde sehr überlegen, aber eine Zwischenzone. Einige versuchten, ohne anzuhalten hindurchzugehen, und sie sagen, daß einem Unannehmlichkeiten widerfahren können. Ich weiß es nicht, ich kann nur aus eigener Erfahrung sprechen, und ich empfand immer eine Art Brüderlichkeit (!), ich kannte sie, besuchte sie häufig, so stellte sich nicht die Frage, hindurchzugehen oder nicht hindurchzugehen!

Mein deutlicher Eindruck ist, daß ihre Welt der unseren ähnelt und nur gesteigert ist, aber es ist nicht die Supramentale Schöpfung, die die Gegenwart des Höchsten und der Einheit hier herbeiführen soll – es gehört zum alten Weg.

---

1. In Satprems Buch.
2. Zweifellos meint Mutter den Dialog zwischen dem Rishi Agastya und Indra (*On the Veda*, S. 287ff), von dem Mutter im Vorjahr gesprochen hatte. Siehe *Agenda*, Bd. 2, 22. Januar 1961.

26. SEPTEMBER 1962

Im Grunde gehört es zum alten Weg, es ist die Folge dessen, was geschah, und der ganzen universellen Formation, so wie wir sie kennen. Die Menschen, die an die Ursünde glauben, würden sagen: „Es ist die Folge dieses Unfalls der Schöpfung." – War es ein Unfall? Ich habe meine Zweifel. Das muß noch aufgedeckt werden. Aber wir werden es erst wissen, wenn ... es abgeschlossen ist.

Ich spreche in Rätseln, aber sei's drum!

Ich will sagen, daß wir das Wie und Warum erst kennen werden ... wenn die Kurve vollendet ist.

Die Götter sind jedenfalls Teil der Kurve. Das Übermental gehört zu dieser Kurve.

All diese Götter sind sehr freundlich. Für gewisse Leute sind sie manchmal unerträglich *(Mutter lacht)*, aber tatsächlich sind sie sehr freundlich. Sie haben ihre Fehler und ihre Tugenden, aber zu mir waren sie immer sehr freundlich.

Schluß! *(Mutter macht ein Kreuz über ihren Mund)*

*
* *

(Später versucht Mutter, sich an ein Wort zu erinnern, das ihr besonders auffiel, als ihr Satprem aus seinem Buch über Sri Aurobindo vorlas:)

... Es ist seltsam, ich merke, daß ich mit einem ganz anderen Bewußtsein zuhöre. Hier gibt es nichts mehr *(Geste zur Stirn)*, nur der Ton kommt hier an, aber ich höre anderswo.

Physisch erinnere ich mich überhaupt nicht. Ich hatte nur den Eindruck... Ich sah ein Wort, das ein lebendiges bläuliches Licht annahm, so sagte ich mir: „Sieh an! Ein gutes Wort für meine Übersetzung." *(Mutter versucht noch, sich zu erinnern, dann gibt sie es auf)*

Das Wesentliche ist jedenfalls, was du mir gesagt hast: Die Erfahrung von Alipore ist supramental.

Oh, ja! Er verwendete das Wort Narayana, weil er noch nicht seine eigene Terminologie ausgearbeitet hatte, aber er meint damit nicht die Götter sondern die supramentale Erfahrung.

*
* *

353

(Einige Tage später ergänzt Mutter folgendes in bezug auf ihre „Vergeßlichkeit" und ihre Art, „anderswo" zu hören:)

Manchmal höre ich auch ein Wort, und es entspricht überhaupt nicht dem, was gesagt wurde.

Wenn ich versuche, mich zu erinnern, sehe ich nämlich ein Licht, verstehst du – es kam mit einem Licht. Es war ein weißes Licht mit blauem Rand. Du magst irgendein Wort gesagt haben, und ich hörte es „anderswo".

Ich sehe es noch: weiß mit blauem Rand – ich sagte einfach bläulich, aber genau genommen war es weiß mit blauem Rand.

Manchmal passiert mir folgendes: Wenn ich für meine Übersetzung das Englische lese, kommen ganz plötzlich Dinge *(von anderswo)*. Dann suche ich nach einer Übersetzung. Wenn ich danach wieder den englischen Text ansehe, finde ich das Wort, das ich gesehen hatte, nicht mehr – ich finde es einfach nicht mehr.

Beachte es also nicht! *(Lachend)* Die Ärzte meinen, ich verliere den Verstand.

29. September 1962

(Über ein altes Entretien vom 3. Oktober 1956, das im nächsten Bulletin veröffentlicht werden soll:)

Du sagst folgendes: „Es ist offensichtlich, daß die Wahrnehmung der modernen Wissenschaft der universellen Wirklichkeit viel näher kommt als zum Beispiel die Wahrnehmung des Steinzeitalters. Da besteht nicht der Schatten eines Zweifels. Aber sogar die Wissenschaft wird sich durch das Eindringen von etwas, das im erforschten Universum NICHT EXISTIERTE, *plötzlich vollkommen überholt und auf den Kopf gestellt vorfinden ..."*

Das Problematische ist, daß Sri Aurobindo sagte, es sei bereits DARIN, involviert. Er sagt immer, es sei „involviert" und entwickele sich.

Ja, aber involviert bedeutet, daß es nicht manifestiert ist. Das neue Element, das Eindringen des neuen supramentalen

Elements bedeutet das Eintreten des involvierten, nicht manifestierten Elements.

Wenn es nicht schon involviert vorhanden wäre, könnte es niemals kommen. Das ist offensichtlich.

Dann sagst du: „Diese Änderung, diese plötzliche Transformation des universellen Elements wird ganz bestimmt eine Art Chaos in den Wahrnehmungen herbeiführen, aus dem ein neues Bewußtsein hervorgehen wird. Auf allgemeinste Weise ausgedrückt, ist dies das Ergebnis der neuen Manifestation."

Es handelt sich nicht um „neue Dinge" in dem Sinne, daß sie vorher nicht existierten, aber sie waren nicht im Universum manifestiert. Nichts kann bestehen, das nicht schon seit aller Ewigkeit im Höchsten bestand. Aber es ist neu in der Manifestation. Das Element ist nicht neu, aber es wird neu manifestiert, es ist neu aus dem Nichtmanifestierten hervorgetreten. Was heißt „neu"? Eine „neue" Sache ergibt keinen Sinn. Es ist neu FÜR UNS, in der Manifestation, das ist alles.

Man gibt immer Dummheiten von sich, wenn man spricht. Aber wenigstens *(lachend)* entsprechen manche Dummheiten eher der Wahrheit. Dies ist eine Dummheit, die der Wahrheit näher ist.

Oktober

3. Oktober 1962

Nichts zu sagen.
Es ist eine mikroskopische Arbeit.

6. Oktober 1962

78 – Wenn das Wissen frisch in uns ist, ist es unbesiegbar. Alt geworden, verliert es seine Kraft, denn Gott schreitet unentwegt voran.

Was ist deine Frage?

Hier ist ein intellektuelles oder spirituelles Wissen gemeint, aber wenn es sich um ein Wissen des supramentalen Yogas handelt, dann ist es ... welche Art Wissen ist das? Ist es ein Wissen im Körper, ein physisches Wissen?

Sri Aurobindo spricht hier von einem Wissen durch Inspiration oder Offenbarung. Wenn plötzlich etwas herabkommt und das Verständnis erleuchtet, hat man auf einmal den Eindruck, eine gewisse Sache zum ersten Mal zu wissen, denn es kommt direkt aus dem Bereich des Lichtes und des wahren Wissens, und es kommt mit all seiner innewohnenden Kraft der Wahrheit – es erleuchtet einen. Hat man es gerade empfangen, scheint in der Tat nichts diesem Licht widerstehen zu können. Wenn man darauf bedacht ist, es in sich wirken zu lassen, bewirkt es eine so große Transformation, wie sie in seinem eigenen Bereich nur möglich ist.

Diese Erfahrung hat man häufig. Wenn das geschieht, scheint sich alles für eine gewisse Zeit (nicht für sehr lange) ganz natürlich um dieses Licht zu ordnen. Dann vermischt es sich allmählich mit dem übrigen, und nur das intellektuelle Wissen davon bleibt bestehen (es äußert sich auf die eine oder andere Weise). Dieses bleibt bestehen – aber sozusagen als wäre es leer. Es hat nicht mehr diese Antriebskraft, die alle Bewegungen des Wesens in seinem Bildnis transformiert. Das will Sri Aurobindo sagen: Die Welt schreitet schnell voran, der Herr geht immer vorwärts, und all das, was Er hinterläßt, ist ein Schweif, der aber nicht mehr dieselbe spontane Kraft und Allmacht des AUGEN-BLICKS hat, als Er ihn in die Welt schleuderte.

Man hat den Eindruck, daß es wie ein Regen der Wahrheit ist: Alle, die ihn auffangen können, und sei es auch nur einen Tropfen, erfahren eine Offenbarung, aber wenn sie nicht selber mit phantastischer Geschwindigkeit voranschreiten, entfernt sich der Herr sehr bald mit seinem Regen der Wahrheit, und man muß schnell laufen, um ihn einzuholen!

Diese Vorstellung hatte ich immer.

Das will er sagen.

Ja, aber damit dieses Wissen wirklich eine Macht der Transformation hat ...?

Das ist die höhere Erkenntnis, die sich ausdrückende Wahrheit, das, was er „die wahre Erkenntnis" nennt. Diese Erkenntnis transformiert die ganze Schöpfung. Aber es ist, als ließe Er es die ganze Zeit herabregnen, und man muß sich sehr beeilen *(lachend)*, um nicht zurückgelassen zu werden.

Hast du denn niemals dieses blendende Licht im Kopf gespürt? Das drückt sich aus als: „Ah! Aber ja!" Bisweilen wußte man es zwar verstandesmäßig, doch es war farblos, ohne Leben, und nun kommt es plötzlich wie eine ungeheure Kraft, die alles im Bewußtsein um dieses Licht ordnet – es bleibt nicht sehr lange. Manchmal bleibt es nur einige Stunden, manchmal einige Tage, aber niemals länger, außer man wäre sehr langsam in seinen Bewegungen. Während dieser Zeit *(lachend)* bewegt sich die Quelle der Wahrheit immer weiter, weiter, weiter ...

Aber all dies sind psychologische Transformationen. Welche Kenntnis ist nötig, um die Materie zu transformieren, den Körper?

Darüber kann ich im Moment nichts sagen, mein Kind, denn ich weiß es nicht.

Ist es eine andere Art des Wissens?

Nein, ich glaube nicht.

(Schweigen)

Es ist vielleicht eine andere Art Aktion, aber keine andere Art des Wissens.

(Schweigen)

6. OKTOBER 1962

Im Grunde kann man erst dann von dem sprechen, was die Materie transformiert, wenn sie ... wenigstens ein bißchen transformiert ist, wenn die Transformation begonnen hat. Dann kann man von einem Prozeß sprechen. Aber bis jetzt ...

(Schweigen)

Jede beliebige Transformation im Wesen – auf jeder Ebene – hat immer Auswirkungen auf die darunterliegenden Ebenen. Es hat immer eine Wirkung. Selbst die Dinge, die rein intellektuell erscheinen, haben sicherlich eine Auswirkung auf die Beschaffenheit des Gehirns.

Diese Art von Offenbarungen geschehen nur in einem schweigenden Mental – jedenfalls in der Ruhe. Ein völlig ruhiges und unbewegtes Mental, sonst geschieht es nicht. Oder wenn es kommt, merkt man es nicht einmal, bei all dem Lärm, den man verursacht. Natürlich hilft es, die Ruhe, das Schweigen, die Aufnahmefähigkeit immer mehr zu erweitern... Dieser Eindruck von etwas so Unbewegtem, aber nicht Verschlossenem – unbewegt aber offen, unbewegt aber empfänglich – stellt sich durch die Anzahl der Erfahrungen ein. Es besteht ein großer Unterschied zwischen einem toten, eintönigen, unempfänglichen Schweigen und dem aufnahmefähigen Schweigen eines ausgeglichenen Mentals. Das macht einen großen Unterschied. Aber es ist das Ergebnis dieser Erfahrungen. Alle unsere Fortschritte sind immer das natürliche Ergebnis der Wahrheit, die von oben kommt.

Das hat eine Auswirkung: All diese Dinge haben eine Wirkung auf die Funktion des Körpers – auf die Funktion der Organe, des Gehirns, der Nerven usw. Das vollzieht sich sicherlich während einer sehr langen Zeit, bevor es eine Auswirkung auf die äußere Form hat.

Eigentlich denken die Leute vor allem an eine malerische Transformation, wenn sie von Transformation sprechen, scheint mir. An eine schöne Erscheinung! Leuchtend, geschmeidig, formbar, beliebig veränderlich. Aber an diese sehr wenig ästhetische Angelegenheit der Transformation der Organe denkt man nicht viel. Dennoch wird das sicherlich als erstes eintreten, lange vor der Transformation der Erscheinung.

Sri Aurobindo sprach davon, die Organe durch die Funktion der „Chakras"[1] *zu ersetzen.*

Ja, ja. Er sprach von dreihundert Jahren! *(Mutter lacht)*

(Schweigen)

---

1. *Chakras:* Bewußtseinszentren.

Denn man braucht es sich ja nur zu überlegen, das ist leicht zu verstehen: Wenn es sich darum handelte, eines anzuhalten und ETWAS ANDERES zu beginnen, ließe sich das relativ rasch ausführen. Aber den Körper am Leben zu erhalten (so daß er weiterhin funktioniert) und ZUR SELBEN ZEIT eine neue Funktion so einzuführen, daß er am Leben bleibt, und die Transformation – das ergibt eine Kombination, die sehr schwer zu verwirklichen ist. Ich bin mir völlig im klaren über den enormen Zeitraum, der erforderlich ist, damit es ohne Katastrophe geschehen kann.

Besonders wenn wir zum Herzen kommen: Das Herz wird ersetzt durch das Zentrum der Kraft, eine ungeheure dynamische Kraft! *(Mutter lacht)* In welchem AUGENBLICK wird man den Kreislauf stoppen und die Kraft wirken lassen?

Das ist ... sehr schwierig.

(Schweigen)

Nein, ich habe nicht viel zu sagen. Alles, was ich dir gerade sagte, kann nicht veröffentlicht werden. Es kann in die *Agenda* aufgenommen werden, aber es kann nicht veröffentlicht werden.

Es wäre nicht schlecht, wenn sich die Leute über die Arbeit klar würden.

Nein ... Nun, du kannst es ja aufschreiben, dann werde ich sehen. Aber ich habe nicht viel zu sagen.

(Schweigen)

Im gewöhnlichen Leben denkt man die Dinge, und dann führt man sie aus – hier ist es genau das Gegenteil: In diesem Leben muß man erst handeln, und nachher versteht man – aber lange Zeit nachher. Erst muß man handeln, ohne zu denken. Wenn man denkt, erreicht man nichts Gutes. Das heißt, man kehrt zur alten Lebensweise zurück.

*
* *

*(Etwas später kommt Satprem zurück
auf das letzte Gespräch über die Götter:)*

Sind die Götter denn unabhängig vom menschlichen Bewußtsein? Sind sie nicht menschliche Schöpfungen?

Nein, ganz und gar nicht!

Etwas überraschte mich: Du sagst, die Gita, wie sie Sri Aurobindo erklärte, sei nicht übermental sondern supramental ...

Sri Aurobindo sagte, in der Gita sei schon eine Ankündigung seiner Botschaft enthalten.

Gerade den Unterschied zwischen „der Sache" und dem Übermental hast du mir nicht genau erklärt.

Es ist die Erfahrung der Einheit.

Nein, aber der Unterschied der Vision – ich spreche von der Sicht. Du sagtest zum Beispiel, daß im Übermental die Gegenstände aus sich selbst leuchtend seien.

Ja, vom Übermental an.

Du wolltest sagen, daß die irdischen Gegenstände, die man sieht, leuchtend werden?[1]

Nein, nein! Ich rede von allen Dingen, allen Formen im Übermental (die Kleidung der Götter, zum Beispiel, ihre Schmuckstücke, ihre Kronen – es gibt alle möglichen Dinge im Übermental), in all diesen Welten gibt es die verschiedensten Formen, die wir durch Bilder gleich denen des irdischen Lebens ausdrücken, aber das ist nur eine Übersetzung.

Nimm zum Beispiel die Kleidung der Götter. Rein durch ihren Willen ändern sie ihre Kleidung und ihre Formen – das ist eine übermentale Substanz, keine physische –, und sie enthält ihr eigenes Licht. So ist es mit allen Formen, alles ist ... Dort scheint keine Sonne, die Schatten wirft, sondern die Substanz ist leuchtend aus sich selbst.

Und darüber, im Supramental?

Das Supramental ...

(sehr langes Schweigen)

Schwierig zu erklären.

(Schweigen)

Wenn ich „Welt der Einheit" sage, meine ich nicht nur, daß man das „Gefühl" hat, daß alles eins ist und daß es etwas ist, das sich innerhalb dieses Einen abspielt, sondern es ist die Einheit in dem Sinne, daß man die Konzeption der Handlung, den Willen zu handeln, die Handlung

---

1. In der Tat war ich immer auf der Suche nach derselben Antwort: Inwiefern ändert die andere Vision unsere Sicht der Materie – wie erscheint die wahre Materie?

selber und das Resultat nicht unterscheiden kann. Es ist ... Alles ist eins, gleichzeitig.

Aber wie? Man kann es nicht erklären! Man kann nicht! Man kann einen Einblick in die Erfahrung haben, aber ... eigentlich ist es unaussprechlich, uns fehlen die Mittel, es auszudrücken.

Zu sagen „alles ist gleichzeitig", ist eine Banalität.

Unsere Ausdrucksweise geht immer von unten nach oben. Wie ich oft sage: Wir brauchen andere Worte und eine andere Art des Ausdrucks.

Du sagst, ich hätte deine Frage nicht verstanden – ich habe deine Fragen vollkommen verstanden, ich weiß sehr wohl, was du meintest, aber was kann man dazu sagen! Man kann nicht darüber sprechen. Der Beweis ist: Wenn man darüber sprechen könnte, wäre es bereits hier. Und selbst dann würde man wahrscheinlich nicht darüber sprechen.

Man kann nicht darüber sprechen, man kann nichts sagen. Alles, was man sagt, sind Dummheiten! – Natürlich kann es nichts sein als Dummheiten.

(Schweigen)

Die menschlichen Konzeptionen auf ihrem höchsten Niveau und auf dem Gipfel ihrer Möglichkeiten können ALLERHÖCHSTENS mehr oder weniger gute Erklärungen des Übermentals abgeben. Für mich ist es sehr lebendig, weil ich dort viel gelebt habe, es ist mir sehr vertraut, aber ich halte die Worte für unzureichend, um darüber zu sprechen. Zur Not kann man höchstens mit „poetischen" Analogien einen Eindruck vermitteln. Doch ich bin mir völlig bewußt: Um von der „Anderen Sache" zu sprechen, muß man ... Selbst im Moment der Erfahrung möchte man nur Eines: nichts sagen. Sobald man ein Wort ausspricht, pluff, und es verdunkelt sich alles. Sinnlos.

> *Aber physisch, du siehst zum Beispiel diesen Gegenstand [Satprem nimmt einen Briefbeschwerer]. Ich sehe ihn auf eine gewisse Art, und du, mit einem supramentalen Bewußtsein?*

Ich sehe hindurch, das ist alles.
Aber das ist nichts!

> *Wie siehst du hindurch?*

Ja, das heißt, daß dahinter eine leuchtende Schwingung ist, die ich sehen kann. Aber mir ist völlig klar, daß das eine das andere nicht ausschließt.

6. OKTOBER 1962

Auch die Leute sehe ich nicht, wie sie sich sehen, ich sehe sie mit der Schwingung aller Kräfte, die in ihnen sind und die durch sie gehen, und sehr oft mit der höchsten Schwingung der Gegenwart. Das bewirkt, daß meine physische Sicht nicht eigentlich verschwindet, aber ihre Beschaffenheit verändert sich, denn die physische Präzision der normalen physischen Sicht ist für mich ... lügnerisch. Instinktiv (nicht, weil ich so über sie denke) IST das so. Also habe ich nicht mehr diese Präzision der Beobachtung, die darauf angelegt ist, nur die Oberfläche der Dinge zu sehen.

Aber das hindert mich nicht daran, physisch zu sehen – wenn es auch manchmal bewirkt, daß ich nicht sicher bin: Wer ist das? Denn ich sehe eine Schwingung, die oft in drei oder vier Personen sehr ähnlich, fast identisch ist – Personen, die nicht notwendigerweise alle da sind, aber jedenfalls ... So besteht nur ein kleiner äußerer Unterschied. Für die Erscheinung der Form ist es ein sehr großer äußerer Unterschied, aber für die Kombination der Vibrationen besteht nur ein kleiner äußerer Unterschied. Deshalb bin ich manchmal unsicher, ich weiß nicht, ob es dieser oder jener ist, und frage: „Wer ist da?" – Es ist nicht so, als sähe ich nichts, aber ich sehe nicht auf dieselbe Art.

Ich glaube, in gewisser Weise sehe ich besser. Aber auf eine besondere Art. Wenn ich zum Beispiel eine Nadel einfädeln muß (ich machte Versuche dieser Art), wenn ich versuche, die Nadel einzufädeln, während ich hinsehe, ist es buchstäblich unmöglich, aber manchmal, wenn ich in einer gewissen Verfassung bin und es nötig ist, die Nadel einzufädeln, fädelt sie sich von selbst ein, ich tue nichts – ich halte die Nadel, und ich halte den Faden, das ist alles.

Das ist ganz einfach eine Frage der Erfahrung, und ich glaube, wenn dieser Zustand sich vervollkommnet, müßte man alles durch das ANDERE Mittel erreichen können, das nicht von äußeren Sinnen abhängig ist. Offensichtlich wäre das der Anfang einer supramentalen Ausdrucksform. Denn es ist eine Art innewohnendes Wissen, das die Dinge AUSRICHTET. Wenn Das kommt, dann weiß man, dann kann man.

Aber man darf nicht denken – sobald man denkt oder seine Sinnesorgane benutzen will, verschwindet es vollkommen.

In diesem Bereich des Ausdrucks ist das erste, was über einen kommt ... keine Unmöglichkeit, aber man WILL NICHT reden.

Etwas anderes ist vonnöten, etwas ganz anderes.

Wir müssen warten. Warte, bis es kommt!

(Schweigen)

Aber was du da sagst [Satprem deutet auf den Briefbeschwerer], meinst du damit nicht das, was man als eine „hellseherische" Vision bezeichnet?

Nein, nein!

Ist es eine supramentale Vision?

Ja.

Eine Hellseherin sähe nicht so?

Nein. Es ist das Eindringen des supramentalen Bewußtseins.

Was bewirkt, daß du durch die Gegenstände oder durch die Wesen etwas anderes siehst.

Es hat nichts mit all den Visionen zu tun, die ich früher hatte.

Ich kenne diese neue Vision: es ist keine „Vision"! Ich kann nicht sagen, es sei ein Bild, sondern es ist ein Wissen. Ich kann nicht einmal sagen, daß es ein Wissen ist, es ist ... etwas, das ALLES zugleich ist, das seine eigene Wahrheit enthält.

Laß es sich einspielen! Wenn es sich gefestigt hat, werden wir wieder darüber sprechen! *(Mutter lacht)*

Ich stelle dir Fragen, weil ich ein Buch schreibe.

Ach, sprich lieber nicht darüber in deinem Buch! Sonst sagt man dir, du seiest völlig verrückt *(Mutter lacht)*.

12. Oktober 1962

Was sollen wir tun? Hast du einen anderen Aphorismus mitgebracht?

79 – Gott ist unbegrenzte Möglichkeit. Deshalb hält die Wahrheit niemals inne, und deshalb ist auch der Irrtum bei seinen Kindern gerechtfertigt.

80 – Wollte man gewissen frommen Leuten glauben, könnte man sich vorstellen, daß Gott niemals lache. Heine war der Wahrheit näher, als er in Ihm den göttlichen Aristophanes entdeckte.

Ja, er meint, was in einem Moment wahr ist, ist es nicht mehr im nächsten. Das rechtfertigt auch die Kinder des Irrtums.

Er will vielleicht sagen, daß es keinen Irrtum gibt!

Ja, das ist eine andere Art, dasselbe auszudrücken. Das heißt, was wir Irrtum nennen, war zu einem gegebenen Zeitpunkt Wahrheit.
Irrtum ist ein Begriff in der Zeit.

Manche Dinge können einem wirklich wie Irrtümer erscheinen.

Vorübergehend.
Das ist genau der Eindruck: Alle unsere Urteile sind vorübergehend. Jetzt sind sie so, im nächsten Moment anders. Für uns sind es Irrtümer, weil wir die Dinge eins nach dem anderen sehen, aber dem Göttlichen kann es nicht so erscheinen, weil alles in Ihm ist.
Stell dir einfach vor *(lachend)*, du seiest das Göttliche, für einen Moment! Alles ist in dir. Du amüsierst dich einfach damit, es in einer gewissen Reihenfolge hervortreten zu lassen, aber für dich, in deinem Bewußtsein, ist alles zugleich gegenwärtig: es gibt keine Zeit, weder Vergangenheit noch Zukunft noch Gegenwart – alles ist zusammen. Alle möglichen Kombinationen. Er amüsiert sich damit, dieses und jenes auf die Art hervorzubringen. Die armen Kerle, die unten sind und nur ein kleines Stück sehen (sie sehen nur so viel), sagen: „Oh, das ist ein Irrtum!" Wie kann es ein Irrtum sein? Einfach weil sie nur einen kleinen Ausschnitt sehen.
Das ist klar, es ist leicht zu verstehen. Diese Vorstellung des Irrtums ist mit Zeit und Raum verbunden.
Das ist wie der Eindruck, eine Sache könne nicht gleichzeitig SEIN und NICHT SEIN. Dennoch ist es wahr, sie ist, und sie ist nicht. Der Begriff der Zeit führt zum Begriff des Irrtums – Zeit und Raum.

Wie meinst du das, daß eine Sache zugleich ist und nicht ist?

Sie ist, und zugleich besteht ihr Gegenteil. Für uns kann es nicht zugleich ja und nein sein. Für den Herrn ist es STÄNDIG ja und nein gleichzeitig.
Auch unsere Wahrnehmung des Raumes ist so. Wir sagen: „Ich bin hier, folglich bist du nicht hier." Ich bin hier, und du bist hier, und alles ist hier. *(Mutter lacht)* Man muß nur aus der Wahrnehmung von Raum und Zeit hinaustreten können, um zu verstehen.
Man kann es sehr konkret fühlen, aber nicht mit unserer Anschauungsweise.
Sicherlich wurden viele dieser Aphorismen in einem Augenblick geschrieben, als das höhere Mental plötzlich das Supramental erreichte.

Es hat noch nicht vergessen, wie es die Dinge betrachtete, aber nun sieht es, wie die supramentale Weise sie betrachtet. Das ergibt diese Art Aussagen, diese paradoxe Form. Denn das eine wurde noch nicht vergessen, und das andere wird schon wahrgenommen.

(langes Schweigen)

Im Grunde, wenn man aufmerksam beobachtet, wird man zum Schluß geführt, daß der Herr sich selbst eine ungeheure Komödie vorspielt. Daß die Manifestation eine Komödie ist, die er sich selbst vorspielt, mit sich selbst.

Er hat die Stellung eines Zuschauers eingenommen und betrachtet sich dann. Um sich jetzt zu betrachten, muß er den Begriff von Zeit und Raum annehmen, sonst kann er sich nicht betrachten. Damit beginnt die ganze Komödie. Aber es ist eine Komödie, nicht mehr!

Wir nehmen sie ernst, weil wir die Marionetten sind, nicht wahr? Aber sobald wir aufhören, Marionetten zu sein, sehen wir wohl, daß es eine Komödie ist.

Für manche ist es auch eine wirkliche Tragödie.

Ja, wir lassen sie tragisch werden. WIR lassen sie tragisch werden.

In letzter Zeit habe ich das sehr aufmerksam beobachtet. Ich betrachtete den Unterschied zwischen ähnlichen Ereignissen, die Menschen und Tieren zustoßen. Wenn man sich mit Tieren identifiziert, sieht man deutlich, daß sie es keineswegs tragisch nehmen – ausgenommen diejenigen, die mit dem Menschen in Berührung kamen (dann sind sie nicht in ihrem natürlichen Zustand sondern im Übergang, sie sind Übergangswesen zwischen Tier und Mensch). Das erste, was sie vom Menschen übernehmen, sind natürlich seine Fehler, das übernimmt man immer am leichtesten. Sie werden unglücklich – wegen nichts.

Viele Dinge, viele Dinge ... Der Mensch hat aus dem Tod eine schreckliche Tragödie gemacht. Aufgrund all der letzten Erfahrungen sah ich, wie viele, viele arme Menschenwesen von genau den Leuten zerstört wurden, die sie am meisten liebten. Unter dem Vorwand, daß sie tot seien.

Man fügte ihnen viel Leid zu.

Man vernichtete sie?

Ja, verbrannte sie. Oder man sperrte sie in eine Kiste, ohne Luft, ohne Licht – VÖLLIG BEWUSST. Da sie sich nicht mehr Ausdruck verschaffen konnten, sagte man: „Sie sind tot." – Es ist rasch gesagt: „Sie sind tot"! Sie sind aber noch bewußt. Sie sind bewußt. Stell dir jemanden vor, der weder sprechen noch sich bewegen kann – nach menschlichem

Ermessen ist er „tot". Er ist tot, aber er ist bewußt. Er ist bewußt, sieht also die Menschen: Manche weinen, manche ... Wenn er ein bißchen hellsichtig ist, sieht er auch jene, die sich freuen. Aber er sieht sich auch in eine Kiste gesperrt, zugenagelt, einfach so und eingeschlossen: „So! Nun ist es zu Ende, Erde darüber!" Oder man bringt ihn dorthin *(zur Verbrennungsstätte)* und entfacht Feuer in seinem Mund – VÖLLIG bewußt.

Ich durchlebte das in den letzten Tagen. Ich sah es. Denn letzte Nacht oder die Nacht zuvor verbrachte ich mindestens zwei Stunden in einer Welt des Subtilphysischen, wo die Lebenden und die Toten nebeneinander wandeln, ohne einen Unterschied zu fühlen – dort macht es nicht den geringsten Unterschied. Nimm Mridu,[1] als sie in ihrem Körper war, sah ich sie vielleicht einmal im Jahr nachts (wenn überhaupt). Während vieler Jahre war sie nicht in meinem Bewußtsein gegenwärtig – seitdem sie gegangen ist, sehe ich sie fast jede Nacht. Sie ist da, wie sie war *(ausladende Geste)*, aber nicht mehr gequält, das ist alles. Nicht mehr besorgt. Dort waren die Lebenden und die ... jene, die wir „Lebende" nennen, und jene, die wir „Tote" nennen, waren dort zusammen, aßen zusammen, bewegten sich zusammen und unterhielten sich miteinander. All das fand in einem sehr schönen, ruhigen Licht statt, sehr angenehm. Ich sagte mir: So läuft das! Die Menschen vollzogen eine Trennung und sagten „Jetzt ist er tot." – Tot! Das Ärgste ist, daß man den Körper wie etwas Unbewußtes behandelt, während er doch bewußt ist.

Man behandelt ihn wie einen Gegenstand: „So, jetzt wollen wir ihn möglichst schnell loswerden. Das ist unangenehm, er ist lästig!" Selbst jene mit dem größten Kummer wollen ihn nicht sehen, weil es schmerzlich ist.

(Schweigen)

Wo liegt der Irrtum? Wo liegt denn der Irrtum?

Das heißt, es gibt keinen Irrtum. Nur dem Anschein nach sind manche Dinge unmöglich, weil wir nicht wissen, daß der Herr alle Möglichkeiten darstellt und daß er alles tun kann, was Er will und wie Er will. Das können wir einfach nicht in den Kopf bekommen, wir sagen immer: „Ja, dies geht und jenes nicht." Aber das ist nicht wahr! Wegen unserer Dummheit „geht das nicht", alles ist jedoch möglich.

Schwierig, etwas Vernünftiges für unser *Bulletin* zu sagen.

(Schweigen)

---

1. Sri Aurobindos alte Köchin, rund wie eine Tonne.

Siehst du, nur derjenige, der das Spiel betrachtet, macht sich keine Sorgen, denn er kennt alles, was geschehen wird, und hat das absolute Wissen von allem – von allem, was geschieht, von allem, was geschah und was geschehen wird –, es ist alles da, EINE Gegenwart für ihn. Nur die Schauspieler, die armen Schauspieler kennen nicht einmal ... kennen nicht einmal ihre Rolle! Sie quälen sich sehr, weil man sie etwas spielen läßt und sie nicht wissen, was es ist. Dies empfinde ich sehr stark: Wir spielen alle die Komödie, aber wir wissen nicht welche Komödie, weder wohin sie geht, noch woher sie kommt, noch ihr Ganzes. Zur Not wissen wir gerade (und auch das nur ungenügend), was wir in der Gegenwart tun müssen. Wir wissen es kaum, und so quält man sich. Aber wenn man alles weiß, macht man sich keine Sorgen mehr, man lächelt – Er muß sich sehr amüsieren, wir aber ... Dabei ist uns die VOLLE MACHT gegeben, uns so zu amüsieren wie Er.

Nur weil wir uns nicht die Mühe machen, ist es so.

Es ist nicht leicht!

Ach, wenn es leicht wäre ... Wenn es leicht wäre, würde man sich schnell langweilen.

Man fragt sich manchmal auch, warum dieses Leben nur so tragisch ist? Aber wenn es wie ein ewiges Entzücken wäre, würde man es nicht einmal zu schätzen wissen, denn es wäre völlig natürlich – vor allem das: man wüßte es nicht zu schätzen, weil es ganz natürlich wäre –, und es ist nicht gesagt, daß man zur Abwechslung nicht ein wenig Tohuwabohu liebt. Das wäre durchaus möglich.

Vielleicht will die Geschichte vom irdischen Paradies das besagen ... Im Paradies hatten sie das spontane Wissen, das heißt, sie lebten, hatten dasselbe Bewußtsein wie die Tiere, gerade genug, um sich des Lebens ein wenig zu erfreuen, aber sie wollten wissen warum, wie, wohin man geht, was man tun muß usw., und damit begannen die Sorgen – sie hatten es satt, in Frieden glücklich zu sein.

(Schweigen)

Ich glaube, Sri Aurobindo wollte sagen, daß der Irrtum eine Illusion ist wie alles übrige. Daß es keinen Irrtum gibt, daß alle Möglichkeiten vorhanden sind, die oft ... die NOTWENDIGERWEISE widersprüchlich sind, wenn sie alle zugleich da sind. Widersprüchlich in ihrer Erscheinung. Aber es genügt, sich selbst anzusehen, um zu sagen: „Was nenne ich denn Irrtum?" Wenn man der Sache ins Gesicht sieht und sagt: „Was nenne ich Irrtum?", erkennt man sofort, daß es eine Dummheit ist – es gibt keinen Irrtum, es entzieht sich einem.

All dies kann ich den Leuten im *Bulletin* nicht sagen, mein Kind, sie würden ja verrückt. Man darf ihnen keine zu starke Nahrung vorsetzen, die sie nicht verdauen können.

Jemand, den ich nicht nennen will, der die Bücher von Sri Aurobindo gelesen hat und glaubt, sie verstanden zu haben, folgte einer yogischen Disziplin (zum mindesten „dachte" er, er mache Yoga) und zog dann die Kraft herab. Die Kraft antwortete ... *(Mutter lacht)* Er bekam Kopfschmerzen! Er fürchtete sich. Er schreibt mir folgendes: „Diese Kraft ist die Kraft des Herrn ..." (das ist wahr, das ist völlig wahr), und diese Kraft verwandelte sich in ihm in Furcht. *(Mutter lacht)* „Die Furcht ist die Hauptperversion des Herrn." Denn er las in allen Büchern, daß der Herr hinter allem steht, daß es nichts gibt, was nicht Er wäre. Folglich ist der Herr in seiner Manifestation eine Perversion geworden. Die Kraft des Herrn kam, um ihm zu helfen und verwandelte sich in Furcht: „Die Hauptperversion des Herrn ist die Furcht." (!)

Du liest das und denkst, er werde verrückt.

Ja, auf die Art kann man alles Beliebige folgern.

Aber ja! Genau das passiert, wenn man den Leuten eine zu schwere Nahrung gibt, die sie nicht verstehen, die sie nicht verkraften können: Es ergibt eine Zusammenhanglosigkeit im Gehirn.

Deshalb kann man all das nicht veröffentlichen, es ist gut für die *Agenda*. Wie soll man den Leuten all das sagen?

(Schweigen)

Ich habe den Eindruck, bei Sri Aurobindos Aufstieg durchbrach das intuitive Mental gerade eine Öffnung und trat in Kontakt mit dem Supramental, so kam es, pluff! wie ein Aufbruch in seinem Denken, und da schrieb er diese Dinge. Wenn man der Bewegung folgt, sieht man den Ursprung.

Das wollte er offensichtlich sagen: Der Irrtum ist eine von unzähligen, unendlichen Möglichkeiten („unendlich" heißt, daß absolut nichts außerhalb der Möglichkeiten des Seins steht). Wo bleibt da der Irrtum? WIR nennen es Irrtum, das ist völlig willkürlich. Wir sagen: „Das ist ein Irrtum" – in bezug auf was? Unserem Urteil nach ist das „wahr", aber sicherlich nicht in bezug auf das Urteil des Herrn, denn es ist ein Teil seiner selbst.

Nicht viele Leute können dieses weitere Verständnis ertragen.

Wenn ich es beobachte *(Mutter schließt die Augen)*, gibt es zugleich zwei Dinge: genau dieses Lächeln, diese Freude, dieses Lachen, und dann ... einen Frieden, einen Frieden! Einen so VOLLEN, so leuchtenden, aber so totalen Frieden, wo sich nichts mehr streitet, wo es keine Widersprüche mehr gibt. Nichts streitet sich mehr. Es ist eine EINZIGE leuchtende Harmonie, und demnach ist all das, was wir Irrtum nennen – Leiden, Elend – all das gegenwärtig. ES LÖSCHT NICHTS AUS. Eine andere Art zu sehen.

(langes Schweigen)

Es gibt nichts zu sagen – wenn man aufrichtig da hinauskommen will, ist es wirklich nicht so schwierig: es gibt nichts zu tun, als alles dem Herrn zu überlassen. Und er tut es alles. Er tut es alles, Er ist ... es ist so wunderbar! So wunderbar!

Er nimmt alles, sogar das, was wir eine ganz gewöhnliche Intelligenz nennen, und dann zeigt er dir einfach, wie du diese Intelligenz beiseite legen, sie zur Ruhe bringen kannst: „Bleib jetzt ruhig, rühr dich nicht, belästige mich nicht; ich brauche dich nicht." Und dann öffnet sich eine Türe – du hast nicht einmal das Gefühl, du müßtest sie öffnen; sie steht weit offen, und du wirst hinüber zur anderen Seite geführt. Jemand anders tut dies alles, nicht du. Und dann ... der andere Weg wird einfach unmöglich.

Ach, diese ganze schreckliche Mühe, die Anstrengung des Verstandes zu verstehen. Kämpfen, sich den Kopf zerbrechen – puh!... Absolut nutzlos, absolut nutzlos. Es führt nirgendwohin, außer zu noch mehr Verwirrung.

Du findest dich mit einem sogenannten Problem konfrontiert: „Was soll ich nur sagen? Was soll ich nur tun? Wie sollte ich mich verhalten?..." Es gibt nichts zu tun! Nichts als dem Herrn zu sagen: „Du siehst, so ist die Situation." Das ist alles. Und dann bleib ganz ruhig. Und spontan, ohne darüber nachzudenken, ohne zu berechnen, ohne irgend etwas zu tun, was auch immer es sei ... ohne die geringste Anstrengung ... tust du, was zu tun ist. Aber es ist der Herr, der es tut, nicht mehr du. Er tut es, Er arrangiert die Umstände, die Leute, Er legt dir die Worte in den Mund oder in die Feder – Er tut alles, alles, alles, alles, und dir bleibt nichts mehr zu tun, nichts, als ein Leben in Seligkeit geschehen zu lassen.

Langsam komme ich zur Überzeugung, daß die Menschen es gar nicht wirklich wollen.

Aber die notwendige Vorarbeit zu leisten, ist schwierig: die Arbeit, den Weg freizuräumen.

Ihr braucht nicht einmal das zu tun! Er tut es für euch.

12. OKTOBER 1962

Aber man wird unaufhörlich bestürmt: das alte Bewußtsein, die alten Gedanken ...

Ja, aus Gewohnheit versucht es, wieder anzufangen. Da müßt ihr nur sagen: „Herr, sieh es Dir an – sieh, sieh, so ist es!" Das ist alles. „Herr, sieh es Dir an, sieh diesen Dummkopf da!" – und schon ist es vorbei. Sofort ... Denn es verändert sich automatisch, mein Kind. Ohne die geringste Anstrengung. Einfach ... einfach aufrichtig sein, das heißt, WAHRHAFTIG wollen, daß es gut sei. Ihr seid euch völlig bewußt, daß ihr nichts vermögt, daß ihr keinerlei Fähigkeiten habt. Ich habe mehr und mehr den Eindruck, daß dieses gegenwärtige Amalgam der Materie, der Zellen, all das jämmerlich ist. Es ist jämmerlich. Ich weiß nicht, ob es Umstände gibt, in denen sich die Menschen machtvoll, wunderbar, leuchtend, fähig fühlen ... aber für mein Empfinden fühlen sie das nur, weil sie ihren Zustand nicht wirklich kennen. Wenn wir wirklich sehen, wie wir beschaffen sind, ist es wirklich nichts. Aber es ist zu allem fähig, vorausgesetzt ... vorausgesetzt, wir lassen den Herrn handeln. Doch immer will etwas selbst handeln, dies ist das Ärgerliche. Andernfalls ...

Leute kommen, man erhält Briefe, oder Umstände treten auf, Probleme ... (jetzt ist es vorbei, doch zu einer Zeit – noch vor einem Jahr – waren das manchmal Probleme), aber sofort war es so: *(Mutter hält ihre Hände offen vor die Stirn, mit den Handflächen nach oben, als bringe sie das Problem dem Herrn dar)* „Da, schau Herr, hier!" Ich kann nur das tun *(dieselbe Geste)*: „Ich reiche es Dir dar." Und dann ruhig sein. Ich bleibe ruhig: „Ich bewege mich nur, wenn Du mich bewegst; ich spreche nur, wenn Du mich sprechen läßt, andernfalls ..." Dann denkt man nicht mehr daran. Man denkt nur eine Sekunde lang daran, um dies zu tun *(dieselbe Geste)*. Es kommt und macht so *(Mutter zeigt, wie das Problem horizontal auf sie zukommt und wie sie es nach oben lenkt)*. Später, ohne es überhaupt zu bemerken, spricht man plötzlich oder handelt oder trifft eine Entscheidung, man schreibt einen Brief usw. – Er hat alles getan.

Nein, man kann voller gutem Willen sein, und dann WILL MAN es tun. Das kompliziert alles. Oder man hat keinen Glauben, man meint, der Herr könne es nicht tun, und man müsse es selbst tun, denn Er wisse es nicht. *(Mutter lacht)* Diese Dummheit ist sehr verbreitet: „Wie kann Er diese Dinge verstehen? Wir leben in einer Welt der Lüge, wie kann Er die Lüge sehen und verstehen? ..." – Er sieht die Angelegenheit genau so, wie sie ist.

Ich spreche nicht von Leuten ohne Intelligenz sondern von intelligenten Leuten, die es versuchen; irgendwo bleibt da immer noch die

Überzeugung – selbst bei jenen, die wissen –, daß wir in einer Welt der Unwissenheit und der Lüge leben und daß es zwar einen Herrn gibt, der All-Wahrheit ist, aber sie sagen: „Gerade weil er All-Wahrheit ist, versteht Er das nicht *(Mutter lacht)*. Er versteht unsere Lüge nicht, ich muß mich selber darum kümmern." Das ist sehr stark verbreitet.

Manchmal gibt man sich sogar viel Mühe, um es Ihm zu erklären: „Siehst Du, es ist so und so", und wenn man damit fertig ist, erkennt man, daß ... Ja, ich erinnere mich an eine Erfahrung, die ich vor zwei Jahren hatte, nachts. Es war als das Supramental zum ersten Mal in die Zellen meines Körpers eingedrang, und es war bis zum Gehirn gestiegen. Das Gehirn fand sich also in Gegenwart von etwas, *(lachend)* das erheblich machtvoller war als das, was es üblicherweise empfing. Dumm, wie es ist, geriet es in Aufregung. Ich *(Geste eines höher oder anderswo befindlichen Bewußtseins)* sah das und merkte, wie es sich aufregte. Ich versuchte ihm zu sagen, es sei ein Idiot und solle sich ruhig verhalten. Es verhielt sich ruhig, aber es war wie ... es brodelte innen, als würde es platzen. Da sagte ich: „Gut, suchen wir Sri Aurobindo auf, um ihn zu fragen, was zu tun ist!" Sofort wurde alles völlig ruhig ... dann erwachte ich in Sri Aurobindos Haus, im Subtilphysischen – sehr materiell, und alle Dinge waren sehr konkret. Ich kam dort an, das heißt nicht ich, sondern das Bewußtsein des Körpers kam dort an[1] und begann, Sri Aurobindo zu erklären, was passiert war. Es war sehr aufgeregt und erzählte und erzählte. Er lächelte nur rätselhaft, und dann ... nichts. Er betrachtete das: ein undefinierbares Lächeln – kein Wort. Allmählich verebbte die Aufregung. Ein Gesichtsausdruck der Ewigkeit. Die Aufregung legte sich weiter. Dann sollte Sri Aurobindo frühstücken, es war die Zeit seines Frühstücks (denn man ißt dort auch – auf eine andere Art). Um ihn nicht zu stören, ging ich ins Zimmer nebenan. Etwas später kam er (ich hatte Zeit gehabt, mich zu beruhigen – es war mein physisches Wesen, mein physisches Bewußtsein), er stand aufrecht vor mir, da kniete ich mich hin und nahm seine Hand (mein Kind, die Wahrnehmung war SEHR VIEL klarer als eine physische Wahrnehmung!), ich küßte seine Hand. Er sagte einfach: *Oh, this is better!* [Oh, das ist besser!] *(Mutter lacht)*

---

1. Es ist wirklich bemerkenswert, daß das Bewußtsein *des Körpers* Sri Aurobindos Wohnstätte entdeckte ... neun Jahre nach seinem Abschied (Erfahrung vom 24. auf den 25. Juli 1959). Es handelt sich folglich um eine materielle und keine sogenannte „innere" Welt – die andere Materie, die wahre! Erinnern wir an Mutters letzte Klasse auf dem Sportgelände, wo sie am 28. November 1958 sagte: „Durch jede individuelle Existenz entwickelt sich die physische Substanz weiter, und eines Tages wird sie fähig sein, die Brücke zwischen dem gegenwärtigen physischen Leben und dem kommenden supramentalen Leben zu bilden."

12. OKTOBER 1962

Ich übergehe die Einzelheiten (es dauerte lange, eine ganze Stunde), aber plötzlich verließ er das Zimmer, er ließ mich allein (nachdem er mir durch eine Geste, die ich verstand, erklärt hatte, was er sagen wollte). Und dann schien ich einfach einen solchen Schritt zu tun *(Mutter macht eine Geste, als ob sie eine Stufe überschreite)*, und ich fand mich wieder ausgestreckt in meinem Bett. In dem Augenblick sagte ich mir: „Was schaffen wir uns bloß für Komplikationen! Dabei ist es ganz einfach: Man muß nur so machen, und man ist dort *(dieselbe Geste)*. Macht man so, ist man wieder hier." *(Dieselbe Geste in die andere Richtung)*

(Schweigen)

Jetzt ist das alles eine alte Geschichte, SEHR alt. Es ist ganz und gar nicht mehr so.

Ach, wir schaffen unnütze Komplikationen.

Du wirst nichts damit anfangen können, es ist nur für die *Agenda*.

Ich habe mich oft gefragt: Wenn man ein Gebet an den Herrn richtet, um Ihm verständlich zu machen, daß etwas nicht gut geht, habe ich immer das Gefühl, mich sehr stark konzentrieren zu müssen, um etwas weit Entferntes zu rufen. Stimmt das? Oder ist in Wirklichkeit...

Das hängt von uns ab!

Ich fühle Ihn jetzt überall, die ganze Zeit, die ganze Zeit über, sogar mit einem physischen Kontakt (es ist subtilphysisch, aber dennoch physisch), in den Dingen, in der Luft, in den Menschen, in ... so *(Mutter drückt ihre Hände gegen ihr Gesicht)*. Ich brauche nicht weit zu gehen. Ich muß nur so tun *(Mutter kehrt ihre Hände leicht nach innen)*, eine Sekunde der Konzentration, und Er ist da! Denn Er ist hier, Er ist überall.

Er ist nur fern, wenn wir denken, Er sei weit weg.

Wenn wir anfangen, an all diese Ebenen zu denken, an alle Ebenen des universellen Bewußtseins, und daß Er dort am äußersten Ende ist, dann wird es natürlich sehr, sehr weit! *(Mutter lacht)* Aber wenn wir denken, daß Er in allen Dingen ist, daß Er überall ist, daß Er alles ist und nur unsere Wahrnehmung uns daran hindert, Ihn zu sehen und zu fühlen, daß wir aber nur so machen müssen *(Mutter neigt ihre Hände nach innen)* – diese Bewegung *(Mutter dreht ihre Hände abwechselnd nach innen und außen)*. Das wird sehr konkret: Macht man so *(Geste nach außen)*, wird alles künstlich, hart, trocken, falsch, verlogen, künstlich. Macht man so *(nach innen)*, wird alles weit, ruhig, leuchtend, freundlich, unermeßlich, freudig. Lediglich so und

375

so *(Mutter wendet ihre Hände abwechselnd nach innen und außen).* Wie? Wo? Das läßt sich nicht beschreiben, aber es ist wirklich nur eine Bewegung des Bewußtseins, nichts anderes. Der Unterschied zwischen dem wahren Bewußtsein und dem falschen Bewußtsein wird immer ... präziser und zugleich DÜNN: man muß nichts „Großes" unternehmen, um da hinauszukommen. Vorher hatte man das Gefühl, in etwas zu leben, wo eine große Verinnerlichung, Konzentration und Versenkung erforderlich sind, um den Ausweg zu finden. Jetzt ist es der Eindruck von etwas, das man vorübergehend akzeptiert *(Mutter hält ihre Hand wie einen Schirm vor ihr Gesicht),* wie eine dünne, sehr harte Haut – sehr hart, aber biegsam, doch sehr, sehr trocken, äußerst dünn, als ob man eine Maske aufsetze – dann macht man so *(Geste),* und es verschwindet.

Der Augenblick wird vorhersehbar, wo es nicht mehr nötig sein wird, sich der Maske bewußt zu sein; sie wird so dünn sein, daß man durch sie sehen, fühlen, handeln kann, ohne die Maske wieder aufsetzen zu müssen.

Das fängt an, sich zu verwirklichen.

Aber diese Gegenwart in allen Dingen ... Es ist eine Schwingung ... eine Schwingung, die alles enthält. Eine Schwingung, die eine unbegrenzte Macht, eine unbegrenzte Freude, einen unbegrenzten Frieden enthält und eine Unendlichkeit, UNENDLICHKEIT, UNENDLICHKEIT, es hat keine Grenzen ... Nur eine Schwingung, die nicht ... O Herr! Man kann es nicht denken, folglich kann man es nicht aussprechen. Wenn man denkt, sobald man anfängt zu denken, sitzt man wieder im Schlamm. Deshalb kann man nicht darüber sprechen.

Nein, Er ist nur sehr fern, wenn du Ihn dir entfernt denkst. Weißt du, könntest du Ihn dir hier denken *(Bewegung zum Gesicht),* dich berührend ... wenn du das fühltest ... Es ist nicht wie die Berührung einer Person, nein, nichts Fremdes, nichts Äußeres, es kommt nicht von außen herein – das ist es nicht! Es ist ... überall.

Es gab eine Zeit, als ich mich wie eine Kugel darin zusammenrollte. Sobald es eine Schwierigkeit gab, war es ganz so, als würde ich zu einem Kreis. Dann rollte ich mich darin wie eine Kugel zusammen.

Man fühlt es überall, überall, überall, überall – innen, außen, überall, überall. Ihn, nichts als Ihn – Ihn, seine Schwingung.

Nein, man muß Schluß damit machen *(mit dem Kopf).* Solange man das nicht tut, kann man das Wahre nicht sehen – man sucht nach Vergleichen, man sagt: „Das ist so und so ...", ach!

(Schweigen)

Sehr oft der Eindruck ... Es gibt keine Formen – es besteht eine Form und doch wieder nicht; man kann es nicht aussprechen. Der Eindruck eines Blickes, aber es sind keine Augen. Ein Blick, ein Lächeln, und ... kein Mund, kein Gesicht. Dennoch ist da ein Lächeln und ein Blick und ... *(Mutter lacht)* man kann nicht umhin zu sagen: „Ja, Herr, ich bin dumm!" Aber Er lacht – und man lacht und ist zufrieden.

Man kann es einfach nicht erklären. Es läßt sich nicht aussprechen. Man kann nichts darüber sagen. Alles, was man sagt, ist nichts, nichts.

Gut.

Wenn du daraus eine halbe Seite ziehen kannst, die für das *Bulletin* geeignet wäre ...

Nein, ich kann nicht sprechen, ich kann nichts sagen, das sich veröffentlichen ließe, es ist unmöglich, unmöglich. Alles, was man sagen kann, erscheint mir so künstlich, so künstlich. Es verursacht Kopfschmerzen.

So bleibt die Arbeit dir überlassen. Du kannst ein wenig sammeln: einen Satz hier, einen Satz dort ...

Gut, mein Kind.

Ich bin zu nichts mehr nütze.

Bring mir dein Buch am 16.!

Zu schreiben ist gerade das Schwierige.

Aber nein, mein Kind! Ruf einfach den Herrn, und sag: „Hier ist das Programm!" Das genügt – und es kommt.

Es kommt.

Wenn es sich darum handelte, Märchen oder Poesie zu schreiben, ginge das noch. Aber etwas zu schreiben, das einen Zusammenhalt haben soll ...

Das macht nichts! Es wird durch einen unsichtbaren Faden zusammengehalten, der viel interessanter sein wird.

16. Oktober 1962

Das letzte Mal sagtest du: „Man verbrannte sie oder sperrte sie in eine Kiste, ohne Luft, ohne Licht – völlig bewußt ..."

Das ist erschreckend wahr.

Aber was müßte man denn tun? Müßte man warten?

Ich habe lange darüber nachgedacht ... aber in sozialer Hinsicht ist es unmöglich, man kann nicht anders handeln. Die Lebenden nehmen den Standpunkt der Lebenden ein. Ich sah lediglich, daß es in diesem Zustand, wie immer, eine besondere Gnade geben muß, und wahrscheinlich sehen sie NUR, was sie sehen können, ohne beunruhigt zu werden.

Ich weiß es, denn als der Körper in einem solchen Zustand war – er war schon beinahe tot[1] – und die Leute mich pflegten (sie pflegten mich, kümmerten sich um alles), war ich völlig bewußt. VÖLLIG BEWUSST, aber ich konnte nicht ... ich war wie eine Tote. Es war nicht so, daß ich mich nicht bewegen konnte, aber ich konnte mich nicht manifestieren – ich wollte nicht! Ich war in einem völlig glückseligen Zustand, und ich mokierte mich über alles, was geschehen könnte. So ist es. Ich denke, so ist es für jene ... die in einem Zustand der Gnade sterben – es ist wahr, was man sagt, daß manche Leute gut sterben und andere nicht. Alles hängt vom Bewußtseinszustand ab, in dem man gerade ist.

Wenn man stirbt und sich dabei vom physischen Leben, vom gewöhnlichen physischen Bewußtsein löst und sich entweder mit der großen universellen Kraft oder mit der göttlichen Gegenwart vereinigt, dann sind alle diese kleinen Dinge ... Nicht, daß man sich ihrer nicht bewußt wäre – man ist sich ihrer sehr bewußt, man ist sich der Handlungen der anderen und des Geschehens sehr bewußt –, aber ... es hat keine Bedeutung.

Nur jene, die beim Sterben an die Menschen und die Dinge verhaftet bleiben, müssen höllische Qualen erleiden. Höllisch.

Ist es denn besser, sich beerdigen oder sich verbrennen zu lassen?

Hättest du mir die Frage vor einer Woche gestellt, hätte ich dir ohne zu zögern geantwortet: „Man muß sich begraben lassen", mit der Empfehlung an die Leute, es nicht zu schnell zu tun. Die äußeren Zeichen der Zersetzung abzuwarten.

---

1. Im letzten April

Jetzt, wegen dieser Sache, kann ich es nicht mehr sagen. Ich kann es nicht mehr sagen.

Mir scheint, daß ich jetzt besonders in bezug auf diesen Übergang, den man als Tod bezeichnet, viele Dinge lerne. Es wird immer dünner und unwirklicher. Sehr interessant.

(Schweigen)

Man kann einen Bewußtseinszustand erreicht haben, wo der Körper nur noch eine Last ist, weil er träge oder zu sehr beeinträchtigt ist. Man kann nichts mehr mit ihm tun, oder man wurde nicht dazu geschaffen zu versuchen, ihn unsterblich werden zu lassen (das ist etwas sehr Außergewöhnliches). Bei der großen Masse der Menschen sind viele Körper zu nichts mehr nütze, und in diesem Fall kann es durchaus eine Erleichterung sein, wenn man sie plötzlich von ihm trennt, anstatt eine langsame Zersetzung abzuwarten. Da sagte ich mir: „Wieder einmal ein hastiges und vermessenes Urteil – das Urteil der Unwissenheit."

Ich kann es nicht sagen. Jeder muß es FÜHLEN und selber entscheiden, wenn er genügend bewußt ist.

Jedesmal, wenn ich meinen Körper frage, was ER will, sagen alle Zellen: „Nein, nein! Wir sind unsterblich, wir wollen unsterblich sein. Wir sind nicht müde, wir sind bereit, für Jahrhunderte zu kämpfen, wenn es nötig ist. Wir wurden für die Unsterblichkeit geschaffen, und wir wollen die Unsterblichkeit."

Das ist sehr interessant.

Sehr interessant. Pavitra sagte mir gerade in diesen Tagen, daß man jetzt ernsthaft und auf sehr fortgeschrittene Weise die Ursachen des Alterns und des Zerfalls studiert habe und zu sehr interessanten Entdeckungen gelangt sei: daß die Zelle nämlich unsterblich ist. Daß nur ein Zusammentreffen von Umständen dieses Altern bewirkt. Die Forschung tendiert zu dieser Schlußfolgerung, daß es nur eine schlechte Gewohnheit ist – das scheint wahr zu sein. Das heißt, wenn man im Wahrheitsbewußtsein LEBT, steht die Materie in keinem Gegensatz zu diesem Bewußtsein.

Das sehe ich jetzt (ich glaube nicht, daß es etwas Einzigartiges, Außergewöhnliches ist): je mehr man zur Zelle selbst vorstößt, desto mehr sagt die Zelle: „Aber ich bin unsterblich!" Sie muß allerdings bewußt sein. Das geschieht fast automatisch: die Zellen des Gehirns sind sehr bewußt, die Zellen der Hände, der Arme von Musikern sind sehr bewußt, die Zellen im ganzen Körper eines Athleten oder eines Turners sind alle wunderbar bewußt. Da sie bewußt sind, werden sich diese Zellen ihres Prinzips der Unsterblichkeit bewußt und sagen:

„Aber warum denn! Nein, ich will nicht altern!" Sie wollen nicht altern. Das ist sehr interessant.

Alle diese Ideen, die ich über den Tod hatte, alles, was ich über den Tod sagte, fast alles, was ich bewußt TAT¹ – ach, mir wurde so klar: „Das gehört noch der Vergangenheit an, einer unwissenden Vergangenheit." Darüber werde ich wahrscheinlich später noch andere Dinge zu sagen haben.

Wenn ich jemals darüber spreche.

Sobald man spricht, entzieht sich einem der größte Teil des Wissens. Es wird, was Sri Aurobindo eine „Darstellung", ein Abbild nennt – es ist nicht DIE Sache.

20. Oktober 1962

> *Ich würde gerne wissen ... Du sagtest über die Leute, die man verbrennt oder beerdigt: „Vor einer Woche hätte ich dir ohne zu zögern geantwortet: Man muß sich beerdigen lassen ... Wegen „dieser Sache" kann ich es nicht mehr sagen." Auf welche Erfahrung beziehst du dich?*

Auf das, was sich mir zu zeigen beginnt.

> *Deine jetzige Erfahrung läßt dich sagen, daß es nicht unbedingt besser ist, beerdigt zu werden?*

Ja. Das hängt vom Einzelfall, vom Land und von allen möglichen Dingen ab. In Europa möchten manche Leute verbrannt werden, weil sie fürchten, lebendig begraben zu werden. Hier werden diejenigen, von denen man überzeugt ist, daß sie bewußt sind, begraben, anstatt sie zu verbrennen.

Im Grunde ist es ganz und gar eine individuelle Frage.

Aber dies ist erst ein kleiner Anfang des Wissens. Es wird später kommen.

> *(Mutter versinkt in eine tiefe Meditation,
> aus der sie plötzlich auftaucht:)*

---

1. Für Leute, die gestorben waren.

Es geht gut.

Sri Aurobindo brachte ... (wie soll ich sagen?) es sieht so aus *(wie das kleine Regal in Mutters Nähe, mit Fächern, in denen sie Briefe und Papiere ablegt)*, mit vielen kleinen ... wie kleine Ablagen, und auf jeder lag eine Anzahl von Papieren mit Notizen, als enthielten sie Informationen, so hoch. Dann stellte er es neben dich. Jetzt gerade hat er es neben dich gestellt und gesagt, es sei für dich.

Allerlei Dinge ... In jedem Fach befand sich eine bestimmte Anzahl von Notizen über ein Thema. Auf jeder Etage waren drei Fächer angeordnet: eins so, eins so, eins so (den unteren Teil sah ich nicht, denn er war hinter dir, aber oben war es so). Die Blätter hoben sich ein wenig an, um mir zu zeigen, daß es mehrere waren.

Das wird in deinen Kopf übergehen! *(Mutter lacht)*

Ich sah seine Hand, seinen Arm, ich erkannte sie genau – dann setzte er es dort hin: das ist für dich.

Nun wirst du es mitnehmen. *(Mutter lacht sehr)*

Gut.

24. Oktober 1962

(Nach der Lektüre des Manuskripts versinkt Mutter in eine lange Meditation)

Er kommt immer hierher, wenn du liest. In seiner Gegenwart entsteht ein solcher Friede – ein Friede, etwas so Festes! Fühlst du es nicht?

Ja, ich spüre den Frieden.

(Sehr langes Schweigen, Mutter lauscht dem Frieden. Die Uhr schlägt)

Wenn er so ist, wenn er sich auf diese Art manifestiert, hat man den Eindruck, daß alle störenden Vibrationen des Lebens ferngehalten werden – es wird außerordentlich friedlich und ... bedingungslos: ein Friede, der von nichts abhängt, von absolut nichts. Dieser Friede wird dauerhaft, konkret, und er könnte überall bestehen – selbst jetzt an der chinesischen Grenze[1].

Glaubst du, daß es Krieg geben wird?

Sie kämpfen schon.

(Schweigen)

Ich hatte die Vision einer Feuersbrunst, durch die sich mir immer Krieg ankündigt: Ich hatte sie drei oder vier Tage, bevor die Kämpfe begannen. Aber sie war von kurzer Dauer, sie fand sehr schnell ein Ende.
Wir werden sehen.
Sehr heftig und sehr schnell[2].

27. Oktober 1962

(Eine unglückliche Reihe von Stromausfällen verhinderte die Aufnahme dieses ganzen Gesprächs, außer einigen Passagen. Ich notierte die fehlenden Stellen aus dem Gedächtnis, später ergänzte Mutter meine Notizen durch Kommentare und Zusätze.)

Auf der Terrasse wird ein kleines Zimmer gebaut, um das Harmonium aufzustellen. Ich möchte einige Versuche machen ....
Eine falsche Einstellung des Körpers störte mich immer beim Spielen. Jetzt, wo sie verschwunden ist, möchte ich sehen, was geschieht. Etwas im Unterbewußten stellte sich immer in den Weg, und zwar alles, was einem während des Musikstudiums beigebracht wird, daß man jene Note nicht mit dieser Note spielen dürfe und solche Dinge. So stellte ich mich auf die höheren Ebenen ein und lauschte, aber immer kamen diese alten unbewußten Gewohnheiten dazwischen. Jetzt hat

---

1. Vor drei Tagen überschritten die Chinesen die Mac Mahon-Linie und drangen 20 km auf indisches Gebiet vor.
2. Ein anderes Mal erzählte Mutter, sie hätte eine Vision gehabt, in der sie (symbolisch für ein Land) eine Stadt sah, die gleichzeitig von Osten und Westen durch zwei Blitze angegriffen wurde (siehe Gespräch vom 17. November, S. <OV>).

sich das alles geändert, und ich möchte sehen, was sich daraus ergibt – vielleicht wird es ja ein Mißklang!

Aber ich spiele keine Musik, ich versuche nicht, Musik zu spielen: es ist nur eine Art Meditation mit Tönen.

Ich höre ständig große musikalische Wellen. Es genügt, daß ich ein wenig zurücktrete, und schon ist es da, ich höre es. Es ist immer da. Es sind keine Töne, und doch ist es Musik. Große musikalische Wellen. Immer wenn ich diese Wellen höre, wollen meine Hände spielen. Ich werde also einige Erfahrungen machen: vollkommen unbewegt bleiben, die Hände reglos halten und versuchen, es zu übertragen.

Sie wollen elektrische Drähte an der Decke anbringen, um automatisch aufzuzeichnen, was ich spiele. Ich sagte ihnen: „Das ist eure Sache, aber erwartet keine Musik!"

Einmal betrat ich die Welt der Musik, und was ich hörte, war so wunderbar, so unglaublich schön, daß ich nach dem Aufwachen während mehrerer Stunden wie unter Schock stand. Es war unglaublich. Wo liegt diese Welt?

Ich kenne sie sehr gut. Ich ging sehr häufig dorthin. Sie liegt ganz oben im menschlichen Bewußtsein, an der Grenze zwischen der unteren und der höheren Hemisphäre, wie Sri Aurobindo es ausdrückte. Sehr hoch, sehr hoch.

Diesen Bereich habe ich ausführlich studiert.

Es ist eine Welt der Schöpfung mit mehreren Abstufungen oder Graden.

Diesen Vorgang würde ich gern verstehen. Ich muß im Buch darüber sprechen.

Zuerst gelangt man in den Bereich der Malerei, Bildhauerei, Architektur: alles, was eine materielle Form hat. Es ist der Bereich der Formen – farbige Formen, die sich durch Gemälde, Skulpturen oder Architektur ausdrücken. Aber diese Formen sind nicht so, wie wir sie kennen, es sind eher Urformen. Man sieht zum Beispiel Grundformen von wunderbar schönen und bunten Gärten oder Grundformen von Bauwerken.

Dann folgt der musikalische Bereich, und dort trifft man auf den Ursprung der Töne, aus denen die verschiedenen Komponisten ihre Inspiration bezogen. Es sind große musikalische Wogen, aber ohne daß man Töne hörte. Das erscheint etwas komisch, doch so ist es.

Wenn du spielst, hörst du etwas, oder wie geschieht das?

Wenn ich spiele, höre ich gewöhnlich, was ich spiele. Schwer zu sagen ... Es ist nicht einfach ein Ton sondern eine Vielfalt von Tönen, und es ist nicht der Ton ... nein, es ist nicht derselbe Ton. Ja, etwas wie die Essenz des Tones. Ich habe zum Beispiel das Gefühl, daß das, was ich höre, sich durch ein großes Orchester ausdrücken müßte ... Ich SEHE große Orchester vor mir, rechts und links ... ich muß das durch ein einziges Harmonium ausdrücken, verstehst du! Das Orchester besteht aus Gruppen von Musikern, von denen jeder einen Teil des Ganzen ausdrückt, welches einem viel vollkommeneren Klang entspricht, als das Ohr hören kann. Man kann es nicht durch das Singen einer Melodie ausdrücken, sondern es ist eine Gesamtheit musikalischer Schwingungen. Ich sehe also zugleich, wie es sich ausdrücken müßte. Ich sehe große Orchester um mich herum. Aber es ist auch eine andere Art des Sehens: keine Sicht, wie man sie mit dem Auge hat, mit derselben Genauigkeit. Nein, dieses Sehen ist sehr ... es ist eine Sicht des Bewußtseins. Wie soll man das beschreiben! Man kann lediglich sagen, daß es nicht unsere gewöhnliche Art des Sehens und Hörens ist.

Es ist ein annähernd vollständiges Wissen: eine Vision, ein Wissen um die Gesamtheit der Töne und wie sie sich ausdrücken müssen.

Über dem musikalischen Bereich liegt das Denken: die Gedanken, die Anordnungen des Denkens für Theaterstücke, Bücher, Abstraktionen für Philosophien. Mich interessierten besonders die Kombinationen, die Romane oder Theaterstücke ergeben.

Das ist der dritte Bereich.

Hört man im intellektuellen Bereich Töne?

Nein, im intellektuellen Bereich handelt es sich um Formationen von Gedanken, die sich im Gehirn eines jeden in seiner eigenen Sprache ausdrücken. Dort findet man die Kombinationen für Romane, Dramen usw., sogar philosophische Systeme. Es sind Kombinationen des Denkens, des reinen Denkens, nicht eines in einer Sprache formulierten Gedankens. Dieser Gedanke drückt sich automatisch im Gehirn jedes einzelnen in seiner eigenen Sprache aus. Es ist der Bereich des reinen Denkens. Dort arbeitet man, wenn man für die Erde als Ganzes arbeiten will. Man sendet keine in Worten formulierte Gedanken sondern den reinen Gedanken, der sich in jedem Gehirn in jeder beliebigen Sprache formulieren kann: in allen, die aufnahmefähig sind. Diese Formationen sind frei verfügbar, das heißt, niemand sagt: „Dies ist MEINE Idee, das ist MEIN Buch." Wer fähig ist, sich dorthin zu erheben, kann die Formationen aufnehmen und sie materiell übertragen. Ich hatte eine solche Erfahrung: Eines Tages wollte ich einen Versuch machen und bildete selber eine Formation, die ich losschickte. Im selben Jahr empfingen zwei verschiedene Leute, die sich nicht einmal kannten, meine Formation – einer in England und einer in Amerika –, derjenige in England schrieb ein Buch, und die Person in Amerika schuf ein Theaterstück. Die Umstände ergaben, daß beide, das Buch und das Theaterstück, mich erreichten.

Darüber liegt eine vierte Zone: ein Bereich farbigen Lichts, Spiele farbiger Lichter. Dies ist die Reihenfolge: erst die Form, dann der Ton, dann die Ideen, dann die farbigen Lichter. Aber das liegt schon ziemlich fern von der Menschheit. Es ist ein Bereich der Kräfte mit dem Aspekt farbiger Lichter. Keine Formen sondern farbige Lichter, die Kräfte darstellen. Man kann die Kräfte kombinieren, die dann auf die Erdatmosphäre einwirken, um gewisse Ereignisse herbeizuführen. Dieser Bereich der Handlung ist unabhängig von der Form, vom Klang und vom Gedanken: er liegt darüber. Es ist ein Bereich der Kraft und der aktiven Macht, die man für ein spezielles Ziel benützen kann – wenn man die Fähigkeit hat, sich ihrer zu bedienen.

Das ist der höchste Bereich.

Wir haben demnach: die Form, die sich durch Malerei, Bildhauerei oder Architektur ausdrückt; dann den Ton, der sich durch musikalische Themen ausdrückt; danach den Gedanken, der sich durch Themen in Büchern, Theaterstücken oder Romanen oder sogar durch intellektuelle, philosophische oder andere Theorien ausdrückt (von diesem Bereich aus kann man Ideen auf solche Weise aussenden, daß sie in der ganzen Welt tätig werden, auf der ganzen Erde, denn sie beeinflussen aufnahmefähige Gehirne in allen Ländern, und das drückt sich in ihnen durch entsprechende Gedanken in ihrer jeweiligen Sprache aus). Oberhalb dieses Bereichs, frei von allen Formen, Tönen oder Gedanken, liegt das Spiel der Kräfte, die sich durch farbige Lichter ausdrücken. Wenn man dort eintritt und die entsprechende Macht hat, kann man die Kräfte kombinieren, die sich später durch Schöpfungen auf der Erde ausdrücken (es nimmt einige Zeit in Anspruch, es geschieht selten sofort).

Du sagtest, daß die großen musikalischen Wellen, die du hörst, oberhalb der Töne seien. Liegt das im Bereich der leuchtenden Vibrationen?

Ja … Aber es ist der höhere Teil des musikalischen Bereichs. Jeder dieser Bereiche enthält wiederum Abstufungen, und auf dem Gipfel des musikalischen Bereichs beginnen schon die Wellen – Schwingungswellen. Diese stehen immer noch in direkter Beziehung mit der Musik, während die farbigen Kräfte, von denen ich sprach, mit der irdischen Transformation, den umfassenden Handlungen zu tun haben. Es sind die Mächte der Handlungen. Dieser Bereich, in dem man keinen Ton hört, drückt sich weiter unten durch Töne, durch Musik aus. Das ist der Gipfel. In allen Bereichen gibt es Abstufungen.

Wenn man dort oben bei diesem Ursprung ist, kann sich also eine selbe Schwingung durch Musik oder einen Gedanken oder eine architektonische oder bildhafte Form ausdrücken?

Ja, aber diese Schwingung durchläuft unterwegs Transformationen. Sie durchquert den einen oder anderen Bereich, und dort wird sie Wandlungen unterzogen, um sich an die besondere Ausdrucksweise anzupassen. Die musikalischen Wellen sind eine besondere Ausdrucksweise der farbigen Wellen – man müßte „leuchtend" sagen, denn sie sind leuchtend aus sich selbst. Große Wellen farbigen Lichts.

(Schweigen)

All diese Bereiche des künstlerischen Schaffens liegen sehr weit oben im menschlichen Bewußtsein. Deshalb kann die Kunst auch ein wunderbares Instrument für den spirituellen Fortschritt sein. Diese Welt des Schaffens ist auch die Welt der Götter – aber die Götter finden überhaupt keinen Geschmack am künstlerischen Schaffen, wie ich zu meinem Bedauern feststellen muß.[1] Sie spüren absolut kein Bedürfnis nach dauerhaften Formen, das ist ihnen ganz egal. Wenn sie etwas wollen, genügt es, daß sie es wollen, und es ist da. Wenn sie eine Umgebung, einen besonderen Rahmen begehren, wünschen sie ihn sich, und es bildet sich ganz von allein – alles geschieht so, wie sie es wollen, demnach verspüren sie kein Bedürfnis, Formen festzulegen. Wohingegen der Mensch, der nicht hat, was er will und wie er es will, eine Anstrengung unternehmen muß, um diesen Dingen Form zu geben, und so macht er Fortschritte – die Kunst ist ein großes Mittel für den spirituellen Fortschritt.

Ich hatte den Eindruck, daß die großen musikalischen Wellen, die mich interessieren, offenbar deutlich oberhalb der Welt des Denkens liegen ...

Weißt du, das ist nicht wie Geographie.

---

1. Beim nächsten Mal fügte Mutter diese Berichtigung hinzu: „Nach deinem Weggehen kamen sie. Nicht daß ich selbst daran gedacht hätte, sondern sie ermahnten mich! Saraswati sagte mir: „Und meine Sitar?" Krishna sagte: „Und meine Flöte?" *(Mutter lacht)* Noch jemand anders kam, ich weiß nicht mehr, wer. Sie waren nicht zufrieden. Sie sagten mir: „Was sagst du da! Wir LIEBEN die Musik." Ich erwiderte: „Es ist ja gut." *(Mutter lacht)* Es ist wahr, Krishna ist ein großer Musiker, und Saraswati repräsentiert die Vollkommenheit des Ausdrucks... Jetzt, wo wir ihre Tugenden anerkannt haben *(Mutter verbeugt sich)*, kannst du deine Lektüre fortsetzen!"

27. OKTOBER 1962

Es liegt unmittelbar am Rand der höheren Hemisphäre ... Es ist der erste Ausdruck des Bewußtseins in Form von Freude. Ich erinnere mich, daß ich die gleiche Schwingung der Freude bei Beethoven und Bach fand (auch bei Mozart, aber weniger stark). Als ich zum ersten Mal Beethovens Konzert in D für Violine und Orchester hörte – die Violine setzt plötzlich ein, nicht ganz am Anfang; zuerst hört man eine Orchesterpassage, die dann von der Violine aufgenommen wird ... Nun, bei den ersten Noten der Violine – Ysaye spielte, was für ein Musiker![1] – bei den allerersten Noten war mir, als ob mein Kopf bersten würde, und ich wurde in eine solche Pracht geschleudert, oh! ... Absolut wunderbar. Mehr als eine Stunde lang war ich in einem Zustand der Glückseligkeit. Ysaye war ein echter Musiker!

Damals wußte ich noch nichts von dieser Welt, ich hatte nicht die mindeste Kenntnis davon. Aber alle meine Erfahrungen kamen so, unerwartet, ungesucht. Wenn ich ein Gemälde betrachtete, geschah dasselbe: Plötzlich öffnete sich etwas in meinem Kopf, und ich sah den Ursprung des Gemäldes – diese Farben! ... Man kann zu dieser Welt gelangen, ohne all die mentalen Abstufungen zu durchqueren, direkt vom Vital aus.

*
* *

Etwas später

... Selbst jetzt, nach all diesen Jahren und den vielen Erfahrungen, ist es, als wäre alles immer wieder neu, als wäre die Welt stets neu und als wüßte ich nichts. Ich verbringe jetzt Nächte, wo ich mir beim Erwachen sage: „Sieh an! Wieder etwas, das ich nicht wußte!" Man könnte glauben, nach all diesen Jahren wäre das Leben eine langweilige Wiederholung, aber nein!

Vielleicht schreite ich auch so schnell voran wie der Herr.[2]

---
1. Ysaye: ein berühmter belgischer Violinist (1838 – 1931), Freund von Rubinstein.
2. Der „Regen der Wahrheit", von dem Mutter am 6. Oktober sprach.

30. Oktober 1962

Bald werde ich meine Übersetzung [der *Synthese des Yoga*] beendet haben, was ich bedaure.

Aber du willst mit Savitri *beginnen?*

Auf einmal erschien mir das schrecklich ehrgeizig ... *(lachend)* Der Wortschatz reicht nicht aus dazu.

(Schweigen)

H.S.[1] schrieb mir einen Brief, in dem mich ein Satz stutzig machte. Er sagte: „Ich übersetze so und so viele Stunden am Tag, das ist eine mechanische Arbeit." Ich fragte mich, was er mit „mechanischer Arbeit" sagen will, denn meiner Ansicht nach kann man nicht übersetzen, ohne die Erfahrung zu haben – wenn man anfängt, Wort für Wort zu übersetzen, besagt es überhaupt nichts mehr. Wenn man nicht die Erfahrung von dem hat, was man übersetzt, kann man nicht übersetzen. Dann überlegte ich plötzlich: „Aber die Chinesen können ja nicht so übersetzen wie wir!" Es muß eine ganz andere Arbeit sein, denn für sie muß die Idee die Grundlage sein, weil ihre Schriftzeichen Ideen bedeuten, jedes Zeichen stellt eine Idee dar – die Zeichen sind die Grundlage für Ideen, nicht Worte mit fester Bedeutung. Ich identifizierte mich damit, um zu sehen, wie H.S. Sri Aurobindos *Synthese des Yoga* in chinesische Schriftzeichen übersetzt ... Er mußte gewiß neue Buchstaben erfinden. Das war sehr interessant. Die Buchstaben bestehen aus Wurzelzeichen *(root-signs)*, und je nach ihrer Stellung wechselt die Bedeutung. Jedes Wurzelzeichen kann in den Kombinationen vereinfacht werden, je nachdem, wo es plaziert ist: oben, rechts, links oder unten. Das muß also eine hochinteressante Arbeit sein, die richtige Kombination zu finden. Ich weiß nicht, wie viele man zusammensetzen kann, aber es gibt sehr große Buchstaben, die sehr viele Wurzelzeichen enthalten müssen. Vor kurzem zeigte man mir Buchstaben, mit denen sie die neuen wissenschaftlichen Entdeckungen ausdrücken, sie waren sehr groß. Die neuen Ideen müssen wirklich interessant sein. Er nennt das eine „mechanische Arbeit".

Dieser H.S. ist ein Genie!

Er hat auch Erfahrungen. Wir begegnen uns so gut wie nie, aber ich habe Briefe gelesen, die er an Leute schrieb. Er schrieb jemandem: „Wenn Sie die Erfahrung des Tao haben wollen, brauchen Sie nur

---

[1]. Ein chinesischer Schüler, der Sri Aurobindos Werk übersetzt.

30. OKTOBER 1962

hierher zu kommen und im Ashram zu leben, hier werden Sie die VERWIRKLICHUNG von Lao-Tses Philosophie haben."

Er ist ein Weiser!

*
* *

Etwas später

... Ich bin zum Schluß gekommen, daß die Chinesen vom Mond stammen – ihr Ursprung ist auf dem Mond. Als der Mond sich abkühlte und diese Wesen dort wahrscheinlich nicht mehr überleben konnten, weil die notwendigen Bedingungen fehlten, kamen sie auf die Erde. Ich erkannte das um die Jahrhundertwende, und als ich nach China reiste,[1] verstärkte sich mein Eindruck. Sie stammen vom Mond. Sie machten auf mich den Eindruck von Menschen, denen das psychische Wesen fehlt: sie sind kalt, eiskalt. Aber wunderbar intellektuell!

Vor einigen Jahren traf ich einen anderen Chinesen, einen Mann, der ein spirituelles Leben führt. Er suchte mich auf und sprach während einer Stunde über China. Damit begann ich, China zu verstehen, als wäre ich dort geboren und hätte mein ganzes Leben dort verbracht. Ich sah, daß diese Leute auf dem Höhepunkt der Intelligenz stehen, mit einer schöpferischen Kraft – sie sind Erfinder. Er sagte mir: „Es gibt kein Land der Welt, das Sri Aurobindo intellektuell so gut verstehen kann wie die Chinesen." Das leuchtete mir unmittelbar ein. Ihr intellektuelles Verständnis liegt sehr hoch, ganz oben.

Der Yoga ist allerdings eine andere Sache ... Das muß eine rein persönliche Frage sein. Bei ihnen besteht nicht diese spirituelle Intensität, wie man sie in der Tiefe der indischen Natur findet – es ist ganz und gar nicht dasselbe. Hier ist das spirituelle Leben etwas Wirkliches, Konkretes, Berührbares, völlig wirklich. Für die Chinesen spielt es sich auf der Ebene des Kopfes ab.

Sie werden doch wohl nicht hierher kommen?

Ich hoffe nicht!

Sie sind Menschen ohne Gefühl. Ich weiß nicht, ob sie ein psychisches Wesen angenommen haben, seitdem sie auf der Erde sind (alle Rassen sind ja vermischt, reine Rassen gibt es nicht mehr), aber sie sind immer noch eiskalt. Schwierig.

Es ist möglich, daß sie den Zugang zu Sri Aurobindos Gedankenwelt finden. Aber nicht ihre Truppen! Ich weiß nicht, ob die modernen

---

1. Wahrscheinlich im März 1920, zur selben Zeit, als Mao Tse-tung *Die große Vereinigung der Volksmassen* schrieb.

Chinesen sehr an Philosophie interessiert sind ... Es wäre besser, sie kämen nicht!

* * *

(Etwas später greift Satprem die letzte Unterhaltung wieder auf, wo es um Musik ging:)

Gehören die Bereiche der Musik, der Malerei usw. dem Übermental an?

Tja! Nun ... Ich weiß nicht. All diese Klassifikationen erscheinen mir zu starr. Es fehlt die Flexibilität, die im Universum besteht. Wir haben immer das Bedürfnis, eine Schachtel in die andere zu stecken. *(Mutter lacht)* So ist es nicht! Es wäre eher eine Entsprechung als ein Bestandteil von etwas. Es ist ein Teil, ja, aber welches ist ein Teil des anderen? Es ist ein Teil von „etwas", das weder dies noch jenes noch etwas anderes ist.

Die ANSÄTZE sind verschieden. Im Grunde hängt es von der Aspiration oder der vorherrschenden Beschäftigung ab oder von den Erfordernissen für die jeweilige Arbeit. Als ginge man DIREKT zum Ort, den man erreichen will, ohne das übrige zu beachten oder wahrzunehmen – wenn nötig, durchquert man es, aber ohne sich damit zu beschäftigen. Der Wunsch zu klassifizieren, weißt du ... das kommt später, wenn man es beschreiben will, aber es ist nicht nötig.

Es ist wie das berühmte Nirvana: man kann es hinter allem finden. Es gibt ein psychisches Nirvana, ein mentales Nirvana und sogar ein vitales Nirvana. Ich glaube, ich habe schon über die Erfahrung gesprochen, die ich mit Tagore in Japan hatte. Tagore sprach immer davon, daß er ins Nirvana einträte, sobald er sich zur Meditation hinsetze, und er bat mich, mit ihm zu meditieren. Wir setzten uns zusammen zur Meditation. Ich stimme mich immer auf die Person ein, mit der ich meditiere – ich identifiziere mich mit ihr und weiß so, was vorgeht –, ich war also darauf gefaßt, einen steilen Anstieg zu erleben, aber er trat IN SEIN MENTAL, und dort ... versank er in Meditation, und alles hörte sofort auf, wurde völlig unbewegt (das machte er sehr gut), von dort vollzog er eine fallende Bewegung, nach hinten, und dann war es das Nichts. Er konnte beliebig lange in diesem Zustand verharren. In der Tat blieben wir recht lange darin. Ich erinnere mich nicht mehr, wie lange, ob es eine Dreiviertelstunde oder eine Stunde dauerte, jedenfalls ziemlich lange. Ich blieb immer aufmerksam, um zu sehen, ob er von dort vielleicht anderswohin ginge, aber er blieb da – ganz ruhig, ohne sich zu bewegen. Dann kam er zurück, sein Mental begann wieder zu arbeiten, und es war vorbei.

Ich sagte ihm nichts.

Es war wirklich ein Nirvana: das Nichts. Keine Wahrnehmung, keine Bewegung, natürlich kein Gedanke, nichts, keine Vibration – einfach das Nirvana. Meine natürliche Schlußfolgerung war, daß es hinter dem Mental ein Nirvana gibt, denn er ging direkt dorthin. Ich machte meine eigene Erfahrung in den verschiedenen Bereichen des Wesens, und ich erkannte, daß tatsächlich hinter allem ein Nirvana besteht (es muß auch ein Nirvana hinter der physischen Zelle geben – vielleicht drückt sich das durch den Tod aus! Wir wissen es nicht, das ist möglich). Ein Nichts, keine Regung. Es gibt nichts mehr – es besteht nichts mehr, nichts kann sich bewegen *(Mutter lacht)*. Das Nichts.

Aber was bringt das?

Weiß ich nicht! Es muß für irgend etwas gut sein.
Muß denn alles unbedingt zu etwas nützlich sein?

Dient es dazu, einen Fortschritt zu machen?

Es sind Erfahrungen.

Ja, aber dient es dem Fortschritt?

Jedenfalls fördert es die Stabilisierung.

(Schweigen)

Ich weiß nicht, ob man die Dinge von diesem Standpunkt aus betrachten kann, denn es ist nur ein Standpunkt. Wenn man Ihn fragte: „Zu was ist das nütze?" würde der Herr sicherlich entweder sagen: „Das ist mir egal", oder: „Das geht euch nichts an", oder: „Es amüsiert mich" – das muß Ihm genügen!

Nein ...

(Schweigen)

Buddha war tief erschüttert über die Vergänglichkeit der Dinge, die Vergänglichkeit der gesamten Schöpfung, daß es nichts Beständiges gab. Dies bildete den Ursprung seiner Suche: Als er erkannte, daß es nichts Dauerhaftes gab – nichts Beständiges – und daß es folglich nichts gab, von dem man sagen konnte „für immer", schockierte ihn das, und es erschien ihm, daß er etwas Dauerhaftes finden müsse. In seiner Suche nach dem Beständigen kam er zum Nichts. So hieß seine Schlußfolgerung: „Nur eines ist dauerhaft: das Nichts. Sobald es eine Schöpfung gibt, ist sie vergänglich."

Was hatte er gegen die Vergänglichkeit einzuwenden? Das weiß ich nicht – wahrscheinlich war sein Temperament so veranlagt. Für ihn hatte das Nirvana also den Nutzen, daß es dauerhaft ist.

Es ist dauerhaft, es ist das einzig Dauerhafte.

> *Das erscheint mir aber ...*

Sri Aurobindo sagt selber: „Ja, es ist wahr, es ist etwas Dauerhaftes. Ein gewisses Nicht-Wesen ist beständig. Es steht hinter allem. Aber warum sollte Er sich nicht damit amüsieren, einmal beständig und einmal unbeständig zu sein – nicht „einmal", sondern ZUGLEICH, im selben Moment. Dagegen gibt es keinen Einwand." Jedenfalls hat Er keinen.

Unserem Mental gefällt das vielleicht nicht, aber Ihm ...

> *Ich sehe nicht ein, was am Nirvana so großartig sein soll. Ich weiß nicht, ob ich ins Nirvana eintrete, aber wenn ich mich zur Meditation setze und ganz ruhig bin, was dann? Nichts existiert mehr! Wenn man das Nirvana nennt, finde ich es nicht besonders großartig.*

Bist du deiner selbst bewußt?

> *Oh, ja! Ich verliere nicht das Bewußtsein. Aber nichts existiert mehr. Es ist klar und leuchtend, und dann nichts mehr.*

Das ist der Zustand der mentalen Ruhe.
Es existiert nichts mehr für dich?

> *Ich höre die Geräusche.*

Ah!

> *Ich kann physisch hören, was um mich herum vorgeht.*

Dann bist du nicht im Nirvana.

> *Ist es denn eine Art Auflösung?*

Nein, es ist eine vollkommene Beruhigung. Aber keine Auflösung.

*(langes Schweigen,
Mutter stimmt sich auf Satprem ein)*

Wahrscheinlich dringst du in den Zustand der reinen Existenz vor. Erst das mentale Schweigen, dann die reine Existenz, das heißt die Existenz außerhalb der Manifestation: der Zustand des *Sat*. Das *Sat*.

Es ist die reine Existenz außerhalb der Manifestation.

30. OKTOBER 1962

Wenn wir zusammen meditierten, hatte ich immer den Eindruck, du gingest in eine Art glückseliges Schweigen – ja, es ist etwas Beständiges, aber keine Auflösung. Es ist *Sat* – das *Sat* vor dem *Chit-Tapas*[1]. Das heißt, es kann eine Ewigkeit dauern – ohne den Begriff der Zeit –, und es kann eine Unendlichkeit sein, ohne den Begriff des Raumes.

Das ist sogar AUSSERGEWÖHNLICH nützlich: es erneuert automatisch alle Energien. Eigentlich ist das der wirkliche Grund für den Schlaf: um in diesen Zustand zu treten. Deshalb benötigen die Leute, die diesen Zustand bewußt in der Meditation erreichen, viel weniger Schlaf. Viel weniger. Das erlaubt dem Körper anzudauern. Es ist das *Sat*. Das spürte ich jedesmal, wenn ich mit dir meditierte: daß wir in diesen Bereich gingen.

Die reine Existenz außerhalb der Manifestation, wunderbar leuchtend, unbewegt, ruhig, und ... eine Art Glückseligkeit ohne jede Vibration, außerhalb der Vibrationen.

Das ist sehr nützlich.

Im Grunde muß man das immer im Hintergrund des Bewußtseins haben und sich automatisch darauf beziehen, um alle Störungen zu berichtigen oder zu vermeiden oder auszuschalten – *all disturbances*.

Ich mache zum Beispiel davon Gebrauch, wenn der Körper Schmerzen empfindet (für die gewöhnlichsten und nebensächlichsten Dinge: Husten, wenn man sich verschluckt, Schluckauf usw.), alle diese kleinen Beschwerden des Körpers kann man fast augenblicklich auflösen, wenn man in diesen Zustand geht. Es dauert nur einige Sekunden. Das muß im Hintergrund zugegen sein, immer, immer, immer, dahinter, als ob es alles unterstütze. Natürlich ist es völlig schweigend, unbewegt, leuchtend... Ja, es gibt einem das Gefühl der Ewigkeit und Unendlichkeit. Es ist ewig, unendlich, außerhalb der Zeit, außerhalb des Raumes, es ist ... es ist das *Sat*.

Wenn man es die ganze Zeit im Hintergrund seines Bewußtseins bewahren kann, muß man nicht anderswohin gehen *(Bewegung der Verflüchtigung nach oben)*: man braucht nur so zu machen *(Geste nach hinten)*, und es ist da.

Es ist die radikale Heilung aller Störungen, die Anti-Störung.

Damit kann man jemanden heilen (wenn er aufnahmefähig ist). Es ist das Gegenmittel zur Störung – das vollkommene Gegenmittel für die Störung.

---

[1] *Sat:* Existenz oder Sein, *Chit-Tapas:* Bewußtseins-Energie. Der dritte Teil der Dreiheit ist *Ananda:* Freude.

Ja, wenn man von dort herauskommt, ist man erfrischt und ausgeruht.

Ja, so ist es.

(Schweigen)

Gut, mein Kind, ich wünsche dir ein gutes neues Jahr[1], ein fortschrittliches Jahr, mit Erfahrungen! Ich beginne zu verstehen, welche Erfahrungen du dir wünschst, aber so viele Leute wären begeistert, wenn sie deine gegenwärtigen Erfahrungen hätten.

(Satprem scheint erstaunt zu sein)

Du nennst das nicht „Erfahrungen" – man nennt immer „Erfahrung", was man nicht hat.

Ich sagte auch jahrelang: „Aber ich habe keine Erfahrungen, ich habe keine Erfahrungen ..."

Die einzige Erfahrung meines Lebens war diese Welt der Musik – das erschütterte mich. Es war so ... Es war das Göttliche.

Aber ja, das ist so.

Das nenne ich eine Erfahrung.

Ja, ich verstehe.
Wie geschah es?

Einfach im Schlaf, in einer Nacht in Ceylon.

Zu welcher Zeit?

Ich glaube, gegen Ende der Nacht. Denn ich erwachte und war ... Ich weiß nicht, mindestens zwei Stunden war ich wie benommen. Ich sagte mir: „Aber das ist nicht möglich, das ist doch nicht möglich!" Ich konnte es wirklich nicht fassen.

Ja, das ist eine Erfahrung! *(Mutter lacht)*
Du verstehst also, wenn man in Kontakt mit dem inneren Gott kommt – das ist eine Erfahrung. Du verstehst: Diese Intensität und Realität deiner Erfahrung hast du dann MIT dem Gefühl des ewigen Göttlichen. Es ist einfach der innere Gott: man braucht nicht in die Höhen zu entschwinden, es ist gleich hier *(Mutter berührt ihr Herz)*.

Diese Erfahrung hatte ich 1912. Der erste Kontakt, wenn man nach innen tritt, und ES IST DAS ... diese konkrete Realität und diese

---

1. Es ist Satprems neununddreißigster Geburtstag.

Intensität, die alle möglichen physischen Intensitäten übersteigt. Dann das Gefühl: es ist DAS – das Göttliche. Es ist das Göttliche, die Realität des Göttlichen. Dies ist das Göttliche. Man IST das Göttliche.

Das ist die Erfahrung. Sie bildet die Grundlage: die grundlegende Erfahrung. Wenn man das einmal hat, geht man mehr oder weniger schnell voran ... Wenn man sich wirklich hingibt, geht man sehr schnell voran. Äußerlich bist du in der Position, wo du mit dieser Erfahrung in einigen Jahren den ganzen Weg zurücklegen und sofort die Arbeit der Transformation beginnen könntest *(Mutter berührt ihren Körper).*

Ich hatte sie (um dir einen Anhaltspunkt zu geben) nach einem Jahr der ausschließlichen Konzentration, um das in mir zu finden und mit dem innewohnenden Gott in Kontakt zu treten. Ich beschäftigte mich nur noch damit, dachte nur an das, wollte nur das. Es geschah sogar auf amüsante Weise: Ich faßte den Entschluß, es zu tun ... Ich arbeitete schon seit sehr langer Zeit daran. Madame Theon hatte es mir gesagt, und ich wußte, was meine Aufgabe auf der Erde war und so weiter. Es geht um das psychische Wesen, das dieser Schöpfung angehört, diese Form – *(Mutter berührt ihren Körper).* Es war der 31. Dezember, und ich beschloß: „In diesem Jahr!" Ich hatte ein großes Atelier, etwas größer als dieses Zimmer, fast quadratisch. Eine Tür führte auf einen Hofgarten. Ich öffnete die kleine Tür und betrachtete den Himmel. Genau in dem Moment, wo ich den Himmel betrachtete, sah ich eine Sternschnuppe. Du kennst den Brauch: Wenn du dir etwas wünschst, während du eine Sternschnuppe siehst, bevor sie verschwindet, wird es sich innerhalb eines Jahres erfüllen. Und gerade, als ich die Tür öffnete: eine Sternschnuppe! Ich war ganz in meine Aspiration vertieft: „Die Vereinigung mit dem inneren Göttlichen". Vor Ende des nächsten Dezembers hatte ich die Erfahrung.

Ich war nur darauf konzentriert. Ich lebte in Paris und kümmerte mich um nichts anderes. Wenn ich auf der Straße ging, dachte ich nur daran. Als ich eines Tages den Boulevard Saint-Michel überquerte, wäre ich beinahe überfahren worden (ich erzählte es dir schon). Es geschah, weil ich nur an das dachte: diese Konzentration, eine Konzentration, als säße man vor einer verschlossenen Tür. Und es tut weh! *(Mutter macht eine inbrünstige Geste an ihre Brust)* physisch weh, aufgrund des Drucks. Dann, auf einmal, ohne offensichtlichen Grund – ich war weder konzentrierter noch mehr dies oder weniger das – pluff, und etwas öffnete sich. Und dann ... Es währte nicht für Stunden sondern Monate, mein Kind! Dieses Licht, dieses Strahlen, dieses Licht und diese Unermeßlichkeit verließen mich nicht. Das Gefühl, daß es DAS ist, was will, DAS, was weiß, DAS, was das ganze Leben lenkt, DAS, was alles führt – es verließ mich niemals mehr. Nicht für eine Minute seit diesem Augenblick. Immer, wenn ich eine Entscheidung treffen mußte, hielt ich eine Sekunde inne und empfing es von dort.

Aber das ist lange her! Inzwischen habe ich viele Dinge getan. Das ist lange her, es war 1912. Und jetzt ... ach, dieses alte Gerippe! ...

Es tut sein Bestes.

Ich glaube, der vollkommenste Ausdruck ist: „Was Du willst, Herr, was Du willst, Herr, was Du willst, Herr – mit Freude, was immer es sei." – In jeder Zelle.

Es müßte verhältnismäßig schnell gehen, aber ... ich weiß nicht. Wie lange wird es dauern? ... Es ist neu, neu, du verstehst: Man weiß eben nicht, ob man vorankommt. Man weiß nicht, wohin man geht, man hat keine Ahnung, welchem Weg man folgt. Man weiß es einfach nicht. Alle möglichen Dinge geschehen, aber sind sie ein Teil des Weges oder nicht? Ich weiß nichts. Erst am Ziel werden wir es wissen.

Gut.

Dann auf Wiedersehen, mein Kind, ein gutes Jahr! Ich hoffe, du wirst dieses Jahr eine entscheidende Erfahrung haben – bevor du vierzig wirst.

November

3. November 1962

*(Mutter fragt Satprem nach Neuigkeiten.
Die Antwort darauf notierte er nicht.)*

... Aber es geht gut, mein Kind, es geht gut. Gesundheitlich geht es dir gut?

Nicht besonders.

Ißt du genug?

Ja, ja!

Bist du sicher?

Es ist mehr eine Müdigkeit. Ich verbringe schreckliche Nächte im Unterbewußten. Seit sechs Monaten haben sich meine Träume völlig verändert. Vorher erinnerte ich mich zuweilen an Dinge. Jetzt erinnere ich mich an nichts mehr außer an das Unterbewußte, und was für ein Unterbewußtes! Ich habe Glück, wenn es nicht höllisch ist.

Mein Kind, in dieser Hinsicht verbringe ich abscheuliche Nächte – es kann allerdings nicht abscheulich sein, denn ich lebe in Glückseligkeit, aber was ich alle Nächte sehen muß, ist schrecklich. Schrecklich. Als wollte man mir unbedingt die Arbeit vergällen. Das Unterbewußte ist wirklich eine Ansammlung des Schreckens. Das ist seit mehr als sechs Monaten so.

Wenn man damit aufwacht, sagt man sich: verflixt!

Ja, es geschieht immer im Moment des Erwachens. Es kommt immer als letztes – und was für Dinge! Ach, wenn ich dir etwas davon erzählte, würdest du verstehen. Natürlich ordne ich diese Dinge ein. Ich tue das Nötige, und dann fege ich sie weg.

In manchen Augenblicken ist es die Hölle. Dort sind Wesen, Situationen...

Situationen und schreckliche, unvorstellbare Seinsarten.

(Schweigen)

Doch ich trete absichtlich mit diesen Dingen in Beziehung. Wenn ich morgens während meines Japas „gehe", wird all das automatisch unter den höchsten Einfluß gestellt, und dann klärt und ordnet es sich. Es wird eine gute Arbeit getan.

Man muß es nicht als unabwendbar ansehen. Im Gegenteil, man muß es als Zeichen für das nehmen, was gerade geändert wird.

Man hat nur den Eindruck, daß es endlos ist.

Ja! *(Mutter lacht)* Es erscheint völlig grenzenlos.

So könnte es jahrhundertelang weitergehen.

Man hat das Gefühl, daß es bodenlos und ohne Grenzen ist und daß es immer neue, gleich schreckliche Kombinationen geben wird. Aber das ist nicht wahr. Es verändert sich. Es verändert sich.

Erfindungen! Erfindungen des Schreckens ... Man ist wirklich entsetzt, was Menschen erfinden können, die mit dieser Welt in Beziehung stehen und die diese Welt auf der Erde ausdrücken. Welche Torturen sie erfanden, welche Dinge sie anrichteten – man kann nicht glauben, daß es wahr ist. Es kommt von dort, all das kommt von dort, aus der Welt des Unterbewußten. Deshalb muß es unbedingt gereinigt werden.

Aber das ist ... ach, welch harte Arbeit! Und undankbar noch dazu. Undankbar, denn sobald man glaubt, etwas hinter sich gebracht zu haben (man glaubt nicht daran, weil man es nur zu gut kennt, aber man hofft es jedenfalls), kommt es in einer anderen Form zurück, die noch schlimmer erscheint als die vorhergehende.

Man muß ausdauernd sein, mein Kind.

Manchmal wird es schrecklich persönlich, als würde man selber angegriffen – ich habe eine „Thematik" dieser Dinge, über die ich nicht sprechen kann, weil sie zu persönlich ist –, persönlich, weil es den Körper zu betreffen scheint ... Letzte Nacht (ja, letzte Nacht bemerkte ich, daß ich physisch ganz jung war – es war natürlich das Subtilphysische, aber jedenfalls sehr jung), was für ein Leben ich führte! Mit einer Vielzahl von ... ja, es gab Revolutionen, Schlachten – ich beschäftigte mich mit allem, es herrschte große Betriebsamkeit. Dann wurde ich persönlich von vier oder fünf alten Dreckskerlen belästigt, die das Ruchloseste und Abstoßendste verkörperten. Ich mußte mich mit all dem auseinandersetzen, es ordnen und zum Gehorsam zwingen ... Uff! Ich erwachte und war froh aufzuwachen (es war Zeit aufzustehen, da hört das automatisch auf, denn ich will da um halb fünf herauskommen). Aber dazu die Bilder, die Empfindungen ... Ja, wie ist das möglich! Ich war mir völlig bewußt, daß es eine nützliche Arbeit war. Ich hielt sie in Schach[1]. Aber was das mit sich bringt ... Buh! Denn für

---

1. Das nächste Mal fügte Mutter hinzu: Wenn, zum Beispiel jemand irgendwo hereinkommen will, braucht man ihm nicht zu sagen: „Komm nicht herein", man tut das Nötige, und er kann nicht hereinkommen. Er versucht es, aber er kann es

mich ist alles ein Wissen durch Identität – selbst im Unterbewußten ist es ein Wissen durch Identität –, du verstehst, was das bedeutet!

Oh, ja! Es gibt schreckliche Wesen.

Schrecklich. *(Mutter lacht)*
Gut.
Kannst du mich nicht rufen, oder willst du es nicht?

Ich erinnere mich einfach nicht!

Das ist schade. Würdest du dich erinnern und mich rufen ...

Ich bin mehr ein Zeuge, ich beobachte, was mir geschieht. Wenn es zu gewaltsam wird, wache ich auf, aber sonst sehe ich, beobachte ich und bin als Zeuge zugegen.

Hast du niemals versucht, vor dem Einschlafen ...

Aber ja! Vor dem Einschlafen bete ich immer darum, bewußt zu sein und zu empfangen, was du mir schicken kannst.

Nein, man muß beten, sich daran zu erinnern, mich zu rufen, wenn die Situation unangenehm ist *(Mutter lacht)*, denn in unzähligen Fällen rettet das die Leute aus gewissen Situationen, mitten in ihren nächtlichen Aktivitäten – nicht im Augenblick des Erwachens, sondern im Bewußtsein der Nacht sehen sie das Ergebnis in sich und um sie herum. Nimm die Geschichte von D, der nicht mehr in seinen Körper zurückkehren konnte und der mich rief. Es wirkt tatsächlich, besonders auf diese Wesen. Gott sei Dank *(lachend)* haben sie Angst vor mir, es hat eine Wirkung auf sie.
Ja, das ist interessant! Man muß ausharren.
Man muß ausharren. Mut haben.
Auf Wiedersehen, mein Kind!

---

nicht – das nenne ich „in Schach halten". Ich mußte nicht mit ihnen sprechen oder sie berühren, sondern die Kraft wirkte.

7. November 1962

(Mutter spricht wieder von der Erfahrung des SAT oder reinen Seins im Hintergrund des Bewußtseins und beschreibt die erforderliche Bewegung des Bewußtseins, um in diesen Zustand zu gelangen:)

... Es entspricht der Bewegung, die man macht, um seine Gedanken zu sammeln. Es ist wie eine Konzentration oder Verinnerlichung, all das zusammen. Wie ein Sichzurückziehen, aber ohne Bewegung.

Am Ende tut man es fast automatisch – ich tue es Hunderte von Malen am Tag. Es ist schwer zu beschreiben, denn was man beschreibt, ist zu konkret. Aber es ist ein Sichzurückziehen, eine innere Sammlung, eine Verinnerlichung – *self-gathering*. All das erscheint grob und schwer, zu materiell, zu schwer. Dennoch ist es eine äußerst konkrete Empfindung. Sofort führt es zu einer Stabilisierung – alles hört auf. Alles wird zum Stillstand gebracht, und zwar so weit, daß selbst eine schmerzhafte Vibration unterbrochen wird, nicht mehr besteht. Wenn man diesen Zustand verläßt, ist sie wieder da. Eine Heilung findet nur statt, wenn man während einer gewissen Zeit darauf beharrt. Andernfalls können die beiden Zustände weiter nebeneinander bestehen.

Auf oberflächliche Weise ausgedrückt, würde man sagen: „einen Schritt zurücktreten", aber das ist es natürlich nicht.

Es ist nicht dasselbe „Nach-innen-Gehen", wie wenn man sein psychisches Wesen finden will. Es ist nicht dieselbe Bewegung. Beim Nach-innen-Gehen, um sein psychisches Wesen zu finden, hat man den Eindruck einer Ortsveränderung, während es hier keine Ortsveränderung gibt: es geschieht an Ort und Stelle.

Man verläßt die Zeit, man verläßt den Raum.

Ich weiß nicht, für mich ist es so vertraut, daß ich den Eindruck habe, alle könnten es tun, aber vielleicht ist es schwierig, ich weiß es nicht.

Es ist wirklich so: diesen Zustand verlassen, in eine Stabilisierung aller Dinge treten. Aber wenn man „Unbewegtheit" sagte, wäre es das Gegenteil von Bewegung – es ist aber nicht das Gegenteil von Bewegung sondern etwas anderes. Es führt sofort zum Gefühl der Ewigkeit. Es entwickelt sich nicht ständig weiter, ganz und gar nicht: alles hört auf. Aber „alles hört auf" impliziert das Gefühl, daß etwas voranginge, wohingegen man nicht diese Empfindung hat[1]. Dennoch

---
1. „Ich will sagen, es gibt nicht mehr das Gefühl von „etwas, das aufhört". Aber man findet keine Worte. Man benützt Worte in Anlehnung an ihren gewohnten Sinn, doch sie haben eine andere Bedeutung. Uns fehlen die Worte! Es ist eine

7. NOVEMBER 1962

ist es die Existenz, das SEIN: das Sein, die reine Existenz. Es ist das volle Bewußtsein ohne Objekt – ohne Gegenstand des Bewußtseins. Die reine Existenz ohne Entwicklung.

Es ist immer gegenwärtig, es verläßt einen nie, es ist immer da. Man muß es nirgendwo suchen – es ist immer da. Das heißt (wenn man zu denken beginnt), die Welt kann ohne es nicht bestehen, weder Zeit noch Raum noch Bewegung noch Bewußtsein, nichts kann ohne es bestehen. Folglich ist es überall.

Es braucht die Manifestation nicht, um zu existieren – ÜBERHAUPT NICHT. Aber die Manifestation könnte ohne es nicht bestehen.

In der Tat ist das Ziel der Meditation, das zu erfassen. Jeder Weg ist gut, und man kommt sicher an, denn es ist HIER: man braucht es nicht in der Ferne zu suchen – es ist hier.

Das ist zu einer Art Gewohnheit geworden: wenn ich zum Beispiel gerade esse und mich verschlucke oder sonst etwas (etwas durchaus Harmloses, ein kleines Gefühl im Hals, daß etwas nicht richtig läuft), und man macht so *(Bewegung nach hinten)*, eine Sekunde, ist es vorbei. Ich spreche mit jemandem, und das passende Wort kommt nicht automatisch. Es genügt, so zu machen *(dieselbe Bewegung)*, und es kommt. Es hilft bei allem. Es bringt die Dinge in Ordnung. Genau das hast du in deinen Meditationen. Nur *(lachend)* wärest du erst zufrieden, wenn du da hinausträtest! Wenn sich etwas ereignete, eine Riesengeschichte! *(Mutter lacht sehr)* Deshalb beklagst du dich! Manche Leute arbeiten viele Jahre lang, um dies einmal zu erfahren.

So ist das, mein Kind.

Zustandsveränderung OHNE Ortswechsel. Offensichtlich ist es ein Zustand außerhalb von Zeit und Raum, das ist sicher. Man geht also von einem Zustand, in dem man in Raum und Zeit ist, in einen Zustand außerhalb von Raum und Zeit, aber NICHT durch eine Verschiebung ... etwas. Etwas geschieht innen. Es geschieht plötzlich. Es ist kein langer und allmählicher Übergang, wie man ihn durch Meditation erreicht. Für den Schritt ins *Sat* gibt es keinen graduellen Übergang. Man geht nicht allmählich von einem Zustand in einen anderen, sondern es geschieht plötzlich, wie ein plötzliches Umkippen. Aber wie ich dir gerade sagte, uns fehlen die Worte. „Umkippen" ist ein zu starkes Wort, um das auszudrücken."

10. November 1962

(Satprem liest Mutter ein Kapitel aus seinem Manuskript vor mit dem Titel „Im Zeichen der Götter", in dem er von der Unzulänglichkeit des Übermentals in der Vielfalt der Evolution spricht. Nach der Lektüre erzählt Mutter, was sie sah, während Satprem las:)

Eine Art Rhythmus ...

(Mutter verharrt lange und „lauscht")

Das interessiert die Leute, mein Kind! Zuerst war Sri Aurobindo da – es war wie ein großes Zimmer: der Saal war sehr groß, und es gab kaum Wände (nur sehr wenige, um den Eindruck zu vermitteln, daß er nicht völlig offen war). Dann war da eine Art Musikinstrument, das einem Flügel ähnelte, aber sehr viel größer und sehr viel höher, das seine eigene Musik hervorbrachte: niemand spielte darauf. Diese „eigene Musik" war die Musik dessen, was du geschrieben hast. Es drückte sich aus ... wie leuchtende, farbige, leicht gold- und rosafarbene Blätter, und sie wurden verweht und fielen sehr langsam auf einen Boden, der eigentlich kein Boden war, mit einer fast vogelähnlichen Bewegung. Sie fielen. Es waren fast quadratische Blätter, die eins nach dem anderen fielen, mit der Bewegung einer Vogelfeder – keine schweren Bewegungen. Ein Wesen, das wie ein Gott aus dem Übermental war, aber gleichzeitig einem Hindu-Gott mit einer Tiara und einer Art Engel mit langem Gewand ähnelte (es war eine Mischung der beiden), trat von dieser Seite *(links)* ins Zimmer. Es bewegte sich so leicht – es berührte den Boden nicht, es war ganz leicht –, und mit einer solch hübschen, harmonischen Bewegung (alles war so harmonisch) sammelte es all die Blätter auf: es nahm sie in seine Arme, und sie blieben dort – sie waren gewichtslos. Es sammelte alles lächelnd auf, mit einem jungen, aber sehr leuchtenden und glücklichen Gesicht, sehr hübsch. Es sammelte die Blätter auf, dann wandte es sich zu mir (ich war hier, du warst dort, die Musik war da, Sri Aurobindo war da), es hob all das auf, und als es alle aufgehoben hatte, ging es fort mit den Worten: „So, ich nehme all dies mit, um es ihnen zu geben", als ob es in die übermentale Welt zurückkehrte und sie sich dort dafür interessierten! *(Mutter lacht)*

Aber so hübsch! Alles war so hübsch! Da war ein Rhythmus. Es verlief nach einem Rhythmus, einem Rhythmus der Blätter, einem langsam fortschreitenden Rhythmus, nicht geradlinig sondern mit Wellenbewegungen.

10. NOVEMBER 1962

Das war sehr schön. Eine sehr angenehme Atmosphäre.

Es war sehr gut.

Schließlich begann ich, das zu beobachten. Es kam ganz allmählich zustande, und als du fertig warst mit dem Vorlesen, war alles da. Denn am Anfang wendete ich meine Aufmerksamkeit halb dem zu, was du vorlasest, und halb dem Geschehen. Nachher war meine ganze Aufmerksamkeit auf das Geschehen gerichtet: deine Blätter, die fielen und wie Vögel landeten, gewichtslos, und auf einem Boden, der nicht fest war (ein Boden, um den Anschein zu geben, daß man in einem Zimmer war, aber man konnte hindurchsehen). Während du vorlasest, sammelte das Wesen alles auf. Es trug ein langes Gewand, das hinter ihm nachschleifte. Es hatte fast die gleiche Substanz wie die Blätter, die aus dem Klavier kamen – es war eine Art Klavier, eine Art Musik, aber es war das Prinzip dessen, was du geschrieben hattest. Dieses Wesen sammelte alles auf, und als es ein großes Bündel hatte, sagte es: „Ich gehe jetzt, um es ihnen zu bringen und zu zeigen."

Das war sehr hübsch.

Die Götter freuen sich vielleicht nicht darüber, denn ich sage doch, daß das Übermental nicht genüge!

Doch, doch!

Ach, dumm sind sie nicht! *(Mutter lacht)*

Sie ziehen das wahrscheinlich der blinden und dummen Anbetung vor, die der größte Teil der Menschen ihnen entgegenbringt.

Das ist alles.

Das nächste Mal sehen wir uns Mittwoch, den 14.

Es ist gut. Seltsam, dieser Eindruck: Dein Lesen erzeugte eine sehr freundliche und angenehme Atmosphäre ...

14. November 1962

(Lektüre einer Manuskriptstelle, in der Satprem die Beziehung zwischen dem Unterbewußten und dem Überbewußten erklärt. Er sagt insbesondere: „Man kann nur heilen, wenn man ganz auf den Grund geht, und man kann nur auf den Grund gehen, wenn man ganz nach oben geht.")

Das wird interessant ... Es ist die Ausformulierung (nicht die Theorie, nicht die Erklärung, es ist mehr als intellektuell, aber der Ausdruck in literarischer Form) meiner Erfahrungen all der Nächte in letzter Zeit – nicht nur der Nacht, auch der Tage.

Ich berühre gleichsam den letzten Grund der Dinge.

Gestern Nacht erst kam dieser Eindruck: „Mein Gott, muß man denn immer tiefer hinabsteigen, tiefer und tiefer, immer tiefer!" Meine Identität mit dem Höchsten wächst, aber gleichzeitig scheine ich in die Tiefen der Dunkelheit hinabzusteigen ... auch des Schlamms, unglaublich! In die Möglichkeiten des Lebens. Du sprichst ja über Sri Aurobindos Erfahrung. Stell dir vor, ich wußte nicht, daß er diese Vision aller Foltern hatte[1]. Aber ich hatte sie gerade im Detail, Stück für Stück – wirklich unglaubliche Dinge! Ich sagte mir: „Warum das alles? Warum sehe ich das alles? Verliere ich meinen Kontakt?" Im Gegenteil, er kam immer näher, immer stärker, immer bewußter, immer leuchtender und zugleich ... das *(Bewegung nach ganz unten)*.

Du drückst es sehr, sehr gut aus. Spürst du vielleicht meine Erfahrung und machst sie mit, ohne es zu wissen, oder bin ich es, die ...? Ich weiß es nicht – all das hängt zusammen. Aber es ist sehr interessant.

Mein Eindruck war nämlich folgender: Je höher ich steige, um so mehr erkenne ich die unteren Dinge. Ich konstruierte keine Lehre oder Theorie daraus, denn diese Angewohnheit ließ ich vor sehr langer Zeit fallen. Doch ich beobachte und halte die Tatsache fest. Ich stelle sie fest, ohne mir zu sagen: „Das ist wegen diesem oder jenem" (was du in deinem Buch erklärst). Ich stellte sie fest und konnte sagen: Je mehr ich die ständige leuchtende Gegenwart fühle, um so mehr sehe ich diese Dinge. Nun wird es für mich vollkommen klar, daß es unmöglich ist, DAS integral zu manifestieren, ohne all dies *(unten)* dem Licht darzubringen.

Im Grunde ist mein Mittel sehr einfach. Bei allem, was kommt, sage ich: „Hier, Herr, das ist für Dich. Ändere es, transformiere es!"

---

1. Im Gefängnis von Alipore: „Während zwei Wochen hatte ich die Vision aller Arten von Torturen und Leiden ..." (A.B. Purani, *Life of Sri Aurobindo*, S. 122)

14. NOVEMBER 1962

Es ist die Arbeit des Darbringens, der Hingabe *(Bewegung der Übergabe ans Licht).* Heute morgen erhielt ich eine Antwort, nicht direkt auf eine Frage, aber als ob ich mich fragte: „Was soll ich tun?" (Der Herr sagt mir ja, daß ich für seine Arbeit hier bin.) „Wie verrichte ich Seine Arbeit? Eine neue Art, die Arbeit zu verrichten?" All die alten Methoden kennen wir. Aber die neue Art, die Arbeit auszuführen? Da kam die Antwort völlig konkret, ohne Worte: „Füge die beiden Enden zusammen – alles, was du siehst, alles, was sich dir zeigt oder was du entdeckst, wird automatisch in die Gegenwart des Allerhöchsten, des Höchsten gestellt. Du verbindest die beiden Enden. Deine ganze Arbeit besteht darin, die Verbindung herzustellen."

Und jetzt liest du mir das alles vor! Es ist, als ob du es erklärtest. Das ist interessant, findest du nicht? *(Mutter lacht)* Ich finde es sehr interessant.

Es kam noch mehr, denn heute morgen sagte mir Sri Aurobindo selber: „Heute wird er dir etwas mitteilen, was deine Erfahrungen erklärt." Und so ist es. Das ist keine mentale Erklärung, verstehst du, sondern die Dinge werden so GESEHEN.

Gerade jetzt war er wieder da und sagte mir ... (wie soll ich es ausdrücken?) ich könnte es etwa so formulieren: *he receives well* [er empfängt gut], als ob er dir vieles diktierte.

Es ist gut, ich bin sehr zufrieden! *(Mutter lacht)*

*
*   *

Etwas später

Es würde Hunderte von Bänden füllen, wenn ich morgens beim Aufwachen all das erzählen könnte, was ich mich erinnere, gesehen zu haben! Es würde sicherlich Hinweise bieten.

Ich habe niemals aufgehört zu sehen. Jetzt sehe ich Tag und Nacht, es macht keinen Unterschied. Aber ich sehe nicht dieselben Dinge, ich verrichte nicht dieselbe Arbeit *(tagsüber oder nachts).* Doch stets äußert sich die ganze Arbeit durch Visionen (ich höre es auch deutlich, ich erinnere mich an die Worte, aber das ist nebensächlich): die Ideen sind Bilder, und die Willensäußerungen sind Handlungen. All das ist wie ein Leben – ein Leben in anderen Welten, unterschiedlichen Welten.

17. November 1962

*(In bezug auf den sino-indischen Konflikt
an der Himalaya-Grenze:)*

X schrieb N, um ihm in präzisen und fast heftigen Worten anzukündigen, daß dies der Anfang eines allgemeinen Umsturzes, eines weltweiten und katastrophalen Krieges sei.

Ich weiß, daß dies der Wille des Asuras ist, von dem ich dir schon mehrere Male erzählte, des Herrn der Lüge, der als der Herr der Wahrheit geboren wurde und der weiß, daß seine Stunde naht („naht" ist relativ in dieser Welt), und der ankündigte, daß er vor seinem Verschwinden so viele Katastrophen als möglich verursachen werde. Kürzlich, kurz bevor der Konflikt ausbrach, ging ich in einen Bereich der vitalen Welt, der unmittelbar oberhalb der Erde liegt, wie eine Plattform (nicht wie der Gipfel eines Berges, aber ein Platz, von dem aus man den Überblick hat, wo der Kapitän zum Beispiel hingeht, um sein ganzes Schiff zu übersehen – es war ein Ort in der vitalen Welt, von dem man das ganze irdische Leben überblicken konnte). Ich ging dorthin – es war ziemlich dunkel, sogar sehr dunkel – und dort stand dieses große Wesen, sehr groß, viel höher als das Zimmer ... *(Mutter blickt zur Decke)* er nimmt gerne eine große Erscheinung an! Er ist sehr groß, pechschwarz (das ist sein natürlicher Zustand – den Menschen erscheint er in funkelndem Licht, aber jemand, der die innere Schau hat, wird nicht getäuscht, denn es ist ein eiskaltes Licht – aber manche Leute lassen sich täuschen und halten ihn für den höchsten Gott; dies nebenbei bemerkt). Er war dort, und ich traf ihn – ich ging nicht hin, um ihn aufzusuchen, sondern traf ihn dort an. Er jubilierte und forderte mich auf, mich umzuschauen.

Von dort sah man alles im Umkreis. Als ich ankam, brach plötzlich ein Sturm aus – ein schreckliches Gewitter –, ich beobachtete weiter. Dann sah ich in dieser Richtung ... ich weiß nicht, ob es Norden, Süden oder Westen war, aber es war in dieser Richtung *(Mutter weist nach Norden)*, zwei Blitze, nicht genau gleichzeitig – ich schaute nach Norden, ich wußte genau, daß ich dorthin schaute. Der erste kam von Osten, ein ungeheurer Blitz, der einschlug, und ein anderer kam wenig später, unmittelbar danach, von Westen. Die zwei Blitze trafen auf dieselbe Stelle, ohne sich aber zu verbinden. Es war Nacht, alles war dunkel, auch die Erde war dunkel, man sah nichts, und der Platz, wo sie sich trafen, wurde durch das Licht dieser Blitze plötzlich erleuchtet. Es gab einen schrecklichen Lärm und ... (es war ein kreisförmiges Blickfeld, der Rest lag im Dunkeln). Es brannte! Alles brannte. Man sah die Umrisse der Gebäude, der Häuser, allerlei Dinge im Licht der Blitze, und dann fing alles an zu brennen: eine schreckliche Feuersbrunst.

Ich bemerkte sogar (es war ein reichlich seltsames Gefühl): „Sieh an! Wie interessant, das alles von so nah zu sehen." Das heißt, ich hatte das Gefühl, daß meine „Station", wie Sri Aurobindo sagt, meine gewohnte Station, die Welt zu sehen, sehr hoch ist: Ich war hinabgestiegen, um an diesen Ort zu gehen. Das ließ mich sagen: „Sieh an! Wie interessant, die Dinge aus solcher Nähe zu sehen." (Ich sagte es ihm nicht, aber ich dachte es.) Der andere neben mir, in einem gewissen Abstand zu meiner Rechten, jubilierte – er stand aufrecht da, ich sah seinen Kopf, als ich nach oben blickte *(Mutter blickt zur Decke)*. Er jubilierte und sagte: „Siehst du, sieh doch nur!" Außer sich vor Freude. Ich verharrte völlig unbewegt. Alles war unbewegt, ruhig, keine Regung (lediglich dieser Gedanke durchfuhr mich gleichsam: „Wie interessant, es von so nahe zu sehen"), und dann hielt ich alles an: *(Mutter verharrt unbewegt wie eine Statue, die Fäuste geschlossen)*. Sehr bald darauf (ich kann es nicht genau sagen, denn die Zeit dort ist nicht dieselbe wie hier), aber sehr bald hörte alles auf[1]. Der Sturm war nur ausgebrochen, um die beiden Blitze herbeizuführen. Sobald die Blitze die Erde getroffen hatten, war es aus und vorbei. Dann die Flammen – der ganze Platz stand in Flammen (es glich einer ungeheuren Stadt, aber es war keine Stadt – sicherlich stand es symbolisch für ein Land), bruff! Das loderte nur so. Die Flammen stiegen sehr hoch. Ich machte einfach so, und alles hörte auf *(Mutter verharrt regungslos, mit geschlossenen Augen und geballten Fäusten)*. Als ich dann weiter beobachtete, trat alles wieder in seine Ordnung. Da sagte ich (ich weiß nicht, warum ich Englisch sprach – ach ja, weil er Englisch gesprochen hatte, er sagte: *You see, you see!*), ich sagte: „Das hat aber nicht lange gedauert, sie sind schnell damit fertig geworden!" Er kehrte mir den Rücken zu und verschwand in die eine Richtung und ich in die andere. Dann nahm ich mein äußeres Bewußtsein wieder auf, so erinnerte ich mich genau an alles.

Ich glaube, sie fingen drei oder vier Tage später an, dort oben zu kämpfen.

Was liegt dort im Westen?...

Ich weiß nicht. Ich dachte, es sei Rußland, aber Rußland scheint unschlüssig zu sein und nicht eingreifen zu wollen. Ich weiß nicht.

---

1. Tatsächlich erklärten die Chinesen drei Tage später, am 20. November, unverhofft einseitig die Feuereinstellung und den Rückzug ihrer Truppen, obwohl sie spektakuläre Fortschritte gemacht hatten, fast ohne auf Widerstand zu stoßen. Niemand verstand warum.

Wurde Indien getroffen?

Ja, offensichtlich war es Indien.

Als ich sagte: „Wie interessant, das aus solcher Nähe zu sehen!", hatte ich auch das Gefühl, physisch nahe dabei zu sein, ein Teil war physisch sehr nahe. Aber ich stand allen Kriegen sehr nahe (den zwei letzten Kriegen, und dieser ist der dritte). Ich war ganz in der Nähe: ich war da, als die Bomben auf Paris fielen – das war der Erste Weltkrieg.

Das alles wurde mir durch Bilder gezeigt.

Abgesehen davon, als außen die Nachricht eintraf, daß sie ihr Bestes tun, sich gegenseitig wegen nichts umzubringen, sobald ich das erfuhr, ließ ich auf die ganze Grenze dasselbe niederkommen wie in jener Nacht: Friede und Unbewegtheit. Zwei Tage später fragte ich nach Neuigkeiten, und man sagte mir: „Ach, sie scheinen müde zu sein! Sie tun nichts!" Jetzt rühren sie sich kaum noch.

Dann gab es politische Schwierigkeiten[1] – all das bedeutet Arbeit, die recht gut vonstatten ging. Aber immer abgeschwächt, niemals das Ganze. Es gibt immer ein Ergebnis, aber nicht DAS Ergebnis ... Ich glaube, unter den gegenwärtigen Verhältnissen auf der Erde ist „das" Ergebnis unmöglich: es wäre ein Wunder, das zu viele Dinge umstürzen würde. Die Konsequenzen wären schlimmer als ...

So steht es.

Ich weiß, daß dieser Herr da, den ich seit dem Zweiten Weltkrieg im Auge behalte (schon vor dem Zweiten Weltkrieg), das beabsichtigt. Er kündigte mir alle möglichen Katastrophen an. So vermute ich, daß X das auch gesehen hat, ohne zu wissen, woher es kommt – ich vermute es. Es verwundert mich. Aber schließlich schreibt er dies auf so kategorische Weise, daß man fast glauben könnte, er wünschte es herbei. – Ich kann nicht glauben, daß er es wünscht. Ich sagte einfach: „Gut. Ja, es ist EINE der Möglichkeiten." Welche der beiden wird die Oberhand gewinnen? Das weiß ich nicht. Dieses Geheimnis offenbart der Herr nicht ... denn Er denkt (das ist völlig sicher), es wäre schlecht, wenn wir wüßten, was kommen wird: wir täten nicht das Nötige. So ist es immer: Man weiß nicht, was kommen wird, weil man sonst nicht das Nötige täte.

---

1. Mutter bezieht sich wahrscheinlich auf die Schwierigkeiten, die Absetzung des Kriegsministers Krishna Menon zu erreichen. Erinnern wir uns doch, daß die indische Politik Nehrus der Epoche völlig pro-chinesisch war (der Slogan war *Hindi-Chini bhai-bhai:* die Inder und die Chinesen sind Brüder), und als die Chinesen in Indien eindrangen, reiste der Kriegsminister unbesorgt in irgendeiner Mission nach London, mit der Erklärung: Ach, es ist nichts Ernstes!

Ich tue, was Er mir zu tun aufträgt, aber Er sagt mir nicht, was die Konsequenzen sein werden. Ich frage Ihn nicht: Ich weiß, daß es mich nichts angeht.

Wenn ich es wüßte, selbst wenn ich es nicht sagte, würde es sich nämlich ausbreiten *(Mutter deutet Wellen an, die sich von ihrem Kopf ausbreiten)*. Es wäre nicht gut, wenn die Leute es wüßten.

Aber ich hatte jede Menge Visionen aller Art, von den fürchterlichsten bis zu den wunderbarsten – all das sehr apokalyptisch, im Bereich des Unglaublichen. Viele, viele Dinge. Details und das Ganze. Ich könnte einen ganzen Band damit füllen!

Ich weiß nicht, ich habe den Eindruck, daß die Menschheit nicht zum Frieden bereit ist, sie muß aufgerüttelt werden.

Ja, bedauerlicherweise ist sie nicht bereit.
Sie verdummen.

Sie verdummen. Sie rühmen sich ihrer Gewaltfreiheit, ihrer kleinlichen Moral ... Sie sind nicht bereit.

Schade.

Denn es kann uns um Jahrtausende zurückwerfen ... Es gibt Augenblicke, in denen die Dinge konvergieren, und es ist selten, einen AUGENBLICK in dieser Geschichte zu haben: Das erstreckt sich über lange, lange Zeitabschnitte, über eine fast unbegrenzte Zeit. Aber einen AUGENBLICK zu erhalten, der im irdischen Leben aktuell wird *(Mutter stemmt ihre Faust auf die Erde)*, ist sehr schwierig. Wenn dieser Augenblick vergeht, versäumt wird ...

Aber ich frage mich immer ... denn Sri Aurobindo ging fort, ohne sein Geheimnis zu offenbaren. Er sagte mir, er ginge ABSICHTLICH – soviel sagte er mir. Er sagte mir, was ich wissen mußte. Aber niemals erklärte er, der Augenblick sei nicht gekommen. Er dachte ... Als er kam, sagte er, der Augenblick sei gekommen. Er sagte nie, daß er gesehen habe, daß alles noch nicht bereit sei. Er sagte mir: „Die Welt ist nicht bereit", das teilte er mir mit. Er erklärte mir, er ginge absichtlich, weil es „nötig" sei, und daß ich bleiben und fortfahren müsse, daß ich weitermachen würde. Diese drei Punkte sagte er mir. Aber niemals teilte er mir mit, ob ich Erfolg haben würde. Niemals sagte er mir, ob ich den Augenblick wieder herbeiführen könne oder nicht.

Ich muß sagen, daß für mich die Zeit vorbei ist, wo es interessant war, diese Art Dinge zu wissen, denn ... ich lebe etwas zu sehr in der Ewigkeit der Zeit, um dem große Bedeutung beizumessen.

Nur was ich äußerlich sehe, was ich feststelle (das heißt, je mehr ich IN der Sache bin), ist: die Welt ist nicht bereit. Die Menschen ... sie verstehen nicht einmal, um was es geht! Wie könnten sie auch ... Wenn man ihnen etwas von da sagt *(Geste nach oben)* oder wenn man ihnen etwas von dort zeigt, verstehen sie es nicht. Sie verstehen es nicht. Sie entstellen, verzerren es sofort, um es verstehen zu können. Deshalb ... Ich weiß nicht, ob ...

(langes Schweigen)

Aber seltsamerweise ist die Erde aufnahmebereiter, seitdem die Menschen sich dort oben[1] bekämpfen.

Und doch wurde schon immer gekämpft – überall wurde gekämpft. Seit dem letzten Krieg hörten sie nie auf, an der einen oder anderen Stelle zu kämpfen: in Afrika, in Asien, überall. Es wurde immer gekämpft. Stets gab es irgendwo Kämpfe. Die ganze Geschichte in Algerien, dort ereigneten sich schreckliche Dinge. Die Ereignisse am Kongo und all das – überall wurde gekämpft. Aber ... ich weiß nicht warum (es ist nicht so, als kümmerte ich mich nicht um diese Angelegenheiten: sie waren in meinem Bewußtsein), aber diesmal geschahen zwei Dinge: eine größere Kraft kam herab (sehr konkret, direkt fühlbar), eine große Macht kam herab, die ausdrücklich gesandt wurde, und dann eine gewisse Aufnahmefähigkeit – überall, sogar bei den Chinesen (ich will nicht sagen, es sei ortsgebunden: überall in der Welt). Besteht auf materieller Ebene die Angst bei der Vorstellung, daß ...? Wenn ein neuer Weltkrieg ausbricht, wird es offensichtlich unbeschreiblich schrecklich sein – ganze Zivilisationen werden verschwinden. Das Leben auf der Erde wird in schrecklicher Weise zurückgeworfen werden. Bewirkt dies, daß die Menschen ...? Daß eine Aspiration erwacht ist? – Es ist möglich. Jedenfalls ist offensichtlich die Aufnahmefähigkeit größer. In der Tat sehe ich, daß der Wille, wenn er sich ausbreitet *(Mutter macht eine Geste der Ausstrahlung)*, eine konkretere und sofortigere Wirkung hat.

Die anderen Konflikte waren sehr oberflächlich, wie Krankheiten – wie Hautkrankheiten! Oberflächliche Dinge. Es geschahen unvorstellbare Scheußlichkeiten, völlig abstoßende Dinge, überall, aber ... (ich erinnere mich an die Ereignisse in Algerien, ich wurde auf dem Laufenden gehalten, ich wußte, was geschah: schreckliche Dinge), und dennoch scheint es ... ja, es erschien wie eine Hautkrankheit der Erde! Es war sehr oberflächlich. Aber plötzlich dort *(in Nefa und Ladakh)*, ja, da wurde es anders!

Das war der Eindruck: eine sehr lokalisierte Krankheit (alle können sich anstecken, aber dennoch sehr lokalisiert). Doch hier *(beim*

---

[1] An der Grenze im Himalaya.

sino-indischen Konflikt) scheint es etwas IN DER TIEFE aufgewirbelt zu haben – tiefgreifend. Ist es so, weil die Menschen DENKEN, es könne weltweite Konsequenzen haben? ... Ich weiß es nicht. Oder ist es wirklich das erste Zeichen von etwas sehr ... sehr Bedeutungsvollem?

(Schweigen)

All das erscheint mir jetzt als ein Spiel von äußerst präzisen Kräften, und an einem Tag war es wie die Empfindung eines tiefen Wirbels ... etwas sehr Weites, das einen GROSSEN Schmerz enthielt. Da wallte ganz spontan etwas in mir von der individuellen Seele, vom tiefen psychischen Wesen auf und sagte: „O Herr! Willst Du, daß wir diese Erfahrung wieder machen?" Da stabilisierte sich alles, hörte auf, und ein strahlendes Licht erschien. Aber ich erhielt keine Antwort. Nur dieses strahlende Licht, triumphierend. Aber das mag ebensogut bedeuten: Egal was geschieht, es wird immer so sein – das ist offensichtlich.

(Schweigen)

Ich weiß nicht.

Irgendwo in einem Winkel – nicht hier *(physisch)* –, an einer Stelle *(Mutter deutet auf eine Stelle hinter ihrem Wesen)* verharrt etwas sehr ruhig, völlig ruhig und außerhalb aller Bewegungen der Kräfte. Etwas, das dort sitzt, unverrückbar, sehr ruhig und der öffentlichen Beobachtung entzogen (mit „öffentlich" will ich nicht unbedingt sagen „irdisch": die ganze Welt), etwas, das so ist *(Geste nach hinten, die Augen geschlossen, unbewegt wie eine Statue)* und DAS NICHT WILL.

Das erkenne ich sehr genau.

Das heißt, ein Teil des Wesens – der schöpferischen Kraft – WILL NICHT.

Als ob der Entschluß wirklich gefaßt wäre, daß die Erfahrung diesmal bis ans Ende, bis an ihr Ziel gehen solle, ohne Unterbruch. Und etwas, das nicht ... [nicht will]. Dieses Etwas hat es beschlossen und bleibt dabei.

(Schweigen)

Als man mir mitteilte, was X schrieb, kam sogar etwas (irgendwo dort, zu meiner Rechten, ich weiß nicht) ... Sie[1] antwortete sofort (wir benutzen Worte – Worte sind unzulänglich, aber ich habe schließlich nichts anderes zu meiner Verfügung), Sie sagte: „Ach, ihm ist daran gelegen, auf der anderen Seite zu bleiben."

Ich mußte mich zurückhalten, um nichts zu sagen.

---
1. Die Schöpferkraft.

Mit dem Bewußtsein hier beobachtete ich (natürlich fragte man mich, wie er so etwas schreiben und denken könne), und ich sagte, daß jeder Bereich seinen eigenen Determinismus habe, und wenn man nur diesen Determinismus sieht, scheinen die Dinge auf absolute Weise entschieden zu sein. Diese Vision [von X] gehört dem vital-physischen Determinismus der Erde (Leben und Materie) an, und in diesem Bereich erscheint die Katastrophe absolut. Aber es gibt höhere Bereiche, und ihr Eingreifen kann alles verändern.

Doch dazu muß man in diesen höheren Regionen sehen und leben.

Im Falle von X reicht der persönliche Kontakt sehr hoch, aber das ist rein persönlich. Seine allgemeine Vision (ich sage nicht universal) hört auf der vital-physischen Ebene auf. Eine Spur Mental, und DAS IST ALLES. Es besteht ein Widerspruch zwischen der persönlichen Möglichkeit, die sehr hoch hinauf reicht (aber in einem sehr kleinen Punkt), und der allgemeinen Vision. Wenn seine Aufmerksamkeit sich nach außen wendet, ist sie sehr beschränkt. Sie mag weltweit sein, aber sie liegt ... sozusagen unter einer Schicht.

Da gab ich diese Erklärung ab. Aber die Wahrheit ...

Das ist alles.

Hast du Sri Aurobindos letzte Briefe über China[1] gelesen?

Ja, ja! Er las sie mir selbst vor! *(Mutter lacht)*

Aber alles, was Sri Aurobindo sagte, traf immer ein. Weißt du, er sagte auch (aber das war eine Laune, er schrieb es nicht), er hatte mir zur Wiedervereinigung Pakistans [mit Indien] gesagt: „Zehn Jahre." Er sagte: „Noch zehn Jahre." Die zehn Jahre vergingen, und nichts passierte – OFFIZIELL passierte nichts. Aber die Wahrheit ist (ich erfuhr es von Leuten in der Regierung), daß Pakistan Anstalten zu einer Wiedervereinigung machte und um einen Zusammenschluß bat (sie hätten eine gewisse Autonomie bewahrt, aber die beiden Länder wären VEREINT gewesen, es wäre eine UNION gewesen), doch Nehru lehnte ab.

Welch ein Esel!

Sri Aurobindo hatte es gesehen.

Er hatte gesehen, daß es so war. Nach Ablauf der zehn Jahre, als der Mann, der an der Spitze Pakistans stand, starb[2], gerieten sie in große Schwierigkeiten und konnten sich nicht einigen. Dann schickten sie

---

1. Siehe Addendum.
2. Vielleicht handelt es sich um den Tod von Liaquat Ali und die tiefgreifenden wirtschaftlichen und politischen Schwierigkeiten, die zur Auflösung des pakistanischen Parlaments im Oktober 1958 und der Machtübernahme des Generals Ayub Khan führten.

jemanden (natürlich nicht offiziell, aber inoffiziell) und baten Indien um eine Wiedervereinigung unter bestimmten Voraussetzungen – doch die Inder lehnten ab. Es war die Wiederholung derselben Dummheit, die sie begingen, als Cripps kam, um seine Vorschläge zu unterbreiten, und als Sri Aurobindo ihnen durch eine Botschaft mitteilen ließ: „Nehmen Sie an, was immer die Bedingungen sein mögen, sonst wird es nachher noch schlimmer sein." Das teilte ihnen Sri Aurobindo mit. Gandhi war da und antwortete: „Was hat dieser Mann sich einzumischen! Er soll sich ausschließlich um das spirituelle Leben kümmern."[1]

Sie haben alles getan, um das Land zu ruinieren.

Ja.

Soweit sie es konnten[2].

Genau das sah X: daß sie das Ruin des Landes verursacht hatten. Also sagte er: „Diese Leute haben das Land ruiniert, dafür werden sie zugrundegerichtet." Das hatte er im Kopf, und deshalb öffnete er diesem Drama Tür und Tor – was eine schreckliche Zerstörung zur Folge hätte.

Es ist wahr, daß sie es verdienen! Sie handelten auf der ganzen Linie auf die dümmstmögliche Weise. Hauptsächlich aus Dummheit, aus Ehrgeiz, aus Eitelkeit, aufgrund vieler Dinge, aber besonders aus

---

1. Im April 1942, als England sich gegen die Nazis und Japan verteidigen mußte und Japan drohte, in Birma und Indien einzudringen, schickte Churchill einen Abgesandten, Sir Stafford Cripps, mit einem sehr großzügigen Angebot nach Delhi, mit welchem er hoffte, den guten Willen und die Mitarbeit Indiens im Kampf gegen die weltweite Bedrohung gewinnen zu können. In diesem Vorschlag bot Großbritannien Indien den Status eines Dominions an als ersten Schritt zu einer unabhängigen Regierung. Sogleich trat Sri Aurobindo aus seiner Abgeschiedenheit heraus, um Cripps und allen indischen Führern seine Zustimmung zu telegrafieren. Er schickte sogar einen persönlichen Gesandten zu Gandhi und dem indischen *Kongreß*, um sie zu überzeugen, dieses unverhoffte Angebot sofort zu akzeptieren. Ein Telegramm von Sri Aurobindo an Rajagopalachari (den zukünftigen Präsidenten Indiens) spricht von den schwerwiegenden Folgen einer eventuellen Ablehnung der Vorschläge von Cripps: „ ... Sofortige, dringliche Lösung angesichts der schwerwiegenden Bedrohung. Ich beschwöre Sie, Indien vor der ungeheuren Gefahr einer erneuten Fremdherrschaft zu bewahren, während die alte dabei ist, sich selber zu eliminieren!" Niemand verstand das. „Was hat der sich einzumischen?" Hätte Indien den Status eines Dominions akzeptiert, so wäre die Spaltung in zwei Teile und die künstliche Schaffung Pakistans, wie auch die drei folgenden Kriege (die noch nicht beendet sind) und das Blutbad, das 1947 in Bengalen und Punjab zur Zeit der Teilung wütete, vermieden worden. (Siehe im Addendum einen Ausschnitt einer Botschaft von Sri Aurobindo anläßlich von Indiens Unabhängigkeit.)
2. Andererseits sagte Mutter auch beim Tode Nehrus in einer Botschaft vom 27. Mai 1964: „Nehru verließ seinen Körper, aber seine Seele ist EINS mit der Seele Indiens, die für die Ewigkeit lebt."

völligem Unverständnis – eine blinde Sicht, die gerade bis zur Nasenspitze reicht!

Zeichne das nicht auf. Ich will keine politischen Erinnerungen aufheben. Seit langem sage ich nichts über die Weltsituation, weil ich nicht möchte, daß man etwas davon erfährt (nicht daß ich nichts wüßte, aber ich möchte es nicht bekanntgeben). Wenn ich mich jemals mit Politik beschäftige – falls die Dinge eine günstige Wendung nehmen –, werde ich 1967 anfangen zu sagen, was ich weiß. Aber nicht vorher.

Vorher halte ich mich völlig still. Ich sage nichts und versuche zu handeln, das ist alles.[1]

*
* *

Addendum

(Auszug aus Sri Aurobindos Botschaft anläßlich von Indiens Unabhängigkeit:)

15. August 1947

Der 15. August 1947 ist der Geburtstag des freien Indien. Er bezeichnet das Ende einer alten Ära und den Anfang eines neuen Zeitalters für das Land. Aber wir können es auch durch unser Leben und unsere Taten als eine freie Nation zu einem bedeutenden Datum werden lassen, in einem neuen Zeitalter, das sich der ganzen Welt für die politische, soziale, kulturelle und spirituelle Zukunft der Menschheit eröffnet.

Der 15. August ist mein eigener Geburtstag, und natürlich freut es mich, daß er diese weitreichende Bedeutung angenommen hat. Ich betrachte dieses Zusammentreffen nicht als zufälliges Ereignis sondern als Billigung und Besiegelung durch die Göttliche Kraft, die meine Schritte in der Arbeit, mit der mein Leben begann, leitet – der Beginn ihrer vollen Blüte. Tatsächlich kann ich heute beobachten, wie fast alle Weltbewegungen, die ich zu meinen Lebzeiten erfüllt zu sehen hoffte, Früchte zu tragen beginnen oder auf ihrem Weg zur Vollendung sind, obwohl sie damals als unrealistische Träume erschienen. In all diesen Bewegungen kann das freie Indien eine große Rolle spielen und eine führende Position einnehmen.

---

1. Ich bewahrte dieses Gespräch trotzdem auf. Schließlich konnten diese Worte nicht zensiert und die große Geschichte verheimlicht werden. Und wo liegt letztlich die Grenze zwischen Zensur und Lüge?

17. NOVEMBER 1962

Der erste dieser Träume war eine revolutionäre Bewegung, die ein freies und vereintes Indien schaffen würde. Heute ist Indien frei, hat aber keine Einheit erreicht. (...) Die alte religiöse Trennung zwischen Hindus und Moslems scheint sich jetzt zu einer andauernden politischen Teilung des Landes verhärtet zu haben. Es bleibt zu hoffen, daß diese nun beschlossene Tatsache nicht als für immer entschieden akzeptiert wird, sondern als eine vorübergehende Notlösung. Wenn sie andauert, kann Indien ernsthaft geschwächt, sogar verstümmelt werden: Ein Bürgerkrieg bleibt immer möglich, wie auch eine neue Invasion und fremde Eroberung. Indiens innere Entwicklung und sein Gedeihen kann behindert werden, seine Stellung unter den Nationen geschwächt, seine Bestimmung beeinträchtigt oder sogar frustriert werden. Das darf nicht sein: die Teilung muß verschwinden[1]! (...)

Sri Aurobindo

*
* *

*(Auszug aus einem Brief Sri Aurobindos
über die Invasion Süd-Koreas am 15. Juni 1950:)*

28. Juni 1950

Ich weiß nicht, warum Sie von mir Aufklärung über die Korea-Krise erhalten möchten. Da gibt es keinen Grund zu zögern, die ganze Sache ist sonnenklar. Es ist die erste Bewegung des kommunistischen Angriffsplans, diese nördlichen Teile und dann ganz Südostasien zu beherrschen und in Besitz zu nehmen – als Vorbereitung für ihre Manöver auf dem übrigen Kontinent. Unterwegs können sie Tibet als Tor nach Indien einnehmen[2]. Wenn ihnen das gelingt, besteht kein Grund, warum nicht schrittweise die Beherrschung der ganzen Welt folgen sollte. Falls der Krieg mit Amerika hinausgezögert werden kann, bis Stalins Zeit kommt, werden sie dann irgendwann bereit sein, sich mit Amerika anzulegen. Truman scheint die Situation verstanden zu haben, wenn wir seine Maßnahmen in Korea richtig verstehen, aber es bleibt abzuwarten, ob er stark und entschieden genug ist, die Angelegenheit bis zum Schluß durchzuziehen. Seine Maßnahmen scheinen unvollkommen und erfolglos zu sein, da sie keine militärische Intervention einschließen, außer zur See und in der Luft. Dies scheint die

---

1. Sieben Wochen nach Indiens Unabhängigkeit und der Gründung von Pakistan drang Pakistan in Kaschmir ein.
2. Vier Monate später, am 21. Oktober, wurde Tibet besetzt; Indien protestierte nicht.

Lage zu sein. Wir werden sehen, wie sie sich entwickelt. Eines ist sicher: Wenn zu viel Unentschlossenheit herrscht und Amerika jetzt die Verteidigung Koreas aufgibt, könnte es gezwungen werden, eine Position nach der anderen aufzugeben, bis es zu spät ist. Früher oder später muß es Stellung beziehen und die Notwendigkeit drastischer Maßnahmen ins Auge fassen, sogar wenn das zum Krieg führt. Auch Stalin scheint nicht bereit zu sein, sofort das Risiko eines Weltkrieges auf sich zu nehmen, und selbst wenn dies der Fall wäre, kann Truman den Spieß umdrehen, indem er ihn ständig vor die Alternative stellt, entweder dieses Risiko einzugehen oder Position auf Position an Amerika abzutreten. Ich glaube, das ist alles, was ich im Moment sehen kann. Gegenwärtig ist die Situation so ernst, wie sie nur sein kann.[1]

Sri Aurobindo

20. November 1962

(Mutter sieht müde aus)

Es sieht schlecht aus, sehr schlecht.
Sie stehen kurz davor, Assam einzunehmen – die Dinge laufen ungünstig.

Aber was ist ihr Beweggrund? Warum tun sie das?

Offenbar bringen die Chinesen Landkarten in Umlauf, die Nepal, Bhutan, Assam und all diese Länder als Teile Chinas zeigen.
Es ist also ihre Absicht, sich dort niederzulassen.

Es ist nicht recht klar, warum.

Nationaler Ehrgeiz. Um einen ständigen Druck auf Indien auszuüben und es zu zwingen, kommunistisch zu werden.
Um ihnen ihr Gesetz aufzuzwingen – sie stehen vor der Tür und können hereinkommen, wann immer sie wollen.
Warum haben sie Tibet eingenommen?

---

1. Cent. Ed., Vol. XXVI, 404 und 416.

20. NOVEMBER 1962

Dann erklärten sie, daß der Gauri Shankar chinesisch sei – der Gipfel der Welt gehört zu China, nicht zu Indien ... Ehrgeiz!

(Schweigen)

Dieser Teil von Bengalen und Assam ist voll von Chinesen, die sich dort vor Jahren ansiedelten. Abertausende von ihnen leben dort und betreiben Geschäfte. Alle Kommunisten unterstützen sie, und es scheint, daß sie eine sehr genaue und sorgfältige Liste angelegt haben, welche Leute für oder wider den Kommunismus sind. (Wonach urteilen sie? Ich weiß nicht – wohl nach den Handlungen und Worten der Leute.) Die Absicht dabei ist, auf diese Weise alles einzunehmen *(Geste der Umzingelung Indiens).*

Es sieht schlimm aus.

Die Dinge scheinen eine böse Wendung zu nehmen.

Aber was ich vielleicht noch unerhörter finde als die Unfähigkeit der Führer – Nehru, Menon und so weiter – ist, daß es seit zwanzig Jahren keinen einzigen Inder gibt, der die Dinge klar sieht und sie ausspricht – es gibt niemanden in Indien, niemanden! Zwanzig Jahre lang gab es zwei Idole, Nehru und Gandhi, und dann 400 Millionen verdummte Menschen, niemand unter ihnen mit einer klaren Sicht. Wie ist das möglich? ... Daß es niemanden gab?

Aber Nehru hatte eine sehr gute Presse im Ausland! In Europa, in Amerika behandelte man ihn fast wie einen Gott. Und Gandhi erst recht! Sie waren ... Ach, die ganze Welt ist so, mein Kind! Sie verstehen nichts. Sie verstehen nichts.

(Schweigen)

Wir werden sehen!

Ich glaube, es wird sich zeigen! Es wird jetzt sein: wir werden es sehen.

Vielleicht werden wir es von einer anderen Welt aus sehen! *(Lachend)* Das ist möglich.

In Amerika und in Rußland haben sie Bomben (die Chinesen prahlen nicht damit, aber sie haben sie vielleicht auch): eine Bombe genügt, um eine Stadt zu zerstören – völlig ausreichend, es braucht keine zwei, eine genügt. Besonders die Russen: eine einzige Bombe für eine ganze Stadt, selbst eine Stadt wie London, bruff, und nichts steht mehr. (So die Theorie, aber schließlich ist immer etwas Wahres daran.) Wir haben gesehen, was in Hiroshima geschah, das war schlimm genug.

Das steht in einem Verhältnis von zehn zu tausend. Jenes war zehn, und was sie jetzt haben, ist tausend.

Das heißt, sie haben ihre ganze Intelligenz für die Zerstörung eingesetzt.

Einige behaupten: „Das wird sie davon abhalten, sich zu bekämpfen." Aber das ist kindisch!

(langes Schweigen)

China hat seine Botschaft schon aus Delhi abgezogen. Die Inder haben ihre Botschaft aus Peking noch nicht abgezogen. Sie werden dazu gezwungen sein. Das ist keine einseitige Angelegenheit, wo eine Partei ihre Botschaft abzieht und die andere sie bestehen läßt – und sobald sie die Botschaft zurückziehen, wird angefangen zu bombardieren.

Jetzt gibt es nicht mehr viele Flugzeuge mit einem Piloten – das ist veraltet. Die Flugzeuge machen das ganz allein. Es ist nur noch Mechanik. Da ist wirklich eine Macht über die mechanischste Materie vonnöten. Was zum Beispiel den Schutz angeht: da hilft kein menschlicher Wille mehr, nicht einmal mehr Wesen der irdischen Atmosphäre. Nur noch der Höchste kann entscheiden – so wie Er entscheidet, daß es geschehe, so entscheidet Er auch *(daß es nicht geschehe)*. Das ist alles. Es gibt nur noch Ihn.

Es besteht keine Hoffnung mehr, daß ein menschliches Wesen mit seiner Macht euch beschützen könnte – das genügt nicht mehr. Wenn der Herr euch beschützt, ist es gut, und euch passiert nichts. Aber wie soll man wissen, was Er entscheiden wird? Wenn Er die Zerstörung beschließt, muß die Erde sie wirklich nötig haben, andernfalls würde Er das nicht tun.

Am besten man denkt nicht daran. Wir werden ja sehen. Wir werden es von dieser Welt oder von einer subtileren Welt aus sehen! Das ist alles.

Jedenfalls war es eine sehr schlimme Nacht, und am Morgen erwachte ich völlig entkräftet, mit vielen Schwierigkeiten, die noch nicht vorbei sind[1].

*
* *

---

1. Am selben Tag, dem 20. November, verkündete China die Feuereinstellung und zog seine Truppen zurück.

20. NOVEMBER 1962

Etwas später

Wenn es sich zum Schlechten wendet, kann sich bald niemand mehr rühren. Wir werden wieder wie in einem Ei eingeschlossen sein *(Geste)*.

Als Sri Aurobindo noch da war, brauchte man sich nur zu ihm ins Zimmer zu setzen, und man hatte das Gefühl, völlig beschützt zu sein – was auch zutraf.

Die einzige Gefahr damals war Japan, und Japan hatte offiziell erklärt, daß sie Pondicherry nicht bombardieren würden, wegen Sri Aurobindo. Aber damals saßen schließlich noch Menschen in den Flugzeugen: Sie konnten noch entscheiden, nicht zu bombardieren. Einer Rakete hingegen sagt man nicht: „Schlag nicht dort ein!" – Sie schlägt ein, wo sie hinfällt.

Ja, aber man weiß nicht, warum sie hierher kommen sollten.

Wenn sie Madras bombardieren wollen, ist das zu nahe. Zwischen den Ölquellen (die sie haben wollen) in Assam (sehr nützlich zu besitzen) und den Chinesen besteht derselbe Abstand wie zwischen Pondicherry und Madras, verstehst du ... Sicherlich haben sie eine motorisierte Armee, für sie ist das nichts.

Nun ...

Während der ganzen Nacht (jedenfalls während eines guten Teils der Nacht) umgaben mich Indira Gandhis Gedanken (Indira Gandhi ist Nehrus Tochter), und ihr wurde der Schmuck übergeben[1] – man schickte ihn Nehru, der ihn Indira[2] gab. Daraufhin schrieb sie mir gestern einen Brief, einen sehr ... *(Mutter sucht nach einem Wort)* sehr liebenswerten Brief. Ein Brief von jemandem, der verstand, daß es etwas zu bedeuten hatte – nicht in weltlicher Hinsicht, sondern weil es wichtig war zu wissen, daß ich eine Geste der Zusammenarbeit machte. Das war aber noch nicht alles. Der Brief kam gestern an. Gewöhnlich, wenn ich einen Brief sehe, sehe ich ihn natürlich schon VORHER. Aber SIE selber dachte *(an Mutter)*, dachte wieder und wieder. Nehru ist immer sehr verschwommen: seine mentale Kraft reicht für seine Stellung nicht aus, er hat nicht die nötige mentale Kraft. Bei ihm ist immer alles vernebelt. Wenn man sich auf ihn einstellt, hat man immer diesen Eindruck *(verschwommene Geste)*, nicht solide. Aber bei

---

1. Mutter sandte einen speziellen Botschafter nach Delhi mit einer symbolischen Gabe von 925 Gramm Gold (darunter ihr eigener Schmuck), um zur nationalen Verteidigung beizutragen.
2. Indira Gandhi kam vier Jahre später, im Januar 1966, an die Macht.

ihr kam es wieder und wieder und wieder. Sie müssen wohl anfangen zu fühlen, daß etwas anderes vonnöten ist als das, was sie haben.

Wir werden sehen.

Ich vergesse nicht, daß Sri Aurobindo sagte – erklärte (es steht geschrieben) –, daß die supramentale Kraft 1967 hinter allen Regierungen der Erde stehen werde. Diese oder andere Leute würden unmittelbar (vielleicht nicht bewußt, aber unmittelbar) unter dem Einfluß der supramentalen Kräfte stehen, die sie das Nötige tun lassen. Das erste Ergebnis wird somit eine Art allgemeine Zusammenarbeit sein – das sagte er mir ausdrücklich und schrieb es auch. Das also sah er. Aber er sagte nicht, daß wir ... ohne Katastrophen dorthin gelangen würden. Das sagte er nicht.

Gut, mein Kind.

Das nächste Mal wirst du dein Buch mitbringen.

Ich hoffe, ja.

Nein, es muß sein!

Ich tappe im Dunkeln ... Weißt du, seit Jahren habe ich die Intuition, die Vorahnung, daß 1963 ein schreckliches Jahr sein wird – in persönlicher Hinsicht.

1963.

In persönlicher Hinsicht, denn für mich kommen alle zehn Jahre (43, 53) ... Alle zehn Jahre kamen für mich Katastrophen.

Die Bezeichnung [als katastrophal], die wir dafür verwenden, hängt von unserer beschränkten individuellen Sicht ab, doch die Tatsache selbst trifft wahrscheinlich vollauf zu: Es wird einen schwerwiegenden Umsturz geben. Aber das heißt nicht, daß dieser katastrophal sein muß, verstehst du, es ist vielleicht gerade die Öffnung zu etwas Höherem und eine neue Geburt zur Wahrheit. Ich bin mir eines sehr schnellen Voranschreitens [von Satprem] völlig sicher, denn ich sehe das voraus. Aber ich sehe keine persönlichen Katastrophen. Ganz und gar nicht.

Es sei denn ... Einmal (es war zur Zeit, als Sri Aurobindo noch hier war) sah ich ... Es war aber bloß eine Vision, und es gibt viele Visionen – besonders damals –, die als Möglichkeiten kommen, die in einer gewissen Welt geformt werden und die sich hier auf der Erde manifestieren wollen. Sie kommen zu mir, damit ich sie durch meine Einwilligung unterstütze, wenn mich das interessiert. Dort gibt es von allem etwas! Die Auswahl wird in dem Augenblick vorgenommen. In einer Vision war Pondicherry durch die Wirkung einer Bombe völlig zerstört (damals gab es noch keine Bomben, die diese Wirkung haben, es war also teilweise eine Vorahnung), wenn das wirklich eintritt ... *(Mutter lacht)* Als Folge davon war ich an einem Ort verschüttet, der radioaktiv verseucht war (er war unterirdisch, aber nicht flachgedrückt: eine Art Grotte hatte sich gebildet), dort blieb ich zweitausend Jahre lang.

Nach zweitausend Jahren erwachte ich in einem verjüngten Körper. Es war eine sehr amüsante kleine Geschichte! ... Ich sage „Vision", aber das sind keine Dinge, die man wie in einem Film sieht: man LEBT sie. Ich verließ diese verschüttete Höhle auf mehr oder weniger komplizierte Weise, und an Stelle von Pondicherry (alles war weggefegt) gab es Leute, die arbeiteten – sie waren SEHR ANDERS. Sie waren ganz sonderbar. Ich muß einen komischen Eindruck erweckt haben, denn ich trug eine Art Kostüm, das nichts mit ihrer Zeit zu tun hatte. (Das Kostüm war auch erhalten geblieben – wie in einem Märchenbuch, verstehst du!) Natürlich zog ich einige Aufmerksamkeit auf mich, und sie versuchten, mir etwas klarzumachen. Einer sagte: „Ach, ja! Ich weiß ..." (Ich verstand, denn ich verstand seine Gedanken – diese 2000 Jahre erlaubten mir, die Gedanken der Leute zu lesen.) Sie führten mich zu einem alten Weisen, einem sehr alten Mann, mit dem ich sprach und der alle möglichen Bücher durchzublättern begann (er hatte viele, viele Bücher), und auf einmal rief er: „Ach, Französisch! – Eine alte Sprache." *(Mutter lacht)*

Das war sehr amüsant. Ich erzählte es Sri Aurobindo, der herzlich lachte.

23. November 1962

(Satprem liest einen Abschnitt aus seinem Manuskript vor, in dem er insbesondere sagt: „Man kann keinen Schritt nach oben tun, ohne einen Schritt nach unten zu tun.")

Diese Erfahrung mache ich jetzt in meinem Körper – genau, was du sagst: Jeder Schritt nach vorn zwingt einen, einen Schritt nicht zurück aber in den Schatten zu tun. In physischer Hinsicht ist das schrecklich.

(Schweigen)

Dein Buch darf aber nicht den Eindruck erwecken, als ob es immer so wäre, also daß sich das Licht erst auf der Erde ausbreiten könne, wenn der ganze Schatten transformiert ist. Tatsächlich besteht die Arbeit der Transformation darin, diesen ganzen Schatten in seinen lichtvollen Aspekt zu verwandeln[1].

Ihn nicht zurückweisen sondern umwandeln.

(Schweigen)

Das ist sehr wahr *(ein Schritt nach oben, ein Schritt nach unten)*, denn es trifft sogar für das materiellste körperliche Bewußtsein zu. Verstehst du, was das an Schwierigkeiten mit sich bringt? ... Sobald der Körper sich der göttlichen Gegenwart und des Lichts bewußt wird, ist es sofort, als berührte man den Urgrund des Unbewußten und ... ja, des Unbewußten, der unbewegten Stofflichkeit. Das macht die Arbeit sehr, sehr schwierig.

Das letzte Mal noch sagte ich dir, daß ich mich nicht sehr wohl fühle; es war in der Nacht passiert. Genauso, wie du schreibst, aber völlig materiell, im Körper. In deinem Buch beschreibst du es auf mehr oder weniger psychologische Art, eben wie ein Bewußtseinsphänomen, aber bei mir ist das ein Phänomen der Zellen ... Beeile dich also, vom Triumph zu schreiben! *(Mutter lacht)* Eben heute morgen sagte ich, daß diese Schlacht, diese unaufhörliche Schlacht aufreibend sei – was für eine Schlacht!

Wenn du dann über den Sieg schreibst, werde ich vielleicht auch einen Tanz des Sieges tanzen!

*
* *

(Etwas später sagt Satprem Mutter, daß Sujata sehr darunter leide, sie nicht mehr zu sehen.)

Ich weiß, einige sind sogar krank geworden. Aber ich bin diesen Dingen ausgeliefert[2], verstehst du, genau das passiert. In manchen Augenblicken glaubt man, in ein schreckliches Loch gefallen zu sein – was die Gesundheit angeht, da ...

Der Körper begann, die Kraft zu manifestieren, und ich sah tatsächlich die Möglichkeit, wieder mehr Aktivitäten aufzunehmen, aber

---

1. Anspielung auf den Abschnitt in *Savitri*, in dem Sri Aurobindo von der „dunklen Hälfte der Wahrheit" spricht – *the dark half of Truth*.
2. Der jüngsten Schlacht.

diese letzte Sache kam wie ein Faustschlag, um mir zu sagen, daß dies nicht möglich sei, daß ich aufpassen müsse.

27. November 1962

Letzte Nacht oder die Nacht zuvor sah ich dich mit ihm, und ihr wart mit dem Buch beschäftigt. Sri Aurobindo war zufrieden. Als ich ihn sah (ich war da, und sah euch beide), dachte ich: „Ach, wenn Satprem das sähe, würde ihn das sicher freuen!"

Ja, natürlich!

An einem lichterfüllten Ort.
Lies mir jetzt die Fortsetzung vor!

Ich weiß nicht warum, aber ich bin immer unbewußter.

Unbewußt?

Ja, immer mehr. Früher konnte ich mich ein wenig erinnern – jetzt nichts. Nichts! Das ist sonderbar.

Es ist so, weil du nicht mehr an denselben Ort gehst. Verstehst du, du gehst zu Orten *(lachend),* an die du noch nicht sehr gewöhnt bist. Das Bindeglied ist noch nicht etabliert.

Aber ich sah dich jedenfalls, und du warst sehr konkret, es war kein Bild!

Und wie ich dir sagte, machte ich sogar diese Bemerkung: „Sieh an, wenn er sich dessen bewußt wäre, würde ihn das freuen!"

Aber ja!

(Mutter lacht) Du schienst dich übrigens sehr wohl zu fühlen, ganz zu Hause! Sri Aurobindo war ... er war zufrieden.

Das ist immerhin etwas.

Er ist zufrieden – er ist zufrieden mit dir und deiner Arbeit. Es wird plötzlich kommen, wie die Musik kam, mein Kind! Eines schönen Tages, paff, und du wirst dich mit ihm in einem Gespräch finden – du wirst dich freuen.

Ja, bestimmt!

(Mutter lacht)

*
* *

Etwas später

Bist du zur Meditation am 24. gekommen[1]? Was fühltest du? ... Nichts Besonderes?

Im großen Unterschied zu meinen Meditationen zuhause tritt sofort, ohne Schwierigkeit, eine völlige Unbewegtheit ein. Es ist wirklich unbewegt.

Ich hatte eine Erfahrung, die während der halben Stunde der Meditation andauerte.

Es gab nur noch eine Unendlichkeit, ohne Anfang und ohne Ende, weder in der Zeit noch im Raum – außerhalb der Zeit. Außerhalb der Zeit, außerhalb des Raumes: ein unermeßliches Licht. Es hatte etwas von der Natur des Lichtes an sich, aber es war nicht Licht sondern sehr viel leuchtender, viel ... nicht leuchtend: viel intensiver als Licht. Es war weiß, aber nicht unser physisches Weiß. Ein Weiß ... im Moment konnte ich es nicht definieren. Als ich es nachher in meinem Bewußtsein wieder ansah, erschien es mir wie ein goldenes Licht, das weiß geworden ist, verstehst du? Als ob man es bis zur Weißglut erhitzt hätte, wie Gold, das durch seine Intensität weiß wurde. Es war VÖLLIG unbewegt, das heißt, ich hatte denselben Eindruck, als ob ich im *Sat*[2] wäre. Aber diese Unbewegtheit enthielt ... (wie soll ich sagen?) ja, enthielt aktiv – obwohl die Aktion nicht wahrnehmbar ist – eine unbegrenzte Kraft, die schöpferische Kraft. Sie wurde von einem nicht-manifestierten Bewußtsein gelenkt.

Wenn du etwas davon verstehst, dann um so besser für dich!

Alles war so, ohne einen Gedanken – ich versuche erst jetzt, es in Worte zu fassen. Im Zentrum dieser Unendlichkeit lag ein konzentriertes weißes Licht, so wie wir es kennen (sehr viel intensiver), aber von einer dichteren Beschaffenheit, eine Art Würfel, verhältnismäßig klein in dieser Unendlichkeit, aber dennoch deutlich wahrnehmbar. Er war vibrierend, fließend, verdichtet, konzentriert und ungeheuer aktiv. Diese ganze Unermeßlichkeit trat dort ein (wie?), ohne sich zu bewegen. Von dort strömte sie überallhin – ohne hinauszugehen.

Um erkenntlich zu sein, war der Würfel eingehüllt in etwas, das

---

1. Darshan des 24. November.
2. *Sat*: Sein oder reine Existenz.

man als eine Art Tüll beschreiben könnte – ein Tüll von blaß-grauer Substanz, der die Nicht-Existenz des Individuums ausdrückte, die vollkommene Demut, die das Ego gänzlich auslöscht. Deshalb bestand nicht die geringste Möglichkeit eines Egos – wenn du mich fragst, warum das so war, kann ich es nicht sagen, aber es war so. Die ganze Zeit sah ich diesen Tüll, der von großer Feinheit war, kaum wahrnehmbar, der den Würfel aber zusammenhielt und eine vollkommene Demut (im göttlichen Sinne) und die völlige Abwesenheit des Egos bedeutete – es gab nicht einmal die Erinnerung daran, die Idee oder was immer es sei: die Auslöschung des Egos. Eben das erlaubte, diese unbewegte Unermeßlichkeit wahrzunehmen, die sich durch eine Aktion der Macht manifestierte. Die Aktion der Macht ... Ich war bewußt („ich" war bewußt – wo war „ich"? Ich weiß es nicht, der Würfel verkörperte mein physisches Wesen, soviel war mir GESAGT worden) und ich betrachtete diesen, ohne einen festen Ort einzunehmen – ich selbst hatte keinen Ort, aber ich sah und verstand. Durch den Würfel sah ich die ganze ablaufende Aktion: dies dafür, jenes dazu usw. ... die ganze Erde *(Geste einer Ausstrahlung der Kräfte, jede mit einem speziellen Ziel)*, Dinge der Vergangenheit und WEIT in der Zukunft.

Es war so zwingend!

Erst viel später konnte ich es formulieren. Das, was ich dir jetzt sage, kam allmählich, durch eine schweigende Offenbarung. Im Moment war es einfach *Sat*, eine unbewegte Existenz.

Ich suchte nicht nach dieser Erfahrung, nichts. Ich setzte mich einfach hin. Das vorige Mal[1] war die massive Gegenwart von Sri Aurobindo spürbar (man hatte mich wissen lassen, daß es nicht dasselbe sein würde; übrigens hatte ich dieselbe Erfahrung nie zweimal). Aber dies kam völlig unerwartet, denn es entsprach weder meinem Willen zu erkennen noch etwas anderem. Man präsentierte mir sozusagen eine Tatsache, sie wurde mir gezeigt. Ich war Zeuge meiner eigenen Erfahrung, sonst nichts. Ich wußte mit Sicherheit, was sie bedeutete – wie man etwas WEISS, bei dem es nichts zu diskutieren, zu erarbeiten, zu erklären gibt: Es ist so. Schließlich verschwand es ganz plötzlich. Es blieb nur eine ruhige Glückseligkeit zurück. Eine Art absoluter Gewißheit, daß die Dinge so SIND. Daß die Erscheinungen völlig anders sein können, aber daß die Dinge so SIND.

(Schweigen)

Der Zauber der Umhüllung dieses Würfels ist unbeschreiblich! Es war ... Ich kann es nicht sagen. Es gab keine Kontraste, keine ... es war

---

1. Darshan vom 15. August.

eine totale Harmonie des Ganzen. Natürlich ist der Vergleich mit Tüll sehr grob – ein sehr, sehr feiner, graufarbener Tüll ... Kennst du die kleinen Gräser, denen ich den Namen „Demut"[1] gab.

Ja, sie sind silbern, silbergrau.

Silbern oder ...? Eine undefinierbare Farbe. Gerade deshalb sind diese Gräser so auserlesen. Der Tüll hatte diese Farbe. Nachher, lange Zeit danach, als ich anfing zu beobachten und ... nicht direkt zu „denken", aber zu formulieren versuchte, bemerkte ich, daß es dasselbe war. Ich sagte mir: „Sieh an! Deshalb habe ich sie Demut genannt." Verstehst du, ich befand mich gleichsam in einem Bereich, wo man die Dinge ganz natürlich versteht – man sucht nicht.

Es war so hübsch! Dieses Gefühl der zarten Schönheit, die in allen Dingen ist.

Während der ganzen Zeit hatte der Körper die Empfindung ... Es gab keine ... Die Empfindung seiner getrennten Form ist schon auf ein Minimum reduziert *(Mutter berührt ihre Hände, wie um die Abgrenzungen zu suchen)*, und dort hatte sie sich völlig aufgelöst. Nicht einmal das Gefühl der Identität mit dem Würfel existierte, denn es war selbststoffenbar – alles enthielt sein eigenes Wissen. Ich kann nicht einmal sagen, daß „ich" beobachtete, denn nichts beobachtete, alles war selbststoffenbar[2].

Und das war die Manifestation.

Aber IN DEM AUGENBLICK war es das – dieser Augenblick kann vielleicht sehr lange dauern, aber es war ein Augenblick der Manifestation. DAS war die Manifestation: Alles, was wir sehen, denken, verstehen, all das, war nichts, war substanzlos. Nur DAS! ... Mit einer Art ... Die Glückseligkeit, in der man sich befindet, ist nicht etwas, das sich selbst spürt (man fühlt nicht, daß man in der Glückseligkeit ist, so ist es nicht; man hat kein Gefühl seiner selbst, man kennt sich nicht, es gibt kein „man" darin): Die Sache existiert in sich selbst, das ist alles.

Diese Erfahrung dauerte eine halbe Stunde, ohne sich zu verändern.

Nachher erinnerte ich mich allmählich, und während ich mich erinnerte, begann ich zu erklären. Natürlich liegt die volle Wahrheit woanders!

---

1. *Strobilanthes kunthianus.*
2. Das nächste Mal fügte Mutter hinzu: „Es gab niemanden, der die Erfahrung hatte, nirgendwo war da ein „Ich", nicht einmal das Gefühl der universellen Mutter, die die Erfahrung sah – so war es nicht. Es war die Erfahrung. Um genauer zu sein, könnte ich sagen: „Ich war die Erfahrung, es gab nur noch die Erfahrung." Ich hatte nicht die Erfahrung, sondern ich WAR die Erfahrung."

27. NOVEMBER 1962

Doch der Körper fühlt sehr wohl, daß es IMMER so ist. Es ist immer so. Und daß alles ... ach, das Gefühl, wie sehr alle Komplikationen und Schwierigkeiten des Lebens künstlich sind! Wie es anders sein könnte! Im Hintergrund ist das immer da. Wenn der Körper sich nicht wohl fühlt oder wenn etwas nicht richtig läuft, bleibt dahinter immer dieses tiefe Gefühl, daß all dies einfach schlechte Angewohnheiten sind – die zwar bestehen, sich aber langsam auflösen, ihre Kraft verlieren und immer unwirklicher werden ... Wie eine Maschine, die eine gewisse Zeit braucht, um zum Stillstand zu kommen.

Im anderen Bewußtsein (dem menschlichen Bewußtsein) hat man die Freude der Erfahrung, die Aufregung der Erfahrung – die ist hier völlig verschwunden, absolut verschwunden. Es gibt keine Freude der Erfahrung mehr, keine Verwunderung, kein ... Alles ist so offensichtlich! So offensichtlich: Es ist DAS, nicht mehr etwas, was man beobachtet: Es ist so. Es ist einfach so.

Etwas im aktiven Bewußtsein WEISS beständig, daß alle Komplikationen, alles Elend, alle Mißgeschicke (das heißt, alles, was wir als „Mißgeschicke" des Lebens bezeichnen) ... nur eine schlechte Angewohnheit sind. Es fällt uns schwer, unsere Gewohnheit zu ändern. Aber DER AUGENBLICK ist gekommen, die Gewohnheit zu ändern.

Es ist eine schlechte Angewohnheit.

Ich weiß sehr wohl, daß ich noch in dieser Übergangsperiode bin (und Gott allein weiß, wie lange sie dauern wird), die Sri Aurobindo im *Yoga der Selbst-Vollendung* beschreibt. Eine Übergangsperiode, in der die wahre Sache sich etabliert aber noch den Schweif der anderen nachschleppt, die sich einmischt und die Dinge verfärbt. Es ist eben eine alte Gewohnheit, und es dauert so lange, bis sie verschwindet.

Die Angewohnheit, eine Sache nur zu verstehen, wenn man sie mental verstehen kann – dieser Eindruck, daß man nur versteht, wenn man es erklären kann, ist verheerend! Diese halbe Stunde der Erfahrung war etwas Absolutes. Keine Sekunde lang sorgte ich mich darum, erkennen zu wollen, was geschah (ganz natürlich!) – etwas Absolutes.

Erst als ich da heraustrat, weil die Zeit abgelaufen war, fragte ich mich: „Was ist passiert? Was bedeutet das?" Nicht einmal mit diesem Nachdruck. Was wir „verstehen" nennen, ist lediglich eine alte Angewohnheit.

Eine schlechte Angewohnheit.

Wie wunderbar wäre es doch, immer spontan DAS leben zu können!

(Schweigen)

Eine solche Macht! Diese Macht war unglaublich! Ich sah alles, was sie tat, in allen Einzelheiten, aber anders. Ich kann sagen, daß es eine Gewißheit war (ich wußte, daß es so ist), aber ich hätte es nicht beschreiben können, wie wir das tun.

(Schweigen)

Als ich heraustrat, war meine einzige Schlußfolgerung: „Warum bin ich nicht öfter in einem solchen Zustand? Ich verschwende meine Zeit mit einem Haufen äußerer Dinge: Briefe lesen und beantworten, Leute sehen, Dinge verrichten, Ordnung in die Materie bringen (eine sehr starke Tendenz zu ordnen, Ordnung herbeizuführen – die Ordnung einer höheren Logik – in die KLEINEN materiellen Dinge), warum?" Dann kam die Antwort, nicht in Worten, aber sehr deutlich: „Mach dir keine Sorgen! *(Mutter lacht)* Es muß so sein, das ist eine Übergangszeit."

Von einem gewissen Punkt an wird es automatisch ablaufen. Aber im Moment wäre es unmöglich. Schon so, wie die Kraft jetzt wirkt, verlieren die Leute die Orientierung – es geht an die Grenze ihres Verständnisses. Das heißt, es beginnt einem anderen Gesetz zu gehorchen. Zum Beispiel jeden Moment genau zu wissen, was man tun muß, was man sagen muß, was geschehen wird. Bei der geringsten Aufmerksamkeit oder Konzentration, es wissen zu wollen, kommt es nicht dazu. Wenn man einfach in dieser inneren Unbewegtheit verharrt, weiß man die kleinsten Details des Lebens genau im richtigen Augenblick. Was zu sagen ist, kommt: Das. Nicht wie eine Anordnung von außen: Es kommt und ist da. Was zu sagen ist, ist da, was zu antworten ist, ist da. Die gesuchte Person tritt ein, ohne daß man es einem vorher mitteilt. Man handelt automatisch. In der mentalen Welt denkt man über eine Sache nach, bevor man sie ausführt (das kann sehr schnell sein, aber die beiden Bewegungen sind da), hier ist es nicht so.

Es beginnt nun, konstant zu werden. Für die Leute, die mit mir leben, ist es schon jetzt sehr verwirrend. Wenn ich so wäre, wie man sein sollte, wäre es ziemlich unerträglich.

Man muß unbedingt die Ausdauer für den Übergang haben. Ein Übergang ist nötig.

(Schweigen)

Gut, mein Kind.
All das läßt sich nicht aufschreiben!

Aber gewiß doch!

Mehr und mehr spüre ich die Armut der Worte. Die Worte, die Bilder, alles, was man sagt. Sobald man es sagt ... entzieht sich einem die Kraft und die Wahrheit der Dinge.

27. NOVEMBER 1962

Dennoch existiert die Sprache, das Wort, denn es hat seinen Platz, aber wie kann es wirkungsvoll gestaltet werden? ... Wahrscheinlich wird das später kommen.

Ja, das Mantra.

Wir benötigen eine andere Sprache.

Genau! Das Mantra. Worte oder Schwingungen, die Macht haben.

(langes Schweigen)

Eine ganze Welt ...
Eines Tages (ich weiß nicht warum, ich erinnere mich nicht mehr) sah ich, was die „Vorfahren" bewegte, die Veden zu schreiben: es war das Bedürfnis nach Unsterblichkeit, sie waren auf der Suche nach Unsterblichkeit.[1] Von dort wandte ich mich Buddha zu, und ich sah, was Buddha bewegte: es war lediglich ein Bedürfnis nach Dauerhaftigkeit. Die Vision der Vergänglichkeit der Dinge beunruhigte ihn zutiefst, da verspürte er das Bedürfnis nach Dauerhaftigkeit. All sein Suchen war darauf ausgerichtet, etwas Dauerhaftes zu finden (warum war er eigentlich so erpicht darauf?) ... Es gibt mehrere Dinge dieser Art in der menschlichen Natur, die einem tiefen menschlichen Bedürfnis entsprechen. Ich verstand auch ein anderes dieser Bedürfnisse: das der Gewißheit, die Sicherheit bedeutet. Ich kann es nicht erklären ... Ich hatte nämlich die Erfahrung, ich verstand, daß es eins der menschlichen Bedürfnisse war. Ich verstand das sehr gut, denn durch die Begegnung mit Sri Aurobindo hatte ich das Gefühl gewonnen, die nötige Wahrheit gefunden zu haben. Wie TIEF VERWURZELT dieses Bedürfnis nach Gewißheit ist, erkannte ich erst, als Sri Aurobindo seinen Körper verließ: genau in dem Moment, im Augenblick des Fortgehens. Da erfuhr das ganze physische Bewußtsein den Zusammenbruch seiner Gewißheit und Sicherheit. In diesem Augenblick sah ich (ein Jahr später sprach ich darüber mit Nolini, und er hatte denselben Eindruck), daß es eine analoge Erfahrung zu der des Buddha war, als er entdeckte, daß alles unbeständig ist, woraufhin sein ganzes Leben zusammenbrach und er erkannte, daß ETWAS ANDERES GEFUNDEN WERDEN MUSS. In diesem Augenblick ... Ich hatte schon alle meine Erfahrungen gehabt; aber mit Sri Aurobindo, während der dreißig Jahre, die ich mit ihm zusammen lebte (etwas mehr als dreißig Jahre), lebte

---
1. Der Anfang des Abschnittes wurde später von Mutter hinzugefügt: „Ich vergaß einen Teil der Erfahrung".

ich in einer Absolutheit, und zwar einer absoluten Sicherheit – einem Gefühl vollkommener Sicherheit, sogar im physischen, materiellsten Bereich. Ein Gefühl absoluter Sicherheit, weil Sri Aurobindo da war. Das hielt mich so *(Mutter macht eine Bewegung des Getragenwerdens)*. Es verließ mich keine Minute während dieser dreißig Jahre. (Deshalb tat ich meine Arbeit auf einer Basis der Absolutheit – der Ewigkeit, des Absoluten.) Das wurde mir klar, als er fortging. Als er fortging, stürzte DAS plötzlich zusammen.

In dem Augenblick verstand ich, daß es eine der Notwendigkeiten des Lebens ist (es gibt mehrere davon) und daß das menschliche Wesen dazu drängt, aus dem gegenwärtigen Zustand herauszukommen, um einen anderen zu finden. Diese Bedürfnisse sind ... (wie soll ich sagen?) die Keime, die Samen der Evolution. Sie drängen einen, voranzuschreiten. Während der ganzen Zeit, als Sri Aurobindo da war, vollzog sich mein individueller Fortschritt automatisch (ich erzählte dir das schon): ich machte automatisch alle Fortschritte mit, die Sri Aurobindo machte. Aber ich war in einem Zustand der Absolutheit – einem Zustand der Ewigkeit, der Absolutheit, mit einem solchen Gefühl der Sicherheit. In allem. Nichts Falsches konnte geschehen, weil er da war. Als er fortging: ein Sturz in ein Loch. Das katapultierte mich förmlich ... *(Mutter macht eine Bewegung nach vorn)*

Das heißt, ich verstand, warum er fortging. Denn die ganze irdische Evolution war blockiert (man machte zwar Fortschritte, aber Fortschritte kann man immer machen, das ist nichts), doch was die irdische Evolution anging, war alles zum Stillstand gekommen. Wenn es Dauerhaftigkeit im Leben gäbe, würde sich nichts bewegen. Diese Bedürfnisse sind die Keime der Evolution. Das sah ich damals: in der Vergangenheit, in der Zukunft, universell. Es war interessant.

Und dies ohne Anstrengung, ohne Spannung, ohne ... wie etwas ganz Natürliches. Die ganze Zeit passieren Dinge dieser Art.

Als ich das sah, verstand ich und sagte mir: „Sieh an! Wenn ich Philosoph wäre, würde ich ein dickes Buch darüber schreiben." Da mußte ich lachen.

Denn es ist nicht EINE Sache: es gibt deren viele, immer. Die ganze Zeit über, die ganze Zeit geschehen diese Dinge.

Der Herr amüsiert sich!

30. November 1962

Noch ein Prophet! (Mutter gibt Satprem ein schreibmaschinengeschriebenes Blatt). Indien ist voller Propheten. Aber dieser ist recht interessant, denn es ist der erste, der diesen Krieg *(zwischen Indien und China)* vom Standpunkt eines inneren Geschehens aus sah.

Es scheint ein guter Mann zu sein. Er wohnt in Madras.

(Satprem liest)

„Ein Nachbar von A., ein Erziehungsbeamter (im Ruhestand), hält täglich ernsthafte Pujas ab und verfügt über gewisse Kräfte der Wahrsagung, des Gedankenlesens usw. Von seinem Guru erhielt er die Anweisung, niemals Leute wegzuschicken, ohne ihre Fragen zu beantworten, welcher Art sie auch seien, unter keinen Umständen je zornig zu werden, niemals Geld zu akzeptieren und niemals Dinge aus eigenem Antrieb zu erzählen. Bei den Ministern und Beamten der Regierung in Madras ist er sehr gefragt, auch Nehru hatte eine interessante Erfahrung mit ihm. Dieser Herr sagte A. am 20. Oktober, daß die chinesischen Feindseligkeiten Ende November eingestellt würden. Dies geschah in der Tat am 20. November. Hier sind einige andere Dinge, die er A. sagte:

1.) Das menschliche Element wird zunehmend mitarbeiten, und die Leute werden in jeder Hinsicht stärker.

2.) Der Kampf wird anderthalb Jahre andauern. Es wird ein Sieg für Indien sein.

3.) Der Kampf findet mehr im Spirituellen (Subtilen) statt als im Physischen, und es muß kein Krieg mit Schußwaffen sein.

4.) Die Staaten des Himalayas werden sich der Unabhängigkeit erfreuen.

5.) Immer mehr wichtige Leute (von Indien und dem Ausland) werden nach Pondicherry kommen.

6.) Alle Nationen werden Indien mit Hilfe überhäufen, und die Kriegskosten werden Indiens Wirtschaft nicht beeinträchtigen.

7.) Als er gefragt wurde, wie die Chinesen ohne einen Krieg mit Waffen besiegt werden könnten, sagte er: „Vielleicht ziehen sie sich einfach zurück." Er konnte nicht sagen, ob die Feindseligkeiten wieder aufgenommen würden. Er sagte: „Es muß nicht sein."

Offensichtlich weiß er, daß hier eine Arbeit verrichtet wird. Das *ceasefire*[1] [Feuereinstellung] war eindeutig das Resultat meiner Tätigkeit – alle Länder wundern sich darüber, wie das geschehen konnte. Mein Eindruck war der einer unsichtbaren Handlung, die auf die Leute einwirkt, OHNE DASS SIE ES WAHRNEHMEN – nicht durch das Mental.

Der äußere Grund ist, daß Kennedy die Feuereinstellung verlangte, sonst hätte er Truppen geschickt.

Man hat eher den Eindruck, daß die Feuereinstellung ein Trick der Chinesen ist und daß sie etwas im Schilde führen.

Das ist sehr gut möglich. Vielleicht denken sie so in ihrem äußeren Bewußtsein.

(Schweigen)

Hätte man mir die Frage gestellt, die man dem Mann von Madras stellte, hätte ich in etwa so geantwortet: „Ich weiß nicht, ob es notwendig sein wird zu kämpfen oder nicht, aber es kann ohne Kampf geschehen."

Mich interessierte das, weil er es von der anderen Seite aus sah.

Was du gelesen hast, ging durch zwei Köpfe: zuerst der von A., dann jener von M., der schrieb, was A. ihm sagte – demnach muß es schon zweimal entstellt worden sein ... Jedenfalls spürte er offensichtlich eine Kraft am Werk, die hinter den Erscheinungen wirkte.

Die Kraft ist so beschaffen: von Anfang an brachte ich den ewigen Frieden dorthin *(an die Front)* ... um zu sehen, wie sich das auswirken würde! Es war fast Neugierde, zu sehen, was geschehen würde.

*
* *

Etwas später

1963 wird hier ein schwieriges Jahr sein.

Aber ich rechne damit, daß es im Februar 1964 nachgeben wird – anfangen wird, nachzugeben – diese Art Druck, oder vielmehr diese allgemeine Depression.

*
* *

---

1. Vor einigen Tagen (am 20. November) hatten die Chinesen völlig unerwartet einseitig den Waffenstillstand erklärt. Man hatte sie schon bis Kalkutta kommen sehen.

30. NOVEMBER 1962

Später

Neulich sprachst du über Sri Aurobindos Weggang, und du sagtest: „Als er ging, ein Sturz in ein Loch. Das katapultierte mich förmlich..." Wolltest du sagen, daß es dich in die Evolution katapultierte?

Ich hatte sie nie verlassen. Aber ...

Du machtest eine Geste nach vorn.

Zur Zukunft hin.
Obwohl ich auch schon dort war, das ist es nicht. Es ist ...

(Schweigen)

Die eigentliche Wahrheit ist, daß mich das DIREKT zum Höchsten hin katapultierte, ohne Vermittler.

Ich hatte den Kontakt mit dem inneren Göttlichen, die Verwirklichung der Ewigkeit, ich hatte all diese Verwirklichungen, aber ... solange ich mit Sri Aurobindo lebte, war mein Gefühl des Absoluten auf ihn bezogen und ... (wie soll ich sagen?) All die zwingenden „Bedürfnisse", von denen ich sagte, sie seien die Samen der Evolution, sind im Grunde ein Hebel oder ein Sprungbrett, damit der Mensch erkennt, daß das EINZIGE Absolute der Herr ist, das einzig Beständige der Herr ist, die einzige Sicherheit der Herr ist, die einzige Unsterblichkeit der Herr ist – daß die ganze Manifestation nur dazu dient, einen DORTHIN zu führen.

Im Grunde ist es das: von meiner Erfahrung des Höchsten durch die Manifestation Sri Aurobindos wurde ich in eine direkte Erfahrung, ohne Vermittler, katapultiert.

Dies ist schlecht ausgedrückt, es ist nicht das, aber ... *(Mutter schließt die Augen)*

Ich fühlte sehr stark – auf unaussprechliche Weise, so intensiv war es –, daß man sich nur auf EINES abstützen kann, daß nur EINES sicher ist und nicht versagen kann: der Höchste – alles übrige geht, kommt, dauert, verschwindet.

(Schweigen)

Offensichtlich war es das, was ich für die Arbeit verstehen mußte.

(Schweigen)

Das ist es. Es ist schwierig auszudrücken, aber es war als ... Im ewigen Spiel ist alles unstet, und alles versagt. Es war so: „Alles wird fehlschlagen außer dem Höchsten."

Das wird eine so absorbierende und so absolute Erfahrung ... *(Mutter ist wie von weißem Licht umhüllt)* die Ungewißheit, die Unstetigkeit, der flüchtige, unbeständige, vergängliche Charakter aller Dinge – man kann sich auf nichts abstützen, alles stürzt in sich zusammen, nur DER HÖCHSTE nicht, denn Er ist alles.

Nur das absolute Ganze versagt nicht.

(Schweigen)

Worte sind dumm, aber es ist eine Erfahrung.

Wenn man einmal diese Erfahrung hat, ist es vorbei. Alles übrige ergibt sich daraus: das sind Details.

Dies lernte ich in jenem Augenblick *(am 5. Dezember 1950).*

Dezember

4. Dezember 1962

(Mutter spricht erneut von ihrer unmittelbaren Erfahrung des Höchsten, als Sri Aurobindo seinen Körper verließ:)

Das verstehe ich nicht genau. Man würde annehmen, daß du die Erfahrung des Höchsten schon früher hattest, bevor Sri Aurobindo wegging?

Spirituell hat man die Erfahrung, sobald man in Kontakt mit dem inneren Göttlichen tritt. Mental hat man die Erfahrung, wenn das Mental geklärt ist. Im Vital hat man die Erfahrung, sobald man das Ego aufgegeben hat. Das Bewußtsein DES KÖRPERS – das Bewußtsein der Zellen – hatte in dem Moment die Erfahrung. Alle anderen Teile hatten diese Erfahrung seit sehr langer Zeit und kannten sie beständig, aber der Körper ... Man hatte es ihm gesagt, er glaubte es, aber er hatte nicht diese so konkrete, totale, absolute Erfahrung, als daß er sie auch nur eine einzige Sekunde vergessen konnte.

In dem Augenblick hatte das physische Wesen und der individuelle, persönliche Körper ein für allemal diese Erfahrung.

Der Körper ließ sich immer tragen. Er hatte sich im Bewußtsein mit Sri Aurobindos Gegenwart vereinigt und stützte sich darauf ab, ohne eine Spur von Unruhe – er fühlte, daß sein Leben, sein Fortschritt, sein Bewußtsein, seine Handlung und seine Macht davon abhingen. Es gab keine Frage: er fragte nicht. Etwas anderes war für ihn absolut UNMÖGLICH.

Schon der Gedanke, daß Sri Aurobindo seinen Körper verlassen könnte, daß diese Seinsart für den Körper nicht mehr gelten könnte, war absolut undenkbar. Man mußte ihn in eine Kiste stecken und die Kiste ins Samadhi, um den Körper davon zu überzeugen, daß es so war.

In dem Augenblick hatte er diese Erfahrung.

Dieser Körper ist sehr bewußt, er wurde bewußt GEBOREN, und sein Bewußtsein wuchs, wurde vollkommener, vervielfältigte sich sozusagen in all diesen Jahren. Das war seine Aufgabe, seine Freude. Es war eine so friedliche Gewißheit, daß es keine Probleme und keine Schwierigkeiten mehr gab: die Zukunft öffnete sich leuchtend, friedlich und zuversichtlich. Da war es für ihn ein Zusammenbruch, für den es einfach keine Worte gibt.

Nur weil der bewußte Wille Sri Aurobindos in ihn eintrat – seinen Körper verließ und in den meinen eintrat ... Ich stand vor seinem Körper und fühlte materiell die Reibung. Sein Wille trat ein (sein Wissen und sein Wille): „Du wirst mein Werk tun." Er sagte es diesem Körper: „Du wirst mein Werk weiterführen." Nur das hielt mich am Leben.

Abgesehen davon ... Ich glaube, daß ihm keine, wirklich keine physische Zerstörung widerfahren könnte, die diesem Zusammenbruch gleichkäme.

Ich brauchte zwölf Tage, um dort herauszukommen – zwölf Tage lang sprach ich kein Wort.

Die Erfahrung, von der ich berichtete, ist also eine PHYSISCHE Erfahrung.

(Schweigen)

Sri Aurobindo bemüht sich jetzt, diesem Körper das Bewußtsein der Fortdauer, der Unsterblichkeit, der Gewißheit, der absoluten Sicherheit in der Materie, im Leben, in der Handlung einer jeden Minute zu geben. Es wird immer näher, immer beständiger. Allmählich verschwindet das Gemisch der alten Eindrücke – das ist das FUNDAMENT und die Basis der Transformation.

In der wahren Bewegung fühlt man physisch das Absolute und die Ewigkeit. Wie? Das ist unmöglich zu beschreiben, aber es ist so. Wenn man heraustritt – wenn man aus Dem zurückfällt oder heraustritt, wie wenig auch immer, und in die gewöhnliche Bewegung, in die alte Bewegung zurückfällt, ist es ein Gefühl ABSOLUTER Unsicherheit. Eine Ungewißheit in jeder Sekunde. Es wäre unmöglich für ein gewöhnliches menschliches Wesen, mit diesem Bewußtsein zu leben, mit diesem Gefühl: das Gefühl einer völligen Unsicherheit, einer absoluten, totalen Unbeständigkeit – es ist keine Zerstörung mehr[1], aber auch noch keine zunehmende Transformation. Eine absolute Unbeständigkeit. Nichts dauert länger als der Bruchteil einer Sekunde – gerade genug, um sich seiner selbst bewußt zu werden, und das ist alles.

Gäbe es nicht die andere Bewegung, die sich mehr und mehr ausbreitet, wäre es unerträglich, im Sinne des englischen Wortes *unbearable*.

Die Beschaffenheit der beiden Bewußtseinszustände (die sich noch überlappen, so daß man sich beider bewußt ist) ist unbeschreiblich. Einer ist wie eine Zersplitterung – eine unendliche Zersplitterung –, eine absolute Unstetigkeit: wie ein atomares Zerstäuben in unaufhörlicher Bewegung. Der andere ist eine ewige Unbewegtheit, wie ich sie neulich beschrieb, eine unendliche Unermeßlichkeit absoluten Lichts.

Noch pendelt das Bewußtsein vom einen Zustand zum anderen.

---

1. Wie es im Augenblick von Sri Aurobindos Weggang der Fall war.

4. DEZEMBER 1962

(Schweigen)

Alles übrige ... Wie soll ich sagen? Man könnte es fast als eine Zerstreuung bezeichnen. All die anderen Erfahrungen, die weder dies noch das sind, taugen lediglich dazu, die Zeit zu vertreiben, etwas, um sie auszufüllen, damit sie nicht leer ist.

Ein ewiger Film.

(Schweigen)

Mit dieser neuen Wahrnehmung fühle ich auf unaussprechliche Weise, wie sich eine Konzentration der ... der Wahrheit von dem, was wir Sri Aurobindo nennen, um und auf und im Körper sammelt (es gibt kein „darin" oder „außerhalb"). Der Körper (der die Türen wieder öffnete, die er verschlossen hatte, um fortbestehen zu können)[1] fühlt eine immer totalere, unvermischte Identität – wenn ich meiner Hand freien Lauf lasse, ähnelt sogar meine Handschrift der Sri Aurobindos: ganz klein.

Es ist nicht so, wie man es sich vorstellt, daß eine Form in die andere eintritt – das hindert ihn *(Sri Aurobindo)* nicht daran, überall zu sein, wo er sein will, alles zu tun, was er tun will, zu erscheinen, wie er erscheinen will, und sich um alles zu kümmern, was auf der Erde geschieht: es ändert nichts daran. Es ist kein Teil von ihm[2]! ... So verstehe ich, was er manifestierte, er war eine Manifestation des Absoluten. Natürlich zeigte er sich nachher als „Meister des Yoga", wie ich ihn genannt hatte, deshalb war er auf die Erde gekommen (hier nennt man es Avatar). Aber das ist noch eine GETRENNTE Weise, die Dinge zu sehen, es ist nicht die Sache – DIE Sache.

Morgen werden wir sehen ... *(5. Dezember)*

Gut, mein Kind.

(Schweigen)

Was man hier „Sterben" nennt, ist im Grunde ...

Man kann den Tod nur besiegen, wenn er keinen Sinn mehr hat. Ich sehe deutlich eine Kurve, eine Kurve der Erfahrung, die dorthin führt, wo der Tod keine Bedeutung mehr hat. Da wird man sagen können: „Nun hat er keine Bedeutung mehr."

Erst dann ist man sicher.

---

1. Im Augenblick von Sri Aurobindos Weggang.
2. Jener, der in Mutter ist, vielmehr seine Totalität.

Deshalb gab man mir niemals eine Zusicherung, denn erst wenn man in dieses Bewußtsein eingetreten ist, hat er keine Bedeutung mehr.

Wir haben noch einen langen Weg vor uns.

8. Dezember 1962

Du sagtest neulich (am 4. Dezember) einen geheimnisvollen Satz über Sri Aurobindos Weggehen. Du sprachst vom Gefühl der Vergänglichkeit, der totalen Unsicherheit. Du sagtest: „Es ist keine Zerstörung mehr, aber auch noch keine zunehmende Transformation"?

Es war eine physische Zerstörung – und jetzt sage ich: Es ist nicht mehr das, aber es ist noch nicht die Verwirklichung.

(Schweigen)

(Mutter lacht) Ich erzählte dir nicht die andere Seite.

Was ist denn die andere Seite?

Das ist für später.

Die andere Seite, was willst du damit sagen?

Nein, diese Tage seit dem 5. Dezember scheint er mir eine sehr klare Sicht und Erfahrung davon zu geben, warum er gehen mußte. Aber das ... jetzt ist nicht der Augenblick, davon zu sprechen.

Es geschah nicht aus persönlichen Gründen sondern aus Gründen der Arbeit. Ich will damit sagen, daß er es für besser hielt, seinen Körper zu verlassen (ich wußte es von Anfang an, denn er hatte es mir gesagt) – für ihn war dies die beste Art, die Arbeit jetzt zu tun. Es war eine Notwendigkeit.

Aber es ist nicht der Augenblick – und wird es wahrscheinlich für lange Zeit nicht sein –, über all das zu sprechen und die Gründe darzulegen.

In diesen Tagen will er mich offenbar all die irdischen Bedingungen sehen und erfahren lassen, die ihn diese Entscheidung treffen ließen (so läßt es sich am besten ausdrücken).

Man kann es nicht in Worte fassen.

(Schweigen)

Als er fortging, sagte ich: „Die Welt ist nicht bereit" (das ist eine allgemeine Art, die Dinge auszudrücken). Jetzt zeigt er mir nacheinander jeden einzelnen Punkt.

Ich hoffe (es bleibt noch der morgige Tag[1]), ich hoffe, daß er mir zeigen wird, ob etwas auf dem Weg erreicht worden ist. Ich selbst weiß es nicht.

(Schweigen)

Er spricht nicht mit mir, er sagt mir nichts, er erklärt mir nichts: Er läßt mich einfach durch eine Reihe von Erfahrungen gehen.

12. Dezember 1962

(Satprem versucht, Mutter über die Gründe von Sri Aurobindos Weggang zu befragen.)

Oh, nein, nein! Darüber will ich nicht sprechen.
Ich möchte lieber nichts davon hören, und es soll auch nicht aufgezeichnet werden[2].
Damals ging ich durch schreckliche Tage.

(Schweigen)

Erst jetzt komme ich langsam da heraus.
Jedenfalls nicht heute.

Ich weiß nicht, ob es einer allgemeinen Entwicklung entspricht, aber am 9. Dezember wurde ich von einer Lawine unerfreulicher Dinge überschüttet.

Ja?

---

1. Darshan am 9. Dezember, Wiederkehr von Sri Aurobindos Beerdigung.
2. Zu Recht oder Unrecht bewahrte ich die Tonbandaufnahme dieses Gesprächs nicht auf – nicht aus Gehorsam gegenüber Mutter, denn ich war nie besonders folgsam, sondern weil die Worte, die folgten, mir derart weh taten. Ich wußte noch nicht, wie wahr sie sprach.

Ich weiß nicht, auf einmal war da eine Atmosphäre (ich bin übrigens noch darin), eine unangenehme Atmosphäre.

Ach, mein Kind! Es war schrecklich, wirklich schrecklich. Eins nach dem anderen. Eine wirkliche Lawine, als ob alles sich zersetzte.

In allen Bereichen, überall, ein Ansturm von Lügen, Falschheit, Dummheit, Verwirrung ... Es war ent-setz-lich. Wir sind noch nicht da heraus, die Folgen sind noch spürbar. Nun ...

Der Körper hatte große Mühe, all das zu ertragen.

Nahm es für dich eine psychologische oder eine physische Form an?

Eine psychologische. Auf einmal kam es über mich, als ob nichts mehr einen Sinn hätte. Ein Ekel, ein Zerfall, wie du sagtest.

Ja, Zersetzung, Auflösung.

Gleichzeitig überfiel mich eine ganz alte Formation, die ich schon lange nicht mehr gespürt hatte: eine Unlust zu schreiben, die Versuchung wegzugehen, solche Dinge.

Ja, es war ein feindlicher Ansturm.

Es begann übrigens mit der üblichen Suggestion: „Sri Aurobindo ging fort, folglich hast du hier nichts mehr zu suchen, du mußt so schnell wie möglich von hier weggehen!" In anderen Worten, alles bricht zusammen.

Meine übliche Antwort – die einzig taugliche Antwort für diese Wesen – lautet: „Das geht mich nichts an. Das ist Sache des Herrn, wendet euch an Ihn." Dann bleiben sie ruhig. Ein anderes Mal, wenn sie eine Aussicht auf Erfolg sehen, kommen sie wieder, und die Antwort ist immer dieselbe – das entmutigt sie ein wenig. Schließlich hört es dann auf. Aber ... alles nur Vorstellbare. Gerade bei Leuten, die normal fortschritten: ein Rückfall in all die alten Irrtümer, die alten Dummheiten. Dann eine Art Haß, der aus allen Dingen und der ganzen Welt hervorbricht und sich auf mich stürzt, mit der unvermeidlichen Schlußfolgerung: „Was machst du hier! Verschwinde von hier, wir wollen dich nicht! Du siehst doch, daß dich niemand will!" – „Das ist nicht meine Sache, das betrifft mich nicht. Ob man mich will oder nicht, solange der Herr mich hier behält, bin ich hier. Wenn Er mich nicht mehr behalten will, läßt er mich gehen, das ist alles, das ist nicht meine Sache." Das hält sie dann in Bann, dies ist das einzige, was sie in Bann hält. Aber es entmutigt sie nicht.

Nun warte ich darauf, daß der Orkan sich legt.

Es muß gesagt werden, daß seit 1950 JEDES Jahr zu dieser Zeit dasselbe geschieht. Mit derselben Suggestion (die sie nicht nur mir einflößen sondern allen – allen, die zuhören): „Sri Aurobindo ging fort, was hat sie hier noch zu suchen? Sie soll fortgehen!" Manche sind so unerbittlich und sagen: „Sie WILL gehen." Nicht: „Sie muß gehen" sondern „Sie WIRD gehen. Ihr könnt beruhigt sein, sie wird gehen. Die Zeit ist gekommen, sie wird gehen. All das hat keinen Bestand, ihr seht es doch, es hat keinen Sinn. Sri Aurobindo ging, weil er angewidert war. Er ging fort, folglich muß sie auch gehen." So ist das.

Da bleibt aktiv nur eins zu tun: „Das ist nicht meine Sache. Der Herr entscheidet, der Herr handelt, der Herr ordnet an – und außerdem werdet ihr selber vom Herrn weggeschickt [auf die andere Seite]. Das ärgert sie am meisten. *(Mutter lacht)*

15. Dezember 1962

(Mutter zeigt Satprem einige Broschüren, die zur Zeit Theons gedruckt wurden und gerade unter alten Papieren aufgetaucht waren: „Grundlegende Lehrsätze der kosmischen Philosophie".*)*

Das ist amüsant! *(Mutter liest:)*

> Auf der physischen Ebene ist der Mensch der höchste Träger der Evolution.
> Es gibt nur ein Gesetz, das Gesetz der Wohltätigkeit, das eins mit der Gerechtigkeit ist.
> Es gibt nur eine Störung des Gleichgewichts: die Verletzung dieses Gesetzes.
> Die Ursache für dieses Ungleichgewicht ist das Übermaß.
> Eine beständige Evolution in Richtung der Vollkommenheit …
> Die Sterblichkeit ist das Ergebnis …

Im Französischen gibt es das Wort „mortalité" [Sterblichkeit] nicht!

Die Kindersterblichkeit!

> Die Sterblichkeit ist das Ergebnis, dessen Ursache das Ungleichgewicht ist. Sie ist ungewollt und zeitbedingt …

Nach Theon wurde die Welt sechsmal geschaffen und wieder zerstört – Schöpfung und *Pralaya*. Jedesmal manifestierte sich ein

Merkmal, aber da sich dieses Merkmal nicht vervollkommnen konnte, wurde die Welt wieder „verschlungen". Jetzt sind wir in der siebten Schöpfung, deren Merkmal das Gleichgewicht ist. Wenn das Gleichgewicht etabliert worden ist, wird ein ununterbrochener Fortschritt stattfinden, natürlich ohne eine Störung des Gleichgewichts, das heißt ohne den Tod, ohne die Auflösung.

(Satprem setzt die Lektüre fort:)

Es gibt nur ein Königtum, nur eine Aristokratie: die der Intelligenz.
Es gibt vier Klassifikationen der irdischen Gestaltungen: die Formation des Minerals, des Pflanzlichen, des Animalischen und des Psycho-Intellektuellen oder Göttlich-Menschlichen. Zwischen diesen vieren, in dieser Reihenfolge, gibt es keine Trennung.
Die göttliche Einheit wird verkörpert und manifestiert durch die kollektive Menschheit ...

Es erschien zweisprachig [auf Englisch und Französisch]. Er nannte es: „Grundlegende Lehrsätze der kosmischen Philosophie". Es gab einen gewissen französischen Metaphysiker, der um die Jahrhundertwende herum bekannt war – sein Name begann mit B. Er hatte Theon in Ägypten getroffen, als Theon mit Madame Blavatzky zusammen war (sie hatten eine Zeitschrift gegründet, mit einem alt-ägyptischen Namen, ich erinnere mich nicht mehr). Dieser B hatte Theon geraten, eine *Kosmische Zeitschrift* zu gründen und die „Kosmischen Bücher" zu veröffentlichen (Theon war wohl schon vertraut mit dem Französischen). Er formulierte dieses ganze Kauderwelsch.

Der Name des Druckers und das Datum waren angegeben, aber sie sind nicht mehr vorhanden ...

Doch: „Imprimerie du Petit Tlemcénien".

Kommt es von Tlemcen?

Ja.

Anscheinend hatte dieser B die Vorstellung, daß ein perfekter unsterblicher Mensch kugelförmig sei! Theon sagte mir immer (er erzählte mir das alles): „Und ich sagte ihm, das sei nicht möglich, weil es unpraktisch wäre, man könnte sich nämlich nicht umarmen." Scherze dieser Art! Theon erzählte mir auch, daß, als B nach Tlemcen kam und das Haus sah, das Theon gerade baute (sie hatten sich in Ägypten getroffen, und dann kamen sie in Tlemcen wieder zusammen), B gefragt habe: „Warum ist Ihr Haus rot? Hat dies eine mystische

Bedeutung?" Theon antwortete ihm: „Nein, das ist so, weil das Rot gut zum Grün paßt!" Aber ich erinnere mich nicht mehr an seinen Namen, er war damals sehr bekannt, es war ein Zeitgenosse der Person, die *Les Grandes Initiés* schrieb.

Schuré?

Ja, Edouard Schuré. Er war sein Zeitgenosse, etwas älter als Edouard Schuré (den ich übrigens kannte – er war ziemlich hohl). Sein Name beginnt mit B, und er verfaßte diese „Lehrsätze".

Du erzähltest mir einmal von jemandem, der Barlet hieß?

Ach, es ist Barlet! Ja, es muß Barlet sein.

Theons Frau war Engländerin, und sie schrieb, aber sie schrieb Geschichten, während mir das hier von Barlet zu sein scheint, denn am Ende, auf der letzten Seite, las ich etwas, das reichlich ... es ist dürftig, all das ist sehr dürftig.

(Mutter blättert und liest lachend:)

Der einzig legitime Kult ist der Kult des Menschen ...

Der Übermensch, ja, den er „psycho-intellektuell" nennt. Das ist der Übermensch – das ist der einzige legitime Kult ...

All das scheint etwas summarisch.

Sehr summarisch. Ich glaube, es lohnt sich nicht, daß du deine Zeit damit verlierst. Es amüsierte mich nur, die ersten Blätter wiederzufinden, denn ... schau mal das Symbol: *(Mutter weist auf die erste Seite)*

Ja, ich hab's gesehen!

Das Symbol ist interessant.

Es ähnelt dem Sri Aurobindos.

Auf der Grundlage dieses Symbols zeichnete ich Sri Aurobindos Symbol.

Siehst du, sie zogen das Viereck im Zentrum in die Länge. Das unsrige ist korrekter: Pavitra machte es gleichmäßig. Aber das der *Revue Cosmique* war länglich, mit dem Lotos im Zentrum.

Es ist das gleiche [wie das Sri Aurobindos], nur länglich, damit das Quadrat im Schnitt der Dreiecke liegt.

Ich behalte es, um es Pavitra zu zeigen, denn so versuchte ich es zuerst zu zeichnen. Aber offensichtlich ist das jetzige richtig.

Theon sagte mir, es sei das Siegel des Salomon.

Hast du dein Buch nun mitgebracht?

(Ohne Begeisterung:) Ja-a ...

(Mutter blättert weiter in den Seiten)

Sie geben dort alle möglichen Ratschläge. Zum Beispiel soll man für die Erfahrungen der Exteriorisierung eine lockere Bekleidung tragen, die man nur zu diesem Zweck anzieht.

Warum? Welche Idee steckt dahinter?

Eine Frage der Aura. Die Idee ist, daß die Kräfte sich ansammeln. Sie sagen sogar, es sei besser, das Gewand nicht zu waschen!

Das sind „Ideen".

Dahinter steht aber etwas Wahres.

Sie sagten auch, um im Körper zu bleiben, sei es besser, ein blaues Tuch über die Füße zu breiten (beim Schlafen hat man ja nackte Füße). Das würde einen im Körper halten.

?

Das ist das Ergebnis von Madame Theons okkulten Erfahrungen, aus denen sie allgemeine Regeln ableiten.

Aber ein lockeres Gewand ist völlig einleuchtend: Bei dieser Erfahrung darf einem nicht kalt sein, das ist wichtig, und nichts soll einen behindern. Dann ist es sehr wichtig, daß nichts den Kreislauf beeinträchtigt, denn er verringert sich sehr, weshalb man ihn schützen muß.

Das sind praktische Ratschläge, aber ...

Es ist so armselig.

Alles in Paragraphen Gefaßte erscheint immer etwas summarisch und dogmatisch.

Ja, dumm: es sind Beteuerungen des Widerspruchs, das heißt, Behauptungen, um gewisse Dinge zu widerlegen. Es ist ganz und gar nicht dazu gedacht, etwas zu bestätigen, das GESEHEN wurde – gesehen und vermittelt –, sondern soll die Geschichte von der Ursünde in den Religionen widerlegen, die sich, nach Theon, immer an mehr oder weniger feindliche Wesen richten.

Theon sagte auch, daß der Mensch vollkommen geboren und dann gestürzt sei.

15. DEZEMBER 1962

Die Geschichte vom irdischen Paradies?

Verzeihung! Theon sagte immer, daß „die Schlange" ganz und gar nicht Satan sei, sondern vielmehr das Symbol der Evolution (er war ganz und gar für die Evolution), der Evolution, die spiralförmig verlaufe. Das irdische Paradies stand im Gegenteil unter der Vorherrschaft Jehovas, des großen Asuras, der behauptete, einzig zu sein – er wollte der einzige Gott sein. Für Theon gab es keinen einzigen Gott sondern nur das Undenkbare. Das ist kein „Gott".

Das scheint mir die Folge seines jüdischen Ursprungs zu sein. Theon war nämlich Jude, obwohl er nie davon sprach (die Behörden in Tlemcen sagten das: als er ankam, mußte er wohl angeben, wer er war).

Er sprach nie davon, er hatte seinen Namen geändert. Sie meinten, er sei jüdischen Ursprungs, aber sie wußten nicht, ob er Pole oder Russe war. Die Person, die mir das sagte, wußte es jedenfalls nicht. Aber für die jüdische Tradition ist es der „Undenkbare", dessen Namen man nicht aussprechen darf (man spricht ihn nur einmal jährlich aus, am Tage der „großen Reue"; ich glaube, so nennen sie es). Das Wort *Jahwe* darf man nicht aussprechen. Aber die Gebete sprechen von „Elohim", und Elohim ist Plural (das hebräische Wort „Elohim" ist Plural) und es bedeutet „die unsichtbaren Herren". Doch für Theon gab es keinen einzigen Gott: es gab den Formlosen, Undenkbaren. Alle unsichtbaren Wesen, die vorgaben, einzige Götter zu sein, waren Asuras.

Er nannte Christus „diesen jungen Mann"! *(Lachen)* Das war sehr lustig!

Nun. Ich hab das wiedergefunden, und es amüsierte mich.

Ich werde es lesen.

Aber es ist dürftig.

Es ist knapp gefaßt.

Es ist sehr dürftig.

Offensichtlich war es ein Mittel, um alte Dinge auszulöschen. Es geht um die Idee, daß der Mensch göttlich war und es durch die Evolution wieder werden kann: ursprünglich war er unsterblich, und er soll wieder unsterblich werden.

Man fragt sich, wie man in Europa den christlichen Panzer durchbrechen kann, der so außerordentlich hart erscheint. Dieser Panzer ist schrecklich!

Oh, ja! ...

Selbst in Amerika stecken sie darin fest. Sie fallen immer in ihr Christentum zurück.

Es wird sehr schwer sein.

Ich weiß nicht warum, aber jedesmal, wenn ich mit der christlichen Gedankenwelt in Kontakt komme, gerate ich in Zorn.

Ja, das verstehe ich. Es ist wahr, weißt du, hinter all dem steht ein Asura – nicht Christus! Sri Aurobindo hielt Christus für einen Avatar (eine geringere Form eines Avatars). Er sagte immer, er sei eine Emanation der Liebe Gottes. Aber was ist nur daraus gemacht worden ... Übrigens wurde die Religion zweihundert Jahre nach seinem Tod gegründet. Sie ist ein bloßes politisches Herrschaftsinstrument, und dahinter steht der Herr der Lüge, der etwas Wahres nahm und es verzerrte, wie er dies gewöhnlich tut.

Diese Religion ist ein Sammelsurium – die Zahl der Sekten! Nur eines ist ihnen gemeinsam, nämlich die Göttlichkeit Christi, und die wurde dann asurisch, in dem Sinne, daß man sie als einzig erklärte: es gab nur EINE Inkarnation, Christus. Von da an lief alles schief.

Wir werden sehen.

Es leistet Widerstand – überall leistet es Widerstand – mehr noch als der Materialismus.

Aber ja! Es gibt nichts Schrecklicheres als die Idealisten, sie sind schlimmer. Sie sind schlimmer als böse Menschen.

Ja! Aber wenn du von den Puritanern, von den Protestanten sprichst ... die sind schrecklich, sie sind die Schlimmsten. Der Katholizismus bewahrt wenigstens noch etwas von seiner okkulten Bedeutung, auch haben sie eine gewisse Verehrung für die Jungfrau, durch die sie die Verbindung mit etwas aufrechterhalten, was nicht asurisch ist.

Der verstorbene Papst, nicht der jetzige sondern sein Vorgänger *(Pius XII)*, hatte seinen Geist und auch die Lehre sehr erweitert: er war ein Verehrer der Jungfrau.

Aber die Protestanten kehrten zum Vater zurück, und daraus wurde dann eben die Anbetung des einzigen, persönlichen, asurischen Gottes. Sie erfanden alles, entstellten alles: wie die Askese zum Beispiel, all diese Dinge – überall nahmen sie die Dinge, entstellten sie und verdarben alles.

Jetzt lies mir aus deinem Buch vor!

19. Dezember 1962

(Einige Tage zuvor weihte Mutter den neuen Musiksaal in der Nähe ihres Zimmers ein. Ohne es ihr zu sagen, hatten die Schüler auch einen Balkon gebaut, in der Hoffnung, daß Mutter ihren morgendlichen „Darshan" wieder aufnehmen würde wie vorher.)

Wie geht es? Besser oder nicht?

Innerlich geht es gut.

Denn die Serie setzt sich fort: als ob sich alles – in allem – überall zersetzen wollte. Aber die Kraft beginnt zu wirken (es ist nicht genau so, das ist schlecht ausgedrückt …) Es ist, als präsentierten sich alle Gelegenheiten, die Kraft wirken zu lassen, nicht eine nach der anderen, sondern alle zugleich und fast wie eine Lektion, das heißt, um zu lehren, was zu tun ist.

Ich muß sagen, es endet immer gut, in dem Sinne, daß die Kraft immer die Oberhand behält, aber es ist so … (wie soll ich sagen?) wiederholt, vielfältig und parallel ablaufend, daß es ein bißchen so ist, als ob man stundenlang galoppierte, ohne anzuhalten.

Neulich hatte ich eine interessante Erfahrung, als wir das Zimmer da oben einweihten. Die Schufte hatten einen Balkon gebaut! Eine Menschenmenge hatte sich dort versammelt, in allen Straßen, auf den Dächern – ich konnte nicht anders, als auf den Balkon hinauszugehen. Da merkte ich, daß ein vollkommener Kontinuitätsbruch zwischen damals und jetzt eingetreten ist (die berühmte Erfahrung[1] liegt dazwischen): ich machte dieselbe Bewegung, wie um die Erinnerung an ein früheres Leben wachzurufen. Es war bestürzend, denn es war so konkret! Die gleiche Bewegung des Bewußtseins, wie um sich an ein früheres Leben zu erinnern. Es war, als müßte ich mich daran erinnern, wie ich mich in meinem anderen Leben auf dem Balkon verhielt. Ich lehrte den Körper, als ob er es nicht wüßte. Aus den Tiefen einer unbewußten Erinnerung versuchte ich zu ermitteln, wie ich mich verhalten mußte. Aber es war nicht dasselbe, denn die Türen waren nicht dieselben, die Dinge waren anders angeordnet, deshalb war es etwas kompliziert. Als ich dann auf den Balkon hinaustrat, zog ich plötzlich etwas herab im Sinne von: „Genau so war es, so handelte ich", und die Gegenwart war wieder da. Die ganze Zeit, während der ich mich auf dem Balkon aufhielt, war es … besser als vorher, die Erfahrungen

---

1. vom 13. April 1962

waren sehr viel klarer – sehr viel einfacher und absoluter (wenn ich jetzt etwas weiß, weiß ich es besser als vorher).

Verstehst du, früher ging ich viermal am Tag die Treppe hinauf und hinunter. Ich trat hinaus, stieg die anderen Treppen hinunter, das ergab eine Übung. Jetzt tue ich es nicht mehr, außer einer halben Stunde Gehen (zweimal eine halbe Stunde), aber das genügt nicht: die Beine sind etwas steif aus Mangel an Übung. Und ich möchte nicht wie ein Hampelmann gehen – vor den Leuten, die auf dem Balkon warteten, die dort waren und sich fragten ... Die meisten glauben ja, ich sei schwer krank gewesen. *(Mutter lacht)* Fast im Sterben (so drückt es sich in ihrem Bewußtsein aus). Ich konnte ihnen nicht jemanden vorführen, der aus einer „schweren Krankheit" zu kommen schien. Und so sah ich, daß ich meinem Körper sagen mußte: „Geh jetzt nicht so, sondern so! So gingst du früher." Der Körper hörte zu wie ein kleines Kind, ich mußte ihm sagen: „Du wirst gehen, so wirst du gehen!", und er machte sich daran, zu gehen. Das war amüsant.

(Mutter reicht Satprem eine Schachtel:) F kam mit R, und sie brachte mir kandierte Kastanien aus Paris mit ...

Köstlich ... Hast du einen Unterschied in der Atmosphäre der Leute bemerkt?

Sie lernten es besser zu schätzen. Aber das verstanden sie erst, als ich mich zurückzog – das ist immer notwendig, damit sie verstehen.

Wirst du wieder damit anfangen?

Später.

Es war ... schwierig.

Es war schwierig, und es zieht viel ... Man könnte es als eine andere Art Übung bezeichnen. Man lehrt meinen Körper etwas Neues. Verstehst du, anders zu sein – anders zu sein –, er ist auf der Suche nach einer Harmonie, nach einem beständigen harmonischen Gleichgewicht. Das ist äußerst schwierig. Es geschieht nicht aus Gewohnheit: Im alltäglichen Leben sind die Zellen daran gewöhnt, ein sehr aufgeregtes und unvorhersehbares Leben mit Höhen und Tiefen zu führen, mit Blitzen intensiver Empfindungen, bald Kummer, bald Freude, bald durchdringender Schmerz oder etwas sehr Angenehmes – all das chaotisch vermischt. Ich merkte, daß die Leute hier in meiner Umgebung sogar noch schlimmer sind. Mir erscheint das jetzt recht unverständlich. Der Körper hingegen folgt ganz natürlich einer leicht wellenartigen Bewegung, sehr harmonisch, sehr friedlich, sehr ruhig, und wenn er nicht äußerlich handeln muß, ist es ein so wunderbares Gefühl der göttlichen Gegenwart, all-überall, in ihm, um ihn herum, auf ihm, in den Dingen, in allem, und auf so konkrete Weise! *(Mutter berührt ihre Hände, ihre Arme, ihr Gesicht, als ob sie in ein Bad des Herrn getaucht sei).* Es ist unaussprechlich. Und DAS will er IMMER haben, in allen Umständen, selbst wenn er äußere Kontakte aufnehmen muß. Deshalb kann ich nicht schnell handeln. Dinge wie das Darshan auf dem Balkon setzen mich zu sehr unter Zeitdruck, so daß der Körper ein wenig unsicher zu werden beginnt.

Gestern mußte ich zum Beispiel F und R treffen, die tags zuvor angekommen waren: Ich verbrachte eine Dreiviertelstunde mit ihnen. Sie ENTLEERTEN die Atmosphäre buchstäblich jeglichen spirituellen Sinns – es war leer und hohl geworden. Ich brauchte zwei, drei Minuten der Konzentration (nicht lang), damit alles in den richtigen Zustand zurückkam.

In dieses Zimmer[1] bin ich noch nicht oft gegangen. Das erste Mal schaute ich es mir am Abend vor der Eröffnung an, und ich hatte den Eindruck von etwas völlig Leerem – leer und trocken. Es war so stark, daß mein Körper sich so fühlte *(schwankende Bewegung, als verlöre Mutter den Halt).* Ich spreche vom Gefühl DES KÖRPERS, nicht vom Bewußtsein sondern vom Körperbewußtsein – leer, hohl. So sehr, daß er wie erschöpft war, als müsse sich alle seine Kraft und sein Bewußtsein ausbreiten, um das zu füllen.

Am nächsten Morgen war es nicht mehr so. Die Arbeit war am Vortag in einer Minute getan worden (das geschieht sehr schnell, aber sehr heftig, auf sehr intensive Weise). Am nächsten Tag war es besser, denn ich war absichtlich am vorigen Abend dorthin gegangen, und die Dinge waren richtiggestellt worden. Dann setzte ich mich an die Orgel ... es war viel besser, als ich dachte. Es war, als wartete eine Formation, und sobald ich mich setzte, strömte es herab: ja, es war eine wunderbare musikalische Freude! Ich mußte nicht hinschauen – wenn ich nicht hinschaute, sah ich von innen alle Noten, die Hände und alles, mit geschlossenen Augen. Und es strömte herab ... Ich war sehr glücklich. Ich spielte gute zwanzig Minuten.

Nach zwanzig Minuten sagte etwas: „Das reicht!" Ich sah, daß es für den Körper genug war, daß er sich nicht weiter verausgaben sollte – da zog es sich zurück. Ich konnte keinen Ton mehr spielen! ... Sehr interessant. So erkannte ich, daß der Wille, der meinen Körper handeln läßt, völlig anders ist als zuvor. Vorher war es der Wille des Wesens, das in den Körper gelegt und dort geformt worden war (nicht persönlich, aber immerhin sehr individuell). Doch das war es nicht: ein Wille irgendwo (ein Irgendwo, das überall und in allem ist) entscheidet, und

---
1. Das Musikzimmer, in dem Mutter zukünftig die Leute empfing.

wenn er sagt: „Handle!", tut der Körper es. Wenn er sagt: „Nein!", könnte nichts in der Welt ihn in Bewegung setzen. Es muß etwas sein, das irgendwo bewußt ist, das wie ein Vermittler zwischen dem Körper und dem äußeren Leben steht, und dann sagt ihm der Wille dort oben: „Das ist nötig" (niemals widersetzt er sich: die Sache, die spricht, weiß SEHR GENAU). Sie sagt: „Das ist nötig", also wird es getan. Und wenn man sagt: „Es reicht jetzt!", hört er auf. Denn (wie soll ich sagen? ...) FÜR DEN KÖRPER weiß der dort oben besser als der Vermittler. Für die Umstände ist es alles eins. Im Hinblick auf die zu verrichtende Arbeit ist alles eins, aber was die Sorge um den Körper angeht, die Art, ihn zu erziehen, weiß DAS *(dort oben)* sehr viel besser: dem Vermittler ist es ziemlich gleichgültig (!), aber wenn Das sagt: „Handle!", wird es getan. „Fertig!", und es ist fertig. Das ist sehr interessant.

Natürlich fragten all die Leute, die anwesend waren: „Wann wird das nächste Darshan auf dem Balkon sein, jetzt wo er gebaut ist?" (Als ich zurückkam, sagte ich ihnen nur: „Ach, ihr habt also einen Balkon gebaut!") – „Wann werden wir wieder ein Darshan haben?" Da sagte der Vermittler: „Ich weiß nicht, das ist nicht meine Sache." – Betroffenheit! Dann verhielt ich mich eine Weile schön ruhig und horchte nach ganz oben. Von ganz oben kam es, ganz langsam (es kommt tropfenweise, denn all das muß SEHR ruhig geschehen – es kommt tropfenweise), dann sagte mir Das, was ich zu sagen hatte: „Keine Entscheidung", denn Man sagte mir: „Es kommt darauf an." Das sehe ich wohl – alles hängt von der speziellen Arbeit ab, die in meinem Körper stattfindet, und von deren Ergebnis. Es ist nicht formuliert, „Man" sagt es mir nicht. Man sagt mir nicht, was geschehen wird. Man sagt immer: „Es könnte so sein." *(Mutter lacht)* Also gut. Ich sagte: „Gut".

Aber es war eine amüsante Erfahrung, denn hättest du mich nach meinem Eindruck gefragt („mich", das heißt die, die hier spricht), hätte ich dir gesagt, daß es genügte, den Entschluß zu fassen, auf den Balkon zu gehen, und es würde geschehen. (Ich sah lediglich die Unmöglichkeit, die Zeit dazu zu finden.) Aber so ist es nicht – so ist es GANZ UND GAR NICHT! Es ist etwas anderes, das ganz neu ist, das ich nicht kenne, ich habe keine Anhaltspunkte, und ... die Entscheidungen werden ganz hoch oben getroffen – nur in bezug auf den Körper. Das heißt, für die allgemeine Arbeit, die globale Sicht und all das besteht kein Unterschied: es geschieht, es ist gewußt. Aber für diese spezielle Sache im Körper wird meine Meinung nicht gefragt.

Das hat mich wirklich amüsiert.

Hast du dein Buch mitgebracht?

19. DEZEMBER 1962

Lies!

*
* *

Nach der Lektüre des Manuskripts:

Das ist sehr gut, sehr gut, ausgezeichnet.

Es drückt genau meinen jetzigen Eindruck aus: Was geschieht, ist etwas, das noch nie geschehen ist, und folglich kann es NIEMAND verstehen.

Jene, die dem Phänomen tagtäglich beiwohnen (zum Beispiel der Arzt), sagen: „Ich verstehe es nicht. Ach, so ist das? Ich verstehe es nicht. Ja, es gibt Gründe dafür ..." Wenn etwas Unerwartetes aufkommt, frage ich ihn: „Wie erklären Sie sich das?" – „Ich weiß nicht." Und wenn ich ihm sage: „Ich glaube, ich weiß es, wovon es abhängt ...", sieht er mich an wie die Leute, die sagen: „Sie fängt an, verrückt zu werden." Also sage ich nichts. Ich habe es zwei-, dreimal versucht, einfach um zu sehen – keine Antwort, niemand versteht, niemand!

Selbst wenn ich mit jemandem spreche, der intelligenter oder besser informiert ist ... Ein-, zweimal sagte ich Pavitra etwas, um seine Reaktion zu sehen: Er dogmatisiert immer, macht ein mentales Prinzip daraus (in Einklang mit Sri Aurobindos Lehre, wohlverstanden!). Dann wird alles starr, wie eine Schachtel. Dabei gibt er sich Mühe! Er versucht es, er WEISS, daß man sich nicht so verhalten sollte, aber ... Das heißt, man kann erst verstehen, wenn man die Erfahrung hat – irgendwo mußt du die Erfahrung von all dem haben, sonst könntest du sie nicht beschreiben, mein Kind!

Aber es ist Sri Aurobindo!

Wie ich dir beim letzten Mal sagte, folgt es interessanterweise ziemlich eng und regelmäßig der Erfahrung meines Körpers. Das Problem hat so viele Seiten, es gibt so viele verschiedene Arten, es anzupacken und die Transformation zu versuchen, und das Buch scheint dem sehr, sehr gut zu folgen! ... Das ist interessant. Dein Buch und dann meine Übersetzung – und doch sind beide so unterschiedlich! Aber natürlich ist die Erfahrung selbst sehr mannigfaltig, äußerst vielfältig, mit zahllosen Facetten oder Verästelungen, wie kleine Dinge, die auf dem Weg gezeigt werden, einfach als Andeutung – das ist eine ganze Welt!

Und ich sehe, daß jeder Versuch, es formulieren zu wollen, alles verdirbt. Man kann eine Kurve wirklich erst formulieren, wenn man das Ende der Kurve erreicht hat, sonst verdirbt man die Reise.

Aber es ist sehr interessant.

Auf Wiedersehen, mein Kind, es geht gut – es geht wirklich gut. Sri Aurobindo hat mir das vor einigen Tagen gesagt (ich verbrachte zwei Stunden in der Nacht mit ihm, wobei alle möglichen sehr interessanten Dinge geschahen). Mit seinem typischen Humor sagte er mir: „Siehst du? Ich ließ ihn das Buch schreiben, das ihn voranschreiten läßt." Also sagte ich: „Gut." Denn seit du mit dem Buch begannst, war er immer da. Er scheint dich nach einem Plan zu führen, den er entwickelte. Er sagte mir das. Ich sah ihn sehr oft mit dir (das erzählte ich dir bereits), aber neulich sagte er es mir ausdrücklich.

Es ist gut. Dieses Kapitel ist sehr gut.

22. Dezember 1962

Jetzt kommt Weihnachten und Neujahr. Früher erhielt ich zehn Briefe täglich, jetzt sind es fünfundzwanzig. Nolini kommt und will nicht mehr fortgehen ... Ich bin wieder zu spät dran.[1]

Hast du dein Buch mitgebracht?

Es ist nicht sehr brillant.

Das macht nichts!
Ist es das Ende des Kapitels?

Nein, es folgt noch ein Abschnitt.

Wovon handelt er? Von der Transformation? Das Ende der „Transformation" – die Transformation ist nicht beendet!

(Satprem liest einen Abschnitt aus seinem Manuskript vor, in dem es um die „brillante Periode" des Ashrams im Jahr 1926 geht, als Mutter eine Schöpfung des Übermentals herbeiführte und die Götter sich zu manifestieren begannen.)

Zu guter Letzt sagte mir Sri Aurobindo: „Aber das ist eine übermentale Verwirklichung, es ist nicht die Wahrheit." Er sagte wörtlich: „Ja,

---

[1]. Das ist der Anfang eines Phänomens, das sich mit den Jahren zuspitzte, als ob eine unerbittliche Kraft meine Gespräche mit Mutter zunehmend verschlingen wollte – das heißt die Geschichte der Transformation, zugunsten der kleinen örtlichen Geschichten.

das ist eine übermentale Schöpfung, aber es ist nicht die Wahrheit, die wir wollen. Es ist nicht die Wahrheit, *the highest truth* – es ist nicht die höchste Wahrheit."

Ich sagte nichts, kein Wort: In einer halben Stunde hatte ich alles wieder aufgelöst – ich baute alles ab, baute wirklich alles ab, zertrennte die Verbindung zwischen den Göttern und den Menschen und zerstörte alles, alles. Denn ich wußte, solange das vorhanden war, schien es so attraktiv (man sah die ganze Zeit die erstaunlichsten Dinge), daß man versucht gewesen wäre, damit fortzufahren, und gesagt hätte: Wir werden Verbesserungen anbringen, was unmöglich war. Ich blieb eine halbe Stunde ruhig sitzen, und baute alles ab.

Wir mußten etwas anderes in Angriff nehmen.

Aber ich sagte nichts, ich sprach mit niemandem darüber, außer mit ihm. Niemand wußte es in dem Moment, denn es hätte sie völlig entmutigt.

*
* *

Etwas später

Ich habe Arbeit für zehn Leute ...

Oder ich müßte es wie Sri Aurobindo anstellen: die ganze Nacht mit Schreiben verbringen – wenn ich die ganze Nacht damit verbrächte zu schreiben, könnte ich auf dem laufenden sein, aber ich beabsichtige nicht, dies zu tun, denn meine Nächte sind sehr interessant.

Ich hatte ... Manche Dinge sind ziemlich seltsam. Ich weiß nicht, ob du den Unterschied zwischen der Erinnerung an eine innere Erfahrung (im Bereich des Subtilphysischen oder des Unterbewußten, alle inneren Bereiche) und der Erinnerung an eine physische Tatsache kennst? – Da besteht ein sehr großer Qualitätsunterschied. Es ist derselbe Unterschied wie der zwischen einer inneren Sicht und der materiellen Sichtweise. Die materielle Sicht ist präzise, abgegrenzt und zugleich flach – ich weiß nicht, wie ich es erklären soll: sehr flach, völlig oberflächlich, aber sehr exakt. Diese Genauigkeit und Präzision, die Dinge definiert, die gar keine definierte Form haben. Der Unterschied zwischen den beiden Erinnerungen ist derselbe wie der Unterschied zwischen den zwei Sichtweisen. Ich merkte in diesen Tagen, wie ich mich erinnerte, hinabgegangen zu sein, Leute gesehen zu haben und Dinge gesagt zu haben, gewisse Dinge organisiert zu haben – mehrere unterschiedliche Szenen ... PHYSISCHE Erinnerungen. Keineswegs Dinge, die ich in einem außerkörperlichen Zustand mit meiner inneren Sicht sah, sondern die MATERIELLE Erinnerung, gewisse Dinge getan zu haben.

Nachher mußte ich mir das anschauen: es war eine Erinnerung. Das verwunderte mich plötzlich, und ich fragte mich: „Aber bin ich denn nun materiell hinabgegangen?" ... Jedermann kann mir beweisen, daß ich nicht hinabgegangen bin, daß ich mich nicht von hier fortbewegt habe. Dennoch habe ich die materielle Erinnerung, dies und auch gewisse andere Dinge getan zu haben, sogar hinausgegangen zu sein.

Ich stehe also vor einem Problem. Nicht nur ist die Erinnerung völlig materiell, sondern meine Worte und Taten hatten sogar eine AUSWIRKUNG.

Ja, wirklich?

Ja. Kleine Dinge, bestimmte Anordnungen in einem Zimmer, kleine Veränderungen in der Ernährung, ganz kleine Dinge, die in sich selbst nicht die geringste Bedeutung haben – die kleinen Dinge, die man ständig tut, von denen das Leben immer voll ist, keine großen Ereignisse (ich weiß wohl, daß eine Wirkung auf die irdischen Geschehnisse stattfindet, all das weiß ich, aber das ist die andere Erinnerungsart).

Konntest du diese Veränderungen überprüfen?

Ja, die gab es! Da ist keine Frage des Überprüfens.

Ach, die gab es!

Ich hatte gesagt: „Das muß so sein", und dann wurde es so. Wenn ich zum Beispiel jemandem sagte: „Leg das dorthin", legte die Person es dorthin. Sie wußte nicht, daß ich es ihr gesagt hatte, aber sie tat es. Sie weiß es nicht, weil sie nicht dasselbe Bewußtsein wie ich hat.

Aber die Tatsache, daß eine sofortige Wirkung eintrat, zeigte sich sogar, bevor ich mich daran erinnerte, denn es verlief in umgekehrter Reihenfolge: Als so etwas geschah, sagte ich mir: „Wie zum Teufel ist das möglich? Diese Person ist wunderbar." Dann erkannte ich auf einmal: „Aber nein! Ich habe es ihr ja gesagt." Dann kam das Bild – „das Bild", nicht die Art Erinnerung, die man von einer Vision hat, sondern die Erinnerung an etwas, das man TAT. Diese Art Bild ist kein „Betrachten", sondern es stellt sich ganz natürlich ein. Es hat eine besondere Qualität. So merkte ich, was geschehen war. Ich selbst merkte es.

Es ist also bewiesen. Da gibt es nichts zu diskutieren: der Beweis ist da. Dennoch bewegte ich mich materiell, also dem äußeren Anschein nach, nicht von hier fort.

Aber WER, wer hat das bewirkt? Ich weiß es nicht.

Ist es keine außerkörperliche Erfahrung im Subtilphysischen?

Nein, nein! Nein, denn die Erinnerung an eine außerkörperliche Erfahrung im Subtilphysischen ist VÖLLIG anders. Schließlich habe ich eine reiche Erfahrung darin. Seit etwa sechzig Jahren kenne ich das Phänomen – völlig anders. Dies ist ausschließlich die Erfahrung, wie man sie in der physischen Falschheit hat, im gewöhnlichen, physischen Bewußtsein.

Ich sagte nichts, denn die Leute hier glauben jetzt schon, daß ich verrückt werde, da will ich nicht ... ihren Eindruck verstärken. Aber sogar ich selbst ... ich brauchte eine Weile (es geschah nicht nur einmal sondern zwei-, dreimal mit verschiedenen Dingen), ich blieb sehr ruhig, um mir das anzusehen und zu versuchen, es zu analysieren.

Aber ich habe den Schlüssel noch nicht gefunden.

Eine materielle Verdoppelung?

Das ist möglich. Vielleicht ist es das.

Vielleicht ist es das.

Etwas wie die Allgegenwart.

Wenn anderen Leuten solche Erfahrungen zustoßen (sie haben kein Wissen – Unwissenheit ist das übliche), halten sie all das für Träume. Es lohnt sich nicht einmal zu versuchen, es ihnen zu erklären – sie verstehen nicht. Alles wird als Träume abgetan: Träume, Träume, Träume.

Das spielte sich nachmittags ab, zwischen halb eins und halb zwei, als ich hier war – jedenfalls war mein Körper anscheinend hier ausgestreckt.

(Schweigen)

Nach allem, was wir wissen, wäre das ein Phänomen der Allgegenwart.

Aber wenn es zum Beispiel mit Leuten passiert wäre, die nichts von meinem Leben wissen, hätten sie gesagt: „Mutter ging nach draußen, ich sah sie." Ich hatte ähnliche Erfahrungen in Paris (nicht bei mir, sondern bei jemand anderem). Jemand schwor, daß eine Person (die übrigens in dem Augenblick mit mir zusammen war) gekommen sei und mit ihr gesprochen, ja, ihr sogar auf die Schulter geklopft habe – alles typische Phänomene der Allgegenwart, die sich durch eine mentale Konzentration erklärten. Aber diese Person wußte eben nicht, daß die andere nach der materiellen Logik unmöglich kommen konnte. Da sagte sie ganz einfach und natürlich: „Aber seht doch! Ich hab sie gesehen, mit ihr gesprochen, ihr auf die Schulter geklopft!"

Also sagt man nichts, denn ... In ihrer Unwissenheit sagen die Leute immer zuerst: „Er hat den Verstand verloren!"

Deshalb sage ich nichts und warte. Ich werde sehen.

Es wäre interessant, wenn andere, bewußte Leute eine Bestätigung geben könnten.

Ja, aber ich sage dir, ich sah gewisse Dinge, und als ich fragte, antwortete man mir: „Ein Traum, ja, ich hatte einen Traum!" *(Mutter lacht)* Da sagte ich nichts.
Wir werden sehen.
Dann bis Weihnachten!

25. Dezember 1962

Was bringst du mit? Dein Buch, hast du dein Buch mitgebracht?

Einen Abschnitt, ja.

Gut, fangen wir damit an!

Es wird langsam eine Last, weißt du ...

Ach!

Viele Dinge drängen ... Ich denke da ans „Bulletin", an alles, was noch zu tun ist.

Nein.

Aber ja, es muß getan werden!

Laß es ganz natürlich kommen.
Denk nicht im voraus darüber nach. Setz dich vor das Blatt, und es kommt.
Sonst bekommt man nur Kopfschmerzen.
Gut, ich höre. Lies, was du mitgebracht hast!

Es ist nicht fertig.

Das macht nichts.
Ich werde es allein durch das Anhören in Ordnung bringen.

?

25. DEZEMBER 1962

Du glaubst nicht daran, aber ich versichere es dir!

Im Grunde dienen die Worte nur dazu, die Menschen mit etwas anderem in Kontakt zu bringen, mit einem Wissen oder einem Licht oder einer Kraft oder ... irgend etwas, einer Handlung. Vorausgesetzt, man läßt das eine in das andere eintreten[1] – das genügt vollkommen.

Wenn du wüßtest ... Du kannst dir nicht vorstellen, wie dumm die Leute sind! Sie legen in das, was sie lesen oder hören, einfach das, was ihnen beliebt, was sie gerade im Kopf haben – nur wenn man die Kraft hat, das zu sprengen, kann etwas geschehen: durch irgendein Wort, es spielt gar keine Rolle, was.

Das versuche ich hineinzugeben, während ich deinem Buch lausche.

Nun fang an, ich höre.

*
* *

Nach der Lektüre

Da ist nur eines ... ich weiß nicht ... da, wo du sagst, daß Sri Aurobindo am 5. Dezember 1950 „erlag". Er „erlag" nicht. Es ist nicht so, daß er nicht anders konnte. Nicht die Schwierigkeit der Arbeit ließ ihn fortgehen sondern etwas anderes. Natürlich kann man in deinem Buch nicht davon sprechen, es ist im Moment unmöglich, es zu sagen, aber ich möchte, daß du ein anderes Wort wählst. Willst du den Satz bitte wiederholen?

Ich sagte: „Dieser Arbeit erlag Sri Aurobindo am 5. Dezember 1950."

Er erlag nicht.

Man muß ein anderes Wort nehmen als „erliegen". Tatsächlich war es seine WAHL, daß es so geschehen solle, denn er glaubte, daß so viel schneller etwas erreicht werden könnte. Aber diese Erklärung geht im Moment niemanden etwas an. Man kann nicht sagen, daß er erlag. Unterliegen läßt die Vorstellung aufkommen, daß er es nicht wollte, daß es so geschehen sei, weil es ein Unfall war – es KANN NICHT „erliegen" heißen.

Ja, ich verstehe.

Du könntest einfach sagen, daß er die Arbeit bis zu dem Moment tat ... einfach ohne einen Grund anzugeben.

---

1. Die Kraft oder das Licht in die Worte des Buches.

Man könnte schlicht sagen: „Sri Aurobindo verließ dieses Leben am 5. Dezember 1950."

Lies den Anfang deines Satzes noch einmal.

„Der nach der Transformation Suchende muß demnach allen Schwierigkeiten begegnen, selbst dem Tod, nicht um ihn zu besiegen, sondern um ihn zu ändern – man kann nichts ändern, ohne es auf sich zu nehmen. „Du wirst alle Dinge ertragen", sagt Savitri, „damit alle Dinge sich ändern." Sri Aurobindo erlag dieser Arbeit ..."

Kannst du nicht sagen „deshalb", ohne irgendeine Erklärung abzugeben?... Deshalb verließ Sri Aurobindo seinen Körper. Das ist viel stärker. Du schriebst „selbst dem Tod ...", sag also einfach: „Deshalb verließ Sri Aurobindo seinen Körper."

28. Dezember 1962

(Satprem liest Mutter einen letzten Abschnitt seines Manuskripts vor:)

„Die Evolution zieht sich nicht immer höher in einen immer ferneren Himmel sondern immer tiefer. Jeder Zyklus oder jeder evolutionäre Kreis schließt sich ein wenig tiefer, ein wenig näher zum Zentrum, wo sich schließlich das äußerste Hohe und das äußerste Tiefe, Himmel und Erde vereinen. Der Pionier muß demnach den Zwischenbereich reinigen, das Mental, Vital und Materielle, damit die beiden Pole sich wirksam treffen. Wenn die Verbindung hergestellt ist, nicht nur mental und vital sondern auch materiell, taucht der Geist in der Materie auf, in einem vollkommenen supramentalen Wesen und in einem supramentalen Körper."

Und die Erde wird der manifestierte Sitz des Geistes[1]

„Die Reinigung des Zwischenbereichs ist die ganze Geschichte von Mutter und Sri Aurobindo ... Ich grub und grub und grub im Schlamm des Unterbewußten ... das supramentale Licht begann vor November

---

1. *Savitri*, Cent. Ed. XXIX, 707.

[1934] herabzukommen, dann erhob sich der Schlamm, und alles hörte auf.[1] *Noch einmal bestätigte Sri Aurobindo, diesmal nicht individuell sondern kollektiv, daß, wenn man ein zu starkes Licht herbeizieht, die ganze Dunkelheit von unten verletzt aufstöhnt. Es ist seltsam zu bemerken, daß jedesmal, wenn Sri Aurobindo und Mutter irgendwelche Erfahrungen hatten, die einen Fortschritt in der Transformation bezeichneten, sich dieser Fortschritt automatisch im Bewußtsein der Schüler, selbst ohne daß sie es wußten, durch eine Periode von vermehrten Schwierigkeiten, manchmal sogar Revolten oder Krankheiten ausdrückte, als beginne alles zu knirschen. Da fängt man an, den Mechanismus zu verstehen. Wenn man einen Pygmäen plötzlich dem einfachen mentalen Licht eines zivilisierten Menschen aussetzte, würden wir wahrscheinlich unterirdischen Revolutionen beiwohnen, die den armen Kerl traumatisieren und verrückt werden lassen. Es liegt noch zu viel Urwald darunter. Die Welt ist noch voller Urwälder, das ist die ganze Sache in zwei Worten. Unsere mentale Kolonisierung ist eine winzige Schicht über einem kaum trockenen Quartär ... Und die Schlacht scheint endlos. Man „gräbt und gräbt", sagten die Rishis, und je tiefer man gräbt, desto mehr scheint sich der Boden zurückzuziehen: „Ich grub und grub ... viele Herbste mühte ich mich Tag und Nacht, die Morgenröten ließen mich altern, das Alter verringert den Ruhm unserer Körper", beklagte sich Lopamudra, die Frau des Rishi Agastya, die vor Tausenden von Jahren auch die Transformation suchte ... Aber Agastya ließ sich nicht entmutigen, und seine Antwort ist wunderbar charakteristisch für die Erhabenheit dieser Eroberer, welche die Rishis waren: „Nicht vergebens ist die Arbeit, die die Götter beschützen. Laßt uns alle wetteifernden Kräfte kosten und sie hier erobern. Wahrlich laßt uns diesen Wettkampf und diese Schlacht mit hundert Köpfen ausfechten." (Rig-Veda I. 179)*

(*Mutter verharrt lange Zeit nachdenklich*)

Wir haben noch ein weiteres Jahr zu „graben".
Ein gutes Neues Jahr!

---
1. Dilip K. Roy, *Sri Aurobindo Came to me*, S. 73

Vorschau:

Mutters Agenda Band 4, 1963

1963, das Jahr der Ermordung Präsident Kennedys und des Beginns des chinesisch-sowjetischen Bruches. Während die Supermächte ihr Wettrüsten beschleunigen und die Wissenschaft die Gesetze des Universums in Frage stellt, bahnt Mutter langsam den Übergang zur nächsten Spezies auf der Erde: *Der Weg, den ich suche, steigt ab und ab*, hin zu einem Bewußtsein der Zellen. Das große Sterben oder der Anfang einer neuen Welt wie die Vögel nach den Reptilien? *Ich stehe an der Schwelle einer ungeheuren Verwirklichung, die von etwas Winzigem abhängt.*

Dieses Jahr wird sie 85. Eine nächste Spezies innerhalb derselben Physik, nur intelligenter? Oder eine ANDERE Intelligenz, die die Gesetze der Physik verwandeln wird, wie der Frosch die Gesetze der Kaulquappe im Goldfischglas revolutionierte? Auf diesem Abstieg zur Ebene der Zellen bricht Mutter plötzlich in ein anderes PHYSISCHES Universum durch:

Alles wird so, als sähe man zum ersten Mal, sogar die Bewegung der Erde und der Sterne ... Es gibt keine Entfernungen, keine Trennung mehr, nicht etwas, das sieht, und etwas anderes, das gesehen wird ... Man wird zu einem Berg, einem Wald, einem Haus ... man sieht Tausende von Kilometern weit und zugleich ganz nah – eine Allgegenwart der Zellen. Dann diese überwältigende Erkenntnis: *Der Körper ist überall!* Eine globale nächste Spezies? Und wo bleiben die Gesetze der alten Physik, wenn das Goldfischglas bricht, wenn es keine Entfernungen und kein „Dort-drüben" mehr gibt? *Alle gewohnten Rhythmen haben sich verändert ... eine universelle Bewegung einer so ungeheuren Geschwindigkeit, daß sie wie unbewegt wirkt ... Ein wahres Physisches dahinter.* Und was wird aus dem Tod, wenn man der Abnutzung durch die Zeit im Goldfischglas entgeht? *Wenn das zu etwas Natürlichem wird, kann es den Tod nicht mehr geben ... Das wäre dann ein neues Stadium des irdischen Lebens.* Und wir brauchen nicht weit zu suchen: *Wir erleben das Erfahrungsfeld in jeder Sekunde ... wir versuchen, mit etwas in Verbindung zu treten, das* HIER *ist.*

Wird ein neues Bewußtsein der Zellen zu einer neuen Physik und vielleicht einer nächsten Biologie auf Erden führen?

Bibliographie

Auf deutsch erhältliche Werke von und über Mutter und Sri Aurobindo:

Beim Verlag Hinder + Deelmann erhältlich:

Sri Aurobindo:
   Das Göttliche Leben
   Die Synthese des Yoga
   Essays über die Gita
   Savitri: Legende und Sinnbild (deutsche Übersetzung von Heinz Kappes)
   Das Geheimnis des Veda
   Die Grundlagen der indischen Kultur
   Das Ideal einer geeinten Menschheit
   Über sich selbst
   Licht auf Yoga
   Bhagavadgita (aus dem Sanskrit übersetzt von Sri Aurobindo)

Die Mutter:
   Mutters Agenda (13 Bände)

Satprem:
   Das Abenteuer des Bewußtseins
   Mutter – Der Göttliche Materialismus
   Mutter – Die neue Spezies
   Mutter – Die Mutation des Todes
   Der Aufstand der Erde
   Evolution 2
   Das Mental der Zellen
   Der Sonnenweg
   Gringo

Beim Verlag W. Huchzermeyer erhältlich:

Sri Aurobindo:
   Die Dichtung der Zukunft
   Zyklus der menschlichen Entwicklung
   Briefe über den Yoga
   Gedanken und Aphorismen, mit Erläuterungen der Mutter
   Sawitri – Eine Sage und ein Gleichnis (zweisprachige Ausgabe, deutsche Übersetzung von Peter Steiger)
Die Mutter: **Gespräche 1950-1958**
Sri Aurobindo: **Briefwechsel mit Nirodbaran**
Nirodbaran: **Gespräche mit Sri Aurobindo**
Nirodbaran: **Zwölf Jahre mit Sri Aurobindo**
Satprem: **Vom Körper der Erde oder der Sannyasin**

Beim Aquamarin Verlag:
  A. B. Purani: **Abendgespräche mit Sri Aurobindo**

ausführlichere Inhaltsangaben bei www.evolutionsforschung.org

www.ingramcontent.com/pod-product-compliance
Lightning Source LLC
Chambersburg PA
CBHW081321090426
42737CB00017B/2994